"十二五"普通高等教育本科国家级规划教材

教育部普通高等教育精品教材
上海普通高校优秀教材
教育部经济管理类核心课程教材

消费心理学教程 第六版

徐 萍 主编

CONSUMER
PSYCHOLOG

上海财经大学出版社
SHANGHAI UNIVERSITY OF FINANCE & ECONOMICS PRESS

图书在版编目(CIP)数据

消费心理学教程/徐萍主编．－6版．－上海：上海财经大学出版社，2018.8

"十二五"普通高等教育本科国家级规划教材
教育部普通高等教育精品教材
上海普通高校优秀教材
教育部经济管理类核心课程教材
ISBN 978-7-5642-3073-9/F·3073

Ⅰ.①消… Ⅱ.①徐… Ⅲ.①消费心理学-高等学校-教材 Ⅳ.①F713.55

中国版本图书馆 CIP 数据核字(2018)第 160281 号

□ 责任编辑　廖沛昕
□ 封面设计　钱宇辰

消费心理学教程
（第六版）

徐　萍　主编

上海财经大学出版社出版发行
（上海市中山北一路 369 号　邮编 200083）
网　　址:http://www.sufep.com
电子邮箱:webmaster @ sufep.com
全国新华书店经销
上海叶大印务发展有限公司印刷装订
2018 年 8 月第 6 版　2018 年 8 月第 1 次印刷

787mm×1092mm　1/16　25 印张(插页:1)　640 千字
印数:57 001—63 000　定价:49.00 元

第六版前言

《消费心理学教程》一书是我们多年教学研究与社会实践成果的结晶。早在1983年，我们便开始从事有关消费者心理与行为的研究，并发表了一些论文。1986年，我们编写了《消费者心理学》讲义，使这门课程成为本科、专科及各种短训班的必修课。经过多年的实践，1995年，我们出版了《消费心理学》一书。在此基础上，《消费心理学教程》第一版于2001年问世，第二版于2005年出版，第三版于2008年出版，第四版于2012年出版，第五版又于2015年7月修订出版，被全国各省市自治区高校广泛选用，并受到广大师生及营销工作者的欢迎和好评。2006年被教育部批准确定为普通高等教育"十一五"和"十二五"国家级规划教材，2008年被教育部批准确定为年度普通高等教育精品教材，也是上海市普通高校优秀教材。

消费心理学是一门专门研究市场营销活动中商品销售对象——消费者心理活动产生、发展及变化规律的科学，是普通心理学的一个分支。消费升级新时代下，伴随着人们生活水平的提高和观念的更新，"消费升级"浪潮在中国渐成规模。品质革命渐次展开，"幸福产业"即"健康产业""美丽产业""快乐产业"快速发展，娱乐、文化、交通、通信、教育、医疗保健、住宅、旅游等领域的消费均出现高速增长——传统的生存型、物质型消费开始让位于发展型、服务型等新型消费，我国已进入大众消费的新时代。因此，研究和把握消费者心理，对工商企业开发、生产适销对路的产品，增强企业核心竞争力尤为重要。消费心理学已成为人们研究和学习的一个热门学科，受到社会各方的广泛重视。

为了适应新形势、新要求，满足高校培养现代新型管理人才及业务人员的需要，我们又重新修订出版了《消费心理学教程》(第六版)。本书力图运用马克思主义辩证唯物论与普通心理学的一般理论，在市场营销活动的范围内系统研究消费者心理活动现象及其规律，着重介绍结合消费者心理特点的经营方式与营销技巧。

本书将普通心理学和社会心理学应用于市场营销活动领域，详尽阐述了消费者购买行为的心理过程和心理状态、消费者个体心理特征对购买行为的影响和制约作用、影响消费者心理活动的外界因素、市场营销策略与消费者心理的关系，以及广告、公关、谈判、商品品牌、色彩、包装与消费者心理的关系等。本书还介绍了中外心理学家关于面向新时期消费心理的最新理论、方法和经验，如网络营销对消费者心理的影响、电子商务与消费者心理等全新内容。书中既有深入浅出的理论分析，又有具体生动的营销实例，融理论性、实用性和可操作性于一体。

为便于学习,每章后有小结、思考题、案例分析和阅读资料。

本书对从事营销、经营、管理实务的企业家是一本必备的工具书,对大专院校市场营销及经贸专业学生则是一本实用的专业教材,并可供从事市场营销工作的各界人士和经济理论工作者参考阅读。

本书由徐萍主编,并负责拟定提纲、统稿和定稿。全书共二十章,具体撰写人员为:上海财经大学副教授徐萍(第一、二、三、四、五、六、七、八、十二、十三、十四、十八、十九、二十章),上海财经大学商学院副教授楼尊(第十、十六章),上海财经大学商学院陈丽萍(第九、十一、十七章),上海中丝进出口公司总经理黄美玲(第十五章)。

本书在撰写过程中参考和吸收了国内外相关的教材和研究成果,并引用了互联网上一些颇具见解的阅读资料,以增强教材的新鲜感和趣味性,开阔学生的视野,启发学生的思考。在此,向有关作者和提供信息资料的老师表示衷心的感谢。由于水平有限,加之时间仓促,书中疏漏之处在所难免,敬请广大读者不吝赐教,以便使之日臻完善。

编　者

2018 年 8 月

目 录

第六版前言　　（1）

第一编　总　论

第一章　消费心理学的基本问题　　（3）
　第一节　消费心理学的研究对象　　（5）
　第二节　消费心理学的形成与发展　　（10）
　第三节　消费心理的研究方法　　（12）
　　本章小结　　（19）
　　思考题　　（20）
　　案例分析　　（20）
　　阅读资料　　（22）

第二编　消费者心理

第二章　消费者的心理活动过程　　（27）
　第一节　消费者心理活动的认识过程　　（28）
　第二节　消费者心理活动的情感过程　　（42）
　第三节　消费者心理活动的意志过程　　（45）
　　本章小结　　（47）
　　思考题　　（48）
　　案例分析　　（48）
　　阅读资料　　（49）

第三章　消费者的需要和动机　　（52）
　第一节　消费者需要的特征与形态　　（54）
　第二节　消费者需要的种类与基本内容　　（57）
　第三节　消费者需要的发展趋向　　（61）
　第四节　消费者的购买动机　　（64）
　　本章小结　　（70）
　　思考题　　（70）

案例分析　　　　　　　　　　　　　　　　　　　　　　　　　　　　（70）
　　阅读资料　　　　　　　　　　　　　　　　　　　　　　　　　　　　（71）

第四章　消费者的态度　　　　　　　　　　　　　　　　　　　　　　　（74）
　第一节　消费者态度概述　　　　　　　　　　　　　　　　　　　　　　（75）
　第二节　消费者态度的改变与测量　　　　　　　　　　　　　　　　　　（78）
　第三节　消费者的特殊心理表现　　　　　　　　　　　　　　　　　　　（81）
　　本章小结　　　　　　　　　　　　　　　　　　　　　　　　　　　　（87）
　　思考题　　　　　　　　　　　　　　　　　　　　　　　　　　　　　（87）
　　案例分析　　　　　　　　　　　　　　　　　　　　　　　　　　　　（88）
　　阅读资料　　　　　　　　　　　　　　　　　　　　　　　　　　　　（89）

第五章　消费者的购买行为与决策　　　　　　　　　　　　　　　　　　（91）
　第一节　消费者行为的三个模式　　　　　　　　　　　　　　　　　　　（92）
　第二节　消费者的购买行为过程与类型　　　　　　　　　　　　　　　　（95）
　第三节　消费者购买决策　　　　　　　　　　　　　　　　　　　　　　（98）
　第四节　消费者行为的效用评价　　　　　　　　　　　　　　　　　　（102）
　　本章小结　　　　　　　　　　　　　　　　　　　　　　　　　　　（104）
　　思考题　　　　　　　　　　　　　　　　　　　　　　　　　　　　（105）
　　案例分析　　　　　　　　　　　　　　　　　　　　　　　　　　　（105）
　　阅读资料　　　　　　　　　　　　　　　　　　　　　　　　　　　（106）

第六章　消费者的个性心理特征　　　　　　　　　　　　　　　　　　（107）
　第一节　消费者的气质　　　　　　　　　　　　　　　　　　　　　　（108）
　第二节　消费者的性格　　　　　　　　　　　　　　　　　　　　　　（111）
　第三节　消费者的能力　　　　　　　　　　　　　　　　　　　　　　（115）
　第四节　消费者的兴趣　　　　　　　　　　　　　　　　　　　　　　（119）
　　本章小结　　　　　　　　　　　　　　　　　　　　　　　　　　　（122）
　　思考题　　　　　　　　　　　　　　　　　　　　　　　　　　　　（122）
　　案例分析　　　　　　　　　　　　　　　　　　　　　　　　　　　（123）
　　阅读资料　　　　　　　　　　　　　　　　　　　　　　　　　　　（123）

第三编　社会环境心理

第七章　社会环境对消费者心理的影响　　　　　　　　　　　　　　　（127）
　第一节　社会经济环境的影响　　　　　　　　　　　　　　　　　　　（128）
　第二节　社会文化环境的影响　　　　　　　　　　　　　　　　　　　（131）
　第三节　社会群体的影响　　　　　　　　　　　　　　　　　　　　　（135）
　第四节　家庭的影响　　　　　　　　　　　　　　　　　　　　　　　（140）
　　本章小结　　　　　　　　　　　　　　　　　　　　　　　　　　　（145）

思考题　　　　　　　　　　　　　　　　　　　　　　　　　(145)
　　案例分析　　　　　　　　　　　　　　　　　　　　　　　　(145)
　　阅读资料　　　　　　　　　　　　　　　　　　　　　　　　(146)

第八章　消费习俗与消费流行对消费者心理的影响　　　　　　　(149)
　第一节　消费习俗与消费流行　　　　　　　　　　　　　　　　(150)
　第二节　暗示、模仿与从众行为　　　　　　　　　　　　　　　(157)
　　本章小结　　　　　　　　　　　　　　　　　　　　　　　　(161)
　　思考题　　　　　　　　　　　　　　　　　　　　　　　　　(161)
　　案例分析　　　　　　　　　　　　　　　　　　　　　　　　(161)
　　阅读资料　　　　　　　　　　　　　　　　　　　　　　　　(162)

第九章　消费者群体市场心理概观　　　　　　　　　　　　　　(165)
　第一节　少年儿童消费者的市场心理　　　　　　　　　　　　　(166)
　第二节　青年消费者的市场心理　　　　　　　　　　　　　　　(169)
　第三节　女性消费者的市场心理　　　　　　　　　　　　　　　(174)
　第四节　中老年消费者的市场心理　　　　　　　　　　　　　　(177)
　　本章小结　　　　　　　　　　　　　　　　　　　　　　　　(180)
　　思考题　　　　　　　　　　　　　　　　　　　　　　　　　(181)
　　案例分析　　　　　　　　　　　　　　　　　　　　　　　　(181)
　　阅读资料　　　　　　　　　　　　　　　　　　　　　　　　(182)

第四编　营销心理策略

第十章　新产品开发、推广与消费心理　　　　　　　　　　　　(187)
　第一节　新产品的含义　　　　　　　　　　　　　　　　　　　(188)
　第二节　新产品开发的心理策略　　　　　　　　　　　　　　　(190)
　第三节　新产品推广的心理策略　　　　　　　　　　　　　　　(194)
　　本章小结　　　　　　　　　　　　　　　　　　　　　　　　(198)
　　思考题　　　　　　　　　　　　　　　　　　　　　　　　　(199)
　　案例分析　　　　　　　　　　　　　　　　　　　　　　　　(199)
　　阅读资料　　　　　　　　　　　　　　　　　　　　　　　　(200)

第十一章　商品品牌、色彩与包装心理　　　　　　　　　　　　(201)
　第一节　品牌创立与消费者心理　　　　　　　　　　　　　　　(202)
　第二节　色彩选择与消费者心理　　　　　　　　　　　　　　　(211)
　第三节　包装设计与消费者心理　　　　　　　　　　　　　　　(216)
　　本章小结　　　　　　　　　　　　　　　　　　　　　　　　(221)
　　思考题　　　　　　　　　　　　　　　　　　　　　　　　　(221)
　　案例分析　　　　　　　　　　　　　　　　　　　　　　　　(222)

  阅读资料 (223)

第十二章 商品价格心理 (227)
 第一节 价格的心理功能 (228)
 第二节 消费者对价格的心理反应及判断 (232)
 第三节 商品定价与调整心理策略 (234)
  本章小结 (240)
  思考题 (240)
  案例分析 (240)
  阅读资料 (241)

第十三章 公共关系心理 (243)
 第一节 消费者公众的心理特征 (244)
 第二节 人际关系与消费心理 (248)
 第三节 公共关系心理策略 (250)
  本章小结 (257)
  思考题 (258)
  案例分析 (258)
  阅读资料 (259)

第十四章 商务谈判心理 (260)
 第一节 商务谈判效果的影响因素 (261)
 第二节 商务谈判的心理方法与技巧 (266)
 第三节 成功商务谈判实例分析 (269)
  本章小结 (273)
  思考题 (274)
  案例分析 (274)
  阅读资料 (274)

第十五章 商品推销心理 (276)
 第一节 推销对象的心理类型与心理分析 (276)
 第二节 推销过程中的心理研究 (279)
 第三节 顾客应接与商品推介心理策略 (283)
  本章小结 (288)
  思考题 (288)
  案例分析 (288)
  阅读资料 (289)

第十六章 广告心理与广告技巧 (292)
 第一节 商业广告概述 (293)

第二节　广告媒体心理分析 (295)
　第三节　商业广告的传播策略 (305)
　　本章小结 (308)
　　思考题 (308)
　　案例分析 (308)
　　阅读资料 (309)

第十七章　电子商务与消费者心理 (312)
　第一节　电子商务及其在我国的发展现状 (313)
　第二节　电子商务与消费者心理 (316)
　第三节　网络营销制胜的要素 (322)
　第四节　电子商务具有强大的生命力 (324)
　　本章小结 (326)
　　思考题 (327)
　　案例分析 (327)
　　阅读资料 (331)

第五编　购物环境心理

第十八章　商场环境心理 (337)
　第一节　商场类型与选址心理 (338)
　第二节　建筑外观与橱窗设计心理 (341)
　第三节　商场内部设计心理 (344)
　　本章小结 (349)
　　思考题 (350)
　　案例分析 (350)
　　阅读资料 (352)

第十九章　销售服务心理 (354)
　第一节　销售服务心理功能 (354)
　第二节　销售服务三阶段的心理策略 (358)
　第三节　销售服务中的冲突处理与抱怨处理技巧 (363)
　　本章小结 (369)
　　思考题 (369)
　　案例分析 (369)
　　阅读资料 (370)

第二十章　营销人员心理 (372)
　第一节　营销人员对消费者心理的影响力 (372)
　第二节　营销人员心理对营销活动的影响 (376)

第三节　营销人员心理素质的培训与提高　　　　　　　　　　　（378）
　　本章小结　　　　　　　　　　　　　　　　　　　　　　　　（386）
　　思考题　　　　　　　　　　　　　　　　　　　　　　　　　（386）
　　案例分析　　　　　　　　　　　　　　　　　　　　　　　　（386）
　　阅读资料　　　　　　　　　　　　　　　　　　　　　　　　（387）

参考文献　　　　　　　　　　　　　　　　　　　　　　　　　（389）

第一编

总论

　　消费心理学是心理学科的一个分支，它是研究现代消费者心理活动产生、发展及规律的科学。随着后消费时代的到来，企业的攻心战往往比硬邦邦的营销战更有效果。

　　成功征服消费者是商战中的制胜关键，而征服消费者首先要征服消费者的心。人心所向、众望所归，得人心者得市场！企业应适时转换经营理念，运用科学的心理学理论，让营销策略更吸引人，在没有硝烟的商战中立于不败之地！

第一章

消费心理学的基本问题

学习目标

1. 掌握现代消费心理学的基本问题；
2. 了解现代消费心理学的研究对象；
3. 了解消费心理学的历史发展与研究意义；
4. 掌握消费心理学的研究原则与方法。

导入案例

当代中国人的八大消费心理[①]

古语云："攻心为上，攻城为下。""心战为上，兵战为下"已成为营销战争的"心经"。而攻心为上，对营销来说关键就在于抓住消费者的心。

人是社会生活的主体，人的生活离不开消费。在市场经济条件下，产品价值的最终实现离不开消费者，同时企业的价值创造过程也需要消费者积极参与。在我国，随着市场经济迅速发展，消费者的消费心理已逐渐成为影响市场运行的支配性力量。消费者行为是由消费者的心理过程和个性心理等心理现象及外部环境相互作用所决定的，因此，要真正理解消费者行为并做出有效的营销决策，就必须研究引起消费者行为的消费者心理特征，并系统考察消费心理对营销活动的作用。

1. 面子心理

中国的消费者有很强的面子情结，在面子心理的驱动下，中国人的消费会超过甚至大大超过自己的购买或者支付能力。营销人员可以利用消费者的这种面子心理，找到市场、获取溢价、达成销售。

"脑白金"就是利用了国人在送礼时的面子心理，在城市甚至是广大农村找到了市场；当年TCL凭借在手机上镶嵌宝石，在高端手机市场获取了一席之地，从而获取了溢价收益；在终端销售中，店员往往通过夸奖消费者的眼光独到，并且产品如何与消费者相配，让消费者感觉大有脸面，从而达成销售。

2. 从众心理

从众是指个人的观念与行为由于受群体的引导或压力，而趋向于与大多数人相一致的现象。消费者在很多购买决策上会表现出从众倾向，比如，购物时喜欢到人多的商店；在品牌选

[①] 百度文库，2011年3月9日。

择时，偏向那些市场占有率高的品牌；在选择旅游景点时，偏向热点城市和热点线路。

以上列举的是从众心理的外在表现，其实在实际工作中，我们还可以主动利用人们的从众心理。比如，超市业务员在产品陈列时故意留有空位，从而给人以该产品畅销的印象；电脑卖场店员往往通过说某种价位以及某种配置的电脑今天已经卖出了好多台，促使消费者尽快做出销售决策；SP(Service Provider，移动互联网服务内容提供商)行业中，在推铃声广告的时候，多用"最流行铃声推荐"的字眼。这都是在主动利用消费者的从众心理。

3. 推崇权威

在消费形态上，消费者推崇权威的心理多表现为决策的情感成分远远超过理智的成分。这种对权威的推崇往往导致消费者对权威所消费的产品无理由地选用，进而把消费对象人格化，从而促使产品的畅销。

现实中，营销对消费者推崇权威心理的利用也比较多见。比如，大量商家找明星代言、做广告；IT行业中，软件公司在成功案例中，都喜欢列举一些大的知名公司的应用；余世维先生说，在自己的汽车销售店中，曾经以某某车为某某国家领导人的座车为卖点，让该车销售火暴；更大的范围内，很多企业都很期望得到所在行业协会的认可，或者引用专家等行业领袖对自己企业以及产品的正面评价。

4. 爱占便宜

刘春雄先生说过："便宜"与"占便宜"不一样。价值50元的东西，50元买回来，那叫便宜；价值100元的东西，50元买回来，那叫占便宜。中国人经常讲"物美价廉"，其实，真正的物美价廉几乎是不存在的，都是心理感觉的物美价廉。

他进而说道：消费者不仅想占便宜，还希望独占，这给商家以可乘之机。比如，女士在服装市场购物，在消费者不还价就不买的威胁之下，商家经常做出"妥协"——"今天刚开张，图个吉利，按进货价卖给你算了！""这是最后一件，按清仓价卖给你！""马上要下班了，一分钱不赚卖给你！"这些话隐含如下信息：只有你一人享有这样的低价，便宜让你一人独占了。面对如此情况，消费者鲜有不成交的。

5. 害怕后悔

每一个人在做决定的时候，都会有恐惧感，生怕做错决定，生怕花的钱是错误的。这就是卢泰宏先生所说的购后冲突。所谓购后冲突，是指消费者购买之后出现的怀疑、不安、后悔等负面心理情绪，并引发不满的行为。

通常贵重的耐用消费品引发的购后冲突会更严重，为此国美针对消费者的这种心理，说出了"买电器，到国美，花钱不后悔"，并作为国美店的店外销售语。进一步说，在销售的过程中，你要不断地提出证明给顾客，让他百分之百地相信你。同时，你必须时常问自己，当顾客在购买我的产品和服务的时候，我要怎样做才能给他百分之百的安全感？

6. 心理价位

任何一类产品都有一个"心理价格"，高于"心理价格"就超出了大多数用户的预算范围，低于"心理价格"会让用户对产品的品质产生疑问。因此，了解消费者的心理价位，有助于市场人员为产品制定合适的价格，有助于销售人员达成产品的销售。

在IT行业，无论是软件还是硬件设备的销售，如果你了解到你的下限售价高于客户的心理价位，那么下面关键的工作就是拉升客户的心理价位；反之，则需要适度提升你的售价。心理价位在终端销售表现得更为明显，以服装销售为例，消费者如果在一番讨价还价之后，最后的价格还是高于其心理价位，可能最终还是不会达成交易，甚至消费者在初次探询价格时，如果报价远高于其心理价位,就会懒得再看、扭头就走。

7. 炫耀心理

消费者炫耀心理多表现为产品带给消费者的心理效应远远超过实用的效果。比如,一些非常有钱的女士为了炫耀其极强的支付能力,往往会买价值几千甚至上万的世界名牌手袋。正是这种炫耀心理,在中国目前并不富裕的情况下,创造了高端市场;当然利用炫耀心理,在国内企业普遍缺乏核心技术的情况下,有助于获取市场,这一点在时尚商品上表现得尤为明显。

8. 攀比心理

消费者的攀比心理是基于消费者对自己所处的阶层、身份以及地位的认同,从而以所在的阶层人群为参照而表现出来的消费行为。相比炫耀心理,消费者的攀比心理更在乎"有"——你有我也有。

MP3、MP4、电子词典热销并能形成相当的市场规模,应该说消费者的攀比心理起到了推波助澜的作用。很多商品,在购买的前夕,萦绕在消费者脑海中最多的就是,谁谁都有了,我也要去买。比如,不少学生出于同学们都有的心理,要求父母为自己购买电脑。对营销人员来说,我们可以利用消费者的攀比心理,有意强调其参照群体的消费来达成销售。

市场是商家必争之地。商战犹如军战,硝烟弥漫,胜者生存。欲征服竞争对手,先得征服消费者;欲征服消费者,先得征服消费者的心。今天,中国经济进入了一个崭新的阶段,消费者的心理和行为发生了很大的变化,现代消费心理学业已引起各界的关注。本章结合理论和实践,探讨现代消费心理学的研究对象、内容和意义,明确为什么要学习消费心理学、学习什么以及怎样学好消费心理学等基本问题。

第一节 消费心理学的研究对象

一、消费与消费心理概述

消费是人类通过消费品满足自身欲望的一种经济行为。具体来说,消费包括消费者的消费需求产生的原因、消费者满足自己消费需求的方式、影响消费者选择的有关因素。消费心理学是心理学的一个重要分支,它研究消费者在消费活动中的心理现象和行为规律。消费心理学是一门新兴学科,它的目的是研究人们在生活消费过程中、在日常购买行为中的心理活动规律及个性心理特征。研究消费心理,对于消费者而言,可提高消费效益;对于经营者而言,可提高经营效益。

(一)消费的含义

根据现代经济学的观点,消费是社会再生产过程中的一个重要环节,也是最终环节。它是指利用社会产品来满足人们各种需要的过程。人类的消费行为与人类的产生相伴而来,是人类赖以生存和发展的最古老的社会活动和社会行为,是社会进步与发展的基本前提。人类的消费行为划分为生产消费和生活消费两大范畴。

在生产过程中,劳动者与其他生产要素结合创造出新的使用价值的活动,是生产行为的反映,而"……生产行为本身就它的一切要素来说,也是消费行为"。因此,在生产过程中,对劳动力及其他生产要素的使用、消耗及磨损,称为生产过程中的消费,即生产消费。

在生活过程中,人们为满足某种需要,在消耗物质产品与非物质产品的过程中所表现出来的行为活动,称为生活过程中的消费,即生活消费。它是指社会再生产过程中"生产、分配、交换、消费"四个环节中的消费环节。

生产消费和生活消费共同构成广义的消费,而狭义的消费则专指生活消费。消费心理学所要研究的具体范畴正是消费者生活消费中的行为表现和心理活动。

(二)消费者的含义

消费者,一般是指购买商品或服务的个人。进一步分析,消费者是指在不同时空范围内参与消费活动的个人或集团,泛指现实生活中的人们。它具体包括以下含义:

1. 从消费过程中考察消费者

就一般意义来讲,消费者是指购买与使用各种消费品的人。更具体地讲,消费者是各种消费品的需求者、购买者和使用者。作为一个动态运行中的消费过程,购买者本身不一定是需求者或使用者,如为他人代买的商品;而使用者也不一定是购买者,如尚无生活能力的子女使用父母为他们买来的商品;当然,需求者也不一定必须亲自去购买。如果把消费过程作为需求、购买、使用三个过程的统一体,那么,处于这三个过程中某一过程或全过程中的人都可称为消费者。换言之,消费者是指实际参与消费活动某一环节或全部过程的人。

2. 从消费品的角度考察消费者

对于某一消费品,在同一时空范围内消费者可以做出不同的反应,即即时消费、未来消费和永不消费。按照这三种不同反应,可以把消费者分为现实消费者(即通过现实的市场交换行为,获得某种消费品并从中受益的人)、潜在消费者(即在目前对某种消费品尚无需要或购买动机,但在将来某一时刻有可能转变为现实消费者)、永不消费者(是指当时或未来都不会对某种消费品产生消费需要和购买愿望的人)。

作为某一消费者,在同一时点上面对不同的消费品,可同时以不同身份出现,如某消费者面对 A 商品是现实消费者,面对 B 商品是潜在消费者,而面对 C 商品是永不消费者。因此,从消费品的角度考察消费者,可以说,消费者是一个动态行为的执行者。

3. 从消费单位的角度考察消费者

从消费单位的角度考察消费者,可以把消费者划分为个体消费者、家庭消费者和集团消费者。个体或家庭消费者是指为满足个体或家庭对某种消费品的需要而进行的购买或使用,集团消费者则是指为满足社会团体对某种消费品的需要而进行的购买或使用。前者与消费者个人的需求、愿望和货币支付能力密切相关;后者作为团体行为,不一定反映消费者个人即团体中某成员的愿望或需要,也与个人货币支付能力没有直接关系。

作为某一消费者个人,可以同时成为家庭消费者或集团消费者中的某一成员。因此,从消费单位的角度考察消费者,可以说,消费者是一个广义的参与消费活动的个人或团体。

(三)消费心理的含义

1. 心理的本质

科学的心理观认为,心理是在实践活动中人脑对客观现实的主观反映。

(1)心理是人脑的机能。自古以来,对人的心理是由人身上的哪个器官产生的问题一直争论不休。最早的时候,人们把心理现象和灵魂现象联系起来,把心理视为灵魂。而心理现象发生的物质基础,也往往被认同为人的内脏,尤其是与心脏有关。随着现代科学,尤其是医学和解剖学的发展,人们认识到,人的大脑皮层不仅具有与动物共有的第一信号系统,而且具有人类所独有的第二信号系统。这两种信号系统的协调活动,构成了人的心理活动。近代生理解剖学的大量资料证明,人的心理和人脑的活动不可分割,人的大脑如果受到损害,心理活动必然遭到严重破坏。因此,心理是人脑的机能,人脑是心理的器官。

(2)心理是客观现实的主观反映。虽然说人脑是心理的器官,但并不意味人脑本身能自然地产生心理。它只是人的心理产生的物质前提,只提供了心理产生的可能性。换言之,人脑只有在客观现实的作用下才能产生心理。这里所说的客观现实,包括自然条件、社会环境、教育影响,以及除了反映主体之外的其他人的言行在内。大量事实证明,人类的心理活动,无论从简单形式的感觉、知觉,还是复杂的思维、情感等,都可以从客观现实中找到源泉。一个人如果不接触客观现实,孤陋寡闻,那么,心理活动便成了无源之水、无本之木。因此,客观现实在人脑中的反映便产生人的心理活动。同时,社会生活实践对人的心理有巨大的制约作用。一个人如果长期脱离社会生活实践,也会丧失人的心理或造成心理失常。

综上所述,人的心理的实质是人脑对客观现实的主观反映,人脑是心理的器官,而客观现实则是它的源泉。

2. 人的心理现象

心理学是研究人的心理现象的产生、发展及变化规律的科学。它从两个方面,即人的心理过程和个性心理方面来研究人的心理现象(见图1—1)。

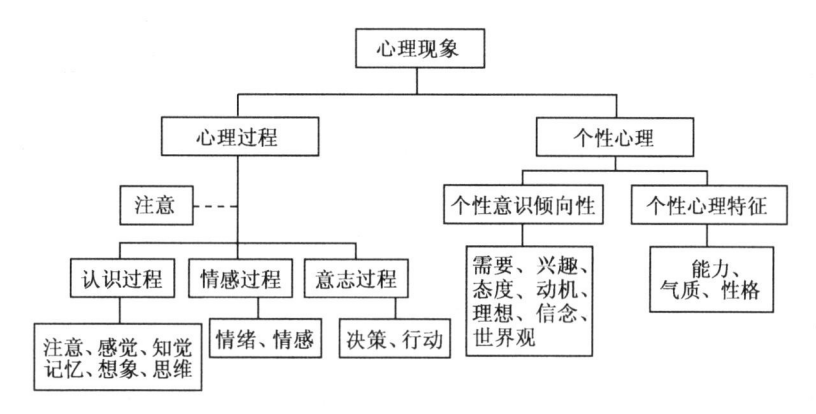

图1—1 心理学的研究对象

人的心理现象极其错综复杂,内容丰富多彩,但又并非是虚无缥缈和神秘莫测的。我们大致可以从两方面来研究人的心理现象:(1)心理过程。它是人们在社会生活实践过程中一系列思维活动的总和,是社会实践在人的头脑中的反映,包括认识、情绪或情感、意志三个过程。(2)个性心理。它是人的气质、性格、能力等心理活动中稳定特点的总和与表现。在一定的社会历史条件下,人的个性倾向性和个性心理特征的总和统称为个性心理。个性倾向性是指对人的心理活动和行为具有激发作用的动力因素,包括需要、兴趣、动机等。

尽管心理现象极其复杂,但它的发生、发展、变化是有规律的。心理现象中心理过程和个性心理这两个方面并不是孤立的,而是有着密切联系的。没有心理过程,个性心理也就无从形成;而个性倾向和个性心理特征又制约着心理过程,并在心理过程中表现出来。所以,心理过程和个性心理是同一现象的两个不同方面。要了解人的心理现象,必须对这两个方面进行研究;要了解人的心理全貌,则必须将这两个方面结合起来加以考察。

3. 消费心理

消费心理是指消费者在购买、使用和消费商品或劳务过程中的一系列心理活动。心理活动是人脑对客观事物或外部刺激的反映,是人脑所具有的特殊功能。消费者在消费过程中的偏好和选择、各种迥异的行为方式无一不受其心理活动的支配。例如,消费者是否购买某种商品、购买哪种品牌和款式、何时何地购买、采用何种方式购买以及怎样使用等都和不同消费者的需要、动机、兴趣、情感、气质、性格、能力、价值观念、思维方式以及相应的心理反应相关。

(四)消费心理的分类

人们的消费活动不是一种简单的机械性行为,而是表现为对某种需要的行为冲动。这种由需要引起的行为冲动,总是在各种不同心理和社会诸因素的影响下产生、发展和变化的。归纳起来,有两种消费心理支配人的消费行为:一种是本能性消费心理,另一种是社会性消费心理。

本能性消费心理是指由人的生理因素所决定的、自然状态下的心理需要的反映。它是以消费者的生理因素作为基础和载体进行的一般心理活动,也是人类全部消费活动的基础。人类消费活动的基础是从自然状态开始,并逐步发展为较高层次的、复杂的社会行为。人类本能性消费心理的反映强度与方式,主要取决于人的个性心理。例如,饥饿的人在他人的食物面前,可能会表现出抢夺、乞讨或忍耐等截然不同的对策。在排除社会因素的实验状态下考察上述行为方式,主要取决于人的气质、性格及能力等个性因素。

社会性消费心理是指由人所处的社会环境因素决定的、以某种生理因素为条件、在社会状态下的心理需要的反映。它是人类特有的、高级的、以社会因素为基础和载体进行的具有某种社会意义的心理活动。它使人类的消费活动由简单的满足生活需要变为具有特定含义的社会行为。例如,人类由穿衣蔽体开始发展为衣着服饰,成为人对美的追求,成为人的名誉地位、职业特征等某种外在的表现形式。人的社会性消费心理主要受社会、政治、经济、文化环境的影响,受其自身经济水平的制约,同时,以自身的本能性消费心理为基础。

本能性消费心理与社会性消费心理相互依存、相互联系。前者表现为基础的、初级的心理活动,后者表现为发展的、高级的心理活动;前者是后者的前提与基础,后者是前者的发展与提高。本能性消费心理取决于人的生理因素,而社会性消费心理取决于由社会、政治、经济发展水平决定的消费者心理。例如,在电灯发明之前,人类对夜间光明的需要只能通过火、蜡烛或油灯等得到某种满足;而电灯的出现,使人类对光明的需要变为更高层次的对光与美的需要,各种灯光饰品的普及已大大超出对照明的简单需要。因此,在社会、经济、文化高速发展的今天,消费者的本能性消费心理反应已越来越被社会性消费心理活动所掩盖,以一种隐性的、内在的形式发挥其最本质、最基础的作用,社会性消费心理则成为显性的、主流的表现形式。

二、消费心理学的研究对象

消费心理学是心理学的一个重要分支,它研究消费者在消费活动中的心理现象和行为规律,以便有针对性地开展营销活动,取得事半功倍的效果。消费心理学有以下研究对象:

(一)研究消费者消费行为中的心理过程和心理状态

消费者消费行为中的心理过程和心理状态是一个发生、发展、完成的过程。这一过程人人都有,是消费心理现象的共性。心理过程和心理状态的作用是激活消费者的目标导向和系统导向,使他们采取某些行为或回避某些行为。例如,采购员在订货会上,有的签订了购货合同,有的只是观望而没有订货;又如,顾客在零售商店里,有的采取了购买行为,有的犹豫不决,有的只浏览却拒绝购买。这些行为的表现与他们的心理过程发展阶段、发展速度和心理状态具有直接关系。对心理过程和心理状态的研究主要包括以下三方面具体内容：

(1)消费者对商品或劳务的认识过程、情绪过程和意志过程，以及三个过程的融合交会与统一。

(2)消费者心理活动的普遍倾向，如追求价廉物美、求实从众、求名争胜、求新趋时、求奇立异等，以及这些心理倾向的表现范围、时空、程度和心理机制等。

(3)消费者的需求动态及消费心理变化趋势。例如，消费者的需求发展模式是直线式上升还是波浪式发展？在从温饱型走向小康型的过程中，消费者对商品的款式、颜色、质量、商标、功能的要求和心理愿望发生了哪些变化？

(二)研究消费者个性心理特征对购买行为的影响和制约作用

消费者的心理过程和心理状态能体现出他们的个性心理特征，而个性心理特征又反过来影响和制约消费者的消费行为表现。例如，有的消费者能对商品从社会价值、经济价值、心理价值等方面做出比较全面的评估，而有的消费者只能对商品做一些表层的评论；有一些消费者面对众多的商品，能够果断地做出买或不买的决定，有的消费者在琳琅满目的商品海洋里，则表现得犹豫不决。这说明消费者心理现象存在着明显的差别性。消费者个性心理特征对消费行为的影响和制约作用的研究，包括以下三方面具体内容：

(1)消费者气质、性格上的差异。这些差异使他们分化为具有某些购买心理特征的群体。如胆汁质、多血质、黏液质、抑郁质的消费者，在购买行为中会表现出不同的心理活动特点。

(2)消费者对商品的评估能力。例如，消费者对商品是深涉还是浅涉，男、女消费者对商品进行评估的标准有何差别，少儿、青年、中年、老年消费者对商品的评估能力各有什么特点等。

(3)时令商品、新潮商品、商品广告、销售方式、销售环境等对消费心理的影响。如质量可靠的产品为何受到客户的信赖？新颖趋时的商品如何引起消费者的兴趣？物美价廉的商品如何受到人们的青睐？以及引人入胜的广告如何激发起消费者的购买欲望？等等。

(三)研究消费心理与市场营销的双向关系

不同的产品市场以不同的消费者群为对象，不同的消费者群对消费品市场也有不同的心理要求。企业的营销策略会影响消费心理的产生和发展；反之，不同的消费心理特点和心理趋向也对市场营销提出了特定的要求。因此，消费心理与市场营销存在着双向关系。成功的市场营销活动是能够适应消费心理要求和购买动机的营销，是能够引导消费心理而开展有效促销活动的营销。对消费心理与市场营销双向关系的研究，包括以下三方面具体内容：

(1)影响消费心理的各种社会因素和自然因素。如收入水平、消费水平对购买序列、消费结构的影响，社会风气、风俗习惯对消费观念、消费流行的影响，文化程度、职业特点对购买方式、购买选择的影响，性别、年龄、气候、地域对购买决策、购买心理的影响，等等。

(2)产品设计如何适应消费心理。如产品结构设计是否符合人体工程学的要求？产品功能设计是否符合消费者的生理要求？产品装潢设计是否适应消费者的重点要求？新产品如何适应消费者求廉的心理要求？等等。

(3)从心理学的角度开展企业营销中的公共关系活动。如对业务员、营业员、服务员进行心理训练，以提高企业在客户与顾客中的形象和声誉；进一步改善购物环境和服务，以吸引更多的客户和顾客成为回头客；对消费者的心理做预测分析，以制定更为灵活的营销策略；等等。

第二节 消费心理学的形成与发展

一、消费心理学的三个发展阶段

古往今来，发现并注意消费者心理变化及行为表现者，应当首推那些精明善断的商人。他们首先注意到，消费者在买卖活动中的一些行为表现与其心理活动有关，于是，一些诱人购买的招数妙法应运而生。这些都为企业吸引消费者、扩大消费提供了科学的依据。

消费心理学作为系统研究消费者心理现象的一门独立的应用科学，是在资本主义工业革命以后，商品经济充分发展、市场问题日趋尖锐、竞争日益加剧的过程中形成和发展起来的。消费心理学大体可以分为以下三个阶段：

（一）早期萌芽阶段

从19世纪末到20世纪30年代，有关研究消费心理与行为的理论开始出现，并且得到了初步的发展。

这一阶段的主要背景是：19世纪末20世纪初各主要资本主义国家经过工业革命后，生产力大大提高，生产能力超出市场需求的增长速度，市场上的商品供过于求，企业之间的竞争加剧。在这种情况下，为了争夺市场，为数不少的企业生产经营者开始注重商品的推销和刺激需求作用，推销术和广告术也开始应用于企业的经营活动中。

1895年，美国明尼苏达大学的盖尔首先采用问卷调查的办法，就消费者对商品广告及其所介绍商品的态度与看法进行了研究。1901年12月20日，美国心理学家斯科特在美国西北大学做报告，提出广告应发展成一门科学，而心理学可以在其中发挥重要作用的见解，还第一次提出了消费心理学的问题。1903年，斯科特汇编十几篇论文，出版了《广告理论》一书，它标志着消费心理学的诞生。该书较系统地论述了在商品广告中如何应用心理学原理，以引起消费者的注意和兴趣。1912年，德国心理学家闵斯特伯格发表了《工业心理学》一书，阐述了在商品销售中，广告和橱窗陈列对消费者心理的影响。同时，还有一些学者在市场学、管理学等著作中也研究了有关消费心理与行为的问题。比较有影响的是行为主义心理学之父约翰·华生的"刺激—反应"理论，即"S-R"理论。这一理论揭示了消费者接受广告刺激物与行为反应的关系，被广泛地运用于消费者行为的研究之中。

由于此时消费心理与行为的研究还刚刚开始，研究的重点是企业如何促进产品销售，而不是如何满足消费者的需要，加上这种研究基本上局限于理论阐述，并没有具体应用到市场营销活动中来，因此尚未引起社会的广泛重视。

（二）中期应用阶段

从20世纪30年代到60年代，消费者行为研究被广泛地应用于市场营销活动中，并得到了迅速发展。

这一阶段的主要背景是：1929～1933年，西方资本主义国家发生经济大危机，生产严重过剩，商品销售十分困难，传统的卖方市场变成了买方市场。在这种形势下，企业的生产经营观念发生了重大转变，刺激消费被作为一种反危机的手段提了出来。在提出"创造需求"口号的同时，开始重视和加强市场调研，预测消费趋势，刺激消费需求。市场学、管理学、广告学、推销学在市场营销活动中得到了广泛的运用，并取得了明显的效果。这极大丰富和完善了消费者行为理论的研究，使它从其他学科中分离出来，成为一门独立的学科。

第二次世界大战以后,从20世纪50年代开始,人们越来越对消费者的心理现象及其活动规律产生兴趣,特别是由于心理学在各个领域的应用都取得了重大成果,引起了理论研究工作者和企业家们的强烈反响和关注。更多的心理学家、经济学家、社会学家转入这一领域进行研究,并相继提出了许多理论。例如,1951年,美国心理学家马斯洛提出了需要层次理论;1953年,美国心理学家布朗开始研究消费者对商标的倾向性;1957年,社会心理学家鲍恩开始研究参照群体对消费者购买行为的影响。1960年,美国正式成立了"消费者心理学会",1969年又成立了"顾客协会"。与此同时,消费心理学的学科体系也基本形成了。可以这样说,消费心理学从此进入了发展和应用时期,它对市场营销活动的参与、影响和服务的作用也日益明显。

(三)后期变革阶段

从20世纪70年代到现在,是消费心理学的变革阶段。

这一时期,有关消费者心理与行为的研究论文、报告、专著不仅数量剧增,而且在质量上也越来越高,研究方法也越来越科学。许多新兴学科如计算机、经济数学、行为学等也被运用于消费行为的研究。进入20世纪80年代后,消费心理学随着社会经济的发展而不断深化,门类越来越多,与市场营销的关系也日益密切。目前,它已成为西方国家市场营销专业人员和大专院校经济类专业学生的一门必修课程。消费心理学已成为现代经济科学中较为重要的学科之一。

二、消费者心理研究的现状与发展趋向

20世纪70年代以来,有关消费者心理与行为的研究进入全面发展和成熟阶段。前人的研究成果经过归纳、综合,逐步趋于系统化,一个独立的消费心理学学科体系开始形成,有关的研究机构和学术刊物不断增多。除了大学和学术团体外,美国等国的一些大公司也纷纷附设专门研究机构,从事消费者心理研究。有关消费者心理与行为的理论和知识的传播范围日益广泛,并且越来越受到社会各界的高度重视。综观近年来消费者心理与行为的研究现状,可以发现以下新的发展趋势:

(一)研究角度趋向多元化

长期以来,人们恪守于从商品生产者和经营者的单一角度研究消费者心理与行为,关注点集中在帮助工商企业通过满足消费需要来扩大销售、增加盈利。目前,这种单一局面已被打破,许多学者开始把消费者心理及行为同更广泛的社会问题联系在一起,从宏观经济、自然资源和环境保护、消费者利益、生活方式等多种角度进行研究。例如,研究作为买方的消费者的行为对市场变动的影响、各种宏观调控措施对消费者的心理效应,以及政府部门在制定经济规划时如何以消费者心理作为重要参考依据等。又如,顺应20世纪70年代以来消费者权益保护运动的广泛兴起,许多学者注重从消费者利益角度研究消费者心理,以帮助消费者提高消费能力,学会保护自身权益不受损害。再如,开展有关生活方式的专门研究,即把消费者作为"生活者",研究不同类型消费者生活方式的特点,以及其与消费意识、消费态度、购买行为的关系,从而帮助消费者提高生活质量。上述各方面的探讨,为消费者心理与行为的研究提供了更广阔、新颖的研究角度。

(二)研究参数趋向多样化

在最初的研究中,人们主要利用社会学、经济学的有关概念作为参数变量,根据年龄、性别、职业、家庭、收入等来分析和解释各种消费者心理与行为的差异。以后,随着研究的深入,与心理因素和社会心理因素有关的变量被大量引入,如需要、动机、个性、参照群体、社会态度、

人际沟通等。今天,由于社会环境的急剧变化和消费者自身素质的提高,消费行为比以往任何时期都更为复杂,已有的变量已很难对此做出全面的解释。例如,为什么已成为世界富裕国家之一的日本,其国民却仍崇尚节俭,储蓄率居发达国家之首;而美国人却寅吃卯粮,热衷于"借债消费"。为了准确把握日益复杂的消费行为,研究者开始引入文化、历史、地域、民族、道德传统、价值观念、信息化程度等一系列新的变量。新变量的加入为消费者心理与行为研究的精细化提供了可能性,同时也使参数变量在数量和内容上更加丰富多样,而这一现象正是消费者心理与行为研究多学科、综合性趋势进一步加强的反映。

(三)研究方法趋向定量化

新变量的加入使各参数变量之间的相互关系更加复杂,单纯对某一消费现象进行事实性记述和定性分析显然是不够的。为此,当代学者越来越倾向于采用定量分析的方法,运用统计分析技术、信息处理技术以及运筹学、动态分析等现代科学方法和技术手段,揭示变量之间的内在联系,如因果关系、相关关系等。定量分析的结果使建立更加精确的消费行为模式成为可能,而各种精确模型的建立又进一步推动了对消费现象的质的分析,从而把消费者心理与行为的研究提高到一个新的水平。

除了上述方面以外,近期的消费者心理与行为研究内容更为全面,理论分析更加深入,学科体系更趋完善,研究成果在实践中得到越来越广泛的应用。以上趋势表明,有关消费者心理与行为的研究已经进入更成熟的发展阶段。

第三节 消费心理的研究方法

一、研究消费心理应遵循的三个原则

(一)客观性原则

客观性原则就是实事求是的原则。消费心理是由客观存在引起的。对任何心理现象,必须按它们本来的面貌加以考察,不能脱离实际主观臆断。心理学本身有不具体、非常抽象的特点,但心理现象却是具体的、可以观察到的。对消费心理,只能在消费者的生活和活动的外部条件中进行研究。例如,在价格体制改革中,每项物价调整政策出台后,消费者产生一些变异心理是客观存在的。正确的方法是实事求是地加以宣传,引导消费者逐步适应物价变动,增强心理承受能力。遵循这一原则,要求在消费者的消费行为过程中研究其心理活动。只有根据消费者的所想所说、所作所为,才能正确判断其心理特点。

(二)发展性原则

发展性原则就是在事物产生、延续、变动的连续过程中研究消费者的心理现象。我国的市场发展变化很快,消费者的消费生活,包括消费者观念、消费动机、消费结构、消费趋向,也在不断地变化着。作为市场要素之一的消费者,在市场中的行为也不可能处于静止状态或处于某种模式之中,因此,要在发展中研究消费心理。例如,我国消费者的家庭生活方式出现由温饱走向小康、由单一物质消费转向物质和精神消费的趋势;在购买行为中,由持币抢购发展为持币采购和储币待购。遵循这一原则,要求不仅对已经形成的消费心理做出描述,而且要阐明那些潜在的、刚刚产生的、新的心理特点。

(三)联系性原则

遵循联系性原则就是在客观事物之间的相互联系、互相影响中研究消费心理。首先是因

为影响和制约消费心理的内部、外部因素是相互联系的。例如,企业营销环境的优劣会影响顾客的情绪,顾客的心境制约着他们对环境的体验。其次是因为心理过程和心理状态也是相互联系的。例如,人们对商品的认知是多学科的交叉。这种交叉学科的特点,要求我们不能孤立地而要联系其他相关学科的成果进行研究。

研究消费心理,在遵循上述原则的同时,还要根据研究任务的需要,选择应用适当的方法。

二、消费心理的研究方法

研究消费心理,常用的方法主要有观察法、实验法、访谈法、投射法、问卷法等。

(一)观察法

观察法是科学研究中最一般、最简易和最常用的研究方法,也是研究消费心理学的一种最基本的方法。在市场营销活动中,观察者依靠自己的视听器官,通过消费者的外部表现(动作、行为、谈话),有目的、有计划地观察了解消费者的言语、行动和表情等行为,并把观察结果按时间顺序系统地记录下来分析原因,用以研究消费者心理活动的规律。观察法的具体形式有以下几种:

1. 直接观察法

直接观察法是指调研人员到现场观察发生的情形,以收集信息。例如,在进行商店调查时,调研人员并不访问任何人,只是观察基本情况,然后记录备案。一般调研的内容有某段时间的客流量、顾客在各柜台的停留时间、各组的销售状况、顾客的基本特征、售货员的服务态度等。

2. 仪器观察法

在科学技术高度发展的今天,许多电子仪器和机械设备成为对消费者进行心理调研的工具。例如,经过被调查者的同意,可以在家用电视上安装一个监视装置,记录下这台电视机的开关时间、收看频道、收看时间等。再如,在测定广告效果时,可借助眼动仪摄下人们的眼部活动,观察瞳孔的变化,分析广告设计对人们注意力的影响。另外,美国有些超级商场配备了整套监视装置,分析消费者的购物习惯。

3. 实际痕迹测量法

该方法是指调研人员不是直接观察消费者的行为,而是通过一定的途径来了解他们的痕迹和行为。例如,某公司为了评价各种广告媒介的效果,在广告中附有回条,顾客凭回条可到公司购买折让的商品。根据回条的统计数,公司就可以找出最佳的广告媒介。再如,某商店为了调查顾客购买电器后的反应,可到各维修点调查哪些产品维修最多、哪些部件替换最快、消费者的评价等。国外有家饮料公司曾根据垃圾站旧饮料瓶的回收状况来分析消费者的口味偏好。

这种方法的优点是比较直观,观察所得到的材料一般也比较真实、切合实际。这是由于消费者是在没有被施加任何影响、没有干扰的情况下被观察的,其心理是自然流露的。观察法的不足之处在于其具有一定的被动性、片面性和局限性。观察所得到的材料本身还不能区分哪些是偶然现象、哪些是规律性的反映。例如,漫步商场观察消费者的步态和目光时,发现大致有三种表现:(1)脚步紧凑,目光集中,直奔某个柜台;(2)步履缓慢,犹豫不决,看着商品若有所思;(3)步态自然,神色自若,随意浏览。上述三种表现说明进店顾客大致有三类:(1)买者;(2)可能买者;(3)逛客。仅从这些观察中还不能推算出进店顾客真正购物的概率,因为在消费者的行为举止中,有很多偶然因素。

观察法可用于观察别人,也可用于观察自己,形成自我观察法。这种方法是把自己摆在消费者的位置上,根据自身的日常消费生活体验去揣摩、感受消费者的心理。应用自我观察法研究消费心理有独到之处,对价格心理、偏好转变以及情感变换等较复杂的心理现象的研究通常能收到满意的效果。

(二)实验法

实验法是有目的地严格控制或创设一定条件,引起某种心理现象,从而进行研究的方法。实验法可分为实验室实验法和自然实验法两种形式。

1. 实验室实验法

这种方法是指在实验室里借助各种仪器进行研究,也可以在实验室里模拟自然环境条件或工作条件进行研究。应用这种方法研究的结果一般比较准确。如测定消费者对商业广告的记忆率,就可以在实验室内运用录像、图片、文字等广告手段,选取不同时间测试被试者的广告记忆效果。但是,这种方法比较机械,只适宜研究较简单的心理现象。

2. 自然实验法

这种方法是指在企业营销环境中,有目的地创造某些条件或变更某些条件,给消费者的心理活动施加一定的刺激或者诱导,从中了解消费者心理活动。这种方法是人们有目的地创设或变更条件,因而具有目的性和主动性。这种方法虽然是在企业营销环境中进行的,但又不是纯自然的,是测试者根据研究目的主动地施加一些影响。这种方法往往能够按照研究目的取得准确、有效的资料,应用范围比较广泛。例如,工商企业举办单项或综合的商品展销会、新产品展示会等,可以说是自然实验法的一种运用。

(三)访谈法

访谈法是研究者通过与研究对象直接交谈,在口头信息沟通的过程中了解研究对象的心理状态的方法。访谈法也称面谈调查,一般由访问人员向被调查者当面询问问题,可以采用登门拜访、邀约面谈、开座谈会或电话访谈的形式进行。消费者心理研究中最常见和最广泛采用的是这种方法,获得信息最为可靠。依据与受访者接触的不同方式,访谈法可以分为面对面访谈法和电话访谈法。

1. 面对面访谈法

面对面访谈法又可分为结构式访谈和无结构式访谈两种。

结构式访谈又称控制式访谈,是研究者根据预定目标,事先撰写好谈话提纲,访谈时依次向受访者提出问题,让其逐一回答。这种访谈组织比较严密,条理清楚,研究者对整个谈话过程易于掌握,所得的资料也比较系统。但是,由于受访者处于被动地位,容易拘束,双方感情不易短时沟通。

无结构式访谈又称自由式访谈。在这种方式下,研究者与受访者之间可以比较自然地交谈。它虽然有一定的目标,但谈话没有固定的程序,结构松散,所提问题涉及的范围不受限制,受访者可以较自由地回答。在这种方式下,受访者比较主动,因而气氛较活跃,容易沟通感情,并可达到一定的深度。

面对面访谈法的优点主要有:(1)直接获得问题的答案,还可以通过观察被调查者的面部表情和反应动作,从中获得许多有价值的信息。(2)访问人员有机会对某项问题做深入讨论,谈话中可发现和提出更多的问题。(3)当被调查者对问题不够理解时,可当场解释;当回答的内容不够明确时,可当场要求补充,从而获得许多有价值的信息。(4)富有伸缩性,如发现被调查者不符合样本条件,可立即终止调查,样本能够精确控制。(5)访问人可借谈话激发被调查者的兴趣，使他们无拘无束地回答问题。(6)通过向被调查者展示公司产品的样品、图表和说明书，可以起到广告宣传的作用。(7)面谈调查也是一种感情投资，使消费者与企业建立感情联系。

面对面访谈法的缺点主要有：(1)访问人员的主观偏见经常影响资料的准确性；(2)对访问的工作难以监督，谈话进程不易掌握；(3)对研究者的访谈技巧要求比较高；(4)有些被测验者产生被质问的压迫感；(5)当地区分布面广时，成本甚高。

2. 电话访谈法

电话访谈法是借助电话这一通信工具与受访者进行谈话的方法，它一般是在研究者与受访者之间受空间距离限制，或者受访者难以或不便直接面对研究者时采用的访谈方法。电话访谈是一种结构式访谈，访谈内容要事先设计和安排好，由调查员根据抽样要求，通过电话向调查对象询问意见。

电话访谈法的优点主要有：(1)经济迅速，情报及时；(2)渗透性强，对难以接触的被调查者和家庭可以进行调查；(3)可以涉及一些面谈时不便谈论的问题；(4)资料的统一程度高。

电话访谈法的缺点主要有：(1)受电话设备的限制；(2)时间短促，仅能回答简单的问题，图表、设备等无法利用；(3)一般限于本地区，否则费用过大。

访谈法的优点是一般较容易取得所预期的资料，准确性高。但是，该方法所耗费用较多，对进行访谈的人员素质要求也比较高。

(四)投射法

在探求消费者心理时，通过调查法、观察法和实验法可以收集大量的材料，但问题在于被调查者对这类问题的回答往往听起来是合理的、合乎社会规范的，实际上并不一定是他内心真实的想法。这种自觉或不自觉的掩饰，致使材料的可靠性降低，影响了分析的科学性。要了解消费者的真实动机和心态，就必须借助于投射法解决。投射法是一种测定心理状况的工具。

投射法是研究者以一种无结构性的测验，引出被试者的反应，借以考察其所投射出的人格特征的心理测验方法。也就是说，投射法不是直接对被试者明确提出问题以求回答，而是给被试者一些意义不确定的刺激让其想象、解释，使其内心的动机、愿望、情绪、态度等在不知不觉中投射出来。目前，最常用的投射法有罗夏墨渍测验、主题统觉测验、角色扮演法和造句测验法等。

1. 罗夏墨渍测验

具体做法是给被试者10张墨渍图，这些图是将墨水涂在纸上，再将纸折叠起来而制成的浓淡不一的、对称的墨渍图案。其中，5张是黑、白两色，2张是黑、白加上其他深浅不同的颜色，其余3张是不同色彩的，让被试者逐一说出从图中看出什么或可能是什么，并做好记录，主要记录的是回答的语句、主要动作、表情、所用时间。全部测验结束后，可以再问一些相关问题，允许修订原来的回答。然后，调研人员可以通过统计分析，对测验结果做出综合解释，以判明被试者的内心状态。

2. 主题统觉测验

主题统觉测验是与罗夏墨渍测验齐名的一种测验工具。全套测验共有30张内容隐晦不清的黑白图片和1张空白卡片，图片的内容以景物或人物为主。实验时，取统一规定的1张空白卡片和19张图片，把这20张卡片和图片分成两半，分成两轮呈现给被试者，让被试者根据每张图片编一个故事，可以任意发挥。在被试者所讲的故事中，常常会将自己内心的情感世界展现出来，调研人员就可根据记录加以分析总结。

3. 角色扮演法

角色扮演法就是让被测试者扮演某种角色,然后以这种角色的身份来表明对某一事物的态度或对某种行为做出评价。例如,将一幅绘有一家庭主妇面对各种罐头食品陈列架的图片出示给被测试者,要求其说出图中主妇的购买想法。由于被测试者不知道图上的人到底想些什么,往往根据自己的想象和愿望,说出图上该家庭主妇的想法,而其回答无疑反映了被测试者本人的想法。这种方法的特点是不让被试者直接说出自己的动机和态度,而是通过他对别人的描述间接地反映出自己真实的动机和态度。这是一种简便易行的方法。

采用角色扮演法的最著名测试是美国关于速溶咖啡购买动机的研究(具体情况见第三章的案例分析)。一开始,速溶咖啡的上市并没有被消费者所接受,大家对这种省事、方便的产品不感兴趣。美国心理学家曾用问卷法直接调查,结论是消费者不喜欢这种咖啡的味道。然而,这个结论是没有依据的,因为速溶咖啡与新鲜咖啡的味道是一样的。后来,心理学家通过角色扮演法,编制了两种购物清单,一张上写的是速溶咖啡,另一张上写的是新鲜咖啡。把这两种购物清单分发给两组妇女,请她们描写不同购物清单家庭主妇的特征。测验结果发现,两组妇女对家庭主妇的评价截然不同。

购买速溶咖啡的主妇被大家看作是懒惰的、邋遢的女人,不是个好妻子;而购买新鲜咖啡的主妇则被大家评价为是勤快、有经验、会持家的主妇。这表明在当时的社会背景下,美国妇女认为担负繁重的家务是一种天职,而逃避劳动是偷懒的行为,大家不接受速溶咖啡正是基于这种深层的购买动机。后来,公司改变了宣传策略,改变口味,改进包装,打消了消费者的心理压力,产品随即成为畅销货。

4. 造句测验法

造句测验法是由研究者提出某些未完成的句子,要求被测试者填上几个字,将句子完成。例如,"_____牌电视机最受欢迎""_____牌西服最潇洒""假如你买空调器,应该选择_____牌""口渴时最想喝的饮料是_____",等等。研究者通过被测试者填写的内容可推知其爱好、愿望和要求,从而了解消费者对某种商品的评价和看法。

投射法能够探究到人的内心世界和潜意识,从而得到有价值的心理活动资料。但是,投射法的技术性很强,实际操作的难度也较大。投射法还可以采用字眼联想法、语句完成法、故事完成法等方式。

(五)问卷法

问卷法是通过研究者事先设计的调查问卷,向被研究者提出问题,并由其予以回答,从中了解被研究者心理的方法。这是研究消费者心理常用的方法。根据操作方式,问卷法可以分为邮寄问卷法、网络问卷法、入户问卷法、拦截问卷法和集体问卷法等。

邮寄问卷法通过邮政方式进行,不受地理条件的限制。问卷到达的范围十分广泛,被研究者填答问卷的时间比较灵活,回答问题也比较真实可靠。

网络问卷法是借助于互联网进行观察与访谈的一种方法。仅仅需要上网的基本设备,就可以对网络社会中形形色色的心理现象进行观察,也可以借助于网络轻松地与被调查者进行交谈。网络问卷是比邮寄问卷、电脑调查更有前途的一种重要的问卷调查法。

入户问卷法是研究者或访问员依据抽取的样本挨家挨户上门访问。该法要求受访者对每一个问题做出回答,访问员当场做好记录;也可以由访问员挨家挨户发完问卷就离去,由受访者自行填写,过段时间再收回问卷。

拦截问卷法是由访问员于适当地点,如商场出、入口处等,拦住适当受访者进行访问。

集体问卷法是由研究者对一群人同时进行访问,它适合于受访者相对集中的情况。

采用问卷法进行调查研究,不是以口头语言传递信息,而是通过文字语言传递信息。其优点是能够同时取得很多被研究者的信息资料,节省大量的调查时间和费用,而且简便易行。但是,问卷法也有其局限性,主要是它以文字语言为媒介,研究者与被研究者没有面对面的交流,无法彼此沟通感情;如果受访者没有理解问题,或者不负责任地回答,甚至不予协作、放弃回答,问卷结果就失去了意义。

三、消费者的心理调研

消费者的心理调研是指对消费者与企业有关的经济、政治、社会和日常活动范围内的行为、需要、态度、动机等的调查和研究。从各企业的实际出发,其活动内容的侧重点有所不同,但以下的调研活动是比较常见的。

1. 消费者研究

消费者的具体状况(经济、文化)、需求变动情况和发展趋势;不同国家、地区或不同民族的生活习性以及需求差异;消费者的购买动机,包括理智动机、感情动机和偏好动机,以及产生这些动机的原因;消费者的购买决策过程;不同消费者群体的购买行为心理;等等。

2. 产品与消费者心理

消费者对特定产品的偏好程度,产品设计对消费者心理的影响,产品的命名、商标、包装与消费者心理的关系,消费者对新产品的接受能力,等等。

3. 价格与消费者心理

消费者对价格的接受能力,消费者对价格变动的敏感心理,消费者对价格的习惯性倾向,等等。

4. 广告与消费者心理

消费者对媒体的偏好程度,广告创意对消费者心理的影响,广告效果的心理测定,等等。

5. 销售服务与消费者心理

消费者对销售人员的期望值水平,商店外观对消费者心理的作用,消费者对商店内部设计的偏好程度,消费者心理冲突的分析,等等。

四、消费心理学的研究意义

我国从20世纪80年代中期开始研究有关的消费者心理与行为,并从国外引进有关消费者心理与行为的研究成果。在此之前,我国在该领域的研究基本处于空白状态。不仅极少有人从心理角度研究消费和消费者,甚至连"消费心理"一词也鲜为人知。

改革开放以来,随着社会主义市场经济体制的逐步确立,我国消费品市场迅速发展,以消费者为主体的"买方市场"格局逐步形成。与此同时,广大消费者在消费水平、结构、观念和方式上都发生了巨大变化,逐渐由贫困型向温饱型、单一化、被动式消费向小康型、多样化、选择式消费转化。消费者自身的主体意识和成熟度也远远高于以往任何时期,从而在社会经济生活中扮演着日益重要的角色。正是在这一背景下,我国理论界及工商企业对消费问题予以前所未有的关注,关注的重点也由宏观消费现象向微观的消费者心理与行为拓展。

近年来,随着研究工作的深入,这一新兴研究领域在我国已由介绍、传播进入普及和应用阶段。各种调研机构纷纷开展对消费者态度、居民家庭计划、消费趋势预测等的调查研究,及时跟踪分析我国消费者心理和行为的变化动态。政府有关部门也将消费者的态度、预期、行为趋向等作为制定宏观经济决策的重要依据。工商企业则将消费者心理与行为研究的有关原理直接应用到市场营销活动中,用以指导和改进产品设计、广告宣传和销售服务等。实践证明,具有中国特色的社会主义消费心理学已经迅速建立和发展起来了。

(一)有助于企业根据消费者的需求变化组织生产经营活动,提高市场营销活动效果,增强市场竞争能力

随着经济的发展和收入水平的提高,一方面,我国广大消费者的消费需求日趋复杂多样,不仅要消费各种数量充足、质量优良的商品,而且要求享受周到完善的服务;不仅要满足生理的、物质生活的需要,而且希望得到心理的、精神文化生活等多方面的满足。另一方面,随着市场经济的迅速发展,所有企业都无一例外地被卷入市场竞争的激流之中。而市场供求状况的改善和多数商品买方市场的形成,使企业间竞争的焦点集中到争夺消费者上来。谁的商品和服务能够赢得更多的消费者,谁就在竞争中处于优势地位,就能获得较大的市场份额;反之,失去消费者,则会丧失竞争力,进而危及企业的生存。因此,企业为了在激烈的竞争中求得生存和发展,必须千方百计地开拓市场,借助各种营销手段争取消费者,满足其多样化的消费需要,不断巩固和扩大市场占有率。

企业要使营销活动取得最佳效果,必须加强对消费者心理的研究,了解和掌握消费者心理与行为活动的特点及其规律,以便为制定营销战略和策略组合提供依据。例如,在开发新产品时,可以根据目标消费者群的心理需求和消费偏好设计产品的功能、款式、使用方式和期限等,针对消费者对产品需求的心理周期及时改进或淘汰旧产品,推出新产品;在广告宣传方面,可以根据消费者在知觉、注意、记忆、学习等方面的心理活动规律,选择适宜的广告媒体和传播方式,提高商品信息的传递与接收效果。

实践证明,只有加强对消费者心理与行为的研究,根据消费者心理活动的特点与规律制定和调整营销策略,企业才能不断满足消费者的消费需要,在瞬息万变的市场环境中应付自如,具备较高的应变能力和竞争能力。

(二)有助于企业提高服务质量和服务水平

消费者做出购物选择时,一是看商品本身的质量如何,二是在于销售人员的服务水平好坏,销售现场服务人员仪表、语言、态度直接影响消费者的购买决策。因此,营销人员只有认真研究消费者的心理活动及其变化规律,不断总结经验,才能根据不同类型的顾客采取不同的接待方法,使顾客高兴而来、满意而去。这样,既卖出了商品赚回利润,又争取到更多的"回头客",同时还提高了企业的知名度和美誉度,获得事半功倍的效果。

(三)有助于消费者提高自身素质,科学地进行个人消费决策,改善消费行为,实现文明消费

消费就其基本形式来说,是以消费者个人为主体进行的经济活动。消费活动的效果如何,不仅受社会经济发展水平、市场供求状况及企业营销活动的影响,而且更多地取决于消费者个人的决策水平和行为方式,而消费决策水平及行为方式又与消费者自身的心理素质状况有着直接的内在联系。消费者的个性特点、兴趣爱好、认知方法、价值观念、性格气质、社会态度、消费偏好等,都会在不同程度上对消费决策的内容和行为方式产生影响,进而影响消费活动的效果乃至消费者的生活质量。在现实生活中,消费者由于商品知识不足、认知水平偏差、消费观念陈旧、信息筛选能力较低等原因,造成决策失误、行动盲目、效果不佳甚至利益受到损害的现象随处可见。因此,从消费者角度而言,加强对消费者心理与行为的研究是十分必要的。通过传播和普及有关消费者心理与行为的理论知识,可以帮助消费者正确认识自身的心理特点和行为规律,全面了解现代消费者应具备的知识、能力等素质条件,掌握科学地做出消费决策的程序和方法,学会从庞杂的信息中筛选有用成分的基本技能,懂得如何以较少的花费获取更多的收益,以及如何改善、美化生活,提高生活质量。由此,应增强广大消费者的心理素质,提高他们的消费决策水平,使消费行为更加合理化。

此外,在消费变革的时代浪潮中,面对丰富多彩的商品世界、变化多端的流行时尚,以及外来生活方式的冲击,某些畸形的消费心理和行为现象也开始在部分消费者中滋生蔓延,如盲目模仿、攀比消费、超前超高消费、挥霍消费、人情消费等,从而反映出部分消费者素质较低,距离文明消费尚有较大差距。因此,有必要加强消费者心理与行为的研究,结合实际剖析我国现阶段各种畸形消费心理与行为现象的作用机制及其成因,树立文明消费的基本标准与模式。这样,一方面促使消费者自动纠正心理偏差,改善消费行为,实现个人消费的合理化;另一方面,利用示范效应、从众效应、群体动力效应等社会心理机制影响各个消费者群,引导社会消费向文明、适度方向发展。

(四)有助于推动我国不断开拓国际市场,增强企业和产品的国际竞争力

当今时代,开放、合作已成为社会发展的主旋律,随着社会主义市场经济的发展和世界经济全球化、一体化趋势的加强,特别是加入WTO以后,我国将进一步打开国门,越来越多地参与国际经济活动,加入国与国之间竞争的行列中。为了使我国的产品打入和占领国际市场,有关企业必须研究和了解其他国家、地区、民族的消费者在消费需求、习惯、偏好、禁忌以及道德观念、文化传统、风俗民情等方面的特点和差异,对世界消费潮流的动向及变化趋势进行分析预测,在此基础上确定国际市场营销策略,使产品在质量、性能、款式、包装、价格、广告宣传等方面更符合销往国特定消费者的心理特点。唯有如此,我们的企业和产品才能在激烈的国际竞争中立于不败之地。反之,忽略不同社会文化条件下的心理差异,往往会遇到某些意想不到的销售障碍,甚至引起消费者的反感和抵制。因此,加强对消费者心理与行为的研究,对我国进一步开拓国际市场、增强企业及产品的国际竞争力具有十分重要的现实意义。

本章小结

消费是消费主体出于延续和发展自身的目的,有意识地消耗物质资料和非物质资料的能动行为。消费者是指在不同时空范围内参与消费活动的个人或集团。心理学是研究人的心理过程和个性心理发生、发展、变化规律的科学。心理的实质就是:心理是脑的机能,是大脑对客观现实的反映。消费心理是指消费者在购买、使用、消费商品过程中的一系列心理活动。消费心理学以消费者在其消费活动中的心理行为现象作为分析研究的对象。消费心理与行为作为一种客观存在的社会经济现象,有其特定的活动方式和内在规律。研究消费心理,目的就是为了发现和掌握消费心理现象产生、发展及变化的一般心理规律,有针对性地开展营销活动,以求利益最大化。消费心理学的研究随着市场经济的发展而产生,并随市场营销的需要而逐步深入。它是在市场经济条件下企业经营与消费者需求实现最佳结合的基础。对消费者心理与行为进行研究,有助于企业进行正确的决策,有助于企业提高商品质量和服务;有助于企业引导消费者科学文明消费;有助于促进对外贸易的发展。这些对于我国加快经济建设步伐、全面实现小康社会,具有重要的意义。

思考题

1. 消费心理学的含义及研究对象是什么？
2. 怎样理解与论证心理的本质？
3. 消费心理学的研究方法主要有哪些？
4. 举例说明研究消费心理学的现实意义。

案例分析

洞察当代消费者心理，迎接未来市场营销挑战[①]

经营者要想在激烈的市场竞争中求得生存与发展，就需要不断地提高管理水平和经营能力，适应市场的变化。而检验经营者市场营销能力的一个重要内容就是看他们头脑中的"消费者"观念，因为有效的市场营销战略是建立在对消费者心理认识的基础上的。近十多年来，发达国家特别是欧美、日本等国在争夺市场中取得了一个又一个成功的案例说明：研究有关市场的消费者心理特点，并依据其特点制定营销策略才能在市场中立于不败之地。相比之下，我们的许多经营者虽也在口头上说"以消费者心理为中心"，但长期的"思维定式"在头脑中形成的还是以我为中心的经营观念，对当代消费者心理并不了解，所以市场越来越小，生意越来越难做。怎样做才能把握消费者心理、赢得未来市场，本文也许会给出一些启示。

一、透视当代"消费者心理"

消费者心理特点是指：消费者所想的东西（认知）、所感觉的东西（体验）、所做的事情（行为）以及能对这些产生影响的事情和地方（环境）。正是上述各个方面的差异性，才使得消费者行为面对营销策略显示出多样性，也使得市场变得多姿多彩。所以经营者的一个重要观念就是：如何确保商家所做的与消费者所想、所感、所为是一致的。

如今不少经营者的营销观念并没有真正体现消费者心理特点，而是从自身的角度出发，"以我要的消费者"为经营理念，制定的"营销策略"只是在上述立场下，将产品（Product）、价格（Price）、渠道（Place）和促销（Promotion）（简称 4P）加以组合应用于市场中。这样大多数的营销活动实际上是"产品定位"而不是"消费者心理定位"。

营销大师们常说："商业的唯一目的是创造消费者。"那么这样的"消费者"究竟是什么样或者说有什么特征呢？我们一时很难说清楚。但从根本上讲，消费者是由一个希望满足他们需求的欲望而驱动的潜在群体构成的。市场之所以启动是因为产品或服务迎合了消费者的需求并满足了他们的欲望。以往企业常犯的一个错误就是只根据自己的主观意愿虚拟出所谓的消费者，而不是依据对市场的调查与研究。这种由错误营销观念所刻画出来的消费者不可能存在于现实之中或者只是极个别的也不可能形成市场。

认识"消费者心理"关键要进行市场调研。市场调研的一个重要目的是分析消费者心理现状、特点以及变化趋势。研究消费者心理关键有三个问题：一是消费者买什么，二是消费者为什么买，三是消费者怎样才能买到。然而在现实生活中，消费者的这三个问题受到诸多因素的影响，例如，受年龄、性别、职业、经济状况、生活方式等个人因素的影响，受动机、感知、信念、态度等心理因素的影响，也受社会阶层、相关群体、家庭、文化、亚文化以及外来文化等社会因素

[①] 丁家永：《洞察当代消费者心理，迎接市场营销挑战》，中国营销传播网，2005 年 12 月 15 日。

的影响。由于消费者心理千变万化，所以在这些因素共同作用下的购买行为更是多样的。正因为如此，要想有成功之作就要真正透视消费者心理。

二、满足当代消费者内心需要

如今消费者选择商品的准则不再基于"好"或"不好"这一理性观念，而是基于"喜欢"或"不喜欢"的态度观念与心理体验。我们知道有着100多年历史的宝洁公司，如今其主要产品在中国市场占有份额最大并最受中国老百姓喜爱。宝洁公司成功的关键就是，其产品能够以情入手，循循善诱地不断"教育"消费者。这个以"恩师"面目出现的企业，将健康的生活方式、全新的健康理念和可信的健康用品一齐送给消费者。消费者先是怀着几分敬意接受，继而是十分虔诚地礼拜了。

你听"中国人，你好了吗？"——这是宝洁这些年来天天向我们发出的善意的问候。"你洗发了吗？"——我来帮你洗。"你会洗发吗？"——我来教你洗。"你洗得好吗？"——我告诉你怎样洗得更好。宝洁，就像一位温柔的妻子，依偎在丈夫的身边，不仅好言相劝，而且身体力行；不仅耳提面命，而且从善如流。宝洁不仅教人们洗发，还教中国一代又一代人刷牙，在获得经济效益的同时，获得的社会效益也是空前的，更是长远的。因为，在这一切努力的背后，是消费者生活观念、生活习惯的改变，是人们健康意识和水平的提高，是整个社会的文明增长。

正因如此，当宝洁公司出钱出力聘请广告明星为中国健康协会做"我天天洗发，你呢？"的大型广告活动时，竟连自己公司的名字都没有署上，宝洁让人们天天洗发，那洗发水的使用量当然就高了，而宝洁是洗发水最大的卖家，所以，最终获利的还是宝洁。

曾经红极一时的索芙特产品在中国的经验也是一个很好的说明。1992年，中国的化妆品年销售总额不足百亿元。巨大的市场容量、较低的进入门槛、相对可观的利润使化妆品行业成为各方投资高手追逐的热门行业。著名品牌索芙特正是在这样一个竞争十分激烈的情况下进入化妆品领域的。当时大部分化妆品都强调精神感受，但真正把功能利益点落到实处的产品还很少。索芙特看准了这一市场，看准了竞争品牌的弱势。索芙特的市场选择有两个要素：其一是特殊利益需求者，其二是有购买能力者。这两个市场对价格都不太敏感，它们更关注问题的解决。有了清晰的定位，索芙特更关注的是如何使消费者支付的价格达到最大化。

针对市场的差异，索芙特率先开发了一种标新立异的香皂——索芙特海藻减肥香皂，率先实现了香皂的功能化，适应了消费者安全、方便的心理需要。在取得初步成功之后，索芙特又推出了"木瓜白肤香皂"。由于具有分解黑色素和去死皮的功能，"木瓜白肤香皂"受到了消费者的欢迎，也成为各个品牌竞相开发的领域，索芙特再次引领中国市场上美肤、护肤的潮流。2002年，索芙特洗面奶开始全面进入市场，一下子推出了十种解决不同皮肤问题的洗面奶。在"用洗脸的方式解决面子问题"的营销策略的推动下，索芙特以独特的产品在化妆品市场上高歌猛进。2003年，索芙特洗面奶一跃成为国产品牌销量的第一名。索芙特的成功，是与其深入研究行业、研究竞争品牌特别是研究消费者心理需要分不开的。可见经营者通过思维发散，制造新的需要与满足策略是未来市场营销成功的重要方面。

讨论：
1. 宝洁等跨国公司在中国取胜的原因何在？
2. 举例说明把握消费者心理与营销效果的关系。

阅读资料

中国消费升级七大趋势预测[①]

什么是消费升级？消费升级就是消费观念升级引发的消费需求由低层次往高层次的升级，由此引发消费群体和消费结构的升级，引发产品和服务朝着"品质、品位、品格"的方向升级，最终引发整个社会和商业生态的变革。

譬如新零售代表盒马鲜生，这一代表阿里系完全重构线下超市的新零售业态。它既是超市，是餐饮店，也是菜市场，消费者可到店购买，也可以在盒马App下单；它可以快速配送：门店附近3公里范围内，30分钟送货上门。

未来，消费升级将会怎样走势？趋势演变，又将会呈现怎样的变化？下面，我们为大家梳理一下。

预测一　"90后"成为消费升级的新引擎

"90后"正成为消费新引擎。作为增长最快、影响力最大的中国消费者群体之一，他们是出生于1990年至1999年间、成长于互联网时代的年龄在17至27岁之间的"数字原住民"，他们工作赚钱、自己决定怎么消费。这个消费群体占中国人口的16%，从现在起到2030年，他们将贡献中国消费增长的20%以上，高于其他任何人口类别。这支庞大的消费生力军对自己未来的花钱能力持乐观态度。

"90后"财富快速增长，普遍受到西方文化和新兴技术的影响。这是一个多样性的消费群体，他们对成功、健康、家庭、品牌和产品以及个人未来持有多元看法。我们相信"90后"这个最有前景的消费者群体将对品牌在中国市场的表现产生显著影响，将会成为推动消费升级的新引擎。

预测二　消费认知变化将催生一些新锐品牌

近几年，消费者认知发生变化，品牌归属地没有以前那么重要了。现今消费者对自己想要什么非常明确，无论是本土品牌，还是外国品牌，要求都是一样的。比如，越来越多的消费者开始密切关注那些主打性价比的品牌。首先，要物有所值。其次，产品品质要好，而且能满足个人偏好。最后，售后服务要到位。

随着消费升级和品牌认知发生变化，将诞生一些新品牌。网易严选正是切入到这一需求领域，这几年获得了巨大增长，2017年实现了近70亿元的零售额。小米手环的快速增长，也是抓住了这一机会；可以说，小米生态的系列产品，都是瞄准了这一市场。我相信，2018年将会有更多的品牌从这一市场诞生。

另一方面，消费者更关心品质，而不是一味纠结成本。比如，华为在国内消费者心目中的地位很高，他们为拥有一款既时尚领先，又比iPhone便宜的国产智能手机而自豪。

预测三　消费升级，主流换挡将会加快

消费升级，虽然传统消费产品和服务依然占据大部分市场，但是我们发现在多个领域，新消费增长迅猛，并且有持续加快的趋势。我们认为，新主流将会加快替代传统主流产品和服务市场。

在衣、食、住、行、玩、乐、购领域，这一现象表现更为明显。传统服装企业大多都活得不易，被新的敏捷生产、供应链技术及新零售方式所颠覆，而像优衣库、韩都衣舍等在消费升级新经

[①] 《2018中国消费升级顶层洞察》，搜狐网·搜狐财经，2018年1月23日。

济中获得了巨大成功。喜茶在初创获得成功后,随着资本加持,喜茶连锁店全国风生水起复制开来,这一趋势还会在2018年得到更大释放。

上海迪士尼乐园自开门营业以来,人流量持续爆棚;腾讯"王者归来"游戏,征服了广大在线游戏消费者,游戏IP本质就是精神消费升级的体现,健康的IP消费有利于社会和谐、有利于文化发展。

预测四　新零售线上线下相融合步伐加快,推动传统产业升级

2016年,马云第一次提出新零售概念;2017年,新零售已经成为中国数字经济发展的风向标。线上线下全面融合打通的新零售时代已经到来:从商品、物流、服务的全面打通,到品牌、零售、消费者体验一体化和数字化,已经从概念走向现实。快营销认为新零售核心是以数据来驱动"人—货—场"的重构,实现线上、线下及物流、服务体验的有机结合。新零售是线上线下互为流量渠道并以物流为链接的新模式,线上线下不再是敌对竞争关系,而是互补的关系,实现双向闭环引流。

尼尔森研究显示,现在实体店除了能够提供线上无法"触碰"的直接体验外,优惠力度也不输给电商,线上下单,线下提货,线上优惠,线下共享,全渠道融合的模式,正是优化购物体验、丰富购物选择的体现,这是消费升级的购物方式升级。我们认为,2018年新零售线上线下相融合步伐加快,以消费者需求为向导,引领传统行业向更高效、更高质量、体验更优的方向发展。

预测五　数字化技术继续推动企业消费升级转型

数字化的发展势不可挡。数字化时代下消费者被极大"赋能",消费者对于质量、服务及健康的需求大大增加,线上线下的界限逐渐模糊,手机成了消费者接触商品和服务的主流入口,社交与消费同步。

零售商面临全渠道压力,被迫从渠道经营向顾客经营转变。品牌商则全面进入"数字化立体整合形成自流量生态"时代。普华永道研究显示,海量却零散的数据给信息的整合和提炼带来挑战,同时销售、营销、供应链等环节的不协调削弱了企业规划和处理外部威胁的能力。我们认为,这就迫使企业必须在数字化领域积极投资,加快业务流程数字化,具体包括产品和服务数字化、供应链智能化转型、开放性平台式创新,销售与营销模式朝数字化生态营销转型。

企业利用数字化技术实现与消费者多渠道的交流互动,且覆盖消费者购物和社交的全环节。不仅消费者获得更完整的客户体验,企业也拉近了品牌与消费者的距离,同时,在与消费者的互动过程中,企业获得更完整的消费者数据和反馈,这将进一步指导企业的大数据精、准、快营销。

预测六　消费观念升级将推动网购消费金融化、国际化及个性化

消费观念正在变革升级,这一趋势也孕育了电商新领域和消费新需求的兴起。以"消费金融"为代表的新兴业务、以"跨境电商"为代表的创新电商形式和以"个性化、定制化"为代表的消费需求正在见证网络购物新时代的到来。

消费观念由"存钱消费"到"借钱消费",分期电商兴起。快侠科技创始人孙巍在接受中央电视台采访的时候表示:"事实上,这些背后是消费升级的趋势,越来越多的年轻人,希望用互联网信贷的方式提前享受高品质的商品,比如购买像iPhone等高端消费品、购买医美服务,这也促成了分期电商成为继京东、天猫的第三大互联网渠道。"

消费者对国际化品牌、品质商品的需求增长猛劲,促使跨境电商以100%的速度发展。笔者在"美国黑色星期五"接受央视采访时说:"今年,跨境电商服务升级,商品品类更加丰富化、多国化,往年主要集中在三大品类,即母婴、美妆、保健品,今年又添加了进口电器、家居以及轻奢品;而且向多国化协同参与升级,如今美、英、德、日、澳、新西兰等也都参与进来了。"

我们认为2018年消费观念将会继续升级,进一步推动网购消费升级的深化。

预测七　消费升级朝着"品质、品位、品格"的完品升级,引发潜力行业跑赢大势

消费升级即是从物质层面到精神层面的需求升级,从功能消费往精神消费升级,从数量消费向品质、品位和品格消费方向升级。快营销在完品战略里提出:消费者要购买的是完品(即完整的产品),完品包括"产品+品牌+体验"。

在消费升级时代,消费者更喜欢购买有品质的产品,更喜欢有品位的品牌,更享受有品格的体验。品质代表了更高端、健康及便捷;品位代表更具个性化、定制化、科技化;品格代表消费的社群共享、价值认同和情怀连接。

第二编

消费者心理

　　消费者会有各种各样的购物体验,如喜悦、愤怒等。由于每一种情况不同,因此,每一个消费者的购买行为都存在着差异。而在每一种购物行为的背后,都潜伏着一个可寻的心理动机。知己知彼,百战不殆。营销者应当通过某一个消费者的购物行为,去突破所有消费者的心理。

第二章

消费者的心理活动过程

• 学习目标

1. 掌握感觉与知觉、记忆与注意、想象与思维等基本概念的含义及其作用；
2. 了解消费者心理活动的认识过程、情感过程和意志过程的内容及三者之间的关系；
3. 掌握消费者心理活动的特征与消费者行为的关系。

• 导入案例

新口味可口可乐的失败[①]

20世纪70年代末，可口可乐公司为了扭转产品占有率不断下滑的局面，决定推出新口味可乐，在1982年实施了"堪萨斯工程"。"堪萨斯工程"是可口可乐公司秘密进行的市场调查行动的代号，调查发现，只有10%～12%的顾客对新口味可口可乐表示不安，而且其中一半的人认为以后会适应新可口可乐，这表明顾客们愿意尝试新口味的可口可乐。可口可乐公司技术部门决意开发出一种全新口感的、更惬意的可口可乐，因而组织了品尝测试，在不告知品尝者饮料品牌的情况下，请他们说出哪一种饮料更令人满意。测试结果令可口可乐公司兴奋不已，顾客对新可口可乐的满意度超过了百事可乐。而以前的历次品尝测试中，总是百事可乐打败可口可乐。可口可乐公司的市场调查人员认为，这种新配方的可口可乐至少可以将公司在饮料市场所占的份额向上推动一个百分点，这意味着多增加2亿美元的销售额。此时可口可乐公司又面临着一个新问题：是为"新可乐"增加一条生产线呢，还是用"新可乐"彻底取代传统的可口可乐呢？可口可乐公司决策层认为，新增加生产线肯定会遭到遍布世界各地的瓶装商们的反对，因为那样会加大瓶装商的成本。经过反复权衡后，可口可乐公司决定用"新可乐"取代传统可乐，停止传统可乐的生产和销售。消息闪电般传遍美国。在24小时之内，81%的美国人都知道了可口可乐改变配方的消息，这个比例比1969年7月阿波罗登月时的24小时内公众获悉比例还要高。"新可乐"上市初期，市场反应非常好。1.5亿人在"新可乐"问世的当天品尝了它，历史上没有任何一种新产品会在面世当天拥有这么多买主。发给各地瓶装商的可乐原浆数量也达到5年来的最高点。

然而好景不长，风云突变。虽然可口可乐公司事先预计会有一些人对"新可乐"取代传统可乐有意见，但却没想到反对的声势如此浩大。有的顾客称可口可乐是美国的象征、是美国人的老朋友，可如今却突然被抛弃了。还有的顾客威胁说将改喝茶水，永不再买可口可乐公司的

[①] 樽粮：《金庸议书和可口可乐推出新口味》，全球品牌网，2005年5月30日。

产品。在西雅图,一群忠诚于传统可口可乐的人们组成了"美国老可乐饮者"组织,准备在全国范围内发动抵制"新可乐"的运动。许多人开始寻找已停产的传统可口可乐,这些"老可乐"的价格一涨再涨。到6月中旬,"新可乐"的销售量远低于可口可乐公司的预期值,不少瓶装商强烈要求改回销售传统可口可乐。愤怒的情绪继续在美国蔓延,传媒还在煽风点火,对99年历史的传统配方的热爱被传媒形容成为爱国的象征。于是,可口可乐公司决定恢复传统配方的生产,其商标定名为Coca-Cala Classic(可口可乐古典)。同时继续保留和生产"新可乐",其商标为New Coke(新可乐)。7月11日,戈伊朱·埃塔率领可口可乐公司的高层管理者站在可口可乐标志下向公众道歉,并宣布立即恢复传统配方的可口可乐的生产。消息传来,美国上下一片沸腾。ABC电视网中断了周三下午正在播出的节目,马上插播了可口可乐公司的新闻。所有传媒都以头条新闻报道了"老可乐"归来的喜讯。华尔街也为可口可乐公司的决定欢欣鼓舞,"老可乐"的回归使可口可乐公司的股价攀升到12年来的最高点。

第一节 消费者心理活动的认识过程

一、消费者的感性认识阶段(认识形成阶段)

置身于纷繁芜杂的商品世界中,形形色色的商品、服务、广告等每时每刻都在刺激着消费者,向他们传递着各种消费信息。消费者通过大脑对外部信息加以接收、整理、加工、储存,从而形成对商品或劳务的认知,这一过程就是心理活动的认识过程。认识过程是消费者心理过程的起点和第一阶段,也是消费者行为的主要心理基础。各种消费心理与行为现象,诸如消费动机的产生、消费态度的形成、购买过程中的比较选择等,都是以对商品及劳务的认识过程为先导的。可以说,离开认识过程就不会产生消费行为。

认识过程不是单一的、瞬时的心理活动。消费者对商品或劳务的认识,通常经过由现象到本质、由简单到复杂的一系列过程。例如,消费者接收到某种商品信息后,首先会对色彩、形状、光亮、声音等表层信息做出直觉反应,产生外部印象;然后集中注意力,进一步观察、了解该商品的内在质量和性能;最后还要运用已有的知识和经验,对已获得的商品信息进行分析综合,去粗取精,去伪存真,在此基础上得出对该商品全面、正确的认识和结论。由此可见,消费者的认识过程是通过一系列心理机能的活动共同完成的。构成认识过程的心理机能包括感觉、知觉、错觉、注意、记忆、思维、想象、联想等。

(一)消费者的感觉

感觉是人脑对直接作用于感觉器官的客观事物个别属性的反映。在消费活动中,消费者对商品的认识过程是从感觉开始的。当消费者与商品等消费对象发生接触时,会借助眼、耳、鼻、舌、皮肤等感觉器官感受商品的物理属性(如颜色、形状、大小、软硬、光滑、粗糙等)和化学属性(如气味、味道等),并通过神经系统传递至大脑,从而引起对商品的各种感觉,包括视觉、听觉、嗅觉、味觉、触觉等。例如,一种新型护肤品,消费者用眼睛看到奶白色的膏体,用鼻子嗅到清新馥郁的香气,用手触摸到膏体的细腻柔滑和滋润感,由此产生对该护肤品的颜色、香型、状态、质地等方面的感觉。

感觉是一种最简单的心理现象,是人脑对客观事物外部特征和外部联系的直觉反映。消费者通过感觉获得的只是对商品属性的表面、个别、孤立的认识。因此,若仅仅依靠感觉对商品做出全面评价和判断,显然是不可靠的。但是,感觉又是认识过程乃至全部心理活动的基础和起点。通过感觉,消费者才能取得进一步认识商品的必要材料,形成知觉、记忆、思维、想象等较复杂的心理活动,从而获得对商品属性全面正确的认识。也正是以感觉为基础,消费者才能在认识商品的过程中产生各种情感变化,确认购买目标,做出购买决策。反之,离开对消费对象的感觉,一切高级的心理活动都无从实现,消费者将失去与客观环境的联系,消费行为也无从谈起。因此,从一定意义上说,感觉是消费者一切知识和经验的基础。

作为认识过程的心理机能之一,感觉有其特殊的表现形态和作用方式,具体包括感受性和感觉阈限、感觉适应、联觉等。

1. 感受性和感觉阈限

感受性是指感觉器官对刺激物的主观感受能力。它是消费者对商品、广告、价格等消费刺激有无感觉以及感觉强弱的重要标志。感受性通常用感觉阈限的大小来度量。感觉阈限是指能引起某种感觉持续一定时间的刺激量,如一定强度和时间的光亮、色彩、声音等。消费者感受性的大小主要取决于消费刺激物感觉阈限值的高低。一般来说,感觉阈限值越低,感受性就越大;感觉阈限值越高,感受性就越小。两者成反比关系。

消费者的每一种感觉都有两种感受性,即绝对感受性和相对感受性。在消费活动中,并不是任何刺激都能引起消费者的感觉。如果要产生感觉,刺激物就必须达到一定的量。那种刚刚能够引起感觉的最小刺激量,称为绝对感觉阈限。对绝对感觉阈限或最小刺激量的觉察能力,就是绝对感受性。绝对感受性是消费者感觉能力的下限。凡是没有达到绝对感觉阈限值的刺激物,都不能引起感觉。例如,电视广告的持续时间若少于3秒钟,就不会引起消费者的视觉感受。因此,要使消费者形成对商品的感觉,就必须了解他们对各种消费刺激的绝对感受性和绝对感觉阈限值,并使刺激物达到足够的量。

在刺激物引起感觉之后,如果刺激的数量发生变化,但变化极其微小,则不易被消费者察觉。只有增加到一定程度时,才能引起人们新的感觉。例如,一种商品的价格上涨或下降1%～2%时,消费者可能毫无察觉;但是,如果调幅达10%以上,则会引起消费者的警觉。这种刚刚能够觉察的刺激物的最小差别量,称为差别感觉阈限,而人们感觉最小差别量的能力即差别感受性。差别感觉阈限与原有刺激量的比值为常数,与差别感受性成反比。即原有刺激量越大,差别阈限值越高,差别感受性则越小;反之则相反。这一规律清楚地解释了一个带有普遍性的消费心理现象,即各种商品因效用、价格等特性不同而有不同的差别阈限值,消费者也对其有不同的差别感受性。例如,一台彩电的价格上调三五元乃至十几元,往往不为消费者所注意;而如果一袋豆浆提价0.50元或1元,消费者就十分敏感。了解消费者对不同商品质量、数量、价格等方面的差别感受性,对合理调节消费刺激量、促进商品销售具有重要作用。

2. 感觉适应

随着刺激物持续作用时间的延长,消费者因接触过度而造成感受性逐渐下降,这种现象称为感觉适应,而适应是一种普遍的感觉现象。在消费实践中,消费者的感受性会受到时间因素的影响。人们连续品尝十几种糖果之后,对甜味的味觉会变得迟钝;接连观看同一新款服装,会丧失新奇感。显然,感觉适应对增强刺激效应、不断激发消费者的购买欲望是不利的。要改变这一现象,使消费者保持对消费刺激较强的感受性,就要调整消费刺激的作用时间,经常变换刺激物的表现形式。例如,采用间隔时间播放同一内容的广告,以及不断变换商品的包装、款式和色调等。

3. 联觉

人体各感觉器官的感受性不是彼此隔绝的,而是相互影响、相互作用的,即一种感觉器官接受刺激产生感觉后,还会对其他感觉器官的感受性产生影响,这种现象就是联觉。消费者在同时接受多种消费刺激时,经常会出现由感觉间相互作用引起的联觉现象。例如,在优雅柔和的音乐声中挑选商品,对色泽的感受力会明显提高;进餐时,赏心悦目的菜肴会使人的味觉感受增强。除了不同感觉器官之间的联觉外,同一感觉器官内不同部分的感受性也会产生联觉现象。联觉对消费者行为有直接影响。热带国家某快餐店的墙壁原为淡蓝色,给人以凉爽宁静的感觉,顾客浅斟慢酌、流连忘返,影响了餐桌周转率。后来,店主将墙壁刷成橘红色,顾客进店后感到燥热不安,吃完饭立刻离去,从此,餐桌周转率明显提高。可见,巧妙运用联觉原理,可以有效地对消费者行为进行调节和引导。英国一家公司根据人的嗅觉位于大脑的情感中心,气味可以通过情感中心的直接通道对人的态度和行为产生强烈影响的原理,专门为商店提供可以给人带来宁静感的气味,以便诱使顾客延长停留时间,产生购买欲望。

(二)消费者的知觉

知觉是人脑对直接作用于感觉器官的客观事物个别属性的整体反映,是消费者在感觉基础上对商品总体特性的反映。在认识过程中,消费者不仅借助感觉器官对商品的个别属性进行感受,而且能将各个个别属性联系、综合起来,进行整体反映。

知觉与感觉既紧密联系,又相互区别。知觉必须以感觉为基础,因为任何客观事物都是由若干个别属性组成的综合体,事物的整体与其个别属性是不可分割的。消费者只有感觉到商品的颜色、形状、气味、重量等各方面属性,才有可能形成对该商品的整体知觉。感觉到的个别属性越充分、越丰富,对商品的知觉就越完整、越正确。但是,知觉不是感觉在数量上的简单相加,它所反映的是事物个别属性之间的相互联系,是建立在各个个别属性内在联系基础上的事物的完整映像。此外,知觉是在知识经验的参与下,对感觉到的信息加以加工解释的过程。没有必要的知识经验,就不可能对客观事物的整体形象形成知觉。因此,知觉是比感觉更为复杂深入的心理活动,是心理活动的较高阶段。

在现实中,消费者通常以知觉的形式直接反映商品等消费对象,而不是孤立地感觉它们的某个属性。例如,映像在人们头脑中的是苹果、皮箱,而不是红色、圆形或黑色、长方形。因此,与感觉相比,知觉对消费者的影响更直接、更重要。知觉的形成与否决定消费者对商品信息的理解和接受程度;知觉的正误偏差制约着消费者对商品的选择比较;经知觉形成的对商品的认知,是购买行为发生的前提条件。

知觉是消费者对消费对象的主动反应过程。这一过程受到消费对象的特征和个人主观因素的影响,从而表现出某些独有的活动特性,具体表现在选择性、理解性、整体性、恒常性等方面。

1. 知觉的选择性

现代消费者置身于商品信息的包围之中,随时受到各种消费刺激。但是,消费者并非对所有刺激都做出反应,而是有选择地把其中一部分刺激作为信息加以接收、加工和理解,这种在感觉基础上有选择地加工、处理信息并加以知觉的特性,就是知觉的选择性。

引起消费者知觉选择的原因,首先源于感觉阈限和人脑信息加工能力的限制。凡是低于绝对感觉阈限和差别感觉阈限的较弱小的消费刺激,均不被感觉器官所感受,因而也不能成为知觉的选择对象。只有达到足够强度的刺激,才能被消费者所感知。而受人脑信息加工能力的限制,消费者不能在同一时间内对所有感觉到的信息进行加工,只能对其中一部分加以综合解释,形成知觉。有研究表明,平均每天潜在地显现在消费者眼前的广告信息达1 500项,但被感知的广告只有75项,产生实际效果的只有12项。因此,消费对象如果具有某些特殊性质或特征,如形体高大、刺激强度高、对比强烈、重复运动、新奇独特、与背景反差明显等,往往容易首先引起消费者的知觉选择(见图2—1和图2—2)。

图2—1 少妇与老妇　　　　　　　　图2—2 双面花瓶

消费者自身的需要、欲望、态度、偏好、价值观念、情绪、个性等,对知觉选择也有直接影响。凡是符合消费者需要、欲望的刺激物,往往会成为首先选择的知觉对象,而与需要无关的事物则经常被忽略。当消费者对某种商品抱有明显好感时,很容易在众多商品中对其迅速感知;反之,对不喜欢甚至持否定态度的商品,则感知速度缓慢。从情绪状态看,一般在欢乐的心境下,人们对消费刺激的反应灵敏、感知深刻;心情苦闷时,则可能对周围的事物"听而不闻,视而不见"。价值观念的差异使消费者对同一商品表现出不同的知觉反应:注重物质享受的人对奢侈品、消遣品的感知深刻,崇尚节俭、勤奋的人对此可能印象模糊;就个性而言,独立型、性格坚定的人通常对事物的知觉深刻、选择明确,而顺从型、性格懦弱的人对事物的知觉模糊、容易盲从。

防御心理也潜在地支配着消费者对商品信息的知觉选择。趋利避害是人的本能。当某种带有伤害性或于己不利的刺激出现时,消费者会本能地采取防御姿态,关闭感官通道,拒绝信息输入。

2. 知觉的理解性

知觉是在知识经验的参与下形成的。消费者在以往的生活实践中积累了一定的商品知识和经验,只有借助这些知识和经验,才能对各种感觉到的信息加以选择和解释,认知为可以理解的确定的事物,这就是知觉的理解性。知识经验在知觉理解中的作用主要通过概念和词语来实现。概念和词语是知觉对象的标志,如电视机、音响、汽车、软饮料等。人们借助于各种概念和词语的命名,把商品的个别属性联合成整体。相反,如果缺乏必要的知识经验和相应的概念、词语,消费者就不能形成对商品的正确知觉,很难做出准确判断。消费实践和知识经验水平的不同,造成了消费者之间在知觉理解能力和程度上的差异。知识经验的不足,将直接导致消费者对商品的知觉迟缓和肤浅。

3. 知觉的整体性

知觉对象是由许多个别属性组成的,且各组成部分有其各自的特点。但是,人们并不把对象感知为若干个相互独立的部分,而是趋向于把它知觉为一个统一的整体,这就是知觉的完整性。在认知商品的过程中,消费者经常根据消费对象各个部分的组合方式进行整体性知觉。之所以如此,是由于通过整体知觉可以加快认知过程,同时获得完成、圆满、稳定的心理感受。这一特性的具体表现形式有:

(1)接近性——在空间位置上相互接近的刺激物容易被视为一个整体；
(2)相似性——刺激物在形状和性质上相似，容易被当作一个整体感知；
(3)闭锁性——当刺激物的各个部分共同包围一个空间时，容易引起人们的整体知觉；
(4)连续性——当刺激物在空间和时间上具有连续性时，容易被人们感知为一个整体。

除了根据消费对象各部分的组合方式进行整体认知以外，知觉的整体性还表现在对消费对象各种特征的联系与综合上。人们通常把某种商品的商标、价格、质量、款式、包装等因素联系在一起，形成对该商品的整体印象。在评价一家商店时，顾客依据的不是某一单项因素，而是对商品的种类档次、服务质量、购物环境、企业信誉等多种因素加以综合考虑。知觉的整体特性使消费者能够将某种商品与其他商品区别开来；当环境变化时，可以根据消费对象各种特征间的联系加以识别和辨认，从而提高知觉的准确度。

4. 知觉的恒常性

由于知识经验的参与和整体知觉的作用，人们对客观事物的认知更加全面和深刻。即使知觉的条件发生变化，知觉的映像仍能保持相对不变，这就是知觉的恒常性。知觉的这一特性使消费者能够避免外部因素的干扰，在复杂多变的市场环境中保持对某些商品的一贯认知。有些传统商品、名牌商标、老字号商店之所以能长期保有市场份额，而不被众多的新产品、新企业所排挤，其重要原因之一就是消费者已经对它们形成了恒常性知觉，在各种场合和条件下都能准确无误地加以识别，并受惯性驱使连续进行购买。知觉的恒常性可以增加消费者选择商品的安全系数，减少购买风险，但同时也容易导致消费者对传统产品的心理定式，阻碍新产品的推广。

(三)消费者的错觉

错觉是歪曲的知觉，又称错误知觉，是指人们观察物体时，由于物体受到形、光、色的干扰，加上人们的生理、心理原因而误认物象，产生与实际不符的判断性的视觉误差。错觉包括几何图形错觉(高估错觉、对比错觉、线条干扰错觉)、时间错觉、运动错觉、空间错觉、光渗错觉、整体影响部分的错觉、声音方位错觉、形重错觉、触觉错觉等。

在现实中，消费者并不总是能够准确无误地认知商品，错觉现象随时可见。引起消费者错觉的原因是多方面的。消费对象的固有特征，如商品与相关事物的几何图形，就经常引起消费者的视觉错觉。如宽大的物体因为竖条纹而显得窄小，窄小的物体又因为横条纹而显得宽大。当知觉与过去的经验相互矛盾时，消费者往往会因固守已有经验而产生错觉。例如，许多人笃信"好货不便宜，便宜没好货"的信条，因而对物美价廉的商品产生质量错觉。此外，心理定式的形成、思维推理上的错误等，也是造成错觉的原因。

最容易产生视觉错觉的几何图形如图2—3所示。

据分析，造成以上错觉的原因可能是由于大脑皮层的响应部位首先产生较强兴奋，从而引起附近部位的抑制。另外，当感官提供的刺激信号较小时，大脑皮层的感应及综合分析减弱，也会造成人的某些错觉。

错觉现象并非绝对无益，在商品经营中巧妙利用消费者的错觉，有时可以取得意想不到的效果。例如，两瓶同样容量的酒，扁平包装会比圆柱形包装显得多一些。又如，狭长形商场若在单侧柜台的对面墙壁装饰镜面，可以通过光线折射使消费者产生商场宽敞、商品陈列丰富的视觉效果。

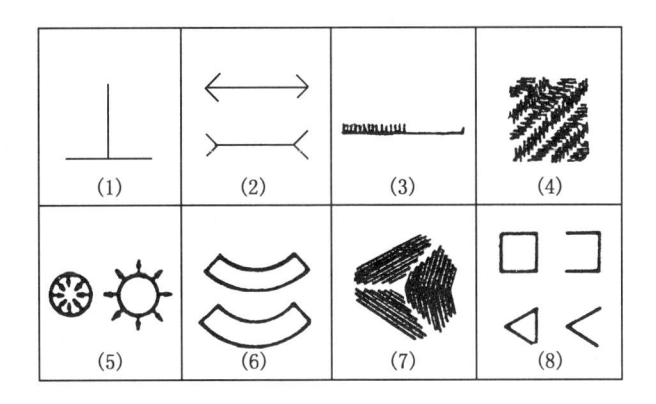

注:(1)垂直与水平错觉,即运动错觉;
　　(2)谬勒—莱依尔(Muller-Lyer)错觉;
　　(3)"填充"与"空白"错觉:左半段似乎长于右半段;
　　(4)"平行"与"交叉"错觉:平行线似乎不平行了;
　　(5)结构错觉:实际上两个圆形相等;
　　(6)空间错觉:实际上两个空间相等;
　　(7)背景错觉:由于直线与曲直线的作用,圆形似乎不圆了;
　　(8)闭合错觉:闭合图形比开口图形显得小。

图 2-3　视觉错觉几何图形

二、消费者的理性认识阶段(认识发展阶段)

消费者在认识客观事物时,首先通过机体的感觉和知觉对刺激物产生直观、表象的反应,在储存刺激信息、进行初步辨认中形成认识的初级阶段,并将由感性认识发展到理性认识,从而形成消费者认识的完整体系。

(一)消费者的注意

注意是指人的心理活动对一定对象的指向和集中。在复杂的消费活动中,消费者经常需要把感知力、记忆力、思考力等集中在某个特定的消费对象上。与认识过程的其他心理机能不同,注意不是一个独立的心理活动,而是各个心理机能活动的一种共有状态或特性。这一特性主要体现在指向性和集中性两个方面。

注意的指向性是指心理活动的对象和范围,表现为心理活动不是同时朝向一切对象,而是有选择、有方向地指向特定的客体。注意的集中性是指心理活动倾注于被选择对象的稳定和深入的程度。集中能在特定的选择和方向上保持并深入下去,同时对一切不相干的因素予以排除。指向性和集中性相互联系,密不可分。正是在这两者的共同作用下,人们才能在感觉、知觉、记忆、思维以及情感、意志等活动中有效地选择少数对象,对其做出深刻、清晰、完整的反应。

1. 注意的功能

作为心理活动的一种共同特性,注意在消费者认知商品的过程中具有一系列重要功能。

(1)选择功能。即选择有意义的、符合需要的消费对象加以注意,排除或避开无意义的、不符合需要的外部影响或刺激。面对浩如烟海的商品世界,消费者不可能同时对所有的对象做出反应,只能把心理活动指向和集中于少数商品或信息,将它们置于注意的中心,而使其他商品或信息处于注意的边缘或注意的范围之外。只有这样,消费者才能清晰地感知商品,深刻地记忆有关信息,集中精力进行分析、思考和判断,在此基础上做出正确的购买决策。反之,没有注意,消费者的心理活动就会陷入茫然无绪的状态。

(2)维持功能。即把对选择对象的心理反应保持在一定方向上,并维持到心理活动的终结。由于注意的作用,消费者在对消费对象做出选择后,能够把这种选择贯穿于认知商品、制定决策乃至付诸实施的全过程中,而不致中途改换方向和目标,由此使消费者心理与行为的一致性与连贯性得到保证。

(3)加强功能。即排除干扰,不断促进和提高消费者心理活动的强度与效率。在注意的情况下,消费者可以自动排除无关因素的干扰,克服心理倦怠,对错误和偏差及时进行调节和矫正,从而使心理活动更加准确和高效率地进行。例如,在注意感知时,消费者对商品的感受性会大大增强,产生错觉的可能性则有所降低。

2. 注意的类型和特征

消费者在认知商品的过程中,往往表现出不同的注意倾向。有的漫无目的,有的目标专一;有时主动注意,有时被动注意。根据消费者有无目的以及是否需要意志努力,可以将注意分为无意注意、有意注意、有意后注意三种类型。

(1)无意注意。又称随意注意,是指没有预定目的、不加任何意志努力而产生的注意。消费者在无目的地浏览、观光时,经常会在无意之中不由自主地对某些消费刺激产生注意。刺激物的强度、对比度、活动性、新异性等,是引起无意注意的主要原因。例如,包装色彩鲜艳的商品、散发诱人香味的食物、形体巨大的广告、与背景反差明显的商品陈列、不停旋转的电动器具、闪烁变换的霓虹灯、造型或功能奇特的新产品等,都会因其本身的独有特征而形成较强的刺激信号,引起消费者的无意注意。此外,消费者的潜在欲望、精神状态等也是形成无意注意的重要诱发条件。

(2)有意注意。又称故意注意,是指有预定目的、需要经过意志努力而产生的注意。在有意注意的情况下,消费者需要在意志的控制之下,主动把注意力集中起来,直接指向特定的消费对象。因此,有意注意通常发生在需求欲望强烈、购买目标明确的场合。例如,急需购买某名牌彩电的消费者,会刻意寻找、收集有关信息,并在众多的同类商品中,把注意力直接集中于期望的品牌。这期间需要消费者付出意志努力,采取积极主动的态度,克服各种困难和障碍。与无意注意相比,有意注意是一种更高级的注意形态。通过有意注意,消费者可以迅速地感知所需商品,准确地做出分析判断,从而缩短对商品的认知过程,提高购买效率。

(3)有意后注意。又称随意后注意,是指有预定目的但不经意志努力就能维持的注意。它是在有意注意的基础上产生的。消费者对消费对象有意注意一段时间后,逐渐对该对象产生兴趣,即使不进行意志努力,仍能保持注意,此时便进入有意后注意状态。在观看趣味性、娱乐性广告或时装表演时,人们就经常会出现有意后注意现象。这种注意形式可以使消费者不致因过分疲劳而发生注意力转移,并使注意保持相对稳定和持久。但是,有意后注意通常只发生在消费者感兴趣的对象和活动中。

以上三种注意形式并存于消费者的心理活动中。它们之间既交替作用,又相互转化,如无意注意可以转化为有意注意,有意注意进一步发展便转化为有意后注意。在交替与转化的过程中,三种注意形式共同促进消费者心理活动有效进行。

在消费实践中,消费者的注意经常表现出一系列活动特征,诸如范围、分配、紧张、分散、稳定、转移等。

注意的范围是指消费者在同一时间内能清楚把握的消费对象的数量。在多个消费对象中，人们往往只能同时注意到少数几个对象。实验表明，成人在1/10秒的时间内能注意到4~6个彼此不联系的物体或符号，儿童只能注意2~3个。但是，如果消费对象的位置集中，彼此具有内在联系，消费者注意的范围就会扩大。

注意分配是指消费者能在同一时间内把注意分配到两种或两种以上消费对象或活动上。例如，在注意倾听广播广告的同时，注意观察某种商品。注意分配的重要条件是，在同时存在的两种以上消费对象中，只能有一种是消费者不太熟悉的，需要集中注意感知或思考，其他则相对熟悉或了解，无须过分注意。

注意紧张是指消费者集中注意一定对象时聚精会神的程度。当消费者进入紧张注意状态时，他的意识中会极其清晰和鲜明地反映这一对象，同时，其他对象将远离注意中心。此时，消费者的注意范围和注意分配能力都有所降低，但是，注意的效果将明显提高。

长时间高度的紧张注意会引起疲劳，注意力便趋向于分散。注意力分散是指消费者无法控制和集中自己的注意力。这种情况通常发生在生理疲劳、情绪激动或意志薄弱的消费者身上。当处于注意力分散状态时，消费者对商品的感知和思考能力都会大大降低。

注意的稳定是指消费者在一定时间内把注意力保持在某一消费对象或活动上。稳定是与分散相反的注意状态。显然，当消费者稳定地保持注意力时，他对商品的了解将更加全面、深入。能否保持注意的稳定与消费对象是否单调、枯燥有关，但更主要地取决于消费者的主观状态和意志努力。

注意转移是指消费者根据新的消费目标和任务，主动把注意力从一个对象转移到另一个对象上。转移注意力是一种有意识的、需要意志加以控制的注意状态，它要求消费者具备较高的灵活性和适应性。如果能够迅速自如地转移注意力，将有助于消费者更好地适应外部环境的变化，高效率地从事消费活动。

以上各种特征表明，注意在消费者的心理活动中具有重要作用，它既可以维持和加强心理活动的强度，也可以降低或减弱心理活动的效率。

3. 注意的应用

鉴于消费者注意的上述活动特征，在商品设计、包装、广告宣传等营销活动中，营销人员应当有针对性地采取多种促销手段，以引起和保持消费者的有效注意。

(1) 可以通过增加消费刺激强度来引起消费者的无意注意。无意注意是有意注意的先导，许多消费者都是在无意注意的基础上对某种商品产生有意注意，进而引发购买行为的。因此，通过增加消费刺激的强度，诸如商品的色泽明艳度、款式新奇度，以及广告的音频高度、构思巧妙程度等，来提高消费者感觉器官的感受性，就可以在更大范围内促进无意注意的产生。

(2) 可以通过明确消费目标、培养间接兴趣来维持消费者的有意注意。有意注意是促进消费者购买的直接条件，是各种注意形态中最有意义的一类。但是，有意注意的形成不完全取决于消费对象的刺激强度，而是主要决定于预先拟定的消费目标。很显然，预定目标越明确，有意注意的形成就越顺利。因此，广泛利用各种宣传媒体，帮助消费者在充分了解商品的基础上明确目标，不失为赢得消费者有意注意的有效途径。此外，无意注意以直接兴趣为基础，即消费对象具有趣味性，对消费者具有强烈的吸引力；而有意注意以间接兴趣为基础，即消费对象本身缺乏吸引力，消费者的主要兴趣在于消费活动的结果。因此，充分展示商品效能和使用效果，增强消费者的间接兴趣，也是维持有意注意的重要途径。

(3) 消费者自觉排除外部干扰，加强意志努力，是从主观方面保持注意稳定和集中的重要条件。随着市场竞争的加剧,消费者在把注意指向某商品时,经常受到其他消费刺激的干扰,造成注意力分散和非主动转移。这就需要消费者增强自我控制能力,通过意志努力使注意力保持在稳定状态。就经营者而言,也应力求突出商品的独特性,采取多样化的促销手段,帮助消费者克服无关因素的干扰,尽快由有意注意转入无须意志努力即可保持相对稳定的有意后注意状态。

(二)消费者的记忆

1. 记忆的概念

记忆是过去经验在人脑中的反映。具体地说,记忆是人脑对感知过的事物、思考过的问题或理论、体验过的情绪或做过的动作的反映。与感知相同,记忆也是人脑对客观事物所做的反映活动。两者的区别在于,感知是人脑对当前直接作用的事物的反映,而记忆是人脑对过去经验的反映;也就是说,记忆中保留的映像是人的经验。

记忆是人脑的重要机能之一,也是消费者认识过程中极其重要的心理要素。在消费实践中,消费者感知过的广告、使用过的商品、光顾过的商店、体验过的情感以及操作过的动作等,在经过之后,并非消失得无影无踪,而是在大脑皮层留下兴奋过程的印迹。当引起兴奋的刺激物离开之后,在一定条件的影响下,这些印迹仍然能够重新活跃起来。这样,消费者就能重新再现已经消失的消费对象的表象(表象是过去感知过的事物在头脑中再现出来的形象)。

记忆在消费者的心理和行为活动中具有重要作用。正因为有了记忆,消费者才能把过去的经验作为表象保存起来。经验的逐渐积累推动了消费者心理的发展和行为的复杂化;反之,离开记忆,则无法积累和形成经验,就不可能有消费心理活动的高度发展,甚至连最简单的消费行为也难以实现。例如,如果丧失对商品外观、用途或功效的记忆,消费者再次购买同一商品时,将无法辨认并做出正确的判断和抉择。

记忆作为人脑对客观事物的一种反映形式,其生理基础是大脑神经中枢对某种印迹的建立和巩固。人类在长期进化的过程中形成了惊人的记忆能力,人脑可以存储大量的信息,容量大约相当于人能将地球上所有的文字知识信息全部接收下来、记忆下来。因此,记忆的容量是十分巨大的。而且,记忆保存的时间也很长。人的有些记忆能保持七八十年或更长一些。有的推销商或广告制作人认为,消费者是非常健忘的,几乎什么都记不住。因此,要根据人的记忆规律,赋予消费对象以鲜明的特征,把不好记忆的变为好记忆的、不便回想的变为便于回想的、短时记忆变为长久记忆,使消费者能够很快地、更多地和长时间地记住有关商品信息。

2. 记忆过程

消费者对过去经验的反映,是要经历一定过程的。心理学研究表明,这一过程包括识记、保持、回忆、再认几个基本环节。

(1)识记。识记是一种有意识地反复感知,从而使客观事物的印迹在头脑中保留下来,成为映像的心理过程。整个记忆过程是从识记开始的,它是记忆过程的第一步。

①根据消费者在识记时是否有明确目的和随意性,识记可以分为无意识记和有意识记。

无意识记是事先没有明确目的,也没有经过特殊的意志努力的识记。当消费者随意浏览商品,或阅读报纸、观看电视时,虽然没有明确的目的和任务,也没有付出特别的努力,但某些商品或广告的内容却可能被自然而然地识记下来,这就是无意识记。无意识记具有很大的选择性。一般来说,那些在消费者的生活中具有重要意义,适合个人需要、兴趣、偏好,能够激起情绪或情感反应的消费信息,给人的印象深刻,往往容易被无意识记。

有意识记是预先有预定目的,并经过意志努力的识记。例如,欲购买小汽车的消费者,对各种汽车的品牌、性能、质量、价格、外观等特性,均需进行全面了解和努力识记。可见,有意识记是一种复杂的智力活动和意志活动,要求有积极的思维参与和意志努力。消费者掌握系统的消费知识和经验,主要依靠有意识记。

②根据所识记的材料有无意义和识记者是否理解其意义,识记可以分为机械识记和意义识记。

机械识记是在对事物没有理解的情况下,依据事物的外部联系,机械地重复所进行的识记,如没有意义的数字、生疏的专业术语等。机械识记是一种难度较大的识记,容易对消费者接收信息造成障碍。因此,企业在宣传产品、设计商标或为产品及企业命名时,应当坚持便于消费者识记的原则。例如,20世纪30年代,上海祥生出租汽车公司成立之初无人问津,后来不惜重金买到一个"40000"的电话号码,这个电话号码非常好记,对公司开展电话叫车业务起到了举足轻重的作用。

意义识记是在对事物理解的基础上,依据事物的内在联系所进行的识记。它是消费者通过积极的思维活动,揭示消费对象的本质特征,找到新的消费对象和已有知识的内在联系,并将其纳入已有知识系统中来识记的。运用这种识记,消费者对消费对象的内容和形式容易记住,保持的时间较长,并且易于提取。大量的实验表明,以理解为基础的意义识记,在全面性、速度、准确性和巩固性方面,都比机械识记优越得多。

(2)保持。保持是过去经历的事物映像在头脑中得到巩固的过程。但是,巩固的过程并不是对过去经验的机械重复,而是对识记的材料进一步加工、存储的过程。即使存储起来的信息材料不是一成不变的,随着时间的推移和后来经验的影响,保持的识记在数量和质量上也会发生某些变化。一般来说,随着时间的推移,保持量呈减少的趋势;也就是说,人对其经历的事物总是要忘掉一些的。此外,存储材料的内容、概要性、完整性等,也会发生不同程度的改变。

识记保持的数量或质量变化有的具有积极意义,例如,消费者在识记商品的过程中,逐渐了解并概括出商品的基本特性,对无关紧要的细节忽略不计,从而把有关必要信息作为经验在头脑中存储起来;但有的变化会产生消极作用,例如把主要的内容遗漏,或者歪曲了消费对象的本来特征,后者主要表现为遗忘。

(3)回忆。回忆又称重现,是对不在眼前的、过去经历过的事物表象在头脑中重新显现出来的过程。例如,消费者购买商品时,往往把商品的各种特点与在其他商店见到的或自己使用过的同类商品在头脑中进行比较,以便做出选择,这就需要回想,这个回想过程就是回忆。

根据回忆是否有预定目的和任务,可以分为无意回忆和有意回忆。无意回忆是事先没有预定目的,也无须意志努力的回忆。有意回忆则是有目的的、需要意志努力的回忆。例如,消费者在做出购买决策时,为慎重起见,需要努力回忆以往见过的同类商品或了解到的有关信息。

消费者对消费信息的回忆有直接性和间接性之别。所谓直接性,就是由当前的对象唤起旧经验。例如,一见到瑞士雷达表广告,就想起过去了解到的瑞士钟表技术及各种溢美之词。这种直接的回忆或重现有时比较容易。所谓间接性,即要通过一系列的中介性联想才能唤起对过去经验的回忆。例如,购买卡西欧计算器,消费者一时想不起卡西欧的品牌,但通过阿童木的广告卡通形象则可能很快回想起来。这种回忆有时需要较大的努力,经过一番思索才能完成,这种情况称作追忆。运用追忆的心理技巧,如提供中介性联想,利用再认来追忆,或暂时中断追忆等,有助于帮助消费者迅速回忆起过去的经验。

(4)再认。对过去经历的事物重新出现时能够识别出来,就是再认。例如,消费者能够很快认出购买过的商品、光顾过的商店、观看过的广告等。一般来说,再认比重现简单、容易,能重现的事物通常都能再认。

上述四个环节彼此联系、相互制约,共同构成消费者完整统一的记忆过程。没有识记,就谈不上对消费对象内容的保持;没有识记和保持,就不可能对接触过的消费对象回忆或再认。因此,识记和保持是再认和回忆的前提,而回忆和再认则是识记与保持的结果及表现。同时,通过再认和回忆,还能进一步巩固、加强对消费对象的识记和保持。消费者在进行商品选择和采取购买行动时,就是通过识记、保持、回忆和再认来反映过去的经历和经验的。

3. 消费者记忆的类型

(1)根据记忆内容或映像的性质,可以分为形象记忆、逻辑记忆、情绪记忆和运动记忆。

形象记忆是指以感知过的消费对象的形象为内容的记忆,如对商品形状、大小、颜色的记忆。心理学研究表明,人脑对事物形象的记忆能力往往强于对事物内在逻辑联系的记忆,两者的比例约为1 000∶1。所以,形象记忆是消费者大量采用的一种主要记忆形式,其中又以视觉形象记忆和听觉形象记忆起主导作用。

逻辑记忆是指以概念、判断、推理等为内容的记忆,如关于商品质量、功能、质量标准、使用效果测定等的记忆。逻辑记忆是通过语言的作用和思维过程来实现的,是人类所特有的具有高度理解性、逻辑性的记忆,是记忆的较高级形式。但是,因为逻辑记忆对消费者的逻辑思维能力要求较高,在传递商品信息时要酌情慎用。

情绪记忆是指以体验过的某种情绪为内容的记忆,如对过去某次购物活动的喜悦心情或欢乐情景的记忆。情绪记忆在消费者的记忆过程中经常使用,它可以激发消费者重新产生过去曾经体验过的情感,成为出现某种心境的原因。情绪记忆的映像有时比其他记忆的映像更为持久,甚至终身不忘,因此,在宣传商品时,恰当调动消费者的情感体验,可以使其形成深刻的情绪记忆。

运动记忆是指以做过的运动或动作为内容的记忆,如消费者对在超级市场购买商品的过程,即由进场挑选到成交结算的动作过程的记忆。运动记忆对于消费者形成各种熟练选择和购买技巧是非常重要的。

(2)根据记忆保持时间长短或记忆阶段,可以分为瞬时记忆、短时记忆和长时记忆。

瞬时记忆也称感觉记忆,它是极为短暂的记忆。据研究,视觉瞬时记忆在1秒钟以下,听觉瞬时记忆在4~5秒钟以下。瞬时记忆的特点是,信息的保存是形象的,保存的时间很短,而且保存量大。消费者在商店等购物场所同时接收到大量的消费信息,但多数呈瞬时记忆状态。在瞬时记忆中呈现的信息如果没有受到注意,就会很快消失;如果受到注意,就转入短时记忆。

短时记忆的信息在头脑中存储的时间长一些,但一般不超过1分钟。例如,消费者对广告上出现的某生产厂家的电话号码边看边记,依靠的就是短时记忆。如果不重复,短时记忆的信息在1分钟内就会衰退或消失。此外,短时记忆的容量也不大。因此,在告知消费者数字、符号等机械性信息时,不宜过长或过多。

长时记忆是指1分钟以上,直至数日、数周、数年,甚至终身的记忆。与短时记忆相比,长时记忆的容量是相当大的,并且是以有组织的状态存储信息。长时记忆对消费者知识和经验的积累具有重要作用,它会直接影响消费者的购买选择和决策。就企业而言,运用各种宣传促销手段的最佳效果,就是使消费者对商品品牌或企业形象形成长时记忆。

在了解消费者记忆类型及其特点的基础上,企业在传递商品信息时,首先要考虑消费者接受信息的记忆极限问题,尽量把输出的信息限制在记忆的极限范围内,避免因超出相应范围而造成信息过量,使消费者无法接受。例如,在电视的"5秒广告"中,播出的信息应尽量安排在7~8个单位内,超出这一范围,就会大大降低广告的宣传效果。其次,从记忆类型的效果看,情绪与情感因素对记忆效果的影响最为明显。消费者在愉快、兴奋、激动的情绪状态中,对商品及有关信息极易形成良好、鲜明、深刻的记忆表象,并将这一表象保持较长时间。在适当的环境下,消费者也会迅速回忆和再认原有表象及情绪体验。例如,消费者在某商店受到售货员热情周到的服务,由此形成良好的心理感受,这一感受会长久地保存在他的记忆中。所以,企业在营销活动中应特别注重发挥情绪记忆的作用,如在广告和公共关系活动的创意设计中,就可以利用情感性的诉求手段来加强消费者对企业与商品的良好印象。

4. 消费者的遗忘

在消费实践中,无论是哪一种类型的记忆,都难以做到永远保持。这是因为在记忆过程中,存在着另一个重要的心理机制,即遗忘。对识记过的事物不能再认或回忆,或者表现为错误的再认或回忆,称为遗忘。遗忘与记忆保持相反的过程,其实质是由于不使用或受别的学习材料的干扰,导致记忆中保持的材料丧失。遗忘可能是永久性的,即不再复习时就永远不能再认或重现。例如,对许多文字或电视广告,倘若不加注意和有意识记,很可能会完全忘记。但是,遗忘也可能是暂时的,消费者叫不出熟悉商品的名称、想不起使用过商品的操作程序,都属于暂时性的遗忘。

关于消费者遗忘的原因,有关学者提出两种假设,即"衰退说"和"干扰说"。"衰退说"认为遗忘是由于记忆痕迹得不到强化而逐渐减弱、衰退以至消失的结果。"干扰说"则认为遗忘是因为在学习与回忆之间受到其他刺激干扰的结果。他们认为,记忆痕迹本身不会发生变化,它之所以不能恢复活动,是由于存在着干扰。一旦干扰被排除,记忆就能恢复。这个学说最有力的证据就是前摄抑制和后摄抑制。前摄抑制是指先前学习的材料对后学习材料的干扰作用,后摄抑制是后学习的材料对先前学习材料的干扰作用。在消费活动中,前摄抑制和后摄抑制的影响十分明显。消费者在连续接受大量消费信息后,往往对开始和最后的信息记忆深刻,而中间内容则记忆不清。

消费者的遗忘是有规律的。根据心理学家艾宾浩斯的研究,消费者的遗忘过程的曲线大致如图 2-4 所示。

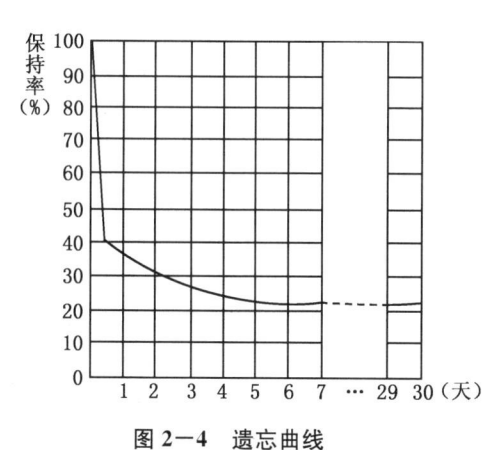

图 2-4 遗忘曲线

从遗忘曲线中可以看出,消费者在识记后保持在头脑中的材料随时间的推移而递减,这种递减在识记后的短时间内特别迅速,即遗忘较多。一项试验表明,某广告最后一次重复之后,只相隔4个星期,消费者记住它的百分数就下降了50%。此后,随着时间的推移,遗忘的速度缓慢下来,保持渐趋稳定地下降。也就是说,遗忘的进程是先快后慢。了解消费者遗忘的这一规律,对于企业有针对性地采取措施,帮助消费者减少遗忘、保持有效记忆,具有重要的启示。

(1)由于独特的、不寻常的信息较少受遗忘的干扰,具有更大的记忆潜力,因此,广告等消费信息必须具有鲜明的主题和特色。

(2)由于呈现信息的顺序会影响对它的保持,比如信息的中间部分最容易被遗忘,因此,在提供消费信息时,应尽可能将最重要的部分放置在开头与结尾,以免出现前摄抑制和后摄抑制。

(3)由于重复可以增加信息在短时记忆中停留的机会,不断地重复还有助于将短时记忆转化为长时记忆,所以,在传递消费信息时,应尽可能多次重复有关内容,但应注意表现形式的多样化和重复时间的间隔性与节奏性,以避免引起消费者的乏味和厌烦情绪。

(4)遗忘的恢复依赖于某些线索,这些线索反过来又会促进对识记材料的回忆。因此,商品的包装、陈列以及广告设计等都应考虑利用相同的线索来帮助消费者回忆已经遗忘的信息材料。

(三)消费者的联想

1. 联想的含义

联想是回忆的一种形式,由正在经历的事物或想起的某一事物引起,又回想起与之相关联的另一事物,从而形成神经中枢的暂时联系,并使这种联系活跃起来。

2. 联想的类型

(1)接近联想。在空间或时间上比较接近的两件事物,容易在回忆中产生联系。例如,一说起烽火台就想到长城,一提起鼓浪屿就想到厦门,这就是空间接近联想。再如,想到李白和杜甫,就想到春游登泰山和观日出等。北京有家"老插餐厅",店名和内部陈设别具一格,使许多原来的返城知青在就餐时回忆起所经历的难忘岁月,吸引了不少回头客。

(2)相似联想。相似联想是指两件事物具有相似的特征和性质,容易将其所产生的现象同时回忆起来。例如,看到莲花,就想起"出淤泥而不染"的品质。消费者在评价、挑选商品时,也容易产生这种由此及彼的近似联想,比如由宝石首饰想到雍容华贵,由牛仔套装想到英武潇洒等。导购人员若在此时给以适时的指点和引导,会加深消费者的印象和联想,促进购买的实现。

(3)对比联想。对比联想就是把两种具有相反特点的事物或现象联系在一起。对比联想既要反映事物的共性,又要突出相对立的个性特征。例如,化妆品的广告宣传会使消费者产生皮肤的黑与白、粗糙与细腻、年轻与衰老的对比联想。在炎热的夏季,如果你口渴难忍,会产生喝一杯冷饮后舒适的对比联想。

(4)关系联想。关系联想是指由于某种事物的其他联系所形成的联想。例如,有些副食品商店也经营小百货,这不仅方便了消费者,也符合消费者由居家过日子所引发的关系联想。此外,还有事物因果的关系联想(如由下雪想到寒冷),以及隶属关系、部分与整体的关系联想等。

(四)消费者的思维

1. 思维概述

思维是人脑对客观事物概括的、间接的反映,是认识的高级阶段。思维是在感知的基础上产生和发展的,是人们从对事物的感性认识发展到理性认识的复杂心理活动。思维的产生离不开以下两个条件。

(1)感知。感知包括感觉和知觉,感觉和知觉好比是思维的大门,只有通过感知才能获得事物的具体而鲜明的形象,人脑思维又以这些感知材料为基础,通过去伪存真、由表及里、由此及彼的综合分析、抽象概括和比较鉴定得到对事物的正确认识,总结出事物的基本特性和发展规律,从感性认识上升到理性认识。

但是,思维并不是被动的。实践产生思维,思维又是对实践的指导和改造。在生活中,消费者并不是去消极地感受商品、使用商品,而是在使用中不断丰富着感性知识,对商品提出新的要求,希望不断完善所使用的商品。如果生产者注意听取消费者的意见,并不断提出新的思维创意,就会不断推陈出新。日本吉田味精厂的设计人员采用了一位家庭主妇的建议,将味精包装瓶口的小孔由原来的1毫米改为1.5毫米后,竟然销路大开。这位有心的家庭主妇通过日常使用和反复琢磨,产生了新的想法,协助厂家找到了先前味精销路一般的原因。

(2)语言。语言是思维的必备工具,思维是语言的具体内容,两者的关系极为密切。语言也是一种客观刺激物,它以声音和描述的形象直接被消费者感知,通过第二信号系统的活动直接引起思维过程。只有这样,消费者的反映才能成为自觉的、有意识的理性认识。如果没有语言,思维就不存在;通过语言,人们就能交流和传递信息。

有时消费者对商品缺乏了解或者并不了解,为了购买所需要的商品,特别是一些高档商品,他们必然要亲自咨询调查,收集有关资料,聆听他人介绍和用后评价,从这些大量的感性材料中,消费者会汲取、掌握对自己最有用途的部分进行比较、分析、鉴定和决策,通过积极的思维去解决问题。由此可以看出,语言对消费者实现思维过程和购买行为具有重要作用。

思维的过程是一个将具体的形象化事物进行抽象和概括的高级认识过程,具有以下两个主要特征:

(1)间接性。间接性就是借助事物的媒介所产生的感知去理解和预见事物的发展。例如,在夜间行路,看到地面湿漉漉的,就可以推想是洒水车经过所致。因为如果是下过雨,大街小巷以至房顶都应该是湿的。

(2)概括性。概括性就是将同类事物的共同特征和本质集中并加以概括,同时对有关事物的内在联系做出结论。比如,桃子、李子、苹果、鸭梨等称为水果,而"月晕而风""础润而雨"则概括了事物之间的有机联系。

根据思维过程中凭借物的不同,思维可分为三种:

(1)直接动作思维。例如,购买计算机时,就要按照说明一步步地通过实际动作来检验。

(2)具体形象思维。具体形象思维就是借助形象对事物进行分析和判断。例如,消费者考虑去哪家商店可以节省路途时间、买到称心的商品,那么,在他的头脑中就会构想、选定一些商店的路线来进行比较思维。

(3)抽象逻辑思维。抽象逻辑思维就是凭借概念、判断和推理的方法进行思维。

以上三种思维方式往往交替运用。在思维水平上,由于受到职业、文化、年龄、阅历等条件的限制,有的人思维水平高,有的人则相对低些。儿童思维的发展,是先有动作思维、形象思维,最后才上升到逻辑思维。香港一家儿童玩具超级市场充分注意到了儿童的思维特点,以"儿童乐园""娃娃之家"的形式开展销售,使儿童们在尽情玩乐之中买到心爱的玩具。

2. 消费者的一般思维过程

消费者的思维过程主要分为以下三个步骤:

(1)分析过程。消费者对商品的分析过程是在掌握了一定量的感性材料基础上进行的,这就需要尽量将消费者的购买目标范围缩小,从中选出一个最佳目标。例如,购买彩电时,可选择的各种牌号较多,但消费者首先要通过分析确定是购买进口的还是国产的、购买多大屏幕的等,出发点不同,考虑后的结果也不同。

(2)比较过程。消费者通过初步分析,确定所购买的目标范围后,还会在两种商品之间进行选择。例如,是购买价格较便宜的 VCD,还是购买功能较强大的 DVD,这就要对比它们之间的异同点,比较的过程也是对事物进行鉴别和综合的过程。

(3)评价过程。在确定了商品的购买目标后,消费者会对其进行购前预测评价,运用判断、推理的思维方式,对商品的内在属性及其本质进行概括,对购买决策做好心理活动准备。当购买了这种商品后,消费者仍会对其进行购后分析、比较及评价,加深这种思维过程,在反复的感知中对商品加深理性认识。

消费者的一般思维过程因人而异,因受到主体因素及客观外界因素的影响,有时以形象思维为主,有时则以抽象思维为主。思维使消费者由最初的外行会变成内行,人的消费行为也逐渐由幼稚变得成熟。

(五)消费者的想象

想象是人脑在原有感知的基础上创造出新形象的心理过程。想象是思维的创造性发展,使思维变得更高级、更复杂,没有想象就没有创造。

想象分为两种类型:一种是根据别人的描述在头脑中产生想象,称为再造想象;一种是不依据现成的描述,而是想象在现实中尚未存在的事物,称为创造想象。想象为思维开辟了广阔的天地,但它不是凭空产生的,而是人们在社会实践活动过程中迸发出的思维结晶,具有独立性、创造性和新颖性。

消费者的想象有时是根据他们对商品的不断使用和理解产生的。例如,消费者有了立体声收录机,可以随时收听美妙的音乐,但有的人突发奇想:如果要有如此高水平的乐队为自己伴奏该有多好。这个看起来并不现实的愿望启发了生产设计人员,他们终于研制出具有混声效果的卡拉 OK 伴唱机,这种由想象创造出的新产品一问世,就受到了消费者的欢迎。

人们还想象能够生产出一种类似牙膏制品的食物,每餐只要挤出一些食用就可获得人体所需要的营养和热量,免去下厨之劳。这在现实生活中尚未出现过,属于创造性想象。

第二节　消费者心理活动的情感过程

一、消费者的情绪过程

(一)情绪、情感、感情概述

情绪是人对客观事物需求态度的体验,具有独特的主观体验形式、外部表现形式和极为复杂的神经生理基础。

情感是指情绪过程的主观体验,对正在进行着的认知过程起评价和监督作用,着重于表明情绪过程的感受方面。

感情是情绪和情感心理现象的统称。在日常生活中,表示关爱的情绪、情感状态以及愿望、需要的感受倾向,代表情绪及情感的一般现象。

消费者在从事消费活动时,不仅通过感觉、知觉、注意、记忆等认识了消费对象,而且对它们表现出一定的态度。根据其是否符合消费主体的需要,消费者可能对其采取肯定的态度,也可能采取否定的态度。当采取肯定态度时,消费者会产生喜悦、满意、愉快等内心体验;当采取否定态度时,则会产生不满、忧愁、憎恨等内心体验。这些内心体验就是情绪或情感。

情绪或情感是人对客观事物的一种特殊反应形式,它的发生与认识过程一样,源于客观事物的刺激。当刺激达到一定强度时,便会引起人的相应体验,从而产生各种情绪反应。这些情绪反应不具有具体的现象形态,但可以通过人的动作、语气、表情等方式表现出来。例如,某消费者终于买到盼望已久的大屏幕彩色电视机时的面部表情和语气会表现出欣喜的特点;而当他发现买回的商品存在质量问题时,又会表现出懊丧、气愤等表情。

(二)情绪或情感的基本类别

(1)喜、怒、哀、乐等经常出现的基本情绪;

(2)痛楚、压迫等纯粹由感观刺激引起的情绪;

(3)自信、羞辱等与自我评价有关的情绪;

(4)爱、憎等与人际交往有关的情绪;

(5)理智感、荣誉感、美感等与意识有关的情绪或情感。

以上各种类别,在消费者的情绪过程中都有不同形式的表现。

(三)情绪、情感的联系与区别

从严格意义上讲,情绪和情感是既有联系又有区别的两种心理体验。情绪一般是指与生理的需要和较低级的心理过程(感觉、知觉)相联系的内心体验。例如,消费者选购某品牌香水时,会对它的颜色、香型、造型等可以感知的外部特征产生积极的情绪体验。情绪一般由当时特定的条件引起,并随着条件的变化而变化。所以,情绪表现的形式是比较短暂和不稳定的,具有较大的情境性和冲动性。某种情境一旦消失,与之有关的情绪就立即消失或减弱。

情感是指与人的社会性需要和意识紧密联系的内心体验,如理智感、荣誉感、道德感、美感等。情感是人们在长期的社会实践中受到客观事物的反复刺激而形成的内心体验,因此,与情绪相比,情感具有较强的稳定性和深刻性。在消费活动中,情感对消费者心理和行为的影响相对长久和深远。例如,对美感的评价标准和追求会驱使消费者重复选择和购买符合其审美观念的某一类商品而排斥其他商品。

情绪与情感之间又有着密切的内在联系。情绪的变化一般受到早期形成的情感的制约;离开具体的情绪过程,情感及其特点则无从表现和存在。因此,从某种意义上说,情绪是情感的外在表现,情感是情绪的本质内容。正由于此,实践中两者经常作为同义词使用。

二、消费者情绪的表现形式

(一)激情

激情是一种猛烈的、迅速爆发而持续短暂的情绪体验,如狂喜、暴怒、恐怖、绝望等。激情具有瞬息性、冲动性和不稳定性的特点,发生时往往伴有生理状态的变化。消费者处于激情状态时,其心理活动和行为表现会出现失常现象,理解力和自制力也会显著下降,以致做出非理性的冲动式购买举动。

(二)热情

热情是一种强有力的、稳定而深沉的情绪体验,如向往、热爱、嫉妒等。热情具有持续性、稳定性和行动性的特点,它能够控制人的思想和行为,推动人们为实现目标而长期不懈地坚持努力。例如,一个书画收藏家为了不断增加藏品,满足自己的爱好,可以长年累月地压缩其他生活开支,甚至借钱来购买收藏品。

(三)心境

心境是一种比较微弱、平静而持久的情绪体验。它具有弥散性、持续性和感染性的特点,在一定时期内会影响人的全部生活,使语言和行为都感染上某种色彩。在消费活动中,良好的心境会提高消费者对商品、服务、使用环境的满意程度,推动积极的购买行为;相反,不良的心境会使人对诸事感到厌烦,或拒绝购买任何商品,或专买用以消愁解闷的商品。

(四)挫折

挫折是一种在遇到障碍又无法排除时的情绪体验,如怨恨、懊丧、意志消沉等。挫折具有破坏性、感染性的特点。消费者在挫折的情绪状态下,会对商品宣传、促销劝说等采取抵制态度,甚至迁怒于销售人员或采取破坏行动。

就情绪表现的方向和强度而言,消费者在购买过程中所形成的情绪,还可以分成积极、消极和双重三种类型。

(1)积极情绪,如喜欢、欣慰、满足、快乐等。积极情绪能够增强消费者的购买欲求,促成购买行动。

(2)消极情绪,如厌烦、不满、恐惧等。消极情绪会抑制消费者的购买欲望,阻碍购买行为的实现。

(3)双重情绪。在许多情况下,消费者的情绪并不简单地表现为积极或消极两种,如满意—不满意、信任—不信任、喜欢—不喜欢,而经常表现为既喜欢又怀疑、基本满意又不完全称心等双重性。例如,消费者对所购买的商品非常喜爱,但由于价格过高而又感到有些遗憾。又如,由于售货员十分热情,消费者因盛情难却而买下不十分满意的商品。双重情绪的产生,是由于消费者的情绪体验主要来自商品和售货员两个方面。当两者引起的情绪反应不一致时,就会出现两种相反情绪并存的现象。

三、消费者购买活动的情绪过程

消费者在购买活动中的情绪过程,大体可分为以下四个阶段:

(一)悬念阶段

在这一阶段中,消费者产生了购买需求,但并未付诸购买行动。此时,消费者处于一种不安的情绪状态。如果需求非常强烈,不安的情绪就会上升为一种急切感。

(二)定向阶段

在这一阶段,消费者已经面对所需要的商品,并形成初步印象。此时,情绪获得定向,即趋向喜欢或不喜欢、满意或不满意。

(三)强化阶段

如果在定向阶段消费者的情绪趋向喜欢和满意,那么这种情绪现在会明显强化,强烈的购买欲望迅速形成,并可能促成购买决策的制定。

(四)冲突阶段

在这一阶段,消费者对商品进行全面评价。由于多数商品很难同时满足消费者多方面的需求,因此,消费者往往要体验不同情绪之间的矛盾和冲突。如果积极的情绪占主导地位,就可以做出购买决定,并付诸实现。

四、影响消费者情感变化的因素

(一)商品

消费者购买商品的目的是为了满足自己的需要。因此,商品是消费者的情绪和情感形成与变化的重要因素。商品作为一个整体,其使用价值、外观和附加利益往往会使消费者的情绪和情感处于积极、消极或矛盾的状态之中。例如,消费者在购买商品时,如果觉得商品与自己过去经验中所形成的愿望相吻合,就会产生积极的情绪和情感;反之,则会产生消极的情绪和情感。因此,在企业的经营活动中,应当尽量为消费者提供能充分满足其需要的整体商品,促使消费者积极情绪和情感的形成与发展。

(二)服务

消费者不仅要通过购买活动满足自己的生理需要,而且要通过购买活动满足自己的心理需要。因此,消费者的情绪和情感除了受到商品因素的影响以外,还受到服务因素的影响。一般来讲,高质量的服务水平可使消费者产生安全感、信任感、受尊敬感,提高企业的知名度和美誉度,产生比广告宣传更好的效果。服务的内容极其丰富,提高服务质量、促使消费者积极情绪和情感形成和发展的途径多种多样。例如,在商业经营活动中,营业员如果能够微笑服务、礼貌待客,主动热情地当好消费者的参谋,并且帮助消费者解决购买活动中出现的困难,就会赢得消费者的好感,增加惠顾率。

(三)环境

消费者的购买活动总是在一定的环境中进行的,客观环境的变化如温度、照明、色彩、声响等,都会对消费者情感的产生及发展产生影响。从消费者的购买活动来看,影响消费者情绪和情感的环境具体是指购物环境、用餐环境、娱乐环境等。如果消费者在幽雅舒适的环境中选购商品,会产生愉快、舒畅等积极情绪;反之,则会产生烦躁、压抑等消极情绪。

(四)心态

消费者的心理状态直接激发其情绪;反过来,经激发而兴奋起来的情绪又影响消费者原来的心理状态,两者共同推动消费者购买行为的进行。一般来讲,消费者的兴趣越浓、需求水平越高、性格越外向、购买动机越强烈、购买目标越明确,其情绪的兴奋程度越高;反之,则其情绪的兴奋程度越低。

第三节 消费者心理活动的意志过程

一、意志的概念与特征

(一)意志的概念

意志就是指消费者自觉地确定购买目的并主动支配、调节其购买行动,克服各种困难,实现预定目标的心理过程。在消费活动中,消费者除了对商品进行认识和情绪体验外,还要经历意志过程。只有经过有目的地、自觉地支配和调节行动,努力排除各种干扰因素的影响,才能使预定的购买目标得以实现。如果说消费者对商品的认识活动是由外部刺激向内在意识的转化,那么,意志活动则是内在意识向外部行动的转化。只有实现这一转化,消费者的心理活动才能现实地支配其购买行为。

(二)消费者意志过程的基本特征

1. 有明确的购买目的

消费者在购买过程中的意志活动是以明确的购买目的为基础的。因此,在有目的的购买行为中,消费者的意志活动体现得最为明显。通常,为了满足自身的特定需要,消费者经过思考,预先确定了购买目标,然后自觉地、有计划地按购买目的去支配和调节购买行为。

2. 与排除干扰和克服困难相联系

在现实生活中,消费者为了达到既定目的而需排除的干扰和克服的困难是多方面的。例如,时尚与个人情趣的差异、支付能力有限与商品价格昂贵的矛盾、售货方式落后和服务质量低劣所造成的障碍,等等。这就需要消费者在购买活动中,既要排除思想方面的矛盾、冲突和干扰,又要克服外部社会条件方面的困难。所以,在购买目的确定之后,为了达到既定目的,消费者还需要做出一定的意志努力。

3. 调节购买行为全过程

意志对行为的调节,包括发动行为和制止行为两个方面。前者表现为激发起积极的情绪,推动消费者为达到既定目的而采取一系列行动;后者则抑制消极的情绪,制止与达到既定目的相矛盾的行动。这两个方面的统一作用,使消费者得以控制购买行为发生、发展和结束的全过程。

二、消费者心理活动的意志过程

在购买活动中,消费者的意志表现为一个复杂的作用过程,其中包括做出购买决定、执行购买决定和体验执行效果三个相互联系的阶段。

(一)做出购买决定阶段

这是消费者购买活动的初始阶段。这一阶段包括购买目的的确定、购买动机的取舍、购买方式的选择和购买计划的制订,实际上是购买前的准备阶段。消费者从自身需求出发,根据自己的支付能力和商品供应情况,分清主次、轻重、缓急,做出各项决定,即是否购买和购买的顺序等。

(二)执行购买决定阶段

在这一阶段,购买决定转化为实际的购买行为,消费者通过一定的方式和渠道购买到自己所需的商品。当然,这一转化过程在现实生活中不会很顺利,往往会遇到一些障碍需要加以排除。所以,执行购买决定是消费者意志活动的中心环节。

(三)体验执行效果阶段

完成购买行为后,消费者的意志过程并未结束,通过对商品的使用,消费者还要体验执行购买决定的效果,如商品的性能是否良好、使用是否方便、外观与使用环境是否协调、实际效果与预期是否接近等。在上述体验的基础上,消费者将评价购买这一商品的行为是否明智。这种对购买决策的检验和反省,对今后的购买行为具有重要意义,它将决定消费者今后是重复还是拒绝、是扩大还是缩小对该商品的购买。

三、意志过程与认识过程和情感过程的关系

情绪既可以成为意志过程的动力,也可以成为意志过程的阻力。积极的情绪、情感能提高消费者的意志力,激励其克服困难的勇气和信心,顺利地实现预定的购买目的;消极的情绪能削弱消费者的意志力,使其缺乏克服各个方面干扰或困难的信心,影响购买目的的确定和实现。同时,意志过程对情感过程也起着调节和控制作用。通过意志活动,消费者的有些消极情绪可以得到控制,使情绪服从于理智;有些消极情绪也可以随着意志活动的实现,转化为积极的情绪。由此可见,认识、情感和意志三个过程协同作用,构成了消费者完整的心理,左右着消费者的购买行为。具体可归纳为以下几点:

(1)三个过程的作用顺序为认识过程—情感过程—意志过程;

(2)意志过程给认识过程以巨大的推动力;
(3)意志过程有赖于情感过程,又能调节情感过程的发展和变化;
(4)意志过程对情感过程起着调节和控制作用。

四、消费者的主要意志品质对行为的影响

所谓意志品质,是指意志过程所呈现的基本质量特征,比如表现为意志坚强或意志薄弱等。坚强的意志品质是消费者克服不利因素及困难,完成购买决定的重要心理机能保证。意志品质是与消费者的思想修养、道德观念以及购买动机、兴趣、能力等紧密联系的。意志品质的特征体现在意志过程中,表现在消费者身上有所不同,归纳起来有以下三种主要类型:

(一)自觉性

意志品质的自觉性是指消费者对将要进行的购买活动有明确的方向和目的,能主动认识、了解所要购买的商品,通过综合考虑制定购买决策,并意识到购买后的实际意义和效果。自觉性是产生坚强意志品质的基本条件,可以促使消费者在执行购买决定时正视现实并不易受阻,能自觉、主动、独立地调节和控制自身的购买行为,遇到障碍时运用理智分析,自觉修改购买方案,在目标指引下勇于克服困难,承担外界压力,完成所预定的购买计划。与自觉性意志品质相反的是盲目性,这类消费者在购买过程中往往表现为依赖、冲动和回避的态度,不愿付出必要的智力、思维和体力。由于缺乏自身意志的努力,购买行为也缺少自觉动力。

(二)果断性

意志品质的果断性是指消费者以个人的良好素质(如知识、敏锐、机智等)对待外界事物,迅速而合理地做出决定。这类消费者在购物中善于捕捉机遇、积极思考、反应敏捷。比如,某种电器商品价格回落时,大多数人往往等待观望,"买涨不买落",但有人能根据其他因素适时做出购买决定,而不是从众犹豫,果断性会给消费者带来一些切身利益。反之,优柔寡断的消费者在不同的购买目的和购买手段之间取舍不定,选择迟钝,往往错过最佳购买时机或不利于下一步执行决定的顺利实现。有的消费者在购物中表现草率,不经过深思熟虑就贸然行事,缺乏对事物的深刻认识与合理措施。总之,优柔和草率均是意志薄弱的表现。

(三)坚韧性

意志品质的坚韧性是指消费者的耐力和自制力,是自觉性与果断性的综合体现,是具备坚强意志品质的可靠保证。坚韧性需要消费者精力和体力的高度统一,因此,要保持充沛的精力、顽强的毅力和坚定的稳定情感。坚韧性不仅表现在消费者能够排除各种干扰、坚持主见,还表现在能依据主客观因素的变化当机立断,保证购买目标最后能够实现,而不是一意孤行、顽固执拗。因为意志虽然是人的主观能动性的具体表现,但在客观上仍是被决定的,受制于一般的因果关系。

本章小结

消费者的心理过程,指人的心理形成和发展的活动过程,是人的心理活动的一般的、共有的,是每个人都具有的共性心理活动过程。消费者心理过程包括认识过程、情感过程和意志过程,它们是统一的心理过程的不同方面。作为相对独立的心理要素,三个过程有着各自独特的作用机制和表现形式,并在消费者的心理与行为活动中发挥着特殊的影响和制约作用。消费者的认识过程主要通过人的感觉、知觉、注意、记忆、思维、想象、联想等心理活动来完成。在从

事消费活动时,消费者的各种喜怒哀乐的内心体验就是情绪或情感,它是认识过程和意志过程的中介,是消费心理活动的一种特殊反映形式。消费者能否采取购买行动,还需要心理机能的保证,努力排除各种内外干扰因素的影响,自觉实现购买目的,这一心理过程就是意志过程。消费者心理过程的认识过程、情感过程和意志过程是购买心理行为过程的统一的、密切联系的三个方面。

思考题

1. 什么是感觉和知觉？感觉与知觉之间的区别和联系是什么？在消费者心理活动中起什么作用？
2. 记忆、思维和想象在消费者认识过程和购买活动中有何作用？
3. 什么是注意？引起消费者无意注意的原因是什么？如何发挥注意在营销中的作用？
4. 什么是情感？举例说明情感对消费者购买心理的影响。
5. 什么是意志？消费者的意志过程的三个阶段是什么？消费者的意志过程与认识过程和情感过程的关系如何？

案例分析

"佳佳"和"乖乖"的不同命运[①]

"佳佳"和"乖乖"是香脆小点心的商标,曾经相继风靡20世纪70年代的台湾地区市场,并掀起过一阵流行热潮,致使同类食品蜂拥而上,多得不胜枚举。然而时至今日,率先上市的"佳佳"在轰动一时之后便销声匿迹了,而竞争对手"乖乖"却经久不衰。为什么会出现两种截然不同的命运呢？

经考察,"佳佳"上市前做过周密的准备,并以巨额的广告声明:销售对象是青少年,尤其是恋爱男女,还包括失恋者——广告中有一句话是"失恋的人爱吃'佳佳'"。显然,"佳佳"把希望寄托在"情人的嘴巴上"。而且做成的是咖喱味,并采用了大盒包装。"乖乖"则是以儿童为目标,以甜味与咖喱味相抗衡,用廉价的小包装上市,去吸引敏感而又冲动的孩子们的小嘴,让他们在举手之间吃完,嘴里留下余香。这就促使疼爱孩子们的家长重复购买。为了刺激消费者,"乖乖"的广告直截了当地说"吃","吃得个个笑逐颜开!"可见,"佳佳"和"乖乖"有不同的消费对象、不同大小的包装、不同的口味风格和不同的广告宣传。正是这几个不同,最终决定了两个竞争者的不同命运。"乖乖"征服了"佳佳","佳佳"昙花一现。

消费心理研究指出,在购买活动中,不同消费者的不同心理现象,无论是简单的还是复杂的,都需要经过对商品的认识过程、情感过程和意志过程这三种既相互区别又相互联系、相互促进的心理活动过程。

首先,从消费者心理活动的认识过程来看,消费者购买行为发生的心理基础是对商品已有的认识,但并不是任何商品都能引起消费者的认知。心理实验证明,商品只有某些属性或总体形象对消费者具有一定强度的刺激以后,才被选为认知对象的。如果刺激达不到一定的强度或超过了感觉阈限的承受度,都不会引起消费者认知系统的兴奋。商品对消费者刺激强弱的

---

① 2010最新版MBA《消费心理学》案例集,第二章,豆丁网。

影响因素较多。以"佳佳"和"乖乖"为例,商品包装规格大小、消费对象的设计、宣传语言的选择均对消费者产生程度不同的刺激,"佳佳"采用大盒包装,消费者对新产品的基本心理定式是"试试看",偌大一包不知底细的食品,消费者颇费踌躇,往往不予问津;而消费对象限于恋爱情人,又赶走了一批消费者;再加上广告语中的"失恋的人爱吃'佳佳'"一语,又使一部分消费者在"与我无关"的心理驱动下,对"佳佳"视而不见、充耳不闻。"乖乖"的设计就颇有吸引力:一是廉价小包装,消费者在"好坏不论,试试再说"的心理指导下,愿意一试,因为量小,品尝不佳损失也不大;二是广告突出了"吃"字,吃得开心,开心地吃,正是消费者满足食欲刺激的兴奋点。两相对比,"乖乖"以适度、恰当的刺激,引起了消费认知,在市场竞争中最终击败了"佳佳"。

其次,从消费心理活动的情感过程来看,通常情况下,消费者完成对商品的认知过程后,具备了购买的可能性,但消费行为的发生,还需要消费者情感过程的参与,积极的情感如喜欢、热爱、愉快,可以增强消费者购买欲望;反之,消极的情感如厌恶、反感、失望等,会打消购买欲望。"佳佳"咖喱的辣味与恋爱情调中的轻松与甜蜜不太相宜,未免让人有些扫兴。再加上"失恋的人爱吃'佳佳'"这种晦气的印象,给人以消极性的情感刺激。因此,它最终败下阵来也就没有什么奇怪的了。

在商品购买心理的认知过程和情感过程这两个阶段,"佳佳"都未能给消费者造成充分的良性情感刺激度,失去了顾客的爱心;而乖乖则给人以充分的积极情绪的心理刺激,大获消费者青睐。因此,消费者在意志过程的决断中舍谁取谁,已在不言之中。

讨论:

1. 通过以上案例,你认为消费者三种心理活动过程之间的关系是怎样的?
2. 试就某一产品的成功销售分析消费者心理过程的变化。

阅读资料

"气味图书馆"的嗅觉盛宴[①]

这是一所很特别的"图书馆",没有一本书,陈列的都是气味:甜甜的蛋糕味、湿湿的雨水味、清新的泥土味、冷冽的雪花味……只要闭上眼睛,就会忘记自己身在何处,这就是"气味图书馆",一个由"80后"海归打造的嗅觉与情感的天堂。

回忆有味,穿衣有情

2008年圣诞节前,娄楠石和她的两个创业伙伴还只是普通的留学生。三个人在新西兰研习艺术、电影,从事建筑设计。由于志同道合,三人于2008年圣诞节结成了创业团队。

为了找准创业最佳切入点,娄楠石和伙伴踏上了漫漫调研路。机会来得很偶然。2009年初春,三个人结伴赴美国旅行,在著名的化妆品连锁店丝芙兰里,娄楠石偶然发现了一种名为"气味图书馆"的香水产品,其中有一款"粉色柠檬水"。轻嗅之后,娄楠石顿时怔住:那种酸酸的、甜甜的、夹杂着麻麻的狡黠的味儿,一如儿时的零食"酸三色"!记忆的闸门一下打开,娄楠石瞬间被拉回到了儿时牵着外婆的手幸福地吃"酸三色"的美好时光。虽然并不缺香水,但被情感牵扯住的娄楠石依然毫不犹豫地掏钱买下了一瓶。

"也许有一天全世界都被污染,再也闻不到很多味道的时候,只有这些气味才能带我们回

[①] 《"气味图书馆"的嗅觉盛宴》,小故事网,2011年5月23日。

到过去。"看到手上没有一丝犹豫便一把拿下的"气味",伙伴大笑着解嘲。然而,也就是这么不经意的一句,瞬间点亮了娄楠石的灵感:"如果我们做这种产品,会怎么样呢?"一语惊醒梦中人,三个人立刻结束了旅行,专门研究起"气味图书馆"来。很快,她们便摸清了产品的"前世今生":其创始人是一对美国兄弟,为了寻找儿时乡村纯白新雪的香味,这才投身这项香氛事业。数十年发展后,"气味图书馆"已经有600多种香味。只是,与一般香氛不同的是,它以"串联香味与记忆"的方式来调制香水,所有的香水,不只是香气怡人,更能为你找回遗忘已久的嗅觉回忆。在这里,你可以闻到花草、水果的香气,还可以闻到食物、蔬菜甚至自然的味道。此外,这种香氛还有一套特别的玩法——"场景模拟",比如把平装书、灰尘与霉味三种气味混合在一起,就是老式图书馆的气味;把爆米花、灰尘、泡泡糖、胶皮和铁锈味混合起来,就会产生老式电影院的气味……因为浓重的情感与怀旧色彩,"气味图书馆"在美国拥有一大批顶尖的拥趸。比如大明星莱昂纳多就是纽约店的常客,由于童年时曾被关进洗衣间,他最喜欢富有洗衣间味的香水。同时,在日本等地,"气味图书馆"也是潮人们必备的潮品。这些消息让三人惊喜万分:"如果我们将它引入国内,一定会前景广阔。"

谨慎准备,大胆前行

然而,创意虽好,拿回国直接用,并不一定能水土相服。八个月详尽的调查后,娄楠石团队最终下定了经营的决心。调查显示,在香水以"玩"为主的中国,"气味图书馆"模拟气味的本事可能会更受欢迎,它足够有趣,能引起国内顾客对气味的好奇心,用来培养"嗅觉消费习惯"再好不过。最重要的是,相对于视觉、听觉和味觉,服务于嗅觉的生意还只停留在贩卖香水香薰产品的阶段,这是一片可以在国内做成产业的"蓝海"。于是,三个年轻人毅然回国开店。2009年11月,第一家气味图书馆在北京三里屯开业了。

一切情形正如娄楠石等人所料。一排一排的白色格子,一本一本不同味道的"香水图书",一个一个不可思议的气味名字,可以随机模拟的300多种气味和图书馆式的销售氛围……所有的物件组合起来,形成了一种强大而诱人的气场。开业的第一天,一位年轻女孩走进店内,尝试性地买了一瓶"菩提树",闻到那味道,女孩顿时热泪盈眶。"那种感觉,很像《料理鼠王》里那个苛刻的食评家尝了一口老鼠做的普罗旺斯炖菜后,瞬间回到温馨的童年那样,我喷了一点在袖子上,回来的路上边走边闻,我想起了儿时外婆家的山林,那里满是菩提树的味道,所以我要送给我妈妈一瓶,她肯定也会想起她的童年。"第二天,女孩再次光顾,留下这样一段话。

新奇的创意,新颖的卖点,让这样的故事不时发生,也让"气味图书馆"很快在三里屯这个租金奇贵、竞争惨烈的地方站稳了脚跟。仅仅半年,"气味图书馆"就成了北京城文艺圈、时尚圈、商业圈名人及白领精英们最钟情的香氛店,不仅开始大幅盈利,还收到了另外两位海归朋友在上海开分店的加盟申请。

娄楠石及伙伴乐了,与试水前的谨小慎微相比,这次,她们果敢地加大了步伐。同样,她们选择了消费群体集中的黄金地段,将上海店开在了租金高昂的田子坊。为了赶在"世博会"开幕前正常营业,她们又加班加点,花三个星期便搞定了选址与装修。2010年5月初,上海田子坊体验店开业了。一切都是风的速度,包括销售。上海店开业不久,15分钟内便有两位顾客买走了4瓶香水。一周之后,上海店卖掉了200来瓶,一个月后,销量就超过了800瓶。

基于上海店的成功经验,很快,娄楠石又将经验复制到成都和沈阳,开出了第三家、第四家体验店。随后,北京中关店也开门迎客。后几家体验店也成功重现了三里屯店和上海店的故事,很快成为爱香人士云集之处。在产品与概念的信服力支撑下,娄楠石的大刀阔斧获得了跳跃式发展与成功。

未来在远方,希望在脚下

"气味图书馆"火了。然而,火爆的同时,问题也接踵而来。最突出的是,有人专门到店铺里来试香,找到自己喜欢的那几款后,却不在店里买,而是去淘宝找人从美国或香港代购,或者从美国直接邮购,虽然邮费要40美元,但买得足够多的话,每瓶20美元的价格比起国内的每瓶285元还是颇有竞争力。尽管如此,娄楠石等人依然热情地接待每一位试香顾客,完全不在意这些抢占资源的做法。"我们可以把淘宝上的那些店当作是在为我们做宣传,就算顾客直接去国外网站购买,至少也是对气味消费的认同。在目前气味消费概念还在普及的阶段,有这个消费意识就是好的。"

娄楠石话说得如此坦然,她的底气更多是来自产品本身的升级开发。因为前期的成功运作,她获得了美国总部的特别支持:只有她的"气味图书馆"才有精装书模样的礼盒包装香水,更重要的是,美国的研发团队正在为她的"气味图书馆"设计乌龙茶、红豆、绿豆之类的新气味,这些也是将来从其他渠道买不到的。"针对亚洲地区的新产品正在开发中,渠道也会更统一。所以不久的将来,淘宝或国外的价格优势都会被我们的产品优势打败。"有了后援支持的娄楠石信心十足。

不过,娄楠石等人从一开始就不打算只做美国"气味图书馆"在中国的专卖店。对一家试图打开嗅觉产业的公司来说,能做的事情还有更多。她们早已拿下了我国香港、台湾、澳门地区,以及新加坡和马来西亚的代理权,不久还会引进澳洲和日本的著名香水品牌。

一切顺风顺水,近一年的经营与扩张,证明娄楠石找对了方向。虽然计划年底新开10~15家"气味图书馆",每天要收到几十封地区代理的申请信,但娄楠石团队选择的眼光很挑剔:"我们对行业经验没要求,但如果以盈利为第一导向一定会否决掉。我们有好的产品和概念,要确保盈利并不难,但我们的目的,依然是希望通过不同的气味,唤起人们对过去生活的回忆。"

回忆有味道,创意有情绪,就算世界上再也闻不到某些味道,也能从中体会世界曾经的不同。也许正是这种别样的经营方式,才让"气味图书馆"大步走到今天,走向未来。

第三章

消费者的需要和动机

● 学习目标

1. 掌握消费者需要的含义、内容与特征；
2. 把握现代消费者需要的发展趋势；
3. 掌握消费者的购买动机类型；
4. 了解消费者的需要、动机、行为的关系及其规律。

● 导入案例

新时代消费不再只关心价格[①]

据近日发布的权威报告显示，一种全新的消费模式——"付费会员制"已经蓄势待发，或将引领零售行业的新一场全新变革。

"付费会员制"，顾名思义即需要付费购买会籍才能够购物的消费模式。以全球最大的会员制商店之一的山姆会员商店为例，早在1996年山姆就在深圳开设了中国第一家付费的会员制商店。山姆提供个人会籍和商业会籍两种选择，分别针对个人和公司。每年支付260元的会费，会员可以极具竞争力的价格购买国内外高品质商品，并享受近350家全国精选商户的优惠。

通过线上、线下付费会员实际消费数据，山姆会员商店、京东数据研究院、艾瑞咨询联合发布《中国零售业付费会员消费洞察报告》，深度挖掘中国零售业付费会员消费的特点。报告指出，从中国零售市场发展阶段和国际经验来看，中国零售市场品质消费的趋势不可逆转，对于代表高品质商品和服务的付费会员业务，也成为未来零售业发展的一种趋势。

新时代消费者注重个性化需求，不再只关心价格

随着科技的进步，消费产能的迅速增加以及购物渠道的逐渐成熟，市场上提供给消费者的商品和服务越来越丰富，供给端的局部过剩使得消费者在购物过程中的主导作用越来越强，中国零售市场逐步由供给驱动演变为消费驱动。

随着居民收入水平的提高和消费主力结构的变化，新时代消费者不再只关注商品的价格，而是对产品的体验提出了一系列个性化需求，早期基于"价格+功能+质量"的标准需求时代，逐渐开始进阶到2.0个性化需求时代。

个性化需求时代，近5成用户愿意为品质付10%～20%溢价

在消费者近期的购物行为中，47.8%的用户表示更注重商品的品质，这些用户更愿意在同

[①] 新浪财经，2017年10月27日。

类商品中选择品质好的,并且愿意为此多付出10%的消费溢价。此外,33.2%的用户认为品质、品牌最重要,购物时不介意价格高一些。

山姆会员商店锁定的目标客户为高端消费群体,目前核心会员平均客单价在600~1 000元,远高于一般的超市或大卖场。利用全球采购资源优势,山姆从超过30个国家的原产地精选直接进口商品,涵盖了多个品类,特别受会员青睐。超过500种的Member's Mark(会员优品)是山姆与经过严格审核的供应商直接合作的自有品牌,旨在为会员提供是独有且一流品质的商品,对比其他相近品质的商标品牌商品具有更高性价比。

谁在为会籍买单? 高学历,高收入,一、二线城市人群

消费力一向与地区发展水平紧密相关,付费会员的用户分布也与中国地区经济发展水平基本一致。据报告显示,付费会员以一、二线城市用户为主,北京市、上海市、江苏省、广东省为付费会员数量最多的地区。

调研数据显示,学历水平分布结构中,付费会员用户以研究生及大学学历为主;而普通用户以大学及高中学历为主,研究生学历的普通用户占比较少;从整体来看,付费会员用户人群的学历水平高于普通会员用户。而在消费者购买付费会员的意愿调查中,随着个人月均收入水平从3 000元提高到20 000元及以上,消费者购买付费会员的意愿与其收入水平呈正相关。

在联合发布《中国零售业付费会员消费洞察》同时,山姆和京东推出两个品牌首创的联合会籍推广项目——山姆和京东PLUS"双会籍首发"。即日起至11月12日期间,消费者可以人民币359元获得原价409元的京东PLUS与山姆会员的双会籍,即可享受京东PLUS和山姆会员的专属权益,此外,还可获得价值1 800元的山姆及京东的入会礼,包含山姆价值220元的Member's Mark明星商品、330元山姆线上、线下礼券等。

在影响消费者行为的诸多心理因素中,需要和动机占有特殊、重要的地位,与行为有着直接而紧密的联系。这是由于人们的任何消费行为都是有目的的,这些目的或目标的实质是为了满足人们的某种需要或欲望。当一种需要未得到满足时,人们会产生内心紧张;这种紧张状态激发人们争取实现目标的动力,即形成动机;在动机的驱使下,人们采取行动以实现目标;目标达到,需要得到满足,内心的紧张状态消除,行为过程即告结束。需要、动机与行为的关系如图3-1所示。

需要 —激发→ 动机 —驱动→ 行为 —达到→ 目标 —满足需要→ 行为结束

图3-1 需要、动机与行为的关系

从图3-1中可以看出,就一次行为过程而言,直接引起、驱动和支配行为的心理要素是需要和动机。其中,动机又是在需要的基础上产生的。因此,需要是消费者行为的最初原动力,动机则是消费者行为的直接驱动力。正是由于需要、动机与行为之间具有紧密的内在联系,任何消费行为都是在需要和动机的直接驱动下进行的,因此,就有必要深入研究消费者需要与动机的内容、特性及其变化趋势,以便把握消费者心理与行为的内在规律。也正由于此,长期以来,消费者的需要和动机一直是消费心理学的重点研究领域。

第一节 消费者需要的特征与形态

一、消费者需要的含义和特征

(一)消费者需要的含义

需要是指个体在一定的条件下感到某种欠缺而力求获得满足的一种不平衡状态,是个体对延续和发展生命所必需的客观条件的需求在人脑中的反映,是个体对自身和外部生活条件的需要在头脑中的反映。概言之,就是人对某种目标的渴求与欲望。

消费者需要是指消费者生理和心理上的匮乏状态,即感到缺少些什么,从而想获得它们的状态。例如,人们感到饥饿时,会产生对食物的需要;感到寒冷时,会产生对御寒衣物的需要;感到孤独、寂寞时,会产生对交往、娱乐活动的需要;感到被人轻视时,会产生对有助于提高身份地位的高档、贵重商品的需要。这些需要成为人们从事消费活动的内在原因和根本动力。正是为了满足形形色色的消费者需要,消费者才努力实施相应的消费行为。原有的需要满足之后,又会产生新的需要,新的需要推动新的消费行为发生,如此循环往复,形成延续无尽的消费行为序列。所以,消费者需要则是推动消费行为的前提和内在动力。

任何需要都是有对象的,消费者需要总是针对能满足自身生理或心理缺乏状态的物质对象而言的。在商品社会中,消费者需要具体体现为对商品和劳务的需要。倘若现实生活中不存在或社会尚不能提供某种商品,对这种商品的消费者需要就无从产生,需要本身也就变得毫无意义。

值得指出的是,有时消费者并未感到生理或心理体验的缺乏,但仍有可能产生对某种商品的需要。例如,面对美味诱人的佳肴,人们就可能产生食欲,尽管当时并不感到饥饿;而华贵高雅、款式新颖的服装经常引起一些女性消费者的购买冲动,即便她们已经拥有多套同类服装。这些能够引起消费者需要的外部刺激(或情境),称作消费诱因。

消费诱因按性质可以分为两类:凡是消费者趋向或接受某种刺激而获得满足的,称为正诱因;凡是消费者逃避某种刺激而获得满足的,称为负诱因。心理学研究表明,诱因对产生需要的刺激作用是有限度的,诱因的刺激强度过大或过小都会导致个体的不满或不适,从而抑制需要的产生。例如,如果处在一个接连不断的广播广告或电视广告宣传的环境中,消费者就可能产生厌烦和抗拒心理,拒绝接受这些广告。需要产生的这一特性,使消费者需要的形成原因更加复杂化,同时也为人为地诱发消费者需要提供了可能,即通过提供特定诱因刺激或促进消费者某种需要的产生。这也正是现代市场营销活动所倡导的引导消费、创造消费的理论依据。

(二)消费者需要的特征

1. 多样性和差异性

多样性和差异性是消费者需要的最基本特征,它既表现在不同消费者之间多种需求的差异上,也体现在同一消费者多元化的需要内容中。

消费者需要作为消费者与所需消费对象之间的不均衡状态,其产生取决于消费者自身的主观状况和所处消费环境两方面因素。而不同消费者在年龄、性别、民族传统、宗教信仰、生活方式、文化水平、经济条件、个性特征、所处地域的社会环境等方面的主客观条件千差万别,由此形成了多种多样的消费需要。每个消费者都按照自身的需要选择、购买和评价商品,例如,有的人以经济实用作为选择标准,有的人则要求商品外观美观新颖,从而鲜明地显示出不同消费者之间消费需要的差异性和异质性。

就同一消费者而言,消费者需要也是多元的。每个消费者不仅有生理的、物质的需要,而且还有心理的、精神方面的需要;不仅要满足衣、食、住、行方面的基本要求,而且希望得到娱乐、审美、运动健身、文化修养、社会交往等高层次需要的满足。上述各方面的需要,要求有多种具有特定功能的商品或劳务与之相适应。不仅如此,消费者需要的多元性还表现在同一消费者对某一特定消费对象常常同时兼有多方面的要求,如既要求商品质地优良、经济实惠,同时又要求商品外观美观新颖、具有时代感、能够展示独特个性等。这充分显示出消费者需要在同一个体内部仍具有绝对的差异性。

2. 层次性和发展性

消费者的需要是有层次的。按照不同的划分方法,可以把消费者需要划分为若干个高低不同的层次。例如,充饥、御寒属于较低层次的需要,而受人尊重、实现自我属于较高层次的需要。在通常情况下,消费者必须首先满足低层次的需要,在低层次需要得到满足的基础上才能追求高层次需要。但在特殊情况下,需要层次的顺序也可以改变。即消费者可能跨越低层次需要去首先满足高层次需要,也可能在高层次需要满足之后,转而寻求低层次需要的满足。

就发展性而言,消费者的需要是一个由低级向高级、由简单向复杂不断发展的过程。这一过程与人类社会的历史进程密切相关,是随着满足需要的消费对象在内容、范围、方式上的改变而发展变化的。早期社会,由于生产力水平低下,人们仅能提供和获取少量而简单的物质产品,其需要也只限于果腹、御寒、生命安全等基本的生理要求。随着生产力水平的提高,劳动者向社会提供的物质产品日益增多,人们的需要内容也日益扩展。现代社会,在高度发达的科学技术和先进生产力的推动下,随着物质产品的极大丰富和新的消费领域、消费方式的不断涌现,人们的消费需要在内容、层次上不断更新和发展。现代消费者不仅把吃得营养、穿得漂亮、住得舒适、用得高档作为必须满足的基本需要,而且要求通过商品和劳务消费满足社交、尊重、情感、审美、求知、实现自我价值等多方面的高层次需要。

倘若以生存资料、享受资料、发展资料来划分消费对象,在人类社会消费需要的发展进程中,可以发现某些带有普遍性和规律性的趋势。即随着生产力的发展和收入水平的提高,在消费总需求中,对生存资料需要的比重将相对下降,而对享受资料和发展资料需要的比重将逐渐上升。在各大类需要中,对具体消费项目的需要顺序和比重也将随着消费水平的提高而呈现阶段性变化。其中,生存资料的需要将从以吃为主的吃、穿、用顺序转变为以用为主的用、穿、吃结构,而享受资料和发展资料的需要将从以物质性消费为主转变为以劳务性消费为主。这一规律性趋势在世界各国以及我国的消费发展实践中得到了验证。

3. 伸缩性和周期性

伸缩性又称需求弹性,是指消费者对某种商品的需要会因某些因素,如支付能力、价格、储蓄利率等的影响而发生一定程度的变化。从支付能力看,在现实生活中,每个消费者都同时具有多种需要。但在一定时期内,多数消费者的支付能力是有限的。多方面的消费者需要与有限的支付能力之间矛盾斗争、转化平衡的结果,使消费者的需要有限地得到满足,并表现出一定的伸缩性,即在需求数量和程度上可多可少、可强可弱。价格也是引起需要伸缩性的主要因素。一般来讲,价格与消费需求弹性的关系成反比例,即价格上升,需求减少;价格下降,需求增加。可见,当客观条件限制需要的满足时,需要可以抑制、转化、降级,可以停留在某一水平上,也可以在较低数量上同时满足几种需要,还可以放弃其他需要而获得某一种需要的满足。

从消费者的自主选择看,伸缩性还表现在消费者对需要的层次高低、内容多寡和程度强弱上。有的消费者以最高级需要为目标,坚持宁缺毋滥的原则,有的消费者则安于一般需要的满足,喜欢大众化的商品;有的消费者要求多项需要同时满足,有的则只追求某一项需要的满足;有的消费者的需要极其强烈,有的则相对较弱。

除了伸缩性之外,消费者需要的变化还具有周期性的特点。一些消费者需要在获得满足后,在一定时期内不再产生,但随着时间的推移还会重新出现,并显示出明显的周期性。重新出现的需要不是对原有需要的简单重复,而是在内容、形式上有所变化和更新。因此,消费者需要的周期性循环出现不仅是需要形成和发展的重要条件,也是社会经济发展的直接推动力。消费者需要的周期性主要由消费者的生理运行机制及某些心理特性引起,并受到自然环境变化周期、商品生命周期和社会时尚变化周期的影响。在上述因素的共同作用下,消费者需要的周期性呈现出多种不同的表现形式。例如,对食品的需要周期具有间距短、循环快、重复性高的特点;服装的需要周期直接受气候变化的影响,表现出明显的季节性;而某些流行时尚的变化周期则具有不确定性,一种着装方式可能在消退5年、10年甚至更长时间后重新流行起来。

4. 可变性和可诱导性

消费者需要作为消费者个体与客观环境之间不平衡状态的反映,其形成、发展和变化直接受到所处环境状况的影响和制约,而客观环境包括社会环境和自然环境,无一不在变动、发展之中。因此,一定阶段社会政治经济制度的变革、伦理道德观念的更新、生活和工作环境的变迁、社会交往的启示、广告宣传的诱导、生态环境的变化等,都可能改变消费者需要的指向、潜显或强弱,使此项需要转变为彼项需要、潜在的需要转变为显现的需要、微弱的需要转变为强烈的需要。这说明,消费者需要不是一成不变的。无论是何种内容、层次的需要,都会因环境的变化而发生改变。也正由于此,消费者需要具有可诱导性,即可以通过人为地、有意识地给予外部诱因或改变环境状况,诱使和引导消费者需要按照预期的目标发生变化和转移。在实践中,许多企业正是利用消费者需要的可变性和可诱导性这一特点开展广告宣传,倡导消费时尚,创造示范效应,施予优惠刺激,从而有效地影响、诱导消费者形成、改变或发展某种需要。

二、消费者需要的基本形态

从消费者需要与市场购买行为的关系角度分析,消费者的需要具有以下几种基本存在形态:

(一)现实需要

现实需要是指消费者已经具备对某种商品的实际需要,并且具有足够的货币支付能力,而市场上也具备充足的商品,因而消费者的需要随时可以转化为现实的购买行为。

(二)潜在需要

潜在需要是指目前尚未显现或明确提出,但在未来可能形成的需要。潜在需要通常由于某种消费条件不具备所致,如市场上缺乏能满足需要的商品、消费者的货币支付能力不足、缺乏充分的商品信息、消费意识不明确、需求强度较弱等。然而,上述条件一旦具备,潜在需要就可以立即转化为现实需要。

(三)退却需要

退却需要是指消费者对某种商品的需要逐步减少,并趋向进一步衰退之中。导致需要衰退的原因通常有:时尚变化,消费者兴趣转移;新产品上市,对老产品形成替代;消费者对经济形势、价格变动、投资收益的心理预期等。

(四)不规则需要

不规则需要又称不均衡需要或波动性需要,是指消费者对某类商品的需要在数量和时间上呈现出不均衡波动状态。例如,许多季节性商品、节日礼品以及对旅游、交通运输的需求,就具有明显的不规则性。

(五)充分需要

充分需要又称饱和需要,是指消费者对某种商品的需求总量及时间与市场商品供应量及时间基本一致,供求之间大体趋向平衡。这是一种理想状态。但是,由于消费者需要受多种因素的影响,任一因素发生变化,如新产品问世、消费时尚改变等,都会引起需求的相应变动。因此,供求平衡的状况只能是暂时的、相对的,任何充分需要都不可能永远存在下去。

(六)过度需要

过度需要又称超饱和需要,是指消费者的需要超过了市场商品供应量,呈现出供不应求的状况。这类需要通常由外部刺激和社会心理因素引起,如多数人的抢购行为、对未来经济形势不乐观的心理预期等。

(七)否定需要

否定需要是指消费者对某类商品持否定、拒绝的态度,因而抑制其需要。之所以如此,可能是因为商品本身不适合其需要,也可能是由于消费者缺乏对商品性能的正确认识,或者因旧的消费观念束缚、错误信息误导所致。

(八)无益需要

无益需要是指消费者对某些危害社会利益或有损于自身利益的商品或劳务的需要。例如,对香烟、烈酒以及毒品、赌具、色情书刊或服务的需要,无论是对消费者个人还是对社会,都是有害无益的。

(九)无需要

无需要又称零需要,是指消费者对某类商品缺乏兴趣或漠不关心,无所需求。无需要通常是由于商品不具备消费者所需要的效用,或消费者对商品效用缺乏认识,没有与自身利益联系起来。

从上述关于需要形态的分析中,我们可以得到重要的启示,即并不是任何需要都能够直接激发动机,进而形成消费行为的。在现实中,有的需要如潜在需要、零需要、否定需要、退却需要等,必须给予明确的诱因和强烈的刺激,加以诱导、引发,才能达到驱动行为的足够强度。此外,并不是任何需要都能够导致正确、有益的消费行为。有些需要如过度需要、无益需要等,就不宜进一步诱发和满足,而必须加以抑制或削弱。因此,不加区分地倡导满足消费者的一切需要,显然是不适当的。正确的方法应当是区分消费者需要的不同形态,根据具体形态的特点,从可能性和必要性两方面确定满足需要的方式和程度。

第二节 消费者需要的种类与基本内容

一、消费者需要的种类

消费者需要的类别丰富多样,分类的结果也各不相同。可以从不同的角度对需要进行分类,如图3—2所示。

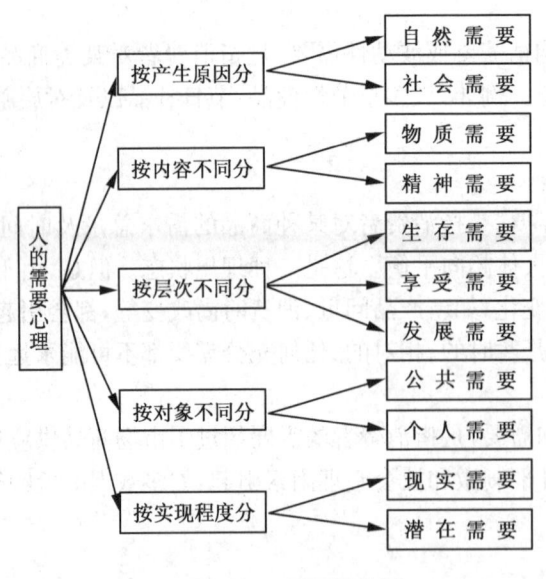

```
                          ┌─→ 自然需要
            ┌─ 按产生原因分 ─┤
            │             └─→ 社会需要
            │             ┌─→ 物质需要
            ├─ 按内容不同分 ─┤
            │             └─→ 精神需要
   人的     │             ┌─→ 生存需要
   需要 ────┼─ 按层次不同分 ─┼─→ 享受需要
   心理     │             └─→ 发展需要
            │             ┌─→ 公共需要
            ├─ 按对象不同分 ─┤
            │             └─→ 个人需要
            │             ┌─→ 现实需要
            └─ 按实现程度分 ─┤
                          └─→ 潜在需要
```

图 3—2　需要的分类

(一)按照需要的产生原因划分

按照需要的产生原因划分,可以分为自然需要、社会需要,或生理需要、心理需要。自然需要是消费者为维持和延续生命,对于衣、食、住、睡眠、安全等基本生存条件的需要。这种需要是人作为生物有机体与生俱来的,是由消费者的生理特性决定的,因而又称为生理需要。社会需要是消费者在社会环境的影响下所形成的带有人类社会特点的某些需要,如社会交往的需要、对荣誉的需要、自我尊重的需要、表现自我的需要等。这种需要是人作为社会成员在后天的社会生活中形成的,是由消费者的心理特性决定的,因而又称为心理需要。

(二)按照需要的内容划分

按照需要的内容划分,可以分为物质需要和精神需要。物质需要是指消费者对以物质形态存在的、具体有形的商品的需要。这种需要反映了消费者在生物属性上的欲求,其中又可以进一步作低级和高级之分。低级的物质需要指向维持生命所必需的基本对象;高级的物质需要是指人们对高级生活用品,如现代家用电器、高档服装、美容美发用品、健身器材等,以及用于从事劳动的物质对象如劳动工具的需要。精神需要是指消费者对于观念的对象或精神产品的需要。这种需要反映了消费者在社会属性上的欲求,具体表现为对艺术、知识、美、认识和追求真理、满足兴趣爱好以及友情、亲情等方面的需要。

(三)按照需要的层次划分

按照需要的层次划分,可以分为生存需要、享受需要和发展需要。生存需要包括对基本的物质生活资料、休息、健康、安全的需要。满足这类需要的目的,是使消费者的生命存在,并得以维持和延续。享受需要表现为要求吃好、穿美、住得舒适、用得奢华,并且有丰富的娱乐生活。这类需要的满足,可以使消费者在生理和心理上获得最大限度的享受。发展需要体现为要求学习文化知识、增进智力和体力、提高个人修养、掌握专门技能、在某一领域取得突出成就等。这类需要的满足,可以使消费者的潜能得到充分释放、人格得到高度发展。

(四)按照需要满足的对象划分

按照需要满足的对象划分,可以分为公共需要和个人需要。公共需要是指满足社会公众或社会集团要求的需要。个人需要是指消费者个人需求的需要。

(五)按照需要的实现程度划分

按照需要的实现程度划分,可以分为现实需要和潜在需要。现实需要也称显现需要,是指消费者具有明确的消费意识和足够的消费能力,已经或者即将实现的消费要求和欲望。潜在需要是指消费者的消费意识和消费能力目前尚未完全具备,但已列入消费计划的要求和欲望。现实需要与潜在需要是因人而异、因具体的消费品而异的。

二、消费者需要的基本内容

(一)对商品基本功能的需要

基本功能是指商品的有用性,即商品能满足人们某种需要的物质属性。商品的基本功能或有用性是商品被生产和销售的基本条件,也是消费者需要的最基本内容。任何消费都不是抽象的,而是有具体的物质对象的,而成为消费对象的首要条件就是要具备能满足人们特定需要的功能。例如,小汽车要能高速、灵活驾驶,冰箱要能冷冻、冷藏食品,护肤用品要能保护皮肤,这些都是消费者对商品功能的最基本要求。在正常情况下,基本功能是消费者对商品诸多需要中的第一需要。如果不具备特定功能,即使商品质量优良、外观诱人、价格低廉,消费者也难以产生购买欲望。

消费者对商品基本功能的需要具有如下特点:

(1)要求商品的基本功能与特定的使用用途相一致。例如,健身器材应当有助于强身健体,倘若附带办公、学习功能则属多余。因此,商品功能并非越多越好,而是应与消费者的使用要求相一致。

(2)要求商品的基本功能与消费者自身的消费条件相一致。就消费者需要而言,商品功能的一物多用或多物一用的优劣不是绝对的,评判的标准只能是与消费者自身消费条件的适应程度。

(3)要求商品的基本功能与基本标准不断提高相一致。基本标准是指商品最低限度应具备的功能。随着社会经济的发展和消费水平的提高,消费者对商品应具备功能的要求标准也在不断提高。以小汽车为例,20世纪50~60年代的功能标准是安全、高速、灵活、省油;20世纪80年代以来,人们不仅对原有功能的要求更加严格,而且要求同时具备娱乐、舒适、通信、适应流动性生活等多种功能。

(4)要求对商品基本功能与质量性能的满意相一致。质量性能是指消费者对商品基本功能达到满意或完善程度的要求,通常以一定的技术性能指标来反映。但就消费者需要而言,商品质量不是一个绝对的概念,而是具有相对性的。构成质量相对性的因素,一是商品的价格,二是商品的有用性,即商品的质量优劣、高低是在一定价格水平下,相对于其实用程度所达到的技术性能标准。与此相适应,消费者对商品质量的需要也是相对的。一方面,消费者要求商品的质量与其价格水平相符,即不同的质量有不同的价格,一定的价格水平必须有与其相符的质量;另一方面,消费者往往根据其实用性来确定对质量性能的要求和评价。如某些质量中等甚至低档的商品,因为已经达到消费者的质量要求,也会被消费者所接受。

(二)对商品安全性能的需要

消费者要求所使用的商品卫生洁净、安全可靠、不危害身体健康。这种需要通常发生在对食品、药品、卫生用品、家用电器、化妆品、洗涤用品等商品的购买和使用中,是人类追求安全的基本需要在消费者需要中的体现。具体包括:

(1)商品要符合卫生标准,无损于身体健康。例如,食品应符合国家颁布的《食品卫生法》《商品检验法》等法规和检验标准,在保质期内出售和食用,不含任何不利于人体健康的成分和添加剂。

(2)商品的安全指标要达到规定标准,不隐含任何不安全因素,使用时不发生危及身体及生命安全的意外事故。这种需要在家用电器、厨具、交通工具、儿童玩具、化妆品等生活用品中尤为突出。

(3)商品要具有保健功能,要有益于防病祛病、调节生理机能、增进身体健康。近年来,消费品市场上对健身器材、营养食品、滋补品、保健生活用品的需求强劲,形成了新的消费热点。这表明现代消费者对商品安全的需要已不仅仅局限于卫生、无害,而是进一步上升为能够促进健康。

(三)对商品消费便利的需要

这一需要表现为消费者对购买和使用商品过程中便利程度的要求。在购买过程中,消费者要求以最少的时间、最近的距离、最快的方式购买到所需要的商品。同类商品的质量、价格几近相同,其中购买条件便利者往往成为消费者首先选择的对象。在使用过程中,消费者要求商品操作容易、携带方便、便于维修。在实际中,许多商品虽然具有良好的性能、质量,但由于操作复杂、不易掌握,或不便携带、维修困难,因而不受消费者的欢迎。

(四)对商品审美功能的需要

这一需要表现为消费者对商品在工艺设计、造型、色彩、装潢、整体风格等方面审美价值上的要求。对美好事物的向往和追求是人类的天性,它体现在人类生活的各个方面。在消费活动中,消费者对商品审美功能的要求同样是一种持久性的、普遍存在的心理需要。在审美需要的驱动下,消费者不仅要求商品具有实用性,还要求具备较高的审美价值;不仅重视商品的内在质量,而且希望商品拥有完美的外观设计,即实现实用性与审美价值的和谐统一。这样,消费者通过商品消费一方面美化环境,为自己创造优雅宜人的生活空间;另一方面美化自身,塑造富有魅力、令人喜爱的个人形象。

当然,由于社会地位、生活背景、文化水准、职业特点、个性特征等方面的差异,不同的消费者往往具有不同的审美观和审美标准。每个消费者都是按照自己的审美观来认识和评价商品的,因此,对同一种商品,不同的消费者会得出完全不同的审美结论。

(五)对商品情感功能的需要

对商品情感功能的需要,是指消费者要求商品蕴含浓厚的感情色彩,能够体现个人的情绪状态,成为人际交往中感情沟通的媒介,并通过购买和使用商品获得情感的补偿、追求和寄托。情感需要是消费者心理活动过程中的情感过程在消费需要中的独立表现,也是人类所共有的爱与归属、人际交往等基本需要在消费活动中的具体体现。消费者作为有着丰富情绪体验的个体,在从事消费活动的同时,会将喜怒哀乐等各种情绪体验映射到消费对象上,即要求所购商品与自身的情绪体验相吻合、相呼应,以求得情感的平衡。例如,在欢乐愉悦的心境下,往往喜爱明快热烈的商品色彩;在压抑沉痛的情绪状态下,经常倾向于暗淡冷僻的商品色调。

此外,消费者作为社会成员,有着对亲情、友情、爱情、归属等情感的强烈需要,这种需要主要通过人与人之间的交往和沟通得到满足。许多商品如鲜花、礼品等,能够体现某种感情,因而成为人际交往的媒介和载体,起到传递和沟通感情、促进情感交流的作用。有些商品如毛绒玩具等,因其具有独特的情感色彩,可以帮助消费者排遣孤独和寂寞,获得感情的慰藉和补偿,从而也具有满足消费者情感需要的功能。

(六)对商品社会象征性的需要

所谓商品的社会象征性,是指消费者要求商品体现和象征一定的社会意义,使购买、拥有该商品的消费者能够显示出自身的某些社会特性,如身份、地位、财富、尊严等,从而获得心理上的满足。在人的基本需要中,多数人都有扩大自身影响、提高声望和社会地位的需要,有得到社会承认、受人尊敬、增强自尊心与自信心的要求。对商品社会象征性的需要,就是这种高层次的社会性需要在消费活动中的体现。

应当指出的是,社会象征性并不是商品本身所具有的内在属性,而是由社会化了的人赋予商品特定的社会意义。某些商品由于价格昂贵、数量稀少、加工或制作难度大、不易购买、适用范围狭窄等,使消费受到极大的限制,只有少数拥有特定身份、地位或阶层的消费者才有条件拥有和购买,因此,这些商品便成为一定社会地位、身份的象征物。通常,想满足社会象征性需要的消费者,对商品的实用性、价格等往往要求不高,而特别看重商品所具有的社会象征意义。这类需要在珠宝首饰、高级轿车、豪华住宅、名牌服装、名贵手表等商品的购买中,表现得尤为明显。例如,加利福尼亚州是美国汽车文化的发源地,人们通常把汽车看成是个人身份、地位和个性特征的一部分。"奔驰"和"宝马"的车主通常具有较强的经济实力和保守的政治倾向;如果经济实力相当而选择了美国的"凯迪拉克"或"林肯",那么车主不仅持有保守的政治观点,而且有强烈的爱国或民族情结;开"波尔舍"的加州人多半持有享乐主义的人生观,并且喜欢冒险;开瑞典"富豪"的加州人则生活态度严肃、政治倾向开放。

(七)对享受良好服务的需要

在对商品实体形成多方面需要的同时,消费者还要求在购买和使用商品的全过程中享受到良好、完善的服务。良好的服务可以使消费者获得尊重、情感交流、个人价值认定等多方面的心理满足。对服务的需要程度与社会经济的发达程度和消费者的消费水平密切相关。在商品经济不发达阶段,由于商品供不应求,消费者首先关注的是商品的性能、质量、价格以及能否及时买到所需商品,因而对服务的要求降到次要地位,甚至被忽略。随着市场经济的迅速发展,现代生产能够充分满足人们在商品质量、数量、品种方面的需要和选择,消费者可以随时随地购买到自己所需要的各种商品,因此,服务在消费需要中的地位迅速上升,消费者对在购买和使用商品过程中享受良好服务的需要也日益强烈。在现代消费中,商品与服务已经成为不可分割的整体。消费者支付货币不仅购买了商品实体,同时还购买了与商品相关的服务,其中包括各种售前、售中、售后服务。从一定意义上说,服务质量的优劣已经成为消费者选择、购买商品的主要依据。

第三节 消费者需要的发展趋向

当今时代,人类社会进入一个以新技术革命为标志的崭新的历史发展时期。与之相适应,现代消费者面临的消费环境也发生了一系列极其深刻的变化,主要表现在以下几个方面:

(1)科学技术的日新月异和社会生产力的迅猛发展,加速了产品的更新换代,新产品和各种高科技产品层出不穷,由此推动了消费内容和方式的不断更新。

(2)发展中国家市场化进程的加速和发达国家区域联盟的建立,促进了世界经济一体化和国际大市场的形成,各国之间的贸易往来急剧增长,现代消费者面临的已不仅仅是本国市场和本国商品,而是国际市场和各国产品,由此使消费者选择商品的范围得到极大扩展。

(3)电子信息技术的迅速发展和广泛应用给传统的商品交换方式带来了强烈冲击,从而为消费者实现购物方式和消费方式的根本变革提供了可能性。尤其是以互联网技术为基础的高新技术与市场营销资源融合在一起,在信息社会发展的催化与影响下,生成了新的市场营销模式。表现为消费者身份虚拟化,消费行为网络化,广告、调查、分销和购物结算都可以通过互联网进行。

(4)现代交通和通信技术的日益发达迅速缩小了地域间的空间距离,促进了国际交往的增加,使不同国家、民族的文化传统、价值观念、生活方式得以广泛交流、融会,各种新的"合金"文化、消费意识、消费潮流不断涌现,并以前所未有的速度在世界范围内广泛扩散、传播。

综观世界历史,每一次社会生产力和科学技术的重大飞跃与发展都必然引起消费领域的深刻变革。同样,现阶段社会经济的飞速发展也将给消费者的消费观念和消费方式带来多方面的深层影响,并使消费者需要的结构、内容和形式发生显著变化。结合我国消费者现阶段的需求动态以及当今世界的消费发展潮流,我们将这一变化归纳为以下趋向:

一、消费者需求结构的高级化趋向

随着人均收入和消费水平的提高,消费者的需求结构将逐步趋于高级化。这一趋向在处于高速增长阶段的发展中国家表现得尤为明显。以我国为例,近年来,我国国民生产总值的增长速度始终保持在两位数的高水平上。与此相适应,我国的消费基金在总量上也将持续地快速增长。在整体消费水平持续增长的基础上,我国广大消费者的需求结构将发生较大变化,消费内容更加丰富,生活质量将明显提高。具体表现在以下几个方面:

1. 食物的消费比重在整个消费支出中总体呈下降趋势

2001年,我国城镇居民的恩格尔系数为38.2%;2005年为36.7%;2010年为35.7%,达到富裕的标准。农村居民的恩格尔系数2001年为47.7%,达到小康水平;2005年为45.5%;2010年进一步达到41%,接近富裕水平。另外,随着生产的发展和人们生活节奏的加快,许多方便、快捷、高营养的食品将大量进入家庭。

2. 城镇居民的住宅消费支出增长

在城镇居民消费中,随着住宅商品化进程的加快,住宅消费支出的比重将迅速增长,将会由2001年占家庭消费的6.9%以下,逐步上升到10%~15%,成为除食物消费外的第二大开支项目。随着居住条件的改善,住宅装饰宾馆化、艺术化的倾向日益明显,因此,以室内装饰革命、厨房革命、卫生间革命为领航商品的室内耐用消费品将成为新的消费支点。

3. 城镇居民家庭电气化程度提高

随着收入的增长,城镇居民家庭电气化的程度将进一步提高和发展。目前,城镇居民前一轮电器耐用消费品的普及率已达80%以上,未来的消费重点将主要是产品的更新换代,高技术、多功能、新款式、低能耗、无污染的新型耐用消费品将受到青睐。

二、消费与生活方式相统一的趋向

消费与生活方式是两个不同的概念。所谓"生活方式",是指人们为满足生存和发展需要而进行的全部活动的总体模式和基本特征,包括劳动生活方式、消费活动方式、家庭生活方式、社会交往生活方式、文化生活方式、政治生活方式、宗教生活方式、闲暇生活方式等。从生活方式的系统构成中可以看出,消费生活方式不仅是生活方式总系统的重要组成部分,而且与其他生活方式分系统有着极为密切的联系。

在现代社会中,人们在充分享受高度发达的物质文明所带来的高层次物质享受的同时,已逐渐意识到高消费并不意味着生活的快乐和幸福。心理学家的研究表明，人的需要是社会性的，其快乐源于多个方面，仅靠物质享受难以使人得到真正的满足。因此，消费与人的幸福之间并不直接相关。决定生活快乐的最主要因素是对家庭生活的满足；其次是有满意的工作，能自由自在地发挥才干，建立融洽的友谊关系。基于上述认识，现代消费者越来越倾向于把消费与生活方式的其他方面统一、协调起来，从整体上把握、评价生活方式，注重提高生活方式的整体质量。具体表现在以下几个方面：

(一)消费与劳动生活方式的统一

劳动生活方式是指人在社会生活中，在一定劳动观、价值观的指导下，为谋取生活资料而进行的物质生产、精神生产或提供劳务的经常性的、相对固定的活动方式系统，具体包括劳动职位、劳动条件、劳动形态、劳动意识、劳动态度、劳动习惯等。劳动生活方式是整体生活方式的基础，对其他生活方式起着决定性的作用。消费与劳动生活方式的统一，表现为人们在消费观念和消费态度上会体现出自身劳动生活方式的特点，寻求与所从事劳动职业相互协调一致的消费方式。例如，我们能从一个人的穿着打扮上判断出他所从事的职业；又如，微电子技术的革新改变了传统的办公方式，在家办公趋势的迅速发展激发了人们对家庭办公家具的大量需求。

(二)消费与家庭生活方式的统一

家庭是社会日常生活的基本单位，人们的大部分消费活动是在家庭中进行的。因此，家庭结构、家庭关系、家庭管理方式等与人们的消费活动关系极为密切。与传统家庭生活方式相比，现代家庭正在向规模小型化、结构核心化的趋势发展。目前，单身家庭、单亲家庭、无子女家庭等非传统化家庭形式的比重逐步上升，家庭管理方式也更趋向民主化。对应这一变化，现代消费者在消费需求观念、方式和内容上也发生了明显改变，以求与现代家庭生活方式相一致、相适应。例如，小型家庭的娱乐、旅游、教育消费支出明显增加，独生子女家庭中的儿童对消费决策的影响作用越来越大。

(三)消费与闲暇生活方式的统一

闲暇是指可以自由支配的时间。闲暇生活的内容通常包括休息、娱乐、学习、交往等。在现代社会中，随着工作效率的提高和劳动工时的普遍缩短，人们占有的闲暇时间日益增多。由于闲暇生活涉及人们多方面需求的满足，因此，现代消费者对闲暇生活的重视程度不断提高，闲暇生活在社会生活方式中占有越来越重要的地位。与此相适应，在消费活动中，人们一方面努力提高自身的收入水平，增加旅游、娱乐、教育、社交等非商品性消费的支出，以丰富和改善闲暇生活的内容与质量；另一方面，人们也在不断寻求新的消费方式，以求创造和占有更多的闲暇时间。近年来，电话购物、电视购物、网上购物、邮购等快捷便利的现代购物方式正受到越来越多消费者的青睐，少批量、多次数购买日常生活用品正在成为大多数家庭的购买行为模式，礼品直送、查询、咨询、搬家、家庭教育、保健、家庭服务等在消费支出中所占的比重迅速上升，空调、家庭影院、音响、家用电脑、健身器材以及室内装修、家用卫生设备迅速普及，以电话为代表的通信设备大规模进入家庭，美容美发、化妆品、歌舞厅、交响乐、书报杂志等高级文化消费日趋走俏。上述消费趋向表明，现代消费者对闲暇生活的需要大大增强，已经把创造更多的闲暇时间和提高闲暇生活质量作为消费行为的重要导向。

三、消费与环境保护一体化的趋向

消费与环境保护一体化的趋向是指消费者要求自身的消费活动要有利于保护人类赖以生

存的自然环境,维护生态平衡,减少和避免对自然资源的过度消耗与浪费,实现永续消费。随着世界环保运动的兴起,现代消费者的环保意识日益增强,发达国家中越来越多的消费者开始认识到,他们仅占全球人口的20%,而消费量却占世界消费总量的70%,地球的资源是有限的,过度消费留下的不仅是成堆的垃圾、对环境的破坏,还将导致人类的自我毁灭。因此,他们把保护自然资源和生态环境视为己任,将消费与全球环境及社会经济发展联系起来,自觉地把个人消费需求和消费行为纳入环境保护的规范之中,甚至提出"做一个绿色消费者"的口号。这就要求每个消费者不要为广告所左右,不应与其他人进行无谓的攀比,而是根据自己的实际需要购买最必要的物品,并尽可能做到对所消费商品的再利用、再循环。绿色消费者运动在发展中国家也产生了越来越大的影响。许多发展中国家的消费者意识到,节约资源和维护生态环境是现代社会条件下提高消费水平及生活质量的重要组成部分,他们不应重蹈许多发达国家在推进工业化进程中无节制地消耗资源和严重污染环境的覆辙。为了保护自身健康并获得一个安全、洁净的生存环境,他们从现在起就把"绿色消费"作为消费需求的重要内容,要求购买无公害、无污染、不含添加剂、使用易处理包装的绿色商品,并自动发起和支持抵制吸烟、禁止放射性污染等保护消费者运动。由此看来,保护环境已经成为现代消费者的基本共识和全球性的消费发展趋势。

四、生活共感、共创、共生型消费趋向

现代消费者在高消费社会中将呈现出全新的消费趋向,即与企业经营者一起共同创造新的生活价值观和生活方式的生活共感、共创、共生型趋向。当今大部分的消费者,具有高收入、高学历、高信息、高生活能力和高国际感觉的特性。与此相对应,他们的消费需求也将呈现出五大新特点:(1)美学性,即美的意识和艺术性;(2)知识性,即教养性和科学性;(3)身体性,即体感性或五感性;(4)脑感性,即六感性或官能性;(5)心因性,即精神性和宗教性。

具有上述新需求的消费者,其生活价值观将发生根本性变化,消费生活方式也将大大改变。消费和生活意识的中心将由物质转移到精神,健康、教育、娱乐、文化及信息将成为新的消费增长领域。

在更加注重和追求精神消费的过程中,现代及未来的消费者将不再把消费视为一种对商品或劳务的纯耗费活动;也不再被动地接受企业经营者单方面的诱导和操纵,从生产厂商设计和提供的有限种类、式样中选购商品;而是要求作为参与者,与企业一起按照消费者新的生活意识和消费需求,开发出能与他们产生共鸣的"生活共感型"商品,开拓与消费者一起创造新的生活价值观和生活方式的"生活共创型"市场。在这一过程中,消费者将充分发挥自身的想象力和创造性,积极主动地参与商品的设计、制作和再加工,包括精神产品和物质产品,通过创造性消费来展示独特的个性,体现自身的价值,获得更大的成就感和满足感。

第四节 消费者的购买动机

消费者的购买动机是指推动消费者实现某种实际购买行为的内驱力。它是在消费者需要的基础上产生的引发消费者购买行为的直接原因和动力。相对于消费者的需要而言,动机更为清晰显现,与消费行为的联系也更加直接具体。动机把消费者的需要行为化,消费者通常按照自己的动机去选择具体的商品类型。因此,研究消费动机可以为把握消费者购买行为的内在规律提供更具体、更有效的依据。

一、一般动机理论

(一)动机的概念与形成

心理学将动机定义为引发和维持个体行为并导向一定目标的心理动力。动机是一种内在的驱动力量,当个体采取某种行动时,总是受到某些迫切需要实现的意愿、希望、要求的驱使,而这些内在的意愿、要求具有能动的、积极的性质,能够激发和驱动特定行为的发生。由于行为都是由动机引起和支配的,并通过动机导向预定的目标,因此,人类行为实质上是一种动机性行为。同样,消费者的消费行为也是一种动机性行为,他们所从事的购买行为直接源于各种各样的购买动机。

动机是一种基于需要而由各种刺激引起的心理冲动,其形成要具备一定的条件。首先,动机的产生必须以需要为基础。只有当个体感受到对某种生存或发展条件的需要,并达到足够强度时,才有可能产生采取行动以获取这些条件的动机。动机实际上是需要的具体化,但并不是所有的需要都能表现为动机。动机的形成还需要相应的刺激条件。当个体受到某种刺激时,其内在需求会被激活,使内心产生某种不安情绪,形成紧张状态。这种不安情绪和紧张状态会演化为一种动力,由此形成动机。此外,需要产生以后,还必须有满足需要的对象和条件,才能形成动机。例如,消费者普遍具有御寒的需要,但是,只有当冬季来临,消费者因寒冷而感到生理紧张,并在市场上发现待售的冬装时,才会产生购买冬装的强烈动机。在消费者动机的形成过程中,上述三个方面的条件缺一不可,其中尤以外部刺激更为重要。因为在通常情况下,消费者的需求处于潜伏或抑制状态,需要外部刺激加以激活。外部刺激越强,需求转化为动机的可能性就越大;否则,需求将维持原状。因此,如何给消费者以更多的外部刺激,是推动其购买动机形成乃至实现购买行为的重要前提。动机过程如图3—3所示。

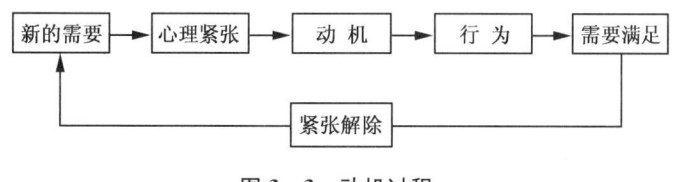

新的需要 → 心理紧张 → 动机 → 行为 → 需要满足 → 紧张解除

图3—3 动机过程

(二)动机的功能及与行为的关系

心理学认为,动机在激励人的行为活动方面具有下列功能:

1. 发动和终止行为的功能

动机作为行为的直接动因,其重要功能之一就是能够引发和终止行为。消费者的购买行为就是由购买动机的发动而进行的,而当动机指向的目标达成,即消费者在某方面的需要得到满足之后,该动机会自动消失,相应的行为活动也告终止。

2. 指引和选择行为方向的功能

动机不仅能够引发行为,还能将行为导向特定的方向。这一功能在消费者行为中,首先表现为在多种消费需求中确认基本的需求,如安全、社交、成就等;其次表现为促使基本需求具体化,成为对某种商品或劳务的具体购买意愿。在指向特定商品或劳务的同时,动机还势必影响消费者对选择标准或评价要素的确定。通过上述过程,动机使消费行为指向特定的目标或对象。与此同时,动机还可以促使消费者在多种需求的冲突中进行选择,使购买行为朝需求最强烈、最迫切的方向进行,从而求得消费行为效用的最大化。

3. 维持与强化行为的功能

动机的作用表现为一个过程。在人们追求实现目标的过程中，动机将贯穿于行为的始终，不断激励人们努力采取行动，直至目标最终实现。另外，动机对行为还具有重要的强化功能，即由某种动机强化的行为结果对该行为的再生具有加强或减弱的作用。使人满意的动机的结果能够保持和巩固行为，称为正强化；反之，则减弱和消退行为，称为负强化。消费者在惠顾动机的驱使下，经常对某些信誉良好的商店和商品重复光顾和购买，就是这一功能的明显体现。

当消费动机实现为消费行为的时候，有的动机直接促成一种消费行为，例如，在饥饿状态下，觅食动机会直接导致寻求和摄取食物的行为；而有些动机则可能促成多种消费行为的实现。例如，展示个性、显示自身价值等较复杂的动机，会推动消费者从事购买新潮或名牌服装、购置高档家具、收藏艺术品等多种行为；在某些情况下，还有可能由多种动机支配和促成一种消费行为。例如，城市居民购置房产，就可能出于改善住房条件、投资增值、馈赠子女等多种动机。由此可见，动机与消费行为之间并不完全是一一对应的关系，同样的动机可能产生不同的行为，而同样的行为也可以由不同的动机所引起。动机与行为之间的关系如图 3－4 所示。

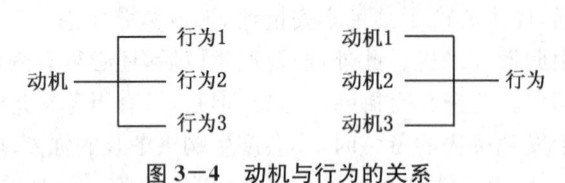

```
         ┌── 行为1      动机1 ──┐
动机 ────┼── 行为2      动机2 ──┼── 行为
         └── 行为3      动机3 ──┘
```

图 3－4 动机与行为的关系

二、消费者动机的特征

(一) 主导性

在现实生活中，每个消费者都同时具有多种动机。这些复杂多样的动机之间以一定的方式相互联系，构成了完整的动机体系。在这一体系中，各种动机所处的地位及所起的作用互不相同。有些动机表现得强烈、持久，在动机体系中处于支配性地位，属于主导性动机；有些动机表现得微弱而不稳定，在动机体系中处于依从性地位，属于非主导性动机。一般情况下，人们的行为是由主导性动机决定的。尤其当多种动机之间发生矛盾、冲突时，主导性动机往往对行为起支配作用。例如，吃要营养、穿要漂亮、用要高档是多数消费者共有的动机要求，但受经济条件所限，上述动机无法同时实现时，讲究家庭陈设与个人服饰的消费者宁可节衣缩食也要满足衣着漂亮、室内陈设优雅美观的需要，注重知识层次的消费者往往把主要收入用于购买书籍、订阅报纸杂志和子女培养教育方面，讲究饮食营养、注重身体保健的家庭却宁可压缩其他开支也要把大部分收入用于购买食品和营养保健品。这些都是由于消费者的主导性动机不同而导致在消费行为方面的差异。

(二) 可转移性

消费者的购买行为主要取决于主导性动机，但在动机体系中处于从属地位的非主导性动机并非完全不起作用，而是处于潜在状态。可转移性是指消费者在购买或决策过程中，由于新的消费刺激出现而发生动机转移，原来的非主导性动机由潜在状态转入显现状态，上升为主导性动机的特性。在现实中，许多消费者改变预定计划，临时决定购买某种商品的现象，就是动机发生转移的结果。例如，某消费者本来欲购买羽绒服，但在购买现场得知皮衣降价销售，降价刺激诱发了该消费者潜在的求奢动机，遂转而决定购买皮衣。有时，消费者之所以改变动机,是由于原有动机在实现过程中受到阻碍。例如,由于售货员态度恶劣,使消费者的自尊心受到伤害,其购买商品的主导性动机被压制,从而诱发了维护个人自尊的动机,导致购买行为的终止。

(三) 内隐性

动机并不总是显露无遗的。消费者的真实动机经常处于内隐状态,难以从外部直接观察到。正如弗洛伊德所说,动机犹如一座水中的冰山,显现在水面上的只是很小一部分,大部分隐藏在看不见的水下。人的心理活动是极为复杂的。在现实中,消费者经常出于某种原因而不愿意让别人知道自己的真实动机。早在 20 世纪 40 年代,美国心理学家关于速溶咖啡投放市场受到阻碍的调查结果就表明,家庭主妇之所以拒绝购买速溶咖啡,并不是如她们表面上所说的不喜欢速溶咖啡的味道,而是由于不愿被他人视为懒惰、不称职的主妇。因为当时的流行观念认为,按照传统方式煮咖啡的主妇必定是勤俭、善于持家、懂得生活的。这种自陈动机与内在真实动机不相一致的现象,在现代消费者中仍然比比皆是。除此之外,动机的内隐性还可能由于消费者对自己的真实动机缺乏明确的意识,即动机处于潜意识状态。这种情况在多种动机交织组合、共同驱动一种行为时经常发生。例如,某消费者购买一副高档眼镜的主要动机是为了保护眼睛,但同时也可能怀有增加魅力和风度或者掩盖眼部缺陷等其他潜在动机。

(四) 冲突性

当消费者同时具有两种以上的动机且共同发生作用时,动机之间就会发生矛盾和冲突。这种矛盾和冲突可能是由于动机之间的指向相悖或相互抵触,也可能是出于各种消费条件的限制。人们的欲望是无止境的,而拥有的时间、金钱和精力却是有限的。当多重动机不可能同时实现时,动机之间的冲突就是不可避免的,而冲突的本质是消费者在各种动机实现所带来的利害结果中进行权衡比较和选择。在消费活动中,常见的动机冲突有以下几种:

1. 利—利冲突

在这种情况下,相互冲突的各种动机都会给消费者带来相应的利益,因而对消费者有着同样的吸引力。但是,由于受到消费条件的限制,消费者只能在有吸引力的各种可行性方案中进行选择。吸引力越均等,冲突越厉害。例如,某消费者获得一笔年终奖金,他希望将这笔钱用于外出旅游度假,以满足求奇的动机;但他又渴望购置一套向往已久的高档家具,使追求奢侈的欲望得到满足。这两种选择都可给该消费者带来利益,且对他都有强烈的吸引力,因而动机之间就产生了冲突。这类冲突的解决有赖于外界的刺激。由于对各种利益委决不下,因此,消费者通常对外界刺激十分敏感,希望借助外力做出选择。此时,广告宣传、销售人员的诱导、他人意见以及各种促销措施等常常会使消费者的心理倾斜,从而做出实现其中一种利益的动机选择。

2. 利—害冲突

在这一情况中,消费者面临着同一消费行为既有积极后果又有消极后果的冲突。其中,具有积极后果的动机是消费者极力追求的,具有消极后果的动机又是其极力避免的,因而使其经常处于利弊相伴的动机冲突中。例如,许多消费者既向往各种美食,又害怕身体发胖,因此,品尝美味佳肴的动机与避免体重增加的动机之间就经常发生冲突。利—害冲突常常导致决策的不协调,使消费行为发生扭曲。解决这类冲突的有效措施是尽可能减少不利后果的严重程度,或采用替代品抵消有害结果的影响。目前,各类减肥食品、低热量食品、低脂肪食品以及各种保健品、健身器材风行市场,为消费者趋利避害、解决此类动机冲突提供了有效途径。

3. 害—害冲突

有时消费者同时面临着两种或两种以上均会带来不利结果的动机。由于两种结果都是消费者企图回避或极力避免的，但因条件所迫又必须对其做出选择，因此，两种不利动机之间也会产生冲突。例如，对于部分低收入消费者来说，物价上涨将使他们的购买力降低，而提前购置大屏幕液晶彩电、冰箱、空调等新一代家用电器，又面临着占压资金、挤占其他消费开支、产品更新换代等问题，这样，避免涨价损失的动机与减少购买风险的动机之间便产生了冲突。面对这类冲突，消费者总是趋向选择不利和不愉快程度较低的动机作为实现目标，以便使利益损失减少到最低限度。此时，如果采取适当方式降低不利结果，或从其他方面给予补偿，将有助于消费者减轻这方面的冲突。例如，分期付款、承诺售出产品以旧换新，可以使消费者的购买风险大大减少，从而使动机冲突得到明显缓和。

从上述分析可以看出，动机冲突是动机活动过程中不可避免的现象，以至于成为动机作用的一种重要方式。消费者动机冲突的解决有赖于企业多种营销措施手段的运用。另外，从一定意义上说，正是由于动机冲突的存在，才为企业经营者提供了运用营销手段引导消费者购买动机、推动购买行为实现的机会和可能性。

三、消费者购买动机的类型

消费者的需要和欲望是多方面的，其消费动机也是多种多样的，从不同角度可以对动机的类型做多种划分。按照需要的层次不同，可以分为生存性动机、享受性动机和发展性动机；按照动机形成的心理过程不同，可以分为情绪性动机、理智性动机和惠顾性动机；按照动机作用的形式不同，可以分为内在的、非社会的动机，以及外在的、社会性动机。这些分类方法对于研究消费者的动机具有重要意义。就购买活动而言，消费者的购买动机往往十分具体，其表现形式复杂多样，与购买行为的联系也更为直接。因此，对于企业经营者来说，深入了解消费者形形色色的购买动机，对于把握消费者购买行为的内在规律，用以指导企业的营销实践，具有更加现实的意义。本书主要介绍以下几种消费者的一般购买动机：

(一)追求实用的购买动机

这是以追求商品的使用价值为主要目的的购买动机。具有这种购买动机的消费者比较注重商品的实用性和质量，要求商品具有明确的使用价值，讲求经济实惠、经久耐用，而不过多强调商品的品牌、包装、装潢和新颖性；倘若商品的使用价值不明确，甚至徒有虚名毫不实用，消费者便会放弃购买。这种动机并不一定与消费者的收入水平有必然联系，而主要决定于个人的价值观念和消费态度。

(二)追求新奇的购买动机

这是以追求商品的趋时、新颖、奇特为主要目的的购买动机。具有这种动机的消费者往往富于想象，渴望变化，喜欢创新，有强烈的好奇心。他们在购买过程中，特别重视商品的款式是否新颖独特、符合时尚，对造型奇特、不为大众熟悉的新产品情有独钟，而不大注重商品是否实用和价格高低。这类消费者在求新动机的驱动下，经常凭一时兴趣进行冲动式购买，他们是时装、新潮家具、新式发型及各种时尚商品的主要消费者和消费带头人。

(三)追求美感的购买动机

追求美好事物是人类的天性，体现在消费活动中，即表现为消费者追求商品美学价值和艺术欣赏价值的购买动机。具有求美动机的消费者在挑选商品时，特别重视商品的外观造型、色彩和艺术品位，希望通过购买格调高雅、色彩协调的商品获得美的体验和享受。同时，这类消费者注重商品对人体和环境的美化作用,以及对精神生活的陶冶作用。例如,通过款式新颖、色彩协调的服装搭配美化自我形象,选购家庭装饰用品美化居住环境,以及对美容、美发服务的消费等,都是求美动机的体现。

(四)追求名望的购买动机

这是因仰慕产品品牌或企业名望而产生的购买动机。在现代商战中,一些名牌产品及企业由于产品质量精良、知名度高、声誉良好、市场竞争力强而受到了消费者的青睐。许多消费者出于慕名心理,在购买前即预先将名牌产品确定为购买目标;在购买过程中,面对众多同类商品,仍会将注意力直接指向名牌产品。追求名望的购买动机不仅可以满足消费者追求名望的心理需要,而且能够降低购买风险,加快商品选择过程,因此,在品牌差异较大的商品如家用电器、服装、化妆品的购买过程中,往往成为带有普遍性的主导动机。

(五)追求廉价的购买动机

这是以追求商品价格低廉,希望以较少支出获得较多利益为特征的购买动机。出于这种动机的消费者,选购商品时会对商品的价格进行仔细比较,在不同品牌或外观质量相似的同类商品中,会尽量选择价格较低的品种。同时,这类消费者喜欢购买优惠品、折价品或处理品,有时甚至因价格有利而降低对商品质量的要求。求廉的动机自然与收入水平较低有关,但对于大多数消费者来说,以较少的支出获取较大的收益是一种带有普遍性的动机。

(六)追求便利的购买动机

追求便利是现代消费者提高生活质量的重要内容。受这一动机的驱动,人们把购买目标指向可以减少家务劳动强度的各种商品和劳务,如洗衣机、冰箱、洗碗机、方便食品、家庭服务、家庭装修、家庭运输等,以求最大限度地减轻家务劳动负担。为了方便购买、节约购买时间,越来越多的消费者采用上门送货、直销服务、电话订货、邮购、电视购物、网购等现代购物方式。随着现代社会生活节奏的加快,消费者追求便利的动机也日趋强烈。

(七)追求安全、健康的购买动机

这是追求自身的生命安全和生理健康的购买动机。抱有这种动机的消费者通常把商品的安全性能和是否有益于身心健康作为购买与否的首要标准。就安全性能而言,消费者不仅要求商品在使用过程中的各种性能安全可靠,如家用电器不出现意外事故、化妆品不含有毒物质,而且刻意选购各种防卫保安性用品和服务,如人寿保险、私人保镖等。与此同时,追求健康的动机日益成为消费者的主导性动机。在这一动机的驱动下,选购医药品、保健品、健身用品已经成为现代消费者经常性的购买行为。

(八)追求荣耀的购买动机

这是一种因好胜心、与他人攀比不甘落后而形成的购买动机。抱有这种动机的消费者,购买某种商品往往不是出于实际需要,而是为了争强好胜、赶上他人、超过他人,借以求得心理上的平衡和满足。这种购买动机具有偶然性和浓厚的感情色彩,购买行为带有一定的冲动性和盲目性。在生活水平迅速上升、贫富差距急剧拉大的社会转型时期,攀比性动机表现得较为普遍和强烈。

(九)追求兴趣的购买动机

这是以满足个人特殊偏好、兴趣为目的的购买动机。许多消费者由于生活习惯和业余爱好,特别偏爱某一类商品,如集邮、摄影、花鸟鱼虫、古玩字画、音响器材等。这些嗜好往往与消费者的职业特点、知识领域、生活情趣有关,因而其购买动机比较理智,购买指向也比较稳定和集中,具有经常性和持续性的特点。

(十)追求恒常的购买动机

恒常动机又称惠顾购买动机或习惯性动机,是指消费者对特定商店或特定商品品牌产生特殊信任偏好,从而在近似条件反射的基础上习惯性地、重复地光顾某一商店,或反复地、习惯性地购买同一品牌、同一商标的产品。惠顾性动机有助于企业获得本商店或本产品的忠实消费者群,保持稳定的市场占有率。

除了上述几个方面外,消费者的购买动机还有自卫性、储备性、纪念性、补偿性、馈赠性等。这些动机大多有明确的指向性和目的性,也是消费活动中较常见的购买动机。

本章小结

需要是指个体在一定的条件下感到某种欠缺而力求获得满足的一种不平衡状态,是个体对延续和发展生命所必需的客观条件的需求在人脑中的反映,是个体对自身和外部生活条件的需要在头脑中的反映。消费者需要是指消费者生理和心理上的匮乏状态,即感到缺少些什么,从而想获得它们的状态。消费者需要是推动消费行为的前提和内在动力。消费者的需求特征有多样性和差异性、层次性和发展性、伸缩性和周期性、可变性和可诱导性几种。购买动机是在消费者需要的基础上产生的、引发消费者购买行为的直接原因和动力。消费者的购买动机主要有求实、求新、求美等十种。深入了解消费者形形色色的购买动机,对于把握消费者购买行为的内在规律,用以指导企业的营销实践,具有更加现实的意义。

思考题

1. 什么是消费者需要?消费者需要有哪些基本特征?
2. 消费者需要的基本内容是什么?
3. 分析现代消费者需要的发展趋势。
4. 什么是消费者购买动机?消费者购买动机有哪些作用?
5. 消费者的具体购买动机有哪些类型?

案例分析

速溶咖啡上市缘何遭冷落[①]

20世纪40年代,当速溶咖啡这个新产品刚刚投放市场时,厂家自信它会很快取代传统的豆制咖啡而获得成功。因为它的味道和营养成分与豆制咖啡相同而饮用方便,不必再花长时间去煮,也不要再为刷洗煮咖啡的器具费很大的力气。厂家为了推销速溶咖啡,就在广告上着力宣传它的这些优点。出乎意料的是,购买者寥寥无几。心理学家们对消费者进行了问卷调查,请被试者回答不喜欢速溶咖啡的原因。很多人一致回答是因为不喜欢它的味道,这显然不是真正的原因。为了深入了解消费者拒绝使用速溶咖啡的潜在动机,心理学家们改用间接的方法对消费者真实的动机进行了调查和研究。他们编制了两种购物单,这两种购物单上的项目,除一张上写的是速溶咖啡,另一张上写的是新鲜咖啡这一项不同之外,其他各项均相同。

---

① 成伯清、李林艳:《消费心理学》,南京大学出版社1998年版。

把两种购物单分别发给两组妇女,请她们描写按购物单买东西的家庭主妇是什么样的妇女。结果表明,两组妇女所描写的想象中的两个家庭主妇的形象是截然不同的。看速溶咖啡购货单的那组妇女几乎有一半人说,按这张购货单购物的家庭主妇是个懒惰的、邋遢的、生活没有计划的女人;有12%的人把她说成是个挥霍浪费的女人;还有10%的人说她不是一位好妻子。另一组妇女则把按新鲜咖啡购货的妇女描绘成勤俭的、讲究生活的、有经验的和喜欢烹调的主妇。这说明,当时的美国妇女有一种偏见:作为家庭主妇,担负繁重的家务劳动乃是一种天职,而逃避这种劳动则是偷懒的、值得谴责的行为。速溶咖啡的广告强调的正是其省时、省力的特点,因而并没有给人以好的印象,反而被理解为它帮助了懒人。由此可见,速溶咖啡开始时被人们拒绝,并不是在于其本身,而是由于人们的动机,即都希望做一名勤劳的、称职的家庭主妇,而不愿做被人和自己所谴责的懒惰、失职的主妇,这就是当时人们的一种潜在心理,这也正是速溶咖啡被拒绝的真正原因。谜底揭开之后,厂家对产品的包装做了相应的修改,除去了使人产生消极心理的因素。广告不再宣传又快又方便的特点,而是宣传它具有新鲜咖啡所具有的美味、芳香和质地醇厚等特点;在包装上,产品密封十分牢固,开启时十分费力,这就在一定程度上打消顾客因用新产品省力而造成的心理压力。结果,速溶咖啡的销路大增,很快成了西方世界最受欢迎的咖啡。

尽管人的消费行为受多种因素的影响,但购买动机,即购买行为产生的原因和动力,无疑是重要的因素,对它的研究自然是消费者心理学的一个重要领域。这从速溶咖啡的例子里已得到了充分的证明。

讨论:
1. 消费者对刚刚面市的速溶咖啡为何反应冷淡?调整广告宣传的重点后销量为何又大增?
2. 举例说明受某种观念影响而使新产品推广受阻的类似现象,哪些类型的消费者最易受其影响?

阅读资料

浅析新经济时代消费者需求的发展趋势[①]

新经济时代是指人类社会进入了一个以新技术革命为标志的崭新的历史发展时期。特别是互联网技术在市场营销领域的应用,将我们带入一个全新的经济时代。在这个时代,消费者的需求和行为为跨越了多个渠道:他们把人类从古至今的需求和行为与新兴网络行为结合在一起,用高科技武装起来。这种消费者的行为混合了传统的和数字的、理性的和感性的、虚拟的和现实的因素。与之相适应,现代消费者面临的消费环境也发生了一系列极其深刻的变化。

一、消费需求结构趋向高级化

随着人均收入和消费水平的提高,消费者的需求结构将逐步趋于高级化。这一趋势在处于高速增长阶段的发展中国家表现得尤为明显。以我国为例,以商品房、私人轿车、电子信息产品逐步进入城市家庭为主要标志的新一轮消费被启动,消费品将由万元级向十万元级升级。经过30多年的改革和发展,我国国民生产总值增长速度始终保持在两位数的高水平上。据国务院发展中心预测,从2005年至2010年,经济的增长率保持在6.4%~7.8%。与我国经济

[①] 《浅析新经济时代消费者需求的发展趋势》,博才网,2013年9月6日。

高速度增长相适应,我国的消费基金在总量上也将持续地较快增长。在整体消费水平持续增长的基础上,我国广大城乡居民的消费需求结构发生了重大变化,消费不断升级,消费内容更加丰富,生活质量明显提高,消费者的需求结构将逐步趋于高级化。近年来,我国国民生产总值始终保持高速增长的势头,与此相对应,城乡居民已开始具有较强的购买潜力。今后一段时间,城镇居民消费需求将从小康走向更宽裕的过渡时期,人们的消费观念、方式、内容及消费品市场供求关系都将发生重大变化。衣、食等一般性消费在总消费中的比重将进一步下降,住、行以及通信、电脑、教育、旅游等享受类消费将大幅度增加。而且,随着世界经济贸易的增加和各国文化的相互渗透,国内消费的国际化趋势也开始显现。

二、消费心理引导消费需求日趋成熟化

买方市场格局形成以后,特别是随着我国银行储蓄利率的改革以及财政政策和货币政策的成熟,消费者的购买心理与短缺经济时期相比日趋稳定、成熟,呈现出求实、求新、求稳、求廉的趋势。与此相适应,消费者的购买需求与行为也发生了相应的变化:理智型购买增多,情绪型购买减少;计划型购买增多,随机型购买减少;常规型购买者的购买动机受单一因素驱动减少,受复合因素驱动增加;受削价优惠刺激购买减少,受实际使用刺激购买增加,过去那种盲目、轻率的消费行为已经越来越少。

三、高情感需求与感性消费趋向广泛化

感性消费需求,是指消费者购买商品并非出于生存、安全等基本需要,而是希望买到一种能与心理需求产生共鸣的感性商品,满足其内心深处的感性要求。现代社会,随着经济活动的高度市场化和高科技浪潮的迅猛发展,人们的生活方式发生了剧烈变化。快节奏、高竞争、高紧张度取代了平缓、稳定、闲散的工作方式;食物处理机、洗碗机、个人电脑、移动通信工具、现代化办公设备等高科技产品大量涌入家庭和工作场所,使得人们越来越多地以机器作为交流对象;互联网的普及,打破了人们的时空距离,"地球村"的味道越来越浓厚。与全新的生活方式相对应,人的情感需求也日趋强烈。正如美国著名未来学家奈斯比特所说:"每当一种新技术被引入社会,人类必然产生一种要加以平衡的反应,也就是说,产生一种高情感,否则新技术就会遭到排斥。技术越高,情感反应也就越强烈。"作为与高技术相抗衡的高情感需求,在消费领域中直接表现为消费者的感性消费趋向。

西方营销理论认为,消费者的需求发展大致可分为三个阶段:一是"量的消费时代",二是"质的消费时代",三是"感性消费时代"。在感性消费阶段,消费者所看重的已不是产品的数量和质量,而是该产品与自己关系的密切程度。他们购买商品是为了满足一种心理上的渴求,或是追求某种特定商品与理想的自我价值的吻合。在感性消费需要的驱动下,消费者购买的商品并不是非买不可的生活必需品,而是一种能与其心理需求共鸣的感性商品。这种购买决策往往采用的是心理上的感性标准,以"喜欢就买"作为行动导向。譬如,美国有关机构的市场调查结果表明,美国女性选购服装时重点考虑穿着的感觉,追求所谓"最新流行款式"者不到43%。在日本市场上,感性商品正成为新的流行时尚。因此,感性消费趋向实质是高科技社会中人类高情感需要的体现,是现代消费者更加注重精神的愉悦、个性的实现和情感的满足等高层次需要的突出反映。在我国,消费者需要的感性化趋向也逐渐增强,以情感需求为核心的鲜花产业的迅速发展就是有力的证明。

四、消费方式与生活方式趋向统一化

消费方式与生活方式是两个不同的概念。所谓生活方式,是指人们为满足生存和发展需要而进行的全部活动的总体模式和基本特征。由于人们的心理和行为活动是十分复杂的,社

会联系和关系也是多方面的,因此,人们的生活方式必然是多方面、多层次的,其中包括劳动生活方式、消费生活方式、家庭生活方式、社会交往生活方式、文化生活方式、政治生活方式、宗教生活方式、闲暇生活方式等。上述不同方面、不同层次的生活方式相互联系、相互制约,构成生活方式的整体系统。从生活方式的系统构成中可以看出,消费生活方式不仅是生活方式总系统的重要组成部分,而且与其他生活方式分系统有着极为密切的联系。

现代社会,人们在充分享受高度发达的物质文明所带来高层次物质享受的同时,逐渐意识到高消费并不意味着生活的快乐和幸福。心理学家的研究表明,人的需求是社会性的,其快乐源于多个方面,仅靠物质享受难以使人得到真正的满足。因此,消费与人的幸福之间并不直接相关。决定生活快乐的最主要的因素是对家庭生活的满足,其次是有满意的工作,即能自由自在地发挥才干和建立融洽的友谊关系的工作。基于上述认识,现代消费者越来越倾向于把消费方式与生活方式的其他方面统一、协调起来,从整体上把握、评价生活方式,注重提高生活方式的整体质量。

五、提倡"绿色消费",注重消费与环保一体化

20世纪以来,人类社会面临着自然资源日益匮乏和环境过度破坏的严重困扰。在可持续发展观越来越深入人心的背景下,消费渐趋理性化,"绿色消费"作为一种新的消费需求产生了。所谓绿色消费,有两个内涵,即消费无污染、有利于健康的产品;消费行为要有利于节约能源、保护生态环境。"绿色消费"曾经在食品生产领域风靡一时,而今几乎已经成为所有消费领域一个流行的提法。人们已经意识到节约资源和维护生态环境是现代社会条件下提高消费水平及生活质量的重要组成部分,开始购买无公害、无污染、不含添加剂、使用易处理包装的绿色商品,并自动发起和支持抵制吸烟、禁止放射性污染等保护消费运动。由此,保护环境已成为现代消费者的基本共识和全球性的消费发展趋势。

六、消费需求呈现多元化、个性化

在感性消费时代,科学技术的迅猛发展和社会文化的日益多元化给人类提供了前所未有的、广阔的选择空间,各种新的生活方式和消费群体层出不穷。如"新新人类"即是当代最具个性的新型消费群体,他们想方设法丰富和展现自己的个性,尽情展示自身的存在价值,在消费活动中遵循自己独有的生活方式,标新立异、张扬个性、追求与众不同成为他们选择消费品的首要标准,他们的消费方式在注重现代化的基础上又极具个性化。

当代,国内市场与国际市场的分界日趋模糊,产品和服务更加丰富多彩。面对这些变化,消费者能够以个人心理愿望为基础挑选和购买商品及服务;更进一步,他们不仅渴望选择,而且还能做出选择。消费者比以往更注重消费多元化、个性化的发展,无论是吃、穿、住、行、用等方面的消费,还是精神需求方面的消费,都表现出变化大、速度快等特点。消费多元化、个性化的发展趋势越来越显著,正在也必将成为消费的主流。

第四章

消费者的态度

● 学习目标

1. 掌握消费者态度的含义和本质特征；
2. 消费者态度的功能与类型；
3. 把握消费者态度的改变与测量；
4. 了解消费者的特殊心理与行为。

● 导入案例

了解对方的观点，实施态度转变①

卡耐基曾亲身经历过这样一件事：

他向纽约某家饭店租用大舞厅，每一季用20个晚上，举办一系列的讲座。

在某一季开始的时候，他突然接到通知，说他必须支付比以前高出3倍的租金。卡耐基得到这个通知的时候，入场券已经印好发出去了，而且所有的通告都已经公布了。

当然，卡耐基不想付这笔增加的租金，可是与饭店的人谈论不要什么是没用的，他们只对自己所要的感兴趣。因此，几天之后，他去见饭店的经理。

"收到你的信，我有点吃惊，"卡耐基说，"但是我根本不怪你。如果我是你，我也可能发出一封类似的信。你身为饭店的经理，有责任尽可能地使收入增加。如果你不这样做，你将会丢掉现在的职位。现在，我们拿出一张纸来，把你可能得到的利弊列出来，如果你坚持要增加租金的话。"

然后，卡耐基取出一张信纸，在中间画一条线，一边写着"利"，另一边写着"弊"。

他在"利"这边的下面写下这些字："舞厅空下来。"接着说："你有把舞厅租给别人开舞会或开大会的好处，这是一个很大的好处，因为像这类的活动，比租给人家当讲课场地能增加不少收入。如果我把你的舞厅占用20个晚上，对你当然是一笔不小的损失。"

"现在，我们来考虑坏处方面。第一，你不但不能从我这儿增加收入，反而会减少你的收入。事实上，你将一点收入也没有，因为我无法支付你所要求的租金，我只好被逼到别的地方去开这些课。"

"你还有一个坏处。这些课程吸引了不少受过教育、修养高的听众到你的饭店来。这对你是一个很好的宣传，不是吗？

---

① 靳西：《卡耐基人际关系学》，燕山出版社2007年版。

事实上,如果你花费5 000美元在报上登广告的话,也无法像我的课程这样能吸引这么多的人来你的饭店。这对一家饭店来讲,不是价值很大吗?"

卡耐基一面说,一面把这两项坏处写在"弊"的下面,然后把纸递给饭店的经理,说:"我希望你好好考虑你可能得到的利弊,然后告诉我你最后的决定。"

第二天卡耐基收到一封信,通知他租金只涨50%,而不是300%。

在这里,卡耐基没有说一句他所要的,就得到这个减租的结果。卡耐基一直都是谈论对方所要的,以及他如何能得到他所要的。

假设卡耐基做出一般人所做的,怒气冲冲地冲到经理办公室说:"你这是什么意思,明明知道我的入场券已经印好,通知已经发出,却要增加我3倍的租金?岂有此理!"那么情形会怎样呢?一场争论就会如火如荼地展开……

而你们知道争论会带来什么后果。即使卡耐基能够使饭店经理相信他是错误的,他的自尊心也会使他很难屈服和让步。

关于做人处世,这是一句至理名言。"如果成功有任何秘诀的话,"亨利·福特说,"就是了解对方的观点,并且从他的角度和你的角度来观察事情的那种才能。"

消费者的态度是消费者在购买活动中的重要心理现象,是消费者确定购买决策、执行购买行为的心理倾向的具体体现。态度的形成与改变直接影响消费者的购买行为。深入分析消费者的态度及各种特殊心理反应,对于全面研究消费者的心理与行为特点,具有重要的意义。

第一节　消费者态度概述

一、消费者态度的基本构成

态度是人们在自身道德观和价值观基础上对事物的评价和行为倾向。态度表现于对外界事物的内在感受(道德观和价值观)、情感(即"喜欢—厌恶""爱—恨"等)和意向(谋虑、企图等)三方面。激发态度中的任何一个表现要素,都会引发另外两个要素的相应反应。反应方式可以是良好的反应,如赞成、支持、欣赏等;也可以是不良的反应,如反对、拒绝、厌恶等。态度总是针对客观环境中某一具体对象产生的,表现为对某种事物的态度。而消费者通常以某类可供消费的商品或劳务作为具体的接触对象,因此,消费者的态度就是消费者在购买过程中对商品或劳务等表现出的心理反应倾向。

态度作为一种心理倾向,通常以语言形式的意见,或非语言形式的动作、行为等作为自身的表现形态。因此,通过对意见、行动的了解、观察,可以推断出人们对某一事物或观念的态度。同样,通过消费者对某类商品、劳务的意见、评价,以及积极、消极乃至拒绝的行为方式,也可以了解其对该类商品、劳务的态度。例如,当观察到消费者对某品牌冰箱踊跃购买时,就可以推断出消费者对该品牌持肯定、赞赏的态度。

消费者的态度由认知、情感和行为倾向三种因素构成。各个因素在态度系统中处于不同的层次地位,担负不同的职能。

(一)认知因素

认知是指对态度对象的评价,是构成消费者态度的基石。它表现为消费者对有关商品质量、商标、包装、服务与信誉等的印象、理解、观点、意见。消费者只有在对上述事物有所认知的基础上，才有可能形成对某类商品的具体态度。而认知是否正确，是否存在偏见或误解，将直接决定消费者态度的倾向或方向性。因此，保持公正、准确的认知是端正消费者态度的前提。

(二)情感因素

情感是在认知的基础上对客观事物的感情体验，是构成消费者态度的动力。它表现为消费者对有关商品质量、商标、信誉等喜欢或厌恶、欣赏或反感的各种情绪反应。如果说认知是以消费者的理性为前提，那么情感则带有非理性倾向，往往更多地受消费者生理本能和气质、性格等心理素质的影响。情感对于消费者的态度形成具有特殊作用。在态度的基本倾向或方向已定的条件下，情感决定消费者态度的持久性和强度，伴随消费者购买活动的整个过程。

(三)行为倾向因素

行为倾向是指态度对象做出某种反应的意向，是构成消费者态度的准备状态。它表现为消费者对有关商品、劳务采取的反应倾向，其中包括表达态度的语言和非语言的行动表现。例如，消费者向他人宣传某商品的优越性、实际购买等。行为倾向是消费者态度的外在显示，同时也是态度的最终体现。只有通过行为倾向，态度才能成为具有完整功能的有机系统。此外，行为倾向还是态度系统与外部环境进行交流和沟通的媒介。通过语言和非语言行为倾向，消费者可以向外界表明自己的态度，其他社会成员、群体、生产厂家及商品经营者也可以从行为倾向中充分了解消费者的真实态度。

一般而言，认知、情感、行为倾向的作用方向是相互协调一致的，而消费者的态度表现为三者的统一。但是，在特殊的情境中，上述三种因素也有可能发生背离，呈反向作用，致使消费者的态度呈现矛盾状态。例如，消费者预先了解到某种商品在使用寿命或功能上存在不足，但由于对商品外观具有强烈的好感或偏爱，因而促成其"明知故买"。又如，对某些高档耐用消费品如电脑，消费者认为有必要且愿意购买，但在行动上却因某种原因一再拖延。由此可见，在态度的各项构成因素中，任何一项因素发生偏离，都会导致消费者态度的失调和作用的不完整，而其中尤以情感定式和行为习惯对完整态度的形成具有特殊作用。

二、消费者态度的一般特性

(一)对象性

态度总是有所指向的，可以是具体的事物，可以是某种状态，还可以是某种观点。人们做任何事情，都会形成某种态度，如对商品的反应、对商家的印象、对服务员的看法等，没有对象的态度不复存在。

(二)社会性(习得性)

消费者对某类商品或劳务的态度并非与生俱来，而是在长期的社会实践中不断学习、不断总结，由直接或间接的经验逐步积累而成的。离开社会实践，特别是消费实践活动，离开与其他社会成员、群体、组织的互动，以及将社会信息内化的过程，则无从形成人的态度。因此，消费者的态度必然带有明显的社会性和时代特点。

(三)价值性

在消费活动中，消费者之所以对某类商品或劳务持有这样或那样的态度，无不取决于该商品或劳务对自己具有的价值大小。实现价值大的，消费者就持积极的态度倾向；反之，实现价值小或无价值的，则持消极的态度倾向。因此，从一定意义上说，价值成为决定消费者态度的本质特性。

（四）稳定性（持续性）

由于消费者的态度是在长期的社会实践中逐渐积累形成的，因此，某种态度一旦形成，便保持相对稳定，而不会轻易改变，如对某种品牌的偏爱、对某家老字号商店的信任等。态度的稳定性使消费者的购买行为具有一定的规律性和习惯性，从而有助于某些购买决策的常规化和程序化。

（五）内在性

态度不是行为，而是对某一特定行为的一种偏好，因此作为一种内在的心理变量，它是不可触摸、无法被直接观察的，只能从当事人的言行中去揣度。

（六）差异性

消费者态度的形成受多种主客观因素的影响和制约。由于各种因素在内容、作用强度及组合方式上千差万别，因此，消费者的态度也人各一面，存在众多差异。不仅不同的消费者对待同一商品可能持有完全不同的态度，而且同一消费者在不同的年龄阶段和生活环境中，对同一商品也可能产生截然不同的态度和感受。态度的差异性对消费者市场细分化具有重要意义。

（七）调整性（协调性）

消费者在新的环境面前或困难的处境面前，态度的调整性作用不容忽视。例如，消费者对某种化妆品开始可能持消极的态度，但由于流行趋向等诸多因素的作用，可能会发生态度的变化，从而试用该种化妆品。

三、态度在消费者购买行为中的作用

在日常的购买行为中，消费者态度具有极其重要的作用。凡对某商品的商标、质量、外观等抱有好感或偏爱，持肯定、赞赏态度的消费者，在产生购买需要时，必定首先将意念集中于该商品，进而导向该商品的实际购买。因此，消费者的态度与购买意图、购买行为成正相关关系，并且这一关系被大量的调查结果所验证。例如，美国学者班克斯对芝加哥地区 465 名主妇调查 7 种商品的偏爱商标、购买意图和实际购买的相互关系。结果表明，偏爱商标与购买意图几乎相同。在被调查者中，96％左右在有购买意图的商标内都包括她们最喜爱的商标。正是由于态度与购买意图及购买行为具有如此密切的关系，因此，通过对消费者态度的了解即可推断其行为状况，也可以预测出某商品的销售前景或潜力。

一般来说，态度在消费者购买行为中具有以下作用或者说功能：

（一）导向功能

导向功能又称适应功能，即在纷杂的商品世界中，将消费者的意念直接导向能满足其需要的商品，使购买行为与消费者需要相互衔接和适应。

（二）识别功能

识别功能又称认知功能，即在态度倾向性的支配下，广泛收集信息，了解和鉴别有关商品或劳务的性能、质量及功用，并评价其对消费者的价值大小，从而为正确制定与实施购买决策奠定基础。

（三）表现功能

表现功能是指通过态度表现出消费者的性格、志趣、文化修养、价值观念及生活背景等，同时反映消费者可能选择的决策方案和即将采取的购买行动。

(四)自卫功能

当消费者的个别行为与所属群体的行为相左,或与社会通行的价值标准发生冲突时,消费者可以通过坚持固有态度以保持自身个性的完整;或者适当调整和改变态度,求得与外部环境的协调,从而减少心理紧张、保持心理平衡,同时增强对挫折的容忍力与抗争力。

第二节 消费者态度的改变与测量

一、消费者态度的改变

消费者态度的改变是指已经形成的态度在接受某一信息或意见的影响后而引起的变化。众所周知,消费者任何态度的形成都是消费者在后天环境中不断学习的过程,是各种主客观因素不断作用影响的结果。其中,主要的影响因素包括消费者的需求欲望、个性特征、知识经验、生活环境、相关群体的态度等。尽管态度一旦形成后,就成为消费者人格的一部分,影响其心理活动和行为方式,但是,由于促成消费者态度形成的因素大多具有动态性质,且处于不断变动之中,因此,某种态度在形成之后并非一成不变,而是可以予以调整和改变的。

(一)消费者态度改变的方式

根据变化方式的不同,消费者态度的改变可以分为性质的改变和程度的改变两种方式。

1. 性质的改变

性质的改变表现为态度发生方向性的变化,即由原来的倾向性转变为相反的倾向性。例如,消费者对某名牌冰箱一直抱有好感,但购买后频频发生质量问题,从此对该品牌失去信任,即由积极肯定的态度改变为消极否定的态度。

2. 程度的改变

程度的改变表现为态度不发生方向性变化,而是沿着原有倾向呈现增强或减弱的量的变化。例如,通过实际使用,消费者对微波炉由一般感兴趣发展为大加赞赏,并极力向他人推荐,即态度的积极程度得到了加强。

在实际活动中,上述两种方式的区分并非是绝对的。在性质的改变中包含着程度或量的改变,而量的改变积累到一定程度,又会引起质的变化。通过各种途径将消极态度转化为积极态度,使一般的好感增强为强烈的赞许、支持,同时阻止积极态度向消极态度退化,力求使恶意或反感得到弱化,正是改变消费者态度的目的所在。

(二)消费者态度改变的途径

由于消费者态度是在诸多影响因素的共同作用下形成的,当影响因素发生变化时,消费者的态度也将随之改变。因此,凡是促成影响因素变化的措施,都可以成为改变态度的途径。但是,消费者权利和行为的高度自主性决定了对其态度的改变不能采取强制、压服的方式,而只能通过说服诱导,促成消费者自动放弃原有的态度,接受新的意见观念;否则,态度的改变就有可能停留于表面现象,不能内化为稳定的心理倾向,并且稍遇挫折便会发生反复。由此可见,态度的改变过程同时也是说服与被说服的过程。

按照方式的不同,说服可以分为直接说服与间接说服两类。

1. 直接说服

直接说服就是以语言、文字、画面等为载体,利用各种宣传媒介直接向消费者传递有关信息,以达到改变其固有态度的目的。直接说服的效果优劣受信息传递过程中各种相关因素的

影响,主要包括:

(1)信息源的信誉和效能。前者指信息发出者和信息本身的可信程度,后者则指所发信息是否清晰、准确、易于理解和记忆。一般来说,信息发出者的信誉越高,消费者对信息的相信和接受程度越高,说服的效果就越好,改变态度的可能性也就越大。另外,信息本身的质量优良、内容真实可信、表达形式完美,也容易给消费者留下深刻、美好的印象,增加心理开放程度,减少抵触情绪,从而增强说服效果。

(2)传递信息的媒介和方式。在现代信息社会中,传递消费信息的媒介渠道多种多样,主要有各种广告媒介,如网络、报纸、杂志、电视、广播、招贴、橱窗、模特等;面对面口传信息,如上门推销、召开顾客座谈会、售货人员介绍商品、消费者之间相互推荐、交流情报等。研究表明,不同的传递媒介对消费者的说服效果不尽相同。为此,在向消费者进行说服时,应当根据信息的内容、被说服者的特点及情境条件选择适宜的媒介方式。

(3)消费者的信息接收能力。当商品信息以恰当的媒介渠道准确、清晰地传递至消费者时,消费者的接收能力就成为影响说服效果大小的决定性因素。接收能力是消费者的动机、个性、文化水平、知觉、理解、判断等方面能力的综合反映。由于消费者在上述方面存在着不同差异,其接收能力也有着显著的个体差别。因接收能力不同,面对同一信息,消费者可以做出各种程度不同甚至截然相反的反应。因此,在采用直接说服方式时,必须考虑消费者信息接收能力的差异,针对接收对象的能力和特点制定适宜的信息内容和传递方式。

2. 间接说服

间接说服又称间接影响,它与直接说服的主要区别在于前者是以各种非语言方式向消费者施加影响,通过潜移默化诱导消费者自动改变态度。间接影响可以采取以下几种方式进行:

(1)利用相关群体的作用。消费者生活在一定的社会群体或组织中,所属群体在消费方式上的意见、态度、行为准则等对消费者的态度有着深刻而重要的影响。消费者总是力求与本群体保持态度一致,遵从群体规范,以便求得群体的承认、信任和尊重,满足其归属的需要。而当群体的态度及行为方式发生变化时,消费者也会自觉对原有态度做相应调整,使之与群体相统一。因此,利用上述相关关系,推动某一群体改变原有消费方式,就可以有效地促使消费者自觉改变态度。

(2)亲身实践体验。许多片面的、与事实不符的消费态度往往是在消费者对商品的性能、功效、质量等缺乏了解,而又不愿轻信广告宣传的情况下产生的。针对这类状况,可以提供必要条件,给消费者以亲自尝试和验证商品的机会,通过第一手资料达到消费者自己说服自己的目的。实践证明,亲身体验的方式往往具有极强的说服力,对于迅速改变消费者态度有着其他方式无法比拟的效果。

从以上方面可以看出,直接说服与间接说服对于消费者态度的改变具有不同的作用方式和效果。在实践中,为了诱导消费者态度向预期的方向转化,应当恰当选择改变途径,并酌情配套使用各种方式。

二、消费者态度的测量

在现实生活中,消费者对某类商品或劳务的态度在形态上表现为一种心理活动和行为的准备状态,无法直接加以观察,因此,必须采取一定的技术方法进行间接测量。所谓消费者态度的测量,就是指运用科学的测量方法和技术手段,广泛调查、汇集有关态度的事实资料,并加以定性定量分析,以求得关于消费者态度的正确结论。

态度测量是消费者态度研究的重要方面。通过态度测量,可以推断消费者的行为,预测市场需求的变化趋势;有助于实现市场细分化,制定合理的营销战略;可以发现改变消费者态度的最佳途径,有效地引导消费;还有助于工商企业为消费者提供适销对路的产品和良好服务,更好地满足消费者的需要。

精确的态度测量结果是研究消费者态度和进行科学立论的事实依据。为了使测量结果具有高信度和高效度,在测量中必须遵循客观性、代表性、时效性、广泛性等基本要求;同时,还要采用科学的测量方法和技术手段。应用于消费者态度测量的主要方法有态度测量法、自由反应法、现场观察法等。

(一)态度测量法

态度测量法又称问卷法,即通过被测者对预先拟订问卷的回答,了解消费者对某一类商品或劳务的态度。运用态度测量法的关键是合理设计问卷。问卷一般由反映测量内容的若干条陈述性题目构成,各题按照被测量者的反应范围或程度标以分数或量值,最后根据得分状况判定消费者的态度。

问卷的具体设计方法又分以下两种:

1. 瑟斯通量表法

瑟斯通(L. I. Thurstone)量表法的特点是以等间隔方式拟订有关事物的题目,使问题按照强弱程度成为一个均衡分布的连续统一系统,并分别赋予量值,然后让被测者任意选择自己所同意的题目。主测者根据被测者所选题目的量值,以确定其态度的倾向及强弱程度。得分越高,表明态度的强度越高。

例如,某计算机企业为了解消费者对发展大小屏幕计算机的意见,设计如表4—1所示的问卷。被测者赞成该题目时,在括号内画"√"符号,不赞成则画"×"符号,主测者根据得分高低判断消费者的态度倾向。正式测量时,各题的量表值一律不在卷面上标出。

表4—1　　　　　　　　采用瑟斯通量表法设计的调查问卷

量表值	题号	题　　目
7.5( )	1	今后应发展大屏幕液晶计算机,小屏幕液晶计算机可淘汰
2( )	2	应以发展大屏幕液晶计算机为主,可少量生产小屏幕液晶计算机
3.5( )	3	大小屏幕液晶计算机各有优点,应共同发展
2( )	4	对液晶计算机屏幕的大小无所谓
0.5( )	5	小屏幕液晶计算机造价低,符合我国目前的消费水平,应以小屏幕液晶计算机为主

2. 利克特量表法

1932年,美国心理学家利克特(R. A. Likert)在瑟斯通量表法的基础上,设计出一种更为简便的态度测量表。该表同样使用陈述性语句提出有关态度的题目,但不将题目按内容强弱程度均衡分解为若干个连续系列,而是仅采用肯定或否定两种陈述方式,然后要求被测者按照同意或不同意的程度做出明确回答。供选择的态度程度在量表中用定性词给出,并分别标出不同的量值,程度的差异一般可作5~7级划分。例如,仍用上例,采用利克特量表法可做如下设计(见表4—2)。

表4—2　　　　　　　　　　采用利克特量表法设计的调查问卷

题　目	我愿意使用大(小)屏幕计算机				
等级	非常愿意	愿意	无所谓	不愿意	非常不愿意
分数	−2	−1	0	1	2

被测者可按照自己的意愿从中选择任一等级,打上"√"符号,最后由主测者根据得分情况对被测者的态度倾向进行定量分析。

以上两种方法各有长短。瑟斯通量表法可以比较详尽地给出供选择题目,准确反应态度倾向的细微差异,因而对于复杂态度的测量具有良好效果。但是,该表的测量程序比较复杂,对陈述项目的分类标准难以把握,因而在一定程度上削弱了其实用价值。相比之下,利克特量表法较为简单明确,易于得到被测者的配合,并且包容量大,可以同时测量消费者对多方面问题的态度,因而在实际测量中得到了广泛认可和应用。

(二)自由反应法

自由反应法是通过自由反应方式了解消费者态度中认知成分的一种方法,一般可采取面谈、投射等方式进行。

面谈即测量者与被测量者面对面地交谈。交谈形式可以是问答式的,也可以是谈论式的。无论采取何种形式,主测者都应注意不给被测者提供任何可能的答案,也不进行任何揭示或暗示,而让被测者在完全松弛和没有约束的状态下自由地回答问题,表述自己的想法和意见。例如,提问"你对××商店的服务态度有什么看法""你对××牌电风扇的印象如何"时,通过被测者的自由回答,往往可以了解到他们的认识水平和真实态度。

投射是设置一些没有明确指向的刺激物,任被测者自由推测和联想,以便从中发现他们的态度倾向。常用的刺激物有无主题的图画、一片墨迹、无结尾的故事、未完成的句子等。例如,给出"假如我有1 000元,我将……"的未完成句,让被测者自由填充。利用上述看图说话、语句完成等方式,往往可以发现被测者自然流露的真实态度倾向。运用投射法要求主测者具有一定的专业技能,否则难以对测量结果做出正确分析,因而在应用范围上受到一定的限制。

(三)现场观察法

现场观察法就是利用态度与行为的这种相关关系,通过各种场合直接观察消费者的行为表现,用以判断消费者态度的一种测量方法。现场观察的场合可以在商店、机关单位等集体场所,也可以深入到家庭、宿舍等个人生活环境中。为了使消费者的行为不受干扰,观察者应尽量避免暴露身份或给予环境刺激,如显示测量者的身份、进行现场拍摄等。现场观察法可以增强测量者的感性认识,取得丰富的第一手资料,但对测量结果往往难以进行准确的定量分析,因此应与其他方法配合使用。

第三节　消费者的特殊心理表现

消费者在购买活动中,之所以做出这样或那样的不同决策,采取迥然相异的行为方式,除了与所持态度的一般心理特性密切相关之外,还会因某些外部刺激方式及程度的不同,产生逆反心理、预期心理等特殊心理反应。

一、消费者的逆反心理

(一)消费者逆反心理的表现

所谓逆反心理,是指作用于个体的同类事物超过了所能接受的限度而产生的一种相反的心理体验,是个体有意脱离习惯的思维轨道而进行反向思维的心理倾向。

逆反心理是一种普遍的、常见的心理现象,它广泛存在于人类生活的各个领域和层面,也同样大量地存在于消费者的消费活动中。消费者在从事消费活动时,不断接受来自商品本身、广告宣传及厂商的各种各样的消费刺激。倘若某种刺激持续时间过长、刺激量过大,超过了消费者所能承受的限度,就会引起相反的心理体验,产生逆反心理。

在现实生活中,由于消费刺激的内容不同,消费者的逆反心理也有多种不同的表现形式。常见的逆反心理现象有以下几种:

1. 感觉逆反

消费者的感觉器官持续受到某一消费对象的过度刺激,会引起感受力下降,形成感觉适应。例如,连续品尝甜食,会降低对甜度的感受,产生味觉适应;大量闻香水,会减弱对香气的感受,形成嗅觉适应;长时间观看同一商品的色彩,会使色彩的感受力下降,造成视觉适应。此时,倘若继续增加刺激量,就会引起消费者厌倦、腻烦等心理体验,对刺激物产生抵触、排斥心理。

2. 广告逆反

在广告宣传中,某些不适当的表现形式、诉求方式也会形成过度刺激,引起消费者的逆反心理。比如,表现手法单一化、雷同化,会降低消费者的兴趣和注意力;同一时间连续播放几十则广告,会造成消费者的心理疲劳;过分渲染、夸大或吹嘘,会引起消费者的怀疑和不信任感;表现内容庸俗低级,以噱头吊胃口,反而会招致消费者的厌烦、抵触,以致产生"广告做得好的不一定是好货""广告宣传越多越不能买"的逆反心理。

3. 价格逆反

价格在诸多消费刺激中具有敏感度高、反应性强、作用效果明显的特点。价格涨落会直接激发或抑制消费者的购买欲望,两者的变动方向通常呈反向高度相关。但是,受某种特殊因素的影响,如市场商品供应短缺引起的心理恐慌、对物价上涨或下降的心理预期、对企业降价销售行为的不信任等,也会引起消费者对价格变动的逆反心理,导致"买涨不买落""越涨价越抢购""越降价越不买"的逆反行为。

4. 政策逆反

政府制定的经济政策,特别是对消费者收入水平、购买力及购买投向有直接影响的宏观调控措施,如工资、价格、利率、税收等的变动,是消费刺激的重要组成部分。在不成熟的市场经济条件下,由于市场运行不规范、宏观调控体系不完善、消费者成熟度较低等原因,消费者对宏观政策及调控措施的心理反应经常与政府意图相悖,以致做出与调控方向相反的行为反应,使调控难以达到预期效果。例如,1999年,我国为了启动持续疲软的市场,曾经连续3次下调利率,而消费者在逆反心理的驱使下,非但没有提款购物,反而纷纷增加存款,导致出现利率下调、存款上升的反常现象。

除了上述各个方面以外,消费者的逆反心理还有其他许多表现形式,如购买现场的说服逆反、名人权威的示范逆反、社会公众的舆论逆反、消费时尚的流行逆反、消费观念与方式的超前或滞后逆反等。

无论是哪种形式的逆反,在心理机制上都是由于消费者对消费刺激的感受存在一定限度,超过限度的过度刺激就会削弱、抑制消费者的感受力,使之发生逆向转化。在心理形态上,逆反心理表现为消费者态度的失衡,即态度的认知、情感、行为倾向三种成分在作用方向上不一致,其中某种成分与其他成分发生偏离。

例如,消费者对商品房价格下调后应增加购买已形成认知,但在情绪上对调价持有怀疑、疑虑,从而导致整体态度倾向于不增加购买。此外,就心理反应方式考察,在逆反心理的产生阶段,消费者通常受到某种欲望、需求、思想观念或习惯性思维方式的影响和推动,对过度刺激下意识地产生逆反倾向。此时的逆反心理是非理性的、不自觉的、情绪化的和不稳定的,是一种内在的心理冲动。而在逆反心理形成并转化为相应的购买决策及行为阶段,消费者则表现为有意识地坚持逆反倾向,并为这种心理倾向付诸实现进行行动准备。这时的逆反心理是理性的、自觉的和稳定的,是公开的、合乎逻辑的态度倾向。相应地,当逆反心理处于产生阶段时,尚有可能并比较容易加以调节转化;进入形成阶段后,则很难扭转和改变。

(二)消费者逆反心理的成因

在现实中,导致消费者逆反心理形成的原因是多方面的,其中既有需要、欲望、个性思维方式、价值观念等个人心理因素,也有群体压力、社会潮流等外部环境因素。例如,具有求新需要的消费者往往富于好奇心,喜欢追逐新奇,渴望变化,因而容易对传统、陈旧、一成不变的消费刺激产生逆反心理;而争强好胜的心理要求经常驱使一些消费者无视各种限制规定,有意采取相反的举动;具有高度自主性、独立性和叛逆性格的消费者,更愿意坚持自我、不受约束,并经常逆社会规范或潮流而动;崇尚传统、因循守旧的消费者则固守过时的消费观念,对新产品、新的消费方式抱有本能的排斥心理;有的消费者,外部压力越大,抵触情绪越强,越有可能采取反向行动;有的人则当大多数人持逆反心理时,采取追随和从众的方式,以逆反行为与多数人保持一致。各种导致逆反心理的因素,有些情况下各自起作用,有时也会交织在一起,综合发生作用。

(三)消费者的逆反行为模式

逆反心理对消费者行为具有直接影响。在一定条件下,消费者由于某种刺激因素,产生逆反的心理倾向,其消费行为也会向逆反方向进行。这种逆反行为与正常的消费行为有着明显的差异。

通常情况下,正常心理作用下的消费行为是消费者受到内部或外部因素的刺激,从而产生需要、引发动机、驱动行为的结果。逆反心理作用下的消费行为则完全不同。如果输入的刺激因素超过消费者所能接受的限度,引起反感、抵触、排斥的心理体验,消费者就会在逆反心理的驱使下,改变行为方向,进行相反的新的决策过程,其行为模式如图4—1所示。

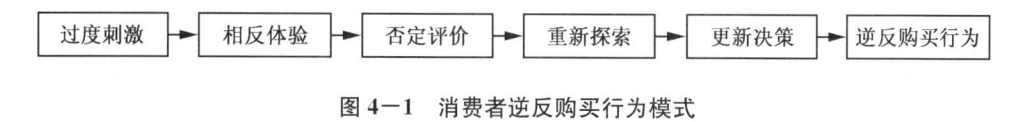

过度刺激 → 相反体验 → 否定评价 → 重新探索 → 更新决策 → 逆反购买行为

图4—1 消费者逆反购买行为模式

消费者的逆反行为同样要经历一系列程序或阶段。首先,对过度刺激加以认识,并产生相反的心理体验;其次,在逆反心理的作用下,对各种消费刺激做出否定的评价;进而重新探索可能选择的各种相反的决策方案,并从中确定与刺激方向相反的最佳决策;最后,将反向购买决策付诸实施。

以上模式是对消费者逆反行为的抽象概括,在实际中,由于逆反心理的形成原因不同、强弱程度不一,逆反行为的表现形式也是多种多样的。因此,应该对各种逆反行为及其成因作具体分析,而不宜简单套用单一模式。

(四)调控逆反心理及行为的策略

逆反心理与行为是客观存在的一种消费心理现象,就企业而言,这种心理容易导致与企业营销方向相反的作用效果,因而必须高度重视,同时采取有效措施予以引导和调节。另外,由于逆反心理具有可诱导性,如果善于巧妙利用,也可以使其向有利于企业促销的方向转化,甚至取得其他手段无法达到的特殊效果。因此,企业营销人员应当了解、掌握消费者逆反心理的特点及其活动规律,根据各种不同的逆反行为表现采取相应的心理策略。

1. 根据消费者的感受限度,调节消费刺激量和强度,避免逆反心理的产生

在多数情况下,逆反心理是由于刺激过度造成的,因此,适当调整消费刺激量及时间和强度,使之与消费者的感受能力相适应,是预防逆反心理的首要策略。企业营销人员切不可仅凭主观意愿,任意采取高强度、全方位、连续轰炸式的宣传促销手段,如不间断地持续播放同一内容的广告、反复劝说消费者购买某一商品、连续调低或调高商品价格等,而应该采取间断式、有节奏、适度的刺激方式,以便使消费者在接受刺激后,形成正常的心理体验和行为反应。

2. 及时采取引导和调节措施,力求在萌芽阶段使逆反心理得到扭转

某些逆反心理的产生,往往是由于信息获取不全面、接收了失真或错误的信息、对信息发出源不信任,或者对未来趋势不准确的判断和预期等原因造成的。针对这种情况,营销人员应当采取各种引导和调节措施,向消费者全面、准确地提供有关商品信息,满足消费者的知情权;应当尽量选择专家、权威人士或有影响的新闻媒介以及消费者组织或个人作为信息发出源,使消费者打消疑虑,增强信任感;同时,就消费趋势做出客观、科学的分析,帮助消费者纠正不正确的心理预期。通过有效引导和调节,可以将刚刚出现的逆反心理消除在萌芽状态中,避免其形成稳定的态度,并进一步转化为逆反行为。

3. 有意设置刺激诱因,激发消费者好奇的逆反心理,促成预期的逆反行为

对于不熟悉、不了解的新奇事物,消费者往往具有强烈的好奇心,特别是在信息通道受到人为阻隔的情况下,更易激发消费者探求真相的欲望。利用这一心理特点,企业营销人员可以对所要传递的信息采取欲扬先抑的方法,从反向促使消费者主动寻求接收信息。例如,某国外啤酒商别出心裁地在路旁设置小木屋,四面挖有小孔,同时贴出"禁止观看"的字样,过往行人出于好奇而争相窥视——只见屋内置一酒桶,酒香扑鼻而来,引得人们的购买欲望大增。当然,运用这种故弄玄虚的策略,必须以高质量的商品及服务作为前提和保证;否则,弄虚作假、名不副实,反而会弄巧成拙,使企业名誉扫地。

4. 发挥消费带头人的作用,促成大规模逆反行为的转化

在大规模、群体性逆反行为的情况下,应当特别注意消费带头人或意见领袖的作用。因为许多消费者之所以采取逆反行为,往往并非完全出自个人的逆反心理,而是追随大多数人行为的结果,此时,消费者的心理带有很大的盲目性、从众性。而多数人的逆反行为又经常来自对消费带头人的仿效,或者对意见领袖的服从。因此,如果能说服消费带头人和意见领袖改变逆反态度,就能够对大多数人产生广泛而有效的影响,使逆反行为在大面积蔓延之前得到及时遏制,并向有利的方向转化。

需要指出的是,逆反心理对于人们的消费行为仅在一定条件和程度上起支配作用。在许多情况下,逆反心理与正常心理之间具有复杂微妙的交错关系,并共同对消费者的行为产生作

用。因此,过分强调逆反心理,一味依赖和利用逆反心理来诱导消费者、推动商品销售是不适当的。

二、消费者的预期心理

(一)预期心理的含义

所谓预期心理,是指人们在一定经济环境的作用下,根据自己掌握的有关经济形势和经济变量的信息,对自身物质利益的得失变化进行预测、估计和判断,并据此采取相应的消费对策和参与投资、商品交换等经济活动的心理及行为现象。这种现象普遍地存在于社会经济生活之中,也极其广泛地存在于消费者的消费活动中。

一般而言,消费者在制定消费决策和以各种方式参与商品交换活动之前,都会对该决策及活动的效果做出预计和估价,并根据对利弊得失的预期选择消费方案,采取相应行动。因此,预期是消费者行为过程的一个重要环节,它构成了消费者制定和实施消费决策的先决条件,同时也体现了消费者心理和行为的共性特征及一般规律。

但是,预期作为消费者行为的基础性环节,在不同的社会环境下,其表现形式、作用方式及影响后果都存在着显著差异。造成这一差异的主要原因包括社会经济运行模式以及消费者在市场活动中的地位,经济形势的变动趋势和程度,消费者的行为选择自由度和选择能力,政府对经济的干预方式、干预程度及社会信息化水平,消费者的素质以及不同国家、民族的文化特性等诸多方面的因素。

在现代市场经济条件下,随着市场高度发育和买方市场的确立,消费者作为市场运行的主体已经居于支配性的主导地位,其消费活动的选择范围也大大扩展。与此同时,影响市场运行变化的经济变量日益增多并趋于复杂化,社会信息化水平也迅速提高,由此,消费者赖以制定消费决策和选择消费行为的预期心理便得以空前发展,并且由个别、分散的心理和行为活动扩展成为大规模的群体性社会心理及行为现象,由对市场局部性的、相对微弱的影响发展成为全局的、具有巨大作用力的冲击力量。例如,海湾战争期间,由于对战争危害的悲观预期,曾经造成美国消费者的消费信心严重下降,从而导致消费品市场尤其是高档耐用消费品如汽车、住房购买的全面萎缩。

正是鉴于预期心理对现代市场经济的重大影响力,西方后凯恩斯主义的预期经济学派于20世纪70年代首次提出了"预期假说",把这一普遍存在的客观现象上升为可以认知的理性概念。许多西方国家政府也把预期作为分析市场动态、制定宏观政策和采取调节措施的重要参数。例如,美国政府通过调查和测定消费者信心指数估计消费者对经济形势的心理预期和消费热情,以及可能对市场即期和远期购买产生的影响,并以此作为调整经济政策的依据;欧盟则采用消费者态度指数作为基础性指标,通过调查、了解消费者的态度倾向,判定其心理预期及可能采取的行为选择,用以预测商业周期转折、制定经济规划。

(二)我国消费者预期心理的表现与引导

长期以来,预期心理作为客观存在的消费心理现象,无论在表现形式或作用方式上均未能得到充分展示。有关预期心理的研究和应用不仅没有引起理论界和企业界的应有重视,甚至长期处于空白状态。

随着我国改革进程的推进和市场环境的多次转换,消费者的市场主体地位逐步得到改善,主体意识不断增强,行为选择自由度和选择能力趋于扩大,预期心理也由潜在状态转化为显现状态,其影响作用日益突出。但是,由于新旧体制的交替,特别是向市场经济体制的全面转换,使我国的社会经济环境处于剧烈变革之中；而消费者自身的成熟程度与心理承受能力较低，尚不足以适应这一变革所引起的各种摩擦和震荡。因此，预期心理的形成机制和表现形式带有很大的不规范性，其作用程度和影响后果往往呈畸形态势，并对社会生活和正常的经济秩序造成严重冲击。我国近年来的经济现实表明，预期心理的负面效应甚至超过了某些西方国家，具体表现在以下几个方面：

1. 预期非理性化

由于金融意识、风险意识相对薄弱，加之市场信息传输不畅，消费者往往不能对经济形势及个人货币投向的效用得失做出客观合理的分析判断，而经常表现为非理性地、主观片面地看待经济环境的得失变化。尔后，根据错误的判断，盲目地采取行动；或者膨胀消费，不计价格、质量，大量购买、囤积非必需商品；或者抑制消费，压缩正常开支，价格越低越不买。非理性预期的结果经常是事与愿违，不但使消费者蒙受利益损失，而且给经济运行带来冲击，造成商品供求严重失衡，市场呈现虚假繁荣或严重萎缩，使国民经济的正常发展受到阻碍。

2. 价格变动过度敏感

自20世纪80年代中期以来，几次全国性的预期波动大多由物价上涨引起。由于多数消费者对价格变动（主要是上涨）的心理承受能力相对较弱，而几度经济过热引发的通货膨胀导致货币贬值、实际购买力降低，造成消费者对价格变动的预期过度敏感，稍有风吹草动便如惊弓之鸟，迅速做出反应并广泛蔓延，形成一个或几个地区乃至全国性的抢购风潮。相应地，对影响预期的其他因素（如利率、工资、金融形势、政策导向、市场商品供求总量以及宏观经济形势等）则忽略不计，或者很少予以重视。其结果造成赖以合理预期的变量过于单一，对直接或眼前利益得失的预期比较敏锐，对间接或长远利益得失的预期较为迟钝，从而大大影响了预期结果的准确性和合理预期的积极效应。

3. 大规模从众

从众是在群体规范或群体压力的作用下，个体自愿或非自愿遵从大多数人意志的一种社会心理现象，这一现象同样存在于消费预期中。在我国，由于市场长期发育迟缓、消费者主体意识薄弱、自主选择和自我保护能力相对不足，加之信息系统欠发达、个人信息占有量极为有限，因此，多数消费者面对变化起伏的市场环境，难以做出清晰的判断和理智的预期。为了避免蒙受损失，这些消费者不得不参照他人的预期，遵从大多数人的行为选择。许多人互动感染的结果，使预期呈现出明显的同向性，以致几度出现全国亿万消费者购买时间同步、购买投向集中、购买方式雷同，出现彩电冰箱热、黄金首饰热、国库券热、股票热、集资热等大规模的从众现象。从众预期引发了超前消费、攀比消费、挥霍消费或消费萎缩、消费滞后等畸形消费现象，对国民经济的协调发展和市场的正常运行造成了严重影响。

4. 逆反心理趋强

国家经济政策及宏观调控措施是影响消费者预期的重要因素之一。一般情况下，消费者依照宏观政策及调控措施导向对市场变化趋势、价格涨落行情等进行分析判断，进而对个人参与投资、交换等活动的利益得失进行预期。然而，在现实中，我国消费者的预期心理经常呈逆反状态，往往与国家政策和宏观调控导向直接相悖，"买涨不买落""越贱越不买"的反向消费倾向十分突出，与政府意图逆反的预期心理直接导致宏观调控无力甚至失效，使国家对经济的干预作用受到严重削弱，同时也使得企业依照市场供求变化趋势采取的种种努力失去应有的效果。

从上述方面可以看出，预期心理对市场变动趋势进行综合反映、为政府的宏观调控提供依据、对企业进行行为导向等积极作用未能得到应有发挥。为此，加强对消费者预期心理的调节与引导,已成为摆在我们面前亟待解决的重要课题。

首先,应当加强对社会主义市场经济条件下预期理论的系统研究。西方预期理论为预期研究提供了重要思路,但是,与国外的典型市场经济模式相比,我国现阶段以多种经济成分和多种分配形式并存为特征的社会主义市场经济下的预期心理,无论在形成机制、表现形式或作用效果方面都复杂得多,并表现出诸多特殊性,如急速出现、大面积蔓延、表象多态、变幻莫测等。为此,有必要结合实际开展对我国预期心理及现象的系统研究,深入探讨日益发展的社会经济环境与消费预期形成的紧密联系,把握其中带有规律性的东西,为调节和引导消费者的心理预期提供理论指导。

其次,要建立社会预期监测和预警系统。运用现代调查分析、模拟预测等科学方法和技术手段,随时监测消费者心理和行为的变化动向,并对可能发生的预期倾向及其后果做出准确预测,从而为宏观及微观经济决策提供依据。同时,逐步形成新的决策机制和惯例,以便使政府决策与企业及国民行为有效衔接起来,避免忽略消费者预期而导致的决策失误。特别当运用工资、价格、利率等手段进行宏观调控时,要格外关注可能引发的预期反应,务求将消费者预期导向与调控目标相一致的方向。

最后,要加强社会信息系统建设。充分利用大众传播媒介等舆论工具,广泛传输有关信息,增加透明度,促进社会公众对经济形势、产业政策、政府意图、市场变化以及中长期发展趋势等情况的了解,使之在充分占有信息和宏观、微观经济格局的基础上正确判断利益得失,进行准确预期。同时,利用政府公告、专家咨询论证等方式提出权威性意见,纠正错误的意见、导向,帮助消费者澄清模糊认识,端正扭曲的心态,树立健康的预期心理,通过有效疏导和引导,预先避免和防止非正常预期心理的冲击。

本章小结

态度是人们在自身道德观和价值观基础上对事物的评价和行为倾向。态度表现为对外界事物的内在感受、情感和意向三方面。激发态度中的任何一个表现要素,都会引发另外两个要素的相应反应。消费者的态度就是消费者在购买过程中对商品或劳务等表现出的心理反应倾向。消费者的态度是消费者购买活动中重要的心理现象。在影响消费者行为的诸因素中,态度具有导向、识别、自卫和表现的作用,是消费者确定购买决策、执行购买行为的心理倾向的具体体现。态度的形成与性质、程度上的改变直接影响消费者的购买行为。深入分析消费者的态度及逆反心理、预期心理等各种特殊心理反应,对于全面研究消费者的心理与行为特点具有重要意义。

思考题

1. 什么是态度?态度由哪几种心理因素构成?态度的特征与作用是什么?
2. 在企业经营活动中,可以通过哪些途径与方法促进顾客态度的改变?
3. 采用利克特量表法设计问卷,测量网络消费者对网上销售商品的态度,并提出相应的营销措施。
4. 逆反心理的行为表现是什么?调控策略有哪几种?
5. 消费者预期心理的特点与调控引导措施是什么?

案例分析

任天堂公司口碑造 Wii[①]

妈妈和游戏机向来都是水火不容的两个名词。但是,当日本游戏公司任天堂(Nintendo)的游戏机 Wii 在 2006 年登陆美国的时候,却把橄榄枝首先伸向了那些长久以来的宿敌。如果你不能打败这些妈妈,那干脆还是拉她们入伙吧。

在讲述任天堂公司如何与妈妈们化干戈为玉帛的故事前,让我们先体验一下 Wii 的魅力。知道如何在游戏中射箭吗?你需要做的,就是把那两只遥控器一样的手柄在空气里拉开,做出射箭的姿势,瞄准屏幕上的靶子,按下发射钮。不只是砍砍杀杀,这两只手柄还可以在虚拟世界里变成摇滚乐队的鼓槌、交响乐团的指挥棒、网球拍、切菜做饭的烹具……真实与虚幻,只是两只手柄的距离。

从"Wii"这个名字中,我们可以找到任天堂开发这款游戏机的创意之源。2006 年 5 月,任天堂公司对外正式公布了这个名字。在当时的公告中,任天堂公司解释道:"Wii 和单词'we'(我们)的发音相近,这强调了它是为每个人设计的。"名字中的 i 象征着 Wii 独一无二的遥控手柄,而把两个 i 放在一起,则代表了任天堂把亲朋好友聚拢到游戏机周围的意图。和过去那些让孩子们孤僻地躲在卧室里不吃不喝的游戏机相比,Wii 简直是在向家庭主妇们投怀送抱。

"超妈"影响力

2006 年秋季,Wii 即将进入美国市场,任天堂决定向在病毒营销(viral marketing)方面颇有建树的特百惠(Tupperware)学习一番。特百惠公司的业务以销售塑料碗和食物储藏盒一类的厨房用品为主。产品听起来平淡无奇,但是营销方式却很特别:特百惠的销售顾问会帮助各地的家庭主妇组织聚会,邀请亲朋好友出席,在提供免费美食的同时,让用户试用整个产品线,进而在各个小圈子里形成口碑传播。

在洛杉矶,任天堂公司请到了几位热爱交际同时精通科技的家庭主妇,让她们邀请那些生活乏味的全职妈妈们体验 Wii 的魅力。任天堂公司将这第一批口碑制造者称为"超妈"(alphamom)——在美国,这个说法的流行始于 2006 年的同名系列喜剧,专指那些受过良好教育、拥有日理万机的本事、热衷科技产品并经常上网分享经验的母亲。

这些"超妈"们每人邀请了 35 名主妇朋友前往西好莱坞最负盛名的夏特蒙特酒店(Chateau Marmont Hotel),进行第一手的 Wii 游戏体验。进而再将同样的派对模式复制到美国的各个区域——波士顿、芝加哥、丹佛、迈阿密、旧金山、堪萨斯、得克萨斯——而且不仅仅停留于竞争对手们热衷的大城市,还将深入二线城市进行推广。

"这么做的出发点就是:只要我们能够让人有机会把 Wii 的遥控手柄抓在手中,她们就再也离不开这个玩意儿了。"任天堂美国公司高级副总裁乔治·哈里森(George Harrison)曾经如此解释为 Wii 进行口碑营销的思路:"在游戏机市场上,口碑是个非常强大的驱动力。这就像汽车、高档酒和美食市场那样,你必须让人们不断谈论自己的产品。我们找的都是些对电子游戏不怎么感冒的人群,甚至在潜意识里对游戏抱排斥态度,但他们却是最有影响力的群体。"

引爆口碑

任天堂公司专门聘请了顾问,在每个城市中准确找出三种最容易进行口碑传播的人群:一

[①] 林嘉澍:"任天堂公司口碑造 Wii",《经济观察报》,2007 年 8 月 24 日。

是铁杆游戏玩家,他们会不停地为游戏机唱赞歌,并影响身边的其他玩家;其次是那些数代同堂的家庭,因为每个家庭成员从孙子到爷爷都可以参与其中;最重要的就是"超妈",她们会在家长会上、足球场看台上、街坊四邻之间帮助推广。

选择妈妈们作为口碑营销的第一站很快在美国游戏行业内引起了质疑:绝大多数母亲都是很反对电子游戏的,即便是热衷科技的"超妈"们也会不停劝说孩子们"珍爱视力、远离游戏",任天堂不该把目标锁定在这群人身上。

任天堂对此做出的解释是:应该首先搞清楚谁才是家庭电器购置清单的决定者。谁会在圣诞节为孩子们买上一台Wii?圣诞老人?当然是那些恨透了游戏机的老妈们。如果这个强大的保守势力都被任天堂打动了,那么她们不但会为孩子们掏腰包——这是逃不掉的——而且还会主动替Wii做宣传,并且进一步购置游戏光盘,在任天堂的利润报表里添上几个零。

Wii的"妈妈攻坚战"刚刚结束,2006年的圣诞节就来临了。交到顾客手中的200万台Wii让任天堂成为2006年圣诞节笑得最灿烂的家庭娱乐品牌,而索尼的PS3游戏机甚至没能完成先前定下的100万台目标。

令人始料不及的是,在大量美国家庭拥有Wii之后,由于玩家们过度投入,致使许多遥控手柄从手中飞出并砸中电视。美国媒体在圣诞假期对这些游戏事故进行了大量报道,美联社在电讯的第一句中写道:"Wii是一台危险的机器。"但正是这些看似负面的消息引发了消费者的极大好奇,掀起了消费者中的第二轮口碑传播。

与同时代的微软Xbox360和索尼PS3两款游戏机相比,Wii在美国市场上的广告投放并不多,但媒体、科技网站和消费者们却总在热情地谈论它。现在,Wii仍是北美拍卖网站eBay上最受欢迎的游戏机,成交价因为供不应求而居高不下。

讨论:
1. 美国妈妈消费者对任天堂公司Wii游戏机态度变化的直接原因及特点是什么?
2. 通过上述案例分析消费者态度改变的条件有哪些。

阅读资料

共享经济时代的赢家和输家?[①]

谁还记得拆开一张新唱片的窸窣声、一辆新车的味道或者打开一套新居的大门时的激动之情?在我人生的不同时刻,每一个都代表着拥有的喜悦,那种拥有的感觉是实实在在的。

我十几岁的孩子和他们的同龄人对待物品的态度却与我不同。他们更愿意成为Spotify和Netflix的付费会员,他们可以从浩大的在线音乐和视频目录中任意选择播放,而不是购买DVD或永久下载数量较少的曲目或视频。

流播放处于一种趋势的前沿,这种趋势将颠覆更多行业。科技集团正鼓励消费者重新思考他们对一切事物的态度,从教科书和礼服、到住房和交通。这些变化出现在多个领域。平台应用正把商品和服务(单车、闲置卧室甚至太阳能)的所有者与大量潜在用户连接在一起。传统上关注于销售商品的公司(包括服装零售商和汽车制造商)现在正探索会员制和租赁选项。

总而言之,这些服务的增多表明,我们正进入一个新时代:消费者更重视使用而非拥有,更重视体验而非资产。美国新出台的税改法案将极大地推动这一进程,因为它缩减了鼓励美国

[①] 布鲁克·马斯特斯:英国《金融时报》,FT中文网,更新于2018年1月8日。

人拥有房屋的两项最大税收优惠,购房者只有头75万美元房贷的利息能够享受税收扣除,州和地方的房产税抵扣最多不超过1万美元。如果没有了这两项优惠,居住在高房价、高税收地区的人很有可能决定继续租房。英国房价升至多数普通人无法承受的峰值水平,可能也会对英国部分地区产生类似影响。

这种变革是有先例的。多年前,很多公司就转向了轻资产模式:超市和专业服务机构将其门店和办公室出售然后回租;航空公司开始租借、而不是购买飞机;苹果(Apple)等大型科技公司雇其他公司生产iPhone,最引人注目的是富士康(Foxconn)。

对于最成功的公司而言,聚焦无形资产(如知识产权)的决定是件好事。此举让它们得以在无须投资兴建工厂或聘用大量员工的情况下快速壮大。但对于那些小公司而言,缺乏实体资产让它们几乎无法在现金匮乏时以资产为抵押获取贷款,或通过出售资产筹措资金。当英国廉价航空公司君主航空(Monarch)去年10月破产时,人们发现它的主要资产竟然是它在英国的降落时段。

"一旦企业实行轻资产模式,它们可以大大提高规模。但我认为人们并没有真正考虑清楚轻资产对于消费者的含义",伦敦帝国学院(Imperial College)经济学教授、《没有资本的资本主义:无形经济的崛起》(*Capitalism without Capital:The Rise of the Intangible Economy*)一书作者之一乔纳森·哈斯克尔(Jonathan Haskel)表示,"消费者可以变得更灵活,但他们也不得不改变他们的生活方式。"

无论是对于消费者还是为消费者服务的企业来说,这都可能带来深远的影响。

首先,当企业提供的是服务而不是有形商品时,消费者及其所用物品之间的关系会变得极其复杂。如果我的书架上有一张唱片,我的丈夫显然可以播放这张唱片。但是,当我把我们的亚马逊Echo音箱连接到我儿子的Spotify账户时,这样做是否违反了他开通账户时同意过的数千项条款和条件中的某一条,我就不清楚了。此外,这一举动是否给了亚马逊根据我们播放的歌曲向我儿子推送广告的权力?"消费者将不得不应付资产的具有争议的性质。他们需要搞清自己的权力,"哈斯克尔教授表示。

在很多情况下,向共享经济转变也会影响被共享的那件物品的性质。目前,绝大多数汽车大部分时间都处于闲置状态。如果用户不再购买汽车,而是注册租赁服务或使用优步(Uber)的叫车应用,每辆汽车的使用率都将大大提高。这意味着汽车制造商将面临如下压力:生产更少、质量更好的汽车,以承受这种持续的使用。一个明显的类似例子是,供自助洗衣房使用的洗衣机和供家庭使用的洗衣机也是不同的:商用机器必须更快、更重、更结实。

提高洗衣机、汽车和自行车等耐用品的使用率,显然更环保,也会通过降低整体成本使消费者受益。这也将从根本上重塑整个就业市场。在共享经济中,赢家将是那些能将人和资源有效匹配起来的企业,而不是那些能销售最多商品的公司。与此同时,就业机会将从制造业转向技术和服务业。难怪福特(Ford)和通用汽车(General Motors)等汽车制造商投资了优步在美国的竞争对手Lyft,同时不久前戴姆勒(Daimler)收购了法国打车应用Chauffeur Privé。如果这些企业成功了,我可能再也闻不到新车的味道了。

第五章

消费者的购买行为与决策

• 学习目标

1. 了解消费者购买行为模式和一般特征；
2. 了解消费者购买行为的各种类型；
3. 掌握消费者购买决策内容、特点和原则；
4. 了解消费行为的效用评价。

• 导入案例

Cub 食品公司[①]

瓦尔斯太太最近特意去伊利诺伊州转了一趟美尔罗兹公园的 Cub 食品超市，它不是一般意义上的杂货店。看着各种各样的 Cub 食品摆放在桌子上，以及高达 30% 的价格折扣，瓦尔斯太太花了 76 美元买了一堆食品，比预算多花了 36 美元。Cub 的执行经理分析说："瓦尔斯太太被规模宏伟这一视觉优势所征服，规模宏伟的优势就是货物花样繁多，加之价低所带来的狂热的购物欲，这正是 Cub 仓储式超市所期待的效果，并且成功地实现了这个效果。"

Cub 公司是食品工业的领导者，它使许多同行的商店不得不降低价格、提高服务质量，甚至有些超市在竞争中被淘汰出局。当 Cub 和许多其他仓储式超市在全美如雨后春笋般地出现后，消费者购物习惯被改变。一些购物者不再像以前那样在附近的杂货店购物，而是开车 50 英里甚至超过 50 英里到一个 Cub 店，并且把购物袋填得满满的。他们享受的好处是在一个商店里可以买到他们想要买的任何东西，并且价格比别的超市便宜。Cub 的低价促销手段和规模宏伟等优势吸引了购物者在此大把大把地花钱，其开支大大超过在别的超市所花的钱。

当购物者跨进 Cub 的那一刻，便感觉 Cub 超市与其他超市的不同之处，宽阔的通道两端堆满了两层高的各种各样的食品，如 2 美元 1 磅的咖啡豆、半价出售的苹果汁等。往上看，天花板上暴露的托梁，给人一种雄伟宽阔的感觉，这显示了大批买卖正在里面进行着，反映在购物者的头脑里，就是可以省一大笔钱。

Cub 的购物车出奇地大，显示着大量购物的情景，并且可以很轻易地通过宽大的走廊，使购物者很容易进入高价区，也使人忍不住想去食品区。总之，整个商场给人一种吸引人的感觉。Cub 的顾客普遍地批量购物，来一次花 40~50 美元不等，是在别的超市的开支的 3 倍。一般 Cub 商场的销售额是每星期 80 万~100 万美元，是一般超市的 4 倍。

[①] 2010 最新版 MBA《消费心理学》案例集，第五章，豆丁网。

Cub食品公司对零售杂货有一个简单的方法,即通过严格压低成本和薄利多销的方法低价售货。对于农、林、牧产品和肉类,保证高质量和多品种。这些食品需求者通常愿意开着车多跑几个地方,当这些食品在干净的、比仓库式加工场大1倍、比一般超市大3倍的区域被包装时,增加了消费者的购买欲望。一个Cub超市通常有25 000种货物,是一般超市的2倍,从大路货到奢侈品、稀有的不容易找到的食品,样样俱全,这使得货架令人叹为观止:88种热狗和主餐用香肠,12种品牌的墨西哥食品,成吨的鱼肉和农、林、牧产品。

商场有导购图引导购物者购物。即使没有导购图或无目的地闲逛,购物者也会被宏伟宽大的走廊牵着鼻子走。宽阔的通道从农林牧产品区开始,延伸到高价的环形区域。这里出售肉、鱼、烧烤食品、冷冻食品,高价食品被放在新鲜肉类之前的区域,目的是使顾客将家庭预算开支花在必需品之前购买那些忍不住想买的高价品。

总的来说,Cub的利润率,即买进价与卖出价之间的差别是14%,比一般超市低6~8个百分点。但是,由于Cub主要依靠顾客的口头宣传,因此其广告预算开支比其他连锁店低25%。

消费者的购买行为是由一系列环节、要素构成的完整过程。在这一过程中,购买决策居于核心地位,决策的正确与否直接决定购买行为的发生方式、指向及效用大小。深入研究消费者的购买行为过程与类型、决策程序与原则、消费行为的效用评价等,有助于全面把握消费者的行为特点与规律。

第一节 消费者行为的三个模式

消费者行为是指消费者为满足自身需要而发生的购买和使用商品的行为活动。在社会生活中,任何个人都必须不断消费各种物质生活资料,以满足其生理和心理需要。因此,消费者行为是人类社会中最具普遍性的一种行为活动,它广泛存在于社会生活的各个空间、时间,成为人类行为体系中不可分割的重要组成部分。在现代社会经济生活中,由于购买动机、消费方式与习惯的差异,各个消费者的消费行为表现得形形色色、各不相同。尽管如此,在千差万别的消费者行为中,仍然有着某种共同的带有规律性的东西。

一、一般模式

模式是指某种事物的标准形式。消费者购买行为模式是指用于表述消费者购买行为过程中全部或局部变量之间因果关系的图式的理论描述。心理学家在深入研究的基础上,揭示了消费者行为中的共性或规律性,并以模式的方式加以总结描述,如图5-1所示。

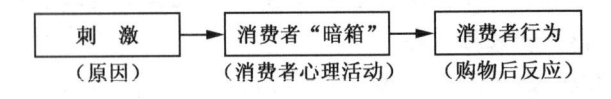

刺激(原因) → 消费者"暗箱"(消费者心理活动) → 消费者行为(购物后反应)

图5-1 消费者行为的一般模式

上述消费者行为的一般模式表明,所有消费者行为都是因某种刺激而激发产生的,这种刺激既来自外界环境,也来自消费者内部的生理或心理因素。在各种刺激因素的作用下,消费者经过复杂的心理活动过程,产生购买动机。由于这一过程是在消费者内部自我完成的,因此,许多心理学家称之为"黑箱"或"暗箱"。在动机的驱使下,消费者进行购买决策,采取购买行动,并进行购买后评价,由此完成了一次完整的购买行为。

一些西方学者对消费者行为模式进行了深入的研究,并提出了多种不同的模式,其中尤以恩格尔—科拉特—布莱克威尔(Engel-Kollat-Blackwell)模式(简称 EKB 模式)和霍华德—谢思(Howard-Sheth)模式最为著名。

二、EKB 模式

EKB 模式描述的购买行为如图 5—2 所示。

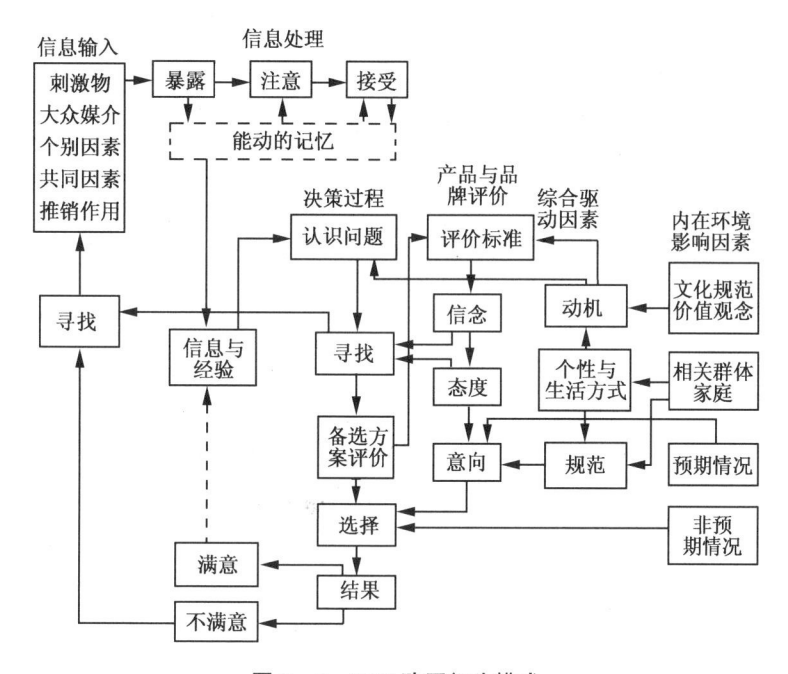

图 5—2 EKB 购买行为模式

EKB 模式强调了购买者进行购买决策的过程,这一过程始于问题的确定,终于问题的解决。在这个模式中,消费者心理成为"中央控制器",外部刺激信息(包括产品的物理特征和诸如社会压力等无形因素)输入"中央控制器"。在"中央控制器"中,输入内容与"插入变量"(态度、经验及个性等)相结合,得出了"中央控制器"的输出结果——购买决定,由此完成了一次消费者购买行为。

具体来说,EKB 模式描述了一次完整的消费者购买行为过程:在外界刺激物、社会压力等有形及无形因素的作用下,使某种商品暴露,引起消费者心理上的知觉、注意、记忆,形成信息及经验并储存起来,构成了消费者认识问题的最初阶段;在动机、个性及生活方式的参与下,消费者对问题的认识明朗化,并开始寻找符合自己愿望的购买对象,这种寻找在评价标准、信念、态度及购买意向的支持下向购买结果迈进;经过产品品牌评价,进入备选方案评价阶段,消费者进行选择而实施购买,得出输出结果而完成购买;最后,对购后结果进行体验,得出满意与否的结论,并开始下一次消费活动过程。

三、霍华德—谢思模式

这一模式描述的购买行为如图 5-3 所示。

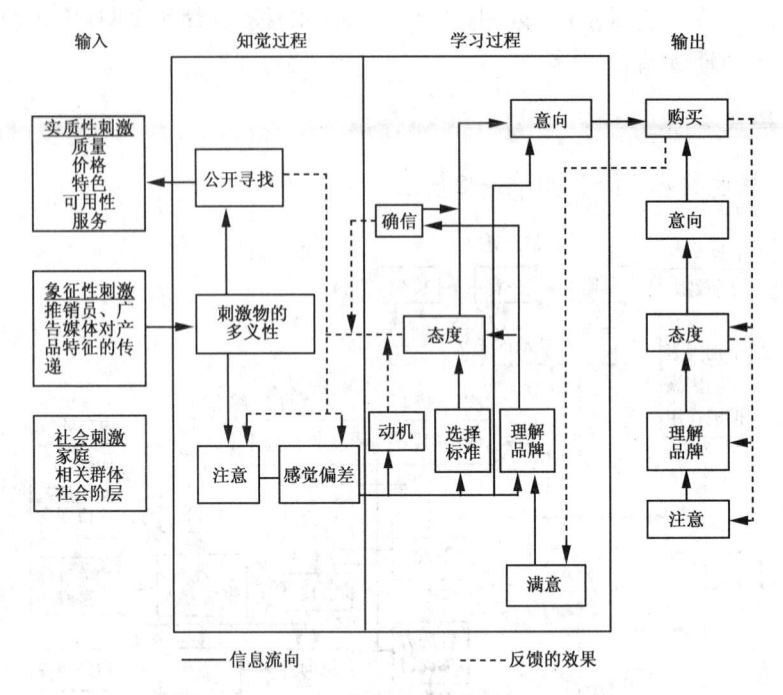

图 5-3 霍华德—谢思购买行为模式

霍华德和谢思认为,影响消费者决策程序的主要因素有输入变量、知觉过程、学习过程、输出变量、外因性变量等。

图 5-3 中的输入变量(刺激因素)包括实质性刺激、象征性刺激和社会刺激。实质性刺激是指物品、商标本身产生的刺激;象征性的刺激是指由推销员、广告媒介、商标目录等传播的语言、文字、图片等产生的刺激;社会刺激是指消费者在同他人的交往中产生的刺激,这种刺激一般与提供有关的购买信息相关联。消费者对这些刺激因素有选择地加以接受和反应。

知觉过程是完成与购买决策有关的信息处理过程,学习过程是完成形成概念的过程。知觉过程和学习过程都是在"暗箱"内完成的,经过"暗箱"的心理活动向外部输出变量。

上述因素连续作用的过程表现为:消费者受到外界物体不明朗的刺激后,进行探索,引起注意,产生知觉倾向,进而激发动机;同时,通过选择标准的产生以及对商品品牌商标的理解形成一定的购买态度,从而坚定购买意图,促成购买行为。购买的结果将反馈给消费者,消费者对商品的满意状况又将进一步影响其对商品品牌的理解和态度的变化。

外因性变量没有在图 5-3 中表示出来,因为它们不直接参与决策过程。但是,一些重要的外因性变量,如购买的重要性、消费者个性品质和经济状况的限制以及社会阶层的感染、文化和亚文化的作用等,都将会对消费者产生极大的影响。

霍华德—谢思模式与前面阐述的 EKB 模式有许多相似之处,但也有诸多不同点。上述两个模式的主要差异在于强调的重点不同。EKB 模式强调的是态度的形成与产生购买意向之间的过程,认为信息的收集与评价是非常重要的方面。而霍华德—谢思模式更加强调购买过程的早期情况、知觉过程、学习过程及态度的形成;同时,也指出了影响消费者行为的各种因素之间的联系错综复杂,只有把握多种因素之间的相互关系及联结方式,才能揭示出消费者行为的一般规律。

上述三个模式由简到繁,各自都有不同的特点。比较而言,消费者行为的一般模式简练、抽象地描述了消费者的购买行为及其规律性,比较清晰、易记。但是,这种模式不能准确表述影响消费者行为的各种因素及它们之间的关系。EKB模式和霍华德—谢思模式尽管较繁杂,各种因素变量较多,但为营销企业了解消费者行为的产生、发展趋势及规律性,提供了脉络清楚、思路清晰的参考依据,以便企业在千变万化的消费者行为中,准确把握其规律性,做出正确的判断及最佳的营销决策。

第二节 消费者的购买行为过程与类型

一、消费者的购买行为过程

消费者的购买行为分五个阶段,表明了消费者从产生需要到满足需要的整个过程。

(一)识别需要阶段

识别需要阶段就是消费者受到某种刺激而对客观事物产生欲望和需求。这种刺激来自两个方面:一是来自消费者内部的生理及心理缺乏状态,如饥饿产生进食的需要、口渴产生喝水的需要、体冷产生穿衣的需要等;二是来自外部环境的刺激,如面包的香味、商品的琳琅满目、相关群体及广告宣传的影响等。内外部刺激共同作用唤起了消费者的某种需要。

(二)收集信息阶段

识别需要即确定目标。消费者在购买目标已经确定的前提下,开始了围绕目标广泛收集信息资料的阶段,目的是寻找满足其消费需要最佳的目标客体。常用的方法有翻阅报纸杂志上的信息,收看、收听电视台、电台的广告,去商店观察实物,打电话向厂家询问,向同事、朋友咨询,等等。消费者收集信息的快慢取决于以下几个因素:对所需商品需要的迫切程度、对该商品的了解程度、选错信息承担风险的大小、信息资料取得的难易程度等。

(三)分析选择阶段

在收集到足够的商品信息后,消费者要根据个人的经济实力、兴趣爱好、商品的效用满足程度对购买客体进行认真的分析、评价,对比它们的优缺点,淘汰某些不信任的类型和品牌的商品,然后对所确认的品牌进行价格、质量比较推敲,以选择有最佳性能和最佳满足感的商品。

(四)决定购买阶段

当消费者对掌握的商品信息经过分析、评价和挑选之后,就进入了决定购买阶段。一般情况下有三种性质的购买行为:(1)试购。由于消费者没有实践经验,难免心存疑虑,为减少风险,购买者常常先购买少量试用,如少量的洗涤剂、小瓶的洗发液等,以证实商品是否货真价实。(2)重复购买。消费者对于以前购买过的效果较好的商品会继续购买,这种重复购买行为会使消费者产生对品牌的偏爱。(3)连带购买。当商品用途之间密切相关时,购买行为也表现出连带性。例如,购买打印机,就要连带购买硒鼓或墨盒;购买地毯,就要连带购买吸尘器等。

(五)购后评价阶段

消费者使用所购商品后,会根据自己的感受进行评价,以验证购买决策的正确与否。有两种情况:假如所购商品完全符合自己的意愿,甚至比预期的还要好,消费者不仅自己会重复购买,还会积极地向他人宣传推荐;相反,假如所购商品不符合其愿望或效用很差,消费者不仅自己不会再购买,还会发泄对商品的不满情绪,竭力阻止他人购买。所以,购后评价常常作为一种经验反馈到购买活动的初始阶段,对消费者的下一次购买产生影响。

通过上述五个阶段,消费者完成了其购买活动。

根据消费者购买行为过程的不同阶段,工商企业可以采取不同的营销对策,给消费者以支持,促成良性的购买行为。识别需要阶段是消费者需求确定的前提,大量的广告宣传会对消费者起诱导作用;在收集信息阶段,企业应在大量广告宣传的基础上,展示商品的特性和优点;在分析选择阶段,企业应开展试销和赠予活动,宣传一系列售前、售中、售后服务的措施;在决定购买阶段,要为消费者提供全方位的优质服务,如终身保修、不满意可退换等,以坚定消费者的购买意愿;购后评价阶段是企业对诸多服务许诺予以兑现的阶段,如果企业所宣传的全方位优质服务均能落实,消费者会产生良好的购后体验,这一购买行为的完成将有利于企业在消费者心目中树立良好的形象。

二、消费者的购买行为类型

对消费者行为分类的标准很多,每一种分类方法都可以从不同侧面反映消费者行为的特点。

(一)按消费者购买目标的选定程度划分

1. 确定型

这类消费者在进入商店发生购买行为之前,已经有非常明确的购买目标,对所要购买的商品种类、品牌、价格、性能、规格、数量等均有具体要求,一旦商品合意,便毫不犹豫地买下。这类消费者不需要别人的介绍、帮助和提示,但在实际营销活动中为数较少。

2. 半确定型

这类消费者在进入商店购买之前,已有大致的购买意向和目标,但是这一目标不很具体、明确。直至购买行为实际发生时,需经过对同类商品的反复比较、选择之后,才能确定购买的具体对象。例如,夏季来临,某消费者确定了要买空调的大致目标,但对空调品种、规格、性能、价格等方面的具体要求尚未完全明确。为此,消费者在购买过程中,需要对上述问题进行推敲、比较,并希望得到别人的参谋帮助,以便确定一个明确的购买目标。这类消费者易受他人观点的影响,成交时间长,一般需要提示或介绍,营销人员可见机参谋,以坚定其购买决心。他们在消费者中为数众多,应是服务的重点对象。

3. 不确定型

这类消费者在进入商店发生购买行为之前,没有任何明确的购买目标。茶余饭后散步或是顺路都可能步入商店,漫无目的地观光浏览。所见某一商品、所闻某一商品信息,都可能引发消费者的需要,唤起其购买欲望;一旦有了购买目标,消费者会马上发生购买行为,但有时也可能不买任何东西。究竟发生购买行为与否,与商店内外部环境及消费者的心理状态有关。对这类消费者,营销人员应主动热情地服务,尽量引起他们的购买兴趣。

(二)按消费者购买态度与要求划分

1. 习惯型

这类消费者一般依靠过去的购买经验和消费习惯采取购买行为,或长期惠顾某商店或长期使用某品牌、商标的商品,环境变化、年龄增减等都不会改变这类消费者的购买习惯。他们在购买商品时果断成交,不受时尚流行的影响,购买行为表现出很强的目的性。

2. 理智型

这类消费者善于观察、分析、比较,在购买前已经广泛收集所需要商品的信息,了解市场行情,并经过慎重权衡利弊之后才做出购买决定;购买时又表现得理智慎重,不受他人及广告宣传的影响,挑选商品仔细认真、很有耐心。在整个购买过程中,这类消费者保持高度的自主,并始终由理智支配行动。

3. 经济型

这类消费者对商品的价格非常敏感。以价格高低评价商品优劣的消费者,往往认为价格高的商品质量高,价格越高越要买;对廉价商品感兴趣的消费者对同类商品价格的差异极为敏感,只要价格低便认为合算,削价、优惠价、处理价的商品对这部分消费者具有极强的吸引力。因此,经济型又称价格型。

4. 冲动型

这类消费者对外界刺激敏感,心理反应活跃,在外界商品广告、推销员、他人影响的刺激下,不去进行分析比较,以直观感觉为依据从速购买,新产品、时尚商品对他们的吸引力最大。

5. 感情型

这类消费者的心理活动丰富,易兴奋,爱想象,富于感情,想象力和联想力也较丰富,因此,在购买时容易受感情支配,也容易受外界环境的感染诱导,往往以商品是否符合自己的感情需要来确定购买决策。

6. 疑虑型

这类消费者性格内向,言行谨慎、多疑。他们在购买前三思而后行,购买后还会疑心是否上当受骗。

7. 随意型

这类消费者或缺乏经验,或缺乏主见,或奉命购买,在选购时大多表现得优柔寡断、缺乏主见,一般都希望销售人员的提示和帮助。随意型也称不定型。有的消费者在生活上不苛求、不挑剔,表现在购买行为上也比较随便,这类消费者也属随意型。

(三)按消费者在购买现场的情感反应划分

1. 沉着型

这类消费者由于神经过程平静、反应缓慢沉着,因此购买动机一经确定就不易改变,也很少受到外界因素的影响。在购买活动中,除了购买商品所必需的语言之外,始终保持沉默,感情不外露,抑制性强,交际适度,但不很随和。

2. 温顺型

这类消费者的神经过程比较薄弱,生理上尽量避免任何过大或过小的神经刺激,表面上不受外界环境的影响,但内心却又体验深刻。在购买行为上,从选购商品到最后实现购买行为,都愿意遵从售货员的介绍和意见,信赖他们,所以能很快做出购买决定。这类消费者对所购商品本身的情况并不过多考虑,但对服务人员的态度很敏感。

3. 活泼型(健谈型)

这类消费者的神经过程平衡而灵活性高,善于适应各种环境,有广泛的兴趣爱好,但易于变化;表现在购买行为方面,显得健谈、活泼,在购买和挑选商品时,愿意与人接近、攀谈,主动与顾客或售货员交换意见。

4. 反抗型(反感型)

这类消费者的个性心理具有较高的敏感性,时时警觉着外界环境细小的变化,多愁善感,性情孤僻。在实现购买行为时,这类消费者的主观意志较强,不喜欢听取别人的意见,以怀疑的观点审视周围的一切,对售货员及其他顾客都有不信赖感。

5. 激动型(傲慢型)

这类消费者易于激动,言行举止时有暴躁、狂热的表现,自制力差,在购买行为上也表现出不善于考虑,傲气十足,对商品和营销人员的要求有时不近情理。对此,营销人员在各方面应给予较多的关注。

总之,在购买活动中,受购买时间、地点、环境、个性、心理及购买对象等多方面因素的影响,不同的消费者会呈现出多种不同的购买行为类型。因此,要用动态的、差异化的观点对消费者的行为加以观察、分析和判断。

第三节 消费者购买决策

一、消费者购买决策的含义与特点

(一)购买决策的含义

一般意义上的决策,是指为了达到某一预定目标,在两种以上备选方案中选择最优方案的过程。就消费者而言,决策是指为实现满足需求这一特定目标,消费者作为决策主体在购买过程中进行的评价、选择、判断、决定等一系列活动。

购买决策在消费者购买活动中占有极为重要的关键性地位。

(1)消费者购买决策进行与否,决定了其购买行为发生或不发生;

(2)决策的内容规定了购买行为的方式、时间及地点;

(3)决策的质量决定了购买行为的效用大小。

正确的决策会促使消费者以较少的费用、精力,在短时间内买到质价相符、称心如意的商品,最大限度地满足自身的消费需要;反之,质量不高或错误的决策,不仅会造成时间、金钱的损失,还会给消费者带来心理挫折,对以后的购买行为产生不利影响。所以,决策在购买行为中居于核心地位,起着支配和决定其他要素的关键作用。

(二)购买决策的内容

消费者购买决策的内容因人、条件及所处环境的不同而不同,但所有消费者的购买决策都离不开以下几个方面的具体内容(即5W1H):

(1)为什么买(Why)? 即权衡购买动机。消费者的购买动机是多种多样的。同样购买一台洗衣机,有的人是为了节约家务劳动时间,有的人是为了规避涨价风险,有的人则是为了显示富有。

(2)买什么(What)? 即确定购买对象,这是决策的核心和首要问题。决定购买目标不只是停留在一般类别上,而是要确定具体的对象及具体的内容,包括商品的名称、品牌、商标、款式、规格和价格。

(3)买多少(How)? 即确定购买数量。购买数量一般取决于实际需要支付能力及市场的供应情况。如果市场供应充裕,那么消费者既不急于买,买的数量也不会太多;如果市场供应紧张,那么即使目前不是急需或支付能力不足,也会负债购买。

(4)在哪里买(Where)? 即确定购买地点。购买地点是由多种因素决定的,如路途远近、可挑选的品种数量、价格以及服务态度等。它既与消费者的惠顾动机有关,也与消费者的求廉动机、求速动机有关。

(5)何时买(When)？即确定购买时间。购买时间也是购买决策的重要内容,它与主导购买动机的迫切性有关。在消费者的多种动机中,往往由需要强度高的动机来决定购买时间的先后缓急;同时,购买时间也与市场供应状况、营业时间、交通情况和消费者可供支配的空闲时间有关。

(6)如何买(Which)？即确定购买方式。购买方式即是函购、邮购、预购,还是代购,是付现金、开支票,还是分期付款,等等。

(三)购买决策的特征

消费者的购买决策具有某些共同的特征,具体如下:

1. 决策主体的单一性

由于购买商品是满足消费者个人或家庭消费需要的个体行为活动,因而通常表现为消费者个别的独立的决策过程,即由消费者个人单独决策或由家庭成员共同制定决策。

2. 决策范围的有限性

由于购买决策大多是解决如何满足消费者个人及家庭的需要问题,因此,与其他事项的决策相比,消费者的决策范围相对有限,仅仅限于购买何种商品、购买时间和地点、购买方式等方面的决策上。

3. 决策因素的复杂性

影响购买决策的因素复杂多样,既有消费者的个性品质、兴趣爱好、态度倾向、生活习惯、收入水平等个人因素,又有社会时尚所属相关群体、社会阶层、家庭等环境因素的影响。

4. 决策内容的情境性

由于影响决策的各种因素不是一成不变的,而是随着时间、环境的变化不断发展变化的,因此,消费者的决策具有明显的情境性,其具体内容和方式因所处情境不同而不同。这就要求消费者在决策时,不能从固定模式出发,而必须因地制宜,具体情况具体分析。唯有如此,才能得出正确的结论。

二、制定购买决策的程序

消费者的购买决策是在特定心理机制的驱动下,按照一定程序发生的心理与行为活动过程。这一过程包括若干前后相继的程序或阶段,消费者购买决策的运行规律即蕴含于这些程序之中。

(一)认知需求

消费者对某类商品的购买需求源于消费者自身的生理或心理需要。当某种需要未得到满足时,满意状态与实际缺乏状态之间的差异会构成一种刺激,促使消费者发现需求的所在,认知需求的内容,进而产生寻求满足需求的方法、途径的动机。引起消费者认知需求的刺激可以来自个体内部的未满足需要,如饥饿、寒冷;也可以来自外部环境,如流行的时尚、他人的购买等。经内外刺激引起的消费者对自身需求的正确认知,起着为决策限定范围、明确指向的作用,因而是有效决策的前提。

(二)寻求解决方案

在认知需求的基础上,消费者受满足需要的动机驱使,开始寻找各种解决问题的方案。为了使方案具有充分性与可靠性,消费者必须广泛收集有关信息,包括能够满足需要的商品种类、规格、型号、价格、质量、维修服务、有无替代品、何处何时买到等。上述信息可以通过各种渠道获得,如报纸、广播、电视、杂志、街头招贴等宣传媒介提供的广告,交谈、会议、道听途说等口头传播媒介提供的信息,个人记忆存储或经验中的信息,以及从他人或群体行为方式中获得的启示等。在广泛搜寻的基础上对所获信息进行适当筛选、整理、加工,即可建立解决问题的多种方案。

（三）评价比较方案

由于各种方案的利弊、长短不一,因此需要加以评价比较。评价的标准因消费者价值观念的不同而不同。例如,有的人以价格低廉作为基本尺度;有的人以符合时尚作为选择标准;有的人要求外观新颖;有的人则希望结实耐用;还有的人追求个性化,求新求异;有的人则宁可从众,与所属社会群体趋同。因此,对同一个方案,不同的消费者会做出完全不同的评价,其取舍的结果也迥然相异。但是,无论标准的具体内容如何不同,在形式上都可以归结为同一尺度,即所费与所得进行比较,所得效用大于所费。评价比较是择优决定方案的基础,因此,必须明确评价标准,坚持科学的实事求是的态度,防止图虚名或盲目从众。

（四）择优决定

在对各种方案进行充分的比较评价之后,便可从中选择最优方案,作为实施方案确定下来。所谓最优方案,就是所费最少、所得最多、能够最大限度地满足消费者需要的方案。确立最优方案是消费者购买决策中的实质性环节,是直接决定决策正确与否、质量高低的关键。为了保证做出高质量、高效能的决策,除严格履行认知需求、收集信息、建立方案、比较评价等前期程序外,在最后拍板决定时,还需要消费者保持冷静的头脑、果敢的精神和当机立断的能力。唯有如此,才能抓住时机,准确决断。

（五）购后评价

在确定最优方案后,消费者将方案付诸实施,即实际从事购买,但完成购买后,决策活动仍未结束。为了验证所择方案是否最优、所得效用是否最大,消费者还需再次进行购后评价。购后评价集中指向所购商品,评价标准也以效用为主要内容,评价可以由消费者个人进行,也可以征求亲友、同事的意见,观察社会的反应。评价时间可以发生在购买后即时,也可以在使用一段时期以后。购后评价的主要目的是总结经验、吸取教训,为以后的正确决策提供依据,避免再次出现失误。

由上述决策程序可以看出,消费者购买决策是一个完整的过程,这一过程始于购买之前,终于购买之后。因此,只有从过程的角度加以分析,才能对消费者购买决策做出完整、准确的理解。那种认为决策只是购买中的瞬时活动的认识,显然是有失偏颇的。

在现实生活中,由于购买商品的特点、用途及购买方式不同,决策的难易程度与所需经过的程序也有所不同,并非所有的购买决策都必须经过以上程序。一般来说,在日常生活用品如香皂、牙膏、洗衣粉等的经常性购买中,消费者对所购商品的品牌、价格、档次比较熟悉,具有较丰富的购买经验,因此,无须花费大量时间收集信息及设计、评价和选择方案,仅根据以往经验或习惯就近购买特定商品,就可以达到满足需要的目的,并且购后也无须再次评价。因此,这类决策通常较为简单迅速,只经过个别程序即可完成。

对于服装、鞋帽、家具等功能较为复杂、具有多变性的生活用品,消费者一般具有一定的购买经验,如对商店、商品规格、型号等有所了解,因此需要事先大量收集信息,反复设计方案。但是,受时尚、个人偏好变化等因素的影响,在现场购买中,消费者通常在式样、花色、质量、价格等方面反复进行比较、评价,权衡优劣高低,最后做出购买决定,并且在购买后仍需进行自我社会评价。这类以选择性购买为特征的决策相对复杂,仅可省略第二道程序。

在高档耐用消费品如家用电器的购买中,由于商品价格昂贵,使用年限较长,规格、功能、质量复杂且差异较大,需要一定的使用维修知识,而消费者大多缺乏专门知识和训练,因此,人们对这类商品的购买一般持审慎态度,带有明显的考察性。在购买前,通常通过各种渠道广泛收集有关信息,对各种可能的方案反复进行评价比较,并同家人、亲友共同磋商,在此基础上形成集体决策。在购买过程中,要求售货人员当场调试挑选,并详细询问使用、保养、维修等方面的事宜;购买后,还要花费一定的时间验证决策正误和购买效用。因此,这类决策较之其他决策复杂得多,通常依次经过五道程序才可完成。

总之,在实施决策时,除了正确掌握基本程序外,还应视具体情况灵活处理、区别对待,以保证决策的高质量与高效化。

三、制定购买决策的原则

消费者在决策过程中,总是依据一定的标准、尺度,对各种方案进行比较选择,从中确定最优方案,而选择标准及尺度的拟订又是从一定原则出发。决策原则贯穿于决策过程的始终,指导着消费者的决策活动。

(一)最大满意原则

就一般意义而言,消费者总是力求通过决策方案的选择、实施取得最大效用,使某方面的需要得到最大限度的满足,按照这一指导思想进行决策,即为最大满意原则。遵照最大满意原则,消费者将不惜代价追求决策方案和效果的尽善尽美,直至达到目标。

但是,在实际中贯彻最大满意原则,带有许多苛刻的附加条件,如需要详尽全面地占有信息、对各种备选方案进行准确无误的评价比较,以及能够精确预测各种方案的实施后果。而消费者受主观条件和客观环境的限制,几乎不可能全部具备上述条件。此外,是否达到最大满意,完全依赖于消费者的主观感受和评价。而受心理因素和环境变化的影响,消费者的主观感受不是一成不变的,购买前视为最佳的方案,购买后可能评价降低,甚至产生相反的感受。因此,所谓最大满意原则,只是一种理想化的原则,现实中人们往往以其他原则补充或代替它。

(二)相对满意原则

相对满意原则认为,在现代社会,消费者面对多种多样的商品和瞬息万变的市场信息,不可能花费大量的时间、金钱和精力去收集制定最佳决策所需的全部信息;即使有可能,与所付代价相比也绝无必要。况且,人的欲望是无止境的,永远不可能达到绝对的、最大限度的满足。因此,在制定购买决策时,消费者只需做出相对合理的选择,达到相对满意即可。例如,在购置皮鞋时,消费者只要求经过有限次数的比较选择,买到质量、外观、价格比较满意的皮鞋,而无须花费大量时间跑遍所有商店,对每一双皮鞋进行挑选。贯彻相对满意原则的关键是根据所得与所费的比较,合理调整选择标准,使之保持在适度、可行的范围内,以便以较小的代价取得较大的效用。

(三)遗憾最小原则

若以最大或相对满意作为购买决策原则,遗憾最小原则立足于逆向决策。由于任何决策方案的后果都不可能达到绝对满意而存在不同程度的遗憾,因此,有人主张以可能产生的遗憾最小作为决策的基本原则。运用遗憾最小原则进行决策时,消费者通常要估计各种方案可能产生的不良后果,比较其严重程度,从中选择最轻微的作为最终方案。例如,当消费者因各类皮鞋的价格高低不一而举棋不定时,有的人将宁可选择价格最低的种类,以便使遗憾降低到最低程度。遗憾最小原则的作用在于减少风险损失,缓解消费者因不满意而造成的心理失衡。

(四)预期—满意原则

有些消费者在进行购买决策之前,已经预先形成了对商品价格、质量、款式等方面的心理预期。因此,在对备选方案进行比较选择时,既不是挑选最佳方案,也不选择可能产生遗憾最小的方案,而是与个人的心理预期进行比较,从中选择与预期标准吻合度最高的作为最终决策方案,这一方案相对于预先期望能够达到的消费者满意程度最大。运用预期—满意原则,可大大缩小消费者的抉择范围,迅速、准确地发现拟选方案,加快决策进程,同时可避免因方案过多而举棋不定。

第四节 消费者行为的效用评价

一、商品的效用与需要

消费心理学研究已证明,消费者行为的出发点是需要,而归宿是需要的满足。消费者通过购买商品以及对商品的使用,能够使自己某些方面的需要得到满足,从而获得生理或心理上的愉悦。商品这种能满足人们某种需要的特性,就是它的效用。从心理学角度讲,商品(包括服务)的效用就是人们在占有、使用或消费它时得到的快乐和满足。

商品的效用与消费者需要的类型、强度等密切相关。例如,当少数人拥有价值较高的手机时,他们会获得一种显示其社会地位和身份的满足感,因此,这一商品对他们来说具有较高的效用;而当社会上拥有手机的人数增多,从该商品中获得的满足感不像以前那样强烈时,它的效用也就降低了。另外,由于人们的需要各异,同一商品的效用对不同消费者而言也迥然不同。对于火花收藏者来说,火柴盒的效用极大;但在普通人眼中,它只是一个无用的盒子。在商品短缺的贫困年代,粮食等食品对于人们的效用远远大于其他商品;然而,在小康、富裕的生活水平下,粮食满足人们需要的效用则大为降低。可见,效用反映了人们在消费活动中的满意程度。研究效用,发现其内在规律,便于科学、客观地研究消费者的行为。

商品的效用与商品的价值在概念上不能画等号。商品的使用价值是商品的效用,但效用比使用价值的含义更为广泛。因为某些非商品虽然有极高的效用,却没有价值。例如,在日常生活中,人人不可或缺的空气就是如此。商品的效用与商品的使用价值这两个概念是包容关系,即效用概念中包含着使用价值,我们不能把两者混淆起来。

二、消费者行为的边际效用

边际效用是指消费者每增加一个单位的商品消费量所能增加的需要满足程度。边际效用是西方经济学家分析消费者行为特点时提出来的一种理论,也称效用理论。这一理论认为,追求商品带来的最大满意度是人们消费商品的目的和愿望。随着消费商品数量的增加,给消费者带来的总的满意度也在增加。而在消费者的满意度增加的同时,每一单位商品给消费者带来的满意度却在减少,即边际效用降低。表5—1列出了消费商品数量与消费者得到的满意度之间的关系。

表 5—1　　　　　　　消费商品数量与消费者得到的满意度之间的关系

消费商品数量	满意度(%)	每一单位商品得到的满意度(%)	新增加一个单位商品得到的满意度(%)
50	75	1.5	1.5
60	80	1.3	0.5
70	82	1.17	0.2
80	83	1.03	0.1
100	84	0.8	0.05

一种商品的边际效用随消费数量的增加而减少的现象，普遍存在于各种商品之中。出现消费行为边际效用递减的原因大致有两个方面：一是消费者在消费一种新商品时，出于求新动机的影响，对于新商品的满意度很高；而随着消费商品数量的增加，消费者对其逐渐适应，新鲜感逐渐降低，如果再继续消费这种商品，消费者所得到的满意度就会下降。二是消费者的某种需要得到了一定程度的满足后，就会产生新的需要，原有的消费需要就变得相对不重要了。这时，继续增加商品的消费数量，所得到的满意度不会等量增加，边际效用就出现了。

边际效用现象可以为企业提供有益的启示，即在开发新产品、占领市场方面要具有长远观点。一种产品一经占领市场后，企业必须做好开发新产品的准备，因为没有任何一种产品可以永远占领市场。无论新产品的性能、质量如何优越，消费者在逐渐适应后迟早会发生边际效用递减现象，而这种现象一旦出现，消费者就会从心理上逐渐疏远甚至厌弃该商品，并主动寻找让他们感兴趣的新产品。这时，如果经营者不能正确分析这一心理变化，不想方设法开拓市场，就会面临自己的市场被其他商品抢占、替代的局面，这对企业而言是极为不利的。

三、消费体验

消费者买回商品之后，就开始了实际的使用和消费过程，并从中获得相应的消费体验。这时，商品的质量、性能、特点、使用效果优劣以及便利程度就会充分地反映出来。不仅如此，消费者还会根据自己的价值标准做出相应的评价，而这些评价既可能影响消费者的下一次购买行为，又可能把他获得的感受、评价传播给其他消费者，从而影响他人的消费行为。

在使用和消费商品的过程中，由于不同消费者对商品的期望和要求不同，加之个性及经验方面的差异，他们得到的消费体验也并不相同。在研究消费体验时，我们着重分析消费者在哪些方面的体验会更深刻一些，哪些因素影响消费者购物后的体验，这些体验又是怎样影响下一次消费行为或他人消费行为的。

从消费者需要的满足度看，商品的特性与消费者的需要越接近，产生满意的体验越深刻；商品与消费者需要之间的距离越远（一般是商品的特性远远不符合消费者的需要），消费者产生不满意的体验越深刻。满意的体验具体表现为对于自我认识该商品的肯定、对于商品销售企业和销售人员的信赖感、对于商品价格的认同感等；相应地，情绪上也会愉快而积极，下一次购物会更乐意选择同样的购物场所及商品。不满意的体验则表现为对自我认识该商品的否定，对商品经营企业的怀疑与不信任，在认知商品价格与功能等方面产生不平衡心理，有上当受骗的感觉，从而情绪上也容易变得消极而不愉快。因此，除了消费者自己会尽力避免重复该购买行为外，有些消费者还会把这种体验告诉他人，令其他消费者对该商品及购物场所产生戒备心理，以致对企业产生不信任感。

正因为消费者购物后的体验会产生两种截然相反的效果,所以,经营企业应重视消费者的消费体验,提倡表里如一的经营作风、实事求是的广告宣传、全方位的优质服务,使消费者在购物后获得最大限度的满意体验,树立良好的企业形象。

四、购后评价

消费者的消费体验会通过与别人交流对商品的感受、评价等方式反映出来。这种评价可能是多方面的,一般包括以下几个方面:

(一)对商品名称做出评价

商品的名称会保留在消费者的头脑中,形成记忆和印象。通过向他人、本消费群体及其他群体传输这种记忆和印象,即构成了商品的知名度。这种知名度是影响消费者下一次选购商品的心理基础。

(二)对商品质量做出评价

消费者依据通过各种渠道获得的他人的评价结论和个人的判断标准来评价商品的质量,同时,也从商品的价格、包装、功能和使用效果等方面综合起来对质量做出评价。这种综合评价的方式类似于平衡效应:商品的价格高,消费者要求商品的质量也要好;否则,会做出质次价高的评价。

(三)对经营单位做出评价

对经营单位做出评价包括对于经销单位、售货人员以及生产企业做出的评价。购物场所设施完备、环境幽雅舒适、售货员的服务热情周到,消费者一般会做出良好的评价。生产企业对商品的宣传与消费者手中购得的商品差别越小,或者实际购得的商品性能优于宣传所提到的效果,消费者对生产企业也会做出较高的评价。

目前,消费者购物后对商品及购物环境做出的评价已经为许多厂家和经营单位所重视。研究消费者购物后的评价反应,已经成为反馈消费者信息的一个主要组成部分。许多生产企业采用调查问卷的方式收集有关评价结果。有些企业则直接在商品的说明书与质量保证书中附上评价表格,消费者在使用商品后,可以随时把评价结果反馈给企业,从而使企业能够及时收集消费者的评价意见,处理他们在使用商品中遇到的问题。例如,海尔集团在海尔冰箱的销售中就采用这种方法来收集消费者购买后的评价,实施后效果较好。

许多工商企业也开展了类似的工作来研究消费者购物后的评价,如通过发放售后服务调查表了解顾客对本企业的反映。调查的内容主要包括顾客对购物场所的总体印象、对售货员的总体印象、对某一服务人员的评价、对提供服务项目的满意度、对购物环境和设施有何要求等。

消费者购物后的评价不仅影响本人的下一次购物,也会影响其他消费者的购买行为,并直接影响商品的未来销售效果。所以,工商企业有必要加强对消费者购后评价的研究,以便采取适当策略,促进消费者做出良好的购后评价。

✚ 本章小结

消费心理学研究证明,消费者行为的出发点是需要,而归宿是需要的满足。消费者的购买行为是由一系列环节、要素构成的完整过程。在这一过程中,购买决策居于核心地位,决策的正确与否直接决定购买行为的发生方式、指向及效用大小。消费者购买行为的识别需要、收集信息、分析选择、决定购买和购后评价五个阶段,表明了消费者从产生需要到满足需要的整个过程。而消费者的购买决策过程一般也要经历认知需求、寻求解决方案、评价比较方案、择优决定、购后评价五个阶段。研究效用,发现其内在规律,便于科学、客观地研究消费者行为。

思考题

1. 什么是消费者购买行为?消费者购买行为有哪些类型?
2. 消费者购买行为模式包括哪些因素?
3. 什么是消费者的购买决策?消费者购买决策过程包括哪几个阶段?
4. 商品效用与需要的关系是什么?
5. 请谈一谈边际效用理论的启示与实际应用的意义。

案例分析

李小姐的超级省钱买衣法[①]

李小姐在上海一家讲究仪表的公司工作。有个收入相同的同事,光是刷卡买衣一年就花了12万元。而李小姐穿得不比她差,一年总共约1万元。算起来,一年中,李小姐有62%的时间是在办公室的,所以买上班可以穿的衣服是利用率最高的。其他的,晚装是没机会穿的,运动装、家居服可以适当添点,但比例也不能超过38%。

(1)先购基本色、基本款服装。料子要硬点,不皱可水洗,外贸货最好。如两件套的针织服装、黑色西装套装、直身短裙、白色衬衣。200元一件可以买到极好的西装了。

(2)再补充点艳色的时尚衣服,如T恤一类,50元以下。

(3)便宜又有特色的小饰品多置点,如各色腰带、胸针、项链,3元一条的腰带质地也很好。

(4)再有档次不错的包和鞋子,基本款的可以买打折牌子货(反正款式多年不变),价格控制在200~500元之间。耐用的款式可以用10年,又可以提升整体的档次,值得投资。

(5)《瑞丽伊人》杂志20元一个月,看完可以将旧衣服配出无数种新花样。这一方法值得强力推介。

来看看李小姐的得意之选:

套装一:用于工作、见客户

在淮海路的小店,买了一条Gucci的吊带裙,50元。料子是有弹性的棉布,花样是今年最时兴的白底蓝色大花,很满意。

最近比较喜欢去M街,买了一件阿玛尼的长袖白西装,是收腰的款式,腰上还有条蓝色的带子,正好跟上面的裙子绝配,唯一的缺点是会皱。但想想自己也只有这一件短款的白西装。

套装二:用于周末、平时

上衣是Dkny正品的双层纱衣,在XS广场买的。外层是花纱,上面有小小的亮片,里面是红纱,也是高搭配的那种。裙子是黄色的军装裙,在XS广场对面的商场买的。包是襄阳路买的便宜货,其颜色与衣服很相配,只是背起来带子太硬,不舒服。

[①] 安徽广播电视大学经济管理教学部课程案例库,2009年8月26日。

套装三:用于宴会、派对

基本款式是一件黑色无袖、无吊带的连衣裙。上身搭配有两种:一是配米色西装,显得既随和又干练;二是配 Jessic 的粉红上衣,兼顾淑女、休闲与工作。在非正式场合,也可以不再另配上衣,而只配一条 Channel 的腰链,显得很时尚。

讨论:

1. 请用合适的消费行为模式分析案例中李小姐的购买行为,从消费心理角度说明李小姐属于什么类型的购买者。

2. 请自己列举或设计出一种生活中的省钱消费法。

阅读资料

让顾客"自作自受"[1]

自己在啤酒作坊里酿造啤酒,两个星期后从储藏室里搬出那一桶自己酿制的啤酒,或自饮或与众人分享,这并非神话,也并非来自欧洲中世纪的一个传奇故事。位于中关村的北京猎奇门啤酒自酿场,可以让每个有兴趣的消费者体会到这一切。正由于此,北京猎奇门自酿场才生意兴隆。

无独有偶,美国有位商人开了家"组合式鞋店"。货架上陈设着6种鞋跟、8种鞋底,鞋面颜色以黑、白为主,鞋带的颜色有80多种,款式有百余种。顾客可自由挑选出自己最喜欢的各种款式,然后交给职员组合,只需稍等十来分钟,一双称心如意的新鞋便可到手。而其售价,与批量成品的价格差不多,有的还更便宜。此举引来了络绎不绝的顾客,使该店销售额比邻近的鞋店高出好几倍。

---

[1] 《经典营销案例149篇》,豆丁网。

第六章

消费者的个性心理特征

● 学习目标

1. 了解和掌握个性及个性心理对消费行为的影响；
2. 了解消费者的气质、性格、能力等个性心理特征；
3. 分析个性心理与消费行为的关系；
4. 了解消费者的兴趣特点。

● 导入案例

宝马汽车与个性[①]

不同消费者有着不同的个性，不同个性的消费者对产品有着不同的需求。有些消费者甚至把产品品牌当作自我个性的延伸。企业创建品牌的关键是了解消费者的个性——他们的自尊、希望和追求、动机和行为。宝马在创建品牌时，正是不折不扣照此去做的。宝马以消费心理学的数据为基础，确定了三大细分市场，分别向其提供3、5、7系列车型。

宝马3系列，是宝马车中最便宜的系列。据分析，这一车型的买主具有以下特点：年轻白领，具有高收入潜力和积极的生活方式，是独立的思想者，攀比心理不强，希望拥有一个能表现自我的品牌。根据购买者的这种个性，创建品牌个性和价值时，宝马公司为宝马3系列确定了以下内容：年轻、动感、快乐和运动性。

宝马5系列所针对的客户具有以下特点：年龄在30岁以上，居中层或中层以上的管理职位，喜欢挑战，观念超前，寻找一个既能提供良好性能和驾驶体验，又能体现豪华设计特点的品牌。因此，与该细分市场相适应的品牌价值是创新、专业和有个性。

宝马7系列所针对的客户具有以下特点：男性，居高级经理或以上职位，是本行业中的成功人士，具有独立性。相应的品牌价值被选定为高档、独立和自主。

在消费实践中，消费者无一例外地经历着感知、注意、记忆、思维、情感、意志等心理机能的活动过程，这一过程体现着消费心理活动的一般规律。正是在这一基本规律的作用下，消费者的行为表现出某些共性或共有特征。与此同时，消费者之间的行为又存在着明显差异。面对同一消费刺激，即使处于同一社会环境，属于同一民族、年龄、职业和社会阶层，不同的消费者也经常会表现出各个相异的反应方式和行为表现。这说明消费者个体对外部因素的作用具有

[①] 龚振：《消费者行为学》，广东高等教育出版社2001年版。

选择性,这种选择性来自个体心理的差异性因素,即个性心理因素。研究个性心理的构成与特点、区分消费者的不同类型,对于深入研究消费者的需求差异、根据心理变数细分市场、按照目标市场消费者的个性心理特点制定营销措施、引导消费行为,具有重要的意义。

个性是指人在先天因素的基础上,在社会条件的制约影响下,通过人的活动而表现出的稳定的心理特征的总和。个性可以反映个人的精神面貌和心理状态特征,体现每个人的本质特点。个性的基本内容包括两个方面:一是个性心理特征。它是个人经常的、稳定的、本质的心理活动特点,主要包括气质、能力和性格,反映和保证了典型的个人生理活动及行为差异的基本水平。二是个性倾向性。它主要是指个人需要、动机、兴趣、理想、信仰及世界观等决定个人行为态度表现的诸因素,是个性发展的潜在动力和制约力量。

第一节 消费者的气质

一、气质的概念和特征

"气质"一词源于拉丁语"temperamentum",原意是比例、关系的意思。从消费心理学的角度看,气质是指个体心理活动的典型的、稳定的动力特征。这些动力特征主要表现在心理过程的强度、速度、稳定性、灵活性及指向性上,如情绪体验的强弱与快慢、思维的敏捷性、知觉的敏锐度、注意集中时间的长短、注意转移的难易以及心理活动倾向于外部世界还是内心世界,等等。

气质作为个体典型的心理动力特征,是在先天生理素质的基础上,通过生活实践,在后天条件的影响下形成的。由于先天遗传因素不同及后天生活环境的差异,不同个体之间在气质类型上存在着多种个别差异。这种差异会直接影响个体的心理和行为,从而使每个人的行为表现出独特的风格和特点。例如,有的人热情活泼、善于交际、表情丰富、行动敏捷,有的人则比较冷漠、不善言谈、行动迟缓、自我体验较为深刻。

气质的差异和影响同样存在于消费者及其消费活动中。每个消费者都会以特有的气质风格出现在他所从事的各种消费活动中,而不依赖于消费的内容、动机和目的。购买同一商品,不同气质类型的消费者会采取不同的行为方式。因此,气质是消费者固有特质的一种典型表现。

气质作为个体稳定的心理动力特征,一经形成,便会长期保持下去,并对人的心理和行为产生持久影响。但是,随着生活环境的变化、职业的熏陶、所属群体的影响以及年龄的增长,人的气质也会有所改变。消费者的气质也会发生如此变化,当然,这一变化是相当缓慢的、渐进的过程。

此外,作为一种心理动力特征,气质还可以影响个体进行活动的效率和效果。在消费活动中,不同气质的消费者由于采取不同的行为表现方式,如态度热情主动或消极冷漠、行动敏捷或迟缓,往往会产生不同的活动效率和消费效果。这一特性,正是人们在消费心理研究中关注气质研究的意义所在。

二、气质学说与类型

(一)主要的气质学说

长期以来,心理学家对气质这一心理特征进行了多方面研究,从不同角度提出了各种气质学说,并对气质类型做出了相应分类。

1. 阴阳五行说

在中国古代没有心理学,但是有心理学思想。春秋战国时期,一些学术思想体现出类似气质分类学说。例如,在中国春秋战国时期的一些医书中,根据阴阳五行说,按阴阳强弱分为太阴、少阴、太阳、少阳、阴阳平和五种,将人分为"金形""木形""水形""火形"和"土形"。实际上,这是把人的个别差异与心理特点联系起来,各类型有不同的肤色、体型和气质特点。

2. 体液说

古希腊著名医生希波克拉底最早提出了气质的体液学说,认为人体的状态是由体液的类型和数量决定的。他根据临床实践提出,体液类型有四种,即血液、黏液、黄胆汁、黑胆汁。根据每种体液在人体内所占比例不同,可以形成四种气质类型。血液占优势的属于多血质,黏液占优势的属于黏液质,黄胆汁占优势的属于胆汁质,黑胆汁占优势的属于抑郁质。希波克拉底还详细描述了四种典型气质的行为表现。由于他的理论较易理解,所以这一分类方法至今仍为人们所沿用。

3. 血型说

日本学者古川竹二等人认为,气质与人的血型具有一定联系。四种血型即 O 型、A 型、B 型、AB 型,分别构成了气质的四种类型。其中,O 型气质的人意志坚强,志向稳定,独立性强,有支配欲,积极进取;A 型气质的人性情温和,老实顺从,孤独害羞,情绪波动,依赖他人;B 型气质的人感觉灵敏,大胆好动,能言善语,爱管闲事;AB 型气质的人则兼有 A 型和 O 型的特点。这种理论在日本较为流行。

4. 体形说

德国精神病学家克瑞奇米尔根据临床观察研究,认为人的气质与体形有关。属于细长体形的人具有分裂气质,表现为不善交际、孤僻、神经质、多思虑;属于肥胖体形的人具有狂躁气质,表现为善于交际、性格活泼、热情;属于筋骨体形的人具有黏着气质,表现为迷恋、一丝不苟,情绪具有爆发性。

5. 激素说

激素说认为,人体内的各种激素在不同人身上有着不同的分布水平。某种激素水平较高,人的气质就带有某种特点。例如,甲状腺激素水平高的人,容易精神亢奋、好动不安。

6. 高级神经活动类型说

苏联心理学家巴甫洛夫通过对高等动物的解剖实验,发现大脑两半球皮层和皮层下部位的高级神经活动在心理的生理机制中占有重要地位。大脑皮层的细胞活动有两个基本过程,即兴奋和抑制。兴奋过程引起和增强大脑皮层细胞及相应器官的活动,抑制过程则阻止大脑皮层的兴奋和器官的活动。这两种神经过程具有三大基本特性,即强度、平衡性、灵活性。所谓强度,是指大脑皮层细胞经受强烈刺激或持久工作的能力;所谓平衡性,是指兴奋过程的强度与抑制过程的强度之间是否相当;所谓灵活性,是指对刺激的反应速度和兴奋过程与抑制过程相互替代、转换的速度。

巴甫洛夫正是根据上述三种特性的相互结合,提出了高级神经活动类型的概念,并据此划分出高级神经活动的四种基本类型,即兴奋型、活泼型、安静型、抑制型,并指出所谓气质就是高级神经活动类型的特点在动物和人的行为中的表现。具体来说,兴奋型的人表现为兴奋过程时常占优势,且与抑制过程不平衡,情绪易激动,暴躁而有力,言谈举止有狂热表现。活泼型的人神经活动过程平衡,强度和灵活性都高,行动敏捷而迅速,兴奋与抑制之间转换快,对环境的适应性强。安静型的人神经活动过程平衡,强度高但灵活性较低,反应较慢而深沉,不易受环境因素的影响,行动迟缓而有惰性。抑制型的人其兴奋和抑制两种过程都很弱,且抑制过程更弱一些,难以接受较强刺激,是一种胆小而容易伤感的类型。

由于巴甫洛夫的结论是在解剖实验基础上得出的,并得到后人的研究证实,因此,具有较强的科学依据。同时,由于各种神经活动类型的表现形式与传统的体液说有对应关系。因此,人们通常把两者结合起来,以体液说作为气质类型的基本形式,而以巴甫洛夫的高级神经活动类型说作为气质类型的生理学依据。

(二)基本气质类型

基于上述认识,我们可以把消费者的气质划分为以下四种基本类型:

1. 胆汁质

这种气质的人高级神经活动类型属于兴奋型。他们的情绪兴奋性高,抑制能力差,反应速度快,但不灵活,直率热情,精力旺盛,脾气暴躁,容易冲动,心境变化剧烈。

2. 多血质

这种气质的人高级神经活动类型属于活泼型。他们的情绪兴奋性高,外部表露明显,反应速度快而灵活,活泼好动,动作敏捷,喜欢交往,乐观开朗,兴趣广泛而不持久,注意力易转移,情感丰富但不够深沉稳定。

3. 黏液质

这种气质的人高级神经活动类型属于安静型。他们的情绪兴奋性低,外部表现少,反应速度慢,一般表现为沉静安详,少言寡语,动作迟缓,善于克制忍耐,情绪不外露,做事踏实,慎重细致但不够灵活,易固执己见。

4. 抑郁质

这种气质的人高级神经活动类型属于抑制型。他们的情绪兴奋性低,反应速度慢而不灵活,具有刻板性,敏感细腻,脆弱多疑,孤僻寡欢,对事物的反应较强,情感体验深刻,但很少外露。

应当指出的是,上述四种类型是气质的典型形态。在现实中,大多数消费者的气质介于四种类型的中间状态,或以一种气质为主,兼有另一种气质的特点,即属于混合型气质。

三、气质与消费者行为

消费者不同的气质类型,会直接影响和反映到他们的消费行为中,使之显现出不同的甚至截然相反的行为方式、风格和特点。概括起来,大致有如下几种对应的表现形式:

1. 主动型和被动型

在购买现场,不同气质的消费者其行为主动与否会具有明显差异。多血质和胆汁质的消费者通常主动与售货员进行接触,积极提出问题并寻求咨询,有时还会主动征询其他在场顾客的意见,表现十分活跃;而黏液质和抑郁质的消费者则比较消极被动,通常要由售货员主动进行询问,而不会首先提出问题,因而不太容易沟通。

2. 理智型和冲动型

在购买过程中,消费者的气质差异对购买行为方式具有显著影响。黏液质的消费者比较冷静慎重,能够对各种商品的内在质量加以细致地选择比较,通过理智分析做出购买决定,同时善于控制自己的感情,不易受广告宣传、外观包装及他人意见的影响。而胆汁质的消费者容易感情冲动,经常凭借个人兴趣、偏好以及商品外观的好感选择商品,而不过多考虑商品的性能与实用性,他们喜欢追求新产品,容易受广告宣传及购买环境的影响。

3. 果断型和犹豫型

在制定购买决策和实施购买时,气质的不同会直接影响消费者的决策速度与购买速度。多血质和胆汁质的消费者心直口快,言谈举止比较匆忙,一旦见到自己满意的商品,往往会果断地做出购买决定,并迅速实施购买,而不愿花费太多的时间去比较选择;抑郁质和黏液质的消费者在挑选商品时则显得优柔寡断,十分谨慎,动作比较缓慢,挑选的时间也较长,在决定购买后易发生反复。

4. 敏感型和粗放型

在购后体验方面,消费者的气质不同,体验程度会具有明显差异。黏液质和抑郁质的消费者在消费体验方面比较深刻,他们对购买和使用商品的心理感受十分敏感,并直接影响到心境及情绪,在遇到不满意的商品或遭受到不良服务时,经常做出强烈的反应;相对而言,胆汁质和多血质的消费者在消费体验方面不太敏感,他们不过分注重和强调自己的心理感受,对于购买和使用商品的满意程度不十分苛求,表现出一定程度的容忍和粗疏。

不同气质类型与购买行为表现的对应关系可见表6-1。

表6-1　　　　　　　　　不同气质类型与购买行为表现的对应关系

高级神经活动类型			气质类型	购买行为表现	接待注意事项
不平衡			胆汁质	易冲动,忍耐性差,对销售人员的要求高,容易发生矛盾	要注意态度和善,语言友好,千万不要刺激对方
强型	平衡	灵活性高(活泼型)	多血质	活泼热情,"见面熟",话多,改变主意快,易受环境和他人影响	应主动接近,介绍(提示),交谈
		灵活性低(安静型)	黏液质	内向,购买态度认真,不易受暗示及他人的影响,喜欢独立挑选,动作缓慢	要有耐心
弱型	抑制性		抑郁质	多疑,动作迟缓,反复挑选	要有耐心,多做介绍,要允许反复

第二节　消费者的性格

一、性格的含义与特征

(一)性格的含义

"性格"(character)一词原意为印记、特色、记号、标识,主要用来表示事物的特性。在现代心理学中,性格是指个人对现实的稳定态度和与之相适应的习惯化的行为方式。性格是个性心理特征中最重要的方面,它通过人对事物的倾向性态度、意志、活动、言语、外貌等方面表现出来,是人的主要个性特点即心理风格的集中体现。人们在现实生活中显现出的某些一贯的态度倾向和行为方式,如大公无私、勤劳、勇敢、自私、懒惰、沉默、懦弱等,都反映了自身的性格特点。

性格有时易与气质混为一谈。实际上,性格与气质既有联系,又有区别。气质主要是指个体情绪反应方面的特征,是个性内部结构中不易受环境影响的比较稳定的心理特征;性格除了包括情绪反应的特征外,更主要地还包括意志反应的特征,是个性结构中较易受环境影响的可变的心理特征。同时,性格与气质又相互影响、互为作用。气质可以影响性格特征的形成和发展速度以及性格的表现方式,从而使性格带有独特的色彩;性格则对气质具有重要的调控作用,它可以在一定程度上掩盖或改造气质,使气质的消极因素受到抑制、积极因素得到发挥。

人的性格是在生理素质的基础上,在社会实践活动中逐渐形成和发展起来的。由于先天生理素质如高级神经活动类型、神经系统的暂时神经联系、血清素和去甲肾上腺素的比例等各不相同,后天所处的社会环境及教育条件千差万别,因此,人们的性格存在着明显差异。这种差异性是绝对的,也是性格最本质的属性之一。

此外,由于性格的形成主要决定于后天的社会化过程,而社会环境是不断变化的,因此,性格虽然也是一种比较稳定的心理特征,但与气质相比更易于改变,即具有较强的可塑性。

性格是带有一定社会倾向性的个性品质。性格虽然并非是个性的全部,但它却是表现一个人的社会性及基本精神面貌的主要标志,因此,性格具有社会评价意义,在个性结构中居于核心地位,是个性心理特征中最重要的方面。

(二)性格的特征

性格是十分复杂的心理现象,包含多方面的特征。一个人的性格正是通过不同方面的性格特征表现出来,并由各种特征有机结合,形成独具特色的性格统一体。性格的基本特征包括以下四个方面:

(1)性格的态度特征。即表现个人对现实的态度的倾向性特点。例如,对社会、集体、他人的态度,对劳动、工作、学习的态度以及对自己的态度等。

(2)性格的理智特征。即表现心理活动过程方面的个体差异的特点。例如,在感知方面,是主动观察型还是被动感知型;在思维方面,是具体罗列型还是抽象概括型,是描绘型还是解释型;在想象力方面,是丰富型还是贫乏型;等等。

(3)性格的情绪特征。即表现个人受情绪影响或控制情绪程度状态的特点。例如,个人受情绪感染和支配的程度,情绪受意志控制的程度,情绪反应的强弱、快慢,情绪起伏波动的程度,主导心境的性质等。

(4)性格的意志特征。即表现个人自觉控制自己的行为及行为努力程度方面的特征。例如,是否具有明确的行为目标,能否自觉调适和控制自身行为,在意志行动中表现出的是独立性还是依赖性,是主动性还是被动性,是否坚定、顽强、忍耐、持久等。

上述性格特征反映到消费者对待商品的态度和购买行为上,就构成了千差万别的消费性格。例如,在消费观念上,是俭朴节约还是追求奢华;在消费倾向上,是求新还是守旧;在认知商品上,是全面准确还是片面错误;在消费情绪上,是乐观冲动还是悲观克制;在购买决策上,是独立还是依赖;在购买行动上,是坚定明确、积极主动,还是动摇盲目、消极被动,这些差异都表现出不同的消费性格。

二、性格理论与类型

鉴于性格在个性结构中的重要地位,长期以来,许多心理学家高度重视对性格理论的研究,并尝试从不同角度对人的性格类型进行划分。这些理论和分类方法对研究消费者的性格类型具有重要的指导意义和借鉴作用。在有关学说中,比较主要的有以下几种:

(一)机能类型说

这种学说主张根据理智、情绪、意志三种心理机能在性格结构中所占的优势地位来确定性格类型。其中,以理智占优势的性格,称为理智型。这种性格的人善于冷静地进行理智的思考、推理,用理智来衡量事物,行为举止多受理智的支配和影响。以情绪占优势的性格,称为情绪型。这种性格的人情绪体验深刻,不善于进行理性思考,言行易受情绪的支配和左右,处理问题喜欢感情用事。以意志占优势的性格,称为意志型。这种性格的人在各种活动中都具有明确的目标,行为积极主动,意志比较坚定,较少受其他因素的干扰。

(二)向性说

美国心理学家艾克森提出按照个体心理活动的倾向来划分性格类型,并据此把性格分为内向型和外向型两类。内向型的人沉默寡言,心理内向,情感深沉,待人接物小心谨慎,性情孤僻,不善交际;外向型的人心理外向,对外部事物比较关心,活泼开朗,情感容易流露,待人接物比较随和,不拘小节,但比较轻率。

(三)独立—顺从说

这种学说按照个体的独立性,把性格分为独立型和顺从型两类。独立型的人表现为善于独立发现和解决问题,有主见,不易受外界的影响,较少依赖他人。顺从型的人则表现为独立性差,易受暗示,行动易为他人左右,解决问题时犹豫不决。

(四)特质分析说

美国心理学家卡特尔通过因素分析,从众多行为的表面特性中抽象出16种特质,如兴奋、稳定、怀疑、敏感、忧虑、独立、自律、紧张、乐观、聪慧、有恒、敢为、幻想、泄欲、实验等。根据这16种特质的不同结合,可以区分出多种性格类型。

(五)价值倾向说

美国心理学家阿波特根据人的价值观念倾向,对性格做了以下六种分类:

- 理论型。这种性格的人求知欲旺盛,乐于钻研,长于观察、分析、推理,自制力强,对于情绪有较强的控制力。
- 经济型。这种性格的人倾向于务实,从实际出发,注重物质利益和经济效益。
- 艺术型。这种性格的人重视事物的审美价值,善于审视和享受各种美好的事物,以美学或艺术价值作为衡量标准。
- 社会型。这种性格的人具有较强的社会责任感,以爱护、关心他人作为自己的职责,为人善良随和,宽容大度,乐于交际。
- 政治型。这种性格的人对于权力有较大的兴趣,十分自信,自我肯定,也有的人表现为自负专横。
- 宗教型。这是指那些重视命运和超自然力量的人,一般具有稳定甚至坚定的信仰,逃避现实,自愿克服比较低级的欲望,乐于沉思和自我否定。

(六)性格九分法

近年来,性格九分法作为一种新的分类方法,在国际上引起重视并逐渐流行开来。这种分类方法把性格分为九种基本类型,即

- 完美主义型。其特征是谨慎、理智、苛求、刻板。
- 施予者型。其特征是有同情心、感情外露,但可能具有侵略性,爱发号施令。
- 演员型。其特征是竞争性强,能力强,有进取心,性情急躁,为自己的形象所困扰。
- 浪漫型。其特征是有创造性,气质忧郁,热衷于不现实的事情。
- 观察者型。其特征是情绪冷淡,超然于众人之外,不动声色,行动秘密,聪明。
- 质疑者型。其特征是怀疑成性、忠诚、胆怯,总是注意着危险的信号。
- 享乐主义者型。其特征是热衷享受、乐天、孩子气,不愿承担义务。

- 老板型。其特征是独裁、好斗、有保护欲、爱负责任,喜欢战胜别人。
- 调停者型。其特征是有耐心、沉稳、会安慰人,但可能因耽于享受而对现实不闻不问。

从上述理论介绍中可以看出,由于有关学者在划分性格类型时的研究角度和所持的依据各不相同,因此得出的结论也各不相同。这一现象给我们以重要启示,即性格作为在社会实践中形成并随环境变化而改变的主要个性心理特征,具有极其复杂多样的特质构成与表征,单纯以少数因素加以分类,是难以涵盖其全部类型的。

这一状况同样适用于对消费者性格类型的研究,而且由于消费活动与其他社会活动相比更为复杂、丰富、变化多端,因此,消费者的性格类型更难以做统一界定,只能在与消费实践的密切结合中加以研究和划分。

三、消费者的性格类型

消费者的性格是在购买行为中起核心作用的个性心理特征。消费者之间不同的性格特点,同样会体现在各自的消费活动中,从而形成千差万别的消费行为。性格在消费行为中的具体表现,可以从不同角度做多种划分。

(一)从消费态度角度分类,可以分为节俭型、保守型和随意型

节俭型的消费者在消费观念和态度上崇尚节俭,讲究实用,在选购商品的过程中较为注重商品的质量、性能、实用性,以物美价廉作为选择标准,而不在意商品的外观造型、色彩、包装装潢、品牌及消费时尚,不喜欢过分奢华、高档昂贵、无实用价值的商品。

保守型的消费者在消费态度上较为严谨,生活方式刻板,性格内向,怀旧心理较重,习惯于传统的消费方式,对新产品、新观念持怀疑、抵制态度,选购商品时喜欢购买传统的和有过多次使用经验的商品,而不愿冒险尝试新产品。

随意型的消费者在消费态度上比较随意,没有长久、稳定的看法,生活方式自由而无固定的模式,在选购商品方面表现出较大的随意性,且选择商品的标准也往往多样化,经常根据实际需要和商品种类的不同,采取不同的选择标准和要求,同时受外界环境及广告宣传的影响较大。

(二)从购买行为方式角度分类,可以分为习惯型、慎重型、挑剔型和被动型

习惯型的消费者在购买商品时习惯参照以往的购买和使用经验,一旦他们对某种品牌的商品熟悉并产生偏爱后,便会经常重复购买,形成惠顾性购买行为,同时受社会时尚、潮流的影响较小,不轻易改变自己的观念和行为。

慎重型的消费者在性格上大多沉稳、持重,做事冷静、客观,情绪不外露。选购商品时,通常根据自己的实际需要并参照以往的购买经验,进行仔细、慎重的比较权衡,然后做出购买决定。他们在购买过程中受外界的影响较小,不易冲动,具有较强的自我抑制力。

挑剔型的消费者在性格上表现为意志坚定、独立性强、不依赖他人,在选购商品时强调主观意愿,自信果断,很少征询或听从他人的意见,对售货员的解释、说明常常持怀疑和戒备心理,观察商品细致深入,有时甚至过于挑剔。

被动型的消费者在性格上比较消极、被动、内向。由于缺乏商品知识和购买经验,这类消费者在选购过程中往往犹豫不决,缺乏自信和主见;对商品的品牌、款式等没有固定的偏好,希望得到别人的意见和建议。由其性格决定,这类消费者的购买行为常处于消极、被动状态。

(三)从人际关系的角度分类,可以分为逊顺型、攻击型和孤立型

新精神分析学派的霍妮(K. Honrney)从人际关系的角度将人格分为逊顺型、攻击型和孤立型,这三种类型的消费者在购买行为中存在着显著差异。

1. 逊顺型

特点是"朝向他人",在社会生活中无论遇到什么问题,首先想到的是"他会喜欢我吗"。这种人接受社会规范,关心他人的期望,喜欢合作,信任他人,避免人际冲突,看重情爱、亲和及归属。

2. 攻击型

特点是"对抗他人",在社会生活中无论遇到什么人,首先想到的是"我能胜过他吗"或"他对我有用吗"。这种人难以循规蹈矩,违逆他人的期望,偏好竞争,不怕发生争论和冲突,崇尚权力、地位和荣誉。

3. 孤立型

特点是"疏离他人",在社会生活中无论遇到什么人,首先想到的是"他会干扰我吗"。这种人厌恶社交,自我克制,忽视他人的期望,喜欢独立,怀疑别人,漠不关心社会冲突,崇尚孤傲。

在一项调查中发现,上述三种类型的消费者在商品和商标的选择上具有不同的模式。逊顺型消费者偏好具有知名商标的产品;攻击型消费者喜欢体现阳刚之气的商品;孤立型消费者爱喝浓茶等[1]。

值得指出的是,上述按消费态度和购买方式所做的分类,只是为了便于我们了解性格与人们的消费行为之间的内在联系,以及不同消费性格的具体表现。在现实购买活动中,由于周围环境的影响,消费者的性格经常难以按照原有面貌表现出来。所以,在观察和判断消费者的性格特征时,应当特别注意其稳定性,而不应以一时的购买表现来判断其性格类型。

第三节　消费者的能力

一、能力的含义

所谓能力,是指人顺利完成某项活动的本领,它是一种直接影响活动效率的个性心理特征。能力包括完成一定活动的具体方式以及顺利完成一定活动所必需的个性心理特征。在实践中,任何单一的能力都难以完全胜任某种活动。要成功地完成一项活动,往往需要综合具备多种能力。活动的内容、性质不同,对能力的构成要求也有所不同。此外,能力的水平高低会影响个人掌握活动的快慢、难易和巩固程度,从而直接影响活动的效率与效果。因此,在同一活动中,能力的综合构成与活动的要求相符,并且具有较高水平的,往往可以取得事半功倍的效果;反之,则会事倍功半。

人的能力是由多种具体能力构成的有机结构体。其中,根据作用方式不同,能力可以分为一般能力和特殊能力。所谓一般能力,是指顺利完成各种活动所必须具备的基本能力,如观察能力、记忆能力、思维能力、想象力等。具备一般能力,是从事各种活动的前提条件。特殊能力是指顺利完成某些特殊活动所必须具备的能力,如创造能力、鉴赏能力、组织领导能力等,这些能力是从事音乐、绘画、领导等特殊或专业活动所必不可少的。

根据在结构中所处地位不同,能力分为优势能力和非优势能力。所谓优势能力,是指在能力结构中处于主导地位、表现最为突出的能力。所谓非优势能力,则是指处于从属地位、表现

---

[1] 成伯清等:《消费心理》,南京大学出版社1994年版。

比较微弱的能力。优势能力与非优势能力在每个人身上相比较而存在。任何人都不可能是全才,但只要具备某一方面的优势能力,同样可以取得成功。

能力的差异是客观存在的,其表现为质的差异和量的差异两个方面。质的差异表现为能力类型的差异,量的差异表现为能力水平的差异和能力表现时间的差异。

(一)能力类型的差异

能力类型的差异主要是指人与人之间具有不同的优势能力。例如,有的人善于抽象思维,有的人善于形象思维;有的人长于模仿,有的人长于创造;有的人擅长社交,有的人则不善交际。在消费实践中,更有意义的是消费者能力类型的差异。正是由于消费者在能力类型上千差万别,才使消费活动的效率与效果明显不同。

(二)能力水平的差异

水平差异表现在同种能力的水平高低上,能力水平的高低又集中体现在人的智商水平的差异上。根据智商分数的测试,超过 130 分的属于特优智能,即所谓"天才";低于 70 分的则属于弱智。心理学研究表明,全部人口的智力状况基本上呈正态分布,其中特优智能和弱智的大约各占 2.5%,而 95% 的人口的智能是在正常范围内,即介于 70～130 分之间。消费者作为与全部人口等同的最大人群,同样存在上述情况。

(三)能力表现时间的差异

人的能力不仅在水平和类型上存在差异,而且在表现时间的早晚上也有明显不同。例如,有的人天生早慧,有的人则大器晚成。消费者能力表现的早晚,主要与后天消费实践的多少及专门训练程度有关。

二、消费者的能力构成与种类

消费者的能力是由多种能力要素构成的有机结构体。根据其层次、作用和性质的不同,消费者的能力可以分为以下几个方面:

(一)从事各种消费活动所需要的基本能力

在实践中,消费者无论购买何种商品或从事何种消费活动,都必须具备某些基本能力,如对商品的感知、记忆、辨别能力,在对信息的综合分析、比较评价能力,购买过程中的选择、决策能力,以及记忆力、想象力等。这些基本能力是消费者实施消费活动的必备条件。不具备基本能力,任何购买行为和消费行为都无从发生;而基本能力的高低、强弱,会直接导致消费行为方式和效果的差异。

1. 感知能力

感知能力是指消费者对商品的外部特征和外部联系加以直接反应的能力。通过感知,消费者可以了解到商品的外观造型、色彩、气味、轻重以及所呈现的整体风格,从而形成对商品的初步印象,并为进一步做出分析判断提供依据。因此,感知能力是消费行为的先导。消费者感知能力的差异主要表现在速度、准确度和敏锐度方面。同一件商品,有的消费者能就其外观和内部结构迅速、准确地予以感知,形成对该商品的整体印象,反映出较强的洞察事物的能力;而有的消费者则感知速度缓慢、反应迟钝,不能迅速抓住商品的主要特征,形成客观、准确的认知。感知能力的强弱还会影响消费者对消费刺激变化的反应程度。能力强的消费者能够就商品的微小变化以及同类商品之间的细微差别加以清晰辨认,能力弱的消费者则可能忽略或难以区分细小的变化。

2. 分析评价能力

分析评价能力是指消费者对接收到的各种商品信息进行整理加工、分析综合、比较评价，进而对商品的优劣做出准确判断的能力。从信息论的角度考察，消费活动实质上是消费者不断接收市场环境输入的商品信息，进行加工处理，然后加以输出的信息运动过程。这一过程的中间环节即加工处理信息，就是对商品信息进行细致分析和客观评价，去粗取精、去伪存真，进而做出正确的判断。很显然，经过分析评价的信息才是有用的信息，建立在分析评价基础上的决策行为才是理性的、成熟的行为，而分析评价能力的强弱主要取决于消费者的思维能力和思维方式。有的消费者思维的独立性、灵活性和抽象概括能力很强，能够根据已有信息对传播源的可信度、他人行为及消费时尚、企业促销手段的性质、商品的真伪优劣等做出客观的分析，在此基础上形成对商品本身的全面认识，对不同商品之间的差异进行深入比较，以及对现实环境与自身条件进行综合权衡；有的消费者则缺乏综合分析能力，难以从众多信息中择取有用信息，并迅速做出清晰、准确的评价判断。消费者的分析判断能力与个人的知识经验有关。例如，普通顾客购买电冰箱，仅能根据一般经验对外观、颜色、造型、规格等表层信息做出浅显的分析评价；而懂得制冷知识的消费者，则可以通过观察冷凝器、蒸发器、压缩机等的性能指标和工作状况来评价冰箱的质量和先进性，进而做出深刻、准确的评价与判断。

3. 选择决策能力

选择决策能力是指消费者在充分选择、比较商品的基础上，及时、果断地做出购买决定的能力。在购买过程中，决策是购买意图转化为购买行动的关键环节，也是消费者感知和分析评价商品信息结果的最终体现。通过建立在理性认识基础上的果断决策，消费者的消费活动才能由潜在状态进入现实状态，购买行为也才能真正付诸实现。因此，决策能力是消费者能力构成中一个十分重要的方面。消费者的决策能力直接受到个人性格和气质的影响。由于性格特点和气质类型的不同，有的消费者在购买现场大胆果断、决断力强，决策过程迅速；有的消费者则常常表现出优柔寡断、犹豫不决，易受他人态度和意见的左右，决策结果反复不定。决策能力还与消费者对商品的认识程度、卷入程度、使用经验和购买习惯有关。消费者对商品特性越熟悉、卷入程度越深、使用经验越丰富、习惯性购买驱动越强，决策过程就越果断、越迅速，决策能力也相应加强；反之，决策能力则会相对减弱。

4. 记忆力、想象力

记忆力、想象力也是消费者必须具备和经常运用的基本能力。消费者在选购商品时，经常要参照和依据以往的购买、使用经验及了解的商品知识，这就需要消费者具备良好的记忆能力，以便把过去消费实践中感知过的商品、体验过的情感、积累的经验在头脑中回忆和再现出来。想象力是消费者以原有表象为基础创造新形象的能力。丰富的想象力可以使消费者从商品本身想象到该商品在一定环境和条件下的使用效果，从而激发美好的情感和购买欲望。

（二）从事特殊消费活动所需要的特殊能力

特殊能力首先是指消费者购买和使用某些专业性商品所应具有的能力，通常表现为以专业知识为基础的消费技能。倘若不具备特殊能力而购买某些专业性商品，则很难取得满意的消费效果，甚至无法发挥应有的使用效能。

在现实生活中，有些消费者盲目攀比或追从潮流，如不通音律而购置钢琴、不懂计算机知识而买来电脑、不掌握驾驶技术而购买轿车等，结果都因缺乏专业技能而陷入尴尬境地。由于特殊能力是针对某一类或某一种特定商品的消费而言的，而商品的种类成千上万，因此，消费者的特殊能力也有多种多样的表现形式。有的人精通电脑，有的人长于摄影，有的人熟悉汽车专业知识,有的人掌握了专项运动技巧,有的人能够分辨音响效果的细微缺陷,有的人则对古玩字画具有极高的鉴赏力,诸如此类。无论具备何种特殊能力,都有助于消费者取得最佳消费效用。

除了适用于专业性商品消费外,特殊能力还包括某些一般能力高度发展而形成的优势能力,如创造能力、审美能力等。在实践中,有些消费者具有强烈的创造欲望和高度的创造能力,他们不满足于市场上已有的商品和既定的消费模式,而力求发挥自身的聪明才智,对商品素材进行再加工和再创造,通过创造性消费展示和实现自己的个性与追求。例如,近年来许多女性消费者不愿购买款式雷同的成衣,而热衷于选择布料自己动手设计、制作服装,在充分显现独特个性与品位的同时,体现出较高的创造能力。在满足物质需要的基础上,通过商品消费美化生活环境及美化自身,是现代消费者的共同追求。有些具有较高品位和文化修养的消费者,在商品美学价值评价与选择方面显示出较高的审美情趣与能力,这种能力往往使他们在服饰搭配、居室装饰布置、美容美发、礼品选择等方面获得较大的成功。

(三)消费者对自身权益的保护能力

保护自身权益是现代消费者必须具备的又一重要能力。消费者的权益又称消费者的权利,是指消费者在购买、使用商品或接受服务时依法享有的权利。其特点有:(1)是消费者享有的权利;(2)是消费者实施行为的具体表现;(3)是法律基于消费者的弱者地位而特别赋予的法定权利;(4)是因消费者特殊的地位而享有的特定权利。合法权益是消费者从事正常消费活动、获取合理效用的基本保证。然而,这一权益的实现不是一个自然的过程。尤其在我国不成熟的市场环境中,由于法制不健全、市场运行不规范、企业自律性较低,侵犯消费者权益的事例屡有发生。为了保证消费者的权益不受侵害,除了依靠政策法令、社会舆论、消费者组织的约束监督外,客观上要求消费者自身不断提高自我保护的能力。

1. 消费者应当树立消费权益意识,明确其合法权益的内容与要求

依照我国1994年1月1日颁布实施、2014年3月15日修订的《中华人民共和国消费者权益保护法》的规定,消费者享有九项基本权利。具体包括:

(1)安全权,即消费者在购买、使用商品和接受服务时享有人身、财产安全不受损害的权利;

(2)知情权,即消费者享有知道其购买、使用的商品或者接受服务的真实情况的权利;

(3)自主选择权,即消费者享有自主选择商品或者服务的权利;

(4)公平交易权,即消费者享有公平交易的权利;

(5)求偿权,即消费者因购买、使用商品或者接受服务受到人身、财产损害的,享有依法获得赔偿的权利;

(6)结社权,即消费者享有依法成立维护自身合法权益的社会团体的权利;

(7)获得有关知识权,即消费者享有获得有关消费和消费者权益保护方面的知识的权利;

(8)人格尊严和民族风俗习惯受尊重权,即消费者在购买、使用商品和接受服务时,享有其人格尊严、民族风俗习惯得到尊重的权利;

(9)监督权,即消费者享有对商品和服务以及保护消费者权益工作进行监督的权利。

以上权利是消费者依法进行自我保护的基础,每个消费者都应通晓上述内容,明确其合法权益所在。

2. 消费者应当善于运用各种有效手段来保护自己的合法权益

当自身权益受到损害时,消费者应当具备自我保护的能力。消费者要善于运用舆论的、民

间的、行政的、法律的多种途径和手段,通过与产品生产者和销售者交涉、诉诸新闻媒介、向消费者协会等民间组织投诉、向政府有关部门反映情况、提请仲裁机构仲裁直至向法院提起诉讼等多种方式,寻求有效保护,挽回利益损失(包括物质损失和精神损失),从而有理、有力地维护自己的正当权益和尊严。

三、能力与消费行为表现

消费者的能力特性与消费行为直接相关,其能力差异必然使他们在购买和使用商品过程中表现出不同的行为特点。具体可以分为以下几种典型类型:

(一)成熟型(特殊型)

这类消费者通常具有较全面的能力构成。他们对于所需要的商品不仅非常了解,而且具有长期的购买和使用经验,对商品的性能、质量、价格、市场行情、生产情况等方面的信息极为熟悉,其内行程度甚至超过售货人员。因此,在购买过程中,他们通常注重从整体角度综合评价商品的各项性能,能够正确辨认商品的质量优劣,很内行地在同类或同种商品之间进行比较选择,并强调自我感受及商品对自身的适应性。这类消费者由于具有丰富的商品知识和购买经验,加之有明确的购买目标和具体要求,所以,他们在购买现场往往表现得比较自信、坚定,自主性较高,能够按照自己的意志独立做出决策,而无须他人帮助,并较少受外界环境及他人意见的影响。

(二)一般型(普通型)

这类消费者的能力结构和水平处于中等状况。他们通常具备一些商品方面的知识,并掌握了有限的商品信息,但是缺乏相应的消费经验,主要通过广告宣传、他人介绍等途径来了解和认识商品,因此,这类消费者对商品了解的深度远不及成熟型消费者。在购买之前,这类消费者一般只有一个笼统的目标,缺乏对商品的具体要求,因此,他们很难对商品的内在质量、性能、适用条件等提出明确的意见,同时也难以就同类或同种商品之间的差异进行准确比较。限于能力水平,这类消费者在购买过程中往往更乐于听取售货人员的介绍和厂商的现场宣传,经常主动向销售人员或其他消费者进行咨询,以求更全面地汇集信息。由于商品知识不足,他们会表现出缺乏自信和独立见解,需要在广泛征询他人意见的基础上做出决策,因而容易受外界环境的影响和左右。

(三)缺乏型(幼稚型)

这类消费者的能力结构和水平均处于缺乏和低下状态。他们不仅不了解有关的商品知识和消费信息,而且不具备任何购买经验。在购买之前,这类消费者往往没有明确的购买目标,仅有一些朦胧的意识和想法;在选购过程中,对商品的了解仅建立在直觉观察和表面认识的基础上,缺乏把握商品本质特征及消费信息内在联系的能力,因而难以做出正确的比较选择;在做出决策时,经常表现得犹豫不决、不得要领,极易受环境的影响和他人意见的左右,其购买行为常常带有很大的随意性和盲目性。很显然,这种能力状况对于提高消费效果是极为不利的。但是,这种状况通常仅存在于对某类不熟悉商品或新产品的消费中,以及不具备或丧失生活能力的婴幼儿、老年人和残疾人消费者中。

第四节 消费者的兴趣

兴趣是人们探究某种事物或从事某项活动时产生的个性心理倾向。兴趣是一种特殊的需要形式,也是产生动机最活跃的因素,反映了人的认识倾向性,也从一个侧面反映了人的个性。兴趣的产生和存在受到客观因素的制约,是人们在认识世界、改造世界过程中必不可少的潜在心理动力,在一定程度上会演化为行动的积极性和创造性。

一、兴趣的分类

(一)按照兴趣所包含的基本内容来划分,可以分为物质兴趣和精神兴趣

物质兴趣是由对物质的需要所引起的兴趣,比如消费者的衣、食、住、行等,需要物质满足和物质更新,就自然会对所涉及的商品和劳务感兴趣。

精神兴趣是由精神需要引起的兴趣。人有七情六欲,精神兴趣越高级,精神生活越充实,人就愈加富有朝气。这些消费者往往对科技信息、文化娱乐、工艺美术、社会交际等产生极大兴趣。

(二)按照兴趣产生的起因来划分,可以分为直接兴趣和间接兴趣

直接兴趣是由人们参与或关注的某项活动或事物本身所引起的兴趣,主要表现在主体对客体的喜爱或追求上。比如,消费者置身其中的展销会,有些他们所喜爱的商品会吸引他们的购买力。这种直接兴趣又被称为情趣,比如,人们对某部电影、电视剧会因情感作用而产生直接兴趣。

间接兴趣是由某项活动的结果或宣传媒介作用引发了需要所产生的兴趣。在通常情况下,人们对这种事物本身并不感兴趣,比如,有的消费者基于对健身祛病的认识而产生了购买健身器的欲望和兴趣。由于这种兴趣的成分倾向于意志参与作用而使人们热衷于某项活动,因此,间接兴趣也被称为志趣,如为升学、晋职而引起对外语学习的兴趣等。

(三)按照兴趣持续时间的长短来划分,可以分为暂时兴趣和长时兴趣

暂时兴趣是在人们的行为活动中因某种因素而产生但又即刻消失的兴趣。比如,人在街上行走时被一阵锣鼓声吸引,近前一看是摊贩推销,刚才的兴趣便消失殆尽。

长时兴趣也称稳定兴趣,是人们对某项事物或活动在长久向往、长期追求的心理状态下所产生的兴趣,主要反映在学习、生活、消费等方面。与暂时兴趣相比,这种心理向往尤其是人们进行某项艰苦活动的强大动力和精神支柱。

以上是兴趣的三种分类方法,主要是从其内涵性、倾向性、时间性这三个角度来考虑划分的,具体到每个人身上,将反映出综合性、混合性及复杂性的特点,生动地体现出人的个性差异。但是,兴趣的产生和发展并不是一成不变的,通过实践和教育的作用,兴趣会产生质和量的迁移和变化。

二、兴趣的特点

(一)倾向性

倾向性是指兴趣所指向的客体目标。比如,有的人对摄影有兴趣,有的人对美容有兴趣,有的人对文学有兴趣等。这些被指向的客体内容及对象均通过人们各自不同的兴趣表现出来,使人们的行动轨迹和方向不偏离客体目标。倾向性是兴趣最为重要的特点,关系到事物的性质区别。

(二)稳定性

稳定性是指兴趣在不同人身上持续时间长短的差异。比如,消费者共同对某一名牌商品感兴趣,有的人可能经久不变,长期地、习惯性地购买使用;而有的人只使用一段时间就变换新

的名牌商品。这表明前者的稳定性强,后者的稳定性差,但可塑性强。兴趣的稳定性可以支持恒心和耐力,而兴趣的可塑性又可使人们获得新鲜和活力。

(三)广泛性

广泛性是指人们兴趣范围大小的差异。一般来说,兴趣广泛,学习的知识就较多,经验就比较丰富;兴趣狭窄,就会缺乏掌握信息、知识和经验的机会。由此不难看出,兴趣的广泛性是人的心理及行为充分发展的前提条件之一。兴趣广泛的消费者平时接触面广、信息多,购买中会运用这些积累的经验识别、挑选商品,自信和自立意识较强;而那些兴趣索然的消费者,往往表现出心理及行为障碍。

(四)效果性

效果性是指兴趣对人的实践行为所产生的作用和效果。比如,有的消费者对某种商品不仅感兴趣,而且下决心购买,体现在行动上的效能就高,而有的消费者仅仅是有兴趣而无购买行为。这些表现与兴趣产生的动力及发展程度有关。兴趣的效果性具有积极与消极两个方面的作用,需要通过消费实践的检验予以证明,可以促进或抑制消费者的购买行为。

三、消费者购买行为中的兴趣表现

消费者兴趣是指消费者在购买行为过程中对商品或劳务产生的情绪和认识倾向。消费者兴趣存在的前提是某种需要或动机的产生,是由客观事物引起消费者肯定性的情绪和态度而形成的。影响消费者兴趣的客观因素很多,对同一商品,消费者会有不同的兴趣表现。以下是从消费者购买行为中归纳出的消费者的主要兴趣表现:

(一)商品型

商品型是指消费者兴趣表现在商品的有关属性方面,如商标、质量、外形、色彩、装潢、价格等。消费者侧重于某一方面的兴趣,来自不同的消费需求。比如,老年消费者买鞋时关注的是舒适耐穿,要求质量好,对鞋的包装则不感兴趣;而有的消费者出于审美观念,首先对鞋的款式、色调、鞋面装饰等感兴趣。

(二)服务型

服务型是指消费者兴趣表现在社会服务的质量及范围上。随着经济的发展和生活节奏的加快,消费者不仅关心购买商品的售前、售后服务及家务劳动社会化等措施,还对应运而生的排忧解难的搬家公司、快餐店、上门直销、电话服务等现代化社会综合性服务大感兴趣。

(三)情调型

情调型是指消费者的兴趣表现在与商品和服务有关的环境格局与情调上。在购物、进餐、娱乐环境中,不同的建筑风格、装饰布局以及色调、声音、温度、气味等均可造成某种独特的情调渲染,使消费者感兴趣。比如,有的餐厅从食品、装潢到服务均突出了"西洋情调""东瀛情调",使消费者颇感兴趣,不惜高价享用。

(四)节日型

节日型是指消费者兴趣在节日期间集中而明显地表露出来。比如,春节时消费者在吃、穿、用、娱乐等方面的兴趣高于以往,开支也超过往日;"六一"儿童节时,消费者的购物兴趣又集中在儿童服装、玩具、文具等方面。另外,受到海外节日的影响,情人节、母亲节、圣诞节等也使消费者兴致盎然。

(五)时尚型

时尚型是指消费者兴趣反映在社会的趋时消费或特殊性消费上。这不仅受社会风气及消费流行的影响,也取决于消费者的个人收入。这类消费者对各类新颖时髦的中高档商品极感兴趣,带头穿用,勇于在社会消费浪潮中标新立异,其中有的人已达到"贵族消费"水平,对一般人不敢问津的特殊性消费感兴趣,并以此为时髦。比如,某个体户花1 200美元租住一夜总统套房,并且享用价值千元的早餐。

(六)娱乐型

娱乐型是指消费者兴趣在物质生活基本满足后,倾向于精神生活享受。比如,有的消费者对电影、戏剧、音乐、电视、录像等兴趣浓厚,有的人甚至痴迷神往。他们不仅聆听欣赏,还积极参与,并带子女参加各种钢琴班、电子琴班、书法班、舞蹈班等,丰富精神生活,寓教于乐。近年来,现代大型游乐园、电子游戏机、卡拉OK演唱会、舞会、出国旅游等社会性娱乐活动引起了众多消费者的兴趣。

消费者兴趣受到消费者个体条件和客观条件的制约。在购买行为中,消费者兴趣不是单一的,而是互相综合交错。因此,企业应当为消费者的购买行为做好心理准备,使消费者尽快做出购买决定。

本章小结

个性是指人在先天因素的基础上、在社会条件的制约影响下,通过人的活动而表现出的稳定的心理特征总和。个性整体反映个人的精神面貌和心理状态特征,体现每个人的本质特点。个性基本上包括两个方面的内容:一是个性心理特征。它是个人经常的、稳定的、本质的心理活动特点,主要包括气质、能力和性格,反映和保证了典型的个人生理活动及行为差异的基本质量水平。二是个性倾向性。它主要是指个人需要、动机、兴趣、理想、信仰及世界观等决定个人行为态度表现的诸因素,是个性发展的潜在动力和制约力量。

气质是指个体心理活动的典型的、稳定的动力特征。气质是在先天生理素质的基础上,通过生活实践,在后天条件的影响下形成的。消费者的不同气质类型,会直接影响和反映到他们的消费行为中,使之显现出不同的甚至截然相反的行为方式、风格和特点。性格是指个人对现实的稳定态度和与之相适应的习惯化的行为方式。消费者的性格在购买行为中起着核心作用的个性心理特征。消费者之间不同的性格特点同样会体现在各自的消费活动中,形成不同的消费行为。能力是指人顺利完成某项活动的本领,它是一种直接影响活动效率的个性心理特征。能力是与完成一定的活动相联系的,人们也只能在某项活动中去考察人的能力。消费者兴趣是指消费者在购买行为过程中对商品或劳务产生的情绪和认识倾向。

思考题

1. 何谓气质?顾客的气质类型有哪几种?
2. 何谓性格?性格具有哪些特征?
3. 顾客购买行为中的性格表现如何?
4. 何谓能力?能力有哪些类型?
5. 在购买活动中,顾客应具备哪些一般能力?

案例分析

消费者购车的三种心态[1]

一见钟情派

看重第一眼感觉,比如,其整体风格能够引起消费者的认同和舒适感,再加上足够的品牌质量系数。消费者更偏向外观,目标明确,定位准确;该买啥车,深思熟虑;看好了就买,干脆利索,出手果断。这类人财大气粗底气足,潇洒中不乏理智精明。

慎重比较派

综合各种情况,注重实际。不唯价格,不求花俏,冷静等待,不急不躁。不为低价和新车所动,只待购车时机成熟。消费者购车时比较理性,采用性价比方法进行筛选,即性能越高,价格相对低的越好。

理性分析派

车比三家,物有所值。站在专业角度对目前的车市进行一番分析再下定论,不仅要看车的情况,还要看本地的路况更适合什么车。

讨论:

1. 从对商品的认识程度分类,三种购车心态的消费者在购买过程中分别属于什么能力类型的消费者?
2. 消费者购车的三种心态各有什么特色和区别?

阅读资料

锤炼消费者的个性标签[2]

前两天有个朋友来玩,我无意中说到了他的T恤很适合他,一句平常的话,我是说者无心,不料,朋友很在意。撇开我们的话题,一个劲地让我摸面料、看领型、找标签,并且告诉我,他只穿这个牌子的T恤,800元以上,并且从来不买打折的。虽然衣服是同样的,但是穿着打折后的衣服总觉得降身价。我很吃惊,我以前没有关注到品牌与一个普通消费者竟然有如此微妙而深切的关系。

可能有人会说这是一种炫耀,一种虚荣,一种心理扭曲。用心理学的观点来分析也许的确如此。但是,作为一个营销人,我更关心的是,这个牌子如何成功地"扭曲"了消费者的心。

没个性就没品牌

其实,每一个消费者内心深处,都有个性化的需求,只不过因为层次不同,经济实力有差异,决定了他们表现出来的程度不同,个性需求的方向也各不一样。随着生活水平的提高,我们在满足了吃饱、穿暖等基本生存需求之后,个性得到了极大的舒展。个性的觉醒导致我们在选择商品时,除了考虑商品的使用功能、价值之外,更开始关注商品的形象或者说品牌的形象与我们的个人偏好是否契合。与我们偏好相符的品牌,就会受到我们的青睐,形成重复购买,甚至最后成为"同盟者",对其高度认同,不容别人肆意贬损;与我们的偏好不相符合的,我们将毫不犹豫地换掉它,因为好牌子多的是!

---

[1] 百度知道,2010年11月2日。
[2] 秦国伟:"锤炼消费者的个性标签",《新食品》,2004年第3期。

所以,从现在的市场来看,一个品牌要想将所有消费者"一网打尽"基本上是不可能的。你必须面对分众市场,面对某"一小撮"特点和意趣相近的消费者。也就是说,你的品牌必须具有鲜明的个性,对一部分人示好,对其他的人说"不"。

美国的哈雷·戴维森无疑是一个极有个性的品牌。它以酷炫的造型、巨大的轰鸣声彰显着自己独立反叛、傲视权威的个性。在工业化浪潮的席卷下,它坚持自己部分零件手工制作的特点;在流线型设计成为时尚的时候,它坚持自己古典的造型。这些,不但没有成为顾客拒绝哈雷·戴维森的理由,反而成为它的消费者津津乐道的话题,成为品牌的特点。

有个性还要有炫耀点

一个有个性的品牌不仅是能对一些消费者说"不",更重要的是能打动消费者的心,要让消费者有荣誉感、归属感,这样才能让消费者成为"同盟者",乐于经常性地炫耀——消费。我有一个朋友,去年经销一种家庭中央空调,一套3万多元,质量很好,物美价廉,但是一年下来,他亏了20多万元。现在,他总结了教训,做30多万元的进口家庭空调,功能质量都与国产3万多元的差不多,但市场反应很好,上半年就已经赚了100多万元。国产空调与进口空调质量功能相差无几,而国产空调的服务还比进口的略微好一点,按说国产空调应该大卖特卖才对。为什么反而卖不动呢?分析原因,我认为因为家庭中央空调这种产品现在的消费群体是高收入群体——一群注重个性的人。他们不仅需要空调的基本功能,还需要空调有炫耀功能,来显示他们的品位、个性。国产空调基本功能不错,但是没有炫耀点,显然不能满足他们炫耀的需求,自然受到冷落。

出众的炫耀点才是标签

应该说所有消费者乐于炫耀的品牌,其实都是消费者表现自己的一个道具,炫耀营销真正炫耀的是消费者的内心。我们不过只是提供了一个合适的道具而已。要进行成功的炫耀营销,实际上就是要进一步分析目标群体,然后针对目标群体中最有潜力的部分进行提升,也就是放大目标群体中的意见领袖的需求。

简单地举个例子。国窖1573是白酒中的极品之一,一上市就受到了追捧,出现了一大群忠实的拥趸。为什么?因为它是"鉴赏级白酒"吗?不是,消费者中很多人跟我一样根本不懂酒。因为它的历史最悠久吗?也不是,在白酒圈中还有很多酒都比它的历史更悠久(起码是这样宣传的)。是因为它的生产工艺、生产条件更好吗?我想白酒的生产工艺应该是差不多的,即使有差别,普通的消费者也是感觉不到的。

那么原因在哪里呢?在这群消费者心中。首先,他们有了相当的成就,需要展示他们"非富即贵"的社会地位;其次,他们不希望用过于肤浅和露骨的方式来表现,需要有一种标签来不动声色地传达;再次,他们既希望这样的展示尽量含蓄,也希望这样的展示能够达到效率最大化,可以在尽量多的人面前炫耀。国窖1573售价不菲,并且既冠以"国窖"之名,能够传递出饮者的身份地位;又有1573这个年份标识表明酒的品质,表明选择者的理智和高明;而使用国窖1573的场合又往往是他们这一群人相聚的场合,可以达到最大的传播。所以,国窖1573因契合目标消费群的意见领袖的需求而成为经典。

还有两点也是比较重要的。首先,国窖1573的产品质量是过硬的,这点无须多言但是特别重要。其次,国窖1573在外形上极富个性,不落俗套,"国窖"和"1573"两个重要的元素突出、醒目,让旁人一眼就能识别和分辨,便于炫耀,这也是个性标签的要素之一。

第三编

社会环境心理

　　消费者心理和行为是一种复杂的社会心理现象。它不仅受消费者自身需要、动机等心理因素的影响,而且受消费者活动的外界环境,如社会经济环境、文化背景、消费者家庭环境、消费者群体、消费者自身经济状况、消费习俗及流行等诸因素的影响。

第七章

社会环境对消费者心理的影响

● 学习目标

1. 掌握社会环境对消费行为的影响;
2. 掌握社会文化消费心理的表现及发展;
3. 分析群体因素对消费行为的影响;
4. 分析家庭因素对消费行为的影响。

● 导入案例

中美老太的"房奴"感言[①]

在天堂里,一位中国老太太和一位美国老太太不期而遇,两位老太太情不自禁地谈起了自己一生的辉煌:

中国老太太说:"我一生省吃俭用,用了60年的时间终于攒够钱买了一套三室一厅的住房,尽管我只住进去了一年就死了,可我也心满意足,因为我这一生终于有了自己的房子!"

美国老太太说:"我倒是比你幸运,我只用了一年的时间就用银行贷款买起了一套三室一厅的住房,尽管我住进去了60年,可我一生也还在省吃俭用,直到我死了的前一年才终于还清房子的贷款。我这一生也可以心满意足了,因为我终于还清了房子的贷款!"

一直以来,两个老太太的对话被认作是中国人和美国人消费观念差异的真实写照。但是无论是中国还是美国的百姓都已成为"房奴"。人们在享受有房的心理安慰的同时,生活质量却大为下降,不敢轻易换工作,不敢娱乐、旅游,害怕银行涨息,担心生病、失业,更没时间好好享受生活。这就是"房奴"生活的真实写照。

对很多人来说,购房已不是个人行为,甚至一个家庭、一个家族都在为了房子奔波。有人用"六一模式"概括全家买房的情景:六个人,青年夫妻、男方父母、女方父母用多年的积蓄共同出资,在城市里买一套房。他们的一生就是为了那么一套房子。在购房之外,根本谈不上什么生活质量,人已经成为房子的奴隶。

消费者行为与心理是一种复杂的社会心理现象,它不仅受消费者自身需要、动机等心理因素的影响,而且受消费者活动外界环境的影响。由人的社会属性决定,每个消费者作为社会成员之一,都生活在一定的社会环境中,并与其他社会成员、群体和组织发生直接或间接的联系。

---

① 冒得法的博客,2006年4月20日。

因此，消费者的购买行为不可避免地受到社会环境和各种群体关系的制约和影响（见图7—1）。只有从社会环境与消费者相关关系的角度进行研究，才能科学地解释复杂多样的消费心理与行为现象，并为消费行为的预测提供切合实际的依据。

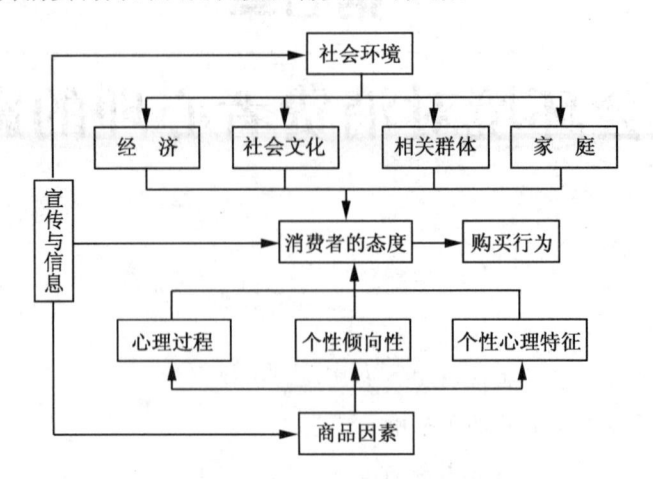

图 7—1 社会环境对消费者心理的影响

第一节 社会经济环境的影响

一、宏观社会经济环境对消费者心理行为的影响

宏观社会经济环境是指由社会生产力发展水平所决定的总体社会经济水平，以及与生产力水平相适应的社会生产关系。

(一)社会经济发展水平与消费者心理活动的关系

在影响消费者心理活动的一系列因素中，社会经济发展水平是最基本的因素，它从总体上制约着消费者心理活动的具体范围。

1. 社会经济发展水平影响消费品的供应数量和供应质量

社会经济发展水平的不同，影响消费品的供应数量和供应质量，在此基础上形成的消费心理也不同。这种不同主要表现为：

(1)消费者求新、求奇心理的强弱对比。当经济总体发展水平较低、消费品生产的更换周期较长、消费品的市场寿命周期相对较长时，消费者对消费品选择中的求新、求奇心理就会由于缺乏物质基础而被抑制，进而较长时间被压抑的心理活动就会逐渐弱化。比如，过去流行的所谓"新三年，旧三年，缝缝补补又三年"的观念，正是这种被弱化的求新、求奇心理的反映。随着生产力水平的迅速发展，各种消费品的品种、花色层出不穷，被激发的消费活力大大强化了消费者的求新、求奇心理。再如，市场上"一日一个新款式，一季一种新流行"，使得许多商品的寿命周期大大缩短。这种心理的强弱变化，归根结底取决于经济发展的总体水平。

(2)经济发展速度与消费者心理扩展速度的关系。由于社会经济发展水平从总体上决定消费者心理的变化强度，所以，从一般意义上讲，消费者心理发展的速度应稍慢于经济发展的速度。也就是说，当一种新产品上市后，才会引起消费者的购买需求和购买兴趣。但是，在现实经济生活中往往并非如此，对于包括我国在内的许多发展中国家来说，随着开放与国际交往的不断增多，消费者的消费"目光"由原来仅局限于国内而转向"放眼世界"。以高度发达的经济水平引导的发达国家的消费方式,成为发展中国家消费者的"模仿"目标,造成发展中国家消费者心理的扩展速度快于经济发展的局面。这一点在我国居民经济生活中表现得也十分明显,反映出消费者心理对经济发展的巨大影响力。

2. 社会经济发展水平形成不同的生活环境

在不同的社会经济发展水平上,将会形成不同的生活环境,而不同的生活环境又会影响或形成不同的消费者心理。例如,在西方许多发达国家,经济发展导致了明显的城市化趋势,这在我国许多较为发达的地区也十分明显。在城市中,人对自然环境的干预最强烈,人口越集中,自然状态下的生活环境变化就越大,对消费者的心理影响也越大。其中,尤其以城市人口结构变化速率及空间分布状况对消费者心理的影响最大。某些城市居民住在居民住宅楼内,上班在办公楼或生产车间内,而连接两者的是高速运转的城市道路交通系统。在这种状态下生活的城市消费者,如果不能利用闲暇时间认真调节生活节奏,往往会形成在一些西方国家的特大城市中因为人口密度过大,生活空间狭小、拥挤以及噪音、空气污染等引发的所谓"城市病",使消费者经常出现烦躁不安、精神厌倦等情绪。而大多数消费者为了适应这种生活环境而引发的野外郊游热或重回大自然的心理愿望,即"假日经济"现象也就不足为奇。在消费生活中,矿泉水成为都市中的畅销品、各种空气净化器受到青睐等都是消费者心理的反映,而这归根结底也是由于社会经济发展引起的社会生活环境变化所致。

(二)社会生产关系决定消费者的社会地位及由此产生的总体消费行为规范

形成于一定生产力水平之上的社会生产关系制约着消费者的总体消费活动,影响着消费者心理的形成、发展与变化。

1. 消费品的分配性质

消费品的分配性质直接制约着不同社会阶层和不同社会群体的消费行为和消费心理,使他们的消费带有特定的社会性质和心理倾向。例如,"朱门酒肉臭"的消费方式只能是不劳而获者的奢侈、炫耀的消费行为;而劳动者即使在相对富有的条件下,其消费行为也是以节俭为基础,是在合理使用下的求新、求好的心理行为。

2. 经济体制的类型

不同类型的经济体制对消费者心理的形成产生不同的影响。比如,在过去几十年里,我国一直实行高度集中的计划经济体制或以计划为主的经济体制。这使消费者的生活消费在很大程度上受到行政手段的干扰,消费模式具有明显的供给制特征;消费者心理也表现为简单的接收心理,行为上表现为单一的、雷同的消费活动。而今,在对经济体制的逐步改革过程中,最终确立的社会主义市场经济体制使消费者心理也随之发生了巨大的变化。即由最初对某些商品价格放开、市场波动等市场经济条件下的正常现象表现出很大的不适应,逐步过渡到目前大多数商品包括粮食商品价格的放开,已被消费者认为是理所当然的事情;而消费者的消费行为也转变为适应市场经济条件的新型消费模式,即商品经济条件下的消费模式。

3. 消费观念的变化

反映消费行为总体规范的价值观念、人生观念、社会观念也在市场经济环境下发生了极大变化,这集中反映在消费者消费观念的变化上。例如,合理的富有是受人尊重的,贫穷再也不能引以为自豪;对美的追求再也不会受人鄙视,"缝缝补补又三年"已不是消费生活的准则;人在为社会做出贡献的同时,也在设计着自己美好的生活;等等。社会消费行为规范形成了一种与市场经济相适应的新型的社会主义消费行为规范,以奋发、向上、高效、求美为基调,逐步为广大消费者所接受。

二、自身经济状况对消费者心理行为的影响

消费者的收入水平对消费者心理与行为表现出直接的、显现的影响。消费者的任何消费行为都会受到收入状况的直接影响。收入状况对消费者心理与行为的制约作用可以表现为:首先,当消费者的收入水平越低、收入来源越不稳定时,消费者的消费欲望也随之降低,消费心理活动也越低沉,对生活的稳定感、安全感就越淡薄,在日常生活中,对消费品的购买与选择就越表现为突出的求廉心理。其次,当消费者的收入水平越高、收入来源越稳定时,消费者的消费欲望随之增长,消费心理随之活跃,他们对生活的安全感、稳定感就越强,在日常生活中,对消费品的购买与选择就越表现为求名、求新、求美的心理愿望。

在市场经济环境中,消费者的收入及对心理活动的影响,通常可以表现为以下几种形式:

(一)消费者的绝对收入变化与相对收入变化对心理的影响

1. 消费者的绝对收入变化

绝对收入变化是指消费者所获得的货币及其他物质形式的收入总量的升降变动。对大多数以货币收入为主的消费者来讲,影响消费心理的主要因素是货币收入绝对数额的上升与下降。一般来讲,当消费者的货币收入增加时,消费者的心理需求欲望随之增强;反之,当消费者的货币收入减少时,其心理需求欲望随之减弱。这种增强与减弱的心理倾向,常常与消费者的简单思维活动有关。

2. 消费者的相对收入变化

相对收入变化是指在消费者的绝对收入不变时,由于其他社会因素(如价格、分配等)的变化引起原有对比关系的变动,从而使收入发生实际升降的变动。相对收入变化对消费者的心理影响主要表现在:

(1)消费者本人的绝对收入没有发生变化,而其他消费者的绝对收入发生变化;或者消费者本人绝对收入的变动幅度大于或小于其他消费者绝对收入的变动幅度。这种变动,消费者在短时间内一般不易察觉,对消费者的短期消费心理也不构成影响;只有经过一段时间的对比之后,才会构成对消费心理的影响。比如,当某消费者或消费者群体的消费收入相对于其他消费者或其他群体下降时,他们最初并未察觉,由于模仿心理的作用,继续与其他相对收入已提高的消费者或群体在同等水平上进行消费。经过一段时间以后,他们便会感到由于消费支出能力降低,已不能与那些相对收入已提高的消费者保持同等的消费方式,而必须逐步降至与自身收入相应的水平上来。

(2)消费者的绝对收入没有发生变化,而市场上的商品价格发生变化,使原有收入可购买的商品量发生了增减变化;或者是消费者绝对收入的变化幅度大于或小于价格变动的幅度。这种变动对消费者的心理或欲望产生直接影响,对消费者的货币投向、消费结构及消费数量都产生明显的制约作用。这种变动是消费者相对收入变动的一种反映,并影响消费者的购买心理活动。

3. 消费者的绝对收入与相对收入之间的关系

消费者的绝对收入与相对收入之间存在着以下两种变动关系:

(1)当消费者的绝对收入与相对收入呈同向变动时,即同升或同降,对消费者的心理变化不会产生过大的影响。

(2)当消费者的绝对收入与相对收入呈反向变动时,即一升一降,对消费者心理的影响是较大的。它一般表现为绝对收入的上升、相对收入的下降。比如,当消费者的绝对收入增加以

后,需求和购买欲望随之增强。但是,当消费者进入市场以后,发现物价上涨的幅度快于自己收入上升的幅度或他人收入增加的幅度大于自己收入增加的幅度时,就会使原已膨胀的消费欲望受到打击,转而出现不稳定或失望的心理感觉。

(二)消费者的现期收入变化与预期收入变化对心理的影响

所谓消费者的现期收入,是指在当时条件下消费者的收入水平。消费者的现期收入不反映社会其他因素对收入的影响,只反映当时的收入总量。

所谓消费者的预期收入,是指消费者以现期收入为基础,以当时的社会环境为条件,对今后收入的一种预计和估算。这种预计和估算,取决于消费者对个人能力的信心和对社会发展前景的信心。

一般情况下,当消费者估计预期收入将相对高于现期收入时,他可能增加现期的消费支出,甚至敢于举债消费,以提高当前的消费水平。这种估计的心理基础是出于对社会发展和个人能力的成长充满信心。反之,当消费者估计预期收入将绝对或相对低于现期收入时,他将降低现有的消费水平,减少日常支出,而较多地用于积蓄或投资,以期获取未来收益,从而使未来的消费水平不至于下降,或者可以提供基本的生活保障。这种估计的心理基础往往是出于对社会发展和个人能力的成长缺乏信心。在市场经济条件下,中老年人由于自身能力的下降,大多具有这种心理表现,即对未来信心不足。

第二节 社会文化环境的影响

在影响消费者心理与行为的各种社会环境因素中,文化环境占有极为重要的地位。每个消费者都是在一定的文化环境中成长,并在一定的文化环境中生活的,其价值观念、生活方式、消费心理、购买行为等必然受到文化环境的深刻影响。在现实中,许多企业由于理解和顺应了消费者的文化环境特性而获得成功,提高了产品在市场上的地位;有些企业则因低估了文化环境的影响力而导致经营失败。因此,我们必须对文化环境的影响作用予以高度重视。

一、社会文化的含义

关于文化的科学概念,从18世纪的启蒙思想家开始探索以来,一直众说纷纭,定义多达一两百种。尽管如此,文化仍有一定的规定性,通常可以按广义、狭义、中义三个层次加以界定。

广义的文化是指人类社会在漫长的发展过程中所创造的物质财富和精神财富的总和。狭义的文化是指社会的意识形态,包括政治、法律、道德、哲学、文学、艺术、宗教等社会意识的各种形式。中义的文化介于广义文化和狭义文化之间,是指社会意识形态同人们的衣、食、住、行等物质生活、社会关系相结合的一种文化,如衣饰文化、饮食文化、日用品文化和各种伦理关系、人际关系等。我们这里所用的文化概念颇近于中义的文化,包括人们在社会发展过程中形成并世代流传下来的风俗习惯、价值观念、行为规范、态度体系、生活方式、伦理道德观念、信仰等。在这里,我们把中义的文化称为社会文化。

社会文化是一种客观的历史现象,每一个社会都有与之相适应的社会文化。另外,从横向来看,各个国家由于历史、地理、民族以及物质生活方式等方面的差异,也有着各自独特的社会文化。特定的社会文化必然对本社会的每个成员发生直接或间接的影响,从而使社会成员在价值观念、生活方式、风俗习惯等方面带有该文化的深刻印迹。

具体来说,社会文化对个人的影响在于:(1)文化为人们提供了看待事物、解决问题的基本观点、标准和方法。(2)文化使人们建立起是非标准和行为规范。诸如在不同的场合,应该做什么、不应该做什么、怎样做等。例如,按中国人的风俗习惯,女性在公共场合不宜穿过于暴露的服装,否则会被认为过于轻浮或有失庄重。通常情况下,社会结构越单一,文化对个人思想与行为的制约作用就越直接。

在现代社会中,由于社会结构的高度复杂化,文化对个人的约束趋于松散、间接,成为一种潜移默化的影响。文化对行为的这种约束称为规范。社会规范以成文或不成文的形式规定和制约着人们的社会行为。一个人如果遵循了社会文化的各种规范,就会受到社会的赞赏和鼓励;而如果违背了文化规范,就会受到否定或惩罚,包括从温和的社会非难、歧视、谴责到极端的惩治手段等。

二、社会文化的共同特征及其对消费行为的影响

就整体而言,各种形态的社会文化具有某些共性。把握这些共性或共同特征,有助于了解社会文化对消费者的影响和作用方式。

(一)共有性

文化是由社会成员在生产劳动和生活活动中共同创造的,因此它为全体成员所共有,并对该社会中的每个成员产生深刻影响,使其心理倾向和行为方式表现出某些共同特征。就消费活动而言,文化影响表现为:消费者之间通过相互认同、模仿、感染、追随、从众等方式,形成共有的生活方式、消费习俗、消费观念、态度倾向、偏好禁忌等。例如,筷子是中国人世代相袭的用餐工具;"春节""中秋节"等是中国家庭合家团聚、互赠礼品的传统节日;崇尚节俭、量入为出、坚持储蓄是大多数中国人信奉的消费观念;而红色用于庆典,黑色、白色用于丧葬之事,则是中国人特有的偏好和禁忌。上述方面都是中国消费者在传统文化的长期积淀和熏陶中形成的共同消费特性。社会文化的共有性特征为企业采取有针对性的营销策略奠定了基础,使之有可能通过迎合特定文化环境中消费者的共同要求,而赢得人们对产品的喜爱。

(二)差异性

每个国家、地区、民族都有自己独特的,区别于其他国家、地区、民族的社会文化,即有自己独特的风俗习惯、生活方式、伦理道德、价值标准、宗教信仰等,这些方面的不同构成了不同社会文化的差异。例如,风靡全球的可口可乐在世界大部分地区采用红白相间的色彩包装,而在阿拉伯地区却改为绿色包装,因为那里的人酷爱绿色,对于他们来说,绿色意味着生命和绿洲。又如,红色在中国人的观念中象征着热烈、吉祥、美好,但西方有些国家却认为红色是一种危险、令人不安、恐惧的颜色,容易使人联想到流血、事故和赤字。由于这种观念的差异,我国出口到德国的鞭炮曾被要求换成灰色的外包装后才被接受。

企业在营销活动中应当高度重视不同社会文化之间的差异性,做到"入乡随俗,入境问禁",根据消费者的文化差异投其所好。唯有如此,才能被不同的文化群体接受。事实证明,在当今高度激烈的全球竞争中,产品越具有民族性,才越具有世界性。北京烤鸭之所以名扬四海、世人皆知,其魅力就在于独具特色的制作工艺和地方风味,以及它所蕴含的深厚的中国饮食文化。

(三)变化性

社会文化不是固定不变的。随着社会的发展演进,社会文化也将不断演化更迭。与之相适应,人们的兴趣爱好、生活方式、价值观念也必然随之发生变化和调整。消费品市场是反映社会文化变化的一个最敏感的窗口,因为社会文化的发展变化经常导致市场上某种消费时尚

及商品的流行。例如,从时装的发展变化看,过去人们讲求服装的质地精良、做工考究、款式庄重,而现代消费者对服装的要求则趋向舒适、潇洒、自然、宽松,注重穿着的随意性和自我感觉。因此,各种休闲服装、休闲鞋极为流行。这一服装风格、款式的变化,实质上反映了现代人生活观念、生活态度的改变。又如,20世纪60年代以前,西方国家的消费者大多喜欢高脂肪、高蛋白质的食物,结果导致很多人患肥胖症、心血管病及其他疾病。进入20世纪70年代后,在注重健康、讲求营养平衡和回归自然的消费导向下,西方国家消费者的饮食结构发生了巨大变化,各种低糖、低热量、低胆固醇、纯天然的健康食品受到消费者的青睐。

社会文化的这一变化性特征为营销人员提供了重要的市场机会,即敏锐地观察和捕捉消费者的观念变化,不失时机地及时开发适合新的消费趋向的新产品,从而使企业在变化的市场中始终保持主动权。

(四)适应性

社会文化的适应性是多种社会乃至自然因素综合作用的结果。因此,相对于企业而言,社会文化及特定文化环境下的消费者心理与行为特性有其客观性和不可控性。企业唯有适应环境,适应特定环境中消费者的特殊要求,才能使自己在激烈的市场竞争中立于不败之地。尤其在从事跨国经营时,保持高度的文化适应性更是企业成功的先决条件。日本精工公司近年来推出一种"穆斯林"手表,该表除了设计新颖、构思巧妙外,最打动穆斯林教徒心理的是,这种手表能把世界上114个城市的当地时间转换成穆斯林圣地麦加的时间,并且每天定时鸣响5次,提醒教徒们按时祈祷。因此,这种表在阿拉伯国家的消费者中备受欢迎。相反,我国天津市某鞋厂出口到埃及的女鞋,因鞋底的防滑图案与阿拉伯文"真主"二字相似,从而受到当地消费者的误解,以致被迫停止销售。

可见,在不同文化环境中从事营销活动时,必须积极主动地适应文化环境的要求,尊重消费者特有的风俗习惯、宗教信仰和消费偏好,以免招致失败。

三、亚文化与消费行为

亚文化是社会文化的细分和组成部分。通常情况下,一个国家或社会内部并不是整齐划一的。其中,若干个社会成员因民族、职业、地域等方面具有某些共同特性而组成一定的社会群体或集团。同属一个群体或集团的社会成员往往具有共同的价值观念、生活习俗和态度倾向,从而构成该社会群体特有的亚文化。亚文化既有与社会文化一致或共同之处,又具有其自身的特殊性。由于每个社会成员都生存和归属于不同的群体或集团,因此,亚文化对人们心理和行为的影响更为具体和直接,这一影响在消费行为中体现得尤为明显。通常,可以按种族、民族、阶层、宗教信仰、地域、年龄、性别、职业、收入、受教育程度等因素,将消费者划分为不同的亚文化群。

从年龄亚文化看,不同年龄的亚文化群往往有着不同的价值观念和消费习惯,对商品有不同的偏好。老年亚文化群比较自信和保守,习惯于购买自己熟悉的商品,求实、求利的购买动机较强,对新产品易持怀疑态度;青年亚文化群则追求新颖、奇特、时尚,乐于尝试新产品,容易产生诱发性和冲动性购买行为。

从地域亚文化看,消费者的生活方式和消费习惯由于地理环境的不同而有所不同。例如,我国南方、北方就属于两个不同的亚文化群,由于南方和北方的地理位置、气候等自然条件的差异,使得南方人和北方人在生活习惯、饮食、衣着及性格特点等方面有很大的差异。

从民族亚文化看,每个民族在长期生存和繁衍过程中都逐步形成了本民族独有的、稳定的亚文化，并在生活方式、消费习俗和偏好禁忌中得到强烈体现，从而形成该民族特有的消费行为。我国是一个多民族国家，各个民族都有自己独特的消费习惯。例如，回族的饮食较严格，只吃牛、羊和某些家禽等肉类；朝鲜族则喜食大米、辣椒、狗肉汤。在穿着上，回族人习惯戴白帽或黑帽；朝鲜族男子习惯穿坎肩、肥腿裤，妇女穿小袄、长裙。

从以上分析可以看出，亚文化消费者群具有如下基本特点：

(1)他们以一个社会子群体出现，每个子群体都有各自独特的文化准则和行为规范；

(2)子群体与子群体之间在消费行为上具有明显的差异；

(3)每个亚文化群都会影响和制约本群体内各个消费者的个体消费行为；

(4)每个亚文化群还可以细分为若干个子亚文化群。

对企业而言，研究亚文化的意义在于，消费者行为不仅带有某一社会文化的基本特性，而且还带有所属亚文化的特有特征。与前者相比，亚文化更易于识别、界定和描述。因此，研究亚文化的差异可以为企业营销人员提供市场细分的有效依据。例如，地处广州的中美合资亨联有限公司，自1985年投产以来，所生产的亨联系列食品畅销国内市场。其原因在于公司在投产前，先后在我国各地城市的2 000个不同类型的家庭进行了关于产品外形、口味、价格、何处购买等问题的全面调查，然后据此划分若干细分市场，针对不同地区、不同年龄的婴幼儿情况采取了不同的产品配方。比如，针对南方儿童患缺铁性贫血、佝偻病较多的情况，他们在南方市场销售的食品中增加钙铁含量，使其较同类产品高近三倍；北方儿童缺锌的较多，他们就在北方市场销售的食品中增加了锌的含量。由此，亨联产品处处受到消费者的欢迎，从而保证了较大的市场占有率。

四、社会文化、亚文化对消费者行为的影响

(一)不同的社会文化与亚文化对价值观念的影响

首先，在日常生活消费中，中国人的传统习惯多属节俭型，日常开支计划性较强，在可能条件下总希望多一点积蓄，以备将来为子女、自身养老或未来其他事项进行购买，表现为较强的储蓄心理；而美国人则喜欢挣了钱就花掉，很少积蓄或从不考虑积蓄，表现为即时消费心理。

其次，在购买行为中，中国人习惯于用自己的钱购买，当需要买大件或贵重商品时，总是经过较长时间的储蓄，而不习惯于借钱买东西。在西方发达国家中，则盛行超收入支出的习惯，因此，赊销在西方商业活动中很盛行，购买中的分期付款和银行私人借款等都是很普遍的，而这些方式对大多数中国人则是不习惯的。

再次，美国人的消费观念多属于求新奇、好冲动型；而中国人的消费观念多属于求实型，即使是攀比心理、炫耀心理较重者，也很少有盲目冲动、感情用事的消费行为。有这样一例，有人在报纸上登了一则广告："凡看到本广告者，请寄10美元给我。地址是……"这则十分奇特又神秘的广告，使许多出于好奇心的美国人不究缘由地寄出10美元，结果石沉大海，没有回音，而登广告者借此骗取了十几万美元。可以设想，如果这则广告出现在中国报纸上，不爱冲动的中国消费者或许根本不会理睬这则广告。

另外，就我国自开放以来消费者价值观念的变化来看，过去以"新三年，旧三年，缝缝补补又三年"的传统观念为荣，而今求新、求美、追求时尚、美化生活的新观念不仅仅为青年人所接受，即便是六旬老人也开始注意衣着和居室的美化、舒适。从20世纪80年代起，此起彼伏的服装热、快餐热、装饰热、跳舞热等，特别值得一提的是中老年"迪斯科"的兴起与普及，都是人们价值观念变化的明显表现。

(二)不同的社会文化与亚文化对生活方式的影响

首先,在日常购买消费品的方式上,我国消费者特别是家庭主妇们大多习惯于每天上市场采购。即使在目前冰箱、冰柜已在多数城市基本普及的情况下,他们仍然乐于每日上街。因此,遍及全国各大中城市的早市、夜市、集贸市场,正是中国城市人购物方式的产物。相比之下,美国的家庭主妇大多每周只购买一两次,他们认为每日上街购买生活用品(主要是食品)是很不合算的,是一种浪费。而对大多数中国人来说,"逛商场""赶集""赶场"是很惬意的,是一件趣事。

其次,在耐用消费品的消费上,前几年多数家用冰箱、彩电等高档耐用消费品的购买多以占有心理、攀比心理、显示心理为主,"人家买得起,我也买得起"的心理成为购买的主要动力。而今,由于经济水平的提高,消费观念的变化,无论是购买者还是使用者,大多以实用心理为主,很少再见到冰箱一年中停半年的那种吝啬使用者了。多种耐用消费品的普及,促使人们的消费观念发生了巨大转变。

再次,考察一下最能反映社会文化特点的穿戴。社会的开放、人们消费观念的更新,服装的变化起着"排头兵"的作用。从 20 世纪 70 年代末起,一改传统的军便服、中山服模式,西服热一时兴起。在这十几年时间里,太空服、滑雪服、猎装、运动服、休闲服等各式各样的服装不断为开放的中国消费者所青睐,特别是冲破传统观念禁区而出现的"薄、亮、透"的女士服装,从"有碍观瞻"到"自我效仿、自我实践",直至被社会大多数消费者所接受和喜爱。

另外,饮食文化的变动趋势,更反映出消费者的生活方式与社会发展的同步性。具有制作精美食品传统的中国消费者,为了适应正在逐步加快的生活节奏,引进了各种快餐和方便食品;同时,中国的传统小吃、方便食品也得到了空前的发展。

(三)不同社会文化与亚文化条件下的审美观念

对美的追求具有普遍性,但美的内涵在不同社会文化与亚文化背景下,有着自身的特定指向性。以色彩为例,欧美一些国家的女性结婚时喜欢穿白色的婚礼服,在她们看来白色象征纯洁、美丽;而中国女性结婚时,大多喜欢红色服饰,在中国人的观念中,红色象征吉祥如意、幸福美满,而白色在传统结婚仪式中是很难被接受的色调。

从艺术审美角度看,中国人一般喜欢神似而形不似的国画,而西方人则看重写实感、立体感较浓烈的油画。中国的民族舞欢快悠扬、舞姿翩翩,使人心旷神怡,而西方舞蹈多是快节奏的、奔放的、激昂的,给人以强烈刺激,大有激情顿生之势。

第三节 社会群体的影响

心理学研究证明,一个人的习惯、爱好以至思想和行为准则都不是天生就有的,而是在后天活动中受外界影响逐渐形成的。在各种外界影响中,社会群体对消费者心理与行为的影响是至关重要的。

一、社会群体的含义及其一般分类

(一)社会群体的含义

社会群体是指人们通过某些社会关系结合起来进行共同活动的社会单位,这种群体在他们自己和别人的心目中都能被意识到。社会群体具有以下特点:

(1)社会群体表现为一定人数的集合;

(2)社会群体成员之间在某种程度上存在着持续的心理或行为上的相互关联；
(3)存在着共同的行为心理目标，并以此作为活动的基础；
(4)存在着某种整体观念和隶属观念；
(5)不同社会群体有其自身的行为规范。

(二)社会群体的分类

社会群体的范围非常广泛。它可以是正式的组织形式，也可以是观念、行为上的联合体。从消费心理学的角度考察，可以对社会群体做如下具有理论意义的分类：

1. 正式群体和非正式群体

正式群体一般是指有固定组织形式、有群体特定目标、有经常性群体活动或其成员的活动也是以群体目标和群体利益进行的群体，如机关、学校、工厂、商店等都属于正式群体的范围。正式群体有一定的规范，作为其成员，在行为上应遵守一定的准则。这些规范和准则，有些作为某种制度、纪律，成为群体对成员的组织约束手段；有些则是属于观念、情感、情趣等方面的行为心理规范，它同样对群体成员具有极强的心理约束力。表现在消费生活中的正式群体行为多属于后者，它对消费者价值观念、审美情趣的形成具有重大影响，并且这种影响对其成员是长期的、相对稳定的。例如，在购买行为中，从事文艺的群体成员在购买中，特别是对服装商品的款式和色泽及服饰的社会效果较为重视，而从事科技的群体成员则对商品的使用性质、质量等更为注意。

非正式群体是指结构比较松散，一般是为完成某种任务或参加者志趣相同而临时组成的群体，如参观团、旅游团、考察团等都属于非正式群体的范围。非正式群体不会对其成员产生长期、稳定的影响，这是由其松散结构所决定的，但非正式群体从消费者心理的角度考察，会对其成员的原有观念有加强或减弱的影响。特别是在一定环境中对其成员有突发式影响，尔后可能形成较为固定的观念。例如，某人并不爱好旅游活动，但在一次并不十分情愿的旅游活动中，由于环境、人员等因素的影响，突然引发出对旅游活动的巨大兴趣，从此成为这一活动的积极参加者与倡导者。

2. 自觉群体与回避群体

自觉群体是指消费者按照年龄、性别、民族、地域、职业、婚姻状况、身体状况等社会自然因素自动划分的群体。这种群体最初是自我意识的一种反映，之后有些发展为有固定组织形式的正式团体，如老年人协会、老年人俱乐部、××同学会、××同乡会等。这种群体本身多数对其成员并无约束力，而是成员个人有意识地运用这一群体特征约束自己的行为活动。自觉群体对增强消费者的趋同心理和从众心理具有明显影响，能够促成消费者行为的统一化、规范化。

回避群体是指消费者个人极力避免归属的、认为与自己不相符的群体，它一般以年龄、性别、民族、地域、职业、婚姻状况、身体状况等社会与自然因素作为回避对象。这种群体也是消费者自我意识的一种反映，它对消费者的心理与行为具有重要影响。反感是消费者对某种现象不满的心理动机，总希望与自己反感的行为距离越远越好，因此，往往会走向另一个极端。例如，有些消费者尽力打扮自己，以显示其年轻；有些出于要反映或改变自己社会地位、身份的要求或是出自某一主观认识与社会舆论的影响，尽量采取与某一群体相异的消费行为。如许多姑娘不愿穿旗袍，因为社会舆论把它作为已婚女子的标志。又如，吸某某牌香烟被认为是高层次的；同样的饮料，喝罐装的被认为是有气派的，而喝软包装或瓶装的则被认为是低档的等。

3. 所属群体与参照群体

所属群体是指一个人实际参加或归属的群体。这种群体既可以是一个实际存在的组织形式,也可以是一种非正式的组织形式。所属群体的构成,大致有两种情形:一种是由具有共同或相似的信念、价值观、审美观的个体所构成的群体,另一种是由于各种社会和自然因素的制约所形成的群体。前者是个体的自愿结合,后者则往往不以个人意志为转移。所属群体对消费者的影响是直接的、显现的、稳定的。例如,60岁以上的老年人,不论其自身的心理状态如何,年龄因素使其自然成为老年人群体中的一员;出生在上海的人,不论其状况如何,地域因素使其自然成为上海人群体中的一员。在现实生活中,家庭是最基本、最重要的所属群体,学校、工厂、机关等均是重要的所属群体。

参照群体是指消费者心理向往的群体。群体的标准和规范会成为消费者行为的指南,成为消费者希望努力达到的标准。消费者会把自己的行为与这种群体的标准进行对照,以改变自己不符合标准的某些行为。美国心理学家米德认为,这种群体的标准,会成为个人的"内在中心"。参照群体既可以是一个实际存在的组织形式,也可以是虚拟或想象中的群体。例如,文艺作品及影视中的某些形象往往会成为消费者心目中的参照群体。有一种观点认为,从研究消费者心理的角度考察参照群体,是指比自身更高层的社会阶层或具有消费者所向往的消费方式的各类群体。

所属群体与参照群体对消费者心理与行为具有以下不同的影响:

(1)参照群体对消费者心理的影响比所属群体更具吸引力。消费者自身的行为与自己所属群体的行为规范是一致的,是一种自觉的行为,自觉的行为对消费者不再具有更多的吸引力;而参照群体的行为对激发消费者的联想、引导和改变消费者的某些行为更具吸引力。

(2)对消费者个体来说,参照群体是可变的,而所属群体是相对稳定的。随着时代的发展与变迁,消费者个体的参照群体并非一成不变。当消费者自身观念的改变或不同参照群体对消费者影响的强弱变化时,消费者总是选择对自己更有吸引力的参照群体。而消费者个体的所属群体在一般情况下是不会变化的,它对消费者始终具有稳定的、直接的影响和约束力。

二、社会群体对消费者心理的影响

(一)群体压力

任何社会群体都会对与之有关或所属的消费者心理产生一定的影响。这种影响往往是通过集体的信念、价值观和群体规范对消费者形成一种无形的压力,我们把这种压力称为群体压力。这里所讲的群体规范,是指群体所确立的行为标准,群体的每一位成员都必须遵守这些标准。这些规范不是规定其成员的一举一动,而是规定对其成员行为可以接受和不能容忍的范围和限度。消费心理学的研究表明,信念和价值观对消费者个体的压力不带有强制性因素,而群体规范对消费者个体形成的压力有趋于强制性的倾向。这是因为在一般情况下,消费者个体的信念与价值观与所属群体相似,同时,群体成员之间的相互接触与交流有增强群体共同信念及价值观的作用。而群体规范作为所有群体成员必须遵守的行为标准,虽然来自群体信念和价值观念,但作为标准或模式,它具有某种强制性倾向。只要群体的成员不遵从群体标准,就可能受到如嘲讽、讥笑、议论等心理压力或心理处罚。

(二)服从心理

服从心理即消费者顺从群体的意志、价值观念、行为规范等一系列心理活动。

1. 对群体的信任感,使消费者产生服从心理

在多数情况下,消费者个人的心理活动总是与所属群体的态度倾向是同向运动或一致的,这是群体压力与个体成员对群体的信任共同作用的结果。当群体某一成员在最初独立的情况

下采取某种立场,后来发现群体成员采取与之相反的立场,如果这个群体是他最信任的,那么由于服从心理的支配,他就会改变原有的立场,与群体采取同一立场。例如,某消费者原计划购买甲牌电视机,后来他发现群体中的人大多认为乙牌电视机更好,那么他会在服从心理的支配下,转而购买乙牌电视机。出于对群体的信任,他也不会再去考察乙为什么比甲好。

2. 对偏离群体的恐惧,也使消费者产生服从心理

无论在什么环境中,多数人都希望自己能与大多数人保持一致。在群体中,如果一个成员的行为与群体的行为标准不一致,他的选择只有两个,或者脱离这个群体,或者改变自己原有的行为。对一般人而言,往往更倾向于选择后者,即改变自己原有的行为。因为多数人是不愿意自己偏离或脱离群体的,总是希望自己能成为群体中受欢迎、受优待者,而不希望自己成为群体的叛逆,成为群体厌恶的对象。为了避免这种后果,个体总是趋于服从。

(三)群体的一致性

社会群体的一致性会影响消费者的判断能力。消费者对群体的服从可以分为:(1)主动服从,即个体成员的行为心理与群体一致;(2)被动服从,即个体成员的行为心理与群体不一致,但由于服从心理的作用,个体会接受群体观点而放弃自己的观点。消费者对所接触的事物有自己的判断标准与评价标准,当个体消费者与群体标准不一致时,群体一致性的压力对消费者的判断力就会产生巨大的影响。

有这样一个评判实验:有三套漂亮的服装,编为 A、B、C 三号,同时找来五位评判者,评判哪一套服装最好。其中,四人是事前被告知统一讲 B 号服装最好,其中只有第五人才是真正的被测试者。当五人同时对三件服装查看以后,依次地公开讲出哪一套服装最好,前面四人按事前安排都指出 B 号服装最好,当第五人回答时,他也不假思索地回答 B 号最好。同样再找来五人,条件与前面相同,只是采用秘密填表的方式,当主持人宣布结果时,前面四人都认为 B 号最好,而第五位真正被测试者认为 C 号最好。这时,第五人马上申明:"刚才填写时没有认真思考,我现在同意他们的意见。"这一组对比实验反映出当群体多数采用同一标准时,某一个体的判断力将受到影响。这种一致性的影响,在市场经营过程中具有重要作用。在市场上常见的"打托"现象(即伪装购买者)之所以屡屡奏效,正是利用了群体的一致性,来干扰个体消费者的判断能力。

(四)群体规模

群体规模对消费者心理具有一定的影响。个体消费者的服从心理或群体对个体成员的压力强弱与人员的多少是一致的。一般来讲,群体人数越多,对个体成员的压力越大,个体的服从心理也越强;反之,压力相应降低,个体的服从心理也逐步减弱。这种群体规模对消费者心理的影响,在日常购物活动组成的临时群体中表现得最为明显。例如,某消费者一人去商场购物,除了有明确目标外,面对商品时往往犹豫不决,而两个人或三四个人同时结伴购物,则很容易做出是否购买的决策。

三、社会阶层对消费者心理的影响

研究表明,消费者所属的社会阶层对消费者的消费行为具有直接的制约作用。

所谓社会阶层,就是所有社会成员按照一定的等级标准,被划分为许多相互区别的、地位从低到高的社会集团。其中,每个社会集团中的所有社会成员之间的态度、消费行为模式和价值观等方面都具有许多相似性,而不同社会集团中的社会成员之间在这些方面却存在着很大的差异性。国际上常用六分法将社会阶层划分为:上上阶层、次上阶层、中上阶层、中中阶层、

低中阶层、低低阶层。上上阶层是指那些在近年来暴富起来的亿万富翁。这种类型的人为数不多,但因为拥有巨额财富,其消费能力十分可观,是高档消费品、豪华汽车、别墅、家具和旅游的主要消费者。次上阶层是指一些规模较大的个体私营企业主以及一些在外企从事高层管理工作的人士。这种类型的人为数较多,他们一般拥有高级汽车、高级住宅,因为经济收入相当丰厚,其消费能力也很强,喜欢追逐消费时尚。中上阶层是指在外企或者私营企业工作的专业技术人员,以及一些中小规模的私营企业主和在合资企业工作的其他一些白领工人,也包括沿海地区富裕起来的农民。这些人一般具有较高的工资收入,人数相当多,喜欢追逐消费时尚,消费能力很强。中中阶层是指国家公务员和事业单位的各类工作人员。这些人虽然拿着数目不大却有可靠保证的国家工资,还享受着住房、医疗等方面的各种福利补贴,因此具有一定的消费能力。此外,中中阶层还包括一些经济条件较好的农民。低中阶层是指国有企业和乡镇企业的在岗职工,以及一些有一定经济收入的农民。虽然他们人数相当庞大,但由于经济收入有限,消费能力处于自我压抑状态,而且缺乏安全感,对储蓄和节俭非常重视。低低阶层是指从国有企业下了岗、尚未重新就业的各类工人,以及尚未脱贫致富的农民。这个阶层的人由于经济收入十分低,只能购买最基本的生活必需品,是极需要全社会都来关心的阶层。

每一个社会阶层都有其特定的生活风格,也就是说,每一个社会阶层都各有自己相应的信念、态度、行为方式和价值观。表7-1概括介绍了各阶层的特点。

表7-1　　　　　　　　　　社会各阶层的特点

上上阶层——乡村俱乐部或者别墅的拥有者
这种类型的家庭数量很少; 拥有豪华的乡村俱乐部或者别墅; 是当地社区的名人和学习榜样; 可能是久负盛名的大公司的所有者,也可能是一些大暴发户; 习惯于过炫耀或挥霍的生活。
次上阶层——新富翁
并不为更上一层的上流社会所接纳; 是发家致富的代表; 是成功的企业经理和私营企业主; 他们花钱很大方、乐于炫耀; 消费观念比较新,乐于模仿上流社会的行为。
中上阶层——成功的专业技术人员
既没有显赫的家庭背景,也没有非同寻常的财富; 具有职业取向,成就动机很强; 是一批年轻有为的专业技术人员、公司管理人员; 大部分人都有大学毕业文凭,许多人甚至拥有更高的学历; 在社交活动、专业技术活动中表现很活跃; 特别希望在生活中能够"更上一层楼"; 其家庭实质上是自己事业成功的象征; 消费行为具有明显的炫耀性。
中中阶层——忠实的追随者
主要是国家公务员和事业单位工作人员,以及一些高薪的蓝领工人和经济条件较好的农民; 消费行为比较稳定,能够跟上时代潮流; 希望下一代能够成为行为文明的有身份的人; 爱好洁净的外表,不喜欢穿很时髦的衣服。

低中阶层——寻求心理安全感的社会大众

人数最多的社会阶层；
人多势众的国有企业在岗职工和乡镇企业工人；
通过不断储蓄和节俭努力寻求安全感；
把工作看作是"购买"职业的手段；
希望自己的孩子能够表现出合适的行为来；
丈夫通常具有强壮的"男性"自我意向；
男性一般是体育运动爱好者，大量抽烟和酗酒。

低低阶层——社会的最底层

各类下岗职工，以及贫困的农民；
受教育程度很低，缺乏劳动技能；
经常面临生活问题；
只能购买一些基本生活必需品；
对未来的预期比较悲观。

表7-1所列的只是六个社会阶层的概要的生活风格。其实，每个阶层都有各自更具体、更详尽的消费行为习惯。以服装为例，每个阶层都有自己认为最时髦或者最得体的服饰。关于这一点，古希腊的一名哲学家就曾经说过："首先要清楚你是谁，然后据此进行打扮。"例如，低中阶层的消费者一般来说比较偏爱T恤衫等，这些衣服表面常常印着一些标志，比如某位名人或者大公司的名字，或者是一些著名公司的品牌名称等。因此，这个阶层的消费者是合法的常规商品的主要购买者。与此相反，上等阶层的消费者则喜欢购买外表看起来更精致的高档商品，而不是牛仔裤之类的服装。再比如，每个社会阶层也都有各自认为最适合的购物地点和结算方式。

第四节　家庭的影响

家庭是指建立在婚姻关系、血缘关系或收养关系基础上，由夫妻和一定范围的亲属结合而成的亲密合作、共同生活的人类社会生活的基本单位。家庭是消费者参与的第一个社会群体，又是现代社会生活的细胞。父母、子女是家庭的基本成员。

在家庭经济生活中，消费占有极其重要的地位。家庭的消费活动不仅包括家庭成员共同的消费活动，也包括家庭中个别成员即每一位消费者的消费活动。

一、家庭消费的特征

(一)阶段性

家庭作为社会细胞，有其自身发生、发展、成长、消亡的过程。这个过程被称为家庭寿命周期，也称家庭周期，即一个家庭由组建开始直至解体、消亡的全部过程。消费者在其家庭所处的不同时期，购买心理与购买行为有着明显的差异。这种由于家庭寿命周期所引起的家庭消费以时间为序、有规律的变化，称为家庭消费的阶段性特征。一般可分为：最初，新婚燕尔，组建家庭，多表现出为家庭发展和为夫妻自身购买的行为和心理。其次，宝宝降生，家庭发展，表现为消费重心由夫妻向子女转移、以子女为中心的消费行为和心理。以子女为中心的消费行为在传统的中国家庭可能持续到这个家庭的解体、消失，也可能持续到子女独立成家以后。但是，在这一阶段中，随着子女的成长，消费行为也会出现以子女为中心的消费阶段性，如子女上学、工作、成家等不同时期的不同消费行为。最后,老年夫妻的晚年生活,表现为继续为子女或隔代人的服务或以闲暇为主的消费生活。

(二)稳定性

家庭消费的稳定性是指我国大多数家庭的收入一般是相对固定的,而用于日常消费支出及其他各项支出间的比例关系也是相对稳定、均衡的。同时,我国传统道德观念使大多数家庭能够维系一种紧密、融洽、安定的家庭婚姻关系,社会政治、经济、法律等环境都促成家庭关系的稳定,也促成家庭消费的相对稳定。

(三)遗传性

家庭消费的遗传性是指由于每一个家庭都属于某一民族文化、社会阶层或宗教信仰,并受一定的经济条件、职业性质及教育程度的制约,由此形成自身的家庭消费特色、消费习惯和消费观念等。而这些具有家庭特色的习惯及观念会在日常消费行为中由老一代或父母潜移默化地传给后代子女。当青年一代脱离原有家庭、组建自己的家庭时,必然带有原有家庭消费特征的烙印。

二、家庭周期及消费心理与行为

虽然每一个家庭由于民族、文化、习惯等不同,消费心理和行为有很大差异,但作为一个由组建到解体的家庭周期过程,的确有其共同特征。一般可以把家庭周期分为青年单身、已婚无子女、青年夫妻子女较小、子女长大尚未独立、老年夫妻子女独立、家庭逐步解体六个时期。

(一)青年单身时期

单身青年主要是指已长大成人但尚未结婚者。在国外,这种家庭大多称为单身家庭;在我国,这种情况多不构成家庭,往往是与父母共同生活,即使有独立的收入,多数也不脱离原有的家庭。在这一时期,单身消费者的消费心理多为自我中心消费观,即以为自己未来的家庭做物质准备,或通过物质消费与精神消费来达到表现自我目的为特点的消费心态。他们往往并不过多地考虑父母或其他亲人的需要,而是把自己的收入大多用于储蓄或购买预期消费品。这部分人的最大特点是在交往中表现得大方、慷慨、阔绰,呈现出明显的炫耀心理。同时,这部分消费者的个性特征及爱好表现突出,很舍得花大钱以满足自己的爱好。由于这一时期的消费者大多没有经济负担,又有较多可供支配的货币,所以他们的消费弹性最大、稳定性较差,是市场经营者们最好的争取对象。

(二)已婚无子女时期

这一时期的家庭主要是指已婚但尚未养育子女的青年夫妻家庭。这种家庭多属于独立生活,经济独立,一般无过重负担,如果父母尚在工作,就不需要子女赡养,并且可以帮助子女,经济状况多为较富裕时期。这一时期的消费心理多为以小家庭或以夫妻为中心的消费观,即以规划和发展自己的小家庭为目的的消费心理。这时的消费仍较多地带有浪漫色彩,吃的支出相对较低或不受重视,而用的比重较大,如家庭的装饰和美化,衣着的支出也较大,如服装的时尚性、新、奇、变等。精神消费多是这一时期的主流,如外出旅游及用于文化、体育方面的消费等。这一时期仍是以炫耀为主的消费心理。在发达国家和我国大中城市的青年中,特别是文化层次较高或处在较为开放地区的青年中,这一时期有加大与延长的趋势,即婚后较长时间内不希望养育子女。

(三)青年夫妻子女较小时期

这一时期多指自子女出生至上中学时期。这一时期的家庭比前一时期有明显的变化:家庭的经济负担开始加重,尤其以工资为主要生活来源的家庭更为突出。由于独生子女及育儿观念的转变,子女的生活开支在家庭消费支出中的比例日趋加大。据北京的随机调查显示,在独生子女家庭,子女的生活费用开支一般超过一位家长的固定工资。在这一时期,家庭消费多是以子女为中心的消费观,即以子女的一般生活费用和子女的教育、保健费用为主,教育投资的比重逐年加大。夫妻的原有消费退居第二位,浪漫色彩的消费已大大减弱,对自身消费表现为务实或求实的消费心理。培养子女、望子成龙的强烈愿望使孩子们能得到超高的消费,而家长的消费水平由于经济原因往往很难提高,有时甚至是下降的。

(四)子女长大尚未独立时期

这一时期的家庭多指子女在大学、中学读书或较早参加工作的家庭。这一时期家庭的基本消费状况如上一时期,但以子女消费为中心的观念已稍有淡化。其表现形式也不同于前一时期,这时父母对子女的日常花费常有一定的约束和限制,以培养子女未来的自主生活能力。同时,父母开始为子女的预期消费做更充实的准备,如为子女的结婚或进一步深造做资金上的筹备。再者,家中的老一代如果健在,也已到了古稀之年,自理能力的减弱、保健支出的增加都使原有家庭的消费支出比例发生变化。这一时期往往也是中年人最艰难的时期。这一时期的日常消费最突出求实心理甚至求廉心理,而储蓄意识增强是这一时期最明显的特点。

(五)老年夫妻子女独立时期

在这一时期,子女均已建立了自己的小家庭,开始独立生活;夫妻也已近老年,退休或已近退休。这时的家庭经济状况一般较好,其消费观念往往表现为两种不同类型:一类继续以子女甚至下一代子女为消费的着眼点,但实际支出比例已大为下降;另一类则基本上与子女无过多经济往来,较为重视自身的存在价值,消费也趋向以营养、保健、舒适为标准,更多地体现老年人的消费情趣。

(六)家庭逐步解体时期

这一时期的家庭多以夫妻双方一方去世或生活自理能力极大下降为前提,进而转向对子女的依靠;由于自身生活能力不足,消费行为也随之减低,甚至没有购买能力。这时的消费基本上以吃和保健为主,穿、用方面的消费则更低。对于有较多退休金的老人,这时的嗜好心理往往趋于增强,同时也舍得花较多钱以满足嗜好心理,如养花、养鱼、养鸟或读书、作画、书法、收藏等。

以上家庭周期的变化所反映出的心理特征及购买与消费的特点和规律,对企业细分市场、确定目标市场具有重要的意义。

三、家庭角色及购买行为

(一)家庭角色自然分工倾向

家庭角色自然分工倾向是指家庭成员间由自然因素、社会因素、经济收入水平、成员的个性心理特征及成员自身的观念等形成的自觉或有意识承担的责任。家庭是一个具体的消费单位,但是,在家庭的每一次购买决策或每一项实际购买行为中,不同家庭成员所"扮演"的角色是不同的,而每一个角色的担任都与"家庭角色自然分工倾向"有关。

影响家庭角色自然分工倾向的主要因素有:

(1)自然因素。主要是指由于生理原因按自然顺序形成的角色位置,如父母、子女之间的关系。

(2)社会因素。指由于社会习俗、社会传统及社会风气影响而形成的角色位置,如传统的中国妇女在家庭中所处的从属地位、现代的中国妇女与家庭成员间的平等地位甚至支配地位。

(3)经济因素。指家庭成员经济收入水平的不同对所处角色位置的影响。经济因素对家庭角色位置的影响，从宏观分析中可以得出规律性的结论，即经济收入决定角色地位。但是，在具体的家庭生活中，由于其他多种因素的作用，其影响的强弱程度是不同的。例如，妻子料理家务的能力很强，丈夫虽然有很高的、大大超过妻子的收入，但愿意由妻子掌握整个家庭的生活——这既可减轻自己的负担，又可使家庭生活更和美。

(4)家庭成员的自身状况。指家庭成员的性格气质、能力爱好、行为观念等的不同对角色位置的影响。如性格内向者希望家庭生活中的全部对外交往由对方担任，而不希望自己抛头露面。家庭角色自然分工倾向与每一个特定构成的家庭有关。

(二)一般理论上的家庭角色划分

在家庭的购买行为中，由于家庭自然分工倾向的影响，其角色位置可以做如下划分：(1)倡议者，即首先提出或想要购买某种商品或劳务的家庭成员。(2)影响者，即对最终购买决策有直接或间接影响的家庭成员。(3)决定者，即最终决策购买与否的家庭成员。(4)购买者，即实际从事对商品或劳务购买的家庭成员。(5)使用者，即消费或使用某种商品或劳务的家庭成员。

这种角色分工是典型理论意义上的划分，它对于分析家庭消费行为与心理有重要作用。但在实际生活中，某一家庭成员既可是某一角色的"扮演者"，同时又可以是两三个甚至全面角色的"扮演者"。例如，某家庭中夫妻二人共同商议决定，并亲自去挑选和购买一台纯平彩电，这一行为又得到家庭全体成员的支持，那么全体成员都是纯平彩电的使用者。

(三)现实生活中的家庭角色划分

在现实生活中，可以从以下几个方面考察家庭成员的角色位置与心理行为表现：

1. 商品购买中的角色与行为

在日常的商品购买中，对于耐用消费品的购买，一般是夫妻双方协商共同决定的。因此，在购买行为上表现为夫妻双方一同来商店成交的可能性很大，若一方来商店则多是了解信息与行情，很难做出购买决策或立即成交。在具体购买中，男性对产品性能、质量、实用性注意较多，而女性则对外观、色泽、商品品牌等较为重视。

在服装及纺织品的购买行为中，妻子往往是主要决策者，丈夫则多处于从属位置，甚至不予理睬。由于女性对于服饰的选择性、敏感性及审美意识强于男性，因此，家庭成员对服装及纺织品的购买一般多由妻子承担。在日常生活的购买行为中，肉、禽、蛋、蔬菜类等商品的购买者主要为女性。虽然在许多年轻夫妇家庭中，由丈夫担当"采购员"的日渐增多，但购买者的主流仍多为女性。日用五金、小件电器商品等的购买者多为男性，而化妆品、个人小型装饰品等都是最受女性消费者青睐的商品。

2. 购买中的个性特征与行为

作为同一家庭的成员，其个性特征并不完全一样，尤其是夫妻双方的个性特征可能有较大的差异。在家庭成员中，即使性格、气质特征相近，但由于年龄、经历的不同，兴趣、爱好、能力等方面也会有很大的差异。在劳务与精神消费方面，个性特征的作用尤为明显。如爱好音乐的消费者花几十元买一张音乐会票子，欣赏几小时的音乐，感到非常愉快和惬意，而这对于"乐盲"来说则是一种不可思议的浪费。在一般购买行为中，女性比男性更善于挑选，常常表现为对商品的细微之处特别注意，而大多数男性购买者并不过细或反复地挑选商品，只要认为需要，成交是很容易的，并且在购物过程中受情感因素的影响也较小，对价格的注意力或讨价还价的耐心多不如女性购买者。

3. 家庭决策角色与行为

在家庭购买决策中,充当决策角色的家庭成员可有以下几种类型:

(1)丈夫决策型,即家庭主要商品的购买决策由丈夫决定。这在有较强中国传统的家庭中是常见的。这种家庭的特点是:旧的传统观念较强,文化水平相对较低,家庭的主要经济来源仍以丈夫为主。在我国广大农村,这种模式的家庭仍是家庭决策的主要形式,因此,男性的购买行为与心理在很大程度上代表了家庭的购买行为。同时,还有另一类丈夫决策型家庭,即丈夫的生活能力大大高于妻子,有较高的理家购物能力。

(2)妻子决策型,即家庭主要商品的购买决策由妻子决定。这种类型的家庭成因是较复杂的。一类是由于丈夫忙于工作和事业,家务劳动从决策到具体购买多由妻子承担。这种情况在较高层次的家庭中较为多见,如政府官员、高级研究人员或其他高层次人物。另一类是家庭收入很高,消费支出的决策已不构成家庭生活的主要话题。生活内容是家庭成员关心的对象,而在这一类家庭中,消费支出的货币量已不是家庭成员关心的对象。再一类是妻子生活、购物、理家能力大大超过丈夫,也形成此类家庭。前两类妻子决策型家庭在购买行为上是比较随意的,并且机动性较大,是经营部门较易吸引的对象;而后者的购买则是很精明的,往往是市场上的挑剔购买者。

(3)共同决策型,即决策角色不再由一人为主,而是由家庭成员主要是夫妻双方共同协商决策。这种形式在现代城市家庭中较为普遍。这种家庭的主要特点是:夫妻双方关系融洽,有良好的教育基础,思想开放,适应时代潮流,家庭中有良好的协商环境。这类家庭的购买决策往往较为慎重、全面,购买中的理智型特征较为明显,冲动较少。

(4)夫妻自主决策型,即构成家庭的夫妻双方在经济上相对独立,各自都能自主地做出决策而对方也从不过多干预。这种类型多属开放型家庭,一般在经济收入较宽裕、层次较高的家庭中较为常见。这类消费者在购买中,自主性和随意性都比较强,因为其购买行为既不受经济收入的限制,也不受家庭成员的约束。

4. 独生子女家庭的角色特点与行为

独生子女家庭作为目前家庭的主要构成形式,是我国特有的现象。就消费心理学讲,独生子女家庭的消费行为与心理,已经成为当今的重要研究内容。就我国许多大中城市的独生子女家庭而言,普遍存在过度消费与过度培养的倾向。过度消费造成儿童消费心理的畸形发展;过度培养使儿童不能健全地成长和反映自身的特点与特长,使孩子变成不切实际的人造模型。在独生子女家庭中,儿童成为消费行为中的特殊角色。

首先,形成了以儿童为中心的消费模式。对多数中等收入的家庭来说,长者节衣缩食、儿童超标消费的状况已相当普遍,这也是各种儿童食品、用品、玩具长期畅销的原因之一。

其次,儿童对家庭的日常购买决策有重大影响,甚至可以直接决策。在许多家庭中,独生子女的要求往往会改变整个家庭的支出安排。如某家长带着孩子去商场准备买一套过冬的服装,结果孩子看中一套200元左右的电动玩具,并一定要家长买。孩子威胁式的要求和家长的溺爱心理,使家长不得不放弃服装的购买,转而买下这套玩具。类似的消费现象,在独生子女家庭中较为普遍。

再次,子女的购物年龄大大提前。许多几岁的小孩可以很流利地说出他(她)所喜爱的食品、糖果、饮料的价格,而且能够自己购买。

最后,独生子女的现期消费行为将对其未来形成的价值观念、消费观念产生重大影响。现在,许多独生子女生活在由家长为其创造的舒适和无忧无虑的环境中,享受着一种特殊的家庭地位。随着年龄的增长,这些独生子女很容易形成一种无形的优越感和盲目攀比心理,而较少形成求实、务实心理,这些都将对家庭的消费行为及子女的消费观念产生重要影响。

随着"全面两孩"政策的实施,越来越多的家庭开启了"四口之家"模式。据有关调查发现,在"二宝"降临后,多数家庭的幸福感直线提升;与此同时,家庭负担,特别是妈妈肩头的压力也明显增加。他们如何应对经济的挑战,对于相关的公共服务提出了哪些新需求,如换置大房、购买大车、教育、就医、托管等方面值得关注和研究。旨在降低"二孩"生育成本,提高家庭幸福感。

本章小结

宏观社会经济环境是指由社会生产力发展水平所决定的总体社会经济水平,以及与生产力水平相适应的社会生产关系。消费者的收入水平对消费者心理与行为表现出直接的、显现的影响。消费者的任何消费行为都会受到收入状况的直接影响。社会文化是指社会意识形态同人们的衣、食、住、行等物质生活、社会关系相结合的一种文化。它包括人们在社会发展过程中形成并经世代流传下来的风俗习惯、价值观念、行为规范、态度体系、生活方式、伦理道德观念、信仰等。社会群体是指人们通过某些社会关系结合起来共同活动的社会单位,这种群体在他们自己和别人的心目中都能被意识到。家庭对消费者心理有直接的影响,家庭消费活动的阶段性、稳定性、遗传性等特征以及家庭结构、家庭角色、家庭生命周期等都是具体的影响因素。

思考题

1. 举例说明社会环境对消费者心理与行为的影响作用。
2. 何谓社会文化?社会文化对消费者行为有哪些影响?
3. 何谓社会群体?社会群体对消费者心理的影响有哪些方面?
4. 家庭消费有什么特征?家庭生命周期与消费者行为有什么关系?
5. 请分析独生子女家庭的消费心理与行为特点。

案例分析

消费者抢着买"网红美食"的4种心理[①]

近年,"网红美食"在一些地域异常火爆。其特点之一是网络效应:在微博、朋友圈疯传,大众趋之若鹜。不管口味如何,吃过的人都会拍照发朋友圈点评一番。特点之二是排队,队伍越长越引人瞩目。今年,某些网红店被爆雇人假排队,引起大众质疑,这些"网红美食"靠谱吗?这背后隐藏着消费者和商家怎样的心理?

中国人爱排队,除了食物真的好吃外,一部分也与从众效应有关。

有心理专家分析,这背后隐藏着消费者的4种心态,包括好奇、蹭热度、食欲以及从众。

---

① 九头鸟自媒体,百度百家号,2017年8月28日。

1. 好奇

看大家都在分享某种食物,你也想尝尝。如果这个食物还有独特之处,更容易引起兴趣。因此,很多网红美食也在食物的外观、选料、味道、销售环境上推陈出新,以满足食客们的好奇心。

2. 蹭热度

社交网站已经成为人们生活的重要部分,我们越来越爱分享,被点赞或评论意味着得到认可和关注。网红美食是生活和网络上的热点,而分享在社交网站有更多赞数恰恰满足了虚荣心。某个美食在网络上越受欢迎,人们越渴望尽快买到,但买到后第一反应不是吃,而是拿起手机拍照分享到朋友圈。

3. 食欲

吃饭是人的基本需要,而我们对食物已经不仅仅止于饱腹,除了追求色、香、味俱全,甚至对环境有特定要求。人们对美食的渴望逐渐由生理层面上升到精神层面。这种日渐深刻的渴望推动着大众想尝试新食物。每当有受追捧的食物,大家自然不愿错过。

4. 从众

"听说那里东西不错,我们去尝尝吧?""大家都去过了,说不错,我们现在还没去过!"前者是对大众的模仿,后者是迫于跟大众保持一致性的压力,似乎没做别人做的事,就是落伍。这就是从众心理,由于知觉、判断、认识受外界影响,表现出符合公众舆论的行为。

很多人在买到网红的美食后,通常会立刻拍照上网。

因为从众心理,所以有些商家全力营造出商品受欢迎的假象,例如雇人排队、制造新闻,以诱发"大家都来吃了,还不来吗"的心理效应。另外,商家也会通过限量、排队等方式制造出供不应求的假象,这种"饥饿营销"的根本目的是提高商品在消费者心中的价值。

讨论:
1. 网红食品走红心理案例说明社会环境发生了怎样的变化?
2. 随着云计算、大数据、人工智能等高科技快速发展,网红商品怎样才能走得更远?

阅读资料

COSTA 的"讲究"哲学是什么?[①]

说起消费升级,除了价值链上时髦感外,在营销视角下,还出现了很多风格迥异的玩法。比如说咖啡行业,当精品咖啡如雨后春笋般崛起,烘焙工坊疯狂扩张,一路高歌猛进……此时,一个来自英国的咖啡品牌想用一杯咖啡告诉你"讲究"的哲学,你怎么看?

最近,COSTA 就以此为主张,从产品出发,逐步深化"讲究,从这杯开始"的概念提升。

COSTA 能有多"讲究"?

讲究一 不惜代价的文化"守旧"

先来看看品牌故事的讲究,COSTA 一直强调自己正宗的英伦血统。

其官方网站中是这样介绍的:

COSTA 始于 1971 年的伦敦老天堂街,来自意大利的 Bruno 和 Sergio Costa 两兄弟独创出特有的摩卡意大利混合咖啡豆,他们将阿拉比卡和罗伯斯特两种咖啡豆完美配比,通过缓慢

[①] MM 酱,品牌几何博客,新浪网,2018 年 3 月 6 日。

烘焙的方式,经过112次配方尝试,使其迷人的香气和油脂得以保留。并且,全球只有1%的咖啡豆符合COSTA的采购标准。

随着扩张和策略调整,越来越多的品牌已经不再刻意强调自己是舶来品,与之相比,COSTA更像是把自己当成了一个英国咖啡文化的传承者。

讲究二　咖啡豆的小沙龙

随着咖啡文化的发展,人们越来越重视咖啡豆的种植、采摘、烘焙以及萃取方式,更加关注产品自身的品质和享受,不同的口味偏好也令COSTA不断扩展咖啡豆的品类,作为一个连锁咖啡品牌,COSTA还能像精品咖啡店一般,选择不同酸度、口味的咖啡豆,在部分门店提供哥伦比亚、苏门答腊、肯尼亚的单一产地咖啡豆。背后的手冲、虹吸、氮气、冷萃咖啡等冲调方式,是它针对咖啡文化的另一种"讲究"。

本次"讲究"中,针对意式咖啡(即美式、拿铁、卡布奇诺等以浓缩咖啡为基底的咖啡),它也推出了更"讲究"的巴西单品豆,消费者在任意门店的任意意式咖啡中都可选择,以及两款春季限定卡布奇诺,Flat White家族的Mocha Flat White——一款加入摩卡粉的Flat White。针对上海市场,还特别推出了两款创新的咖啡华夫筒,将咖啡装入巧克力脆心筒,吸引眼球。

讲究三　从一杯咖啡到文化传递

除了在产品上传递出的"讲究"哲学外,COSTA还启动了一系列关于品位和讲究的市场活动,主打高端生活圈。据品牌几何编辑部了解,本月它还将联合东方航空,推出以传递咖啡文化为主题的相关活动。

凯文·凯勒说:"互联网时代,节点正变得越来越小,而它们之间的连接越来越多,越来越强。"同样,从COSTA此次战役布局来看,它把接触点都浓缩到了"讲究"二字上,而其背后的洞察却更像是一次强势的品牌发声。

1. 进击咖啡文化的知识焦虑

知识经济的时代,营销更像是帮消费者解决焦虑感的方式,他们真正需要的是从品牌传递的主张中吸纳观点,从而隐形构建自身的逻辑和价值观。因此对于品牌来说,商业的扩张,本质上是文化输出,拥有自己的"Trademark"(标签)是比什么都重要的事。

从产品出发,COSTA"讲究"哲学的底层逻辑是,将品质咖啡作为竞争差异点,帮助中国消费者普及咖啡的专业知识,同时这也构成了它在消费者心目中的特有认知——一杯有"干货"的咖啡。从而进击知识崇拜的社交环境,培养受众,不失为一种有远见的营销手法。

2. 说服到分享,逐步强化品牌存在感

互联网语境下,真正有价值的是注意力,尤其是在消费者从倾听者变成表达者传播环境下,入侵他们的"聊天社群",成了强调品牌存在感的有效方式。据品牌几何编辑部了解,为了强调品牌的"讲究"品牌主张,COSTA还发起了"鉴赏大咖挑战"H5,并联手KOL带领分享自己的"讲究"日常,鼓励消费者参与分享,吸引了一大波关注。

在社交机制的辅助下,很容易让消费者感受到这个品牌对他们而言是"可沟通"的,不仅连接了品牌与消费者,更潜移默化地变成了受众的一个话题与谈资。

3. 从侵入到沟通,更清晰的目标用户画像

在"讲究"哲学的主张下,COSTA的目标消费者也实现了差异化,相较于年龄与性别的常规划分区间,现在这个范围变成了对咖啡有高需求的人,这很大程度上能够帮助品牌,拥有更清晰的业务版图,为其后续活动提供了一个强有力的接触点,从产品出发的定位、场景与溢价,逐步形成引发用户购买冲动的"诱饵"。

当越来越多的品牌以生活方式之名出现时,真正的消费升级是什么?

再回到这两年消费领域里的时髦词——消费升级,与之相伴的常常还有一个词——生活方式品牌,这似乎成了品牌主们,完成从产品到商业模式和品牌全面转型的一个捷径,但品牌消费升级究竟需要表达什么?结合今天的案例,或许可以打开一些视角。

1. 新的消费时代,不欢迎模糊的声音

无论是成为生活方式品牌,抑或像COSTA此番主打"讲究"的态度,无一不是一个核心的品牌观点的全方位渗透。这也再次证明了,"信息饱和"的时代不欢迎孱弱的声音,相较于推销产品的功利性,消费者更拥护那些有鲜明观点的品牌。

2. 从找猎物,到找同类

日光之下无新事,消费行为的本质更像是一种寻找认同感、标签感的过程。从COSTA的案例中,也可以看出它的升级更凸显咖啡及其文化本身的重要性,将定位区别于其他更强调空间和细分生活方式的竞品。这看起来就像是一场从"找猎物"到"找同类"的降维打击。

3. 新的竞争法则是,洞察力

此外,从机舱、线下咖啡教室等渠道,能够明显感受到COSTA在传播中,相较于媒介导向,它更"讲究"场景导向所带来的归属感。在这种"讲究"下,品牌用产品作为文化载体,培养起消费者的行为习惯,以此凝结为品牌洞察力,反哺营销。

总结来看,COSTA解读下的消费升级,或许更像是一个垂直、精准的客户群,品牌成了一种思想、一种生活方式、一种社交模型、一种哲学理念。

这也向我们提供了一个新颖的营销思考角度,消费升级的概念实在太大了,或许可以解构一下,从用户、产品、溢价等一个个小目标来看,或许便发现了那根连接品牌与新消费时代的纽带。

第八章

消费习俗与消费流行对消费者心理的影响

● 学习目标

1. 了解消费习俗与消费流行的基本概念、类别、形成原因、表现形式；
2. 掌握消费习俗对消费心理的影响；
3. 理解消费流行与消费心理的关系；
4. 分析暗示、模仿与从众行为。

● 导入案例

从"玫瑰婚典"看一个婚礼时尚品牌的走红[①]

"玫瑰婚典"作为1998年上海旅游节上推出的一档大型主题活动，一度轰动沪上。而今在主办方和参与者的共同培育下，"玫瑰"越开越美，已逐渐成为一个颇受新人们欢迎的婚礼时尚品牌。

"99玫瑰婚典"更是走出上海，"开"到了南京、杭州、无锡、苏州、宁波、绍兴等地，在各地掀起了报名应征的热潮。为何会有如此的"玫瑰效应"？在为新人们带来值得回味的爱情见证的同时，它又给企业界怎样的启示？

结婚是爷爷奶奶、爸爸妈妈代代相传的事，上海平均每年有8万对新人步入结婚殿堂。结婚是老传统，有许多老规矩，而现在的新人对如何结婚却有自己的想法。老式婚礼太烦琐，光摆婚宴太单调，旅游结婚没方向，当然最头疼的就是婚事筹备太烦人，劳神伤财。

"玫瑰婚典"应运而生，正是因为源于传统，又体现了时代特征，契合了现代新人们的心理。它既是对传统婚礼文化的继承，又是对新型文化的一种创造。

"玫瑰婚典"只有一个，但是它却带动了相当的关联产业。据估计，上海人的婚事市场每年潜藏着上百亿元的商机。由于婚礼需求的多面性，造成这一市场相当分散。"玫瑰婚典"推出后，分散的市场被集聚起来。这一品牌后所蕴含的无限商机，成为吸引众多厂商竞相参与的重要原因。

介入其中的有与婚事直接相关的婚纱影楼、珠宝行、酒楼宾馆、租车公司等，还有由此引发的旅行社、旅游度假区，乃至于财产保险公司和银行等。浦东发展银行1999年与"玫瑰婚典"组委会联合推出的"世纪相伴"玫瑰婚典个人金融业务，向新人提供购房、装修、旅游、助学、留学、综合消遣等个人信贷业务，就实现了婚礼文化与金融文化的全新结合。

---

① 中国饰品时尚网，2006年12月26日。

"玫瑰婚典"正越开越"盛",不过它也面临着新课题:如何满足新人们各自不同的需求?如何为新人们提供更好的服务,让更多的人觉得这是一件非常有趣、值得参与的事?

卢湾区旅游办公室主任认为,必须从文化角度提高"玫瑰婚典"的经济附加值,从经济角度提高其文化附加值。于是,又有了水上"玫瑰婚典"、空中"玫瑰婚典"……

爱的路上有"玫瑰",一路上很美。

随着经济的发展、社会的进步,人们的消费观念开始发生很大的变化,出现了某些时尚的消费观念,而这些正是商机所在。商家要洞察消费者的消费流行趋势,开发满足他们所需要的产品。

第一节 消费习俗与消费流行

一、消费习俗

(一)消费习俗的特点

消费习俗是指一个地区或一个民族约定俗成的消费习惯,是社会风俗的重要组成部分。不同国家、地区、民族的消费者,在长期的生活实践中形成了多种多样的消费习俗。尽管如此,消费习俗仍具有某些共同特征。

1. 长期性

消费习俗是人们在长期的生活实践中逐渐形成和发展起来的。一种习俗的产生和形成需要经过若干年乃至更长的时间,而形成了的消费习俗又将在长时期内对人们的消费行为产生潜移默化的影响。

2. 社会性

消费习俗是人们在共同从事消费生活中互相影响产生的,是社会风俗的组成部分,因而带有浓厚的社会色彩。也就是说,某种消费活动只有在社会成员的共同参与下,才能发展成为消费习俗。

3. 地域性

消费习俗通常带有强烈的地域色彩,是特定地区的产物。例如,广东人素有喝早茶的习惯,东北人则习惯储藏过冬的食品。少数民族的消费习俗更是他们长期在特定的地域环境中生活而形成的民族传统和生活习惯的反映。消费习俗的地域性使我国各地区形成了各不相同的地方风情。

4. 非强制性

消费习俗的形成和流行不是强制发生的,而是通过无形的社会约束力量发生作用的。约定俗成的消费习俗以潜移默化的方式产生影响,使生活在其中的消费者自觉不自觉地遵守这些习俗,并以此规范自己的消费行为。

(二)消费习俗的分类

按照消费习俗的特点,可以对其进行如下分类:

1. 喜庆类消费习俗

这是消费习俗中最主要的一种形式,往往是人们为表达各种美好感情、实现美好愿望而引起的消费要求。这类消费习俗多是由远古时代人们对大自然、对太阳、对某种图腾的崇拜逐步演化而来的。各国都有自己的传统节日,像我国的春节、西方某些国家的圣诞节等,都属于这类消费习俗。

2. 纪念类消费习俗

这是指人们为了表达对事或对人的纪念之情而形成的消费风俗与习惯,是一种十分普遍的消费习俗。例如,我国人们在农历五月初五吃粽子的消费习俗,就是为纪念战国时期楚国诗人屈原而逐渐形成的。其他国家的民族也都有类似的消费习俗。

3. 宗教信仰类消费习俗

这类习俗多受宗教教义、教规、教法的影响,并由此衍生而成,因此,宗教色彩极重。而且,这类消费习俗的意识约束力极强,如由宗教信仰引起的禁食习惯、服饰习惯等。

4. 社会文化类消费习俗

这类习俗是在较高文明程度基础上形成的。它的形成、变化、发展与社会经济、文化水平有着密切关系。例如,我国广州每年的花市,以及过去由民间爱好和娱乐形式,在开放的条件下逐步形成新的社会文化类消费习俗——山东潍坊风筝节;再如,我国各地的地方戏剧,更是社会文化类消费习俗的定式化表现,代表着不同地区间的文化消费习俗。

5. 地域性的生活消费习俗

这是指由于受自然、地理及气候等因素影响形成的消费习俗、习惯。即随着社会经济发展水平的不断提高,地域性消费习俗呈逐步弱化的趋势。例如,我国南方人喜欢吃米、北方人喜欢吃面食的风俗习惯就是与农作物生长有关形成的生活消费习俗,而在经济发展水平不断提高的今天,这种习俗有被多样化饮食结构取代的趋势;再如,由于人口的流动、交通的发展,使传统的"南甜、北咸、东辣、西酸"的习俗在许多地方已不再明显。

(三)消费习俗对消费者心理的影响

消费习俗涉及的内容非常广泛,如在饮食菜肴方面,我国有粤菜、川菜、京帮、扬帮等风味;在衣着方面,有风格各异、独具特色的各种民族服装;在传统观念、生活方式方面,城乡之间又有很大的差别。多种不同的消费习俗,对消费者的心理与行为有着极大的影响。

1. 消费习俗促成消费者购买心理的稳定性和购买行为的习惯性

受消费习俗的长期影响,消费者在购买商品时,往往容易产生习惯性购买心理与行为,固定地重复购买符合其消费习俗的各种商品。

2. 消费习俗强化消费者的消费偏好

在特定地域消费习俗的长期影响下,消费者形成了对地方风俗的特殊偏好。这种偏好会直接影响消费者对商品的选择,并不断强化已有的消费习惯。例如,各地消费者对本地风味小吃的喜好、各民族人民对本民族服饰的偏好等,都会使消费行为发生倾斜。

3. 消费习俗使消费者心理与行为的变化趋缓

遵从消费习俗而导致的消费活动的习惯性和稳定性,将大大延缓消费者心理及行为的变化速度,并使之难以改变。这对于消费者适应新的消费环境和消费方式具有消极影响。

正是由于消费习俗对消费者心理与行为有着极大的影响,企业在从事生产经营时,必须尊重和适应目标市场消费者的习俗特性。尤其是在进行跨国、跨地区经营时,企业更应深入了解不同国家或地区消费者消费习俗的差异,以使自己的产品符合当地消费者的需要。

二、消费流行

在消费活动中,没有什么现象比消费流行更能引起消费者的兴趣了。当消费流行盛行于世时,到处都有正在流行的商品出售,众多不同年龄、不同阶层的消费者津津乐道于流行商品,各种各样的宣传媒介大肆渲染、推波助澜。一些企业由于抓住时机、迎合了流行风潮而大获其利,而另一些企业则由于受流行的冲击或没有赶上流行的节奏而蒙受巨大的经济损失。鉴于此,消费流行成为企业必须予以关注的一种重要的群体行为现象。

(一)消费流行的含义

流行也称时尚,是指社会上相当多的消费者在较短时间内,同时模仿和追求某种消费行为方式,使这种消费行为方式在整个社会中随处可见,从而使消费者之间相互发生连锁性感染,成为一种风气。消费流行是在一定时期和范围内,大部分消费者呈现出相似或相同行为的一种消费现象。具体表现为多数消费者对某种商品或时尚同时产生兴趣,从而使该商品或时尚在短时间内成为众多消费者狂热追求的对象。此时,这种商品即成为流行商品,这种消费趋势也就成为消费流行。

消费流行的关键是某种消费行为方式具有新奇性,许多人竞相模仿和学习。心理学把流行解释为:以某种目的开始的社会行动,使社会集团的一部分人,在一定时期内能够一起行动的心理强制。消费流行可以分为物质流行和精神流行。物质流行是指某种商品的流行,而精神流行则指某种行为观念的流行。两者可同时进行,也可各自单独进行。

我国自改革开放以来,曾经出现过几次大的消费流行:1981年前后,全国范围内流行喇叭裤;1984年,长春市曾流行种养君子兰;1992年,全国又流行呼啦圈健身消费;1999年,全国流行集娱乐与健身于一体的跳舞毯。进入20世纪90年代之后,市场上的流行风潮越来越多,流行变化的节奏也越来越快,加上宣传媒体的推动,消费流行已成为经常性的消费现象,并对消费者的心理与行为产生了越来越大的影响。

近年来,随着越来越多的人接触网络,网络购物渠道增加,"宅生活"也随之流行起来。2008年金融危机的到来,让更多的年轻人选择了"宅"在家里"过冬",这无疑加速了"宅经济"时代来临的步伐。宅生活催生的"宅经济",正以前所未有的速度,覆盖各行各业,创造了一种新的经济模式。展望未来,"宅经济"将渐渐影响到我们生活的衣食住行各个方面。

(二)消费流行的动因及特征

消费流行作为较短时间内存在的消费行为方式,也要经历从发生、发展到消失的变化过程(见图8-1)。

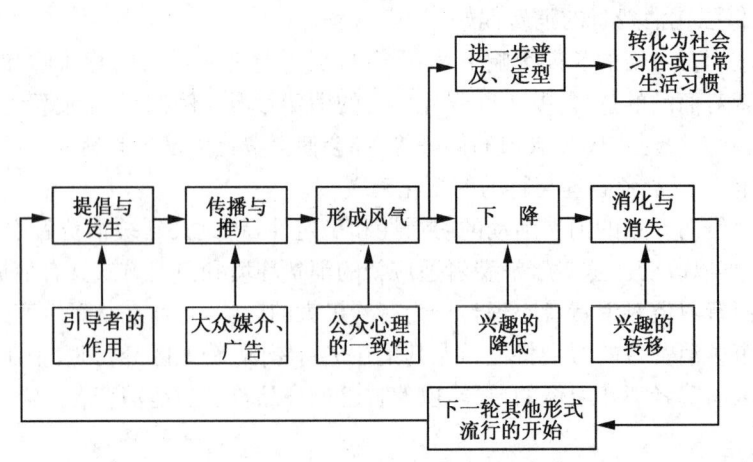

图8-1 消费流行的动因

由图8-1可知,流行具有周期性。在实际生活中,各类不同形式的消费流行并不是简单地按图8-1中的单一线条发展的,而是交叉重叠、相互渗透、相互联系的。但是,同一类型的流行线条则是单一循环进行的。如绝不会同时出现几种服饰流行,而只能是一种服饰的流行;当这种服饰的新奇感下降时,另一种新服饰的流行则可能已在酝酿之中。每一次消费流行中所反映出的心理行为水平、强度方式都是不同的,它是多种社会因素共同作用的结果。

1. 社会文明程度

消费流行的产生和发展与社会生产力的发展水平、人类的文明程度密切相关。流行的渊源可以追溯到人类的远古时代。人类自从有了自己的文明,便有了与之相适应的流行。但是,由于当时人类的文明程度和生产力水平低下,流行的发展变化也十分缓慢,因此,这时的流行后来多形成社会风俗习惯。只是当社会化生产程度大幅度提高、社会商品量大幅度增长后,流行才成为十分复杂的社会现象,其发展变化速度加快、流行寿命周期缩短,而作用和影响力也越来越大。流行几乎渗透到人类流动的各个领域,其表现形式也越来越多样化、复杂化。流行往往以最快的速度反映社会的现实状况,成为新的社会行为规范的前驱。

2. 个性意志的自我表现

消费者渴望生活的多样化,追求新、奇、变及表现自我,并具有竞争心理等,这些都是人对个性意识追求的反映,而社会流行正是这种追求的产物。客观外界的事物总是不断发展变化的,商品的不断更新换代、推陈出新与这种变化相适应。消费者具有求新、求变的心理特征,大多数消费者都习惯于追求新、奇、变,以表现自己的身份、地位、爱好、兴趣和个性特点。随着时间的推移,在原有的消费行为已被大家熟悉或习惯后,原有行为中"新"的特点便不复存在了。这时,由于自身特性的作用,人类开始对原有的消费行为产生心理上的厌倦,转而追求更新的消费行为。如此循环,永无止境,便是消费流行最主要的心理基础。

3. 从众和模仿

任何一种消费行为要形成流行趋势,必须得到在一定时空范围内的消费者个人或群体的承认和参加。而在人类社会中,个体在行为上希望与群体中的多数人保持一致的从众心理和人类固有的模仿心理,则成为促使某消费行为流行的重要心理条件。当某一消费行为在一定环境中激发起众多消费者好奇、追求的心理时,众多的模仿者和不甘落后的从众者便纷纷仿效,于是,流行开始形成,并逐步扩大。

在生活中,凡是流行的、合于时尚的,在消费者心中都是好的、美的、漂亮的、新颖的,于是求者甚众,一石激起千层浪。例如,以往常见到春节晚会上的一首歌曲,很快可成为当年的流行歌曲;某一新奇用语,很快可成为全国共有的"口头禅"。这种从众心理和模仿行为,也是消费者在生活中寻求社会认同感和心理安全感的表现。服从多数人的心理趋势和个体自觉接受和模仿社会行为规范的倾向,是流行得以产生的重要条件。

4. 广告传播

随着信息现代化的加快以及网络第四媒体的迅速崛起、消费者商品意识与企业竞争意识的增强,在社会环境与消费心理两个方面极大地促进了广告业的发展,也成为消费流行强有力的助推器。广告宣传的声势越大,传播越广,商品的知名度也越高,对消费者的心理影响就越强,也就较容易形成流行。如果再伴之以良好的服务、质量及适宜的价格,则流行的速度更快、强度更高,周期也较长。

总之,消费流行受多种因素的影响和制约。可以说,社会文明程度影响和制约消费流行的水平和层次,个人意志的自我表现是影响和制约消费流行的内在动力,从众与模仿影响和制约着消费流行的方式,广告传播则影响和制约着消费流行的强度、范围。

消费流行作为一种社会现象,同其他社会事物一样,有其自身的特点,主要表现在以下几个方面:

(1)消费流行的兴起,从速度上看通常表现为一种具有强制性的爆发式的扩展和向外延伸。

(2)消费流行从持续的时间上看,一般表现为较短的流行寿命周期,即在不长时间内消失。如果能长期保持下去,则逐步演化为一种新的社会风俗。

(3)消费流行不像伦理道德那样具有社会压力感,它依靠心理作用和吸引力来传播,表现为一种自我追求的自觉行动。

(4)消费流行如果起始于社会名流、社会权威,则流行的速度更快、范围更广,是上行下效的结果。

(5)消费流行对不同消费者具有一定的选择性。例如,在女青年中曾经流行超短裙,而大多数中老年妇女对此却很难接受。

(6)在消费流行中,一般最易接受者往往是青年人,好奇心、好胜心较强者及外向型性格的消费者,而较为保守的人往往是流行的滞后接受者。

(三)消费流行的内容

消费流行的内容十分广泛,从一般社会因素分析,可以归纳为以下三个方面:

1. 物质的流行

例如,时装、装饰品、化妆品、烟酒、鞋帽、汽车、保健食品、发型、家具和耐用消费品、住宅等。物质的流行包括消费生活中衣、食、住、行的各个方面,其特点都是以某种商品的形式开始流行。在物质流行中提倡人的影响力,广告宣传起着特别重要的作用。

2. 行动的流行

行动的流行是指表现为人们行为活动方面的流行,如霹雳舞、太空舞的流行,人们交往行为的变化与流行及旅游热、气功热等。行动的流行受社会行为观念、文明程度等环境因素的影响较多。例如,各种快节奏舞曲的流行,是与人们开始逐步习惯于高频率、快节奏的生活观相适应的。

3. 精神的流行

精神的流行是指由某种共同心理取向所反映出的思想、观念、风气等的流行,如流行歌曲、畅销书等。近年来兴起的吉祥数字热也是消费者观念的一大转变。过去分文不值的电话号码,由不同数字组成了所谓吉祥号码后,竟可卖出几万元的高价。用吉利谐音直译成"可口可乐""金利来"等现象的大量出现,也正是迎合了消费者的心理意识才得以流行的。

上述几方面的流行相互之间并不是独立存在的,而是相互影响、相互制约的。思想观念方面的精神流行,往往是物质流行和行为流行的基础,而物质流行与行为流行又是精神流行的直接表现。就消费者心理来讲,物质流行更为重要,它是影响消费者心理的直接因素。

(四)消费流行的规律及心理效应

消费流行与其他任何社会行为一样,有其自身运动的过程,也有其发展变化的一般规律。了解和掌握消费流行的运动规律及消费者由此产生的心理效应,有利于企业引导消费,掌握市场经营的主动权。

1. 消费流行的地区传播规律

消费流行作为社会范围内的行为,按其地区范围的大小可划分为地区性流行、全国性流行、业界性流行几种形式,这些形式反映的是流行的地域性特点。消费流行在不同地域间的流动与传播,有其自身的规律性,主要表现为:

(1)发达地区向不发达地区的传播。由于消费的基础是经济发展水平,市场商品的多样化促成消费行为的多样性,商品更新换代的速度影响消费行为的转换速度,因此,消费流行总是由经济发展水平较高的国家或地区开始,而后向经济欠发达的国家或地区扩展和延伸。

(2)消费流行的波浪式传播。消费行为表现为在短期内爆发式的向外扩展与延伸。当一种消费流行由发达地区兴起并传播到欠发达地区时,随着欠发达地区流行的兴起,发达地区的流行趋势一般随之而下降。这就形成了波浪式运动的传播趋势,是由于消费者对原有流行产生厌倦心理的结果。这种波浪式的传播在时间上表现为继起性,具有从发达地区向欠发达地区顺序转移的基本特点。

我国国内形成的消费流行,一般是从东南沿海发达地区开始,逐渐向中部地区转移,而后进入西北地区,或是从东南地区向西北地区波浪式逐渐推移。

2. 消费流行的人员结构规律

消费流行作为人类的社会行为,反映出消费者消费需求的阶段性和阶层性的变化。消费者群体的构成形式及按群体层次的传播方法,形成了消费流行的人员结构规律。一般来说,可形成以下两种基本的流行形式:

一种是由上向下扩展延伸的形式。这种形式多由社会上层、领袖人物、影视明星、社会名流等人物带头提倡,因自身行为或某种需要开始的活动,最终向下传播,形成社会时尚或消费流行。例如,20世纪70年代末,中央领导同志一改几十年一贯制的中山装、军便装,首先带头穿西装、系领带,而后形成全国性的西装流行;再如,影视明星们在某部影视片中的服装,电视播音员、主持人的某种服饰、发型或新颖用语,都能很快形成全国的流行行为等,都是这种传播形式的佐证。

另一种是由于社会生活环境变迁、消费观念的变化,在社会中由消费者自发形成,而后为社会各阶层普遍接受的横向扩展和延伸的形式。这种流行与社会经济发展的关系极大。如20世纪80年代以来,适应我国人民对美化生活环境的追求,加上居住面积的限制,组合家具曾一度风靡全国。随着住房条件的改善,新颖的分立式家具、红木家具又显流行趋势。

3. 消费流行的商品运行规律

按照营销学理论,商品在其自身发展过程中,由于受市场环境、社会发展水平及消费者心理的影响,形成了自己的寿命周期,即商品寿命周期。从消费心理学角度考察,处于消费流行中的商品有其自身的寿命周期。它与一般商品的寿命周期相比,既有同质性,又有其自身特性。这种流行过程中的寿命周期对某些日用商品和纺织服装制品有着特别的意义。对此,可从以下几个方面作一般分析:

市场学中的商品寿命周期理论,表现为商品的市场进入期、成长期、成熟期、衰退期,其主要特点是商品在进入成长期和成熟期的过程中,利润与销售量、市场占有率呈平稳上升趋势,并且可维持一段较长的时间。而流行商品的寿命周期,表现为流行酝酿期、流行发展期、流行高潮期、流行衰退期四个阶段。

酝酿期的时间一般较长,要进行一系列的意识、观念以及舆论上的准备;在发展期,消费者中的一些权威人物或创新者开始做出流行行为的示范;进入流行的高潮期,大部分消费者在模仿、从众心理的作用下,自觉或不自觉地卷入流行中,把消费流行推向高潮;高潮期过去之后,人们的消费兴趣发生转化,这样,流行进入衰退期。

消费流行的这一周期性现象,对企业具有重要意义。生产经营企业可以根据消费流行的不同阶段采取相应的策略:在酝酿期阶段,通过预测、洞察消费者的需求信息,做好宣传引导工作;在发展期,大量提供与消费流行相符的上市商品;在高潮期内,购买流行商品的消费者数量会大大增加,商品销售量急剧上升,此时企业应大力加强销售力量;进入衰退期后,企业应迅速转移生产能力、抛售库存,以防遭受损失。

另外,还应看到,随着经济和产品更新的加速,消费流行的周期会越来越短,为此,企业应及时调整营销策略,以适应流行变化节奏越来越快的要求。

消费流行的规律在很大程度上取决于消费者心理变化的过程。这种心理变化产生的效应,会极大地影响消费流行传播的地域范围、消费者群体范围及企业的市场营销活动。对企业来讲,由消费者心理活动促成的消费流行,既是企业的市场营销机会,又是企业营销中的"陷阱"。因此,把握消费流行规律、研究消费心理,对企业掌握市场动向是重要的一环,又直接影响消费者对流行商品的需求强度。

(1)消费流行对消费者购买行为的影响。消费流行不仅影响人们的思想意识、价值观念,也影响消费者的购买行为。比如,在超市里,消费者很快习惯了买各种小包装食品,如小包装的食糖、食盐、各种袋装小吃等,同样地,袋装各类瓜果蔬菜也流行起来。当然,在消费流行中,由于示范效应与模仿心理而造成的社会一致化的购买行为模式会对市场造成冲击,消费者不顾个人经济条件、盲目看齐式的购买行为也具有一定的副作用。

(2)消费流行对文化生活的影响。消费流行可分为物质流行和精神流行,而文化生活中的消费流行则是两者共同作用的产物,是一种较高层次的流行,是社会文明程度提高的反映。例如,在许多家庭的室内装饰布置中,书籍、字画成为不可缺少的"一景";各种文艺形式的流行,促进了人们欣赏水平和层次的不断提高;各种体育比赛再也不仅仅是少数体育爱好者的事了,一场足球赛可牵动亿万人的心。这些都使我们在日常生活中感到消费流行中文化意识的强烈冲击,也为我国文化市场的繁荣提供了坚实的心理基础。

(五)消费流行的种类及方式

消费流行涉及的范围十分广泛。从性质上看,有吃的商品、穿的商品、用的商品的流行;从范围上看,有世界性、全国性、地区性和阶层性的消费流行;从速度上看,有一般流行、迅速流行和缓慢流行;从时间上看,有短期季节流行、中短期流行和长期流行等。

在实际生活中,各种流行并不是单一地线性发展,而是交叉重叠在一起,互相影响,互相渗透的。无论何种消费流行,都是通过一定的方式扩展开来的。归纳起来,消费流行的方式一般有以下三种:

1. 滴流

滴流即自上而下依次引发的流行方式。通常以权威人物、名人明星的消费行为为先导,而后由上而下在社会上流行开来,如中山装、列宁装的流行等。

2. 横流

横流即社会各阶层之间相互诱发横向流行的方式。具体表现为某种商品由社会的某一阶层率先使用,而后向其他阶层蔓延、渗透,进而流行起来。如近年来,"三资"企业中白领阶层的消费行为向其他社会阶层扩散,从而引发流行。

3. 逆流

逆流即自下而上的流行方式。它是由社会下层的消费行为开始,逐渐向社会上层推广,从而形成消费流行。如"牛仔服"原是美国西部牧牛人的工装,现在已成为下至平民百姓、上至美国总统的风行服装;领带源于北欧渔民系在脖子上的防寒布,现在则成为与西装配套的高雅饰品。

流行不管采取何种方式,其过程一般是由"消费领袖"带头,而后引发多数人的效仿,从而形成"时尚潮流"。引发流行除了上述榜样的作用外,还有商品的影响、舆论宣传的影响等。

第二节 暗示、模仿与从众行为

一、暗示

暗示又称提示,是采用含蓄、间接的方式对消费者的心理和行为产生影响,从而使消费者产生顺从性的反应,或接受暗示者的观点,或按暗示者要求的方式行事。

暗示作为一种特殊的客观存在的心理现象,自古以来就引起了人们的注意。俄国著名学者别赫捷列夫认为,暗示性是每一个人所固有的一种普遍的心理现象,是人类精神方面的正常特性。暗示是以词和联想过程中产生的心理活动为基础,也是以机体各种机能活动和行为为基础的。暗示与说服不同,它不是从"正门",而是从"后门"进入意识的,因而就回避了看守人——意识批判的作用。

暗示的作用在日常生活中几乎随时随地都可以见到,它比我们想象的要普遍得多,尤其是在觉醒状态下的暗示。社会心理学的研究认为,群体对个体的影响,主要是由于"感染"的结果。处于群体中的个体几乎都会受到一种精神感染式的暗示或提示,在这种感染下,人们会不由自主地产生这样的信念:多数人的看法比一个人的看法更值得信赖。因此,暗示的主要影响因素就是暗示者的数目,或者说是暗示所形成的舆论力量的大小。如果暗示得当,就会"迫使"个人行为服从群体的行为。

暗示分为他人暗示和自我暗示两种。他人暗示是指从别人那里接受了某些观念,这种观念在他的意识或无意识里发生作用,并实现于动作或行为之中。自我暗示则是指自己把某种观念暗示给自己,并使这种观念化为动作或行为。在人们的日常生活中,自我暗示的现象经常在有意识或无意识中发生。例如,开会时,如果一个人打呵欠,许多人就会跟着打呵欠;在影剧院里,如果有一个人咳嗽,就可能引起许多观众的"咳嗽爆发",这是相互之间他人暗示的例子。至于自我暗示的例子就更多了,如果一个人临睡前想着第二天要起早赶火车,千万不能睡过了头,则往往不需要闹钟,到时候自己就会醒来,其原因就在于头天晚上有意无意对自己进行了强烈的自我暗示。

在购买行为中,暗示影响人们决策行为的情况极为常见。例如,某种商品只要摆在紧俏商品的柜台里,就往往会吸引很多人购买;而同样的商品若被放到一般商品的柜台里,很可能就没有多少人光顾了。再如,某家商店门口或者某个菜摊子前面只要有人排队,马上就会有许多人跟着排,迅速形成长蛇阵。倘若去问问那些跟着排队的人为什么排队,很有可能他们自己也说不清楚。再如,在一个机械翻砂车间,当大家都穿着工作服劳动的时候,唯独你自己穿着笔挺的西装,你就会感到不大自在。而当你换上了工作服时,你就会感到气氛变了,心里舒坦多了。在消费行为中,人们接受暗示往往是不知不觉的。例如,一个人从来没想到要穿西服,但同事们大多数都穿了,再加上电视宣传的影响,他也会觉得穿西服似乎很不错。

暗示起作用的原因是从众心理,暗示的结果往往导致受暗示者对暗示源在某种程度上的顺从。暗示作用的极端性结果表现为盲从。正是由于这个原因,暗示往往造成抢购风潮的爆发,尤其是在通货膨胀、物价轮番上涨时。

暗示的具体方式多种多样。个人的词语和语调、手势和姿势、表情和眼神以及动作等,都可以成为传递暗示信息的载体。此外,暗示还可以群体动作的方式出现。例如,有的企业为了推销商品,不惜重金聘请名人做广告,这就是信誉暗示;有的企业出售商品时挂出"出口转内销"或"一次性处理"的招牌,这是词语暗示;还有的商贩雇用同伙拥挤摊头,造成一种"生意兴隆"的假象,吸引他人随之抢购,这是行为暗示。

儿童、妇女和顺从型的消费者容易受暗示的影响。商业部门常常根据暗示的心理效应来设计广告,以加强宣传的效果。售货员在接待消费者时,若能正确地使用暗示,其效果也比直接劝说要好。当然,也有个别不法商贩,为了推销劣质商品,请几个同谋者临场装模作样地去排队"抢购",以吸引一些不知内情而受暗示性较强的人跟着去排队购买。

实践证明,暗示越含蓄,其效果就越好。因为直接的提示形式容易使消费者产生疑虑和戒备心理;反之,间接的暗示则容易得到消费者的认同和接受。德国戴姆勒汽车公司生产的"奔驰"牌轿车的广告是:"如果有人发现我们的'奔驰'牌车发生故障,被修理车拖走,我们将赠送你美金1万元。"这就以婉转的方式从反面暗示消费者,"奔驰"牌轿车的质量上乘,绝对可靠。

二、模仿

模仿是指仿照一定榜样做出类似动作和行为的过程。社会心理学家和社会学家的研究表明,人类在社会行为上有模仿的本能,这一本能同样存在于人们的消费活动中。消费活动中的模仿,是指当某些人的消费行为被他人认可并羡慕时,便会产生仿效和重复他人行为的倾向,从而形成消费行为的模仿。但凡能引起个体注意和感兴趣的新奇刺激,都容易引起模仿。

在消费活动中,经常会有一些消费者做出示范性的消费行为。这些人可能是普通消费者,但他们的消费兴趣广泛,个性独立,消费行为有独创性;也可能是一些名人,如影视歌星、运动员、政界人士等;还可能是某行业的消费专家,如美食家、资深"发烧友"等。这些特殊消费者的示范性行为会引起其他消费者的模仿,模仿者也以能仿效他们的行为而感到愉快。

在消费领域中,模仿是一种普遍存在的社会心理和行为现象。可供模仿的内容极其广泛,从服装、发型、家具到饮食习惯,都可成为消费者模仿的对象。例如,名人、明星的装束打扮经常被人们竞相模仿。

消费活动中的模仿行为大致有以下特点:

(1)模仿行为的发出者,即热衷于模仿的消费者,对消费活动大多有广泛的兴趣,喜欢追随消费时尚和潮流,经常被别人的生活方式所吸引,并力求按他人的方式改变自己的消费行为、消费习惯。他们大多对新事物反应敏感,接受能力强。

(2)模仿是一种非强制性行为,即引起模仿的心理冲动不是通过社会或群体的命令强制发生的,而是消费者自愿将他人的行为视为榜样,并主动加以学习和模仿。模仿的结果会给消费者带来愉悦、满足的心理体验。

(3)模仿可以是消费者理性思考的行为表现,也可以是感性驱使的行为结果,成熟度较高。消费意识明确的消费者对模仿的对象通常经过深思熟虑,会认真选择;相反,观念模糊、缺乏明确目标的消费者,其模仿行为往往带有较大的盲目性。

(4)模仿行为的发生范围广泛、形式多样。所有的消费者都可以模仿他人的行为,也都可以成为他人模仿的对象。而消费领域中的一切活动,都可以成为模仿的内容,只要是消费者羡慕、向往、感兴趣的他人行为,无论流行与否,都可以加以模仿。

(5)模仿行为通常以个体或少数人的形式出现,因而一般规模较小。当模仿规模扩大,成为多数人的共同行为时,就发展为从众行为或爆发为消费流行了。

三、从众行为

(一)从众行为的概念

从众行为是指个体在群体的压力下改变个人意见而与多数人取得一致认识的行为倾向。与模仿相似,从众也是在社会生活中普遍存在的一种社会心理和行为现象。在消费领域中,从众表现为消费者自觉或不自觉地跟从大多数消费者的消费行为,以保持自身行为与多数人行为的一致性,从而避免个人心理上的矛盾和冲突。这种个人因群体影响而遵照多数人消费行为的方式,就是从众消费行为。

(二)从众行为产生的心理依据与原因

社会心理学研究认为,个体在受到群体精神感染式的暗示或提示时,就会产生与他人行为相类似的模仿行为。与此同时,各个个体之间又会相互刺激、相互作用,形成循环反应,从而使个体行为与大多数人的行为趋向一致。上述暗示、模仿、循环反应的过程,就是心理学研究证实的求同心理过程。正是这种求同心理,构成了从众行为的心理基础(见图8-2)。

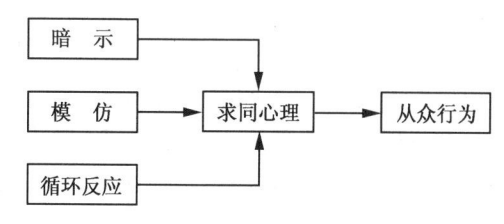

图8-2 从众行为的心理基础

具体来说,之所以产生从众行为,是由于人们寻求社会认同感和安全感的结果。在社会生活中,人们通常有一种共同的心理倾向,即希望自己归属于某一较大的群体,被大多数人接受,以便得到群体的保护、帮助和支持。此外,对个人行为缺乏信心、认为多数人的意见值得信赖,也是从众行为产生的另一个重要原因。有些消费者由于缺乏自主性和判断力,在复杂的消费活动中犹豫不决、无所适从,因此,从众便成为他们最为便捷、安全、可靠的选择。

(三)从众行为的表现方式

消费者的从众行为多种多样,归纳起来有以下几种表现形式:

(1)从心理到行为的完全从众。当消费者对某种商品不了解时,由于群体的暗示或认为多数人的行为能提供有效信息,从而产生从众行为。

(2)内心接受,行为不从众。这是指对形成的消费潮流从心理上已完全接受,但在形式和行为上予以保留。例如,多数美国人认为到市郊的超级市场购物既方便又便宜,而上层社会人士由于身份、地位等的顾虑,虽然内心赞成,但行动上不便支持。

(3)内心拒绝,但行为上从众。这是一种权宜从众行为。某些消费者对商品抱有抵触心理,但无力摆脱群体的压力而不得不采取从众行为。例如,在正式场合着西装领带是现代消费者通行的行为方式,少数消费者尽管不习惯或不喜欢,但为了避免与多数人相左,而不得不遵从这一行为规范。

(四)从众行为的特点

从众行为尽管在表现形式上有所差别,但具有某些共同特征:

1. 从众行为往往是被动接受的过程

许多消费者为了寻求保护,避免因行为特殊而引起的群体压力和心理不安,而被迫选择从众。在从众过程中,消费者会产生复杂的心理感受,除安全感、被保护感等积极感受外,还会有无奈、被动等消极的心理体验。

2. 从众行为现象涉及的范围有限

就总体而言,消费者的行为表现形式是多种多样、各不相同的,这是由消费活动的个体性、分散性等内在属性决定的。因此,通常情况下,让大多数消费者对所有的消费内容都保持一致行为是根本不可能的;也就是说,从众行为不可能在所有的消费活动中呈现,它的发生需要一定的客观环境和诱因刺激。例如,在社会环境不稳定、人心浮动的情况下,个人容易追随多数人的消费行为;又如,舆论误导极易使消费者因不明真相、无从判断而盲目从众。

3. 从众消费行为发生的规模较大

从众现象通常由少数人的模仿、追随开始,继而扩展成为多数人的共同行为。多数人的共同行为出现后,又刺激和推动了在更大范围内更多的消费者选择相同或相似的消费行为,从而形成更大规模的流行浪潮。因此,从众行为是消费流行的先导。

(五)影响消费者从众行为的因素

从众消费行为的发生和发展受到群体及个体多方面因素的影响,主要有以下几个因素:

1. 群体因素

一般来说,群体的规模越大,群体内持相同意见的人越多,所产生的群体压力也越大,此时越容易产生从众行为。同时,群体的内聚力、一致性越强,群体领袖人物的权威性越高、影响力越大,从众行为越容易发生。再者,个体在群体中的地位越低,越容易被影响,也越容易采取从众行为。

2. 个体因素

一般来说,容易发生从众行为的消费者大多对社会舆论和他人的意见十分敏感,缺乏自信,非常注意社会和他人对自己的评价。个人缺乏足够的知识经验,导致其做出判断时必须依赖他人提供的信息,从而容易引发从众行为。有研究表明,性别差异也对从众行为有所影响,从总的情况来看,女性比男性更容易出现从众行为。

3. 问题的难度

问题的难度大小也是导致从众行为的重要因素。无论哪一种商品,只要消费者对其质量、功能和效用越难做出明确的判断,就越容易引起从众行为。有研究表明,个人在解决问题时,随着问题难度的加大,需要群体其他成员帮助、指点的必要性增加,个人对他人的依赖和信任随之增加,发生从众行为的机会也增加。

值得指出的是,从众行为作为一种多数人共同采取的大规模行为现象,必然对宏观经济运行、社会消费状况产生重要影响。这种影响既有积极的一面,又有消极的一面。

一方面,由于从众现象是通过多数人的行为来影响和改变个人的观念与行为的,因此,政府部门可以通过各种媒介宣传提倡正确的消费观念,鼓励引导健康的消费行为,使之成为大多数消费者共同遵从的行为规范。然后,利用从众心理的影响,带动其他个体消费者,促进形成全社会健康文明的消费氛围。工商企业也可以利用从众心理,抓住时机进行宣传诱导,培育新的消费市场,引导消费时尚的形成或改变,进而促进大规模购买行为的实现。

另一方面,在特定条件下,从众行为也可能导致盲目攀比、超前消费、抢购风潮等畸形消费现象的发生。对于这一消极影响,国家和企业必须采取积极措施加以防范。另外,从众行为还有可能扼杀消费者的创新意识,使新的消费观念、消费方式的提倡和推行遇到阻力或障碍。对此,企业要予以格外关注,采取多种措施避免从众行为的负面影响。

本章小结

在影响消费者心理与行为的各种环境因素中,消费习俗与消费流行更具有强制性与排他性,是社会潮流与社会传统在消费者心理活动及消费行动中的特定反映。暗示作为一种特殊的客观存在的心理现象,自古以来就引起了人们的注意。它是采用含蓄、间接的方式对消费者的心理和行为产生影响,从而使消费者产生顺从性的反应,或接受暗示者的观点,或按暗示者要求的方式行事。消费活动中的模仿,是指当某些人的消费行为被他人认可并羡慕时,便会产生仿效和重复他人行为的倾向,从而形成消费行为的模仿。预期心理是指人们在一定经济环境的作用下,根据自己掌握的有关经济形势和经济变量的信息,对自身物质利益的得失变化进行预测、估计和判断,并据此采取相应消费对策和参与投资、商品交换等经济活动的心理及行为现象。

思考题

1. 什么是消费习俗?消费习俗对消费者心理有什么影响?
2. 什么是消费流行?消费流行有哪些种类和运行阶段?
3. 消费者心理对消费流行有什么影响?
4. 针对消费流行的特点,企业应采取哪些营销策略?
5. 暗示、模仿、从众的起因及在营销中的应用有哪些?

案例分析

日清,智取美国快食市场[①]

在我国方便面产销领域,品牌繁多,可是能令消费者真正动心的却寥寥无几,于是许多方便面企业感叹"人们的口味越来越挑剔了,真是众口难调"。

日清食品公司却不信这个邪,始终坚持"只要口味好,众口也能调"的独特经营宗旨,从人们的口感差异性出发,不惜人力、物力、财力在食品的口味上下工夫,终于改变了美国人"不吃热汤面"的饮食习惯,使日清公司的方便面成为美国人的首选快餐食品。

日本日清食品公司在准备将营销触角伸向美国食品市场的计划制订之前,为了能够确定海外扩张的最佳"切入点",曾不惜高薪聘请美国食品行业的市场调查权威机构,对方便面的市场前景和发展趋势进行全面细致的调查和评估。可是,美国食品行业的市场调查权威机构所得出的调查评估结论却令日清食品公司大失所望——"美国人没有吃热汤面的饮食习惯,而是喜好'吃面条时干吃面,喝热汤时只喝汤',绝不会把面条和热汤混在一起食用,由此可以断定,汤面合一的方便面是很难进入美国食品市场的,更不会成为美国人一日三餐必不可少的快餐食品。"日清食品公司并没有盲目迷信这种结论,而是抱着"求人不如求己"的自强自立的信念,

---

[①] 胡羽:"日清,智取美国快食市场",《销售与市场(管理版)》,2000年11期。

派出自己的专家考察组前往美国进行实地调研。经过千辛万苦的商场问卷和家庭访问，专家考察组最后得出了与美国食品行业的市场调查权威机构完全相反的调查评估结论——美国人的饮食习惯虽呈现出"汤面分食，绝不混用"的特点，但是随着世界各地不同种族移民的大量增加，这种饮食习惯在悄悄地发生着变化。再者，美国人在饮食中越来越注重口感和营养，只要在口味上和营养上投其所好，方便面有可能迅速占领美国食品市场，成为美国人的饮食"新宠"。

日清食品公司基于亲自调查的结论，从美国食品市场动态和消费者饮食需求出发，确定了"四脚灵蛇舞翩跹"的营销策略，全力以赴地向美国食品市场大举挺进。

"第一脚"——他们针对美国人热衷于减肥运动的生理需求和心理需求，巧妙地把自己生产的方便面定位于"最佳减肥食品"，在声势浩大的公关广告宣传中，刻意渲染方便面"高蛋白，低热量，去脂肪，剔肥胖，价格廉，易食用"等种种食疗功效；针对美国人好面子、重仪表的特点，精心制作出"每天一包方便面，轻轻松松把肥减""瘦身最佳绿色天然食品，非方便面莫属"等具煽情色彩的广告语，挑起美国人的购买欲望，获得了"四两拨千斤"的营销奇效。

"第二脚"——他们为了满足美国人以叉子用餐的习惯，果敢地将适合筷子夹食的长面条加工成短面条，为美国人提供饮食之便；并从美国人爱吃硬面条的饮食习惯出发，一改方便面适合东方人口味的柔软特性，精心加工出稍硬又有劲道的美式方便面，以便吃起来更有嚼头。

"第三脚"——由于美国人"爱用杯不爱用碗"，于是日清公司别出心裁地把方便面命名为"杯面"，并给它起了一个地地道道的美国式副名——"装在杯子里的热牛奶"，期望方便面能像牛奶一样，成为美国人难以割舍的食品；他们根据美国人"爱喝口味很重的浓汤"的独特口感，不仅在面条制作上精益求精，而且在汤味佐料上力调众口，使方便面成为"既能吃又能喝"的二合一方便食品。

第四脚——他们从美国人食用方便面时总是"把汤喝光而将面条剩下"的偏好中，灵敏地捕捉到了方便面制作工艺求变求新的着力点，一改方便面"面多汤少"的传统制作工艺，研制生产了"汤多面少"的美式方便面，并将其副名更改为"远胜于汤"，从而使"杯面"迅速成为美国消费者人见人爱的"快餐汤"。

凭借"四脚灵蛇舞翩跹"的营销策略，日清食品公司果敢挑战美国人的饮食习惯和就餐需求。其以"投其所好"为一切业务工作的出发点，不仅出奇制胜地突破了"众口难调"的产销"瓶颈"，而且轻而易举地打入了美国快餐食品市场，开出了一片新天地。

讨论：
1. 日清食品公司成功实施"四脚灵蛇舞翩跹"营销策略的消费心理依据是什么？
2. 如果你经营一家方便面公司，请结合目前你对非洲市场的了解，说说如何打开南非市场。

阅读资料

微信红包毁掉了我们的春节？[①]

首先写这篇文章，源于朋友的吐槽："才几块钱，点破屏幕图个啥？"过年看着春晚，最可口的佳肴莫过于微信红包。需要承认的是，在写这篇文章的时候，我也和你们一样在抢红包。但，为什么我们要为一点小钱如此疯狂？

[①] 《微信红包毁掉了我们的春节？》，商界招商网，2015年2月25日。

红包是社交必需品

红包泛指包着钱的红纸包,是中华民族逢年过节的传统。

社交场合中,我们同样离不开红包。婚嫁、答谢等场合,都需要红包来助阵。

为什么人们热衷于发红包?很简单,谈钱多俗气,包个红包遮遮羞嘛。

如果别人帮助了你,你说,我给你银行卡转点钱吧,多奇怪?而恰恰是这种社交场景,在互联网上缺乏一个形式与之呼应,微信作为最好的强关系社交产品,推出微信红包并且大获成功是必然的,不是因为微信红包体验多么棒,而是人们对收发红包的需求自古以来就很旺盛!

人类是群居动物

在古代,人类与其他动物相比,除了智商高点就没什么了。所以,只有靠群居才能获得更多的食物和抵御其他掠食者的进攻,才能生存下去。

所以,人天生就是喜欢群居的,无论大事小事,聚到一起总是开心的,大家一起吃饭、打牌、聊天,一起跳支《小苹果》的舞蹈。这个时候如果有"土豪"站出来说要给大家发红包,是不是很开心?而且这也通常容易让聚会达到高潮……

但是,这种行为在现实生活中成本实在太高,除了年会老板咬咬牙以外,很少有人会这么做。

所以,微信抢红包可以营造一种欢乐的景象,发红包的人有成就感,抢红包的也会以为自己抢到了甜头。红包就像一个善意的谎言,钱多钱少不是主要的,得到总比失去来得快乐,就仅是大家聚在一起"抢"就足够有趣味了。

公平原则带来稀缺性

"太快了,还没点就没了!""第一名为啥抢到这么多?!""他开挂了吧?""没抢到,不开心!求定向!"

以上这些都是抢红包时最常见的吐槽。红包为什么要抢?因为稀缺,不是人人都能抢到,不是每个群都能抢。没抢到的人为什么会抱怨?因为在公平原则下,错失了一次自己原本稍稍努力就能得到的机会。而抢到的人会因一群人的抱怨越发开心,这个与钱多少无关,是人再正常不过的心理活动。

社交关系的维系

丘吉尔说过:"没有永远的朋友,仅有永远的利益。"(A country does not have permanent friends, only permanent interests.)这句话成为英国外交政策的基本原则。

尚且不论这句话的对错,它至少告诉我们,朋友和利益对任何一个人来说都非常重要。在微信中,与你建立情感连接或利益连接的人都非常重要,红包便成为你们维系彼此关系最好的工具。无论钱多钱少,比你收到的任何一条群发的文字都来得有分量。

"施"比"受"更为有福

有一项与大脑有关的实验,证明了"'施'比'受'更为有福"。科学家让实验者在实验过程中经历一些让人兴奋愉悦的事,包括在交通拥挤的地方发现一个位置极佳的停车位,或是获得一份意外之财,结果实验者大脑内的"奖励区域"(rewards area)会发生明显的反应;而当人们把钱赠给陌生人或慈善机构时,这个区域也会同样活跃,代表着一种美好的心情,长久下来,它对我们的身心都会有莫大的帮助。

结　尾

在未来的某一天,也许你在群里无意间发现一个红包,年少时拿长辈红包的场景一幕幕在脑海中浮现,埋藏在心底的连接的欲望被慢慢激发,与世俗和贪婪无关,只有美好和感动闪现。人们成功地找到一种方式:钱只是从一个人的口袋转到另一个人的口袋,不创造价值,看似零和游戏,实质是创造了无尽的快乐!

第九章

消费者群体市场心理概观

● 学习目标

1. 了解消费者群体的消费心理与动因形成；
2. 各个年龄层、不同性别群体的消费心理和消费行为等特征；
3. 认知当代消费心理与消费行为；
4. 了解消费心理与市场之间的关系；
5. 分析如何针对不同的消费者制定不同的营销策略。

● 导入案例

麦当劳中国求变2.0餐厅能重新赢回消费者欢心吗？[①]

麦当劳自1990年在深圳开设中国的第一家餐厅，至今已经是近30个年头，赢得消费者欢心，服务好广大就餐顾客，求变向好是麦当劳中国的初心。

如何赢得消费者的欢心

随着数字化、O2O的兴起，中国消费者的生活形态不断发生着变化，时代变迁也悄然改变了外食市场的格局。对曾经在中国市场风靡一时的"洋快餐"而言，如何重新赢得消费者的欢心，成为麦当劳首要考量的重点。

中国市场对新鲜事物的接受度比其他市场要高得多，麦当劳中国决定在中国市场先行推送餐厅升级，求变和适应顾客是硬道理。麦当劳中国重新定义了顾客的点餐方式、支付方式、餐单选择以及服务内容，一改消费者对于传统快餐的认识，把更多自由交到消费者手中，让顾客享受简单轻松的用餐体验。

麦当劳以健康风潮为目标，增加中式食品，减少盐的含量，增加沙拉和水果的选择。而数字化时代的到来，迎合广大消费者支付习惯的改变，更是麦当劳所要努力探索的，比如尝试各种支付途径，积累大数据记录分析顾客点餐的信息。

近年来，麦当劳中国已在上海升级了超过150家"未来2.0"餐厅，以顾客为中心，整合数字化、个性化和人性化的软硬件，全面提升顾客的用餐体验。麦当劳在原有基础上重磅推出送餐到桌服务，顾客无论是自助点餐或柜台点餐，都可以选择该服务，节省排队取餐的时间；携手西班牙大厨Ramón Freixa，全新推出两款"星厨系列"汉堡：由100%新澳进口牛肉制作的奶油坚果酱蛋牛堡，以及选用110克整块鸡腿肉的墨西哥烧烤风味鸡腿堡；在全国餐厅增设品牌大

[①] 改编自中国商报社主办的《中国商网》(2016—12—12)同标题文章。

使的岗位,为顾客提供温馨照顾、送餐到桌和派对主持等服务;麦当劳 App 在上海上线,整合"麦乐送"及手机下单餐厅取餐的服务;发布了微信小程序"i 麦当劳",顾客可以通过该小程序加入会员,在柜台手机支付时可获得积分并进行产品兑换。

麦当劳中国为快餐市场不断创新和尝试,在未来几年中包括北京、上海、深圳、广州、厦门等全国十多个城市的约 1 000 家麦当劳餐厅将完成"未来 2.0"餐厅硬件升级,占全国门店 40%以上。麦当劳自 1990 年进入中国以来经历了五次升级,每一次升级都蕴含着麦当劳为中国市场所作的求变精神,赢得更多消费者的欢心。

2.0 餐厅是对传统餐厅的颠覆

2.0 餐厅是对传统餐厅的颠覆,而 2.0 餐厅又何尝不是对麦当劳自身的颠覆——从顾客排队点餐到自助点餐,从自取餐食到送餐到桌,麦当劳试图通过数字化的硬件、个性化的产品和服务,提升顾客的用餐体验。

"未来 2.0"餐厅采取了数字化、全渠道的点餐模式,双点式柜台将点餐区和取餐区分开,电子屏幕将显示备餐状态并提示取餐,顾客也可以选择送餐服务,在自动点餐机上点取餐食后,拿取定位器就可以坐等服务员送餐上桌。

值得一提的是,双点式柜台也在越来越多的门店出现,一方面可以减少等候时间,同时也是为满足手机订餐、外卖服务的需要。

在个性化定制方面,麦当劳也在做出尝试,消费者可以在触屏自助点餐机定制属于自己的汉堡和甜品,可自由调整产品需求,如饮料去冰、汉堡去酱及调整肉类等。

麦当劳中国欲以数字化的"快"来打造生活方式的"慢",以往快餐依赖快速、品质一致、环境干净取得了成功,但现在消费者对餐厅的要求在改变,他们希望服务要快,但不希望就餐前要承受排队的压力,服务能隐形,能够有更多空间,餐厅应该是清洁卫生、轻松欢快、放松心情的空间。顺应顾客需求,近年来麦当劳餐厅也相应作了室内就餐环境的升级,力图广受用餐顾客的喜爱。

麦当劳之求变中的不变

在大刀阔斧地对门店进行升级之际,麦当劳的引入战略投资者也在进行中。

2017 年 1 月,中信股份、中信资本以及凯雷投资收购麦当劳中国内地和香港业务 20 年特许经营权,整体估值 20.8 亿美元。其中,中信股份和中信资本在新公司中持有 52%的控股权,凯雷和麦当劳分别持有 28%和 20%的股权。麦当劳(中国)有限公司也已于 2017 年 10 月 12 日正式更名为金拱门(中国)有限公司。

新麦当劳中国也宣布了中国内地未来 5 年的发展计划,预计到 2022 年底,中国内地麦当劳餐厅将从 2 500 家增加至 4 500 家。届时,约 45%的麦当劳餐厅将位于三、四线城市,超过 75%的餐厅将提供外送服务。

快速发展麦当劳中国业务,释放麦当劳更多的潜力,经营好店面的同时维护好麦当劳品牌,为顾客提供更多更好的服务,是麦当劳中国不变的宗旨。

第一节 少年儿童消费者的市场心理

在消费心理学中,少年儿童消费群体是指 14 岁以下的群体。根据国家统计局发布的 2015 年全国 1%人口抽样调查主要数据公报数据显示 0~14 岁人口为 22 696 万人,占 16.52%。从 20 世纪 80 年代起我国新生儿出生人数逐年下降,少年儿童人口占总人口的比重相对降低,但是,其绝对数量仍然很大。少年儿童的消费已经成为家庭的消费中心,少年儿童的消费需求在商品市场上形成了一个重要的影响因素。因此,研究少年儿童的市场心理,是研究消费者心理的一个重要内容。

一、少年儿童的消费地位

儿童的发育要经历婴儿期、幼儿期、学前期、学龄期和学龄晚期几个阶段。儿童阶段是成长发育打基础的时期,也是智力开发的重要时期。少年儿童是特殊类型的消费群体,是家庭消费的中心。年轻父母在孩子的食品安全、医疗、早期教育等方面的投入可谓不遗余力,是家庭的刚性需求。基本上表现为"两人挣钱三人花、孩子花钱是老大"。

我国城市儿童消费市场规模很大,这从儿童消费的绝对量方面就可以证明。《现代教育报》对100位北京家长进行了关于"2016年家庭教育消费"的问卷调查,结果显示:八成以上的家庭对子女教育有较多投入,其中更有两成的家庭对子女的教育投入占到家庭总消费支出的三成以上;与基础学费相比,兴趣培养、课外补习、留学等的份额构成了家庭消费不可忽视的重要组成部分。

家长对儿童用品的需求主要集中在儿童智力培养、营养保健和品格培养等方面。这说明,中国城市家庭的儿童消费在经历了保障基本生活消费、追求享乐性消费之后,已发展到强调成长性消费的新阶段。

成长性消费又称发展性消费,一般是指家庭针对儿童成长的需要而进行的相关消费行为,如为少年儿童的良好发育而购买各种营养品,为知识学习和能力培养而购买启蒙教育书籍、器具以及让幼儿参加各种启蒙教育培训等。与基本生活消费及追求享乐消费不同的是,成长性消费是一个具有较高信息内涵、消费者介入度较高且个性化取向强烈的领域。在儿童用品市场进入个性化消费的时代背景下,儿童用品常常与儿童特定的发展阶段和特定的成长需求相关联。

少年儿童由于特殊的消费地位,并且在消费上依赖于成年人,往往不同程度地直接影响着其周围成年人的消费行为。

二、少年儿童的消费特点

学龄前儿童在消费上的首要特征是依赖性,他们必须依赖成年人满足自己的消费需求。其次,由于身心发育的原因,学龄前儿童对消费品的需要主要是物质需要,随着年龄的增长,精神需要才逐渐发展和丰富起来。

(一)婴幼儿期的消费特点

主宰婴幼儿消费的是婴幼儿的父母长辈。一般在婴幼儿时期,每个家庭都非常注重儿童的营养和健康,以及使儿童心理健康、智力得到开发的投资和早期教育。在由中国关心下一代工作委员会儿童发展研究中心发布的《中国科学早教大数据》显示,2017年中国父母花在对孩子早期教育的费用呈上升趋势。对早教支出500~1 000元/月的占比最高,达41.3%。其中,城市父母基本上会拿出1/15至1/5的收入用于孩子的早期教育消费。调查发现,对早教有消费意识的人群集中在1985~1995年出生的人群,"90后"出生如今当上爸妈的已经成为科学早教的中坚力量,早教消费意识强过"70后""80后"和"85后"。他们的消费观念是全新的,并且表现出以妈妈的消费观念为主导。数据显示,无论处于孕期还是处于产后,还是在孩子的早期教育,"由妈妈提出需求并决定最终购买"的占比为92.2%,"爸爸提出需求"的选项比例为

45.9%。可见,如今的母婴消费已是典型的"她时代"。

在这一时期,家庭消费注重于婴幼儿的营养食品和健康用品,以及适合这个年龄段儿童的简单智力玩具。随着儿童逐渐接近学龄期,家长开始有意识地让孩子接触各类幼儿书刊画报、智力玩具;有些家长着意培养孩子的各种兴趣,如让孩子学绘画、学音乐、学拼音,甚至学电脑打字;有些家长超前为孩子购买电脑、钢琴等,为孩子请专门的教师辅导;更多的家长则在节假日里带领孩子外出旅游,让他们接触社会和领略大自然。

(二)学龄期的消费特点

到了学龄期(小学阶段),少年儿童的消费特征开始稍有变化。这一年龄段的孩子,精神、文化和知识的需要逐渐发展并占据中心地位,消费的中心从生理、物质需要向精神、文化需要转移,消费行为也由原来的全依赖向半依赖过渡。例如,家长们普遍有"望子成龙"的心理,一般对下一代的文化学习比较重视,并且有较高的期望值,只要对孩子的学习有帮助,他们都愿意尽其所能为孩子创造条件。

(三)学龄晚期的消费特点

到了学龄晚期(中学阶段),这一年龄段的少年儿童处于生长发育时期,受教育、文化、社会的影响,儿童的自我意识得到加强,在消费特点上由原来的全依赖、半依赖逐渐向独立性、自主性意识发展。这一年龄段的少年儿童不仅能意识到自己的某些需要,有的还会要求家长到哪家商店去购买哪类商品,甚至有独立购买和认定品牌的愿望。

在这一阶段的少年儿童,通常有以下几个心理特点:

(1)希望自己被爱、被关心、被重视,渴望得到情感上的安全感。

(2)希望自己被了解,彼此之间相互信任,取得心灵上的沟通。

(3)希望显示自己的聪明、智慧等优点,行为上要求独立、自主、与众不同。

(4)希望参与创造力、支配力强的活动,从中得到他人的肯定。

(5)希望了解和观察更多事物,有较强的好奇心和求知欲。

三、少年儿童的消费心理

(一)消费的依赖心理

由于少年儿童的购买能力还没有完全独立,在购买商品时往往缺少自己的主见,因此表现出很大的依赖性,而且年龄越小,其依赖性越大。他们只知道要这样购买商品,而不考虑为什么要如此购买。往往在购买学习用品时,非常相信老师的话,同学之间"你有的学习用具我也想拥有"的心理比较活跃;在购买生活用品时,一般由父母决策和做主,带有父母对消费活动的明确的目的性,如购买什么商品、何种款式、多少价格,以及到何处去购买等。总体上,少儿在吃、穿、用、玩等方面的消费心理具有单纯性、依赖性和模仿性。

随着20世纪80年代以后出生的独生子女开始成长为年轻父母,他们的消费观念是全新的,养育孩子的理念从过去的"养大"转向为"培养"。父母更注重孩子的独立自我意识的培养,让孩子有更多的自我主张和自主选择,父母受教育程度的不断提高,以及他们对儿童教育的科学主张,儿童消费已逐步趋于民主。家长在购买赠送孩子的礼物,或到哪里旅游、去哪个博物馆参观之前,通常会征求孩子的意见。根据中国青少年研究中心"中国少年儿童发展状况(2010年)"调查项目的研究表明,在消费时完全听命于父母的为28.3%(2010年),而在1999年这一比例为39.6%,10年中下降了10个百分点以上;父母与儿童之间协商决定消费的接近六成(2010年),10年间增加了近8个百分点。

(二)消费的模糊心理

少年儿童年幼,没有太多的生活知识和经验,不熟悉购物活动,缺乏选购能力,往往胆怯,而内心却有着较强的购物欲,尤其当看到了电视播放的精彩的少儿用品的广告,或看到同伴拥有了某种物品而自己没有时,所表现出的购物欲望就更为强烈。因此,在购物时,少年儿童在琳琅满目的货架前,往往表现出犹豫不决、捉摸不定、左顾右盼等不稳定的、复杂的心理活动,并在很大程度上受外界影响的调节和支配,如营业员的劝诱、有奖促销广告的吸引等。这种消费的模糊心理状态的表现程度,将随着他们年龄的增长而逐渐减弱。

(三)消费的天真好奇心理

少年儿童纯真、幼稚、有童话般的幻想,因此,在购物时表现出天真好奇的消费心理。他们的需求标准往往是成年人所难以理解的。例如,一些制作精美的高级糖果引发不起儿童的食欲和兴趣,而一些制作简单的糖果,因包装内附带有各种不同的小玩具,却备受儿童的青睐。这正说明这些附带小玩具的糖果迎合了孩子们将食用与玩耍寓于一体和天真好奇的消费心理。

(四)消费的直观心理

这是少年儿童普遍存在的一种消费心理状态。少年儿童对外界事物的认识主要是直观表象的形式,缺乏逻辑思维。表现为从商品的直观印象上进行比较和选择,往往不太注意甚至根本不去注意挑选商品的品牌和生产厂家、比较商品的质量和性能等。例如,孩子们对一些动物形状包装的塑料罐饮料感兴趣,却不强求这些食品是否符合卫生合格标准,有无注册商标;孩子们对一双运动鞋产生购买欲望时,根本不考虑这双运动鞋的皮质和鞋底的柔韧性,更不会考虑耐穿程度。在购买商品时,他们往往以"好看""我要""喜欢",或是"某某小伙伴也穿这样的鞋"等情绪因素为主,凭直观、直感、直觉来决定消费。

(五)消费的可塑心理

少年儿童处于认识事物的学习阶段,易于接受新生事物,同时由于他们的思维批判性尚没有发展成熟,对老师的话、同龄人之间的交流、书本知识和传播媒体上的观点,往往容易接受甚至深信不疑。在消费心理上,少年儿童通常表现为最容易被那些动人的推销宣传所说服和左右。例如,电视台播放动画片《宇宙英雄奥特曼》,并在放映过程中插播恐龙和机器人玩具的广告,一时间这些恐龙和机器人就成了孩子们爱不释手的玩具。之后又上映儿童剧《喜羊羊与灰太狼》,不仅儿童喜爱观看,就连成人也被电影中的故事情节打动,一些儿童用品生产商便以电影主人翁的图形作为商品包装,有文化用具、食品和服装,使孩子们见到有"喜羊羊"或"灰太狼"的儿童用品就争相选购。一些情节生动、扣人心弦的动漫电影在少年儿童中收视率非常高,剧中角色的服饰、道具、发型甚至剧中主题歌的CD唱片等,都成为他们的抢手货。这些都说明了少年儿童对新鲜事物特别敏感,观察力强,喜欢模仿,容易从众。他们尚未形成有目的、有系统的分析判别能力,控制和调节自己意识及行动的能力也不强,当受到外界一定的刺激和影响时,就可能产生可塑心理,改变初衷。

第二节 青年消费者的市场心理

青年是指从少年向中年过渡时期的人。根据我国的具体情况,消费心理学所指的青年消费群体是指年龄在15～44岁之间的消费者所形成的消费群体。根据《中国统计年鉴2016》的人口数据显示,这一年龄层的青年人占中国总人数的比例为44.1%。

一、青年消费群体的主要特点

青年消费群体除了具有一般消费群体的共同特性外,还具有以下三个主要特点:

(一)年龄跨度大、人数众多

处于这一年龄段的人由于年龄跨度较大,因而人口众多,占目前中国总人数的比例为44.1%。他们中既有20世纪70年代后期出生的,也有在国家独生子女政策背景下成长的"80后""90后",形成了与以往各个代际都有所不同的"特殊群体"。

青年是社会各领域的中流砥柱、财富的创造和拥有者,对社会发展有强大的影响;因此,是一个十分广阔和活跃的市场,被称作消费的黄金群体。

(二)具有较强独立性和消费潜力

青年消费者已具备了独立购买商品的能力,即能够独立决策、独立执行、独立使用。根据目前的状况,在校大学生一般享有国家发放的生活补贴和学校发放的助学金、奖学金,以及家长给予的生活费用;并且利用假期勤工助学,学生手中有了少量的经济收入。青年人踏上社会、参加工作后,有了固定的工资收入,在消费上便有了较多的需求,加上尚无家庭负担,经济开支相对比较宽裕和随心所欲,购买商品的独立性往往更加强烈。

随着青年人参加工作时间的增长、经济收入的不断增加,以及社会交际、人际往来的需要,青年消费者的购买能力也随之增强。在家庭消费方面,由于他们已经长大成人,在家庭中的地位发生了变化,再加上青年人身上能体现新的知识和新的消费观念,家长在消费决策时往往希望他们参与其中,征求他们的意见,因此,青年人的消费领域较为广泛,并具有一定的消费潜力,成为社会商品购买力的重要部分。

根据新生代市场监测机构CMMS的研究数据,"70后"和"80后"即年龄在30～40岁阶段的青年群体,在服装、移动电话、电脑等产品的拥有量上远远高于"50后"和"60后"的中年群体,甚至在家用轿车的拥有量上,青年人也高于中年人。

(三)具有较大影响力

最关注和热捧高新技术产品的永远是年轻人,年轻人引领消费时尚,与上一辈人的购物忠诚度和选择惯性不同,喜欢在消费和购买过程中追求新鲜,追求变化,追求符合自己个性的产品。而一旦有产品为众多青年人所拥有,很快会向社会传播。苹果手机针对年轻人不断推出新产品;耐克每年都会诞生新款运动鞋;而百事可乐抓住年轻人喜欢"酷"的心理特征,不断推出一系列以"百事新一代"为主题的产品,所倡导的生活理念正符合当代青年人心底暗藏的消费需求,突出了年轻人的张扬个性的特点。

青年人对商品的需求与爱好,往往能影响整个消费市场。例如,新婚夫妇的购买行为往往代表家庭生活的最新趋势,对追求时尚和现代化的已婚家庭有一定的消费冲击力和诱惑力。

青年人有崭新的消费观念。随着消费意识与行为的逐渐成熟,他们在家庭购物决策中的影响力也逐渐扩大。在家庭消费中,他们的意愿往往被家人所重视,起着举足轻重的作用。青年人随着成家、生育,又以独特的消费观念和行为影响着他们的下一代。

正如美国著名消费者行为学家M.R.所罗门所说的那样:"改变消费者行为的许多生活方式都是由年轻消费者所推动的,他们不断地重新定义什么是最热门的而什么又不是。"

二、青年消费群体的消费心理概观

在青年时期的初期阶段,年轻人正在接受高中、大学高等教育或者刚走出校门踏上工作岗位,思维能力有了开拓,能够独立思考问题,在购买商品时基本具备了选择能力,其消费心理也日趋复杂。到了后期阶段,知识阅历和生活经验都不断增长,社会活动范围、接触面日益广阔,信息量增加,经济能力有所具备或已经具备,所以消费心理也愈加丰富。

青年消费群体虽然还未完全成为中国消费市场的主导者,但绝对是未来市场的中坚力量,只有了解和研究他们独特的消费行为和心理特征,才能如实分析和预测未来的消费市场、结构以及消费趋势,引导企业制定正确适时的营销策略和广告宣传。

(一)富有新时代气息

青年人充满朝气与活力,热爱生活,富有理想,憧憬新生活,追赶时代潮流,还有冒险精神和强烈的创造力。在消费活动中,青年人对商品的造型和外观要求能反映时代风尚,对商品的结构、性能等方面也要求能够符合现代科学技术和现代生活方式,而对利用服务方面的消费,则表现出追求享受、新潮、刺激和新奇的特点。例如,衣、食、住、行图快捷简便,穿衣要简洁和时尚,吃的要半成品或成品,出行要现代化的交通工具。近年来节假日的跨省市和出境旅游人数中,青年人占有相当大的比例。

也正是因为这些生活观念的引领,处于这个年龄段的青年人在消费行为上表现出大胆与叛逆,在他们眼里很少有禁区,没有不能做的事。有调查表明:中国青年人的消费观念具有明显的全球化倾向,喜欢上网聊天、打电子游戏、手机换个不停、吃洋快餐和穿新潮服饰。一位知名时尚杂志的编辑这样描述道:不管在美国的纽约、法国的巴黎、日本的东京、韩国的首尔,或是中国的北京、上海,都能看到追随流行装束的年轻男女,他(她)们新潮的发型有几绺漂染了色彩,着装时髦前卫,有些戴着形式各异的帽子,有些戴一副没有镜片的宽边眼镜架,身上佩戴着亮丽的饰物——中国的年轻人与国际时尚同行。

(二)追求个性、表现自我

个性是指在人的先天本性的基础上,后天在社会因素影响下,通过个人的活动、行为而构成的相对稳定的心理特征的总和。个性具有整体性、稳定性、可塑性、独特性和共同性。

青年人处于少年向中年的过渡时期,少年期的未成熟心理与中年期的成熟心理共存。体现自我意识是青年人在消费活动中的心理要求,因此,他们更多地喜爱能够体现个性的商品,往往把所购商品与个人性格、理想、身份、职业、兴趣等联系在一起,并形成购买需求的总趋势。随着生理发育的成熟和社交面的扩大,青年人希望形成完美的个性形象,追求标新立异,强调个性色彩,不愿意落入"大众化",认为"与众不同"比"追求流行"更为重要。大部分人在经济可承受的前提下,主动消费的意识比较强烈。他们崇尚的理念是"钱不是省出来的,而是赚出来的""钱挣来就是为了花的",希望尽可能拥有自己喜欢的东西和服务。他们也滋生了很多不同于上一代人的消费主张——工作就是为了赚钱生活,只要开心就好。有着敢于花"明天的钱"的勇气,只要喜欢就会去买,有感觉就行。因此在消费中崇尚属于自我的消费选择——"我的选择我喜欢",他们更注重的是在消费过程中带来的愉悦感和成就感,不论收入是否丰厚,消费意识绝不落伍。

改革开放以来,中国社会、经济、文化发生着快速变迁,随之青年消费群体的消费观念也在不断变化,他们的自我认同、价值观念、生活习惯和消费观念也都呈现了与以往不同的变迁。2016年波士顿咨询公司(BCD)与中国阿里巴巴联手调查,发布《中国消费趋势报告:三大新兴力量引领消费新经济》,报告对当今青年人消费趋势概括为:人设自由、独乐自在、乐活绿动、玩物立志、无微不智。他们工作赚钱,对怎么花钱消费自己有自己的消费主张。

(三)情感用事

青年人的自主独立性逐渐强烈,依附和从众心理不断减低,在购买商品过程中情感和直觉因素都起着比较重要的作用。当情感和理智相撞击时,一般偏重于情感,容易感情用事。同时,青年人在消费中的情感"两极性"心理也非常明显,肯定与否定都比较明确,强度也比较大。某种商品只要符合个人需要和兴趣,引起肯定的情感,便会形成对商品的偏爱和追求之心;反之,就会产生否定和抵触的情感,对商品厌恶、拒绝。

青年人消费的情感心理状态的另一个明显特点,是他们往往凭直觉选择商品,忽略了必要的综合选择过程,注意力集中在自己特别感兴趣的某个方面,其他方面就会忽略不计。青年人经常会在忽然之间产生购买念头而进行消费活动,款式、颜色、外观、品牌等外在因素都能单方面成为青年人的购买理由,这体现出冲动性消费多于计划性消费。

(四)超前消费

青年人的消费观念新颖别致,时代感强,但图享受、爱虚荣,消费水平与收入水平不成比例,便形成了消极的消费心理。这种消费早熟和超前消费的意识在高中生、大学生中较为突出。与父辈们不同的是,他们用想用就用、花钱快乐、明天的钱今天花的观念逐渐取代了省钱节约、量入为出的观念。

一项由光大银行、手机 QQ、美团点评、苏宁易购、360 手机助手等联合发布的《2017 年轻人消费趋势数据分析》的数据显示,全国月入 4 000 元以上的年轻人办理信用卡的比率超过 76%,信用消费已被大部分中高收入的年轻人所接受。在信贷方面,全国年轻人贷款年龄比例为:18～25 岁为 29.6%;26～35 岁为 49.1%;36～45 岁为 21.3%。而年轻人通过信用卡贷款提前消费,购买最多的是"电子产品"。这一研究表明,随着消费观念的转变,年轻人的消费观念已逐步由"生存型"向"享受与发展型"转变,超前消费被年轻人广泛认可。

反映在青年人身上的超前消费行为,实际上是炫富和过度标榜自己消费能力的思想流露。当有些年轻人手上有了一些收入时,便希望把这些钱变为他们迫切希望拥有的时尚的、奢侈的商品,在亲戚朋友、同事熟人中能显示自己的品位和地位,显示自己与众不同和超前意识,以达到心理上的满足感。

普华永道思略特 2016 年对豪华车潜在消费者进行了一项初步研究,以上海为样本城市,调查显示,26～35 岁的年轻人是豪华车的消费主力军。在这一组调查中,豪华车车主是"85 后"的超过 30%,而"90 后"的比例达到 12%。[①]

超前的消费意识导致一部分青年人滋长了"未富先奢"的消费心理。世界奢侈品协会的一项调查显示,2007～2010 年间,中国奢侈品主流消费群的最低年龄由 35 岁下降到 25 岁,中国奢侈品(主要以服饰、香水、手表、皮具等小件个人用品为主)的消费者比欧洲的奢侈品消费者年轻 15 岁,比美国的奢侈品消费者年轻 25 岁。瑞士联合银行对来自中美两地的 2 109 名的"千禧一代"年轻人的调查显示,"千禧一代"与"60、70 后"富有一族同样喜爱产品的奢华型,"千禧一代"成为奢侈品消费的主力军之一。根据 i2i 集团发布的微信调查数据,中国年轻人出国最爱购买的品牌前三名次依次是 Dior、Prada 和 Gucci。调查还发现,许多年轻人有过为购买奢侈品而特意积蓄的经历,还有不少年轻人不惜透支购买奢侈品,他们认为"买名牌,就是寻找一种感觉"。

---

① 杨海燕:"惊呆了,大数据说'90 后'开豪车很普遍",《第一财经日报》,2016 年 5 月 19 日。

三、新婚青年消费群体的消费

结婚建立新家庭是人生旅程的必经之路,大多数青年人都在这一阶段完成了成家立业的重大转折。新婚青年的消费既有一般青年人消费的特点,又由于结婚是人生的一件大事,在消费中表现出其特殊性。

(一)商品需求构成

新婚青年在建立家庭过程中的需求是多方面的。其需求构成以用的商品数量为最大,其次是穿的商品和吃的商品,大致形成了涉及婚姻介绍、婚礼策划、珠宝首饰、蜜月旅游、新居家具等在内的70多个行业的结婚服务产业链。居住用房商品化制度在中国大城市推行,青年人建立家庭前常常为购买住房或租赁用房以及新房装潢等花费较高的费用。

根据民政部门2017年的统计,全国每年就婚庆而产生的狭义消费约达到5 000亿元人民币以上,占国民生产总值的2.5%。结婚人数的猛增,使得全国城镇居民因结婚产生的直接消费总额直线上升。统计数据显示,新人们愿意把积蓄的30%以上用于婚庆相关的消费。[1] 根据中国婚庆产业调查中心的普查报告显示:在筹备新婚时,有88.4%的新人会拍摄成套婚礼婚纱照,49.15%的新人计划请婚庆公司策划婚礼仪式,78.7%的新人准备到饭店酒楼举办婚宴,36.8%的新人要为新娘购买婚纱,67.7%的新人将安排蜜月旅游。随着经济收入和生活水平的提高,新婚青年的消费需求日趋新潮、配套,追求喜庆、浪漫、高档次的和谐。

(二)消费相对集中

结婚用品的消费是建立新家庭的需要,购物时间与结婚时间有着密切关系,一般情况下都集中在结婚前后。新婚人士选购家庭日用品,包括高档耐用消费品,大多在婚前集中购买。按照我国传统惯例,新婚婚礼一般选择在春秋适宜的季节和喜庆节假日举行,如元旦、劳动节、国庆节、春节等。因此,结婚用品的销售有淡季和旺季之分。

(三)消费心理强烈、鲜明

新家庭的组合使青年人对未来生活充满希望和信心,有着美好的憧憬,所以,在消费行为与心理方面对物质商品的选择具有较高的要求,对精神享受也有较高的追求——求新求美,象征着新生活的开始;寓意良好,蕴涵着对美满姻缘的祝福和愿望;高雅舒适、富有情趣,可满足物质与精神的享受。

(四)结婚消费的趋势

新婚青年的消费心理,反映了一定的文化科学水平和社会潮流。目前,我国青年新婚家庭的消费档次在逐步提高,并呈继续上升的趋势,这一现象必然影响整个社会的消费市场。据商业部门调查显示,结婚用品市场消费呈以下四个明显趋势:

1. 传统化

年轻人结婚象征着新生活的开始,根据传统习俗,他们不仅选择吉祥日子,而且大红喜字、大红胸花、金钻婚戒、夫妻碗、龙凤杯是必备的吉祥用品。

2. 现代化

新家庭的居室用品日趋现代化,室内装潢和摆设不再是千篇一律的格局,而是充分表现出主人公的兴趣爱好、个性特点。在家用电器和日常用品的选购上,也反映出青年人现代化生活的时代节奏感。厨卫设备电器化、现代化几乎是新婚家庭的必备。

---

[1] 彭颖:"个性化消费加速婚庆产业链细分",《南方日报》,2017年12月20日。

3. 浪漫化

花万元拍摄婚纱系列纪念照片、穿着精美高雅的婚纱礼服、手持鲜花出席婚礼,更多新人整个婚庆过程全权委托婚庆公司操办主持,既热烈又时尚,并利用婚假双双外出旅行,有的甚至跨出国门或游览中国的边疆,更增添了新人蜜月的浪漫色彩。越来越多的新婚年轻人钟情于西式游船、西式证婚、中式围餐的中西式结合的多元化婚礼。

4. 高档化

结婚毕竟是人生中的大事,这使结婚用品的消费趋向日益高档化。新婚家庭购置居家住房,选购成套家用电器、成套高档家居用品、汽车等已经不是稀罕事。

第三节 女性消费者的市场心理

一、女性消费市场的主要特点

女性消费市场主要是指女性专用商品的市场,如化妆品、装饰品、女性衣料服饰、女性保健用品等,以及主要由妇女购买的家庭日常消费品。

(一)女性消费市场是极富潜力和极其广阔的市场

根据《中国统计年鉴2016》的人口数据显示,我国男性人口为70 356万人,占51.22%;女性人口为66 993万人,占48.78%。总人口性别比(以女性为100,男性对女性的比例)由2010年第六次全国人口普查的105.20下降为105.02。一直以来,青年和中年女性在消费活动中具有较大影响力,即大致在15~55岁这个年龄段的女性,约占人口总数的22%以上。

如今在获得大学或更高学历的人群中,男女比例为2∶3,女性在获得高等教育的同时,相对而言获得高薪、高职位的工作机会也随之增多。同时,女性也要工作赚钱,很自然地在一些消费支出上女性扮演着比较重要的角色。

在美国调查公司和高端技术市场研究机构所做的调查中,65%的受访女性认为,她们是家庭财务的主要计划者,71%的受访女性将自己称为"家庭会计师",女性在家庭中做出75%的购物决定,比历史上以往任何时期都控制着更多的财富。盖洛普的一项民意调查显示,如果一个家庭是丈夫一人工作赚钱养家糊口,妻子虽然不赚钱,却拥有管理钱财的足够权力,即丈夫可以独立决定家庭支出的1/3,妻子也可以独立决定家庭支出的1/3,余下的家庭1/3支出则是丈夫与妻子共同决定;在夫妻双方都工作的家庭,如果妻子的收入高于丈夫,妻子对家庭的支出和钱财管理说了算的比例要高出丈夫1倍。结果表明,在家庭中妻子赚的钱比丈夫越多,妻子在决定如何花钱上就越有发言权。

在多数中国家庭中,女性不一定是家庭主要收入来源——74%的女性收入比配偶低,但她们在消费方面拥有很大的发言权。数据显示,中国家庭中有51%的已婚妇女将夫妻双方工资放在一起共同管理,有60%~70%的家庭消费权力掌握在女性手中,仅有2%的女性将收入全部交给配偶管理。调查所得的结论是,在中国大城市,女性是家庭消费的主力,也是社会消费的重要一环。除了购买自用商品、丈夫和子女的消费品、家庭用品以外,大到家用电器,小到柴米油盐,女性的意愿或意见都是极其重要的决策因素。

因此,女性消费者既是众多商品的使用者、影响者,也是决策者和执行者;女性消费者市场不但是人数众多的市场,也是消费领域非常广阔的大市场。

(二)女性消费市场的主要商品是软性商品和包装商品

1. 软性商品

软性商品是指流行性、装饰性的商品,如衣料、服装、鞋帽、饰品等。这类商品的消费特点是:女性消费者的心理因素和商品的设计特色是她们产生购买动机的主要原因。

2. 包装商品

包装商品是指包装于容器内的商品,如洗衣粉、化妆品、熟食品等。女性消费者往往凭借消费习惯、品牌印象购物,冲动性消费占较高比例,所以这类商品的知名度越高,越容易销售。

3. 消费结构多元化

中国女性对时尚的追求正与时俱进。拥有女性信用卡、享用女性银行服务、女性保险服务、女性电脑、女性手机甚至女性汽车都已习以为常。

女性的职业精英群体正在不断壮大,消费决策上拥有更多的话语权,消费结构也显示出多元化。来自东风日产的一份研究报告指出,购买汽车的消费者在决定选购哪类汽车品牌时,女性的意见占了60%。

据《2017年女性生活蓝皮书》中《2016年中国城市女性消费状况调查报告》显示,2016年,女性个人最大一笔开支用于"服装服饰"的人数最多,占47.1%;家庭最大一笔开支用于"孩子教育与教养"的最多,占30.6%;61.8%的女性年均支出近4 000元用于参加各种培训;95.2%的女性有网络购物经历,这比上年(82.2%)高出13个百分点;占60%的女性较常使用现金支付和手机支付的支付方式。74.0%的女性外出旅游,女性家庭旅游的平均花销为1.15万元;74.6%的女性有不同类型的投资理财;女性消费的多元化不断显现。

(三)女性消费者选择商品的精确程度较高

由于女性消费市场上消费品种繁多,弹性大,女性消费者具有细腻、认真的特性,因此,她们对商品的挑剔程度相对男性要高。为了购置某种商品,她们一般不厌其烦地货比三家,直到挑选到符合自己标准的商品,这使商品生产厂家的竞争更趋激烈。

女性在对家庭大宗消费的参与度也越来越高。据齐家网和亿邦动力网联合发布《2017年度互联网家装用户洞察报告》的数据显示,互联网家装女性用户在2017年首次超出男性群体,25~45岁人群为主力装修人群。女性用户中87%拥有自己的工作,具有一定经济能力,在家装过程中更关注家装材料、产品对健康的影响。[1]

(四)追求个性品位,消费日趋成熟

随着人们生活水平的提高、产业结构的调整,职业妇女群体中不乏中、高收入者,她们具有较高的文化素养和国际化欣赏眼光,追求个性时尚,讲求科学保健,带动并影响着整个女性消费市场,其消费行为和消费心态日趋成熟。

随着中国女性接受高等教育和就业的机会增多,女性的消费习惯产生了重大变化。尤其是在城市,女性享有更大的经济独立性和消费选择。全国妇联的专项调查显示,有78%的已婚女性负责为家庭日常开销和购买衣物做出决定;在购买房子、汽车或奢侈品等高价商品时,23%的已婚女性表示她们能做出独立决定,其余77%女性会与配偶商量后决定,但她们的个人好恶仍然会对最终购买决定产生较大影响。

---

[1] "2017年互联网家装用户洞察报告",《中国新闻网》,2018年2月27日。

二、女性消费群体的消费心理概观

(一)求美

中国女性的消费结构正在不断多元化,与女性的外表、形象等有关的消费占据了女性时尚消费支出的60%以上。物质生活水平和文化素养的不断提高,使越来越多的女性注重自己的整体形象,一些迎合女性身体健康、容颜美丽的产品和服务广泛受到女性青睐。女性整体形象包装已不再是明星们的专利,它正走进普通女性的生活,女性对美的追求已经再上了一个台阶。

爱美是女性的天性,并充分体现在消费过程中。女性在购买专用商品时,往往比较强调美的效果,希望能保持自己的自然美和时代美。女性在挑选商品时,侧重于外观包装,对于同样用途、同样价格、同等质量的商品,总是乐于选择包装质量上乘的;此外,针对内在质量和外观质量两个方面,女性也比较注重外观质量。

女性消费者爱美心理的另一种表现是,总希望自己比别人更美,使自己更突出、更亮丽。她们在购物时,除了满足自己的基本消费需求或使自己更美、更时尚外,往往还会显示自己更会生活、更富有、更有地位。当这种心理独立存在并支配女性的消费行为时,表现为追求商品的高档次、高质量、高价位,以及追求色彩或造型奇异、别致、超俗、洒脱、与众不同等。

(二)注重情感

一般而言,男性在购买商品时,比较强调商品的功能、效用,受到理性支配的作用较强。而相比较之下,女性消费者对商品的情感特征比较重视,如广告渲染的气氛、食品的诱人香味、化妆品的芬芳和外观、服饰的款式和色彩等,都能在女性的消费活动中产生影响力和感情差别,从而决定购买取向。女性消费者在替家人购置物品时,感情色彩更加强烈。例如,"为你的先生选购这件时装,穿着起来一定更加英俊潇洒";"你孩子穿上这件毛衣,一定更加活泼可爱"。诸如此类带有情感色彩的煽情劝诱,极易引起女性消费者的购买欲望。因此,在对儿童用品和男性用品进行宣传时,如果能对母亲、妻子、女儿实行感情上的诉求,以母子情、夫妻情、父女情加以渲染,远比直接宣传商品的质量和价格效果来得更好。一位搞营销策划的行家提出,当今的消费权由妇女掌握,把握住她们,就把握了市场。

(三)求实、求便

女性消费者富有处理家务劳动的经验,她们往往在购物时以商品的实用性大小来衡量商品的价值,对商品在生活中的实际效用和具体利益表现出更强烈的要求,而对那些抽象的、难以捉摸的、非现实的东西则关心甚少。女性消费者大多比较细腻,喜欢反复询问,不厌其烦,商品细微之处的优点能迅速博得她们的欢心。

女性消费者平时既要工作,又要操持家务,她们迫切希望减轻家务劳动工作量,缩短家务劳动时间。因此,她们对日用消费品和主副食品的安全性、实用性、方便性,有更为强烈的要求。在购置物品时,她们一般都愿意去超级市场和便民商店,因为那里不仅购物环境好、品种齐全、分门别类、价格公道,而且能使她们在消费时达到一次性完成购物活动的目的。

女性消费者还有追求新鲜和变化的心理,她们对生活中新的、富有创造性的事物充满热情。如佩戴一件新颖的装饰品,重新调整居家装饰,尝试做一道从未做过的菜肴等,以显示其新鲜感和创造性。因此,那些使用上既能方便省力,又能给予发挥创造性的心理满足的商品,更受女性消费者的欢迎。

(四)自尊心强

女性消费者有较强的自我保护意识,对外界事物反应敏感,形成了一种自尊心理。具体表现为:常常以自己的购物眼光、习惯、标准和爱好来分析、评价商品与服务,喜欢独立自主地选购商品,往往不愿意别人说自己不了解商品、不懂行、不会挑选,消费时以自我体验与感受为重要因素,一旦认定这一产品和服务是符合自己要求的,往往愿意为它支付高价。在购物时,营业员的表情、语言、广告宣传及评论都会影响女性消费者的自尊心,进而影响女性消费行为的实现。

(五)看重质量

美国学者迈克尔·西尔弗斯坦(Michael Silverstein)和凯特·瑟瑞(Kate Sayre)对女性消费者的一项调查显示,女性在对食品、服装、餐馆、住房、家具以及鞋等商品和服务上更加注重质量与安全,愿意为高质量的商品和服务花费相应高的金额,如图9—1所示。①

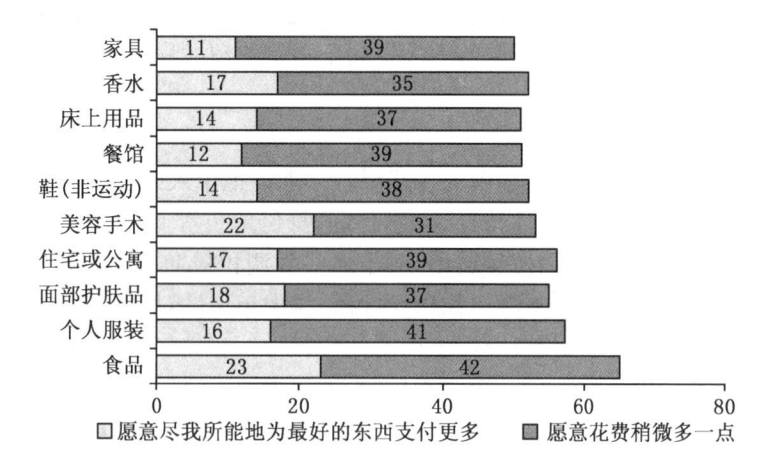

产品	愿意尽我所能地为最好的东西支付更多	愿意花费稍微多一点
家具	11	39
香水	17	35
床上用品	14	37
餐馆	12	39
鞋(非运动)	14	38
美容手术	22	31
住宅或公寓	17	39
面部护肤品	18	37
个人服装	16	41
食品	23	42

注:由于四舍五入凑整,数字加总或有差异。

图9—1 女性愿意为更好的产品和服务支付高价(前10种产品)

第四节 中老年消费者的市场心理

在我国,中年消费者一般是指45～60岁的消费者所形成的消费群体,老年消费者一般是指61岁以上的消费者群体。

一、中老年消费者的消费特点

(一)中年消费者的消费特点

中年消费者在家庭中一般是购买商品的决策者。这是由于他们的子女在经济上尚未完全独立,购买商品的决策权往往由其中年夫妇承担;又由于中年人的父母都已经步入老年,外出选购商品不太方便,并且获得商品的信息少,也把购买商品的决策权交给了他们的儿女。因此,中年消费者不仅掌握着家庭消费的决策权和购买权,同时左右着未独立子女及老年人消费的决策权和购买权,在消费活动中处于重要的决策位置。

---

① 迈克尔·西尔弗斯坦、凯特·瑟瑞:《女人为什么购买》,东方出版社2011年版。

1. 素质水平高

中年消费者较之他们的上一代，具有较高的文化知识水平，经过四五十年的生活历练和改革开放，加之丰富的工作经历和知识阅历，综合水平、人员素质不断提高。可以说，中年消费者群体是知识型的消费群体。

2. 当家理财，量入为出

中年消费者大多是家庭经济的主要负担者，他们肩负着抚养子女、赡养老人的双重重担，因此对经济合理支配、量入为出是中年消费者消费行为的一大特点。

3. 多方选择，主动参与

在中年消费者对购物环境、具体商品、销售形式以及对售后服务的选择中，表现出参与消费的自主意识大为增强。

4. 把握理性，抑制冲动

随着科技水平的不断提高，商品信息具有传递快捷、更新频繁、准确性高的特点。中年消费者在对商品信息接收和分析的过程中，大大提高了消费的理性程度，对消费市场和消费商品更能够谨慎审视、理性分析。

5. 突出个性，表现自我

消费个性化是中年人在消费活动中的普遍反映。他们把个人或家庭的消费与社会、环境、自然紧密联系，突出表现自己的个性特点、兴趣爱好、身份地位等。男性对于成功、成就、财富的追求欲望要高于女性，在时尚消费领域中，对于那些强调积极向上、成就自我价值同时不落俗套的产品诉求和概念容易产生兴趣。相比女性而言，中年男性对科技产品，尤其是新推出的经过改良的日用电子产品更感兴趣，更愿意消费体验。

有关部门对百名中年消费者的一项调查显示，近年来中年消费者群体存在如下消费趋向：(1)求质量。52%的中年消费者把商品的质量放在消费决策因素的首位，即使价格偏高或款式普通，也愿意选购质量优良的商品。(2)求实用。51%的中年消费者注重商品的使用价值，不过分挑剔商品的款式、外观和色调。(3)求方便。32%的中年消费者注重商品的便利性，包括使用便利和维修便利，购买商品时，愿意选择售后服务好、跟踪安装、上门调试维修的商品。(4)求价廉。27%的中年消费者以价格低廉作为购买目的，在观念上保持着俭朴的传统，对款式、花色、功能等均无过高的要求，在同类产品的选择上，多以价格低廉的商品代替价格较高的商品。(5)求信誉。10%的中年消费者对产品信誉表示重视，对质量好、信誉高的商品长时间保持使用。

(二)老年消费者的消费特点

根据《中国统计年鉴2016》的人口数据显示，60岁及以上人口为22 182万人，占16.15%，其中65岁及以上人口为14 374万人，占10.47%。随着中国经济实力的提高，老年人的物质和精神生活不断丰富，老年人的消费观念也随之改变，由过去的勤俭持家逐步转化为现今的追求自我享受。当老年人手上的"活钱"增多时，购买欲望甚至比青年人更强烈。

老年消费者在生理上与心理上同青年相比都发生了明显的变化，在衣、食、住、行、用等生活消费需求上都体现了年龄的特征，由此形成了具有特殊要求的消费者群体。

奥美整合行销传播集团大中国区研究部在2009年3月公布了一项中国老年人的调查研究结果：老人们几乎已经完全接受了到超级市场购物的现代购物方式，尤其在北京和上海，这两个城市的受访者中分别有84%和96%的老年人经常前往超市购物消费。大多数老年人表示，超市较大程度地避免了短斤缺两、服务水平差等现象，而一站式购物的便利，也节省了老年人购物的时间和精力;老人们在自己的健康保健以及预防疾病方面投入很大,76%的受访者保持某种形式的日常锻炼;39%受访者服食膳食补品和维生素;26%的受访老人不排斥住在敬老院,和其他家庭的老人们一起做伴养老;85%的受访老年人通过手机和朋友们保持着联系。

二、中老年消费者的消费心理概观

(一)中年消费者的消费心理特征

中年人经验多、阅历深、情绪比较稳定,多以理智支配自己的行动。消费过程中,从购买欲望形成到购买行为发生,中年人往往经过分析、比较和判断,表现出独立自主、沉着冷静的特点,并且一般不轻信别人的煽情和劝诱。

1. 注重计划

中年消费者一般上有老、下有小,家庭生活经济负担较重,长期的艰苦奋斗勤俭持家使他们养成了精打细算的良好习惯。他们既要把家庭生活安排好,又要以经济核算、量入为出为消费原则。因此,他们的消费行为计划性强、盲目性少,具有较强的求实心理和节俭心理。

2. 注重便利

中年人是家庭的支柱,承担着抚幼赡老的责任,生活处于经济负担沉重时期,而工作和事业也正处于人生中的鼎盛时期。为了减轻劳动力和缩短劳动时间,在日常生活用品和副食品方面,中年消费者更欢迎便利、耐用的商品。

3. 注重实用

商品的实际效用、合理价格、外观造型等的统一,是刺激中年消费者购买的动因。他们已不再像青年人那样追求时尚和新颖,相比之下更加注重商品的使用价值和实际效用。

4. 注重情理

中年人受感情支配的消费动机并非不存在,受中国自古以来尊老爱幼传统美德的影响,为老、少辈购物都会体现感情的照顾。此时,他们购物未必完全出于实用动机,而是以老、少辈的愿望为主,表达尊老爱幼之心。

(二)老年消费者的消费心理特征

1. 消费欲望明显增强

昔日的"重积蓄、轻消费""重子女、轻自己"已逐渐被"花钱买健康""花钱买潇洒"所取代。他们的子女都已成家立业,家庭负担已大为减轻,老年人有一定的储蓄可供消费支出。越来越多的老年人感悟到,以前在物质和精神生活相对贫乏的年代没有机会满足各种生活追求,如今经济发展、生活富足,从繁忙的工作和家庭负担中解脱出来,应该让自己的晚年生活过得更幸福、更健康、更充实。因此,在购物消费活动中,尽量满足自己的需求,其购买欲望明显增强。

根据JDND消费指数之《2017年老年人网购消费趋势报告》的数据显示,网购正让老年人变得更优雅、更自信。一线城市、高学历的老年人的消费欲望显著增强,调查显示,接受调查的网购老年消费者中,退休金在3 000元以下仅占24.9%。月退休金在4 999~3 000元占比最大,达到35.2%;月退休金在7 999~5 000元的也有28.6%,这两者加起来,总占比近64%,而这还不包括11.4%的月退休金在8 000元以上的"金领级"退休老人。报告显示,家电产品在老年网购各类消费中排第一位,占22%;而在网购图书品类中,老年人购买童书的销量占比从2015年不到千分之一增长到2017年的17%。[①]

---

① JDND消费指数之《2017年老年人网购消费趋势报告》,2017年11月16日。

2. 老年消费者多具有"失落感"

老年人由于感知能力和体力的不足,远不能与自己年轻时身强力壮的状态相比,在消费过程中尤其希望受到关怀照顾和良好的服务。老年人在社会上、家庭里都是长者,他们唯恐受到冷遇和失落,总期望得到社会以及晚辈的尊重和礼遇。在消费过程中,他们希望服务员对商品做详尽介绍,语言行为有礼貌,多尊重他们。况且中国社会历来把尊敬长者作为美德,商家更要把尊敬老年消费者看成至关重要的事,爱护和关心长者,设计产品时每一个细节都为年长使用者着想,把好产品质量关、安全关。

3. 老年消费者多具有"怀旧感"

老年人喜欢回忆往昔,那些能令人"发思古之幽情"的商品能够赢得他们的好感。他们相信老字号、老品牌,而对新产品、新品牌则表现出不放心的心理。

4. 老年消费者对同辈具有"信任感"

老年人生活经验丰富,消费中一般不轻易相信他人的劝诱和解释,尤其对年轻人,往往有偏见与不信任感;相反,对同辈比较信任。因此,企业应该设法让老年人去说服老年人;另外,在让老年人了解某种商品时,可举行现场表演及用实例予以说服,但产品说明一定要遵循实事求是原则,切忌夸大其词,无一说二。

5. 老年消费者喜欢吉祥征兆

老年人都希望自己无病无灾、久安长寿,因此,凡是与长寿健康有关的事物,都被他们视为吉祥瑞福。在消费购物过程中,老年人表现出喜爱有利于健康长寿的消费品,喜欢带有与"喜庆""健康"相关联的商品包装和广告宣传。他们一旦对某种产品或服务建立了信心,一般不会轻易改变;当然,一旦令他们失望,便会掉头而去,不再反顾,很难挽回他们的信心。

6. 老年消费者对品牌的感知

2005年,一项以上海、北京、广州三个城市65岁以上人群为调查对象的研究表明,不同性别、年龄、居住地、婚姻状况、教育程度、工作状况、家庭收入和家庭结构的消费群体在"品牌意识型"的购买决策风格上具有明显的差异:男性消费者的品牌意识要强于女性,上海的老年消费者对品牌的意识较北京、广州两城市的老年人更为强烈,丧偶、离异、未婚老年消费者的品牌意识明显强于已婚者,大专或同等以上学历的老年消费者最具品牌意识,在职以及退休后无偿兼职的老年消费者具有更强的品牌意识。[①]

本章小结

心理学理论认为,人的行为都是源于自身的某种需要。消费者群体市场心理是指消费者处在某一社会群体中,在行为上所表现出来的既具体又相对稳定的心理特点,这些特点通常包括:认知,即消费者所想要的;体验,即他们对消费内容的感受;行为,即他们所做的消费活动;环境,即消费者的行为以及能对消费活动产生影响的事情和场所。在现实生活中,消费心理必然受到诸多因素的影响,如受年龄、性别、职业、经济状况、生活方式等个人因素的影响,受消费动机、感知、信念、态度等心理因素的影响,还受到社会阶层、人员群体、家庭、文化、历史背景等社会因素的影响。消费者心理的千变万化造就了消费市场的多姿多彩,而认识消费者群体市场心理,了解掌握消费心理、特点以及变化趋势,关键是要通过调查研究和科学的分析。

---

① 刘超、卢泰宏、宋梅:"中国老年消费者购买决策风格的实证研究",《商业经济与管理》,2007年2月。

思考题

1. 少年儿童有哪些消费心理特征？企业、商家应如何引导并开展营销活动？
2. 针对老年人的消费心理特点探讨"银色市场"还有哪些可开发、挖掘之处，以及如何开发和挖掘。
3. 作为青年人，请谈谈你的消费观念和消费行为特征。
4. 联系近年来消费市场的状况，你认为企业经营决策者应如何围绕"扩大内需"来展开营销活动？
5. 假设从企业的角度，应该如何针对不同的消费对象、消费需求来开发新产品？请举例说明。

案例分析

玛莎百货退出中国："水土不服"是因为犯了所有的错[①]

玛莎百货（Marks&Spencer，M&S）是英国最大的跨国商业零售集团，亦是英国代表性企业之一，在英国零售商中具有最高的盈利能力。是一家以自有品牌为驱动的百货公司，与宜家的经营理念类似。

玛莎百货的发家史，也是一个白手起家的传奇故事。其创始人 Michael Marks 为了养活自己，借了 5 英镑在一个综合市场里开了家一元小店，只有 1 个摊位。

Marks 花了 10 年时间攒够了钱在这个市场买下了自己的永久店铺，而此时，会计 Tom Spencer 成为他的合伙人。

Marks 店里提供的食品低廉、健康，还非常美味，所以，食品销售量上涨。于是，在英国西北部很多市场开起了分店。不久，专卖食品的玛莎百货（Marks&Spencer）正式诞生了。在接下来若干年内，Marks 和他的合伙人事业做得风生水起。

1997 财年，玛莎百货第一次走上事业巅峰——玛莎百货成为英国第一家税前利润超过 10 亿英镑的零售商，创下了全英国第一的佳绩。

2008 年，玛莎百货首次进入中国内地，用了 8 年时间在北京、上海等地了开设了 15 家大型门店。

2016 年 11 月 8 日，玛莎百货宣布关闭中国内地所有商铺，而 4 月 1 日玛莎百货正式全线退出中国。

零售并不是高门槛的行业，只要勤快，将每个环节、细节优化好，成本达到最低化，就能做出不错的成绩。

但这些年很多国外做得风生水起的连锁零售企业在中国开店却纷纷亏损，甚至最后全线撤出中国。是什么原因导致国外这些大型连锁零售在中国出现了"水土不服"呢？

观点一：国外零售在中国"水土不服"的原因之一，对中国文化、管理不了解。

在中国开设店面当然需要懂中国的文化、中国的管理模式，这方面亚洲企业就做得很好，像我国台湾、香港地区的企业及泰国企业等，欧美国家就做得差一些。本来中国与欧美的文化

[①] 改编自《联商网》"黄诺观察"，2017 年 6 月 21 日。

差异就比较大,从下面几点就可以看出:

差异1:中国消费者喜欢热闹,欧洲人喜欢冷清。欧美卖场的布局喜欢留出很宽阔的过道,亚洲卖场就刚好相反,比较拥挤。

差异2:中国消费者喜欢暖调,欧美人喜欢冷调。欧美大部分的卖场倾向于冷色系,他们认为在硕大的空间用暖调容易让人心情浮躁,比如,沃尔玛冷冻的岛柜只有白色和黑色两个基本色,"岛柜"的英文是 frozen coffin,翻译过来就是"冷冻的棺材"。

而中国消费者喜欢暖调,陈列的道具、布展、促销的旗子基本上都是用的红色、橘色、黄色等比较热烈、奔放的颜色。

差异3:中国消费者喜欢促销,欧美更偏向于细水长流的营销方式。欧美的卖场只在几个比较大的节日里才有一些打折,平时不会有太多高高低低的价格起伏。中国消费者更喜欢在原价基础上打个五六折。

观点二:国外零售在中国"水土不服"的另一个原因,是大量雇用海外高管。

零售是与消费者打交道的行业,如果你的高管连这个国家的语言都不会说,怎么深入了解这个国家的国情、民情、民俗文化和消费习惯?海外高管会把德国的经验、英国的经验生搬到中国来,自然而然就无法与中国人更好地沟通和融合了。

可以肯定的是,在今后很长一段时间,中国的线下零售里,中国企业、亚洲企业会更有前途,因为它们对这片环境更了解、文化认知感更强,能够更深入了解消费者心理,进而更多地采用符合中国消费者的行为和手法去开创企业的发展道路。

阅读资料

乐高:积木的创意和构思,玩家说了算①

1984年,4岁的杨浩得到一件生日礼物,爸爸从法国回来,给他带了一套乐高玩具,可以搭出一块地板、一所房子和一辆汽车,这是典型的欧洲中产阶级生活图景。1990年,杨浩的爸爸又送给他一套一模一样的乐高玩具,所有部件翻倍,可以建成两层楼、两辆车。乐高发展至今,已经拥有1 000多种形状的塑料积木,每种形状都有12种颜色,各种形状的积木可以任意组合,能够搭建无穷多的造型,可以实现数不清的场景,甚至可以模拟一切事物。

2012年,已过30岁的杨浩自己购买了乐高科技系列的越野摩托车,拼好之后,他不再像小时候那样拆掉再去组装别的模型,而是把摩托车小心地摆在家里,过段时间再去店里寻觅新的款式。

对于像杨浩那样的、时间很少但经济宽裕的成年人来说,相比将一盒积木拆来拼去,他们更享受摆弄积木拼装成形态各异的模型的过程。像杨浩这样的资深粉丝会去收集各种各样的模型,最终将自己融入自己的乐高世界。这也意味着,这样的乐高爱好者们将不断地花钱来购买乐高产品。一套积木可以玩上好几年的童年时代已经过去了,取而代之的是丰富的产品系列,以及乐高精心编织的故事情景,这也是乐高所具备的独特魅力。

初期的乐高只是单纯的积木,没有故事,在漫长的发展过程中,乐高为各个年龄段的儿童开发了不同规格的乐高玩具。比如专门为3~5个月的婴儿设计的积木是正常积木的8倍,可以防止婴儿误食。以及各种五花八门的主题系列。目前,乐高在全球120个国家占有巨大的

---

① 改编自纪晓祎:"乐高:玩儿什么,玩家定",《商学院》,2014年1月。

市场份额,据估计,全球有超过 3 亿儿童拥有乐高玩具,儿童们每年花在玩乐高积木上的时间总计大约为 50 亿小时。

不过,乐高并没有满足于仅仅做儿童的启蒙玩具。从 20 世纪 80 年代开始,乐高把生产线延伸到教育方面,并设立了一个独立的部门,专门为幼儿园、小学设计教育用"乐高"。现在这个部门已经和太空组、城堡组一起,成为乐高最重要的三个小组。

1999 年推出的星球大战系列让乐高看到,会讲故事的玩具未来有更大的市场潜力,而且,在复制门槛极低的玩具产业,产品很快就会被人抄袭,而由人物和故事所组成的产业链,涵盖了微电影、卡通片、漫画的乐高世界,几乎不可能照搬和复制。

在乐高的故事中,除了原创的 City、Duplo 等系列,有很大一部分来源于电影授权合作,包括星球大战、指环王、忍者神龟、超级英雄和哈利·波特等。2013 年 7 月,乐高又发布了以电影《回到未来》为主题的积木玩具,包括电影中主角驾驶的穿越时空的 DeLorean 汽车、MartyMcfly 和 DocBrown 等主角的人物小模型和一些小配件。

乐高曾经在 2003 年推出过一系列产品,没有得到市场认可,并使公司几乎陷入破产的危机。造成失败的最根本原因,就是乐高没有能够真正从玩家那里获取创意,而是闭门造车,与玩家喜好和意愿相背离。乐高在吸取了这次惨痛教训之后,清醒地认识到,乐高必须以玩家为上帝,研发和创新都应以玩家为本。于是开发了乐高 Cusoo 创意园项目,玩家可以把自己的奇思妙想的设计构思制作成效果图,发到乐高官网 Cusoo 项目的创意园里。只要打开这个官网的首页,就可以看到不同的乐高爱好者上传的各种不同的创意图片,下面显示已经获得的支持票数。如果得票数超过一万人,乐高的研发部门就会给予关注;如果产品最终上市,原作者还可以得到 1% 的利润提成。《回到未来》的设计模型就是在这里得到了最多的支持,终于落地成真。

乐高还特别建立了"DesignByMe"的服务,在这个在线模拟系统,玩家可以自己设计 3D 模型。对于具有创意的、独特的设计,乐高会予以采纳并把它生产出来,寄给玩家。

乐高就是这样视乐高玩家爱好者为上帝,并一直在向上帝玩家们请教,看他们心中的故事是什么样子,并举办各种活动来鼓励玩家们充分开拓想象力,挖掘他们的奇思妙想和创意构思。以忍者系列为例,一开始只是简单的几幅画,他们把这些画拿给孩子们看,听取他们的感受、感想。男孩子看到之后都非常兴奋,故事的主角就这样被定了下来;再看他们的敌人是谁,孩子们一下子就反应过来,说忍者的敌人肯定是骷髅人,于是反角也有了;接下来他们还要不断地询问和反馈,最终设计出孩子们理想中的忍者玩具系列。

乐高的成功就在于:让爱好者们儿时对乐高积木的情感一直伴随到他们长大成人,让孩子们有憧憬、有愿望,并随着年龄增长不断丰富其构思和创造力,让玩具积木超越了玩具的范畴。它不仅可以唤起童年美好的记忆,更让成年人留驻在美丽的童话世界中。

第四编

营销心理策略

市场,商家必争之地。欲征服竞争对手,先得征服消费者。任何营销策略的制定,都必须从消费者着手。唯有这样,企业才能既使消费者购买到称心如意的商品,又使企业实现商品到货币的"惊险一跳"。所以,营销心理是关键的一环。在21世纪的商战中,得人心者得市场。

第十章

新产品开发、推广与消费心理

> ● 学习目标
>
> 1. 了解新产品的含义和类型;
> 2. 掌握新产品设计开发的主要步骤和心理策略;
> 3. 了解影响新产品推广的主要因素;
> 4. 理解新产品推广的心理策略。

> ● 导入案例

人工智能与新产品开发[①]

对科幻小说影迷来说,人工智能可能会让他们想起《星球大战》(*Star War*)中那个喋喋不休却没有恶意的金色机器人C-3PO,或者《终结者》(*Terminator*)中征服人类的人工智能超级电脑"天网"(Skynet)。但人工智能并不只是一台科学家希望某天他们能创造出来的、拥有人类智能的机器。人工智能由一系列算法和科技组成,这些算法和科技已经为今天我们日常生活中的许多工作提供了动力,成为新产品开发的重要领域。

如今,越来越多的公司开始投入人工智能的发展。当谷歌相册(Google Photos)使用人脸识别技术将人的照片分组时,它利用了人工智能深度学习技术。雅虎、脸书和其他网站上跟你交流的聊天机器人也使用了人工智能技术。当你把一张手提包的图片上传到阿里巴巴的购物网站后,它就会使用深度学习技术帮助找到匹配的手提包。还有数字助理,比如Siri、Alexa、Cortana和谷歌智能助理(Google Assistant),它们都使用了人工智能技术来为用户提供信息或执行任务。

人工智能初创公司Zipline,这家公司利用无人机向卢旺达西部等边远地区运输血液。对于那些陆地交通不发达的地区,这项服务非常关键。因为当一辆卡车到达那里的话,可能已经太晚了。这一地区的医务人员可以通过一款应用订购他们所需要的血型。半小时后,一架无人机就会把血液从空中送来。无人机的里程有75公里,精度可达五英尺。

C3 IoT利用四大科技趋势帮助公司解决商业难题,这四大科技分别是大数据、云计算、人工智能和机器学习,以及物联网。比如,它帮助一家意大利电力公司利用智能仪表检测欺骗行为。在意大利有3%的电都被盗用了,公司首席数据科学家济科·柯尔特(Zico Kolter)说道。有些人甚至把汽车电缆线接在电表上偷电。"我们预测欺诈的概率和能量回收的概率,"他说

[①] 《美国人工智能企业在研发哪些有趣的AI产品》,http://www.knowledgeatwharton.com.cn/article/9330/。

道。在另一个案例中,这家初创公司对油气井进行监测,看哪些油气井更容易发生事故,造成环境问题。

BioAge Labs 是一家生物制药初创公司,它利用机器学习技术帮助人们延长寿命。"他们在你的血管中寻找对死亡有预测作用的小分子,"陈说道,他的公司也投资了这家公司。"他们通过机器学习技术发现这些小分子,然后研发药物帮助我们延长寿命。"

Airware 是一家为采矿等行业服务的无人机技术分析初创公司。比如说,矿主需要遵守很多安全规范,其中有一条是使用石头作为路标来引导矿车。这些石头的高度必须是矿车最高的轮子的两倍。矿主通常会让人去量石头的高度。而 Airware 简化了这一过程,它利用无人机分析图像,发现那些较矮的石头。它还可以分析路的陡度,然后建议司机选另一条比较省油的路。

在当今市场上,复杂多变的消费需求、不断进步的科学技术以及日益激烈的市场竞争,都使得产品的生命周期越来越短暂。企业要在市场上生存、发展,力争产品迅速更新换代和开拓新产品、新服务已是必由之路。越来越多的企业管理者信奉并遵守这样一则信条——"不创新意味着死亡"。于是,新产品的开发和推广成为营销者的重要工作之一。菲利普·科特勒曾指出:"市场营销计划的主要任务之一就是不断发展新产品创意,并成功地实现它们。"只有被市场接受的产品创意才可能实现。所以,研究消费者心理,从而使新产品开发推广适应最终裁决者即消费者的需要,就显得非常必要了。

第一节 新产品的含义

一、新产品的含义

新产品突出的是一个"新"字。通常,提起新产品,人们想到的是那些过去没有而现在被发明创造出来的东西。这是科技上所讲的新产品。营销学中的新产品并非仅指这一种情况,它包含了更广的含义。那些在老产品基础上加以革新和改进的,甚至仅仅改换了包装方式的产品,那些在现有产品系列中增加的、品种和规格略有差异的产品,以及那些引进的其他市场已有的产品等,都属于营销学的新产品范畴。也就是说,用市场和企业两个标准来衡量:对市场来说,是第一次出现的产品;对企业来说,是企业第一次生产或销售的产品。

二、新产品的分类

依据对市场、企业而言不同的新旧程度,可以得出一个新产品的分类矩阵图,如图10-1所示。

(一)全新产品

全新产品指第一次生产、第一次上市的前所未有的产品。该种产品是由于科学技术的进步或为满足市场上出现的新需求而发明创造出来的,在原材料、加工工艺以及产品结构、性能、造型、款式等方面均属完全创新。如采用最新科技成果制造的光导纤维、微型电子计算器等,而家用彩电、冰箱、洗衣机等第一次出现时也是全新产品。随着科技进步、生活节奏加快和消费结构改变,"轻、薄、短、小"的全新产品不断问世,并受到广大消费者欢迎。但全新产品的开发常常伴随很高的成本和风险,故这类新产品在新产品总量中所占比例并不高。

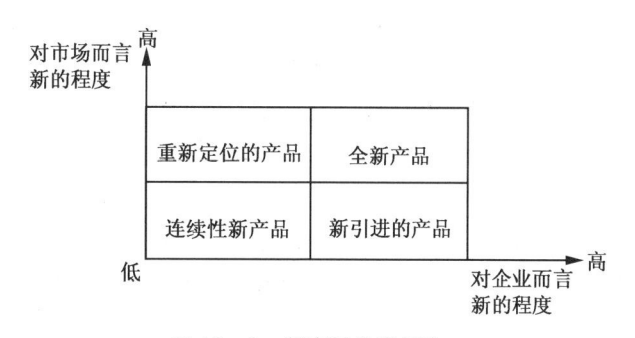

图 10-1　新产品分类矩阵

(二)重新定位的产品

重新定位的产品指投放到新目标市场上的现有产品。根据营销学基本理论,市场可以按多种标准划分为若干细分市场,任何一个企业都不可能囊括所有细分部分,而只能是有选择、有侧重地占领其中的一个或几个目标市场。把在原目标市场上取得成功或销量饱和的产品,投入新的目标市场,等于把现有的产品进行一次重新定位。对于新的目标市场来说,这种产品就是新产品。

(三)新引进的产品

新引进的产品指在市场上已出现,但对企业来说是第一次生产的产品。一般是企业通过引进、模仿别人的技术,并稍加改进而打上自己品牌生产的产品。例如,某企业引进汽车生产线,生产、销售各种型号的汽车。开发这类新产品不需要占用太多资金而且风险比较低。

(四)连续性新产品

连续性新产品是指在原有产品的基础上进行改造而得,对市场、企业而言都不是全新产品,故有连续性新产品之称。这类产品在新产品总量中所占比重最高,达63％左右。具体可分为三类:(1)对现存产品线的增补产品。产品线在营销学中指相关联或相类似的一组产品,如化妆品、妇幼用品等大类。在现有的产品大类中增补的新品种、新规格、新花色和新款式等的产品就属于这类新产品,它虽然与原有产品线中的老产品差别不大,但可以满足多层次的消费需求和消费偏好。(2)改良性产品。在老产品基础上略加改进而成,保持原有的用途,只在设计、工艺、原料方面做少许改良,以降低成本或提高产品性能,方便消费者使用。市场上大多数新产品都可归于这一类。例如,将单卡录音机改进为双卡录音机,普通保温瓶改进为气压式保温瓶。这种新产品适应消费者渴望变化的心理,并利于消费质量的提高,所以很容易被消费者接受。(3)革新性产品。主要指对老产品作较大变动,发展其性能,增加其用途,使消费者获得更多的利益满足。例如,脚踏普通式缝纫机发展为电动多功能缝纫机。

新产品投入市场,会对消费者的消费观念、消费方式和消费心理产生不同程度的影响。例如,手机的问世,为世界几十亿人提供了新的移动信息传播媒介和娱乐互动方式,进而使整个社会生活面貌发生了变化。反过来,消费心理和生活习惯也会影响人们对新产品的接受程度和速度。例如,习惯了喝煮咖啡的人对刚上市的速溶咖啡难免疑虑重重,雀巢咖啡正是克服了这点后才获得成功的。

三、新产品开发和推广的成功条件

创新是对机会的捕捉,也必然会经历风险的考验。美国一份统计资料表明,新产品开发的失败率高达20%~80%。有不少产品被设计制作出来，但得不到推广，或投入市场后，很快就销声匿迹，被市场所淘汰。可见，企业要保证新产品顺利开发并在市场上站稳脚跟，不是件轻松的事，而要面临诸多风险。克服这些风险而取得成功的条件可归纳为以下几个方面：

(一)市场调查

实践表明，消费者购买意图与新产品能否解决消费者难题或满足消费者需要有很大关系，成功的新产品必然是那些能真正满足消费者内在需要的产品。而市场调查工作正是把握消费需要特点或动向的途径。市场调查工作的主要内容包括科学技术的新动向、消费者需求的变化趋势、潜在购买者的分布状况、市场竞争程度等，这是新产品开发推广成功的第一步。

(二)企业自身素质

企业的开发、推广能力表现在两方面：企业实力的物化表现——雄厚的技术和资金、完美的营销战略和技巧等；企业实力的精神表现——内部协调一致的支持、配合以及创新精神的发扬。这两方面是新产品成功的后盾和力量之源。

(三)市场策略

企业的新产品开发和推广是营销活动的重要方面和内容。产品本身的效用、独特风格是影响新产品能否成功的最重要的因素。新产品以其特质吸引人。没有明显的优越性和新颖的个性，就不可能赢得消费者青睐，也不可能把使用老产品的消费者吸引过来。这一点在新产品的推广中再详细分析。其他因素也不能忽略，如合理的价格、适当的分销渠道以及有效的促销手段，无一不是新产品成功的条件。缺少这些条件，往往事倍功半，甚至引起消费者的抵触情绪而导致失败。

(四)其他条件

目标市场的政治、法律等其他因素也应考虑。一般来说，政治稳定、安居乐业的消费者乐于接受新产品；反之，社会动荡时，消费者对新产品兴趣不大。了解目标市场形势，恰到好处地把握新产品上市时机很重要。

第二节 新产品开发的心理策略

一、新产品开发过程

新产品开发指研制新产品的过程。这是一项很复杂的工作，其程序可分为四个阶段：创意阶段、概念阶段、产品试制阶段和市场策略阶段，并经历"产生构思→甄别构思→概念形成和测试→财务分析→产品发展→市场试销和商品化"几个环节。

(一)创意阶段

在这一阶段，提出新产品的创意及做初步挑选，建立和分析新产品的机会。具体包括：

1. 产生构思

开发新产品的设想即构思，又称创意，指人们根据技术、经济、市场信息，在已有基础上提出开发新产品的方向、设想和意图。寻找构思是新产品开发的第一步，而顾客的需求和欲望是寻找新产品构思的逻辑起点。市场体系中的每一个成员，包括消费者、中间商、市场研究人员，甚至竞争对手，都可能是新产品构思的来源。企业可借助问卷法、访问法、讨论法等方法集思广益，获得丰富构思。

2. 甄别构思

对构思的可行性进行评估,挑选其中适当地做进一步分析。在挑选中应避免两种错误:误弃——放弃了不该放弃的;误用——接受了不该接受的。挑选时,企业必须根据内外部条件全面分析衡量,审慎决定取舍。原则上,最重要的考虑因素有:(1)公司内部条件,指公司的资源分析,包括人力、物力、财力等;(2)企业战略目标,指发展该构思是否适应企业的利润目标、形象目标等;(3)市场上的成功条件,指市场需求、竞争状况及社会环境等。

(二)概念阶段

在这一阶段,建立产品概念并予以测试。

1. 产品概念形成

产品构思是从公司的立场制定的,而产品的成败取决于消费者接受与否。要考查产品能否被接受,就必须把产品的构思(公司所认可的产品)转化为产品概念(消费者眼中的产品)。一种构思可转化为多种概念,例如,关于一种高营养乳制品的构思可得到多种不同的产品概念(如图10-2所示)。A概念是老年人早餐饮用营养价值高的乳制品,B概念是适合青年人在平时饮用方便的即溶奶粉,等等。

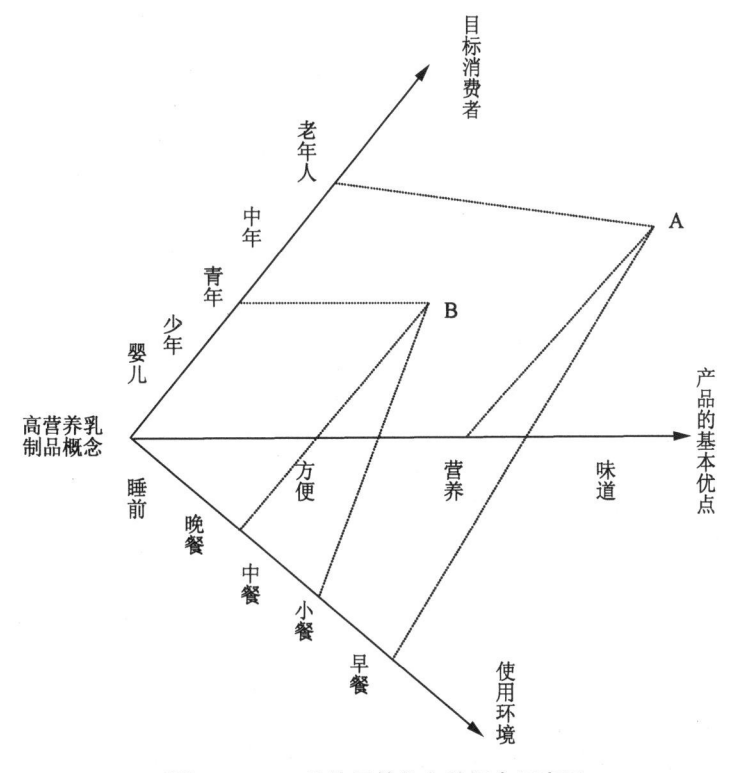

图10-2 一种构思转化多种概念示意图

2. 采用消费者调查法进行测试

对众多的产品概念进行挑选,最常用的方法是消费者调查,也就是用文字、图画或实物将产品概念展示于一群目标顾客面前,观察他们的反应。一般包括这样一些问题:产品概念是否清楚易懂?该产品有何突出优点?能否满足消费者真正的需要?消费者偏好的品牌是什么?以及还有什么可改良的地方?等等。了解这些信息可帮助企业改进和完善产品概念。

(三)产品试制阶段

在这一阶段,对产品概念进行财务分析并实现产品概念的形体化。

1. 财务分析

评价该产品的商业吸引力,包括估计销售量、成本和利润等,以便对新产品投产以后可能遇到的风险做出科学的预测。

2. 产品发展

根据以上确定的产品概念而制造新产品的实体雏形,包括包装的设计、品牌的决策等。再请一部分消费者对其进行试用,看看这种实体产品是否确实具体反映了产品概念中的关键属性,是否安全、可靠地执行各项功能。经历多次测试和改进后,方可正式投产。

(四)市场策略阶段

在这一阶段,先对新产品进行市场试销,后实现其商品化。

1. 市场试销

市场试销即提出一个新产品引入市场的初步营销计划,并在一定范围的消费者环境中实施。通过这种方法,可以测试出产品能否真正被广泛接受以及营销计划是否可行。

2. 商品化

商品化即正式向目标市场推出该新产品。正确地为新产品定位显得格外关键,并要把握时间性、地理性、灵活性等问题。

二、新产品开发的策略和方向

(一)新产品设计开发的心理策略

产品的概念是整体性的,包含核心产品、实体产品和附加产品三个层次,其中涉及多种心理因素,因此,新产品的开发设计除产品构思上以消费者需求为逻辑起点外,在产品实体及附加产品方面也应适应消费者心理,讲究心理策略。

1. 适应消费变化

产品最终的归宿在于消费,故而消费需求的变化直接关系到新产品的命运。适应消费变化也就是适应消费习惯、消费模式、消费心理等的变动,使产品"适消"而最终"适销"。近年来我国市场消费需求特点变化很大,主要表现在以下几个方面:

(1)消费习惯——改变了几十年一个样的消费习惯,出现多层次、个性化的消费趋向,使得市场上某些商品的生命周期相对缩短,农村消费者自给性消费减少,商品性消费增加,广大的农村市场潜力很大。

(2)消费模式——在消费结构中,购买"用"的商品消费支出增长幅度大;用于"吃"的比重变化不大,但质量在提高,购买快餐食品、初级加工食品和熟食品增加;对于发展资料和享乐资料,如订阅报刊、音像产品等的文化消费,休假旅游的消费增长很快。

(3)消费心理——除求稳、求全、求廉、求实心理外,出现喜新、争胜、保值等心理,随着消费质量的提高,理智型购买多于情绪型购买,常规型购买动机受复合因素驱动多于受单一因素影响。

(4)消费决策——随着收入的增加,许多家庭改变了过去由家庭经济主持人"专制"的决策方式,往往由家庭成员共同做出较"民主的"集体决策,甚至孩子的消费需要也能提示、促使或阻碍决定购买。

(5)消费观念——赶时髦、讲排场、盲目追求高消费的风气已有改变,消费者讲究个性、美观、健康,消费观念向文明、道德、审美和适度转变。

2. 适应个性特征

产品的最终使用者不是无差异的,他们有各自不同的特点。消费者个性指的就是他们的性格特征,通常可用自信、支配、自主、顺从、保守、适应等词来描绘,并在消费行为中体现出来。例如,有活动车篷汽车与无活动车篷汽车的拥有者之间个性差异很大,前者表现得较为主动、激进并具有较强的社交性。消费者个性千差万别,产品只有适应、体现消费者个性的产品,才能引起消费者特别的关注和偏爱。缺乏个性的产品总是一个面孔,难免乏味,引不起消费者的兴趣。赋予产品以品牌个性,使之符合相应的消费者个性是新产品争取消费者的有效方法。例如,为适应消费者的成就感、社会威望感,产品设计时应注意选料考究、款式豪华、质量上乘、功能超群,并且要控制产量。

3. 讲究科学合理

产品的实用性是产品的基本功能,也是消费者购买的基本出发点。因此,设计开发新产品时,必须科学合理,充分考虑其功能效用和安全保质的问题。既要符合生理要求又要遵循人体工程学的原则,使消费者获得最佳的使用效果。例如,夏衣面料要有良好的透气性,冬装则应轻便御寒。这是最基本的生理要求。产品还应运用人体工程学原理,与人的机体构造相适应,给人方便舒适感。例如,欧美人体型高大,东方人体型略小,同一种商品如剃须刀,在外形、体积设计上就要方便不同体型的消费者使用。

4. 符合审美情趣

产品除了在功能、造型、结构等方面要适应消费外,还应有观赏价值。产品内在美和外在美的统一是产品使用价值与欣赏价值的和谐。符合人们的审美情趣的产品往往最容易受到消费者垂青,例如,食品要色、香、味俱全;产品要讲究造型美、艺术美和色彩美;女性用品应纤巧雅致;儿童用品应造型活泼、色彩鲜艳;男性用品则造型粗犷、色调大方。要顺应消费者审美心理去设计开发新产品,并根据产品的性质特点,达到内容与形式的完美统一。

5. 符合社会潮流

男女老少的用品都有它们的流行性,流行心理是指一定时期内能引起相同行动的心理共鸣。新产品的设计开发要研究消费者追求流行的动机,善于捕捉、预测时尚现象,发现时尚规律,及时以产品大小、形状、颜色等的创新去适应社会潮流,在传递流行的同时,甚至可以创造流行、指导消费。

以上是新产品在开发设计中应该把握的一些基本心理策略。只有适应和满足广大消费者千差万别的生理需要和心理要求,产品才可能适销对路。因此,产品设计的指导思想应该从消费者全方位需求(包括生理的、心理的、物质的、精神的需求)出发,适应消费变化,满足多层次、个性化的需求。以这种思想为指导,遵循以上心理策略才可设计出理想的新产品。

(二)新产品开发的市场策略

新产品的开发可以独立完成或与有关科研单位合作,甚至完全委托有关科研单位进行发明创造,也可以是在原有的产品上改进以满足消费者的新需求,还可以对竞争者产品进行仿造,或者包括特许经营权等,这些都是从产品角度而言的。从市场角度而言的新产品开发策略主要有见缝插针的空档策略和重新定位策略。

1. 空档策略

这是一种回避那些在市场上供过于求或供求相近、潜力不大的产品,而把注意力放到努力发现市场供应的空档上去的策略。这种策略往往可以另辟蹊径,很有前途。美国第六大轮胎制造商阿姆斯特朗公司的成功之道就在于很好地运用了这种见缝插针的策略。该公司没有把有限的企业资源投入本已激烈的轿车轮胎竞争中,而是致力于挖掘和开发专门的市场空缺,在开发诸如周末旅游汽车和农用设备车辆的轮胎方面显示了高超技巧。运用空挡策略,一方面要符合自己企业的技术、资金等实情;另一方面要对市场供应空挡部分深入调查,确定其有一定需求潜力和前景,并充分了解这部分消费需求的特性。

2. 重新定位策略

把现有产品放到新市场上去重新定位,往往使它焕发新的生命。对于这个策略运用最成功的恐怕要数"万宝路"香烟了。享誉世界的品牌"万宝路"使人联想到的是男子汉的气魄,但多年以前它却是一种销路不佳的女士香烟。正是经过重新定位,才使它有了"第二次生命"而成为香烟中的佼佼者。制造商没有改变它的品质,只在包装和广告上大做文章,轻松奔放的乐曲、英俊豪爽的西部牛仔、壮丽的放牧场景巧妙地适应了青年男性的心理偏好,成功地打开了男性香烟市场。产品重新定位要注意针对特定的消费者层次来确立定位,也即找准目标市场的心理需求。

(三)新产品开发的趋势

根据当代消费趋势,新产品开发向多功能化、微型化、简洁化、自动化、标准化等方向发展。

1. 多功能化

多功能化指在单功能产品的基础上,增加产品的多种功能和用途,更全面地适应和满足消费者的需要。

2. 微型化

微型化指在性能不改变、用途不减少的情况下,减轻产品重量、缩小体积,如迷你小电视、移动电话、iPad等。这类产品便于携带、使用,也迎合了青年人求奇、求新的心理。

3. 简洁化

简洁化的产品利于消费者维修和保养,也容易吸引消费者大胆试用。

4. 自动化

自动化产品使用时省时省力,符合日益加快的生活节奏,如遥控彩电、智能空调等。

5. 标准化

产品结构在简单的同时力求标准化,以便购置配件、维修。

6. 节能化

节约能源使用量的新产品前途远大。

7. 多样化

新产品的开发应尽量多品种、多型号,以满足多层次的用户和消费者。

8. 美型化

新产品要注意外形美观、色调和谐、款式新颖。粗糙、笨重、俗劣的产品很快会被市场淘汰。

第三节　新产品推广的心理策略

紧跟新产品开发之后的行动便是在市场上推广该产品,新产品推广的过程也就是消费者广泛接受该新产品的过程。

一、影响新产品推广的因素

影响新产品推广的因素很多,这里着重分析产品和消费者心理两大类因素,它们互相作用,成为新产品市场营销活动成败的关键。

(一)产品因素

产品因素指直接影响消费者对产品的感知程度、心理反应和购买决策的新产品必须具有的特质。

1. 优越性

新产品自身的"新"即它在功能、效用上超过老产品的"优",这是影响消费者购买的重要因素。优越性越突出,消费者知觉速度越快、欲求程度越高。优越性越多,满足消费者需求也越多,该产品的市场扩散率、扩散速度也就越可观。

2. 适应性

消费者在长期生活消费中会形成一定的消费习惯、消费方式、价值观念和评价标准等消费模式,并且在短期内不太容易改变,与之冲突甚至会引起消费者反感抵触的情绪。因此,新产品如在消费使用中能适应消费者原有的习惯、方式和观念,扩散速度则快;反之,如果使用新产品需要很高深的知识和复杂的操作技能,消费者为此要重建一套消费习惯和方式,就不容易被接受,推广起来自然慢许多。

3. 可试用性

消费者经过试用感到满意后,才会对新产品产生信任。因此,注意新产品的可试用性有利于吸引抱疑虑态度的潜在顾客。日用消费品、食品等产品,刚上市时应尽量使用小包装,供消费者付少量费用尝试甚至免费尝试。大件耐用品也应允许消费者试用或在一定时间内可调换。实行产品试用,一方面扩大了新产品的感知度、影响度,另一方面增强了消费者对企业和产品的信任,有利于推广新产品并为新产品建立稳定的消费者群。

4. 沟通性

消费者有博得他人赞许和欣赏的炫耀心理和满足心理。因此,当他买到自己放心、满意的新产品时,在心理上希望把自己的购买行为、新产品的优点传达给亲友、熟人。口碑营销正是利用了这一心理原理。新产品的社会沟通性即信息可传达性越强,越容易被外显而引起他人注意,推广就越顺利。

(二)心理因素

心理因素指消费者对新产品的心理要求,它左右了消费者的购买决策和行动。现在和潜在的消费需求是新产品开发的第一步,消费者对新产品的欲求所在则是新产品推广的出发点。

1. 流行心理

流行是一种社会消费现象。在一定时期内,消费者会竞相模仿、追求某种东西,这种受社会欢迎成为时尚的东西称为时式。流行现象是人们顺应时代及从众心理的反映。流行的运行周期大抵分"倡导→时尚→衰退→消失"这几个阶段,不同的产品因商品自身特点和消费者特点不同而具有长短不一的流行周期。例如,耐用品流行时间长,日用小商品流行周期则较短。新产品的推广应利用流行心理,在产品导入市场时积极倡导,广泛传播有关信息,鼓励流行。流行的传达方式大多是"舆论领袖→追随者→大众"。因此,许多新产品的推广都注重舆论领袖(社会名流、明星等)的作用。

2. 象征心理

消费者个性各异，在想象、比拟、联想等心理作用下，对消费品的选择各有偏好。新产品的推广要找准在消费者心目中的形象定位，力求消费者认同。例如，设计精巧的产品被视为聪明智慧、富于创新的象征；价格昂贵、款式豪华的商品成为地位显赫、富有的身份标志；结构单纯、造型粗犷的产品颇具男性魅力；色彩明朗清净、设计朴素大方体现的是淑女形象。新产品的推广要善于运用产品的象征意义，避免与消费者心中的形象相抵触。

3. 求美心理

新产品体现人们的审美情趣。商品的美由外在包装美和内在工艺美共同组成。消费者的审美观因人而异、因时而变，新产品不可脱离时代，脱离目标市场消费者的审美倾向和要求。捕捉并体现消费者对美的追求和欣赏是新产品推广的必要条件。

4. 便利心理

消费者对产品有追求便利的心理，使用便利、操作简单、利于保养维修的新产品会受到欢迎。全自动产品比半自动产品更吸引人、电动产品比人力操作产品更畅销就是这个道理。新产品的推广要清楚明白地向消费者介绍产品的功能及可能带来的便利。使用复杂、难以操作的产品会让消费者望而却步。

5. 安全心理

消费者对新产品有好奇也有疑虑，尤其关心安全性问题。排除消费者对安全的疑虑是新产品推广所必须做的工作。

6. 惠顾心理

随着生活水平的提高，消费者的消费水平、消费观念也在提高，由过去只注重产品本身的"硬消费"，逐步向注重服务的"软消费"转变。消费者在获得产品使用价值的同时，更要求得到尊重、真诚等心理满足。迎合这种心理的产品能够使企业赢得消费者对产品和企业的信任和忠诚，形成一个稳定的用户群。这些消费者不但常常重复购买，还会主动为产品做宣传，非常有利于产品推广。

产品因素和消费者心理因素紧密联系，新产品的推广首先要研究新产品如何满足消费者的欲求。这个问题的另一个方面也不可忽视，即为减少上市风险，还要了解消费者接受新产品的一般规律。

二、消费者采用新产品的一般规律

(一)创新扩散理论

大多数情况下，一种新产品上市后不会立即被普遍采用，而是需要一个过程。新产品（创新）从其发明或创造的源地推广到最终使用者的过程就是新产品（创新）扩散过程。如果把研究角度从这个大视角转移到注重消费者心理因素，对某个特定的消费者个体分析的话，扩散过程可以理解为一个人从初次听说某种新产品到最后购买使用的整个心理过程。

以前，新产品的扩散多用直接传播，即企业把大多数人当作潜在购买者，无差异地对每个人进行促销宣传来推广产品。而事实上，消费者之间存在丰富的差异性，他们对新事物的反应程度是不一样的。直接传播的创新扩散方式一视同仁地面对广大分散而又千差万别的消费者，营销费用高得惊人，而平均地使用力量效果并不理想。

有学者在充分尊重消费者差异性的基础上，提出两级流动传播的理论。该理论认为消费者对新产品有不同的响应率，响应率的大小取决于消费者的个性特征和新产品的特征。一般新产品(创新)的扩散遵循这样一种轨迹:先通过新闻媒介流传到舆论领袖(一级传播),然后由舆论领袖流向更广的大众(二级传播)。而且,随着互联网的发展,有些消费者已经不满足于被动地接受信息,而是主动地搜寻信息,甚至自己发布信息。这样,消费者参与营销沟通的程度大大提高。企业不应该平均使用营销力量,而应集中到那些可能最早采用该新产品的舆论领袖身上,做集中性、针对性宣传,使新产品尽快吸引潜在的早期使用者,以顺利地进入市场。

(二)新产品推广的主要信息渠道

消费者获得关于新产品的信息主要依赖三种渠道:大众传播媒介、人际传播和亲身体验。

1. 大众传播媒介

大众传播媒介有广播、电视、报纸、杂志等。借助这种渠道,新产品信息可以在广大消费者中广泛、迅速地传播。广告是其中最常见的形式。

2. 人际传播

人与人之间的相互影响对新产品的接受十分重要,这称为个人影响。所谓个人影响,是指某个人对一种产品的使用、评价给别人的购买态度和购买可能性带来的影响。人际传播体现了个人影响的作用,包括消费示范和口头传播。消费示范指舆论领袖或早期使用者率先消费新产品,为后期使用者提供了榜样;口头传播指家庭成员、同事及亲友之间往来活动中形成的信息交流。网络的发达为人际传播提供了更快更广的媒介。

3. 亲身体验

消费者通过亲身观察或试用来验证有关新产品的信息而取得的经验,也影响了他对新产品的看法和态度。自主性强的理智型消费者对这一信息渠道比较重视。

以上三种信息传递渠道在新产品推广中都促进消费者认知、了解、喜爱直至接受新产品,无论哪一种都不容忽视。但它们作用的大小并不相同。从赢得消费者信托的角度来说,人际传播影响力最大,亲身经验次之,广告最次。广告是非人格性的,它可以让消费者知晓什么新产品问世了,具有什么功能和用途,但它无法让消费者一定相信新产品的优点而接受该产品。实际生活中,许多消费者对商业广告仍存疑虑,认为难免有自吹自擂的成分。由于消费者对产品优点的信任更易来自他们自己所信任的亲友或崇拜的名流,所以人际传播的影响很大,尤其利于改变消费者对新产品的不良印象和态度。在消费者中,女性易受口头传播影响,追星族及青年人易受消费示范的影响。企业应充分利用人际传播渠道,在新产品推广过程中注重建立好的"口碑",鼓励创新者和早期购买者向他们的亲朋好友推荐、介绍,并利用明星效应、名人效应来扩大新产品的影响。

(三)新产品接受者的类型及特点

按消费者对新产品采用的时间顺序,可以分为拥有不同价值观念和行动准则的以下几类:

1. 创新者

他们特别喜欢而且敢于冒险,乐于接受新鲜事物。不需要营销努力,他们也会主动使用新产品。这类消费者被视为消费先驱,比重为3%~5%。

2. 早期使用者

他们是较早接受新鲜事物的人,但行动较谨慎。最重要的特点是在其所属的社团或领域中颇具影响力,作为舆论领袖或意见领导者而被尊重,他们经考虑而率先使用新产品后,对后期使用者的影响力往往很大。这类消费者的比重为10%~15%。

3. 早期接受者

他们最突出的特点是慎重。他们虽比普通人早些接受新产品,但很少带头,只是跟随早期使用者传递流行而又爱赶时髦,大约占34%的比重。

4. 晚期接受者

疑虑重重、行动迟缓是这类人的特点。他们一般不主动采用新产品,要等大多数人使用并反映良好后,才决心采用,比重约为34%。

5. 落伍者

这类人深受传统观念束缚,保守且固执,很难接受新事物,只在新产品变成"传统"时才会接受,所占比重为5%~16%。

比较来看,创新者对新产品推广尤其重要,因为他们可能会影响早期使用者,后者再影响早期接受者采取购买行为。如果创新者购买产品,并将良好的使用感受告诉其他人,新产品的成功机会就可以增加。同时,早期使用者和其他人可以通过观察创新者使用产品,学习到许多关于产品的信息,从而有利于他们做出购买决策。

大量的消费者研究描绘了创新者的特征以及他们与其他消费者不同的地方。总的来说,与其他消费者相比,他们往往受教育层次高、年轻、有更强的社交能力、更乐于冒险、参与感更强。

(四)消费者接受新产品的几个阶段

人们接受新事物的过程可分为以下五个阶段:

1. 知晓

消费者已经知道某种新产品,但缺乏详细的了解和深入的认识。

2. 兴趣

消费者对该新产品好奇,产生兴趣,并开始搜寻有关信息资料。

3. 评估

消费者在掌握一定资料的基础上,对产品予以评价,并考虑是否使用这种产品。

4. 试用

消费者对该新产品作小量尝试,并依据试用结果修改他们对产品价值的评估。

5. 采用

对试用结果满意后,决定经常选用该产品,开始正式购买和重复购买。有些人基于炫耀之心,乐于为产品做宣传。

企业要成功地推广新产品,就必须使消费者尽快、顺利地通过这五个阶段。除尽可能快速、广泛地传播产品信息外,重点在于促进消费者跨过评估—试用的距离,可采用一些促销手段予以一定的刺激。

本章小结

新产品开发推广是企业赢得市场竞争的关键。新产品在市场营销原理中指对企业或对市场而言有新意的任何产品。新产品的开发大致经历"产品构思→甄别构思→形成和测试产品概念→财务分析→产品发展→市场试销和商业化"几个环节。遵循消费者心理规律是新产品开发和推广的必要条件之一。

适应消费变化、适应个性特征、讲究科学合理、符合审美情趣和社会潮流是新产品设计开发的心理策略。产品因素与消费因素共同影响新产品的推广策略,其中心理因素包括流行心理、象征心理、求美心理、便利心理、安全心理和惠顾心理。消费者主要从大众传媒、人际传播和亲身体验三大途径来了解新产品信息,并通过知晓、兴趣、评估、试用和采用等步骤逐渐接受新产品。

思考题

1. 新产品有哪四种类型?
2. 新产品开发的主要环节有哪些?
3. 简述新产品设计开发的心理策略。
4. 分析影响新产品推广的主要因素。
5. 简述消费者接受新产品的几个阶段。

案例分析

如何让主流人群接受一个看起来特别出位的新产品概念[①]

在新产品开发过程中,大量投资用于进行产品设计和开发,却鲜有人思考这样一个问题:我们如何才能让主流人群接受一个看起来特别出位的新产品概念? 沃顿商学院管理学教授萨米尔·诺莫哈德(Samir Nurmohamed)致力于公司和个人如何在推广某种颠覆常理的新概念时达到最佳效果的相关研究。

作为创意研究方面的专家,萨米尔·诺莫哈德与其合作伙伴斯宾塞·哈里森(Spencer Harrison)对"当创意产品和创意概念被推出时,应该如何让它们受到消费者的欢迎"非常感兴趣。有些新产品具有新奇的概念,甚至其中一些极为前卫,与社会主流接受习惯相左,甚至足以改变人类行为方式。如何使这些概念变成市场上受欢迎的产品,为什么有些可以而有些却不行?

萨米尔·诺莫哈德等人以在美国和其他西方国家食用昆虫["entomophagy"(食虫)]产业为背景,观察企业利用哪些手段来推销这些新产品和新型食物。食用昆虫不仅是要努力改变食物本身,更在试图改变人类的饮食习惯。吃昆虫是如此令人生厌,但这些创业者却想要让人们改变。

当人们想到吃昆虫这个主意时,很可能会觉得:"啊,太恶心了。"的确,即使这种产品能提供丰富的营养,却会让人觉得反胃和抵触。提出这种新产品概念的企业究竟采用了哪些策略,让公众愿意接受这种概念和尝试产品的呢? 调查发现,成功的创业者在影响人们对这种概念的积极响应方面扮演着更为积极的角色。他们会通过产品的设计和定位来影响消费者,善于利用部分负面情绪,来激发正面反应或认知。他们想方设法建立新产品概念与现有消费模式之间的联系,来"减弱"这些概念的前卫程度。

提到创意产品和创意创意时,人们往往会认为创意需要尽可能脱离现实,以此表示与现有标准及常规做法的区别。但研究发现,用消费者熟知的措辞介绍激进的创新产品最有可能被消费者所接受。实际上,企业会利用熟悉的外形或者我们熟知的词语"调低"或者"减弱"新概念的新奇程度,使这些概念不那么与众不同。例如,为了让新产品听起来和我们熟知的更贴近,他们不会把这些食物直接称作"蚱蜢"或"蜡虫",而会说这个吃起来就像是开心果或者虾。或者

[①] 根据《沃顿知识在线》的相关报道整理:http://www.knowledgeatwharton.com.cn/article/8762/。

用熟悉的形式来包装新产品,以便让它们看起来就好像是巧克力棒或者饼干,但实际里面却有昆虫。外形或包装看起来像饼干或薯条的食用昆虫,很可能引起人们的惊讶或好奇。

成功创业者还特别善于通过身边人的相互影响来打开市场。例如,邀请好奇心重的孩子品尝,看到自己的孩子对这种产品特别感兴趣,父母或许会想起自己吃什么都吃得津津有味的童年时代,再一次将负面情绪转化为惊讶或者好奇的冲动。

但是,并非所有前卫的创意都能取得市场成功。那么,如何处理暂时无法实现的前卫想法?不少企业会把那些点子束之高阁。但成功创新的企业没有这样做,而是积极为今后发挥这些创意进行准备。他们会努力提出一些目前看来过于激进的创意。这些想法非但没有被抛在脑后,反而会促使公司思考:想象一下在不远的将来,可能是五年后,哪种产品大行其道,成了日常必需品……那么我们今天应该怎样做才能让这种前景变成现实?

值得注意的是,很多时候,企业之外的顾客和客户才是推动创新理念的人,是他们让创新理念变成了有意思的产品。人们通常以为绝大部分创新都是在公司内部完成的。但实际上,很多公司通过民众来判断这个创意是否吸引人、是否可以获得市场的欢迎。例如,用蚱蜢粉来做华夫饼或松饼就是顾客的创意,他们发明出了这样的菜谱并在网上分享。

有些企业会利用媒体来考察哪些创意能够获得欢迎,哪些不能。例如,他们可能认为某些点子目前来看过于超前,但依然会向媒体透露消息,在媒体报道后根据消费者的反响,再决定是否要投产。

阅读资料

谷歌的产品创新[①]

谷歌公司是全世界最具创新性的企业之一。谷歌的成功引人注目。尽管面对像微软和雅虎这样的强敌,谷歌将其在线搜索这一核心业务上的市场份额维持在主导性的56%。在谷歌,创新不仅仅是一个过程,更是公司DNA的组成部分。

谷歌著名的貌似混乱创新过程释放了一阵多元化产品的疾风,产品类别从博客搜索引擎(Google Blog Search)、电子邮箱服务(G-mail)、在线支付服务(Google Checkout)、新闻门户(Google News)、手机应用软件的通用平台(Google Android)到测绘以及地图的项目(Google Maps and Google Earth)。与不同层次和部门的谷歌人谈话,总离不开一个强大的主题:他们是否正在设计针对盲人的搜索引擎,或者为那些认为自己的工作能够改变世界的同事提供支持。谷歌的奇迹在于不断向其员工灌输不畏惧创新和胸怀大志的观念。候选雇员经常会被问及:"如果你有机会在谷歌工作,打算如何改变世界?"这可不是一个滑稽可笑的问题,甚至都不是一种假设:谷歌真的想要知道答案。以那样的高度思考并且建设正是谷歌每天干的事。这家立志要让出版过的每一本书的每一页都能在线获得的企业坚信,失去兴趣会扼杀创意的火花。谷歌的确与众不同,创新已融入它的文化,"就像这里的空气和灵魂,"谷歌一位经理这样说。

[①] 菲利普·科特勒、加里·阿姆斯特朗:《市场营销原理》,中国人民大学出版社2013年版。

第十一章

商品品牌、色彩与包装心理

● 学习目标

1. 掌握品牌、色彩、包装的基本概念；
2. 分析品牌、色彩、包装在消费者心理变化过程中所起的作用；
3. 了解掌握品牌标志、色彩、包装的设计原则；
4. 把握品牌与消费者行为的关系；
5. 把握品牌创新与企业竞争优势的关系。

● 导入案例

宜家毕利(BILLY)书柜　家居界的百变颜值担当[①]

宜家的BILLY书柜，自1979年以来共生产了4 100万套，每4秒就有1套BILLY书柜诞生，共计每年生产310万套。如果把它们排成一排，长度将超过7万千米，几乎可以绕赤道两周。BILLY书柜的设计者是瑞典人Gillis Lundgren(吉利斯一伦德格伦)。他1929年出生于瑞典德隆，1953年入职宜家，是宜家的第四位雇员。

自1979年BILLY书柜面世，这一世界上功能最多的书柜便走进了千家万户。不要以为BILLY只是书柜，现实生活中它还可以为其他物品提供大量空间。放什么都可以，没有对错。BILLY书柜适合不同爱好的人！

由于持续的产品研发与更具效率的生产方式相互结合，BILLY的产量不断增加，且进一步降低价格。到现今，BILLY的数量仍在不断增加中。

BILLY30年发展史

1979年，橡木和松木质地的BILLY在世界各地的宜家商场首次亮相。

1980年，BILLY推出白色款，首次登上宜家《家居指南》，并迅速成为许多家庭的最爱。

1988年，从最初面世至今已售出100万套以上的BILLY书柜。这一年，BILLY推出全新尺寸的书柜，有90厘米和80厘米两种宽度可供选择。

1992年，BIILY玻璃门书柜和仿古色书柜面世，为顾客提供更多选择。

1993年，BILLY推出樱桃木书柜。

1995年，BILLY推出桦木贴面书柜。

1996年，BILLY迎来了好搭档——专为收藏CD、录像带和DVD而设计的贝诺(BEN-

[①] 改编自YOKA时尚网，2016年4月22日同标题文章。

NO),BILLY转角书柜面世。

1999年,三种颜色的BILLY书柜面世,即银色、中褐色和深褐色。

2000年,正值新千年来临之际,BILLY毕利售出第1 000万套书柜。

2003年,BILLY推出黑褐色书柜。

2004年,BILLY销量超过2 000万套。60厘米宽的BILLY变为40厘米宽。

2007年,BILLY有了女朋友———适合放置大开面书籍的伯尔思波(BERGSBO)。

2009年,全世界最畅销的书柜BILLY迎来30岁生日,销量超过4 100万套,推出的新品包括令人激动的限量版BILLY!

中国故事

1998年,宜家在中国上海开出第一家商场。

宜家根据中国国情,首先在市场定位上做了一定的调整,宜家把目光投向了大城市中相对比较富裕的阶层。

作为全球品牌,满足了中国白领人群的心理。

卖场的各个角落和经营理念上都充斥异国文化。

家具由顾客自己拼装,免费赠送大本宣传刊物,自由选购等。

针对中国市场制定的市场定位,开业不久便吸引了不少知识分子、白领阶层的眼球,加上较出色的产品质量,让宜家在吸引更多新顾客的同时,稳定了自己固定的回头客群体。

宜家的产品定位及品牌推广在中国如此成功,以至于很多中国白领们把"吃麦当劳,喝星巴克的咖啡,用宜家的家具"作为一种风尚。

而BILLY书柜也一样做了调整,在中国找代工厂和原材料,基础款BILLY书柜的价格直线降到399元人民币。

这款百搭书柜,搁板、合页都能调节,可以根据储物需要自行调整距离,可以增加单元;BILLY书柜有好多不同的形状、宽窄、柜层的高度,你可以单个用,也可以组合着用;可以放书、CD,也可以放帽子,放包,甚至放餐具;安装后28厘米的深度也很节省空间,适合小户型家居使用;设计上选用两侧安装玻璃门,对防尘有用,同时也方便查看物件,中间还可以放置装饰物、小植物等,效果很好;甚至你还可以自己DIY它的颜色,让它更适合你家里整体的氛围。

BILLY以千变万化的系列产品、兼容性超级强的风格、如同玩乐高一样玩书柜的理念,深受广大消费者喜爱。

当人们在决策购物和利用服务时,最先考虑的是这一商品或服务的商品品牌、色彩以及包装,即购买它有什么作用?它是怎样的商品或服务?因此,商品的品牌、色彩、包装设计不仅要求满足实用和符合包装物理功能的需要,通过外观向消费者表达这一商品的品质,塑造产品形象,还要满足消费者的心理需求,起到与消费者心理相呼应的作用。因此,对消费心理的研究应贯穿包装设计思维的全过程。

第一节 品牌创立与消费者心理

产品、渠道、促销、价格是市场营销的四大策略,而品牌创立及商品的色彩、包装又是市场营销中的重要内容。在商品流通过程中,商品的品牌、色彩、包装是消费者识别商品的标志,也是使商品流通渠道顺畅的保证。目前,国外企业不仅把色彩学迅速运用到生产中,还将其作为经营运作不可或缺的要素。品牌商标中,如松下的深蓝、麦当劳的红黄、可口可乐的红色系与百事可乐的蓝色系等,无疑都与企业品牌的特征相联,色彩在无形中成了商品高附加值的一部分。因此,企业要充分了解消费者对商品的品牌心理、色彩心理和包装心理,这对企业制定营销策略、促进商品流通,并使消费者对商品更满意有着十分重要的现实意义。

一、品牌的定义与功能

(一)品牌的定义

品牌即商品的牌子、商标,是商品的名称、标记或符号。现代营销学之父菲利普·科特勒和当代著名品牌理论专家凯勒教授联手推出的《营销管理》第13版(2009年)中,对品牌的定义是这样描述的:"品牌是一种名称、术语、标记、符号或设计,或是它们的组合运用,其目的是辨认某个销售者或某群销售者的产品或服务,并使之同竞争对手的产品和服务区分开来。"现代营销理论认为,一个品牌就是在某些方式下能将它与用于满足相同需求的其他产品或者服务区别开的一种产品或者服务的特性。这些差别可能是功能方面的、理性方面的或者有形的,即与品牌产品性能有关。

品牌主要包括名称和标记两部分。名称即可读的文字,如体育品牌"李宁"、电子数码品牌"华为"、金融行业品牌"招商银行"标识等;标记则是可识别的符号、图案,独特的字体、色彩等,如图11-1所示。

体育品牌"李宁"标识　　电子数码品牌"华为"标识　　金融行业品牌"招商银行"标识

图11-1　品牌标记图案举例

显然,品牌是一个复合概念,由品牌名称、品牌认知、品牌联想、品牌标志、品牌色彩、品牌包装等要素构成。品牌内在包含了商品或服务的个性和消费者认同感,象征生产经营者的信誉,具有区别于其他商品或服务的名称、标志、色彩、包装等符号的组合。

(二)品牌的功能

1. 商品的识别功能

对于消费者来说,品牌能直接、概括地反映或描述商品的产地、形状、用途、成分和性质等,以便消费者认知和区别这一商品。品牌作为对消费者的一种知觉线索,是产品质量、声望、用途和价值的反映。消费者对用惯的品牌寄予信任,会促使企业保持、维护和提高产品质量和产品信誉。

2. 企业形象的象征

对于企业和销售商来说,品牌代表了该商品是某一企业生产和经营的,反映了该企业的经营特色和企业形象,有着与其他商品不同的质量与功效,便于宣传推广,有助于在市场上占领一席之地。品牌信誉建立之后,有利于稳定商品的市场价格,同时有利于带动同类品牌商品进入市场。品牌经注册后受法律保护,他人不得冒用,可以维护企业的正当权益,保护知识产权,保护企业的荣誉。

3. 消费者权益保护的功能

品牌商标一经注册认证,就受到法律的保护,而经过商标注册后的商品到达消费者手中,如果遇有质量等方面的问题,消费者可以依法追究该商品经营者的责任,以保护消费者的合法权益。

4. 品牌增值的功能

品牌内在具有无形资产价值存在,它本身可以随自身价值的含金量增值或贬值。某一品牌产品一旦因其质量、外观、功能、知名度、美誉度等得到消费者的认知和忠诚,也就拥有了无形资产的价值。品牌资产不仅能够为消费者带来收益,还能够给企业带来效益。

现代化高速发展的今天,人们每天都要接触到众多的商品品牌和企业商标。一个好的商品品牌、企业商标,应具备高度的识别性和认知性,使人们瞬间能把这个商标最显著的特征铭记住,并在最短的时间内对这个品牌和商标产生深刻印象。

二、品牌与消费者心理

(一)消费者的品牌意象

消费者的品牌意象,即一种品牌在消费者心中的印象以及加之于消费者的一切特性和信念。

在日常生活中,消费者自觉或不自觉地感受到各种各样商品广告的影响,由此可能会对特定品牌产生认识、评价和信念,尤其是通过使用该产品的体验,会加深消费者对该品牌的印象。在此基础上,个体的需求、期望、态度、价值观、情感等,很自然地投射到该商品上,从而形成消费者的品牌意象。例如,苹果(Apple)电脑是全球五十大驰名商标之一,其"被咬了一口的苹果"标志非常简单,却让人过目不忘。创业者当时以苹果为标志,是为纪念自己在大学读书时,一边研究电脑技术,一边在苹果园打工的生活,但这个无意中偶然得来的标志恰恰非常有趣,让人一见钟情。苹果电脑作为最早进入个人电脑市场的品牌之一,一经面市便大获成功,这与其简洁明了、过目不忘的标志设计密不可分。

许多同类产品的品牌,其商品特性的差距甚小,一般消费者难以区分,因此,品牌意象受到了特别重视。

消费者一旦对某商品品牌形成良好的意象,就会引起积极的心理效应。

1. 产生偏好

产生于消费者心目之中的对品牌的偏好和忠诚度是品牌的精髓。一般而言,消费者在选购商品时,注重的是心中对商品的一种无形的感觉,即商品品牌偏好和品牌忠诚度。1972年,百事可乐公司在美国一个公共场所门前,设立了一个可乐饮料的试饮试验点,让志愿受试的行人蒙上眼睛品尝"可口可乐"和"百事可乐"两种饮料。蒙眼品尝后,活动主持者会特别奉送一瓶受试者喜欢的饮料给志愿受试的行人,结果,2/3的受试者得到的是"百事可乐";关于"可乐"饮料的另一项联想试验表明,大多数受试者在看到一种虚拟品牌的"可乐"时,会自然地联想到"可口可乐";而当人们看到"百事可乐"时,实际上都只想到"可口可乐";只有10%的受试者,在见到"可口可乐"时想到了"百事可乐"。这一试验表明了"可口可乐"品牌深入消费者心灵后所产生的偏好程度。

耐克(NIKE)(见图11—2)品牌的红色一勾可以说是最简单的标志,但它无处不在,且给人以丰富的联想。小时候,我们做完作业,等待的就是老师那红色的一勾,它代表着正确、表扬和父母的笑脸;长大了,这一勾仍然如影随形,开会签到、中奖了领奖,甚至在我们小小的记事本上,都要在已经来过的人或已经完成的事的前面打上一个勾,它代表着顺利、圆满。当年设计出这个标志的一名大学生只得到了 35 美元的报酬,但今天,这一勾的品牌资产价值已达上百亿美元。

图 11－2　NIKE 标识

2. 产生防御和恒久记忆

消费者对良好的品牌意象具有一定的防御力,即对品牌能够清晰辨别和恒久记忆。当人们一看到这个品牌便可反映出它是什么商品,也就是说,消费者对某一产品品牌的信赖程度较高,认定这种品牌是可靠的,从而对外来的其他品牌的刺激不致轻易受到影响。

"中国银行"的标识是"中"字演化出的白底红字的图案,"中"代表中国,外圈里是内圆,即中国古钱币的形状,而古钱币寓意金融;中线一竖象征着贯通和联系;外圆象征着全球化。它以简洁而富于时代感的形象表达了中国银行(见图 11－3)是以现代化的管理和服务为发展目标、与时俱进的企业。中国银行的形象应是恒久的形象。

图 11－3　中国银行标识

3. 形成认牌购买的决策历程

消费者在形成购买意向和做出认牌选择时,一般情况下,其决策过程是一个循环的历程。其中有 4 个主要阶段,分别是:(1)初选→(2)积极评估→(3)购买时刻→(4)购买后体验(见图 11－4)。

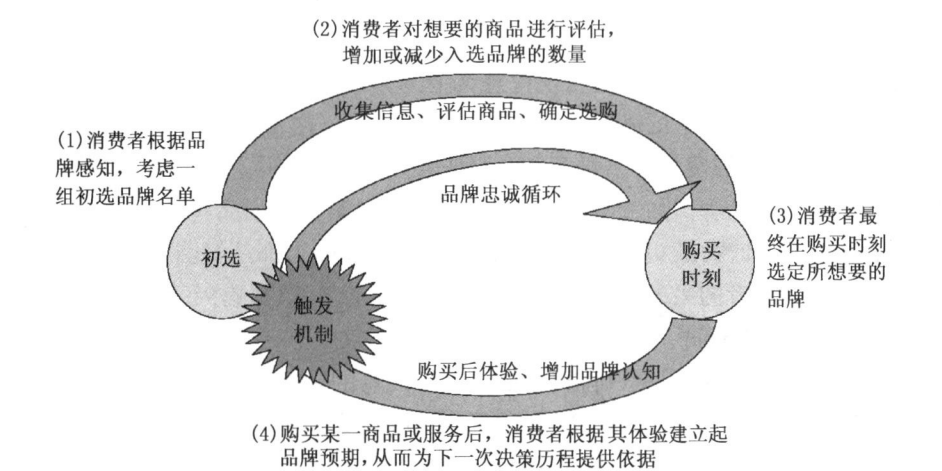

图 11－4　消费者的品牌决策历程

在现实生活中,由于商品广告、媒体评介以及商品品种增多,消费者在初选商品时需做出初步筛选。面对多个初选的商品信息,消费者往往会把目标圈定在相对小的范围,即集中在几个品牌上,而要从大量品牌信息中杀出重围,品牌的知名度至关重要。当消费者在购买时刻确定了所选品牌,并完成购买时,消费者便进入对该品牌商品的使用和体验阶段;对商品的体验感觉越好,消费者对该品牌的认知度越高,其忠诚度也就越高。

一位学者曾做过一项关于某地区皮鞋品牌的意象调查,显示了该地区皮鞋市场上三家皮鞋厂商的品牌意象(见图11—5)。

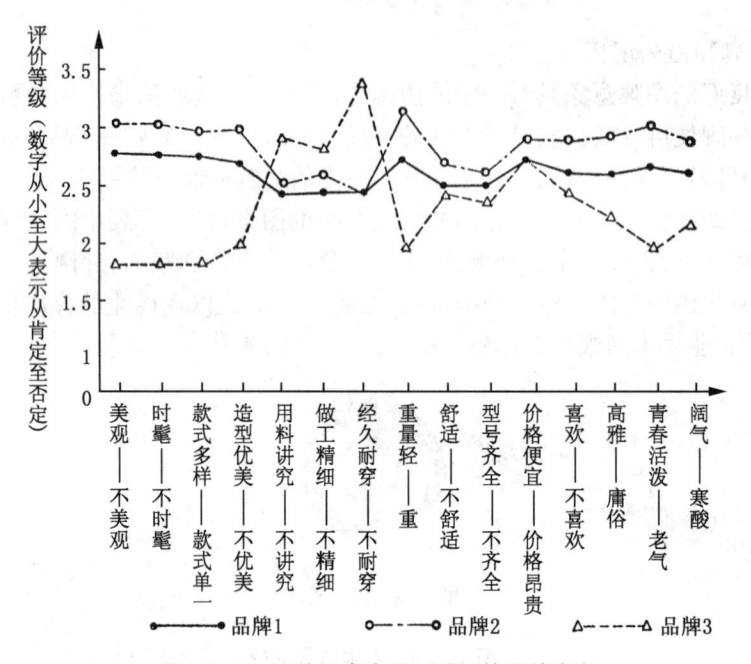

图11—5 三种同类产品(皮鞋)的品牌意象

从图11—5中可以清楚地看出,品牌2在给定的几个特性上,评价都差于其他两种品牌。而品牌1属于中等,只在"用料讲究""做工精细""经久耐穿"和"价格便宜"上占优势,很明显,它属于传统意义上的物美价廉产品。而品牌3的优点突出地表现在"美观""时髦""款式多样""造型优美""重量轻""舒适""型号齐全""喜欢""高雅""青春活泼""阔气"以及"便宜"等方面。如果这一品牌也归为物美价廉,那便是现代意义上的。因为物美的内涵基本属性能够提升到心理上的追求,而追求心理上的满足正是现代消费者的特征之一。

品牌标志能够促使消费者产生对产品或服务喜爱的感觉。风格独特的标志能够刺激消费者产生幻想,从而对该品牌产品或服务产生好的印象,如海尔系列品牌的海尔兄弟的标识、麦当劳的黄色大"M"字母、腾讯QQ的小企鹅形象等。这些标志都是鲜明可爱、雅俗共赏、平凡易记的,能够唤起消费者的兴趣和共鸣,并使他们对其产生好感和购买(使用)欲望。

(二)消费者的品牌忠诚

品牌忠诚是指由于商品质量、价格、性能等诸多因素的影响,消费者对某品牌产生信赖、偏爱和感情,表现为对该品牌商品长期使用、重复购买的行为。品牌忠诚度是消费者对品牌感情的度量,反映了消费者从一个品牌转向另一个品牌的可能程度。

品牌忠诚度的表现程度按选择品牌的顺序,可以分为以下几类:

(1)连续的忠诚。消费者在一段时期内,一直购买特定品牌的商品。设 A 为特定品牌,消费者的购买是 AAAAAA,则此类忠诚非常坚定。

(2)间断的忠诚。消费者表现为交替购买两种或几种品牌的商品,如 ABABAB,体现出可以在两个或更多的品牌中替换选购。

(3)不稳定的忠诚。消费者对几种品牌的商品表现出先忠诚后转移,如 AAABBBCCC。

(4)非忠诚。消费者在购买商品时,表现为随机和不确定,即各种品牌的产品都可能被选中,如 BAFEGC。

对品牌的忠诚除按选择品牌顺序外,也可通过消费者购买比率、重复频率以及偏好的长期性来表现。具有一定忠诚性的消费者,认牌倾向强烈。当他们没能买到所忠诚品牌的商品时,宁愿以后再来或到别的商店去购买他们喜爱的品牌商品,也不轻易改变初衷而选择另一个品牌商品。从商品角度来看,对某些商品的消费行为分析表明,有专一品牌忠诚性的商品一般是牙膏、洗发水、化妆品、咖啡、面粉等,而多数消费者倾向于选择自己所喜爱的一种或几种品牌的商品。

消费者品牌忠诚性的习得过程大致可分为两个阶段,即习得的基本过程和习得的强化过程。整个过程从有关的品牌信息习得开始,在此基础上形成初步的看法,接着试用该产品,并获得满意的体验,于是消费者便重复购买和使用,也就进一步强化了对该商品品牌的忠诚(见图 11-6)。

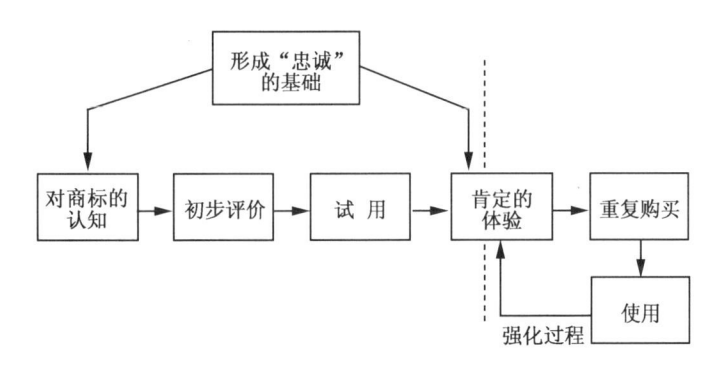

图 11-6 品牌忠诚性的习得与强化

在图 11-6 中,虚线的左边是品牌的习得过程,虚线的右边是品牌忠诚性的强化。强化的要素是肯定的体验,它依赖于该品牌产品给消费者带来多大的利益或满足。也就是说,该品牌提供给个体以很大的利益或满足,个体就会产生肯定的或满意的体验,因此也就强化了该消费者对品牌的忠诚性。忠诚性的加强又促使其重复购买和使用。反之,一旦主观体验由肯定转化为否定,这一强化的良性循环便会受到损害,消费者对该品牌的忠诚性就会出现动摇或不稳定,也就使消费者丧失对品牌的忠诚。

影响品牌忠诚性的因素,除了产品利益这个重要因素外,还有以下几个因素:

(1)社会交往的相互影响。例如,购买某一常用品牌的商品要走比较多的路程才能买到,但通过亲戚或朋友介绍,某处(就在附近)能买到性能相同、价格略低但不是同一品牌的这款商品,消费者便选择了购买后一种商品。

(2)个体的特点。例如,自信心被认为是许多对品牌忠诚的家庭主妇的共同特点。一般情况下,缺乏自信心的消费者对品牌的忠诚性较低。

(3)商品的档次。有学者进行的一项调查,收集了我国消费者购买商品前的已定品牌情形(购买前已定品牌是对品牌忠诚的一种表现),结果发现,消费者在购买中、高档的商品时,事先已定品牌的人数比率大于购买小商品和低档商品的比率(见图11-7)。

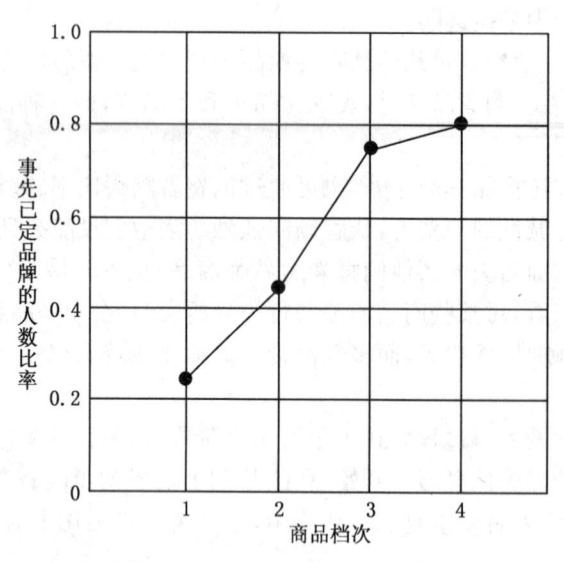

注:商品档次1,2,3,4分别代表低、偏低、中、高档次。

图11-7 不同商品档次上的认牌购买趋向

三、品牌设计与运用的心理策略

(一)品牌设计的心理要求

依据巴甫洛夫的暂时神经联系学说,任何适宜强度的无关刺激,如文字、符号、图形等,借助经典条件反射的形成方式,都可能变成条件刺激。品牌作为特定商品的条件刺激,设计的一个基本目的是准确、迅速地传达制造商或商品的信息。一般采取的心理策略有以下四个方面:

1. 鲜明的个性

品牌代表着特定商品的独特性质,应独具特色,以便消费者认知和识别。鲜明的个性可达到分化的效果,即在众多品牌之中脱颖而出,注重给人的第一印象,把消费者的注意力吸引过来,产生强烈的感染力,因为吸引力本身就是一种积极的强化因素。

2. 深刻的寓意

品牌设计应寓意美好、耐人寻味、情趣健康,应有利于激发消费者积极的情感体验和品牌意象的深化,同时还应做到具体、准确、概括、名实相副。这方面的调查主要研究消费者如何理解商品内在所表达的象征意义,遵循消费者心理活动的规律和特点,把人们对生活的美好寓意寓于品牌的创意之中。

3. 简明的形式

进行品牌设计时,文字要求言简意赅,通俗易懂,易认、易读、易听、易传、易记,有利于传播,图案要简洁明快,含义传递贴切。

4. 广泛的适应性

品牌设计要适应不同销售地区消费者的习俗、不同社会的道德情感、不同层次消费者的个性和心理感受。

消费心理学认为，消费者的购买行为总是以人的需要为基本出发点的。需要是人们为延续生命并以一定的方式适应生存环境而产生的对客观事物的要求和欲望。现代营销学认为，若利用潜意识激发消费者被压抑而又不能表达的欲望以达到营销的目的，便会得到商家和消费者两全其美的称赞。

奥林匹克五环标志，是由皮埃尔·德·顾拜旦先生于1913年构思设计的，是世界范围内最为人们广泛认知的奥林匹克运动会标志（见图11－8）。它由5个"奥林匹克环"套接组成，分蓝、黄、黑、绿、红5种颜色，上面是蓝、黑、红环，下面是黄、绿环。整个造型为一个底部小、上排大的规则梯形。奥林匹克五环标志象征着五大洲的团结以及全世界运动员以公正、坦率的比赛和友好的精神在奥运会上相见，它充分体现了奥林匹克是"所有国家—所有民族"的大家庭。

图11－8 奥林匹克运动会标志

奥林匹克五环标志已走过百年历程，被全世界人民所尊重、厚爱和铭记。不管在全世界哪个地方、哪个国度，只要看到她——五色鲜艳的五连套环的醒目标志，人们就会联想到奥林匹克—大家庭—团结友好—勇敢向上—伟大精神—永世相传……

(二)品牌运用的心理策略

1. 使用制造者品牌还是销售者品牌

在一般情况下，品牌是商品制造者的标记，因为产品的特性总是由制造者确定的。但是，商业的发展使商品逐渐在市场上形成了自己的声誉，因而从消费者心理的角度分析，消费者总愿意在商业信誉好、美誉度高的商店里选购商品，买个"放心"。企业如果是在广大消费者对企业产品不熟悉、不了解的陌生市场上推销新产品，或者本企业的声誉不及销售者的声誉，则宜采用销售者的品牌；也可先采用销售者品牌，待商品为市场所接受、博得消费者的信任之后，再转用制造者的品牌。

2. 产品使用统一品牌

这是给企业的全部产品标以同一种品牌的方法。它有利于企业在保证维持产品质量的前提下，表明全部产品品质的一致性或类似性，以缩短消费者对生产者和销售者及其商品的接受过程。如果某一产品深受消费者的欢迎，并树立了良好的品牌形象，就会有效地连带其他商品，使消费者对该品牌全部商品都信得过，产生偏爱心理和惠顾行为。这对企业推销新产品、节省商品广告宣传费用都是非常有利的，尤其是在消费者心目中已树立良好信誉的著名品牌，其作用更是不同一般，如"永久"自行车、"皮尔·卡丹"服饰、"海尔"电器等。当然，这种方法也存在局限和风险。例如，难以进一步强调某一品牌的特性，使之与同类商品有较为明显的区别；如果某些商品的质量不稳定，有下降的趋势，或商品质量差别较大，也会连带损害其他商品，甚至损害同一品牌全部商品的信誉。这是使用品牌时尤其值得重视的方面。

3. 各类商品使用独立品牌

这是给生产企业的各类产品或质量档次不同的同类商品标以各自独立品牌的方法。它有利于企业达到区别商品档次、增加商品花色品种、迎合各层次消费者各种不同的消费需求、扩大销售范围、扩展市场占有率、使企业获得更大销售利润的有效目的。为一种质量相同的商品设计多种品牌,能给消费者以新鲜感,引起消费者的兴趣与爱好;为一种质量不同的商品设计多种品牌,能在价格上获得区分,客观上起到增加花色品种的作用,并有效地表达某一商品的特质,满足消费者普遍存在的选购欲望。例如,广州宝洁有限公司出品的洗发水有"飘柔""潘婷""沙宣""海飞丝"等品牌,洗衣粉有"碧浪""汰渍"等品牌。再如,上海食品集团近年来力图做大"上食"品牌资产,在已深为市民所欢迎的"上食"主品牌基础上,同时给一些副食品打出副品牌,如在熟肉制品上采用"上食—龙塔",在清真牛、羊肉上采用"上食—惠乐",在休闲食品上采用"上食—茂昌"等。这种方法在企业经营上的一个好处是,没有把公司的声誉系在某一产品品牌的成败上。假如某一产品失败了或者出现了低质现象,其他产品不会因此而受影响,尽可能降低损害企业全部品牌声誉的风险。

日本知名化妆品企业资生堂(Shiseido)旗下有多款一线以及二线的化妆和护肤产品品牌,如 Cle de Peau BEAUTE(珂丽柏蒂)、Bio-Performance(百优)、Dicila(蒂思岚)、Revitel(悦薇)、Aupres(欧珀莱)……企业通过长期的发展,又相继开发了 Za、泊美、吾诺等三线大众品牌,并选择在中国内地二、三线城市上架。采用这样的方法,就是考虑到万一大众品牌打不开市场局面,也丝毫不影响资生堂世界顶级品牌的声誉。

4. 不断开发品牌的新的关联价值

持续塑造品牌独特的核心价值,建立品牌差异化优势,使消费者对产品品牌有统一的认知。同时,在核心价值不变的基础上,不断开发品牌新的关联价值,这会使消费者满足其商品的多样化需求,提高品牌的美誉度和忠诚度,维持品牌在特定细分市场上的领导地位。例如,苹果公司近几年凭借其无与伦比的创新能力,着力推出一款又一款标新立异的产品,如 iPod 播放器、iPhone 手机、Macbook 笔记本和 iPad 平板电脑,它们已经超出一般电话和电脑的用途。乔布斯成功打造了苹果文化的品牌形象,其科技、创新和时尚备受全球业界和消费者的关注和青睐。

开发品牌新的关联价值,关键是把握品牌变与不变之间的度,具体而言,包括以下内容:

(1)坚持品牌的核心价值不变,并作为品牌的战略核心;

(2)品牌的关联价值常变常新,维持品牌持久的生命力;

(3)实现核心价值概念化和关联价值多样化的有机统一。

许多世界级的经典名牌之所以能长盛不衰,在很大程度上缘于它们对品牌核心概念的坚持,较为典型的是世界日化巨头宝洁旗下的系列洗发产品,如飘柔的"柔顺美发"、潘婷的"营养头发"、海飞丝的"去头屑"等,特有的产品功能是其品牌的象征。无论这些品牌的产品线如何扩充、产品利益如何多样,其核心的概念性价值始终不变,品牌牢牢占据着专有的市场空间,无懈可击,长盛不衰。

综上所述,适应消费者心理需求的品牌设计,对市场营销活动的影响是客观存在的,它可以在一定程度上建立、维护和促进企业与消费者之间的联系。在消费者心目中树立信誉和威望的品牌,实质上是企业的一份巨大的无形资产。诚然,在现代市场营销活动中,著名品牌获得消费者的信誉和偏爱的基础主要还是它所代表的商品实体优良的物理性能和心理性能,以及经营者令人满意的服务精神。所以,确保商品质量和服务质量,是企业创立名、特、优品牌的最本质的内涵。

第二节 色彩选择与消费者心理

一、色彩的基本知识

(一)色彩与色光

色彩是客观世界中的一种物理现象,是人们接受光的刺激而产生的一种视觉反应。所谓颜色,在日常生活中有广义和狭义两种。广义的颜色包括非彩色和彩色,非彩色指白色、黑色、各种不同程度的灰色等,彩色指红、橙、黄、绿、青、蓝、紫色等;狭义的颜色仅指彩色。红、黄、蓝是三种基本色,其他颜色由这三种基本色按一定比例混合而成。

颜色视觉是由不同波长的光线引起的,正常人在光波条件下能看到可见光谱的各种颜色。白光不是单色光,它是各种光的混合光线。色光通过三棱镜的折射,可以产生全部颜色。赤、橙、黄、绿、青、蓝、紫七种色光有规律地排列成光谱,有的吸收,有的反射,因此,在视觉上产生五光十色的反应。

(二)色彩三要素

色彩三要素是指色彩的色相、明度、纯度这三种基本性质或属性,它们是分析与比较颜色的标准和尺度。

(1)色相。即色彩的相貌,就是色光因波长不同而分成许多种色光的相貌,也是区别各种颜色的名称。如光谱色带中的赤、橙、黄、绿、青、蓝、紫,便是不同的色相。

(2)明度。指各种色彩明暗的程度。明度对光源色来说可称亮度、深度或浅度。不同的颜色明度不同。在光谱中,黄色最明,紫色最暗。即便是同一种颜色,也会有自身的明暗差别。如红色,可分成朱红、粉红、玫瑰红、桃红、紫红等。

(3)纯度。指色彩浓淡强弱的程度,也可称为饱和度和彩度。光源色中的色相和近似光源色的各种颜料的色相称为纯色,是最鲜明的标准色。例如,在标准色中加入白色,颜色就要变淡;加入黑色,颜色就要变暗。每一种色相都有其不同纯度的变化,纯色中加入黑白的分量渐增,其纯度也就渐弱。

色相、明度、纯度是色彩属性密切相关的三个方面,它们彼此构成一个有机体。

(三)色彩的形式

色彩分为原色、间色、复色、补色四种基本形式。

(1)原色。赤、橙、黄、绿、青、蓝、紫等视觉能辨认的各种颜色,其实是由红、黄、蓝三种基本色混合而成的,这三种基本色称为三原色。它是彩色中最基本的色彩要素。

(2)间色与复色。将三原色中的任何两种颜色作等量混合,所产生的橙、绿、紫称为间色。三原色加上三间色称为标准色。

间色与间色的混合,或原色与间色的混合,以及三原色的混合称为复色。复色的纯度低,色相不鲜明,所以也称灰色。

(3)补色。补色又称互补色,是指两种色光或色料混合,这两种颜色称为互补色。如红与绿、黄与紫、橙与蓝等相对色,即为互补色。

(四)色彩的功能

色彩的功能是指色彩对人的眼睛及心理的作用,即色彩的生理功能与心理功能。

色彩的生理功能包括对人的眼睛的色相、明度、纯度等的刺激作用。它主要有冷暖感、兴奋沉静感、膨胀收缩感、轻重软硬感等。

色彩的心理功能是指色彩对人的心理的刺激作用而激发种种不同的感情。德国心理学家的一项研究表明,消费者对色彩的感觉能够鲜明地反映出他的主观情绪。一般从心理学角度分析,喜欢黄色、橙色、红色的人,大多是乐天派,他们热情,充满活力,但容易激动;喜欢灰色和蓝色的人,大多性格内向,多愁善感,不善于与人交往,但他们往往文静,办事认真周到。

而当一款新商品面市,消费者对它的第一眼直观印象就是它的外表包装以及色彩。色彩表现得体、恰到好处,往往能够给商品增加价值。

二、商品颜色对消费者心理的影响

我们生活在一个五彩缤纷的世界里,色彩是人类最敏感的一种信息,也是视觉神经反应最快的一种信息。不同的消费者对商品颜色有着不同的倾向性,而不同的商品颜色会使消费者产生不同的心理感受,并影响消费者的购买行为。一件好的商品使用合理的色彩,不仅能吸引消费者的注意,唤起消费者的兴趣,刺激他们的购买欲望,还能使消费者获得愉悦和美感,获得精神享受。而如果商品尽管质量良好,但颜色不合适,往往容易造成消费者心理上的忧郁、厌烦和不安。例如,用红色设计的产品或包装在销售上往往是成功的,因为红色代表兴奋,能刺激人的大脑、脉搏、食欲等。所以,日本鱼罐头的包装有64%使用红色,市场反应相当好。事实上,商品颜色对消费者心理的影响,是通过商品颜色对消费者产生的心理感受而实现的。

美国色彩研究中心曾经做过一项色彩心理功能的试验。他们将同一品类的咖啡冲泡于同一咖啡壶内,然后将壶里的咖啡倒入不同颜色的杯子——红色杯、绿色杯和黄色杯,让人们品尝、识别和比较这三杯咖啡的品质。试验的结果是,参加品尝的人一致认为这三杯咖啡味道各异,红色杯中的咖啡味道上乘,绿色杯中的咖啡味道微酸,而黄色杯中咖啡则味道偏淡。可见,商品的色彩包括商品盛器往往能够左右人们对该商品的认识和看法。

(一)商品颜色的冷暖感

色彩对人的刺激可以使人们对色彩产生冷与暖的感觉。例如,赤、橙、黄称为暖色,使人感受到激情和兴奋;蓝、青称为冷色,绿、紫称为中性色,冷色和中性色会使人感到安定平静。消费者对商品颜色或色彩的要求是适度的。用色过度会影响人们的消费心理,如果暖色过分,会给人造成刺眼等不适感觉;如果商品的色调过冷,即使其显得清净高贵,也会使人感到不舒服。

掌握商品颜色对消费者心理上产生的冷暖感受,应根据不同的商品设计使用不同的色彩这一基本原则。例如,一般电风扇、电冰箱、洗衣机等多用冷色,如浅蓝色、湖绿色或者白色等;结婚用品多用红、黄色系的暖色,以烘托结婚喜庆、热烈、兴奋、快乐的气氛和表达对未来充满希望之情。

(二)商品颜色的轻重软硬感

轻重是物体的一种量感,软硬是物体的一种质感。从心理学角度,一般明度高、色相冷的色彩感觉较轻,明度低、表面粗糙的颜色感觉凝重,纯度和明度中等的色彩感觉较软,单一色和灰暗色感觉较硬。

商品的颜色、软硬与商品本身的轻重、软硬特征以及所体现的商品质地相联系,在设计商品色彩时,应充分考虑商品颜色这一心理特征。例如,对于重量大的商品色彩,为了不显得过于笨重,表面色彩多用浅色;对于一些轻型商品,为了给人以稳重感,表面色彩多用深色。对于一些轻型商品,如灯具、工艺品等,其表面多用浅色、明色,以显得和谐悦目。另外,服装颜色除随年龄、性别、季节不同而相异外,一般上衣多用浅色,裤装则多用深色,给人一种上轻下重的稳重感。

(三)商品颜色的空间感

色彩的明度不同可令人产生不同的面积感和空间感。明度高的色彩看起来有膨胀感,感觉面积大;明度低的色彩看起来有收缩感,感觉面积小。高明度的暖色,如红、橙、黄,会使人感到物与人的距离近些,突出感也强些;低明度的冷色,如青、蓝、紫,能让人感到物与人的距离远些,后退感也强些。

商品颜色与心理上空间感的关系会影响消费者的商品购买基准。不同消费者的心理诉求是不一样的。空间感较强的消费者,可能要求商品颜色的明度低,偏冷色;长期在宽松空间环境中生活、空间感较弱的消费者,则可能要求商品颜色的明度高,偏暖色。所以,商品颜色的设计必须根据消费者的不同要求,利用色彩的空间感选择商品的颜色。如家具颜色应根据居民住宅面积大小加以考虑,若房间面积较小,家具多采用冷色,这样会使狭小的房间在感觉上显得宽敞些;反之,若房间面积较大,家具宜选用暖色,使房间避免空旷的感觉。

(四)商品颜色的舒适感

在人们的视觉中,色饱和度、对比度适中的颜色,能使人解除疲劳,产生舒适感。例如,在面积较大的橱窗里,如果长期陈列过于鲜艳的红、黄等颜色的商品或装潢,人们在观赏或选择商品时就容易引起疲劳,以至于对这类橱窗敬而远之,这就起不到橱窗宣传、美化商品的作用,但它却较容易引起人们视觉上瞬时的兴奋。根据商品颜色与人们视觉舒适感觉的关系,在进行日用品颜色的设计时,对那些人们长期接触的日用品和装饰品,一般应尽量避免或少用饱和度、对比度较强的颜色。

(五)商品颜色的明亮度

一般浅色系的色彩显得明亮,而深色系的色彩较黯淡。商品的色彩设计应根据商品的不同用途,选择商品色彩的明度。

(六)商品颜色的联想作用

商品颜色能引起消费者的联想,从而对商品产生好感,影响其购买决策。例如绿色,不仅给人以清新、柔和、惬意之感,而且还能使人联想到生命、理想;红色、黄色使人联想美好的未来,并给人以希望、激情;蓝色使人联想到天空、海洋、湖泊、远山、严寒;黑色则象征庄重、肃穆,会使人联想到远古、深邃等。

商品颜色对消费者的心理影响为商品的色彩选择提供了依据。相反,消费者对商品颜色的选择很大程度上取决于消费者的个性、文化、情趣等因素,它与人们的性格、生活习惯、爱好、情趣、审美心理等紧密相关。对于企业来说,掌握运用色彩的心理作用,从多方面、多角度加以审视,才能达到让消费者对产品有良好印象的目的,并使其产品在市场上拥有众多客户。

三、消费者的商品颜色心理

消费者对商品颜色的选择具有一定的倾向性,这就是消费者的商品颜色心理。对于不同的消费者而言,由于他们是不同的性别和年龄,分属各个不同的民族和种族,处在不同的地域,有着不同的文化素养和生活习惯,因此,他们具有不同的商品颜色心理。

(一)消费者商品颜色心理的性别特点

一般来说,女性消费者对商品颜色的心理倾向是喜欢温和、典雅、华美的色彩,而男性消费者对商品颜色的心理是偏爱带有刚强、庄重、粗犷特性的色彩;又由于有时商品的消费者并不一定是购买者,如男性用品常常由女性购买,女性饰品常常由男性赠送等,因此,商品颜色还必须在一定程度上迎合异性购买者的颜色心理。尤其是用于服饰、居室的各类装饰用品,应采用丰富多彩、五花八门的颜色,以博得不同性别消费者的喜爱与选择。

(二)消费者商品颜色心理的年龄特点

色彩具有其他文字和语言所无法替代的作用,它能够超越不同语言、不同年龄和不同文化程度所造成的障碍而表达各种信息。另外,由于色彩还能左右人的情感,因此,各种不同的色彩设计会对人的心理造成不同的刺激效应。这就是色彩的信息化功能和感情作用功能。因此,消费者的年龄不同,对商品颜色心理也存在着差异。例如,儿童喜欢鲜艳、明亮、活泼的色彩,少年用品的颜色应富于变幻、多姿多彩,成年人用品的颜色要洁素淡雅、端庄大方,老年人喜欢素净沉着、含蓄稳重色彩。所以,商品颜色的运用,对不同年龄层次的消费者,应根据不同颜色的心理倾向,设计相适应的商品。

(三)消费者商品颜色心理的民族差别

我国是一个地域辽阔的多民族国家,在长期的历史发展过程中,各民族或不同地域的消费者形成了各自的民族特点和生活、风俗习惯。不同民族的消费者对商品颜色具有各自不同的商品颜色心理倾向。例如,苗族青年喜爱白色头巾,朝鲜族人一般喜爱穿素白色服装,蒙古族人的衣服颜色一般爱用红、黄、深蓝色等;再如,在我国,生活在北方的人们大多喜欢色彩艳丽,生活在南方的人们则喜欢色调素雅。因此,商品色彩的设计应根据商品销售地区和不同民族消费者对商品颜色的选择倾向,满足当地消费者的颜色需求。

(四)消费者商品颜色心理的种族差别

随着中国制造商品越来越多地进入国际市场,必须考虑出口商品的色彩定位,以及商品销往国家的消费者对该商品色彩的不同偏爱、种族特点、颜色心理倾向等。例如,新加坡、马来西亚、爱尔兰、意大利、奥地利、埃及等国家的消费者喜爱绿色,日本和西班牙的消费者喜爱黑色,法国的消费者喜爱粉红色、蓝色、灰色,保加利亚的消费者喜爱深绿色,瑞士的消费者喜爱红、黄、蓝、橙、绿、紫浓淡相间的色组;深绿、墨绿、浅绿和草绿对红色人种富有吸引力,浅黑色人种偏爱黑色和朱色,拉丁人种和东方人喜欢乳白色和草绿色等。尽管这并不是绝对的,但对于不同地域、不同种族的消费者,应根据他们对颜色的不同心理倾向,有的放矢地设计、确定商品颜色。偏离这一基本要求,企业就有导致失败的可能。

美国高露洁公司生产的高露洁牙膏是深受美国消费者欢迎的畅销产品之一,当它进入日本市场时,却出乎意料地滞销,市场占有率只有1%。谁知道问题就出在产品的包装和色彩的制定上。在日本市场上出售的高露洁牙膏与雄踞行业榜首的日本狮王牙膏虽然都选用了红白两色单纯设计的包装,但不同的是,高露洁牙膏以红色为主,红底白字,而狮王牙膏是以白色为主,白底红字。调查显示,日本人偏爱白色,高露洁牙膏使用大红色块的包装,显然漠视了日本消费者的色彩感觉和购买心理差异。这一事实说明,即使产品再好,但色彩运用不当,最终就不能够占领市场,不能够令当地的消费者喜欢。

有了前车之鉴,高露洁公司在进入中国市场时总结经验教训,采用融入中国文化的营销手段,首先他们将英文名称"Colgate"汉译为"高露洁",作为牙膏的品牌命名是非常巧妙的;色彩则选用蓝白相间和红白相间两种,体现大吉大利、洁白纯净,迎合了中国消费者对色彩的喜好,最终"高露洁"牙膏在同行业市场上争得了一席之地。

正是由于不同类别的消费者之间存在明显的商品颜色心理差别,因此,企业在创立品牌、树立商品形象时,应根据其目标市场上消费者的相关个体特点和社会环境要素,运用色彩对消费者的心理影响,达到扩大销售和受消费者青睐的目的。

四、色彩营销有助于提升商品的竞争力

商品色彩是提升企业竞争力的重要因素。在日常生活中,当人们的意识产生购买欲望时,一般脑海中首先会联想到色彩,自己喜欢何种色彩?怎样的颜色会让这件商品显得比较合适协调?同样,在国外,绝大多数的生产制造商都配备商品的色彩顾问,把握着商品色彩的脉络。

汽车外壳的色彩战略在汽车营销战术中占有相当重要的地位,汽车色彩的流行见证消费者的色彩偏好变迁。据全球领先的液体和粉末涂料供应商艾仕得涂料系统发布的《2017年全球汽车色彩流行度报告》(以下简称《报告》)数据显示,2017年全球选择白色汽车的仍为第一占比,黑色以16%的流行度位居次席,白色超过全球第二颜色黑色23%;灰色和银色则连续第二年并列第三,流行度为11%;白色中珠光白所占比例增加了4%;在亚洲,每出售百台汽车中就有52台为白色;中国白色汽车的使用率为62%;日本车主对珠光白的喜好度最高,达到28%(见图11-9)。《报告》还显示,珠光质感白色类别包括了星辰白(StarLite),是最受欢迎的全球汽车色彩,将会是2018年汽车流行趋势;同时带有不同色相调和的中性色调重新焕发了传统中性色彩的活力。这说明了消费者对细微颜色差异(如素色白和珠光质感白色)的鉴别能力,以及消费者在选购汽车时所表露的对色彩的偏好。

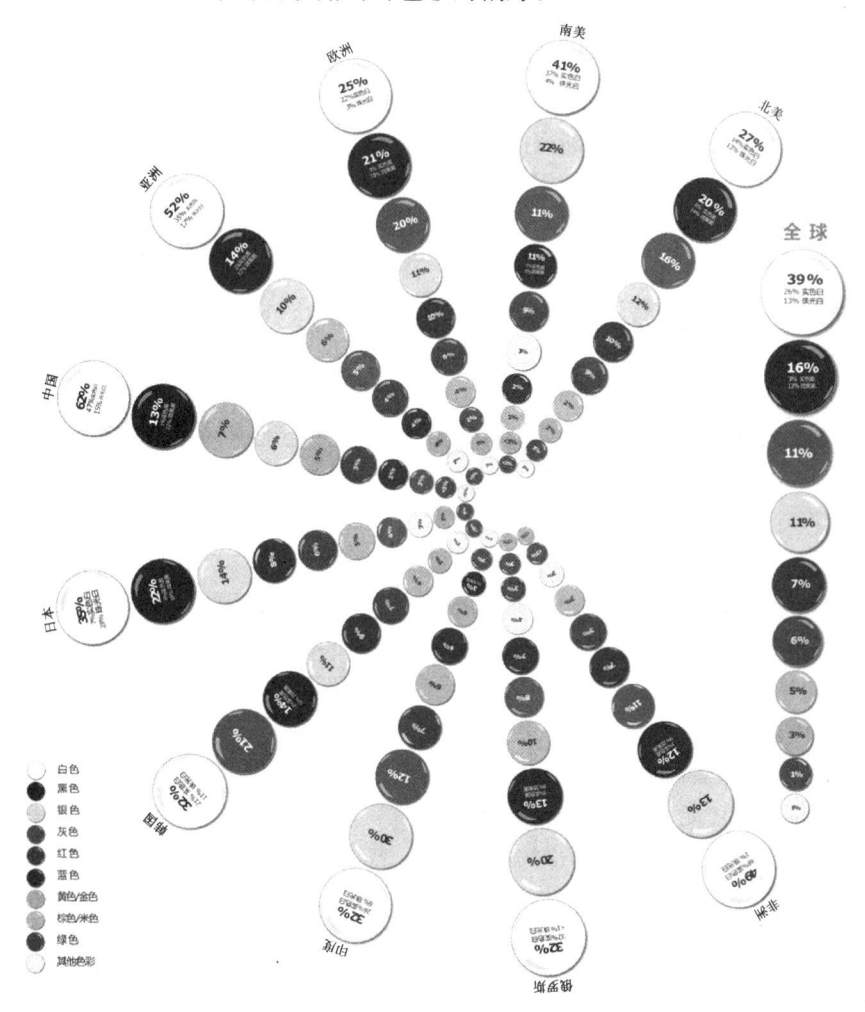

图11-9 艾仕得发布的《2017年全球量产汽车色彩流行报告》

美国最大的化学工业公司杜邦公司根据研究总结出的一个被称为"杜邦定律"的结论表明：消费者到商店选购商品，其中63%的人是根据商品的色彩和装饰做出购买决策的；到超级市场购物的家庭主妇，由于精美色彩和装饰的吸引，所购物品通常要超出她们出门前打算购买物品数量的45%。可见，色彩和装饰起着撞击消费者购买与否的心理天平的重要作用。

第三节　包装设计与消费者心理

在现代消费品领域中，超级市场、自选商场不断增加；越来越多的开架式商品陈列，使人们不再留恋传统的一张柜台分隔开营业员与购物者的布局。营业员的咨询和讲解作用，正逐渐被商品外表的形象化语言所替代。因此，商品包装必须以其美观的外表和恰到好处的色彩向消费者传递商品的必要信息，以引发人们的购买欲望。这种橱窗里、货架上的无声竞争，显示出包装的特殊价值与魅力。

一、商品包装及其功能

商品的包装，泛指用于盛装、包裹、保护货物的容器或包扎物。它是"为在流通过程中保护产品，方便储运，促进销售，按一定技术方法而采用的容器材料及辅助物等的总体名称"。包装可细分为内包装，即最接近产品的容器，以及外包装和运输包装等。

(一)商品包装的造型

消费者在选择购买商品时，判断商品品质优劣的标准大致有四个要点：

(1)自己的使用经验或别人的使用经验、营业员的介绍；

(2)对该商品功能、品质等方面的了解；

(3)商品的价格；

(4)商品的外观、广告宣传。

根据消费者的心理反应，通常外观包装精致、色彩协调的商品比起外观包装粗俗、简陋的商品来说，总是更容易得到消费者的关注，唤起消费者对商品的兴趣和购买欲望。因此，商品的外观和包装就显得更加重要，国外一些企业和经销商甚至把产品包装看得比产品本身更为重要。比如，香水等化妆品、名贵酒类、高档工艺品等，包装成本往往高出其产品本身。

包装造型直接影响消费者对商品的选择，除了作为商品质量的判断依据以外，还有下列三方面的因素：

(1)商品的包装造型不同，其本身的使用价值也不同。有的商品包装设计别致美观，可以用作收藏和摆设；有的商品包装可以做其他容器之用；等等。

(2)商品包装的色彩和造型的不同，促使消费者对该商品的心理意义也不一样，不同的消费者对不同的外观、造型、色彩等有着不同的反应。

(3)不同的包装造型，使用的方便性也不同。

(二)商品包装的功能

包装色彩是企业产品竞争最前沿的竞争力，一些国家把包装的色彩设计作为商品竞争的包装战略的重要手段来研究和应用，借助包装色彩的标准化、规范化、独特的设计，来满足消费者的感性消费心理，满足消费者求新、求异的个性化追求，从而使企业在激烈的市场竞争中拥有消费者，赢得顾客群。概括来说，商品包装有以下四个方面的功能：

(1)保护和容纳功能。它使产品避免受到重压、震动和冲撞的损害。

(2)方便功能。即便于商品运输、储存、保鲜和销售等。

(3)促销功能。包装可传达商品信息。现代包装设计的一个明显动向是,把商品包装的保护功能与表现商品的形象和广告宣传结合为一体,该形式称为 POP(Point of Purchase Advertising)包装,一般是利用商品包装盒盖或盒身部分进行特定结构形式的视觉传达设计。

(4)提高商品的品位功能。精美别致的包装增加商品的魅力,提高商品的品位。

二、商品包装对消费者的心理作用

(一)引起重视和诱发兴趣

在琳琅满目、品种繁多的商品市场里,醒目的包装能够吸引和诱导消费者惠顾商品。具有艺术感、时代感和名贵感的商品包装,能够激发消费者的购买兴趣和购买行为。在市场上,一些高质量的商品附以高品位的包装,即使商品价格略高,消费者也往往乐于选购。

(二)促进对商品的认识

商品包装上一般都以图案和文字说明来显示商品的种类、规格、型号、式样,以及性能、特点、使用方法等内容。消费者能够在接触商品包装的同时获得商品的有关信息,对需要了解的商品性质一目了然,从而加快了认识商品过程的感知、思维、情感、意志等心理活动的速度。因此,在提供信息这一点上,包装是"缄默的售货员"。

(三)有利于形成商品意象

包装与品牌一样,也是一种知觉线索。它通过可视的商品实物或逼真的色彩图案,使消费者产生"眼见为实"的心理效果,比一般广告更容易产生信任感和留下深刻的印象。例如,食品包装图案用彩色实物照片,就能比较形象逼真地显示内装食物的形状、色泽、质感,使人容易根据这些外观形象去联想食品的质量、口感、香味,以及想象食用之后所产生的满足感;又如,在一次试验中,把相同质量的芦笋分别装于透明的玻璃瓶和不透明的罐子内。前者的销售价格虽然比后者略高,但消费者更愿意购买的却是用透明瓶子盛装的,这是因为消费者能够通过透明盛器清楚地看到所买的食品的形状、大小以及分量等。由此看来,好的文字和图案根本不能替代直接看见的产品的真实情况的效果和作用。

(四)产品质量的知觉线索

消费者到商店购物是用眼睛观察商品的,但实际上最先进入视线的不是商品本身而是商品的外包装。所以,商品的包装就成了消费者判断商品质量的一种知觉线索,这一线索包括包装上的信息、设计、颜色等要素。

根据有关的调查与研究,商品的必要信息体现在包装上众多的信息类别中,最常用的不外乎是商品名称、价格、功效、性能、规格、风味、特点、产品合格证、使用期限、商品条形码等。

包装的设计和材料的选用,对形成消费者的商品意象具有直接作用。这种作用以联想为中介。一般情况下,精美华丽的包装会使人产生高档精品的联想,朴素简单的包装容易引起经济实惠的印象。

包装设计中的知觉线索更是十分微妙。例如,葡萄酒瓶的可旋密封盖比传统的软木塞盖开启时方便得多,而且,用可旋的瓶盖还能很方便地重新封上。但是,长期以来,消费者在观念上总是把葡萄酒与软木塞盖联系在一起。于是,软木塞盖和可旋瓶盖在消费者心目中分别成了名贵酒与廉价酒的不同知觉线索。

时尚新颖的包装工艺应该包含创新与环保的概念。以葡萄酒包装为例,在法国葡萄酒包装市场上,除了传统玻璃瓶包装外,葡萄酒的包装方式也开始个性化和多样化,时尚的盒中袋装酒深受葡萄酒爱好者的青睐(见图11—10)。这款盒中袋装酒是一种独特的三层复合结构，符合美国食品药品监督管理局(Food and Drug Administration，FDA)批准的可接触酒精的材料，其中的一层阻隔膜具有很好的强度。盒中袋装酒成本低，包装形式时尚，具有软包装的优点——新鲜、易于拿放、开启方便、可回收、环保等，是其他葡萄酒包装所无法比拟的。

图11—10 时尚的盒中袋装葡萄酒

包装上的色彩是另一个重要的知觉线索。在视觉效果上，色彩先于形状，而且比形状更具吸引力。一项相关试验表明，质量完全相同的洗涤剂，分别装入红、黄、蓝色的瓶子里，消费者产生的联想是：黄色瓶装的洗涤剂柔和，蓝色瓶装的适用性强，而红色瓶装的洗涤剂对顽固的污垢最有效。

三、包装设计的心理要求与策略

(一)设计的心理要求

商品包装要获得广大消费者的认同和喜欢，不仅需要结合化学和物理学等科学原理进行设计，还必须结合心理学、美学、市场营销学等基本知识。特别要充分利用包装外观形象，满足消费者对包装及其内容的心理要求。一般有以下几点：

1. 方便、安全

包装设计必须考虑消费者适用的场合，力求科学性与实用性交融一体。例如，提包式、折叠式包装便于携带；笨重物品在其包装上安置把手，以便于搬运；方便即食面用碗形包装，罐头使用拉环式包装，香水采用喷雾式包装，以方便使用；易燃、易挥发、易受潮等物品用密封包装；有的家用电器、药品在包装上标明保管方法、安全使用注意事项或"无毒""无副作用"字样，而易碎品、不能倒置物品等包装上应注明"小心轻放"、正立的"伞"图标等，使消费者产生安全感和方便感。

2. 形象

要让消费者满足"先入为主"的心理，商品包装必须形象突出。例如，独特奇异的包装容易与常规的包装形式形成对比和反差；开窗式包装往往能满足那些急于了解商品"真面目"的消费者的求知心理和好奇心理；系列式包装的商品陈列，具有统一格调，给人以集中、完整的印象,比零星点缀的商品更能吸引消费者的注意力和唤起购买欲;用鲜明、真实的实物彩色照片做包装,以形象逼真引人入胜。

3. 美感

应力求从包装的形状、图案到色彩,浓缩欣赏价值和美感享受,满足消费者的审美心理。实践证明,富于艺术魅力的商品包装,可以促使潜在的消费者变为实际的消费者,甚至变为习惯或长久的消费者。

4. 联想

包装中不论是式样、构图、文字、数字还是线条、符号、色彩,其任何一项设计,都会引起消费者的不同看法,产生不同的心理联想。因此,包装设计必须高度注意这种心理现象,全面考虑消费市场的各种因素,充分掌握消费者的兴趣爱好与忌讳,力求包装的各项内容含义积极、健康、美好,符合消费者的心理愿望。

(二)包装设计的心理策略

为了使商品更具有吸引力,商家必须严格遵循规范的包装形式。各种包装形式的产生,应以科学、卫生、安全、绿色环保为准则,以消费者的各种心理需求为依据。为了使商品包装的各种心理作用得到更好的发挥,商家应当制定相应的策略。

包装设计的心理策略主要有以下几种:

1. 按照消费者的消费习惯设计

人们在日常生活中,由于生活经验、传统观念、生理特点等因素,所以会形成一定的消费习惯,这种习惯的影响有时甚至是很深刻的。因此,按照消费者的消费习惯设计商品包装,是一种十分重要的心理策略。属于这种设计的一般有以下几种:

(1)传统型包装。这是指某类商品能够长期沿用的特有的包装,往往比较适应消费者的传统观念,便于他们识别与记忆商品,如"茅台"酒特有的白色瓷质瓶包装就属于这种形式。

(2)系列式包装。同一企业生产经营用途相似、品质相近的几种商品,采用一致或类似的图案、色彩、形状、包装形式,便于消费者识别商品的生产者与经营者,从而增强对商品的信任感。

(3)配套式包装。这是指用途相同、种类不同的数件商品组合成为一件的包装。采用这种包装,主要是让消费者产生购买和使用的方便感,同时也能给商品增加新鲜感和名贵感,如文化用品配套包装、化妆与护肤品组合包装、礼品礼盒包装等。

(4)分量式包装。这是将商品按不同分量分装的包装形式,如营养口服液、袋泡茶叶、一些药品的包装、小瓶装的高级名贵酒等。采用这种包装,主要是使消费者在使用时有方便感。有的商品价格高,一次购买量大,消费者难以接受,而分量少、体积小的包装却能使消费者产生优惠感,也便于消费者尝试性购买。

2. 按照消费者的消费水平设计

消费者由于经济状况和生活方式的差别,以及消费风气和社会性需要的影响,所以会对商品包装提出不同的要求。例如,有的消费者追求高贵华丽,有的喜爱朴实大方,有的喜欢新潮别致等。针对不同的消费对象,一般利用包装费用的高低、制作工艺的精简、包装形式的新陈来适应不同的消费需要。

(1)等级式包装。这是一种与商品价值相称的包装,一般按照同类商品的高、中、低档次,采用相应的包装材料、包装结构和装潢要求。

(2)特殊式包装。适应消费者的某些特殊需要,对价格昂贵、货源稀缺、工艺精良的名贵商品,一般采用具有较高欣赏价值或珍藏价值、突出商品名贵性的包装。例如,2010年上海世博会纪念品——世博玉玺,为和田玉材质,由国家级雕刻工艺美术大师篆刻,选用优质紫檀木盒包装以凸显玉玺的名贵、精致,为特殊纪念意义而锦上添花。设想如果是以一般的纸盒或者塑料盒包装,那就显得不够得体了。

(3) 复用式包装。这是一种能周转使用或具有双重用途的包装。当原来包装的商品使用完毕后,包装可以再次使用,或是移作他用。这种包装适应消费者的一物多用及求新、求利等心理要求,它所具有的适用性、耐用性和艺术性,不但使消费者愿意付出较高的价格购买商品,而且客观上起到了长时间广告宣传的作用。

(4) 礼品式包装。这是一种装饰华丽、富有欢庆色彩、情感动人的包装,它符合消费者进行社交活动和希望与人沟通的心理要求。尽管礼品式包装商品的价格略高,但它增加了礼品的价值感,达到了体现情感的目的,往往为消费者所乐意接受。

(5) 简便式包装。这是一种成本低廉、构造简易的包装形式。普通的日常用品、消费者自己使用的商品往往采用简易包装,它满足了消费者勤俭节约、讲求实惠的心理。

3. 按照消费者的性别、年龄设计

消费者的性别和年龄不同,在生理和心理上都会存在差异,因此,对商品包装的观念也存在一定差异。随着市场细分化,这种包装设计策略的作用越来越显著,并成为拓展市场的策略之一。

(1) 男性化包装。即适应消费者追求刚劲、庄重、坚毅、粗犷等心理要求,采用表现力度、男性气质等的包装。

(2) 女性化包装。即适应女性消费者追求温柔、典雅、清新、纤秀、细腻等心理要求,采用表现线条、韵律、女性魅力等的包装。

(3) 老人用品包装。即适应老年人追求朴实、庄重、淳厚的心理要求,采用传统与实用相结合,突出舒适、便利的包装。

(4) 中青年用品包装。即适应中青年消费者追求新颖、美观、大方、新潮、流行等心理要求,采用时尚与实用相结合、知识与情感相结合,突出表现个性的包装。

(5) 少年儿童用品包装。即适应少年儿童消费者追求新奇、生动、趣味、模仿、幻想的心理要求,采用形象、明快、色彩鲜艳、具有知识性和趣味性的包装。

4. 按环保要求设计

随着商品市场竞争日趋激烈,商品过度包装和浮华包装现象也应运而生。大量包装材料的获取以及包装废弃物和一次性的生活消费品废弃物的处理,给人类的生存环境造成严重污染,成为环境保护的一大公害。世界环保组织和各国政府都对环保包装相当重视。早在20世纪80年代,美国、日本、加拿大、荷兰、德国、奥地利、法国等国家就相继颁布了相关的包装法规,有效地遏制了浮华和浪费性的过度包装,使商品包装走向适度和法制化的管理轨道。

世界上不少国家如美国和加拿大政府对欺骗性包装进行了界定,规定只要以下情况者,均属于欺骗性包装:(1)包装内有过多的空位;(2)包装与内装物的体积差异过大;(3)无故夸大包装,非技术上所需要者。

韩国对过度包装物品视为违法,对过度包装的罚款最高可达300万韩元(约合1.65万元人民币)。

澳大利亚政府规定,各种包装空位不得超过包装体积的25%。

日本对包装的空位则规定:包装内空不得超过容器体积的20%,包装成本不得超过产品

价值的15%。

我国除了对食品、药品、进出口商品等包装方面有专项法律规定外,在2006年6月1日正式发布并实施了《月饼包装强制性国家标准》,该标准规定,月饼的包装成本应不超过月饼出厂价格的25%。

中国的环境保护任务相当艰巨。近5年来,中国包装工业总产值每年平均以20%的速度递增,2009年我国包装工业总产值超过了1万亿元。但在这种快速发展的背后我们又看到:我国每年的垃圾总量为60多亿吨,其中废纸约为2亿吨;在城市固体废弃物中,包装物占到30%。仅北京市每年产生的近300万吨垃圾中,各种商品包装物就达83万吨左右(石万鹏,中国包装联合会会长)。

环境保护与大众消费者的利益休戚相关,只要不利于环保、健康以及造福人类和可持续发展,再华丽、精美的包装,也会被消费者视为浮华和浪费,可见它是不可取的;相反,环保型包装更能展现商品的附加值,更受消费者青睐。

本章小结

创立品牌、商品的色彩和包装,是市场营销的重要内容。随着商品学和市场经济的日益发展,它们已经日益受商家和消费者所重视,并在消费者的购买决策中起着一定的作用。品牌忠诚是指由于商品质量、价格、性能等诸多因素的影响,消费者对某品牌产生信赖、偏爱和感情,并表现为对该品牌商品长期使用、重复购买的行为。商品体验感觉越好,消费者对该品牌的认知度越高;体验越是美好,其忠诚度也就越高。

不同的消费者对商品颜色有着不同的倾向性,而不同的商品颜色会使消费者产生不同的心理感受,影响消费者的购买行为。消费者有着不同的性别和年龄,分属各个不同的民族和种族,处在不同的地域,有着不同的文化素养和生活习惯,因此,他们具有不同的商品颜色心理。

商品的包装,泛指用于盛装、包裹、保护货物的容器或包扎物。借助于好的包装设计可以拥有消费者,赢得顾客群。而过度包装、欺骗性包装有悖于环境保护、可持续发展和安全健康。包装造型、美观、环保、安全等因素,直接影响消费者对商品的选择,企业应该把商品包装的色彩设计作为商品竞争的包装战略的重要手段来研究和应用。

思考题

1. 简述商品品牌的主要功能。
2. 生产企业应如何树立产品品牌的信任度和美誉度?良好的信任度和美誉度将为企业带来什么?请举例说明。
3. 如何建立消费者的"品牌忠诚"?它与消费心理有何联系?
4. 在消费者购买决策的形成过程中,商品的色彩与包装有哪些作用?
5. 联系本章内容,综述你对"创立中国名牌"的认识与感想。

案例分析

李宁帅哭纽约时装周：我丢过金牌，亏过30亿，但就是不放弃[①]

神话永远是神话，28年沉浮后，李宁再次从低谷爬了出来！

2018年初，全国人民都被远在纽约时装周走秀的李宁给惊到了。这还是我们曾经认识的那个李宁吗？

作为第一个登陆国际秀场的中国运动品牌，它第一次亮相便惊艳了全场。他用西方时装语言体系，把作品整理成一封致年轻人的情书。

时装周当晚，整场秀都是中国元素。代表中国奥运会经典颜色的"番茄炒蛋"再次出现，为的是致敬奥运历史上第一套中国领奖服Victor001；体操王子征战赛场的精彩瞬间被印在了卫衣上，是在向20世纪80～90年代的李宁辉煌时代致敬；用汉字展示品牌的方形Logo，成为服装设计的亮点，"中国李宁"四字，从未如此铿锵有力；银色的防风卫衣、宽大的红色篮球裤，任何喜爱Supreme或者Palace的潮流年轻人看到这些实穿、有趣的运动风格单品，购买欲立刻被激发起来。

比起国产其他品牌的风格，李宁设计的核心都是自己的，主打怀旧和中国元素，就连产品名称都全是"悟道""珀之心""悟空""胭脂念"这类满怀中国特色的主题。

走过崎岖、曲折不平直至今天的"李宁"，仿佛在挺直腰板大声告诉全世界，"李宁"又回来啦！

"李宁"鞋没有以前那么强调Logo了，毕竟颜值才是第一生产力。要不是"悟道"两个字，还真看不出来这些鞋出自中国设计师。细节和配色，做得可以说是天衣无缝、相当用心。

除了复古风，李宁还带来了更加炸裂的未来感设计。液态银配色的鞋子，袜套与绑带的结合，看似简单的设计，内部结构可不简单，各个部件可拆分，但却不需要任何黏合剂，这种神操作让全世界球鞋爱好者尖叫！重点是，售价还相当给力，多在500～800元人民币之间，比耐克和阿迪达斯的同类型产品便宜了一半，很多已经在官网上架的商品都已售罄。

曾经的国产体育第一，终于走出了30亿元亏损！

除了纽约时装周"诚意满满"的表现，李宁还发布了2017年年终业绩报告，2017年上半年收入39.96亿元，同比增长4 395.5%！上半年收入就赚了近40亿元?！长吁一口气，当年的那个"李宁"又回来了！

此刻再次回首李宁的沉浮录，还是令人唏嘘，这些年李宁的公司，正如他的广告语诠释的精神一样顽强，一切皆有可能啊！

光芒盖过阿迪达斯的2009年

自2004年在香港上市以来，李宁品牌一直顺风顺水。

最荣耀时刻是2008年，李宁在鸟巢奥运会上的"高空漫步"火炬仪式，也点燃了自己的品牌知名度，一举火遍大江南北。

当年的李宁品牌势如破竹，在中国销量直接超越阿迪达斯，仅次于耐克。2010年营业额最高达到过97.78亿元，全国8 000家店面大街小巷遍地开花，是当之无愧的国产运动品牌"一哥"。

然而，97.78亿元似乎成为李宁体育的最高峰，此后的营业额再也没有超过这个数字。

[①] 改编自新浪网"新浪时尚"2018年2月10日同标题文章。

被时代突然抛弃来不及说再见

2008年后体育行业飞速发展,奥运带来的市场增长态势一晃而过,再加上盲目扩张店铺,李宁公司在2011年出现了大量的库存积压。再加上低端市场的竞争越来越激烈,高端市场又被洋品牌所占据,"李宁"等国产品牌的存在,对国人来说突然变成了一种尴尬。

更严重的是,面对业绩下滑,李宁公司做出了一次错误的转型和调整,放弃中老年市场,面向"90后",但设计跟不上、产品也跟不上,致使李宁公司在2011年之后的三年持续亏损,整整亏了31亿元!

李宁的字典里没有"放弃"两个字

巨额亏损之下,退居幕后的李宁毅然选择"再次复出",决定背水一战。

败了从头再战,回归后的李宁,品牌广告语由"让改变发生",变回了我们熟悉的"一切皆有可能"。他本人也首当其冲地忙活起来,开始了一系列探索。

2015年他开通了微博,"刷微博、卖萌、写鸡汤文"无所不能,这位五十多岁的大叔成为潮流的弄潮儿,当年高冷的体操王子形象不复存在,拥有293万的粉丝,在企业家中也算是网红了。

为了更好地融入年轻人,李宁发微博听取年轻人意见。最重要的是,他做到了:让好产品说话,站着把钱挣了。

其实,提起国产品牌,口碑在国际上普遍不太好。

可李宁始终坚信,出现在全世界面前时,就要保持站立姿态,"我想站着,也能把钱给赚了",正所谓君子爱财,取之有道。我们现在很多国产品牌还处于跟风和致敬经典的阶段,但我们有理由也有信心相信,未来的时尚界,中国很快会占据一席之地,鄂尔多斯、太平鸟等已成功转型,曾经我们穿着香奈儿、LV和巴黎世家有底气,而现在穿"李宁"、鄂尔多斯同样有底气。设计不分国籍,中国运动品牌,也能登陆纽约时装周!

没有人比我们更想看到国产品牌的崛起,没有人比我们更希望国产品牌卸下抄袭的帽子。真正牛逼的企业一定要走正道,一定是靠着好产品征服消费者!

一旦决定站着挣钱了,就要一站到底!这,就是当年的李宁王子,如今他又以刚烈、坚毅、把品牌做好做大走向世界的精神,活跃在"李宁"世界。

讨论:

1. 请谈谈创立品牌有哪些基本要素。

2. 试论你对品牌创新的理解,并列举一款你认为不够完美的商品品名或色彩,为其重新命名和定色。

阅读资料

国际化的品牌坚守:SAND RIVER 为什么要这么做?[①]

一家仅仅有十几年历史的新企业,为什么可以做到让世界管理学大师称赞为是"真正的隐形冠军"企业?为什么会让巴黎的时尚教父闻风而来?为什么会让世界服装设计大师欣然担任首席设计师?为什么会让数以千计的国际时尚买手成为拥趸?

答案是——品质坚守。品质与格局息息相关,没有国际格局,就没有国际品质。

[①] 改编自《齐鲁晚报》,2016年12月14日同标题文章。

这家企业的国际格局,是从关注中国羊绒产业发展历史开始升华的。

中国羊绒的发展史说起来还是很令人惋惜的,"为他人作嫁衣裳"的故事至今仍在上演。20世纪50年代以前,中国宝贵的山羊绒资源全部以原料形式廉价出口国外,我们的加工能力只限于擀毡、拧毛绳、编织手工毛衣、修建蒙古包等。当中国人还在为解决吃饭、穿衣问题而奔波,把羊绒以羊毛的价格出口国外的时候,英国道森公司已经用中国羊绒加工羊绒衫并行销世界市场一百多年了。

20世纪80年代后,中国结束了单一的无毛绒出口的格局,羊绒加工业开始由初、粗加工向深、精加工发展,产量和出口明显增加。进入90年代,中国羊绒加工业进入迅猛发展期,羊绒衫及羊绒制品畅销国内外市场,羊毛绒和羊绒衫价格也成倍增长。

目前中国羊绒业经过20多年的发展,已经从世界第一羊绒资源大国发展成为世界羊绒生产、加工、销售和消费第一大国。我国羊绒衫产量位居世界首位,全国的羊绒加工企业亦发展到2 600多家,不过大部分企业还停留在贴牌加工、简单制造阶段,没有能力在设计、时尚领域打造世界级的山羊绒产品。

幸运的是,具有国际视野的中国羊绒企业,它们开始引领中国羊绒制品的潮流,在国际市场上用高端的设计和精美的品质日益强化竞争力,出口创汇逐年递增。而近年来在行业内脱颖而出的羊绒制品品牌,就是在其创始人郭秀玲女士奋力打拼多年后终于走向世界时尚领域并成为优秀品牌的。

为了让打造"SAND RIVER"羊绒品牌,郭秀玲多年来穿梭于五大洲之间,拜会高手、访贤求学,借鉴了多个国家的国际奢侈品牌发展经验,全力将SAND RIVER这个中国民族品牌全面推向国际化。

郭秀玲是土生土长的内蒙古人,大学毕业后被分配到内蒙古西部一家著名的羊绒企业,积累了十年研发经验之后,作为中国羊绒界一流的技术大咖应邀去德国从事研究与开发。在德国的两年间,她是那个领域唯一的女性开发者,也是唯一的中国人从事这样的核心研究。两年在莱茵河畔的孜孜钻研,使她成为一个可以做Master级别的人,成为中国最懂基础实施的开发者,成为该领域全球TOP5的技术专家。

2002年,作为技术股东,郭秀玲回国创立了与德国方、中国香港方合资的公司,她所拥有的200多项专利技术发挥了至关重要的作用,十几年间企业稳步前进,成为国际上许多奢侈品品牌的供应商,以及多个海外品牌的合作伙伴。

难得坚守品质对瑕疵零容忍

企业家、财经作家吴晓波对产业尤其是制造业有很多研究,他曾提到,制造业如今已经陷入前所未见的痛苦和彷徨。2012年年初,当中国大多数OEM企业还在满足于赚取加工费时,早就具有了国际视野的郭秀玲已经居安思危把前瞻目光投向了远方。是继续做代加工安安稳稳地赚钱,还是要走上一条风险无法预测的不归路,创业做自己的羊绒品牌?

深思熟虑的郭秀玲在一夜之间,砍掉了所有工厂的订单,对所有的客户说再见,下定决心不要给Maxmara等国际品牌做供应商,因为她要走上世界舞台,她自己就要成为"Maxmara"。

从那时起,她和她的团队只做了一件事——坚守传统纺织行业中的精工细作。

坚守品质,造就了SAND RIVER,也收获了海内外消费者的青睐。因为顾客看不到制作过程,所以产品成为唯一的传播介质,消费者通过购买产品来认可其品牌。SAND RIVER不论做什么款式,始终把品质坚守放在首位。

在制造业中,客户最看重的是什么?或许很多行业人忽略品质而更加注重经济收入,但对于SAND RIVER来说,这个团队更热衷用品质推动经济。在做工方面,不论是裙子、裤子,还是一条围巾,任何一个犄角旮旯的地方,绝对不容忍有半点瑕疵。这离不开产品制作流程中每道工序的工人和各层的管理人员,离不开"质量至上"的理念。

整个品牌团队对品质坚守的执着,所有员工没有一个人放弃对品质的追求,没有一个人放弃这份坚守,为了做出最精良的产品,用上最优的原料、配上最好的技术和精良的做工。随着顾客的青睐和赞誉越来越多,SAND RIVER收获的,是实实在在的客户。

稀有资源匹配精工细作

羊绒是原材料,是一种有限资源。内蒙古有很多牧区,但是受到自然环境和人为因素的影响,顶级羊绒越来越少。SAND RIVER将顶级的羊绒资源和最先进的技术相匹配,做出了羊绒独具的奢华,展现给全世界。

无数国际奢侈品品牌大鳄云集郭秀玲的家乡——内蒙古,展开"羊绒大战",就是为了抢夺全世界最优质的山羊绒。

在内蒙古阿拉善已达全球顶级的原料基地中,SAND RIVER只选择1岁内的小山羊羔的绒毛,作为产品的原材料使用。要知道,一只羊一生只能产一次这样的超幼羊绒,在每只羔羊身上去除杂质后,只有15~25克可以使用,20只小羊羔的羊绒才能做成一条薄如宣纸的羊绒披肩,其制作过程也需要耗费大量的时间和人力成本。

"哪怕产品制作周期很长,哪怕要付出高昂的代价,也要把羊绒做到它该有的水准,所以要用精工细作匹配市场价值,就像好马配好鞍一样。让世界知道SAND RIVER品牌的羊绒最品质精良,最高贵优雅。"

从创立品牌至今,SAND RIVER品牌创始人郭秀玲建立了全球范围十几家实体精品店铺,设立了互联网站sand river cashmere.com,产品远销美国、德国、法国及英国等世界各地,以互联网零退货率的成绩取得了顾客最大限度地认可。要知道,退货率这个数字在德国是75%!而就是对品质最苛刻的德国,如今对中国SAND RIVER品牌无条件全面接纳,并给予SAND RIVER品牌网站5星的享誉评级,那是何等不易、何等可贵。

行业落寞与品牌新贵

面对国际化战略,SAND RIVER的首席设计师聘请的是世界级的服装设计大师小筱顺子。只有设计站在时尚之巅,材料也采用顶级原料,制作工艺还必须达到精细严苛,整个产品链的品质保证才能统一,否则产品质量就难以做到世界一流。

有件有趣的事情,郭秀玲曾经拿着设计图到江浙沪一带寻找制造厂,却遭到了几乎所有厂商拒绝。拒绝是因为他们接受不了与爱马仕一样超高的质量把控标准。"越来越多的企业习惯粗制滥造、以量取胜,而真正追求精工细作、高端品质的厂商越来越少。"国内要想出奢侈品,制造和把控水准还有待再提高。

SAND RIVER虽然不是这个行业的鼻祖,却坚守着行业良心,誓以品牌的优质和认可走向国际化。郭秀玲借鉴海外奢侈品企业的经验,为SAND RIVER成立了研发中心和制造中心。这两个部门将是SAND RIVER的命脉,一个负责创意研发,一个负责生产,为品牌持续造血。

美国北卡罗来纳大学营销学专家扬一本尼迪克特·斯廷坎普(Jan-Benedict E. M. Steenkamp)近两年对SAND RIVER产品及品牌进行了全方位的研究,出具了长达37页的分析报告,并将这份报告作为全球商学院的案例广泛传播。

德国著名经济学家、"隐形冠军之父"赫尔曼·西蒙教授，在2015年的中欧论坛上整场以SAND RIVER为案例，剖析了"隐形冠军"的历程及产品。

2016年，郭秀玲应邀为来自欧洲30个国家的80名企业主及商界精英做演讲，做了关于产品与品牌建设、产业转型与国际化品牌推进的主题演讲。

越来越多的国外经营者和营销专家关注到SAND RIVER，认可品牌追求高品质的经营理念。

坚信行业未来

在郭秀玲看来，对品质的坚守和对传统手工艺的保护与传承至关重要，"不论是我一个人，还是SAND RIVER整个团队，单凭我们的坚守远远不够，只有每个人都坚守行业的高标准，才会成为行业中的佼佼者，甚至是世界各个行业的佼佼者"。

SAND RIVER连续几年在巴黎时装周、纽约时装周亮相，不仅赢得了各国大使、巴黎时尚教父、老佛爷百货公司经理人、服装设计大师等名流的青睐，世界各个时尚之都的SAND RIVER专卖店也在陆续建设。

稳步前进的SAND RIVER以全球最顶尖级的奢侈品品牌为竞争对手，坚守品牌，精工细作，同时嫁接全球一流艺术家的艺术品，跨界合作，共创共赢，以期最大实现品牌的附加值。

郭秀玲，这个"羊绒布道者"，她坚信中国羊绒行业的未来最终会走向一条光明之路。

我们期待，期待一个精彩的中国传奇，早日登上那个华丽的世界大舞台……

第十二章

商品价格心理

● 学习目标

1. 了解消费者的价格心理功能；
2. 掌握消费者对价格的心理反应及判断；
3. 掌握价格变动对消费者心理和行为的影响；
4. 掌握商品定价与调价的心理策略。

● 导入案例

买涨不买跌[①]

贪婪与恐惧，是人类的天性。能克服这两样的，要么是神仙，要么是精神有问题。

炒股的人都知道，在很多时候，预测底部或顶部没有什么价值。除非你天生就有强烈的预见性，一般的投资者很难买在最低点、卖在最高点。这也就是为什么上证指数徘徊在3500点附近没有人敢买，而一旦突破4000点以后大量资金敢于介入的原因。买涨不买跌，顺应大趋势，这其实是一种明哲保身的招数。在一个由交易机会提供80%的赚钱契机的市场，所谓的价值投资，也不过是运气好买到了低价而已。其实，很难想象类似于资源股这样的中国特色的价值投资究竟会有多长的好光景，矿产资源开采完了还会有那么好的业绩？难以想象。这就是一个交易性机会带来的投资偏好，你非要在中国找一个企业像可口可乐那样买着、捏着、藏着，那这个股东肯定当得不会很爽。不仅是股市信奉"买涨不买跌"，房市也一样。从道理上讲，国家对于房地产的调控不可谓不严厉，措施不可谓不多，但实际上，房价是越调控越高。国家发改委、国家统计局日前发布的调查数据显示，6月份全国70个大中城市房屋销售价格同比上涨7.1%，涨幅比上月提高0.7个百分点，并创下自2005年7月对房价实施月度统计以来的最高水平。越涨越买，越买越涨，这是一种贪婪的最佳体现。

加息会不会促使房价下跌？这是一个伪命题。加息的确会增加购房者成本，但从另外一个思路看，既然加息甚至以后的加税会成为常态，那投资者会预期以后的购房成本更高，观望的投资者说不定会集中下手，进一步推动房价上扬。在供求关系没有发生根本性变化的前提下，成本的每一次提升，都会体现在价格的进一步上涨上，哪怕这种供求关系80%都是由投机引发的。

同样的道理也会发生在股市上涨、下跌的时候，投资者会预期有进一步的下跌而被套牢，

[①] 《金融投资报》，2007年7月25日。

因此会有恐惧；上涨的时候，投资者会预期有进一步的上涨而少赚钱，因此会有贪婪。同样是一个供求关系决定价格的市场，交易性机会会伴随股市走很长一段时间，"买涨不买跌"仍会是整个市场的主流。

在现实生活中，影响消费者心理与行为的商品因素很多，然而价格无疑是最具刺激性、敏感性的因素之一。所以，研究价格对消费者的心理影响，把握其价格心理特征，是企业制定价格策略和成功营销的基础和前提。

第一节 价格的心理功能

一、研究消费者价格心理的意义

经济学理论认为，价格是商品价值的货币表现，是商品与货币交换比率的指数，也是商品经济特有的一个重要经济范畴。商品价格是消费者每天都要直接或间接接触的经济现象，也是影响消费者购买心理和行为的最敏感的因素之一。它像一只"看不见的手"，通过涨落、波动无形地指挥着生产者、经营者、消费者的行为，牵动着亿万消费者的心。

现代社会，消费品市场上的商品成千上万，种类繁多。各种商品的质量、用途、款式不尽相同，价格也千差万别。就同一商品而言，价格也不是一成不变的，如服装价格会因季节变化而上涨或下落。商品价格的差异和变动，会直接引起消费者需求和购买行为的变化。

例如，同一种商品，标上不同的价格，会导致完全不同的心理反应。价格昂贵的商品，会被消费者视为高品质和高社会地位的象征；价格低廉的，则被认为品质低下或属低档商品。又如，按照市场运动的一般规律，价格与消费需求之间存在着此长彼消的反向相关关系，即价格上涨，消费需求减少；价格下降，消费需求增加。但在现实生活中，这一关系时常不为消费者所遵从，并出现相反的情形，即商品降价后，消费者的购买非但没有增加，反而有所减少，这就是市场上时有发生的"买涨不买落"的现象。究其原因，在于降价使消费者对商品品质产生质疑，或等待进一步降价的心理预期增强，从而抑制了即期购买，这就是消费者价格心理作用的结果。

消费者的价格心理是消费者在购买活动中对商品价格认知的各种心理反应和表现，研究价格心理的目的，在于掌握消费者对价格及其变动的心理反应与活动规律，从而制定既符合消费者的心理要求，又能增加企业效益的合理价格。

二、影响市场价格的客观因素

（一）商品价值

商品的价值是凝结于商品中的社会必要劳动量，是对商品价格的内在决定因素，其外在形式由货币表现为某种商品的价格。因此，价值成为商品价格的支配性因素。在日常消费中，我们常常可以见到这样一种现象：某种商品由于供求或其他市场原因价格暴涨，消费者即使处在不由自主地抢购风潮中，也要抱怨"这种东西根本不值这么多钱"，这正是价值内在决定作用的通俗反映。货币作为一种特殊商品，它以自身为尺度来表现和衡量其他商品的价值。货币单位是用来计量商品价格的标准，所以，价格也可以被认为是借助货币单位表现出来的商品价值。

(二)商品供求关系

在市场经济条件下,价格的运动是绝对的,而静止则是相对的。价格的运动过程也是价格的形成过程,价格的最终形成表现为同消费者直接见面并为消费者接受的价格。因此,在现实购买行为中,价值并不能直接决定价格本身,直接影响现实市场价格的是商品供求关系。在一般情况下,当商品供给量超过消费需求量时,价格呈下跌趋势;当商品供给量低于消费需求量时,价格呈上涨趋势。只有当供给量与需求量基本持平时,市场商品价格才是商品的均衡价格。在市场经济环境中,商品供求关系对价格表现出最直接、最外在的影响。

(三)货币价值

决定商品价格的内在因素除了商品的价值量之外,还有货币价值量这一因素。当货币所代表的价值发生变化时,即使商品本身的价值不变,商品的价格也必然发生变化。所以,商品价格的变动和货币价值量的变动成反比例关系。在现代经济活动中,纸币是由国家发行并强制流通的价格符号,纸币所代表的价值主要取决于商品与货币之间流通数量的合理比率,即要求社会货币流通量与商品流通量相适应。如果纸币的发行量超过流通中实际需要的货币量,就会引起贬值,从而导致市场物价普遍上涨,这就是通货膨胀;反之,通货紧缩过度,虽然可抑制物价,但也可能造成流通不畅、市场不景气,从而导致经济萎缩。

(四)市场竞争

竞争是商品经济的重要机制。市场竞争包括消费者竞争和生产者竞争,这两种竞争都会影响市场商品价格的运动。在充分竞争的市场条件下,竞争对企业商品定价有较深入的影响和限制作用。一个企业决定自身产品价格时,实际定价自主权的大小很大程度上取决于生产者竞争与消费者竞争的强度。从生产者角度看,生产该产品的企业数量、产品质量,以及他们拟采取的市场行为,如广告策略、推销手段、价格策略等,都直接影响该企业对自身产品的价格决策。从消费者角度看,对产品的认知程度、需求迫切性、消费者的价格心理标准及消费偏好等,同样对企业的价格决策有重大影响。如果该企业是市场上某产品的唯一提供者,在确定其价格时就有广泛的自主决策权,如果该产品的弹性系数较小,企业甚至可以不考虑消费者的心理倾向;反之,如果市场上有多个竞争企业,并且实力基本相同,那么其中任何一个企业都无法对价格产生决定性影响,而只能接受市场上由消费者心理倾向所反映出的价格标准。这时,企业应按照由消费者心理标准决定的市场竞争价格来调整自身的生产与经营,公式化的价格策略将会受到极大的限制。

(五)国家政策

在社会主义条件下,国家政策对价格进行适度的干预是必要的。例如,对关系到人民生活的必需品(如蔬菜)实行最高限价;对某些高档消费品和限制消费的商品(如烟、酒),采取提高价格的政策;在特殊情况下(如国家财政经济发生严重困难或战争情况下),可冻结物价,以便对国民经济进行调整等。作为政策性的提高或降低价格,甚至在一定程度上价格背离价值,都是根据国家经济发展的需要,受客观经济规律和社会承受能力的制约,但不能无限制地背离,而背离的最终目的仍是达到价格与价值相符。

(六)国际市场价格

国际市场价格对国内市场价格也有重大影响。国际市场价格高的商品,会推动国内市场价格攀高;反之,国际市场价格低的商品,在排除通货膨胀和供不应求等因素影响的情况下,会迫使国内市场价格趋降。随着进一步贯彻对外开放政策和扩大对外经济交往,过去那种"内外有别、分别作价"的情况将会有很大的改变。

三、影响市场价格的社会心理因素

社会心理是社会生活中一般人的心理,是社会生活中人与人以及群体之间互相类似和感应的心理,如模仿、从众等。

消费心理学认为,当消费者的社会心理表现为外部消费活动时,便促成人的消费行为。这种行为在一定程度上是企业经济活动和消费者消费行为的调节器,也影响商品价格的形成与变动。特别是在日常经济条件下,消费者的社会心理因素对市场价格的调整起着明显的影响和牵制作用,对企业价格策略的选择产生抑制和推动作用。影响价格的社会心理因素归纳如下:

(一)价格预期心理

价格预期心理是指在经济运行过程中,消费者群体或消费者个人对未来一定时期内价格水平变动趋势和变动幅度的一种心理估测。从总体上看,这是一种主观推测,它是以现有社会经济状况和价格水平为前提的臆想和推断。如果形成一种消费者群的价格预期心理趋势,那将会较大地影响市场某种或某类商品现期价格和预期价格的变动水平,因此,这是企业价格决策中必须考虑的重要心理因素。

特别应注意的是,消费者的通货膨胀预期心理将会导致对现期商品大规模的超前购买,以至于出现抢购风潮。同时,也会给企业生产者和经营者传递销售过旺的错误信息,致使企业生产盲目扩大规模,经营中表现为惜售、囤积等不规范产销行为,并有可能影响较高层经济决策的制定与规划,加剧经济运行的不均衡与不协调。

(二)价格攀比心理

攀比是人的一种常见的心理活动。价格攀比心理通常表现为不同消费者之间和生产经营者之间的攀比。消费者之间的攀比心理会导致盲目争购、超前消费乃至诱发和加重消费膨胀态势,成为推动价格上涨的重要因素。在股票市场中,当其他条件不变时出现的暴涨暴跌,就是这种价格攀比心理促成的典型投机行为;在拍卖市场中,竞相抬价也是这种心理较为明显的反应。同时,不同经营者之间出现的价格攀比会直接导致价格的盲目跌涨,进而冲击消费者在正常时期的消费心理判断能力,使市场出现不应有的盲目波动。

(三)价格观望心理

这是价格预期心理的又一种表现形式,是以主观臆断为基础的心理活动。它是指对价格水平变动趋势和变动量的观察等待,以期达到自己希望达到的水平后,才采取购买或其他消费行动,从而取得较为理想的对比效益,即现价与期望价之间的差额。观望心理一般产生于市场行为比较活跃的时期,消费者往往根据自身的生活经验和自我判断及社会群体的行为表现来确定等待的时间表。消费者观望心理对企业经营活动的影响大多表现为隐形的,但这种心态形成社会消费者的群体意识后,会对企业以及社会造成很大的压力,可表现出社会性的购买高潮和社会性的拒绝购买两种极端行为。价格观望心理在耐用消费品及不动产的消费方面表现得较为明显,因此,企业在确定价格策略、广告策略时,应注意增加经济信息的透明度,注意信息传播的广泛性,以减少观望心理带来的盲动性。

(四)倾斜心理和超补偿心理

心理学中的倾斜反映了某种心理状态的不平衡,补偿是反映掩盖某种不足的一种心理防御机制,两者都是一种不对称心理状态的反映。这种心理状态来自利益主体对自身利益的强烈追求。在日常生活中,许多人都可以被认为既是生产经营者或管理者,同时又是现实生活中的普通消费者。作为企业经营者或管理者,这种心理状态可导致价格决策中的心理矛盾和选择错误,他们总希望自己产品的价格越高越好,而他人产品的价格则越低越好;购入商品的价格越低越好,而销售价格则越高越好。作为消费者,总希望自己的收入越多越好,而商品价格越低越好。这种不对称、不平衡的心理态势,会促使"人"这个社会动物成为"价格两面人"。如果这种心态在社会群体中不断得到强化,就会产生一种社会冲动,在法治意识不健全的情况下,这种冲动将演变为市场上的假冒伪劣、低质高价、以次充好、缺斤少两等不正当行为,扰乱多年来消费者心中形成的价格心理标准,使消费者失去对价格质量的信任感。

四、价格的心理功能

在日常的市场营销和消费者购买活动中,经常可见到这样的现象,即同一商品的价格有些消费者可以接受,有些消费者则感到难以接受。也就是说,理论上合理的价格,消费者不一定能够接受;理论上不合理的价格,消费者却能够接受。究其原因,主要是由于许多消费者对于商品价值和品质的认识过程和速度不同、知觉程度的深度和广度不同。而制定价格的企业一方,往往更注意从理论意义上来研究制定商品价格,而忽略了消费者的价格心理,不了解消费者可能接受的商品价格限度,不了解消费者怎样看待商品价格与商品品质之间的关系,导致所制定的价格背离消费者心理上的价格标准。商品价格的心理功能,主要包括以下几个方面:

(一)商品价值认识功能

在现实生活中,人们用价格作为尺度和工具来认识商品。所谓的"一分钱,一分货""好货不便宜,便宜没好货"等,就是这种心态的反映。同样两件羊毛衫,质地看上去相似,款式也相差无几,如果一件标价 200 元,另一件标价 300 元,消费者的第一反应就是 300 元的那件品质好、价值高,200 元的那件相对品质差、价值低。

在商品更新换代速度日益加快的今天,新产品层出不穷,商品种类急剧增加,商品品质日益提高,消费者很难依靠传统经验从使用价值来判断商品品质的优劣,这时价格就成为他们衡量这一商品质地好坏与价值高低的尺度。

(二)自我意识比拟功能

商品的价格不仅表现价值,在某些消费者的自我意识中还具有反映自身社会、经济地位高低的社会象征意义。这就是说,消费者在购买商品的过程中,可能通过联想与想象等心理活动,把商品价格的高低同个人的情趣爱好、生活品质、价值观、文化品位等个性心理特征联系起来,有意或无意地进行价格比拟,以满足个人的某种社会性需要。

价格的自我意识比拟主要有以下几种形式:

1. 社会地位比拟

有些人在社会上具有一定地位,穿着用品讲究高档、名牌,认为穿着一般有失身份,不愿出入折扣商品市场,即便经济收入拮据,宁可在其他方面节俭一些,也要保持自己良好的社会地位与形象,并以此获得心理满足。

2. 经济地位比拟

有些人收入较高,追求时尚欲望强烈,是社会消费新潮的倡导者。他们往往以率先追求高档商品住房、私人轿车等为消费目标,对低价商品不屑一顾,把商品价格与自己的经济地位联系在一起。也有些消费者是大众商店、低档卖场的常客,专门购买廉价、削价的商品,认为这类商品与自己的购买能力和经济地位相符。

3. 文化修养比拟

有些消费者尽管对书法、字画缺乏鉴赏能力，却花费大笔支出购买名人字画挂在家中，希望通过昂贵的名人字画来显示自己有很高的文化修养，从而得到心理上的慰藉。

4. 生活情趣比拟

有些消费者既缺乏音乐素养，又没有特殊兴趣，却购置钢琴或高档音响设备，以期得到别人给予的"生活情趣高雅"的评价，从而获得心理上的平衡。

价格所具有的自我意识比拟的心理机制，同消费者自身的价值观、生活态度和个性心理特征直接相关。因此，它的表现形式往往因人而异、千差万别。但是，只要这种机制作用于消费者，就会使消费者忽略商品价格与价值、品质的关系，而过多重视价格的社会象征意义，试图通过价格选择来满足自身的社会性需要。

(三) 调节消费需求功能

价格对消费需求量的影响甚大。在其他条件既定的情况下，消费需求量的变化与价格的变动呈相反的趋势。即价格上涨时，消费需求量减少；价格下降时，消费需求量增加。

价格对需求的影响和调节能力的大小又受商品需求弹性的制约。不同种类的商品，需求弹性也不同。我们可以用商品的需求弹性系数（E_p）衡量需求弹性的大小。计算公式如下：

$$E_p = \frac{\frac{\Delta Q}{Q}}{\frac{\Delta P}{P}}$$

式中，ΔQ 为需求变动量，Q 为原需求量，ΔP 为价格变动量，P 为原价格。

有些商品价格稍有变动，其需求量就会发生大幅度变化，即需求对价格变动的反应高度灵敏。这种需求称为弹性需求，其需求弹性系数大于1。奢侈品如金银首饰等即属于这一类。

有些商品价格变动很大，而需求量的变化很小，需求对价格变动的反应迟钝。这种需求称为非弹性需求，其需求弹性系数小于1。例如，食品、日用品等生活必需品即属于这一类。

商品价格对市场消费需求的影响大致可归纳为两个方面：一是消费者对某种商品的需求越强烈、越迫切，对价格的变动就越敏感；反之则相反。二是价格变动的结果可能使需求曲线向不同方向发展。比如，当某种商品价格上涨时，本来应起到抑制购买、降低需求的作用，但消费者出于购买的紧张心理，认为价格还有继续上涨的可能，于是，会更加狂热地加入抢购的浪潮，这就使得商品涨价，反而刺激了购买、促进了消费。

第二节 消费者对价格的心理反应及判断

一、消费者的价格心理表现与价格判断

价格心理是指消费者在购买过程中对价格刺激的各种心理反应及其表现，它是由消费者自身的个性心理和对价格的知觉判断共同构成的。消费者的价格心理表现在以下几个方面：

(一) 习惯心理

由于消费者长期、多次购买某些商品，以及对价格的反复感知，形成了消费者对某些商品价格的习惯心理。这种习惯心理一旦形成，就会直接影响消费者的购买行为。这是因为在现代市场条件下，由于各种因素的影响，消费者很难对商品的价格等客观标准了解清楚，而只能

以逐步形成的价格习惯作为判断所购商品价格合理与否的标准。如果某一商品的价格在消费者认定合理的范围内,他们就会乐于接受;超出这一范围,则难以接受。

由此可见,消费者的价格习惯心理一旦形成,往往要稳定并维持一段时间,难以轻易改变。而当商品价格必须变动时,消费者的心理会经历一个打破原有习惯、由不适应到适应的困难过程。为此,企业必须清楚地认识到价格习惯心理对消费者购买行为的影响。对那些超出习惯价格的商品价格的调整,要慎之又慎;必须调整时,要把调整幅度限定在消费者可接受的范围内,同时做好宣传解释工作,以使消费者尽快接受并习惯新的价格。

(二)敏感心理

由于商品价格直接关系到消费者的生活水平,所以,消费者对价格变动具有极强的敏感性。消费者对价格变动的敏感心理既有一定的客观标准,又有经过多年购买实践形成的一种心理价格尺度,因此具有一定的主观随意性。这两方面的影响,有时一致,有时不一致,甚至相互对立。对那些与消费者日常生活关系密切的商品价格,消费者的敏感性较高,如食品、蔬菜、肉类等,这类商品的价格略有提高,消费者马上会做出强烈反应;而一些高档消费品,如彩电、钢琴、家具等,即使价格比原有水平高出几十元、上百元,人们也不太计较,即消费者对这类商品的价格敏感性较低。不过,消费者对价格变动敏感心理的反应强度,会随着价格变动的习惯性适应而降低。

(三)倾向心理

倾向心理是指消费者在购买过程中,对商品价格选择所表现出的倾向。商品价格有高、中、低档的区别,一般来说,价格高的商品品质好、价值高,价格低的商品品质差、价值低。由于所处社会地位、经济收入、文化水平、个性特点的差异,不同类型的消费者在购买商品时会表现出不同的价格倾向。现阶段,我国消费者的消费心理明显地呈现出多元化特征,既有要求商品款式新颖、功能先进、高档名贵的求"新"、求"名"心理,又有追求经济实惠、价格低廉的求"实"、求"廉"心理,还有居于两者之间的要求商品价格适中、功能实用的求"中"心理,此外,还有满足情感、文化需要的求"情"、求"乐"、求"知"心理。把上述消费心理按高、中、低分成三个需求档次,消费者的价格倾向会很明显地表现出来,他们会根据自己不同的需求特点,做出不同的价格选择。

(四)感受性

价格的感受性是指消费者对商品价格及其变动的感知强弱程度。消费者对商品价格的高低、贵贱的认识,不完全基于某种商品价格是否超过或低于他们认定的价格尺度,还根据与同类商品的价格进行比较,以及购物现场不同类商品的价格比较来认识。这种受情景刺激因素的影响,导致价格在感受上的差异,就形成了消费者对价格高低的不同感受,而这种感受会直接影响消费者的价格判断。

二、消费者的价格判断

(一)消费者判断价格的途径

消费者的价格判断既受其心理制约,也受某些客观因素如销售场地、环境、商品等的影响。价格判断具有主观性和客观性的特点,其主要途径有以下三类:

(1)与市场上同类商品的价格进行比较。这是最简单、最明了并且普遍使用的一种判断商品价格高低的方法。

(2)与同一商场中的不同商品价格进行比较。例如,50元一件的商品,把它摆放在大多是

50元以上商品的甲柜台,与摆在大多是50元以下商品的乙柜台,消费者的价格感受和判断是不一样的。多数消费者会认为甲柜台标价50元的商品便宜,乙柜台标价50元的商品贵。这种现象,是消费者在判断价格的过程中,受周围陪衬的各种商品价格的影响而产生的一种错觉。

(3)通过商品自身的外观、重量、包装、使用特点、使用说明、品牌、产地进行比较。例如,商品包装是否精良、色彩是否协调、各种附件的说明是否完备,都会使消费者产生不同的价格判断。

(二)影响价格判断的因素

(1)消费者的经济收入。这是影响消费者判断价格的主要因素。比如,同样一条价值300元的领带,月薪5 000元的消费者和月薪1 600元的消费者对价格的感受和判断可能完全不同。

(2)消费者的价格心理。前面已讨论的习惯心理、敏感心理、倾向心理都会影响消费者在购买商品时的价格判断。例如,商品价格一旦高于消费者习惯的价格,他们就会认为太贵。

(3)出售场地。同样的商品以同样的价格分别在精品店和集市上出售,消费者往往感到后者的价格过高。因为消费者通常对集市商品价格的判断标准较低,而对精品店的判断标准较高。

(4)商品的类别。同一种商品根据不同的用途,可划入不同的商品类别。消费者对不同类别商品的评价标准不同,对商品价格的感受也不一样。一块手帕,既可用来擦汗,也可用作头饰。拥有前一种用途的手帕属于日用品,而后一种属于妇女装饰用品,那么,10元一块的手帕,对前者来说太贵,对后者来说,消费者尚可接受。

(5)消费者对商品需求的紧迫程度。当消费者急需某种商品而又无替代品时,价格即使高些,消费者的感受和判断也会趋于可接受。

第三节 商品定价与调整心理策略

制定合理的商品价格,是商品成功走向市场、取悦消费者的重要前提。在对产品定价时,企业通常要考虑三个基本因素,即成本、需求和竞争。但是,仅仅以这三种因素为依据是不够的。一种商品价格的推出,只有经消费者认可并加以接受,才可称为成功的定价。因此,企业制定商品价格必须以消费者为对象,探求、研究消费者的价格心理,发现制定价格的心理依据,以便制定出令企业满意、让消费者接受的最佳价格。

一、制定价格的心理依据

(一)"求新""猎奇"的撇脂定价法

这种定价方法是在新产品进入市场的初期,利用消费者"求新""猎奇"的心理,高价投放商品,以期迅速收回成本,获得利润,再根据市场销售情况逐步适当降价的策略。

这种定价方法的英文原意是在鲜牛奶中撇取奶油,先取其精华,后取其一般。先制定高价,利用消费者求新、求美、好奇的心理,从市场上"撇取油脂"——赚取利润;当竞争者纷纷出现时,奶油已被撇走,再逐渐降价,这时,企业只是赚得少一些罢了。

采用这种策略的好处在于:

(1)能尽快收回成本,赚取利润;

(2)高价可以提高新产品身价,塑造其优质产品的形象;
(3)扩大了价格调整的回旋余地,提高了价格的适应能力,增强了企业的盈利能力。

这种方法存在的不足之处是可能在一定程度上有损消费者的利益;在新产品尚未被消费者认识之前,不利于开拓市场;而且,还会因利润过高迅速吸引竞争者,加剧竞争而被迫降价。

(二)"求实""求廉"的渗透定价法

这种定价方法与撇脂定价法相反,即在新产品进入市场初期,迎合消费者"求实""求廉"的心理,低价投放新产品,给消费者以物美价廉、经济实惠的感觉,从而刺激消费者的购买欲望;待产品打开销路、占领市场后,企业再逐步提价。

采用这种策略的好处在于:
(1)能迅速将新产品打入市场,提高市场占有率;
(2)物美价廉的商品有利于企业树立良好形象;
(3)低价薄利信号不易诱发竞争,便于企业长期占领市场。

这种策略的不足之处是本利回收期较长,且价格变动余地小,难以应付在短期内骤然出现的竞争或需求的较大变化。

(三)利用心理错觉的尾数定价法

这种定价方法是指保留价格尾数,采用零头标价,如9.98元,而非10元。实践证明,消费者更乐于接受尾数价格。他们认为整数是一个概略价格,不十分准确,而尾数价格会给人以精确感和信任感。此外,尾数可使消费者感到价格保留在较低一级的档次,从而减轻其心理抵抗感。

尾数定价法的应用十分广泛。在美国,5美元以下的商品,习惯以9为尾数;5美元以上的商品,习惯以95为尾数。日本的家用电器习惯以50,80,90为尾数,我国的许多商品常以8,88,98为尾数。

尾数定价法对消费者产生的心理效果如下:
(1)可以使消费者产生便宜的心理错觉。例如,198元一双的鞋要比200元一双的鞋好销。
(2)可使消费者相信企业在科学、认真地定价,制定的价格是合理、精确、有根据的。
(3)给消费者一种数字寓意吉祥的感觉,使消费者在心理上得到一定的满足。如"8"在粤语中读音近似"发",含"发财致富"之意,以"8"为尾数的价格,会让人产生美好的联想。

但是,尾数定价法并非在任何情况下都适用。例如,在超级市场,消费者并不喜欢标价0.98元、1.98元的商品,而宁愿取1元、2元整数价格的商品。对于高档商品,消费者更乐意接受整数价格。比如,一架钢琴标价为8 300元与标价为8 300.53元相比,后者会令消费者产生不可思议的感觉。

(四)"求高""求方便"的整数定价法

与尾数定价法相反,整数定价法采用合零凑整的方法,制定整数价格。整数价格又称方便价格,适用于某些价格特别高或特别低的商品。对于某些款式新颖、风格独特、价格较高的新产品,采取整数定价,如价值998元的定价为1 000元,就可能以"千元货"的面目赋予产品以高贵的形象;而对于某些价值小的日用小商品,如定价0.20元较之0.19元,对消费者而言在购买时会显得更方便。

(五)"求名"的声望定价法

这是利用消费者的"求名"心理,制定高价的策略。一些在市场上久负盛誉的名牌产品,可以高价销售。高价一方面与名牌产品的优良性能、上乘品质相协调；另一方面与产品的形象相匹配，多数消费者购买名牌产品不仅仅看重其一流质量，更看重名牌所蕴含的社会象征意义。在一定意义上，高价格是名牌效应的重要组成部分，消费者经常借高价以显示自己的社会地位。

（六）习惯定价法

习惯定价法即按照消费者的习惯心理制定价格。消费者在长期的购买实践中，对某些经常购买的商品如日用品等，在心目中已形成习惯性的价格标准。不符合其标准的价格则易引起疑虑，从而影响购买。此时，维持习惯价格不变是明智有益的选择。

（七）觉察价值定价法

这种方法以消费者对商品价值的感受及理解程度作为定价依据。消费者在购买商品时，总会在同类商品之间进行比较，选购那些既能满足消费需要又符合其支付标准的商品。企业应该突出产品的差异性特征，综合运用市场营销组合中的非价格因素来影响消费者，使他们在头脑中形成一种觉察价值观念，然后据此来定价。例如，普通商店出售可口可乐，每罐 3.50 元，在五星级饭店，它的价格会成倍地上涨，但消费者却能够接受，这是因为消费者受周围环境的影响而产生了对商品价值判断的错觉。这种定价方法的关键在于正确判断消费者的觉察价值，如果商品价格大大高于其觉察价值，消费者会感到难以接受；相反，如果商品价格远远低于觉察价值，也会影响商品的形象。

（八）分级定价法

这种定价方法是把不同品牌、规格及型号的同一类商品划分为若干个等级，对每个等级的商品制定一种价格，而不是一物一价。这种方法简化了购买过程，便于消费者挑选，不足之处在于等级间的价格差不好把握。如果差价过小，消费者会怀疑分级的可信度；如果差价过大，一部分期望中间价格的消费者会感到不满意。

（九）折扣定价法

这种定价方法是在基本价格的基础上，由于顾客及早付清货款、批量采购、淡季采购等，企业给予一定的价格折扣。灵活运用折扣定价技巧，是企业争取顾客、扩大销售的重要方法。折扣定价方法一般有以下几种：

1. 现金折扣

现金折扣是指对按约定日期付款或提前付款的顾客给予一定的现金折扣。其作用有：(1)减少信用成本和呆账；(2)减轻对外部资源的依赖，减少利率风险，加速资金周转；(3)能有效地对渠道成员进行控制，增强竞争能力。

2. 数量折扣

数量折扣是卖方因买方所购数量大而给予的一种折扣，但其数额不可超过因批量销售所节省的费用额。数量折扣包括非累进数量折扣和累进数量折扣。非累进数量折扣是规定顾客每次购买达到一定数量或购买多种产品达到一定的金额所给予的价格折扣。累进折扣是规定在一定时间内，购买总数超过一定数额时，按总量给予一定的折扣。数量折扣引导顾客向特定的卖方购买，而不是向多个供应商购买。

3. 交易折扣

交易折扣又称功能折扣，是制造商根据中间商在市场营销中所担负的不同职能，给予不同的价格折扣，其目的在于用价格折扣刺激各类中间商充分发挥其组织市场营销活动的功能。例如，制造商报价"400元，折扣 40% 及 10%"，表示给零售商折扣 40%，即卖给零售商的价格是240元,给批发商再折扣10%,即216元。

4. 季节折扣

季节折扣是指客户在淡季购买产品而给予的价格折扣。这在季节性明显的服装业广为采用,目的是鼓励批发商、零售商淡季购买,有利于产品均衡生产,减少厂商的仓储费用,加速资金周转。

5. 招徕价格策略

招徕价格策略是指低于一般市价,个别的甚至低于营销成本,以招徕顾客的定价策略。例如,有的零售商在其商品组成中,特别设置几种低价畅销商品,有的则把一些商品用处理价、大减价来出售,以招徕顾客。顾客多了,低价商品不仅卖出了,而且带动和扩大了一般商品和高价商品的销售。

6. 分档定价策略

分档定价策略是指将不同品牌、规格、型号的同一类商品(名牌商品除外)较简单地划分为几档,每一档定一个价格,以简化交易手续,便于顾客选购,节省顾客的时间。

(十)处理价格

在商品流通过程中,由于各种原因,会出现商品滞销压库和商品品质下降的现象。对这种情况,必须采取处理价格策略。

为了制定合理的处理价格,需要考虑消费者对廉价处理商品的心理反应,以期达到降价的目的。

处理商品时,降价幅度要适宜。幅度太小,不足以吸引消费者;幅度太大,容易让人产生疑虑。

价格要保持相对稳定,切忌连续波动。如果连续降价,消费者会产生等待进一步降价的心理预期而推迟购买。

(十一)理解价值定价法

这种定价方法是指根据消费者对于某种商品的价值观念或对商品价值的感受及理解程度(而不是根据产品成本)进行定价的策略。有些营销学者认为,把买方的价值判断与卖方的成本费用相比较,定价时更应侧重考虑前者。因为消费者购买商品时,总会在同类商品之间进行比较,选择那些既能满足自己消费需求,又符合自己支付标准的商品。消费者对商品价值的理解不同,会形成不同的价格限度。如果价格刚好定在这一限度内,就会促进消费者购买。为此,企业就要研究该种商品在不同消费者心目中的价格标准,以及在不同价格水平上的不同销售量,并做出恰当的判断;进而有针对性地运用市场营销组合中的非价格因素来影响消费,使消费者形成一定的价值观念;然后还要估算投资额、销售量、单位产品成本和利润,制定出符合消费者需求的期望价格。

这种定价策略要充分考虑消费者的消费心理和需求弹性。例如,需求弹性大的商品,价格可定得低一些;需求弹性小的商品,价格可定得高一些。又如,著名的工商企业或著名商标的优质产品,或出自著名专家、工匠之手的优质作品,顾客会另眼看待,售价就可提高;反之,定价就要低一些,才能为顾客所认可。

总之,定价既要实事求是,又要注意消费者的心理要求,切实把握好降价幅度和时机。

二、价格调整的心理策略与技巧

在经营实践中,商品价格的变动与调整是经常发生的。调价的原因除了生产经营者的自身条件发生了变化以外,还包括市场供求状况、商品价值变动、市场货币价值与货币流通量变动、国际市场价格波动、消费趋向变化等多方面因素的影响。企业在调整商品价格时,既要考虑这些因素的影响,又要考虑消费者对商品调价的心理要求。

(一)消费者对价格调整的心理及行为反应

价格调整可分为两种情况,即降价和提价。但是,无论价格怎样变动,调整价格总会使消费者的利益受到影响。因此,消费者对价格变动的反应十分敏感,这种反应首先通过需求的价格弹性表现出来。需求弹性系数可以表明这种反应的程度。有关需求弹性的问题在前面已作探讨,这里不再赘述。

另外,消费者对企业调整价格的动机、目的的理解程度不同,也会做出不同的心理反应。通常情况下,消费者无法直接了解企业调整价格的真实原因,因此,对价格调整的理解不易深入、准确,在心理和行为反应上难免出现偏差。

1. 调低商品价格

调低商品价格通常有利于消费者,理应激发消费者的购买欲望,促使其大量购买。但在现实生活中,消费者会表现出与之相反的各种心理和行为反应,比如:

(1)从"便宜→便宜货→质量不好"等一系列联想引起心理不安;

(2)便宜→便宜货→有损购买者的自尊心和满足感;

(3)可能有新产品即将问世,所以降价抛售老产品;

(4)降价商品可能是过期商品、残次品或低档品;

(5)商品已降价,可能还会继续降,暂且耐心等待,以购买更便宜的商品。

2. 调高商品价格

调高商品价格通常对消费者是不利的,按理会减少需求、抑制消费者的购买欲望。但在实际生活中,消费者同样会做出与之相反的各种行为反应。具体如下:

(1)商品涨价,可能是因其具有特殊的使用价值或优越的性能;

(2)商品已经涨价,可能还会继续上涨,将来购买会更吃亏;

(3)商品涨价,说明它是热门货,有流行的趋势,应尽早购买。

可见,商品价格的调整引起的心理反应非常复杂,既可能激发消费者的购买欲望,促使需求增加,也可能抑制其购买欲望,使需求减少。因此,调整商品价格前一定要仔细分析各种因素的影响,准确把握消费者的价格心理,采取行之有效的调价策略,以便达到促进销售、增加利润的目的。

(二)价格调整的心理策略

1. 商品降价的心理策略

造成商品降价的原因有诸多方面,如某些商品更新换代造成的冷背残次,商品保管不善造成的品质降低,市场行情不明造成的盲目进货,新技术、新科技的应用使成本下降,凡此种种,都可能导致商品降价出售。在这里,商品降价是否能促进销售,关键在于商品是否具备降价条件,以及企业是否能够及时、准确地把握降价时机和幅度。

(1)商品降价应具备的条件。要达到预期的降价目的,商品应具备与消费者心理要求相适应的特性。

①消费者注重商品的实际性能与质量,而很少将所购商品与自身的社会形象联系起来。

②消费者对商品的质量和性能非常熟悉,如某些日用品和食品,降价后仍对商品保持足够的信任度。

③能够向消费者充分说明商品价格降低的理由,并使他们接受。

④制造厂家和商标品牌信誉度高。消费者只有在以较低的价格买到"好东西"时,才会感到满意。

(2)准确地把握降价时机。降价时机选择得好,会大大刺激消费者的购买欲望;选择得不好,则会无人问津而达不到目的。关于降价时机,要视商品和企业的具体情况而定。根据经验,具体为:

①对于时尚商品和新潮商品,进入模仿阶段后期,就应当降价;

②对于季节性商品,应当在换季时降价;

③对于一般商品,进入成熟期的后期,就应当降价。

还应注意的是,商品降价不能过于频繁,否则会造成消费者对降价不切实际的心理预期或者对商品的正常价格产生不信任感。

(3)降价幅度要适宜。降价幅度应足以吸引消费者购买。幅度过小,激发不起消费者的购买欲望;幅度过大,企业可能会亏本经营,或者造成消费者对商品品质的怀疑。经验表明,降价10%～30%有利于刺激消费者的购买;超出50%时,消费者的疑虑会显著加深。

(4)注意采用暗降策略。暗降策略即通常所说的变相降价。降价要特别慎重,一般情况下,直接降价会招致同行的不满与攻击,甚至会引发同行间的价格大战。为了避免直接降价带来的不利因素,可采用暗降策略。例如,实行优待券制度、予以实物馈赠、更换包装等方法。采用变相降价既维护了企业及产品的形象,又扩展了市场占有率,促进了商品销售。

降价除了掌握幅度、把握时机、采用暗降策略外,还可以把降价和营销的其他策略配合使用,以达到更好的效果。

2. 商品提价的心理策略

一般而言,商品价格的提高会对消费者的利益造成损害。因此,消费者通常对商品提价持消极的心理反应。但在营销实践中,企业经常迫于各种原因而不得不提价,如市场商品供不应求、资源稀缺或劳动力成本上升而造成产品成本提高、开发新市场、经营环节增多等。

为了使消费者接受上涨的价格,增强心理承受能力,企业应针对不同的提价原因,采取相应的心理策略,包括做好宣传解释工作、组织替代品的销售、提供热情周到的服务、尽量减少消费者的损失等,以求得消费者的谅解和支持。

(1)提价幅度不宜过大。产品在提价过程中,应注意尽量压低提价幅度,避免引起消费者的抱怨和不满,减少消费者的恐惧心理。在国外,涨价幅度一般以5%为界限,这样符合消费者的心理承受能力。因此,商品提价应循序渐进,让消费者有一个接受、适应的过程。

(2)注意采用暗调策略。直接提价往往使消费者产生反感,在可能的情况下,企业最好采用暗调策略进行提价。第一,可以更换产品型号、规格、花色、包装等。同一产品只要稍作改动,在消费者没有觉察的情况下提价,不会引起消费者心理上的反感。第二,减少产品原料配比或数量,而价格不变,以达到实质上的提价目的。例如,压缩产品分量,价格不变;使用便宜的材料或配件做替代品;缩小产品的尺寸、规格等。这种方法应尽可能避免使用,因其容易引发投诉和失去消费者。

(3)做好宣传解释工作。我们主张企业提价最好是避免明调,但是在迫不得已的情况下,企业应该通过传媒向消费者解释调价的实际原因,并且提供更热情周到的服务,尽量减少消费者的损失等,以诚意求得消费者的谅解和支持。

总之,商品的定价和调价都应充分考虑消费者的心理反应,符合消费者的心理需求,从而使企业获得最大的经济效益。

本章小结

价格是商品价值的货币表现,消费者的价格心理是消费者在购买活动中对商品价格认知的各种心理反应和表现。商品价格具有多方面的心理功能。它具有商品价值的认识功能、消费者自我意识的比拟功能和调节消费需求的功能。

消费者的价格心理是消费者在购买活动中对商品价格认识的心理反应。它主要分为以下几种:(1)习惯性心理,即消费者根据自己的购买经验,对某些商品的价格反复感知,从而决定是否购买的习惯性反应;(2)敏感性心理,即消费者对价格变动的反应程度;(3)倾向性心理,即消费者在购买过程中对商品价格选择所表现出的倾向;(4)感受性心理,即消费者对商品价格高低的感知程度。

商品价格的制定要根据不同的营销时期、不同的商品,采取不同的定价策略。在新产品刚投放市场时,可采用先高后低的撇脂定价策略,也可采用先低后高的渗透定价策略,或者采用以价格定产品的反向定价策略。而在商品营销过程中,可根据消费者在价格心理上的差异制定不同的定价策略,如整数定价、零数定价、习惯定价、声望定价和折扣定价等策略,使制定的商品价格为消费者所接受。商品价格的调整包括降价和提价。企业在降价时要注意降价幅度,把握降价时机,采用暗调等心理策略;提价时也要注意幅度不能过大,宜采用非直接提价的暗调策略,并做好宣传工作等。

思考题

1. 商品价格的心理功能和心理特征是什么?
2. 请就价格与消费者需求之间的变动关系进行心理分析。
3. 新产品定价的策略有哪些?请举例说明。
4. 商品营销过程中可采用哪些定价策略?请举例说明。
5. 如何根据消费者的价格心理进行商品调价?

案例分析

雷诺公司的经营之道

美国人雷诺发明了圆珠笔,作为圣诞礼物投放市场,一度成为风行世界的办公用品和便于个人携带的文具。这种笔的成本在当时仅50美分,但雷诺精通经营之道,他利用消费者的求新心理,通过各种宣传,为这件产品披上重重神秘的外衣,然后以高达20美元的价格出售;等到产品普及后,价格便急剧下降,这时,雷诺公司已获得巨额利润。

桂格麦片公司的提价风险

桂格麦片公司是目前世界上最大的麦片公司。由于通货膨胀以及原材料与添加剂价格和雇员工资的上涨,产品成本急速上升。桂格公司生产了一种称为"桂格麦片天然食品"的产品,这个新产品的几种配料,如杏仁、葡萄干和麦粉的价格因通货膨胀分别上涨了20%～30%。桂格公司这时有三种选择:一是提高麦片产品的销售价格;二是减少杏仁和葡萄干等配料的分量,以降低成本,从而维持销售价格不变;三是使用较便宜的代用品作配料,以降低成本,销售价格仍然不变。

讨论:

1. 雷诺在经营中采用了什么定价策略,使企业获得了高额的初期利润?

2. 如果桂格公司选择提高麦片的产品价格,结果会怎样?桂格公司如果选择降低成本(即第二和第三种选择),会有什么风险?

阅读资料

小米手机定价策略[①]

一、背景资料

2011年8月16日,200余家媒体以及400名粉丝齐聚北京798D-PARK艺术区,共同见证发烧友级重量手机小米手机的发布。雷军先极其详细地介绍了小米手机的各种参数,展示了其优点。在勾起人们的兴趣之后,临近结束之时,他用一张极其庞大、醒目的页面公布了它的价格:1 999元。

作为全球首款1.5G双核处理器,搭配1G内存,以及板载4G存储空间,最高支持32G存储卡的扩展,超强的配置,却仅售1 999元,让人们为之一震。

二、定价目标

市场占有率最大化。智能手机市场对价格高度敏感,低价能刺激需求迅速增长,生产与分销的单位成本会随生产经验的积累而下降,低价能吓退现有的和潜在的竞争者。

三、产品成本

小米手机成本有几个部分,首先是元器件成本。目前小米手机配置高通Qualcomm MSM8260双核1.5GHz手机处理器,芯片集成64MB独立显存的Adreno220图形芯片,并且配置1GB内存,自带4GB ROM,支持最大可扩展至32GB MicroSD卡。

这些硬件材料加在一起价格也不低于1 200元,还要加上关税、17%增值税、3G专利费。此外,还有小米手机的良品率,即手机拿起来能用。良品率达到99%,相当于是极致,但还是意味着1%的材料浪费。加上售后服务和返修率,这也是成本的一个重要变量。

另外,小米手机采用网上售卖的方式,直接面对最终消费者,从物流到库存上节约了巨大的成本,使得小米手机敢卖1 999元。

四、定价策略

1. 渗透定价

即在新产品上市之初将价格定得较低,吸引大量购买者,扩大市场占有率。由低价产生的两个好处是:首先,低价可以使产品尽快为市场所接受,并借助大批量销售来降低成本,获得长期稳定的市场地位;其次,微利阻止了竞争者的进入,增强了自身的市场竞争力。当然,低价微利投资回收期较长,不利于企业形象的树立,有可能招致反倾销报复。

1 999元就能够买到相当不错的智能手机,对消费者来讲是一种很大的诱惑,小米手机第一次网上销售被一抢而空更能说明高性价比对消费者的诱惑。

2. 心理定价策略

---

① 天涯社区,青园灵儿,2012年11月4日。

首先是尾数定价,保留价格尾数,采用零头标价,将价格定在整数水平以下,使价格保留在较低一级档次上。其次是招徕定价,利用消费者的求廉心理,以接近成本甚至低于成本的价格进行商品销售的策略。

小米手机在产品的定价过程中熟练运用了多种新产品定价策略,最终敲定小米手机售价1 999元。实践证明这个价格发挥了其应有的作用。

五、小米的竞争效果

经过以上的定价分析,小米手机的定价策略是比较成功的,但小米手机的定价策略也存在一定的风险。

(1)过低的利润率将导致小米在之后的市场运转中没有太多的回旋余地,无法支撑太多层次的渠道销售,更无法承担手机一旦出现问题所产生的大规模维修,更不用说召回了。

(2)过于富有竞争力的价格,将导致整个手机市场的动荡,并鲜明地将自己摆在大多数手机厂商的对立面。

(3)过低的拥有门槛,将吸引大批对智能手机不了解,甚至从未用过智能手机的用户,这样的用户如果占据主体,很多智能手机相对传统手机所共有的问题,如系统不稳定、后台占据内存过大、安全问题,都会被他们归结到小米的服务不到位上,这将使小米在实质上要承担整个市场教育者的身份,负担很大。

第十三章

公共关系心理

● 学习目标

1. 了解公共关系心理的特点；
2. 掌握消费者公众的心理特征；
3. 了解销售活动中的人际关系类型；
4. 掌握公共关系心理策略。

● 导入案例

"精工表"与奥运会[①]

以往奥运会使用的计时装置都是瑞士产品。第 18 届东京奥林匹克运动会却一改过去的传统习惯，采用了日本的精工计时装置，使精工表一跃成为世界精工，誉满全球。精工表在奥运会上的成功，是精工计时公司一系列公关活动的结果。早在第 17 届奥运会闭幕之时，国际奥委会宣布了第 18 届奥运会在东京举行的决定。日本精工计时公司决心抓住第 18 届奥运会在东京召开的良机，使精工表成为"世界计时之宝"。为此，公司们制订并实施了长达 4 年之久的公共关系计划。

首先，公司全力以赴地进行计时装置的技术开发，并努力说服主办单位使用其计时产品。它们一方面派人在有选用权的各委员会之间进行游说；另一方面，则把新开发出来的精工计时装置提供给国内举办的各种体育大赛使用。在奥运会开幕的前两年，精工计时公司就把新开发出来的精工计时器提供给在冈山举行的全国体育大赛使用，想以此来向各委员会证明精工的技术和产品是值得信赖的，消除他们对日本国产表质量不放心、怕给奥运会造成难堪等疑虑。

精工计时公司的种种努力没有白费。1963 年 5 月，国际奥委会正式决定：在东京举办的第 18 届奥运会采用精工计时装置。随着这一决定的宣布，精工计时公司展开了强大的公关宣传攻势。公司利用广播、电视、宣传册等种种传播媒介，广泛宣传"精工的竞技计时装置被用于奥运会"这一消息，在世界范围内大造"奥运会必须使用精工表"的舆论。同时，公司还根据各类运动会的要求，不断进行计时装置技术的再开发，以便在奥运会上充分显示精工技术的精华和精工产品的实力。奥运会开始后，精工计时公司的公关宣传更是遍布了所有的比赛场馆。每一条与奥运会有关的报道，都不可避免地要涉及精工。东京体育馆室内比赛大厅的精工计

[①] 案例来自亿家家网。

时器被誉为日本科学技术的精华,放置在田径场上的大型精工计时表成了举世瞩目的对象。无论哪种比赛开始,它都会以秒为单位开始走动,比赛结束后,优秀运动员的名字在这块表的旁边显示出来,运动员所代表的国家的国旗也在表的上方升起,为了摄取国旗和运动员的名字,电视摄像机必定会对准竞技计时表,精工的标志就会通过电视屏幕传遍全球。在游泳池里,精工计时公司还安装了一种水底表,比赛开始后,所有的摄像机镜头都会对着泳池中的游泳选手。这时,精工表就会在每个镜头、每张照片中出现,不仅如此,精工计时公司还让所有的裁判员和全体日本运动员都使用精工表。就这样,东京奥运会结束之后,精工表的知名度大大提高,它不仅在东南亚大展宏图,还输出到了钟表王国——瑞士,使瑞士的世界钟表霸主地位开始动摇。东京奥运会之后,精工表真正成了"世界计时之宝"。

精工计时公司一系列公关活动的成功,给我们提供了以下三点启示:

(1)企业应该靠过硬的产品质量和服务质量赢得信任。产品质量是企业能否获取信任的关键因素。精工计时公司将其开发研制的质量高、性能好的精工计时器一次次提供给奥运会前的各种国内体育大赛使用,其目的就是用事实来证明精工表的质量是可靠的。如果不是过硬的产品质量使精工表在奥运会前的各种比赛中获得良好的使用效果,那么,争取奥运会使用精工表的各种游说都会显得苍白无力。正是由于用事实证明了精工产品质量的可靠性,精工计时公司才在奥运会上获得了一展精工产品风采的机会。

(2)选择恰当的时机进行公关宣传。精工计时公司选择了举世瞩目的奥运会作为宣传时机,使精工产品像奥运会一样引起了世界范围内热心体育的公众的注意,使精工产品的知名度大大提高。同时,由于各种体育比赛项目多以时间计算成绩,让奥运会选择精工表作为竞技计时器,这很容易给人留下精工走时准确的印象。可见,精工计时公司选择了最佳时机宣传其产品。

(3)采用独特的表达方式进行公关宣传。精工计时公司让成绩牌上配以精工表、让全体裁判员和日本运动员手戴精工表、让水底的游泳比赛使用精工表等这些独特的表达方式,容易给人留下非常深刻的印象,让人感到精工表准确精良、质量可靠,从而产生好感,乐于购买。

精工表就是这样靠过硬的产品质量、最佳时机的公关宣传和独特的表达方式而一跃为"世界计时之宝"的。

第一节　消费者公众的心理特征

一、公共关系心理的基本特征和特点

公共关系是指一个企业或组织为了促进其产品的销售,争取顾客对其产品的了解、信任、支持和合作,以树立企业及产品良好的形象和信誉而采取的有计划的行动。公共关系之所以引起企业的重视,主要是因为公共关系除了具有其他促销方式同样的沟通作用外,还具有协助企业拓展市场、建立和谐的公众关系、创造有利于企业营销的外部环境等作用。

消费者公众是企业公共关系的客体,尤其是消费者公众的心理特征与企业的经营活动好坏密切相关。对消费者公众的心理特征进行分析和研究,是企业制定公关策略、开展公关宣传的依据。

公共关系心理是指与公共关系行为以及公共关系活动相关的心理现象。

(一)公共关系心理的基本特征

公共关系心理的基本特征是不受年龄、性别、社会角色的制约，也不是某种心理过程或某种个性心理的专论，而以是否与公共关系行为和公共关系活动相关为依据。

揭示公共关系心理的这一基本特征，对于确定我们的研究范围是必需的。既然公共关系心理是以行为涉及的领域和活动进行的范围作为划分依据的，那么，我们既可以研究不同年龄、不同性别、不同角色等各种不同人的心理，也可以研究各种心理过程和心理特征、心理倾向性。只要这些心理同我们研究的公共关系行为和公共关系活动有关，就是我们研究的范围。

(二)公共关系心理的特点

作为特定的公共关系领域中的心理现象，公共关系心理本身具有四个特点：

1. 可知性

心理是人脑和神经系统的活动，它是不可见的，但又是能够被认识的。人的一颦一笑、一举一动，无一不是人的心理的反映。公共关系心理的可知性特点表现在公共关系上，是一种充满主动性的行为和活动，因此，对公共关系心理的认知特别是对公众心理的认知同样带有主动性。公共关系活动的过程从心理学的角度来看就是寻求沟通、理解和支持的过程。能否达到互相沟通、互相理解和互相支持的目的，首先取决于正确地认知和把握公众心理；同样，根据公众心理和公共关系活动的要求，有意识地调整和改善自身的心理，也需要以认识自身的心理为前提。

2. 情感性

公共关系活动是情感色彩很强烈的活动。公共关系主体为了与公众建立良好关系而开展公共关系活动，它要提高知名度，树立和改善自身的形象，通俗地说就是扩大影响，获得好感。这显然不是思想工作，而是情感工作。做情感工作不能像做思想工作那样把"以理服人"当作主要的手段，而应把"以情感人"放在第一位。"精诚所至，金石为开"，用真情来感染公众、感化公众，是开展公共关系活动的要旨。公共关系活动的情感性，决定了公共关系心理的情感性。

3. 自利性

公共关系活动具有自利性，因此公共关系心理也具有自利性。这种自利性不是指狭隘的个人主义的自利性，而是指公共关系主客体双方维护自身利益的自然要求。我们前面讲过，公共关系主体谋求的是自身的知名度，而不是客体的知名度；它要树立和完善的是自身的形象，而不是客体的形象。公共关系客体在双边进行的公共关系活动中不是被动的，它可以把自己看作公共关系的主体，以主体的身份出现。公共关系活动作为双边的活动，以维护各自的自身利益为前提。维护自身利益的心理贯穿公共关系活动始终，渗透和作用于公共关系心理的全过程，因此，构成公共关系心理的自利性特点。

4. 广泛性

公共关系心理学是以行为涉及的领域即公共关系领域作为划分依据的，因此，它与同类分支心理学的研究对象一样，具有广泛性。并且，公共关系心理的广泛性较之其他同类分支心理学的研究对象更明显、更突出。例如，与管理心理学、宣传心理学和商业心理学比较，公共关系兼有管理、宣传的职能，因此，公共关系心理兼容管理心理和宣传心理；另外，公共关系不仅仅是商业范围内的公共关系，因此，公共关系心理的外延比商业心理外延的覆盖面更广。随着我国改革开放的发展，人们对公共关系的地位、功能、作用的认识将更加深化，自觉地开展公共关系活动将成为越来越多组织机构的要求，公共关系心理的广泛性也将得到进一步的显示。

二、消费者公众的心理特征

(一)消费者公众的定义

消费者公众是企业公众的主要组成部分。企业公众是指同企业有交往的各类具有特定意义的社会人群,如企业的职工、企业的用户或顾客、企业的投资者、企业的原材料或货源供应者、所在社区的居民、有关新闻机构及政府管理部门等。消费者公众是指对企业实现其目标、有实际或潜在影响的任何消费者团体以及消费者个人。企业要以调查研究消费者公众的心理为前提,与消费者公众搞好关系。理由如下:

1. 企业的生产经营活动会影响消费者公众的利益

例如,一个企业的宣传广告、生产经营的产品质量和食品卫生等,会影响广大消费者的利益;一个工厂所散发的烟尘、噪音会污染环境,影响其周围附近居民的生活和健康。

2. 消费者公众促进或妨碍企业实现其目标

如果保护消费者利益的组织或某些消费者公众赞扬某企业的产品质量、服务态度好,就肯定会使这家企业的销售显著扩大;反之,对该企业不利的宣传,或者消费者公众通过各种形式表现出对企业的不满,则肯定会使这家企业的销售减少。

3. 消费者公众是企业所面临的数量最多的公众

现代社会是一个有机的整体,社会组织或个人之间都是相互依赖、相互作用和相互影响的,都不可能靠孤立获得生产资料,得到所需的衣、食、住、行等生活资料。任何一个社会组织或个人都在不断地变化其顾客角色。例如,机械工厂需要动力,它是发电厂的顾客;发电厂需要燃料,它是煤矿的顾客;煤矿需要采掘机械,它是机械制造工厂的顾客。又如,一个人清晨到点心店吃早点,他就是这家饮食企业的顾客;当他乘地铁上班时,便成为交通运输企业的顾客;下班后,他到商店给孩子买玩具,于是又充当了这家商店的顾客;回家发现晚上饭菜未备,他便上超市买菜,又成为超市顾客。从一定意义上讲,社会组织和人们的活动,都是以顾客的形式表现出来的。

4. 没有消费者公众便没有企业

在市场经济中,企业的一切活动都要在市场上接受考验。美国的企业公共关系专家加瑞特说,无论大小企业,都永远必须按照一个信念来计划自己的方向,即企业要为消费者所有,为消费者所治,为消费者所享。社会主义企业的根本任务是根据市场需求发展商品生产,创造财富,增加积累,满足社会日益增长的物质和文化生活的需要,企业生产经营的目的通过市场才能实现。顾客在市场上购买到称心如意的商品,才是真正得到满足,顾客的需求是企业一切活动的中心。从顾客着想、为顾客服务、让顾客满意,是社会主义企业的经营思想。顾客是企业的衣食父母,是所有企业都必须争取和依靠的公众。顾客直接关系到企业的生死存亡、兴衰成败。

(二)消费者公众的心理特征

1. 企业良好的信誉和形象是吸引消费者的基础条件

社会主义企业的生产目的,是更好地满足人们日益增长的物质和文化需要。企业之间,商品生产者、经营者和消费者之间,虽然在局部利益上有差别,但是在根本利益上是完全一致的。因此,社会主义的生产目的要求企业在经营管理活动中讲究信誉。社会主义制度下的竞争不仅是技术和经济的竞争,而且还集中表现为企业信誉的竞争。企业信誉不单是企业文明经商、职业道德的反映,也是企业经营管理、工艺设备、技术水平、人才智力等企业素质的综合反映。

所谓企业形象,就是指社会公众和企业职工对企业整体的印象和评价。企业信誉高,企业形象自然就会好。现代企业都十分重视企业形象,良好的企业形象是企业无形的资产和财富。另外,当企业树立了良好的信誉和形象之后,它又反作用于消费者公众的心理,促进其对该企业的信任和依赖;或者通过消费者的相关群体传播这方面的信息,使众多的消费者对该企业的良好信誉和形象取得认同。这样,广大消费者就会成为该企业的忠实顾客,他们通过购买该企业的商品达到心理上的满足。

2. 信息双向交流是掌握和引导消费者公众心理变化的基本手段

信息对现代企业来说是至关重要的,没有信息,企业就寸步难行。因此,在现代企业经营管理中,管理者必须建立自己的信息系统和信息网络。公共关系信息交流的特点主要如下:

(1)它必须是双向的、全面的。企业必须有计划地、长期地向公众传递企业的信息,并且要随时监测环境变化,对外界的信息及时做出反应。

(2)它必须是科学的、真实的。公共关系的信息交流特别强调科学性与真实性。所谓科学性,即公共关系的信息传播必须运用科学的调研方法,做到定量分析与定性分析相结合。在利用信息时,要注意信息的可靠性、可行性、适用性。所谓真实性,即在公共关系信息的传播过程中,必须实事求是、客观公正。在信息的收集、反馈中,既要报喜,也要报忧;既不能文过饰非,也不能哗众取宠。只有这样的信息交流,才能真正达到公共关系的目的。

(3)它必须是及时的、适当的。公共关系的信息交流必须敏锐地反映外界信息,同时将企业的信息及时地向外传播。此外,为了使传播取得预期的效果,必须讲究传播技巧。要善于向企业内外公众,通过适当的传播媒介、传播方式,传递适当的信息内容。

3. 只有提供确实的保证,才能解除消费者公众的疑虑

保证是消费者最基本的权利,也是消除消费者公众各种疑虑的手段。比如,保证商品的质量完全符合说明书所表明的功能和效果,则能消除消费者对商品质量的疑虑;保证商品的售价在本地区是最低的,则能消除消费者上当受骗的怀疑等。在产品推销中,要根据消费者公众的心理疑虑采取多种形式的保证措施,废除虚假的所谓"保证"和毫无意义的诺言,做到言必行、行必果。

4. 市场教育是唤起消费者公众需求的重要措施

所谓市场教育,就是向消费者传授有关的产品知识或服务知识。如果预期的消费者不了解即将进入市场的新产品或新的服务项目,那么促销和广告的措施对消费者就会影响甚微;反之,在促销和广告的激励与影响下,消费者就会抱有积极的态度。如果消费者的态度处在敌意、偏见、漠然、无知的情况下,企业的市场营销就不会奏效。公共关系的最基本任务就是将消费者的这种消极态度转变为积极态度,即同情、接受、了解和感兴趣。

随着居民文化知识水平的不断提高,可接受教育的程度随之增加。企业通过市场教育来强化消费者公众对企业或其产品的兴趣,进而成为企业的忠实顾客,是非常重要的。

5. 强化能促进消费者行为的学习过程和决策过程

在消费心理学中,把增强某种商品(刺激)与消费者反应之间的联系称为强化。消费者由于强化,可能对某种事物学习得更快,也可能使他停止某种学习;强化既可使他再次产生某种行为,也可能使他对某种商品产生过几次购买行为后突然中断。

消费者行为的强化因素很多,不仅包括商品本身的特点,如花色、式样、质量、价格等,而且还包括一种人际关系的因素,即消费者与营业员之间的关系是否融洽。通常,消费者喜欢再次到服务态度好的商店购买商品,对于那些曾经给了他们难堪的商店,除了所需商品只是这家商

店才有之外,他们并不愿再次光临。

6. 消费者公众之间的相互关系影响着消费者心理的变化

消费者的消费活动和购物活动都不是孤立存在的,而是相互间存在着一定的关系。人们的消费心理、消费行为必然受其相关群体的影响。例如,消费者为了购买某种商品,常常与其亲戚朋友、邻居等进行私下讨论和商量,这种消费者之间的私下信息沟通对其消费心理的影响,往往要比电视、广播、报纸中的广告对消费者心理产生的影响大。

另外,非正式组织中的群体规范对消费者心理的影响具体表现在两个方面:第一,群体规范转化为一种无形的心理压力,并迫使群体内部各个体消费者按照一定的规范从事自己的消费活动。在这种情况下,个体消费者所固有的一些消费心理就会受到抑制,而代之以规范范围内的新的消费心理,以此与群体取得一致性。例如,在提倡节约、反对铺张浪费的群体规范中,一些经济状况好的消费者在自由的消费过程中往往习惯于求名、求美,在这种规范下,则不得不强行改变自己的消费心理,使自己和群体的消费行为尽量趋于一致。第二,群体规范顺应个体消费者的心理特点,这个消费者便会产生安全感,从而使其进一步强化其原来的消费心理。例如,个体消费者在零售柜台前因购买某种商品而结成临时群体,在购买过程中,其心理状况将受到周围顾客对商品评价(实质上是一种规范)的影响。如果这些成员的评价多为赞许,则此个体消费者的消费心理与临时群体的规范取得了一致或统一。这时,他将在安全感中强化原来的消费心理。

群体内部的信息沟通本身并不对消费者心理产生影响,对消费者心理产生影响的是群体内部所沟通的信息内容和信息沟通的效应。群体内部的信息主要包括消费者行为的信息、消费者态度的信息等,这些内容将对群体内其他个体消费者产生一定的影响。特别是在初级群体内部,一个消费者的行为和态度必将引起其他消费者的关注,有的甚至即刻被模仿和参照等。在这方面,信息沟通的及时性或时效性是影响消费者心理的一个重要因素。信息沟通的效应主要是指群体内部在信息沟通过程中的失真度。信息沟通特别是非正式沟通,受到的环境干扰较大,因此,信息在沟通过程中容易失真,而这将影响消费者的消费心理及消费行为。例如,群体内部某个消费者对某种商品或某个商店不满意,一般情况下,他将把不满意的商品或商店告诉其他消费者,这就形成了信息沟通。由于沟通过程本身带有主观性,各个体消费者在向下一个消费者沟通此信息时,常常会增加一些感情因素。因此,沟通后的信息与原始信息相差甚大。而这些失真的信息会对消费者心理产生很大的影响,使消费者的实际行为与合理行为产生差异。

第二节 人际关系与消费心理

一、人际关系的特征

人际关系是人类社会关系的一种。人类在社会生活中从事共同活动,彼此之间建立了各种复杂的社会关系:一种是人与人之间的生产关系;另一种是人们在活动过程中能直接接触到的人与人之间的心理关系,即社会心理学所研究的人际关系,如家庭中的亲属关系、工作单位中的同事关系、市场上的卖方与买方的关系等。消费心理学主要以商业交往中经营者与消费者之间的人际关系作为研究课题,分析人与人之间买与卖活动中的相互作用和结果。

人际关系反映了个人或团体寻求满足其社会需要的心理状态,因此,人际关系的变化与发展决定于双方社会需要的满足程度。如果双方在相互交往中都获得了各自的社会需要的满足,相互之间才能发生并保持接近的心理关系,表示友好的情感。

人际关系主要由认知、情感和行为三个相互联系的成分所组成,这三种成分是一切类型的人际关系的主要特征。人们之间相互喜爱的程度,是决定他们相互选择、相互交往的基本因素。在商业活动中,人们结成了各种各样的人际关系,良好的人际关系按其亲密程度可分为协调、友好和亲热三个层次。在顾客与营业员的交往过程中,多数人际关系处于协调和友好层次,少数可达到亲热层次。不良的人际关系也可分为不协调、紧张和敌对三个层次。不良的人际关系在顾客与营业员的交往过程中时有发生,但达到敌对层次的很少。值得一提的是,不良的人际关系往往使双方的某些心理或社会需求处于不同程度的"缺乏"状态,所以使人们的行为和态度表现出较大的情绪色彩,如果处理不好,很容易导致这种关系的恶化。在商店里我们有时见到,顾客与营业员之间只是为了一点小事,发展到争吵,甚至对骂,极个别的还可能厮打,这主要是因为在不协调或紧张层次上处理不当造成的。

二、销售活动中人际关系的类型

(一)包容型人际关系

包容型人际关系也称成人型人际关系。这种类型的人际关系的最大特点是交往双方至少有一方的人际关系倾向来自包容的需要,这是一种理智和协调的人际关系。在销售活动中,无论是营业员还是顾客,只要有一方表现出主动与他人交往的愿望,都有可能避免交往过程中发生冲突。这是因为具有积极包容倾向的人,其行为表现为:待人接物冷静,慎思明断,尊重他人,很少感情用事。具有这种人格倾向的营业员,很少与顾客发生正面冲突。例如,具有主动与他人交往倾向的营业员,遇见一位具有支配他人倾向的顾客。这类顾客在购买商品时表现出较强的支配欲望,喜欢我行我素、独断专行,经常用"你应该……""你不能……""你必须……"等命令式的口吻说话。虽然具有主动与他人交往倾向的营业员并不十分喜欢这类顾客,但由于其人格结构中包容的成分占优势,所以,他可以调整自己的交际倾向,避免与这类顾客发生矛盾冲突。

(二)支配型人际关系

支配型人际关系也称父母型人际关系。这种类型人际关系的最大特点是交往双方至少有一方的人际关系倾向具有支配他人的需求,这是一种不易协调的人际关系。在销售活动中,无论是营业员还是顾客,只要有一方表现出权威性支配愿望,都有可能使交往过程中的关系紧张。如果营业员和顾客都具有支配他人倾向,即双方都希望自己支配对方,而同时又要求对方服从于自己,那么这种失调的紧张关系就可能升格为冲突。例如,某顾客指着柜台里的一件商品对营业员说:"你把它拿出来给我看看。"这位营业员不喜欢顾客用这种命令的口吻同自己说话,于是答道:"那是样品,不卖!""柜台里的商品就是卖的,我今天非要买这件商品不可。"顾客生气地说。营业员反唇相讥:"卖不卖我说了算!我说卖就卖,我说不卖就不卖。这里没你说话的份!"等。双方互不相让,一场冲突看来是不可避免了。但是,这种类型的人际关系并不都是以发生冲突而结束。如果一位营业员具有引导他人倾向,当她正热情地为一位男顾客介绍某种新商品时,旁边的一位女顾客等得不耐烦了,于是高声叫道:"服务员!我等了这么久,你怎么光招呼他一个人!"由于这位营业员的性格结构中具有引导的成分,所以她可以把这种不友好的人际关系缓解。她很客气地说:"非常抱歉,让您久等了,您需要什么?"事情就会顺利地过去了。

(三)感情型人际关系

感情型人际关系也称儿童型人际关系。这种类型人际关系的最大特点是交往双方至少有一方的人际关系倾向表现为亲热友好,这是一种协调的人际关系。在销售过程中,无论是营业员还是顾客,只要有一方对他人表现出亲热友好的愿望,都有助于在交往过程中建立协调的关系和避免冲突的发生。这是因为具有积极热情倾向的人,其行为特点是待人接物热情友好、能够体谅和关心别人。所以,具有这种人格倾向的营业员,即使遇到具有支配倾向的顾客,营业员也可以通过调整自己的人际关系倾向,避免与这类顾客发生矛盾冲突。

(四)期待型人际关系

期待型人际关系也称被动型人际关系。这种类型人际关系的最大特点是交往双方至少有一方的人际关系倾向表现出较大的惰性,这是一种被动的人际关系。在销售活动中,无论是营业员还是顾客,双方中有一方若表现出过分期待别人的帮助,都会使交往过程处于一种不稳定的状态。特别是作为从事服务工作的营业员,在人际关系中表现为期待倾向,虽然未必一定造成交往关系上的紧张和感情上的冲突,但往往使人在心理上有一种不舒畅的感觉。因为具有期待倾向的营业员,在工作行为中往往表现出被动、消极的态度,顾客问一答一、不问则不答,很少主动向顾客打招呼或积极向顾客推荐、介绍商品,给人以一种态度冷漠的感觉。

例如,某位具有期待倾向的顾客,在购买商品时,希望营业员能积极主动地向自己介绍商品并帮助自己拿主意,而很少主动要求营业员拿这拿那。当他走近柜台时,碰巧遇上一位也具有期待倾向的营业员,这位营业员看着他一言不发,顾客看遍柜台里展示的商品后,发现其中没有自己所要买的药物牙膏,于是勉强地问了一句:"有药物牙膏吗?""有。"营业员一动不动地答道。顾客接着问:"哪种药物牙膏效果比较好?""这可说不准。"营业员毫无表情地说。顾客说:"请您给我拿一支看看。"营业员拿出一支药物牙膏递给顾客。"还有其他牌子的吗?"顾客又问。"有。"营业员仍旧站着不动。

在这种交往过程中,买卖双方在心理上都有一种不舒服的感觉。营业员认为买东西的主动权在顾客,顾客应事先确定好商品后再来买,买完就走,不要问这问那的。而顾客也出于同样的心理,认为哪种商品好,营业员最清楚,营业员应积极主动地向自己介绍商品。这样的人际关系交往倾向虽然互不协调,但不一定会导致冲突发生,只要任何一方表现出积极主动的交往态度,都会使双方心理上的不安得以减轻,所以它是一种可协调类型的人际关系倾向。

第三节 公共关系心理策略

公共关系有一种特殊的功能:它在一个组织及其公众之间建立并保持双向的传播、谅解、接受与合作;它参与处理各种问题和难题;它帮助管理部门及时了解舆论,并做出反应;它明确和强调管理部门为公众利益服务的责任;它帮助管理部门随时掌握并有效地利用变化的形势,帮助预测发展趋势,以作为早期警报系统。

对于一个现代企业来说,公共关系包含两层意思:首先,它是一种政策概念,是企业领导者为获得事业的成功而确立的一系列思想、战略或政策,即公共关系思想;其次,它是一种职业功能,是公共关系工作者为贯彻企业的公共关系政策而采取的一系列有计划的行动,即公共关系策略。

企业公共关系最重要的工作是制定和实施一系列心理战略和战术,在心理上争取和赢得消费者公众。公共关系心理策略是企业公共关系策略的重要组成部分,概括起来主要有以下几种：

一、促进消费者公众认知的策略

(一)增加企业的透明度

企业的透明度是指企业各项决策和行为能被公众感知和理解的清晰程度。公众只有对企业看得清，才能看得准；只有看得准，才能同企业建立良好的关系。所以，企业应当注意增加透明度，提倡开诚布公。为了增加企业的透明度，让公众更多地了解企业，可以考虑以下具体策略：

1."敲门"

美国不少企业为了搞好社区关系和员工关系，实行一种"敲门"(Open House)策略，即有计划地组织社区居民和员工家属参观企业，以增进公众对企业的理解和感情。我国的一些油田、采矿企业不但组织职工家属参观企业，而且还动员家属到油田、矿区安家落户，这是一种更加发展的"敲门"策略。

2."对话"

我国不少企业近年来在企业内外广泛开展了"对话"活动，并逐步形成了制度。企业通过与公众对话，可以清楚地解释企业的经营方针、经营决策、发展规划和企业面临的困难等，从而博得公众的谅解和支持。例如，某日用化学品厂就一种洗发水的含铅量问题同电视台记者对话，通过一问一答，只花几分钟就把问题解释清楚了，消除了消费者公众的疑虑，也维护了产品的声誉。

3."安民告示"

即企业可以经常地、主动地向公众发布企业的情况，以求得公众的理解和信任。广东大亚湾核电站为了消除我国香港公众对这个项目的疑虑，坚持向香港居民公布工程建设的质量情况。有一次，施工中少放了几根钢筋，虽然当时如果不公布，外界也不会知道，但大亚湾核电站仍然坚持公布，并坦率地作了检讨和提出了措施。这种做法，深得香港各界人士的称赞。

(二)培养企业特色

根据认知规律，人们对事物的认知有选择性，而影响认知选择性的一个重要因素是认知对象本身的特征。对象本身的特征越显著，人们就越能感知它。据此，一个企业越有特色，就越能引起公众的注意，并且越能在公众心目中留下难忘的印象。因此，培养企业特色是促进公众认知的一项重要策略。

企业特色包括产品特色、广告特色、外观特色、企业命名(或产品命名)特色、商标特色、服务特色、技术特色、工艺特色、定价特色、人员特色、管理特色等。企业经济活动的每一个方面，都可以形成特色。

1. 产品特色是工商业企业的主要特色

产品特色本身的内容很丰富，包括产品质量、产品原材料、产品技术性能、产品外观、产品寿命、产品使用、产品维修、产品包装、产品规格和产品组合等方面的特色。例如，在产品组合方面，有的企业具有产品成套的特色，有的企业具有多系列、多品种的特色等。企业开创产品特色的活动，不但要有技术人员参加，也要有公共关系人员参加，以便将技术上的考虑同公众心理有机地结合起来。

2. 广告特色是企业的一项重要特色

有特色的广告，往往表现出一个企业的独创精神，因而给公众留下深刻的印象。例如，广告招贴"金狮足球"就体现了较高的创造性。"狮子滚绣球"是中国的传统,是人们常见的,不足为奇,但"绣球"换成足球,就有了奇特的创意:金狮象征着中华民族,金狮踩足球象征着睡狮猛醒的中华足球健儿走向世界的气魄,象征着金狮足球"愿为中华足球的腾飞贡献力量"(广告语)。看到这样有创意、有气势的广告,人们自然不会怀疑生产"金狮足球"企业的创造力。

3. 企业外观或环境上的特色会给人们留下深刻的印象

日本酒井派经营成功的秘诀之一,是工厂环境的艺术化。酒井派认为,"能懂得真正的艺术,才能成为有独立创造经营能力的经营者。""工厂脏,只能做与其相称的脏工作。如果摆设了罗丹作品或布鲁列尔作品的雕刻,挂上毕加索的版画,人走起路来也就不一样。这是作家汇集精力所做的作品支配了观赏者的缘故。"因此,令访问酒井派的太阳企业集团各工厂的客人吃惊的是干净利落的厂房和在门口、楼梯、平台处挂着的大幅油画和摆设着的著名雕刻。酒井派通过工厂环境的艺术化,向公众展示了他们的创造精神和文明生产的新观念。

4. 企业命名(或产品命名)特色

以企业创始人的名字取名的企业,往往给人较深的印象。这样的命名,会引起公众对企业历史、传统、个性、精神和威望等的兴趣、回忆和联想。例如,人们听到福特汽车公司的名字,就容易联想起当年福特创建流水线作业的情景;又如,人们听到腾讯的名字,就很容易想到创立该"互联网商业帝国"的马化腾。一些具有特定含义的企业名字,也很有吸引力。北京四通集团公司的名字"四通"是英语单词 Stone(意即"石头")的谐音,它象征着四通集团为发展我国高技术产业而充当铺路石的精神。日本索尼公司的名字是英语单词 Song(意即"唱")的谐音,它象征着索尼公司在音响器材和设备市场中的重要地位。

(三)重视企业给消费者公众的直接印象

企业给公众的印象有三类:真实的企业形象、想象的企业形象和隐含的企业形象。真实的企业形象存在于公众与企业直接的交往中,想象的企业形象存在于企业的宣传广告中,隐含的企业形象存在于企业的某些象征性行为中。上海宝山钢铁总厂建成后,立了一个不锈钢铸像,它是该厂作为中国钢铁工业起飞的象征,这就是一种隐含的企业形象。

公众对企业的印象中,最重要的是真实的企业形象,即公众通过直接接触而产生的印象。宣传广告或其他象征性活动对促进公众印象有一定的效果,但其作用是间接的。因此,企业的公共关系不但要凭借好的宣传广告,更重要的是应当督促企业的有关部门和人员注意给公众的直接印象。中国人的传统心理是"听其言不如观其行",在我国,宣传广告对公众的影响不像西方那样大。我国企业的公共关系要特别重视通过务实来影响公众心理,以行动代替宣传。因此,企业的公共关系意识应当渗透在每一个实务环节,通过每一件产品、每一项服务、每一种业务活动体现出来。

(四)注意消费者公众对企业的第一印象

从认知规律看,人们对认知对象的第一印象很重要,即所谓"先入为主"的心理。第一眼有一个好印象,以后就很可能保持这个好印象;第一印象很差,以后就很难扭转。

新厂开工、新店开张等务必要给公众留下好的印象,这时也是发展公共关系最关键的时刻。新产品的推出、新员工的报到、新顾客的上门、新用户的接待和各级检查团的第一次到来都需要认真对待、周密组织,不可草率从事。例如,旅游城市和车站码头附近的商店、宾馆特别要注意给旅游者良好的第一印象。在有的旅游城市,车站附近的商店和饭馆在外观上破破烂烂,在环境上又比较脏,服务态度也比较差,这样就使旅游者对整个旅游城市的印象大打折扣。

对于公众已经熟悉的企业来说,主要应当重视给公众的最近印象。公众对这类企业的"旧谱"不感兴趣,而关心它们的"新调"。因此,公共关系要督促企业在各方面不断地创新,以便给公众以新的认知。

(五)增进同消费者公众的交往

企业与公众之间交往的面越广,交往的频率越大,交往的时间越长,公众对企业的印象自然越深。

拓宽企业的交往面,是公共关系的一项主要任务。为了保持和发展企业的交往面,不能忽视哪怕是意义不大的邀请,更不能对消费者公众分厚薄。现在,有不少企业鼓励企业职工为社会办好事(如组织免费修理服务、共青团义务劳动等),这也是拓宽交往面的一个好办法。另外,如前所述,企业与公众之间的对话也是加强交往的一个途径。

企业不仅要加强同公众的直接交往,也要增加间接接触的机会,如向公众邮寄广告、贺年卡、征询表等。对公众来信、来电应当十分重视,并及时处理和予以答复。

企业要注意同公众交往的持久性。"路遥知马力,日久见人心",企业同公众交往的时间保持得越长越好。在这一方面,企业要有耐心。

企业如果能注意到某些细小的地方,也能在无形中增加同公众接触的时间。如许多宾馆、商店的内景不是按直线而是按曲线设计,这不仅是为了美观,也体现了公共关系的思想:让顾客进来后,在曲折迂回中多逗留一点时间,因而相对地增加了与企业直接接触的机会。

(六)加强同消费者公众的信息交流

1. 信息交流的内容

(1)收集顾客信息。顾客信息包括顾客的年龄、性别、职业、爱好,顾客对产品的性能、种类、质量、包装以及价格的评价和要求,顾客对企业售后服务的反映,顾客对产品的交货期限是否满意,顾客对企业的基本印象,顾客对服务人员的态度是否满意,等等。所以,这些信息都应尽量收集,并分类和归档。

(2)传达企业信息。企业信息包括企业的宗旨、政策和历史,产品性能、规格和销售方式,以及售后服务的具体标准和方法,等等。这些信息都应尽量迅速、准确地送达到顾客那里。

2. 信息交流的手段

(1)口头交流。企业可设立顾客来访接待室,欢迎顾客上门反映他们对企业产品、服务的意见;企业可派出专业人员直接走访顾客,或者派人到产品经销商店征求意见,直至建立试销门市部,直接从顾客挑选、购买产品的过程中收集信息。当然,企业工作人员还必须利用上述各种机会和场合,向顾客宣传本企业的宗旨、政策,乃至产品的使用方法。为了争取顾客的信任及好感,每一名企业职工在与顾客打交道时,都必须彬彬有礼、热情周到。除此之外,为了建立良好的顾客关系,企业应该实行开放政策,热情欢迎顾客公众到工厂参观、参加座谈会,甚至公开征求消费者的意见。这种方法不仅可以收集到有价值的信息,还能促使顾客建立对本企业的信任感,有效地联络顾客与企业双方的感情。

(2)印刷手段。印刷手段主要包括广告、宣传品、产品使用维修说明书、顾客通讯录,以及直接向顾客散发、邮寄的各种小册子、通讯录等。

(3)视听手段。视听手段是利用广播、电视播放有关本企业的新闻纪录片、广告,资助放映电视节目等。

为了建立和发展良好的公共关系,公共关系主体应当在"诚""勤""广""谦""和"五个字上下工夫,努力实现意见沟通。

"诚",就是要有诚意。要诚心诚意地征询各种意见,要听得进不同的意见。诚意是内在的、真心的,而不是伪装的;诚意是意见沟通的基础。如前所述,公众的意见分为对事的意见和对人的意见,对事的意见必然也牵涉到人。如果没有意见沟通的诚意,对事的意见就必然转化为对人的意见,这样矛盾就会加深,沟通就无法深入或无法进行;相反,如果有沟通的诚意,对人的意见也可能转化为对事的意见,并逐渐减少分歧,求得一致。

"勤",就是要勤快。首先是工作要勤快,乐于奉献,工作有成绩,这是取得人们谅解的基础。在这种情况下,公众即使有意见,往往也是建设性意见而不是批评性意见,而建设性意见更容易沟通。其次是沟通要勤快,发表意见和征询意见要有主动性。

"广",就是意见沟通的范围要广。要广交朋友,广泛联系。意见沟通要尽可能广泛地实行,特别是要注意与普通大众经常沟通。

"谦",就是要谦虚。尊重对方是谦虚的本质表现。在发表意见时,注意不能伤害对方的自尊心,切忌有看不起对方的举动,对长者更应注意尊重。

"和",就是要和气、和睦。俗话说,"和为贵""和气生财"。意见沟通中的"和"既是目的,又是手段和方法,应当有理说理、说理有节、得饶人处且饶人,切忌在意见沟通中唇枪舌剑、意气用事、讽刺挖苦对方。它是衡量一个人的修养水平的重要标志。

二、增强消费者公众动机的策略

公众对企业的动机是指公众想从企业那里满足一定需要的兴趣、意愿、期望、信念等。公众动机是针对某一个企业而言的,这一点与公众需要不同。公众需要是客观存在的,它的产生与具体哪一个企业能提供满足的条件无关。公众需要是公众动机的基础,而公众动机是公众为了满足需要而产生的对某一个企业的一种心理。根据动机心理的规律,企业公共关系要增强公众的动机,可以运用下列策略:

(一)树立良好的企业信誉

信誉是商品经济高度发达的产物。商品交换越频繁,市场竞争越激烈,就越需要讲究信誉。信誉是无形的财富,是企业谋求生存、争取发展的极其重要的条件和保证。企业在顾客中一旦树立了良好的信誉,其产品或服务就会得到顾客的信任,企业的竞争能力便得以提高。企业与企业之间、企业与顾客之间虽然在局部利益上有差别,但在根本利益上是完全一致的。

树立企业信誉的公共关系工作,可以分为进取型、预防型、治疗型三种类型。进取型即积极树立企业信誉,扩大企业的影响;预防型即消除各种可能有损于企业信誉的隐患,保持企业的良好信誉;治疗型即当出现企业信誉受损害的情况时,采取有效的补救措施,转变顾客的态度,挽救和恢复企业的信誉。

(二)联络消费者公众的感情

人是万物之灵,人都有丰富的感情,"感人心者莫先于情"。只有企业了解和尊重顾客,才能赢得顾客对企业的理解和支持。

企业公共关系部应采取适当的方式,积极参加和组织各种社会活动。赞助一些社会活动,使顾客感到企业是社会的一员,在感情上缩小顾客与企业之间的距离;敞开企业的大门,增加企业的透明度,欢迎顾客来企业参观,看看企业的生产设施,了解产品的生产工艺,增加顾客对企业和产品的信任;主动协助顾客组织一些社会团体,对团体成员提供优惠的价格,提供全面的销售服务,并协助这些团体组织一些积极的、有益的文艺体育活动,扩大企业的影响,联络顾客的感情。

为了避免、减轻、消除公众对企业的不满情绪,还可以考虑以下策略:

1. 适当控制公众对企业的期望

消费者公众对企业的情绪与他们对企业的期望有关。如前所述,人们对名优产品的期望值高,因而往往更不能容忍这些产品的质量问题。同理,人们在大商店买不到某样商品比在小商店买不到同样的商品更为恼火。期望越高,可能失望越大,因而公众的不满情绪也就越大。所以,知名度较高的企业应当注意控制公众对企业的期望。控制公众期望的办法,主要是在宣传广告中不能言过其实和过分地渲染。

2. 替换公众的需要

当公众的某种需要无法满足时,替换公众的需要有可能减轻他们的不满情绪。例如,顾客买不到甲产品,可以向他们推荐功能相近的乙产品;旅馆已经客满,可向再来的顾客推荐其他旅馆。这类替换称为"对象的替换"。还有一种"时间的替换",如顾客买不到所需的产品,可以劝他过几天再来买,并当场做好记录,以表诚意。

3. "发泄疗法"

有时可以让公众的不满情绪发泄一下,以减轻他们心理上的"恼怒"。对报纸、广播和电视发表的批评企业的言论,不要立即组织反批评或澄清事实,因为大家在"火头"上,这样做反而加剧了不满情绪。应当让消费者公众把话说完,待气消一下,再加以某种声明。

4. 坦率地承认错误

当企业的错误和缺点比较明显时,企业就应当向公众认错,这样有可能取得公众的谅解。例如,天津自行车厂听到人们对该厂自行车零件的质量有意见并且查实后,立即登报检讨,因而缓解了用户的不满情绪。海尔集团厂长当众砸毁有质量问题的冰箱,在社会上反响热烈。当然,如果企业没有缺点,也不能为了"公众关系"而随便认错。

5. 提供确实的保证

在各种商品交易中,保证是消费者最基本的权利。商品必须要符合其产品说明书所表明的功能和效果。在现实生活中,人们对某些虚假的所谓"保证"十分反感。市场营销管理者要正视那些毫无意义的诺言。比如,一个企业给它的产品 20 年或 30 年的保证,但若这个企业消失了怎么办?有没有提供一笔保证基金?这种允诺往往被人认为是一种骗人的营销手腕。

三、转变消费者公众态度的策略

(一)克服消费者公众对企业的偏见

消费者公众的偏见必然导致不正确的态度。因此,要转变公众对企业的态度,就要尽可能地消除公众的偏见。

1. 注意避免晕轮效应

所谓晕轮效应,就是以点概面和以偏概全。消费者公众有时对企业的某一方面特别看重和计较,因此,企业常常会因某一方面的不足而影响自己在公众中的总体形象。这一方面的作用像晕轮一样,使公众看不到企业的其他方面,因而产生了偏见。为了避免晕轮效应和由此带来的偏见,企业首先要研究不同公众心目中的晕轮,即他们各自对企业最敏感、最计较的方面,尽可能在这些方面把工作做好。例如,顾客的晕轮可能是企业的服务态度,银行的晕轮可能是企业的信用情况,社区的晕轮可能是企业的环境污染(或保护)情况,等等。其次,企业要增加透明度(如前所述),让公众能够全面地了解企业。

2. 注意定式的作用

定式是指公众关于某一类企业的固定形象或习惯心理。定式也可能造成偏见。例如,人们看到某企业领导人比较年轻,就认为该企业可能办事不可靠,因为他们对年轻人有一种定式的看法。要克服这样的偏见,应当提醒该企业领导人注意处事稳重。又如,有些人知道某企业领导人原来是从事会计工作的,就会认为他精明、会算计,甚至可能认为同这样的企业打交道容易吃亏。要克服这样的偏见,应当提醒该企业领导人处事要豁达大度一些,不要过于计较一些小事情。

(二)利用权威的力量转变消费者公众的态度

尊重权威的心理是人们的普遍心理,因此,企业如果能借用权威的力量,就能有效地转变公众的态度。政府机构、新闻和出版界、科技和教育界等在公众中都有一定的权威性。如果政府机构对企业做出了评价,就往往会在很大程度上影响公众对企业的态度。例如,政府机构组织的优质产品评比活动、优质服务评比活动、企业管理评级活动、企业增产节约评比活动、企业技术改造成果验收活动、企业技术发明或革新成果鉴定会议,以及税收大检查、财务大检查、物价大检查、法纪大检查、环境保护和卫生大检查等,都直接地影响着企业的社会声誉。因此,企业应当善于利用政府机构对企业进行评价的每一次机会,变压力为动力,树立自身的形象,转变消费者公众对企业的某些态度。

(三)通过参与企业活动转变消费者公众的态度

吸引和邀请公众参与企业活动,通过相互间直接的接触,可以提高公众对企业的认知水平和增强感情联系,因而有利于转变公众态度。

例如,许多商店或餐厅、宾馆吸收顾客或居民参加评优活动和组织社会群众监督,这也是公众参与的好形式。我国一些商店或服务性企业所组织的社会群众监督,已经走向制度化和成为商业或服务业企业管理的一个重要组成部分。社会群众监督的内容有物价监督、商品监督、服务监督和政策监督,社会群众监督的形式有消费者座谈会、顾客意见簿、柜台意见录、顾客接待室、对顾客进行调查访问和成立消费者监督委员会等。通过社会群众监督,特别是消费者公众广泛地参与企业管理活动,从而为转变公众态度打下了良好的基础。

(四)推广企业为顾客服务的形象

当今世界上经营卓越的企业,不论它们从事的是机械制造业,还是高技术工业,或者是食品业和游乐场所,都一律以"服务业"自居,以争取社会各界的信任和支持。这些公司以追求优质的服务为最高目标,同时它们毫不讳言,企业收入的主要来源是靠向顾客提供服务。

世界上最大的计算机制造企业IBM(国际商业机器公司)曾做过这样的广告:"IBM就是最佳服务的象征。"这家经营计算机生产销售的企业把提供世界上最好的服务作为经营的主旨。为了实现这一目标,公司专门挑选一批优秀的业务人员担任为期3年的主管助理。在这3年内,他们唯一的任务是,对任何顾客的抱怨和疑难,必须在24小时之内予以解决。IBM公司主管市场经营的副总经理罗杰斯指出:"争取订单其实是最容易的一个步骤,售后服务才是真正的关键所在。"为了确保公司与顾客的亲密度,IBM定期进行员工服务态度的检查,以此作为员工奖金报酬的评定标准之一。优质的产品加上优质的服务,使IBM公司占有世界计算机设备市场的40%,产品进入130多个国家,而且在每一个国家的市场上几乎都居首位。

(五)正确对待消费者的抱怨

消费者的抱怨实际上是一种反馈形式。常言道:"满招损,谦受益。"批评会使产品或服务更完美,进而获得消费者更多的满意,提高企业的声誉;拒绝批评则会引起消费者更大的不满,也损坏了企业的声誉。企业声誉地树立和损坏是由企业自己的行为决定的。具有公共关系头脑的市场营销管理者为了防止不良名声的产生,应该建立一个具有自觉防止故障的特殊系统,预料消费者可能产生的不满,制定有效的市场营销措施加以防止。

从抱怨的反面看就会发现,如果一个企业能使消费者满意,使消费者对其产品或服务无可指责,就会获得出乎意料的利益。国外有的企业由于良好的产品或服务,60%的业务来自消费者的相互推荐。这种上上下下都树立公共关系思想的企业,就会因此在广告上少花钱,却能取得良好的经营效果。

四、注重社会整体效益

社会整体效益包括社会经济效益、社会生态效益和社会精神文明三个方面。企业的经济效益一定要与社会的经济效益保持一致。如果一个企业通过一些不正当手段向社会推销质次价高或假冒伪劣的产品,企业经济效益可能会暂时提高,但从整体上看,消费者的利益和社会经济效益都会受到损害。这样的企业经济效益也不会持续很久。企业的经营活动与社会生态环境有着十分密切的联系。企业的经营活动如果长期污染环境、破坏生态平衡,那么,即使这个企业的产品有一定的销路,它的社会生态效益也是不好的,最终企业的生存也将受到威胁。

五、充分发挥参考团体的引导作用

个人为达到目标,往往会参加一些团体。一个人可以同时是多个团体的成员,但每个团体对个人的意义和重要性不尽相同。

通常,对个人重要的团体称为参考团体,它影响个人的信念、行为及判断能力。参考团体可分为:(1)所属团体,即个人是该团体的成员;(2)理想团体,指个人不属于该团体,但有诚意参与这个团体,所以他的行为会接近这个团体的规范。参考团体对消费者行为的影响有三方面:第一,影响个人的社会化过程,即影响个人学习或认识、行为、生活的方式;第二,对个人发展及"自我"的评价相当重要;第三,是一种社会规范的工具。所以,多数人会以社会的价值观或潮流的趋势作为判断的准则,而并非单凭个人判断。

通过研究参考团体可分析人际间的沟通系统,并探讨产品多元化策略与口述广告间的关系。参考团体的凝聚力(向心力)越大,则团体分子的从众倾向越强,而"非正式的领袖"可以影响成员的行为。行销学家怀特的研究发现,在美国费城,中产阶级装设冷气机的主要因素是受口述广告的影响,个人以邻居等为参考团体,通过彼此交流意见而采取购买行动,由此可见人际沟通系统对销售活动的重要性。

新产品刚推出时,厂商希望它能很快地被顾客接受。这时,参考团体的影响显得相当重要。所以,厂商必须首先了解团体的性质,并找出与购买关系最密切的因素,然后据此拟订有效的销售策略。但必须注意,要改变个人的态度,除了采用团体讨论的方式外,还需要了解个人对产品的兴趣程度、团体成员间的熟悉程度和产品对家庭的重要性。所以,对不同的参考团体,要采取不同的策略。

本章小结

公共关系心理是指与公共关系行为以及公共关系活动相关的心理现象。公共关系心理有四个基本的特点,即公共关系心理的可知性、情感性、自利性和广泛性。消费者公众的心理特征主要表现为以下几个方面:企业良好的信誉和形象是吸引消费者的基础条件;信息双向交流是掌握和引导消费者公众心理变化的基本手段;只有提供确实的保证,才能解除消费者公众的疑虑。消费心理学主要以商业交往中经营者与消费者之间的人际关系作为研究课题,分析人与人之间买与卖活动中的相互作用和结果。企业公共关系最重要的工作是制定和实施一系列心理战略和战术,在心理上争取和赢得消费者公众。公共关系心理策略是企业公共关系策略的重要组成部分,概括起来主要有促进消费者公众认知的策略、增强消费者公众动机的策略、转变消费者公众态度的策略、注重社会整体效益、充分发挥参考团体的引导作用五种。

思考题

1. 如何依据消费者公众的心理特征,与消费者公众搞好关系?
2. 举例说明企业形象与产品销售的关系。
3. 举例说明公共关系心理策略的运用。
4. 消除消费者公众疑虑、转变消费者公众态度的策略有哪些?
5. 以"蒙牛"借助"神舟"五号成功飞天的"航天员专用牛奶"公关活动实例,分析其成功的公关策划四大精髓。

案例分析

脸书深陷信任危机　滥用"大数据权力"后患无穷[①]

一场涉及超5000万名用户个人信息泄漏事件,让全球最大的社交网络平台Facebook(脸书)陷入了困境。在过去的一周,Facebook不仅股价重挫近14%,市值蒸发750多亿美元,更有一些广告主表示将停止向Facebook投放广告。特斯拉创始人埃隆·马斯克甚至删除了SpaceX(美国太空探索技术公司)和特斯拉在Facebook上的官方页面。

点评:创建14年的Facebook,正面临有史以来最大的危机。股价暴跌、遭监管机构介入调查倒是其次,更加严重的是信息泄露事件动摇了用户对Facebook的信任,"删除Facebook"在社交媒体上已成为热点话题。这次数据泄露事件让更多人开始意识到大数据的威力。"对Facebook来说,任何一个用户,只要分析他以往150个点赞,Facebook就能比他家人还要了解他;分析以往的300个点赞,就能比这个人自己还要了解他。"这样的大数据分析让人不寒而栗。诚然,在互联网时代,保护个人隐私与自我意志愈发不易,但像Facebook这样的大公司负有义不容辞的责任。在享受"大数据权力"所带来商业利润的同时,请不要忘记你们的责任与承诺。"能力越大责任越大",这不仅适用于"蜘蛛侠",也适用于你们。

讨论:

1. 脸书"泄密门"事件是如何爆发的?企业应如何力挽狂澜面对这突如其来的诚信危机?
2. 企业在危机还没有发生时应如何识别危机、预防危机和应对危机?

[①] 科技日报,国际在线网,2018年4月10日。

阅读资料

泰诺药物中毒事件危机处理[①]

睿智的首席执行官和成熟的公司能够从容地面对危机,在出现意外时正确地选择策略保住药物品牌,维护股民的最大利益。强生公司原总裁 James Burke 在泰诺事件中的表现成为处理丑闻和危机的"金标准"。

泰诺是强生公司生产的用于治疗头痛的止痛胶囊。作为强生公司主打产品之一,年销售额达 4.5 亿美元。

20 世纪 80 年代,强生公司曾面临一场生死存亡的"中毒事件"危机:1982 年 9 月 29 日至 30 日,芝加哥地区有人因服用泰诺止痛胶囊而死于氰中毒,开始死亡 3 人,后增至 7 人,随后又传说在美国各地有 25 人因氰中毒死亡或致病。后来,这一数字增至 2 000 人(实际死亡人数为 7 人)。一时舆论大哗。泰诺胶囊的消费者十分恐慌,94%的服药者表示绝不再服用此药。医院、药店纷纷拒绝销售泰诺。

面对这一局面,由公司董事长为首的七人危机管理委员会果断地砍出了"四板斧",这"四板斧"环环相扣,命中要害。

第一板斧:在全国范围内立即收回全部泰诺止痛胶囊,价值近 1 亿美元;并投入 50 万美元通过各种渠道通知医院、诊所、药店、医生停止销售。

第二板斧:以真诚和开放的态度与新闻媒介沟通,迅速传播各种真实消息,无论是对企业有利的消息还是不利的消息。

第三板斧:积极配合美国医药管理局的调查,在五天时间内对全国收回的胶囊进行抽检,并向公众公布检查结果。

第四板斧:为泰诺止痛药设计防污染的新式包装,以美国政府发布新的药品包装规定为契机,重返市场。1982 年 11 月 11 日,强生公司举行大规模的记者招待会。会议由公司董事长伯克亲自主持。在此次会议上,他首先感谢新闻界公正地对待泰诺事件,然后介绍该公司率先实施药品安全包装新规定,推出泰诺止痛胶囊防污染新包装,并现场播放了新包装药品生产过程录像。美国各电视网、地方电视台、电台和报刊就泰诺胶囊重返市场的消息进行了广泛报道。

事实上,在中毒事件中回收的 800 万粒胶囊,事后查明只有 75 粒受氰化物的污染,而且是人为破坏。公司虽然为回收付出了 1 亿美元的代价,但其毅然回收的决策表明了强生公司在坚守自己的信条:"公众和顾客的利益第一。"这一决策受到舆论的广泛赞扬,《华尔街周刊》评论说:"强生公司为了不使任何人再遇危险,宁可自己承担巨大的损失。"

正是由于强生公司在泰诺事件发生后采取了一系列有条不紊地危机公关,从而赢得了公众和舆论的支持与理解。在一年的时间内,泰诺止痛药又重整山河,占据了市场的领先地位,再次赢得了公众的信任,树立了强生公司为社会和公众负责的企业形象。由于其出色的危机管理,强生公司获得了美国公关协会授予的最高奖——银砧奖。

[①] 浙商网,2007 年 5 月 10 日。

第十四章

商务谈判心理

• 学习目标

1. 了解影响商务谈判效果心理的主要因素；
2. 掌握谈判人员的性格类型分析；
3. 掌握商务谈判心理的方法与技巧；
4. 成功商务谈判实例分析。

• 导入案例

谈判设限技巧[①]

美国西部一名牛仔闯入酒店喝酒，几杯酒下肚之后，便开始乱来，把酒店弄得一塌糊涂。这还不算，到后来，他居然又掏出手枪朝着天花板乱射，甚至对准酒店中的客人。就在大伙儿一筹莫展之际，酒店老板——一个瘦小而温和的人，突然一步步地走到那名牛仔身边，命令他道："我给你五分钟，限你在五分钟之内离开此地。"而出乎意料的是，这名牛仔真的乖乖收起手枪，握着酒瓶，踏着醉步离开酒店，扬长而去了。惊魂未定，有人问老板"那个流氓如果不肯走，那你该怎么办？"老板回答："很简单，再延长期限，多给他一些时间不就好了。"

以上的故事只能证明酒店老板的"运气不错"，但是，在谈判中，这位老板的行为却大有参考的价值。为了能使谈判的"限期完成"发挥其应有的效果，对于谈判截止前可能发生的一切，谈判者都必须负起责任来，这就是"设限"所应具备的前提条件。只有在有新的状况发生或理由充足的情况下，才能"延长期限"。如果对方认为你是个不遵守既定期限的人，或者你有过随意延长期限的"前科"，那么，所谓的"设限"对谈判对手就发挥不了什么作用。即使期限已到，也不会有人感觉到不安与焦虑，因为他们早已算准你"不把期限当作一回事"。

商务谈判是企业经济活动中必不可少的手段。企业开展一切经营活动，同市场上的其他成员打交道，本质上就有一个利益分配和利益均衡的问题。而这种利益上的分配不仅仅取决于双方客观的经济条件和交换方式，也不是完全受市场价值规律支配的固定程式，而是具有相当大的弹性。

谈判的理论基础是博弈论，或称对策论。博弈论有两种谈判模式：一种是"零和博弈"——赢亏谈判模式，谈判双方以损害对方利益的方式来增加自身利益，谈判不易成功；另一种是"非

[①] 中华演讲网，2007年12月19日。

零和博弈"——双赢谈判模式,谈判双方在扩大共同利益的基础上增加自身利益,谈判容易获得成功。传统的谈判方式多为赢亏谈判模式,而现代的商务谈判方式则是互惠互利的双赢谈判模式。现代企业十分重视将商务谈判作为实现商品和劳务交易的手段,谈判双方既在经济实力上较量,也有谈判者心理与技巧上的较量。要取得谈判的成功,必须注重研究谈判者的心理;只有了解对方的心理活动和心理特征,才能选择适当的谈判策略。商务谈判的心理策略,就是针对对方的需要、动机、个性、情感、风格、观念,采取相应的方法和技巧,赢得谈判的成功。

第一节 商务谈判效果的影响因素

谈判是一种综合性的艺术,它涉及的范围很广。谈判的效果受多种因素的影响,主要影响因素有谈判对手、谈判准备、谈判阶段和谈判策略。

一、谈判对手

了解谈判对手的心理和行为特征对谈判来说非常重要。在谈判中,对谈判对手的心理特征和行为方式了解得越深刻,对谈判就越有利。谈判虽然多种多样、形式各异,但有一点不会改变,即任何谈判都是人与人的正面对话。谈判是在买卖双方的代表之间进行的,双方代表的思维方式直接影响谈判的进程和结果。

来自不同国家或地区的人有着不同的价值观、不同的态度、不同的经历,具有不同的民族文化。民族文化的差异不仅决定了人们的行为方式,更决定了人们的价值观念。每一位谈判人员坐在谈判桌前时,都带着自己的价值观念,尽管他们自己可能并未认识到这一点。比如有的人要面子,有的人重感情,有的人寸利必争,这些都与其所属的民族文化有关。既然人是谈判的主体,而又具有不同的价值观念和思维方式,这就要求谈判者必须熟悉各国的文化差异及其对谈判的影响。

要对谈判对手深入了解,可以通过他人介绍、阅读资料、当面观察等途径去了解。只有对谈判对手有比较充分的了解,才可能取得谈判的成功。以下就一些主要国家的文化特点及其对谈判风格的影响做一介绍。

(一)美国人的谈判风格

美国人的性格通常是外向型的、自信的和果断的,因此,谈判者通常充满信心、语气肯定。此外,美国人的传统是从事各种商业,一个人在事业上取得成功,就会受到人们的尊敬。因此,美国人对能否获得物质成功甚为关心,他们把能否获取经济利益作为自己的谈判目标。美国人善于讨价还价,并能很自然地随时将话题转移到讨价还价上去。他们喜欢一个问题接一个问题地讨论,最后达成整个协议。另外,在美国市场上,商品的包装对商品的销路有很大影响。因此,美国谈判人员往往对商品的包装和装潢也很感兴趣。

(二)德国人的谈判风格

德国商人给人最深刻的印象是他们对本国产品的信心。他们在贸易谈判中,常常用本国产品作为衡量质量的标准。同美国人相比,德国人对谈判的准备工作比较细致,他们善于选择合适的谈判对象,找出谈判过程中必须解决的问题,研究合理的作价,并在谈判中审慎地讨论那些必须解决的问题。但与美国人相比,德国人严谨有余、灵活不足,在谈判中不轻易做出公开让步,尤其在出价阶段,他们一旦出价就不愿意做出让步,从而使讨价还价很难进行。但一经签约,德国商人却能严守合同,履约率极高。因此,同德国商人谈判时,应在出价前尽可能摸清对方的底牌,并适时出价,力争主动,使谈判出现有利的结果。

(三)法国人的谈判风格

与德国人的严谨形成鲜明的对照,法国商人在谈判桌上少不了"浪漫"气氛。因此,在与法国商人进行商业谈判时,在最后签约之前的谈判过程中,除了业务问题的洽谈外,还可以聊聊诸如文化或社会新闻等话题,以营造富于情感的气氛,有利于业务的进行。此外,法国商人善于横向谈判,即喜欢先就主要交易条件达成协议,然后谈判合同本文,最后谈判标题。谈判的重点在于拟订一些重要原则,而并不注意细节。法国商人在谈妥合同主要交易条件后,就会在合同上签字。然而,签字之后,又常常要求修改。因此,同法国人谈成的协议,必须用书面形式互相确认,即使在签订合同之后,也应当这样做。

(四)英国人的谈判风格

英国同美国在文化上存在较明显的差异。英国谈判人员不具有美国谈判人员的那种职业特点,他们建立人际关系的方式很独特:开始时往往保持一段距离,尔后才慢慢地接近。英国人对谈判工作常常准备不足。他们对自己具有自信心,交易中纠纷时,不轻易道歉或认错。英国谈判人员的特点是讲究礼貌,善于与人打交道,待人友好。

(五)日本人的谈判风格

日本人的一般特性是具有团体倾向,有强烈的团体生存和成功的愿望。这个特性在谈判中表现在要取得谈判成功的强烈愿望上。日本的生活中充满竞争,所以,特别强调秩序和维护人际关系。日本商人的时间观念强,生活节奏快,性格有时显得急躁。

此外,日本商人在谈判过程中喜欢私人接触,这是初步认识对方的最好方法,而且最好在开始接触时通过适当的人进行介绍,这样,交易就容易成功。日本人在谈判时不大坦率,常给人含糊不清甚至是令人误会的回答。因此,在谈判时,对日本谈判人员的意思必须弄清楚,以免日后引起纠纷。日本人在承诺之前习惯于对合同做详细审查,并在他们之间取得一致意见,这一过程比较长。但是,他们一旦做出决定,就能很快地执行。因此,同日本人谈判要有耐心,事先要有人介绍,即采取间接迂回的方法,在签订合同之前必须仔细审查合同,含义不清的地方必须明确意思,这样,才有可能取得较好的结果。

(六)大洋洲人的谈判风格

1. 澳大利亚人的谈判风格

澳大利亚人的办事效率比较高。在价格谈判上,澳商极不喜欢对方先开高价,然后慢慢讨价还价。澳大利亚人讲究实际,通常注重超额利润,提出的建议一般非常接近对方可接受的水平。

2. 新西兰人的谈判风格

新西兰人进行交易基于公平的原则,做生意不讨价还价,一旦提出一个价格就不能变更。新西兰商人的责任心很强,普遍重信誉。

(七)非洲人的谈判风格

非洲商人见面时,通常的习惯是握手。非洲各国国内部族中的对立意识很强,非洲各部族内的生活,是带有浓厚的家庭主义色彩的。非洲商人性格刚强生硬,自尊心很强,见面时希望对方称呼其头衔。他们脾气很倔强,比较好客。

综上所述,各种不同的谈判方式,无不与一定的文化相联系。谈判人员应当尊重谈判对手的文化习惯,并善于因势利导,使谈判进展顺利并最终达成交易。

二、谈判准备

"凡事预则立,不预则废。"大凡商务谈判高手,都注重谈判前的准备工作。有备无患是谈判的一项原则。谈判准备的首要任务是知己知彼,只有了解对方,才能做好准备。谈判时,企业必须对交易的可行性做调查,即了解进行这一交易是否必要,其结果是否对我方有利。如果这笔买卖值得做,但谈判时间可能较长,那么为了促成交易,我们就必须从以下几个方面做好准备工作:

(一)收集对方信息

俗话说:"知己知彼,百战不殆。"只有摸清对方的实际情况,我们才能对症下药,相应地制定我们的对策。了解对方,除了调查对方的技术经济状况以外,还要采取一切合法手段,调查对方谈判人员的谈判意图、谈判风格及心理特征,判断他们是属于哪一种类型的谈判者。按谈判态度划分,可以将谈判者分为强攻型、温和型、原则型;按个性心理划分,可以将谈判者分为内向型和外向型、冲动型和从容型、果断型和优柔型、主动型和被动型、急躁型和缓慢型。

因此,摸清对方虚实是制订谈判计划时首先应解决的问题。调查的方法一般有以下三种:

(1)检索调研法。谈判人员在谈判前,首先对现有资料进行收集和分析,其中包括企业内所储存的信息资料和对方所发行的资料,当然也不应忽视各种报刊书籍所提供的侧面资料。这种方法投资少,见效快,简单易行。

(2)直接调查法。即通过谈判人员和其他人的直接接触来收集、整理和分析资料。例如,可以向企业内部与对方有过交往的人员了解,可以用函电方式直接同对方事先联系重要的谈判项目,还可以安排一些非正式的初步洽谈。这样,就容易使双方在平等、互利、互谅、互让的基础上进行通力合作。

(3)购买调研法。即通过购买方式向有关咨询机构取得所需的情报。采用这种方法了解的情况比较全面,时间快,但投资比较大。

(二)理清我方思路

谈判也是一种双方观点相互影响的过程。要想在谈判过程中不为对方所迷惑并进而影响对方,谈判人员首先要目标明确、思路清晰。只有这样,才能不失时机地采取适当措施,积极、主动地发挥自己的影响力。也就是说,只有路线清、方向明,措施才能得当,效益才能发挥。谈判桌上的片言只语往往是谈判前长时间冥思苦想的高度概括,因此,在谈判前要进行长时间的准备,理清头绪,争取以最明确简洁的语言和礼貌得体的方式表达我方的思想。同时,根据对对方情况的掌握,对在谈判中可能出现的各种意外情况进行充分估计,并制定相应对策。这样,由于精神上有足够的准备,即使遇到一些突发状况,也可以减少思想上的波动和混乱,不至于仓促应战。

(三)制订谈判方案

在谈判之前,要根据已经掌握的信息,围绕谈判内容和目标及可能出现的争端,提出多种谈判方案,然后选择、确定最佳方案。为了应付谈判桌上的风云突变,还必须有备用方案。方案中最核心的一个问题是要确定谈判目标的上限和下限。方案中的另一个重要问题是要重视议程的价值,因为掌握议程即掌握了谈判的主动权。如果是"协议导向型",在谈判前应对谈判目标进行彻底讨论。在每一个阶段之后,都应对谈判的战略和风格进行检查,不断充实和修订谈判目标。如果是"对我有利型",在谈判之前应该确定获得最低利润的数字,以及可以做出让步的幅度。

(四)组建谈判队伍

一个谈判班子,必须明确一名主谈人和若干陪谈人。谈判人员的多少取决于谈判内容的繁简、技术要求的高低、谈判时间的长短。小型商务谈判一般由2~3人组成;大型商务谈判可多达几十人,分为商务、技术、法律等若干小组,有"台前"班子和"台后"班子。谈判组成员要有合理的知识结构、较强的谈判能力、适当的身份及默契的配合。

(五)选择谈判地点

谈判地点可选择在己方领地、对方领地或中立地。在哪一方的领地谈判,对哪一方就有利;在中立地谈判,双方的心理就比较平衡。谈判现场的布置要符合实际需要,有利于谈判气氛,使双方产生好感。

(六)做好谈判培训

为谈判组制定工作规范,对谈判人员进行培训,在谈判组和企业后援部门之间召开预备会议。

(七)进行谈判模拟

这样可以及早发现问题,及时修改谈判方案,使谈判不致失败。

三、谈判阶段

谈判一般可分为两个阶段,即谈判之前的准备阶段和正式谈判阶段。在这些不同的阶段中,存在着不同的问题,这就要求我们采取不同的对策。各种谈判的基本过程大体相同,从谈判气氛形成、谈判程序确定开始,到进入正式的谈判。

任何谈判都是在一定的气氛下进行的,谈判气氛的发展变化直接影响着整个谈判的前途。谈判气氛往往是在双方开始会谈的一瞬间形成的,因此,谈判人员应对谈判气氛的形成过程有一个清晰的认识,在此基础上运用各种灵活的技巧,形成谈判的良好气氛。这就要求谈判人员积极主动地创造和谐的谈判气氛。在谈判开始时就进入正题往往是很危险的,这时需要一些中介话题来过渡。同时,谈判人员的形象,诸如服装、目光、言语、手势、触碰行为等,也会对谈判气氛的形成产生一定的影响。

在一定的谈判气氛下,双方可以坐下来,制定谈判的程序。正式的谈判可分为探测、报价、还价和拍板签约四个阶段。

(一)探测

在探测阶段,谈判双方旁敲侧击,窥测对方的意图。探测对谈判前途有着不容忽视的影响,任何正式谈判都将探测阶段列为首位。探测的开局必须简洁明了,阐明己方的立场,同时也不能有难为对方的意思。这时,双方互相询问、猜测对方意图是得不偿失的。在双方都阐明立场之后,需要对各种设想进行现实性和可能性的考虑,对谈判策略进行评估。总之,探测是为了明确地阐明我方立场,弄清对方意图,灵活、机动地调整我方的策略。

(二)报价

一般来说,在任何一笔交易中,买方或卖方的报价以及随之而来的还价,是整个谈判过程的核心,价格在各项交易文件中占有突出的位置。报价的决策是谈判人员根据以往和现在收集、掌握的来自各种渠道的商业情报和市场信息,在对其进行比较、分析、判断和预测的基础上制定的。其原则是:通过反复比较和权衡,设法找出报价者所得利益与该报价被接受的成功率之间的最佳点。这涉及一系列有关数据的计算,而以计算结果为依据的报价就是最理想、最合适的报价。在确定报价后,谈判人员可根据国际市场上价格变动的情况,参照近期的出口或进口成交价格,结合己方的经营意图,拟订出价格掌握幅度,确定一个大致的报价范围。这时,若己方为卖方,就在价格范围内报最高价;反之,若己方是买方,则以最低的价格报价。在报价方式上应该坚持严肃、明白和不附加评论。一旦向对方报价以后,就应严肃对待,不能有动摇的表示;在报价的表达上应当准确而又明白,最好是有现成的报价单;而报价之后,不应有附加评论,如果加以评论就会暴露己方的意图。在大多数情况下,对方不会全部、无条件地接受己方的报价,这时就进入还价阶段。

(三)还价

还价时,首先己方应向对方核对其报盘中的各项交易条件,询问其报价的根据,以及在各项主要交易条件上有多大的通融余地;然后,提出己方的设想,不论对方是否接受己方的建议,己方的立场始终应保持一种灵活性,可以从各方位出击,不要在一个问题、一种设想上僵死。在制定正确的还价步骤、方案的同时,还应该善于察言观色,从对方的言行中捕捉对方的心理活动轨迹。

当然,在还价中也少不了让步。在让步时,要经过缜密考虑,让步必须是充分的、恰到好处,使对方确实尝到甜头。当双方的想法和要求距离很大而出现僵局时,必须打破僵局;当然,不出现僵局更好,在出现僵局前要尽可能避免。僵局出现后,可以采取横向型谈判方式,即放下这个问题而讨论另一个问题,也可以运用休会策略。注意,在出现僵局时,不可挫伤对方的自尊心。另外,也可以改换谈判的气氛和环境,以利于打破僵局。

(四)拍板签约

当双方经过一段时间的较量,取得某些一致意见之后,拍板成交阶段就开始了,最后就是签订合同,以书面或其他法定形式将成交的内容固定下来。

四、谈判策略

谈判策略是指谈判人员为取得谈判的预期效果而采取的各种措施。谈判策略通常涉及谈判人员的行为方针和行为方式,一般它被公认为是引导谈判顺利进行的航标和渡船,是决定谈判发展前途的重要因素。我们知道,由于各种谈判内容不同和性质的差异,谈判的策略也就相应地很多,五花八门,选择的余地很大。对于具体的谈判来说,虽然策略很多,但选择一个适当的策略是十分重要的。策略得当可以使谈判顺利进行,即使出现僵局,也可以运用适当的策略,使其化险为夷,达到预期的目的。

从谈判的类型来看,有互利型和自我型等多种形态,具体策略就更不计其数了。下面介绍几种常用的谈判策略:

(一)休会策略

这种策略的主要内容是,每当谈判进行到一定阶段或遇到某种障碍时,谈判双方或一方提出休会几分钟,使谈判双方人员有机会恢复体力和调整对策,推动谈判的顺利进行。这是谈判的常用策略之一。

(二)最后期限策略

即规定某一会谈的结束时间,这样可以促使双方集中精力,灵活地、创造性地解决未谈妥的问题,在不违背基本原则的基础上,做出一些让步,从而使谈判顺利进行、圆满结束。

(三)留有余地策略

在谈判中,如果对方向你提出某项要求,你能否立刻满足其要求呢?一般认为,即使你能全部满足其要求,也不必马上和盘托出你的答复,而是先答应其大部分要求,留有余地,以备讨价还价之用。

(四)设立专门小组策略

在谈判时,往往会涉及很多不同领域的专业问题,需要专门人才认真解决,其他人很难插上手。这时,最好成立专门的研究小组解决存在的问题,其他人可以休会,也可以继续谈其他问题。这个办法有百益而无一害,尤其适用于大型谈判。

第二节 商务谈判的心理方法与技巧

在推销活动中,谈判是一项常见的业务活动。谈判活动是贸易双方为了达到各自的目的,就涉及双方利益的标的物进行商讨,最终达成协调一致的过程。谈判心理是谈判者在谈判活动中对客观事物的主观反映活动。谈判者的各种心理表现,特别是个性心理倾向、个性心理特征等方面的反映,会成为谈判成败的关键性因素。

一、谈判人员的性格类型分析

谈判的进行是由双方构成的,其成功与否不仅取决于自身,还取决于坐在谈判桌对面的人。因此,谈判者要有效地辨别对手的个性类型和性格特点,并据此来调整自己的谈判技巧与策略。

谈判者千差万别,但除了特殊因素之外,一般可归纳为主导型、说服型和保守型三类。

(一)主导型

主导型谈判者通常我行我素,自我意识强,为达到目的甚至不择手段。他们的自我实现需要较强,狂热地追求成绩。其主要特点如下:

(1)权力欲强。在谈判过程中,这类人力图不妥协地使自己成为权力的中心,驾驭或支配整个谈判过程。

(2)敢于决策。这类人敢于冒风险,决策果断,对于决策有把握且充满信心,能当机立断,大胆拍板。

(3)富于挑战。这类人需要不断地寻求挑战,并应对挑战和战胜困难,显示自己的能力,完善自我形象。

(4)急功近利。在谈判过程中,这类人由于受到获得更大权力的驱动,处事干脆、利落;缺乏耐心,讨厌拖延;易于冲突,极易激动。

(二)说服型

说服型谈判者在谈判中十分随和,能迎合各种对手的兴趣,在不知不觉中将对手说服。他们往往很注重自己的名声,善结人缘,对社交和自尊的需求最为显著。其主要特点如下:

(1)注重社交。社交是其在谈判中的主要战场,他们认为社会或其他人的承认最为重要,为此他们不惜代价。

(2)潜藏雄心。他们有实现目标的雄心,但小心翼翼,以其热情、友好来感染对手,在不知不觉中说服对手,实现目标。

(3)团体性强。这类人不喜欢单独工作,需要同事的协作。他们善于处理与同事之间的关系,善于利用团体的力量取胜。

(4)不拘小节。他们极不适应陷入琐事、长久局限于某个问题之中,希望以友善的方式解决实质问题。

(三)保守型

保守型谈判者习惯于墨守成规,对变革无动于衷,不愿接受挑战,维持现状是他们最大的愿望。他们往往非常注重物质需要。其主要特点如下:

(1)独立性差。保守型谈判者需要得到团体的肯定及认同,否则就会忐忑不安。这类人对事犹豫不决,怕承担责任,适应性差。

(2)循规蹈矩。他们顺从地照章办事,循规蹈矩,喜欢根据过去的事例来做工作,反对变革和创新。

(3)注意细节。他们对宏观格局缺乏把握,但喜欢把思路细节化、具体化,往往认为解决和回答问题的最好方法是积小成大,不轻信没证实的设想和途径。

(4)安于现状。这类人追求稳定和安全,缺乏进取精神。他们往往喜欢干以前做过并做得好的工作。

以上是常见的三种性格类型的谈判者。在实际谈判活动中,有的谈判对手的性格属于某个类型,而且非常典型;有的对手则以某个性格类型为主,兼有其他类型的特点。因此,在辨别谈判对手的类型时,必须对具体情况具体分析,并在采用策略时进行相应调整。

二、谈判的心理方法

谈判过程是体现谈判双方竞争与合作的过程。在复杂多变的谈判过程中,只有审时度势地针对对手的需求与个性特点,有针对性地采用相应的谈判策略,才能在谈判中取得积极的成果。根据消费者的性格类型,一般情况下可采用以下心理方法:

(一)针对主导型谈判者的方法

遇到主导型的谈判对手,应当有充分的思想准备,并采取相应的对策;否则,就可能束手无策。如果顺从,会被其剥夺得一干二净;如果反抗,则会使谈判陷入僵局,甚至不欢而散。对其通常采用以下两种策略:

(1)欲擒故纵。指己方欲达到某些交易,却似满不在乎,采用时冷时热、似紧非紧的做法,不让谈判对手顺利地达到其目的。同时,可以给自己营造一些谈判优势。

(2)旁敲侧击。指谈判过程中通过此来说明彼,不道破真意,让谈判对手在达到目的的同时也付出一些代价。

(二)针对说服型谈判者的方法

说服型谈判对手是谈判者强有力的对手。他们的外表总是很友善、温和,对公司的工作充满热情,使对手很难产生敌意,从而在不知不觉中达到目的。通常情况下,可采用以下策略:

(1)不急于求成。指谈判过程中不要流露出急于求成的心理,哪怕十分希望尽快达成协议,也应不急不躁,耐心与对手周旋。

(2)先苦后甜。指谈判中通过给对手一走了之的心理压力,然后逐渐让步,以达到自己的目的。针对说服型顾客注重社交的特点,先给对手比较苛刻的条件,而对手也不好意思撕破脸皮来计较。

(3)各个击破。指在谈判中分解对手,削弱其集体力量。由于说服型顾客团体性强,单兵作战能力差,因此,采用这种对策往往行之有效。

(三)针对保守型谈判者的方法

对保守型的谈判者,关键是要有耐心,特别需要冷静、克制,不能急于求成。对其通常选用以下两种策略:

(1) 投其所好。指在谈判过程中，应尽量接近对手，最大限度地满足对方的需要，从而赢得对手的信任。保守型谈判者往往安于现状，可针对其心理投其所好。

(2) 攻心为上。指在谈判中运用心理学手段，影响和改变对方的心理活动。保守型谈判者往往注重社会与其他人对他的肯定及认同，因此，可以通过对对手的认同，唤起其对自己的认同。

三、谈判的心理策略

一般书籍除了介绍针对消费者的性格类型采用的心理方法外，对于具体的谈判战术、技巧介绍得很少。下面将介绍一些比较常用的谈判心理技巧：

(一) 最后期限

最后期限的压力迫使人们迅速做出决定，一旦这个最后期限被接受，交易就会很快顺利地结束；否则，结果则不可预知。因此，对于某些双方一时难以达成妥协的问题，可以不必操之过急，在快到最后期限时，我们可以借助这一无形的压力，有时配以必要的小让步，以此说服对方，达到目的。

(二) 声东击西

声东击西就是我方在谈判的一段时间内，出于种种需要而有意识地将会谈的议题引导到对我方并不重要的问题上。此法在讨价还价时用得最多。这样做可以使对方对主要的问题分散精力，我们可以抽出时间来处理重要的事情，而减少对方采取行动的时间。

(三) 疲劳轰炸

研究结果表示，疲倦的人都比较容易被打动，犯下许多愚笨的错误。那些喜欢在晚上做生意的人都知道，在凌晨3:00所进行的交易，大多会有十分完美的结果。

讨价还价是一项很艰难的工作，需要有很清晰的头脑和大量的精力才能胜任。实施这种做法的人大多十分清楚，经过白天长时间的会谈之后，再以整夜的时间来讨论，重新计划或重新估计，只要进行一段时间之后，谈判者便会变得不讲道理、沮丧而容易犯错误，从而达成于自己不利的条款。如果想要避免这种情况，则谈判小组的领导者应保证谈判小组的成员有定时和足够的休息，这样，才能以充足的精力来应付繁杂的谈判。

(四) 掌握议程

掌握了议程，就可以争取主动权。能够控制议程的人，往往能明确而有系统地陈述问题，并且能在适宜的时机做出决定。一般来说，买方要比卖方容易控制议程。但是，如果买方漫不经心，又碰上一个高明的卖主，则卖主便可能取而代之，驾驭议程，取得主动地位。所以，买卖双方都必须警惕，议程乃是一种能够影响协议的力量。

(五) "踢皮球"

这一方法主要是使谈判对方的对手一再转换，抬高权威。抬高权威的目的是要一层一层地递上去，请求批准，迫使对方一再谈判，或者至少每到一层都得重复陈述他的论点。这对他而言，将是一种身体和心理上的双重折磨。这种战略可以试验出谈判者的自信心，它能使对方的希望和要求因此粉碎，使谈判向有利于我方的方向发展。

(六) 场外交易

不论正式或非正式的谈判，实际上都只是买卖双方在交换意见而已。在非正式的谈判中，大家可以无拘无束地谈话，这些接触可以起润滑作用，使问题得以顺利解决；同时，可以在非正式的情况下评估对方的人品。

场外交易可以使双方的幕后主持人得以私下交谈,推进谈判的进行。当正式谈判出现僵局时,此方法更是不可缺少。在会议桌上,有些话难以启齿;而在私下场合,愿意妥协的态度可以全部表现出来。同时,为了研究问题的细节,一连串的社交活动也就成为必要。

(七)逼出真相

当卖主不愿意提供资料给买主时,买主可采取以下方法:(1)运用程序、公司政策和法律等来禁止卖主闪烁逃避;(2)让一个程序连着另一个程序,卖主可能会因此而决定提供资料;(3)向对方的上级抗议;(4)运用法律和政治上的压力;(5)迟发订单;(6)指出其他卖主已经提供成本分析表了。

(八)"再多没有"

这种策略往往能使买卖双方达到皆大欢喜的目的。当买主说"我非常喜欢你的产品,问题是我只有这么多钱"时,卖主就被卷入买主本身的问题,而且这时,买卖双方只有这么一点小问题需要解决。这是因为,双方因了解和同情而由互相对立的立场改变为同心协力的一体。买方要善于使用这个战术,尤其是在购买较复杂的产品时,使卖主卷入买主的问题中,让他们答应改变一下规格,消除一些无谓的争执,以便取得卖主的合作,最后以低价买入所需的产品。

(九)最后通牒

这种策略意味着要么接受这个价格,要么谈判就此作罢。在许多情况下,使用这种策略可以取得良好的效果。但在运用这一策略时,要注意不要引起对方的敌意,让对方有足够的时间去讨论。作为对方,在因为无法负担失去这项交易后的损失或所有的卖方都已习惯于付出这一价钱时,就可以接受这一最后通牒,从而使买卖双方达成协议。

第三节 成功商务谈判实例分析

> 实例一:一次有充分信息准备的谈判

日本农机谈判的三次削价

日商在上海展销的农业加工机械,正是国内几家工厂急需的关键设备,国内一家公司的代表与日方代表在国际大厦开始谈判。按照惯例,卖方首先报价为 1 000 万日元。我方主谈因为已经预先做了充分准备,了解到日方产品及销售的很多信息,知道对方报价超出实际价格很高,所以不急于还盘,便直接回复对方:"根据我们对同类产品的了解,贵公司的报价只能是一种参考,很难作为谈判的基础。"日方听毕有点措手不及,答非所问地介绍产品的性能与质量。实际上,我方对这类产品的性能、成本及在国际市场上的销售行情已了如指掌,就故意貌似请教地问对方:"不知贵国生产此种产品的有几家,贵公司产品优于 A 国、C 国的依据是什么?"日商不便作答,又不能不答,对方主谈借故方便出去一下又进来,笑着解释:"时间相隔太久,价格是否变动需请示总经理。"我方明白,便主动提出休会,给对方一个台阶。双方重新谈判时,日方说:"同意削价 100 万日元,请还盘。"由于此前我们已抓紧短暂的休会时间给香港的信息点打电话摸清了该产品近期在其他国家的行情,而现在日方不经请示就降价 10%,为此可以断定,对方的价格弹性还很有余地。于是,我方果断还价 760 万日元,日商马上回绝。我方主谈郑重指出:"此价虽然比贵公司销往 C 国的低一些,但因为运往上海口岸比运往 C 国运费低,贵公司的利润并未减少。另外,A 国、C 国还正在等我们的谈判邀请。"主谈随手将 A 国、C 国的电传递给日方,这使日方大为惊讶,便说:"千里迢迢,没几个回合就谈崩而去,不好向老板交代。"我方深知对方这种心态,进一步指明对方成交后获得的利益,日方只好握手成交。

> 实例二:轻松开局,愉快结局

"伦敦雾"风衣进入中国的谈判

1996年5月,美国著名的服装公司——伦敦雾工业公司主管国际业务的副总裁古尔丁先生,与北京嘉诚信销售策划公司经理赵栩先生就"伦敦雾"风衣首次进入中国市场的业务在纽约谈判,气氛非常友好。古尔丁为了寻找理想的中国合作伙伴,尽快将"伦敦雾"服装推向中国市场,曾与多个中国服装客户谈判,但均未成功。为了使这次谈判成功,古尔丁先生是抱有诚意的。中方公司为做成这笔交易,不远万里来到纽约,也十分珍惜这次谈判机会。一下飞机,中方便精力充沛、坦诚自信地投入了谈判。为了不使这次谈判像前几次那样破裂,一开始,双方都力求创造热情、友好、轻松的气氛。在互致问候和寒暄以后,话题转到双方都感兴趣的服装流行趋势和服装心理的话题;尔后,谈话延伸到中美两国的服装文化及差异,谈得很投机。赵栩经理旁征博引,侃侃而谈,不时地赞赏对方是有经验的国际贸易专家,以取悦对方。古尔丁感到受到尊重,不停地点头赞许,露出满意的微笑。当谈判自然转向实质性问题以后,大家已无拘无束,双方自然友好地提出自己的建议和信用保证,比较顺利地达成了共识。谈判结束了,古尔丁先生最终选择赵栩为"伦敦雾"在中国市场的独家代理商。纽约谈判的成功,预示着"伦敦雾"风衣开始进入中国。

> 实例三:"如欲取之,必先予之"

超出国际贸易惯例的让步

江苏一家鞋厂与日本某商社做成一笔布鞋生意,因日方预测失误,布鞋从上海运到日本后错过了销售季节,从而大量积压。日方与中方谈判提出退货。如果不退货,日方公司将破产,但按照国际贸易惯例,这样做是行不通的。然而,中方却同意了价值160万日元的布鞋退货,并达成有关协议。此事一传开,中方有关部门立即哗然。那么,中方为什么做出同意退货的让步呢?其理由如下:

(1)据调查,日方提出退货的原因属实,对方一旦破产,中方不仅少了一个合作伙伴,而且会在日方同行中产生不利于我方声誉的影响。

(2)退回这批货可以用同等货值的另一种产品替代,出口到日方。

(3)所有退货的运杂费由日方支付。

(4)退回的布鞋"出口转内销",具有一定的吸引力,中方不赔钱。

(5)日方承诺,以后再购进布鞋,首先考虑该厂的产品。

后来,中方出口替代的另一批货物运抵日方,这家株式会社凭此大赚了一笔,渡过难关,名声大振。此事通过日本媒介传播出去,马上有多家客户来人来电要求与中方该厂合作。中方厂家不但没有赔钱,反而身价倍增,产品供不应求。日方那家株式会社还要求作为中方厂家的外销总代理,签订了几年的合同,产品全部包销,两家合作得很好。

> 实例四:"鹰鸽并用",软硬兼施

成功的经济索赔谈判

1985年9月,中日双方在北京举行关于国家经委进口5 800辆三菱汽车不合质量要求而向日方要求索赔的谈判。双方都派出了经验丰富的谈判人员,经过前几轮的艰苦谈判,日方已承认所出口我国的这批三菱汽车有质量问题,同意支付776亿日元的汽车修理加工费。接下来,我方提出间接经济损失赔偿问题,谈判涉及最后阶段的实质性问题。一开始,中方便采取强硬立场和方法,双方争论激烈。日方在谈及损失费时,提出赔偿30亿日元,然后审慎地环视中方代表的反应,并说:"这已经是最大的限额,再也不能增加了。"我方代表观察到对方的脆弱和心虚,严厉指出:"贵公司生产如此低劣的产品,给我国企业造成了巨大的经济损失!"接着逐条剖析了日方的发言,指出其埋下的伏笔,揭示其玩弄的花招,同时讲明我方测算的依据,严正要求日方赔偿间接经济损失费70亿日元。日方对我方的数据无法反驳,但对索赔数额吃惊得目瞪口呆,连连说:"差额太大!差额太大!"然后近于哀求地说:"贵国提出的索赔额太高,若不压减,我们会被老板解雇的。我们都有妻儿老小,还要生活,请贵方高抬贵手,让让步吧!"我方代表回答说:"我们是不愿为难诸位代表的,如果你们做不了主,请贵方决策人员与我方谈判。"日方继续讨价还价,我方绝不相让,日方提出休会,第一回合结束。

暂时休会后,日方接通了日本三菱公司总部的电话,紧急磋商了几个小时。第二天,谈判又开始了,激烈的争论后,双方一言不发,谈判气氛降到冰点。中方代表为了顾全大局,主动使强硬的态度降温,热情地说:"中日贸易以后的日子还长,我们相信贵公司绝不愿意失去中国这个最大的贸易伙伴和广阔的汽车市场。如果贵方有诚意维护自己的信誉,彼此均可以做适当的让步。"日方紧张的心情这时才有所放松,立即说道:"我公司愿付40亿日元,这是最高数目了。"我方马上做出反应:"我们希望贵公司最低支付60亿日元。"双方的让步使谈判出现转机,几经周折,最终以日方赔偿我方50亿日元并承担另外几项责任而结束谈判。

> 实例五:化解冲突,打破僵局

麦科马克的一次商务谈判

美国国际管理顾问公司总裁麦科马克是一位很有名气的商务谈判专家,他很善于在谈判中运用心理的影响化解分歧、打破僵持,从而赢得成功。有一次,麦科马克与美国人寿保险公司的最高主管布南奇为签订一份重要的人寿保险合同而举行谈判,双方都聘请了律师参加。谈判开始分歧很大,麦科马克先采取保持沉默、欲擒故纵的手法,尽量让对方讲话,让对方解释己方"不懂"的问题,而麦科马克只是从不同侧面提一些问题,以提问题的方式表明自己的立场,注意从布南奇的讲话中洞察对方的内部信息和真正意向。布南奇一谈就是20多分钟,然后经过双方讨价还价,大部分条款达成了一致。后来剩下了合同期限问题,双方僵持不下。麦科马克要求订立5年的合同,布南奇坚持订立3年期限的合同,合同到期后,双方均可决定是否继续签约。双方同意暂时休会。这时,麦科马克已经掌握了有关情报:布南奇不久便要退休,不愿意让他的接班人承接长期合同,而继任者届时很可能不再延长合同期限或重新签订合同。麦科马克面对不利的谈判态势,决定采取"以退为攻"的心理影响策略打破僵持局面,降低形式筹码,抬高心理筹码,控制谈判局面,调整己方立场,将对方应该需要的东西给对方,又不让对方知道己方得到了利益。第三天,双方再次坐在谈判桌旁。麦科马克出乎对方意料地提出:订立3年期限的合同,不过3年以后提出解除合同的一方必须支付一定的赔款,赔款金额要高于被保险人的年薪。麦科马克心里明白,这种赔款,保险公司肯定会遭受损失,谁也不会去做这种傻事。谈判僵局被打破了,布南奇接受了这个方案,双方签订了合同。后来,这份合同一直延续了很多年,应验了麦科马克谈判时的预测。

> **实例六：巧施讨价还价心理术**

山东大蒜出口新加坡的贸易谈判

我国一家食品进出口公司与一位新加坡华裔客商在北京谈判大蒜生意。第一轮商谈，中国公司报盘每吨720美元，产品是山东大蒜，青岛港交货，而客商只肯出价705美元。双方都以种种理由坚守自己的价格方案，试图说服对方让步，因双方差距太大，商谈无果，于是各称上司有令，握手告别，暂时休会。中方公司知道，705美元的价格虽然比名牌货上海嘉定大蒜低，但符合国际大蒜现货市场的行情。并且，当时美元兑人民币的汇率日渐上浮，若成交后及时按美元结汇，对中方公司是有利的。加之山东大蒜的收获季节临近，如不尽快定下成交量，错过收购时机，不仅质量、数量不易保证，而且收购价格会看涨。所以，中方公司权衡利弊后，准备在第二轮谈判中接受客商的705美元价格，尽早成交。但是，在第二轮谈判中，客商竟然也高姿态地提出愿以710美元成交。他说："我的祖籍是山东平度，我们交个朋友吧。说心里话，705美元的价格，贵公司亏了点，我心里也不愉快，做生意嘛，讲个来日方长。增加5美元，这批货我会少赚1万美元，并非没有顾虑，但贵公司会牢记不忘，日后一旦有求于你们，相信贵公司会乐于协助。"如果双方都在蝇头小利上做文章，虽然一次生意做成了，但并不愉快，表面看是赢家，实际上因小失大是输家。谈判结束时，客商要求将交货地点由青岛港改为上海港，理由是已错过了青岛港本月的航班船期，必须抢先在新加坡上市，卖得好价。中方代表考虑到对方利益，当即表示同意。实际上，改港后虽然交货距离增加了1倍，但从大蒜产地到交货港的内陆运输可由汽车改为火车，装运费用并未增加。这次成功的贸易谈判使双方都抓到了赚钱机会。这位祖籍山东的客商之所以专要山东大蒜，主要是因为他在新加坡的客户都是中国北方籍人，喜欢食用辣味重的山东大蒜，不愿食用虽是中国名牌的嘉定大蒜，所以，他的山东大蒜同样卖到了好价钱。第二年，这家中国公司同这位新加坡客商再度合作时，双方都赞赏对方是既精明又友好的谈判对手。

> **实例七：巧用对手"最后期限"**

借助"最后期限"无形的压力促成谈判

20世纪90年代初期，东南亚的M国兴起投资热潮，一时房地产行情看好。某市的一家建筑公司花巨资买下了一大片土地，准备开发高级住宅区和高级别墅区。由于M国地处热带，台风频繁，所以必须有一种坚固抗风的钢材——精密锰钢，才能保证建筑的安全。公司决定派以副董事长为首的代表团去日本洽谈采购钢材事宜。

代表团在机场受到日方公司代表的热烈欢迎。豪华轿车在等着他们，日方代表还衷心希望他们在东京能过得很愉快，一切好像都是好兆头。日方代表甚至还"好心"地告诉他们，多在日本待几天，什么时候回去，他可以帮助预订机票。团长告诉他回去的时间在月底，只能有10天左右谈判了。他心里还美滋滋地称赞日本人周到的考虑和热情的迎接。他没有想到，他这样做实际上就把公司允许他谈生意的期限告诉对方了。也就是说，他的最后期限给暴露了！

日本人真是太热情了！一连几天，闭口不谈生意，团长急得去找日方经理时，经理彬彬有礼地劝他稍等，因为他第一次来日本，要尽情地领略一下异国风光嘛！并详细地介绍了东京各地的名胜、风景、人情、商场及购物注意事项，而且和团长拉起了家常。团长出于礼貌不好拒绝，但又无可奈何。于是，在日方人员的盛情款待下，他们用了2天时间游览了东京，1天去富士山，1天参观日方工厂。时间已过去了几天，团长越来越心焦，而日方经理仍漫不经心，热情得很,拉着他们又是喝酒,又是赴宴,又是打网球,甚至打高尔夫球,似乎生意已成交了。

已经剩下不到4天的时间了,而日方日日夜夜的礼仪很周到,看样子还有不少的"盛情款待",再拖下去肯定对代表团没有任何利益了,要知道房地产的风险很大,越久越无利。于是团长在一个晚上趁机问了一下对方的代表:"请问贵公司对我团购买意向如何看待呢?"

"很好!很好!欢迎合作!"日方代表微笑地说。

"可是过去了几天,不见贵公司前来接洽呀。我们实在等不了啊!如果贵公司没有诚意,那我们就回国,再考虑去美国或德国了。"

"在东京玩得怎样呢?我们一向对待朋友很友好,很热情的!先在这里玩嘛,生意的事很容易解决。不知阁下对东京南郊住宅区有何高见?那是用我们的钢材建起来的。如果您愿意,明天我们可以请设计人员跟你们去,提供些参考。阁下以为如何?"

"老实说,那住宅区设计得很漂亮,但规模很小呀。我们的地皮大着呢!谢谢您了!"团长漫不经心地说着。

"现在几月呢?请您告诉我一下,好吗?"日方代表幽幽地笑着问。

"您想必太专心公务了吧!现在是3月份了,樱花现在该开了吧!"

"哦,想必已开了。樱花很漂亮,贵团是否去看一下呢?"日方代表文质彬彬地邀请他。

"今晚音乐很好听,祝您和贵团玩得愉快!"日方代表团员掩饰不住笑意,轻轻地走开,在总经理耳边低语几句。

团长毫无兴趣地随日方陪同人参观了一下住宅区,又去富士公园看了浪漫的樱花。直到下午,谈判正式开始了。双方礼节性地寒暄了几句,接着便唇枪舌剑地争论起来。眼看下午毫无结果(这也是日方所追求的),团长怏怏地说:"如果不行,我们后天就回去了。"

日本人真守信用,第二天早上谈判开始前,经理早已把他们返程机票送到团长手里,令团长感激不已,自然谈判气氛缓和得多了。无论怎样讨价还价,团长最终还是在日方的合同上签下了名字。原来,日方打听到M国公司早已买下几百亩地皮,如果在雨季前不开工奠基,那将前功尽弃,损失惨重,而现在已是3月底,离5月不远了;团长他们决定后天回去,现在又有机票了,所以在这两天内必须成交,雨季将来临了,他们也没时间去美国、欧洲寻找,故必须在日本成交,日方考虑代表团的很大地皮必须用很多钢材,早已串通国际上的钢厂,把该种钢材价格抬高了一倍多,而且,日方"做出了最大让步",将价格主动降低20~30美元。面对这种形势,团长不得不签下了公司的大名,让日本人大赚了一笔。而日方所得到的条件和信息,全是在舞会上从团长漫不经心的回答中得出的。然而,起关键作用的还是日方周到的礼节和盛情的款待,使M国公司没有充足时间考虑和改变方针。

这个教训是很明显的,在谈判中,要想使对方放弃自己的条件,最好的办法就是把他(对方)逼到墙角去,使他没有时间再拖下去了。这时,为了不使谈判失败,他很可能会同意任何条件,谁也不愿两手空空地回去。谁知道了对手的最后期限,谁的谈判地位就会更有利。

本章小结

现代商务谈判方式是互惠互利的双赢谈判模式。现代企业十分重视将商务谈判作为实现商品和劳务交易的手段,谈判双方既在经济实力上较量,也在谈判者心理与技巧上较量。谈判心理是谈判者在谈判活动中对客观事物的主观反映活动。谈判者的各种心理表现,特别是个性心理倾向、个性心理特征等方面的反映,会成为谈判成败的关键性因素。商务谈判的心理策略,就是针对对方的需要、动机、个性、情感、风格、观念,采取相应的方法和技巧,赢得谈判的成功。谈判的效果受多种因素的影响,主要影响因素有谈判对手、谈判准备和谈判策略。在谈判中,较常用的谈判心理技巧有最后期限、声东击西、疲劳轰炸、掌握议程、"踢皮球"、场外交易、逼出真相、"再多没有"、最后通牒等几种。

思考题

1. 影响商务谈判的主要因素有哪些?
2. 为什么说谈判的准备阶段十分重要?
3. 谈判过程有哪几个阶段?
4. 谈判人员有哪几种性格类型?
5. 谈判的心理方法与策略有哪些? 其适用条件如何?

案例分析

日本与澳大利亚的煤、铁谈判[①]

日本的钢铁和煤炭资源短缺,渴望购买煤和铁。澳大利亚生产煤和铁,并且在国际贸易中不愁找不到买主。按理来说,日本人的谈判者应该到澳大利亚去谈生意。但日本人总是想尽办法把澳大利亚人请到日本去谈生意。

澳大利亚人一般都比较谨慎,讲究礼仪,而不会过分侵犯东道主的权益。澳大利亚人到了日本,使日本方面和澳大利亚方面在谈判桌上的相互地位发生了显著的变化。澳大利亚人过惯了富裕的舒适生活,他们的谈判代表到了日本之后不几天,就急欲回到故乡别墅的游泳池、海滨和妻儿身旁,在谈判桌上常常表现出急躁的情绪;而作为东道主的日本谈判代表则不慌不忙地讨价还价,他们掌握了谈判桌上的主动权。结果日本方面仅仅花费了少量款待作"鱼饵",就钓到了"大鱼",取得了大量谈判桌上难以获得的东西。

讨论:

1. 日方代表采用了什么策略? 成功的原因何在?
2. 使用该策略应注意哪些问题?

阅读资料

细节决定谈判[②]

1972年2月,美国总统尼克松访华,中美双方将要展开一场具有重大历史意义的国际谈判。为了创造一种融洽、和谐的谈判环境和气氛,中国方面在周恩来总理的亲自领导下,对谈判过程中的各种环境都做了精心而又周密的准备和安排,甚至对宴会上要演奏的中、美两国民间乐曲都进行了精心挑选。在欢迎尼克松一行的国宴上,当军乐队熟练地演奏起由周总理亲自选定的《美丽的亚美利加》时,尼克松总统简直惊呆了,他绝没有想到能在中国北京听到他如

[①] 中华演讲网,2007年8月17日。
[②] 李冰博客,2006年9月10日。

此熟悉的乐曲,因为这是他平生最喜爱的并且指定在他的就职典礼上演奏的家乡乐曲。敬酒时,他特地到乐队前表示感谢,此时,国宴达到了高潮,而一种融洽而热烈的气氛也同时感染了美国客人。一个小小的精心安排,赢得了和谐融洽的谈判气氛,这不能不说是一种高超的谈判艺术。

  无独有偶,日本首相田中角荣20世纪70年代为恢复中日邦交正常化到达北京,他怀着等待中日间最高首脑会谈的紧张心情,在迎宾馆休息。迎宾馆内气温舒适,田中角荣的心情也十分舒畅,与随从的陪同人员谈笑风生。他的秘书早饭茂三仔细看了一下房间的温度计,是"17.8℃"。这一田中角荣习惯的"17.8℃"使得他心情舒畅,也为谈判的顺利进行创造了条件。

第十五章

商品推销心理

• 学习目标

1. 了解推销对象的心理类型与心理分析；
2. 了解推销过程的阶段心理特征；
3. 掌握顾客应接心理对策；
4. 掌握商品推介心理策略。

• 导入案例

卖鞋子的两个推销员[①]

这是营销界尽人皆知的一则寓言故事：

两家鞋业制造公司分别派出了一个业务员去开拓市场，一个叫杰克逊，一个叫板井。

在同一天，他们两个人来到了南太平洋的一个岛国，到达当日，他们就发现当地人全都赤足，不穿鞋！从国王到贫民、从僧侣到贵妇，竟然无人穿鞋。

当晚，杰克逊向国内总部老板拍了一封电报："上帝呀，这里的人从不穿鞋子，有谁还会买鞋子？我明天就回去。"

板井也向国内公司总部拍了一封电报："太好了！这里的人都不穿鞋。我决定把家搬来，在此长期驻扎下去！"

两年后，这里的人都穿上了鞋子……

营销启示：许多人常常抱怨难以开拓新市场，事实是新市场就在你面前，只不过你怎样发现这个市场而已。

推销是现代营销活动的重要组成部分，是实现企业经营目标的重要手段。推销（主要是指人员推销）是推销者与顾客之间的一种互动行为，其过程必然伴有大量的人的心理活动。而这些心理活动又将决定着双方的交易行为，从而成为决定推销成败的关键性因素。本章主要研究在推销过程中顾客心理的发展规律与特点。

第一节　推销对象的心理类型与心理分析

推销对象是推销活动的双重主体之一，其心理的产生、发展和变化对推销活动的成败有着

[①] 战略家网，2006年12月2日。

直接影响。正确地评价推销对象的心理,准确地把握其心理表现及心理发展的特点,是有针对性地运用推销技巧和策略、建立适宜的推销模式、推动推销活动向积极有效的方向发展,最终取得预定成果的必备前提。

一、推销对象的心理类型

推销对象又称顾客,是推销人员推销商品的目标与对象,包括在推销过程中购买日用生活消费品的消费者和购买生产资料的用户。顾客在推销过程中是有意识与能动的因素,具有买与不买的自由、买多与买少的自由。推销对象的需求也是千变万化、多种多样的,在不同的时空、情境下,推销对象的心理表现也各不相同。因此,在推销活动中,必须把握顾客的类型及其心理表现。

(一)顾客的类型

根据要求和标准的不同,顾客可划分为多种类型。例如,从推销品的经济用途角度,可把顾客划分为生活资料用户和生产资料用户;从产业角度,可把推销对象划分为第一产业顾客、第二产业顾客和第三产业顾客;从具体的企业角度,可划分为潜在顾客、准顾客、现实顾客和常顾客。

(二)顾客的心理类型分析

在推销活动过程中,推销人员与顾客通过接近、洽谈,互相产生了一定的认识和印象,在此基础上形成了各自不同的心理表现。美国管理学家罗伯特·R.布莱克教授和 J.S.蒙顿教授曾以"管理方格理论"对推销活动进行研究,成效卓著。他们在"管理方格理论"的基础上建立了"推销方格理论",从而在推销心理研究上取得了重要突破。推销方格理论由推销人员方格、推销对象(顾客)方格、推销人员与顾客之间的关系方格三部分构成。其中,顾客方格为研究顾客的心理表现及特征做出了有益的尝试,有利于推销人员做到知己知彼、百战不殆。

顾客在推销活动中,一般有两个追求目标:一是对购买的关注,二是对推销人员的关注。每个顾客对这两个追求目标都有不同的关注程度,其心理表现在管理方格上,就称为顾客方格或推销对象方格,如图15-1所示。

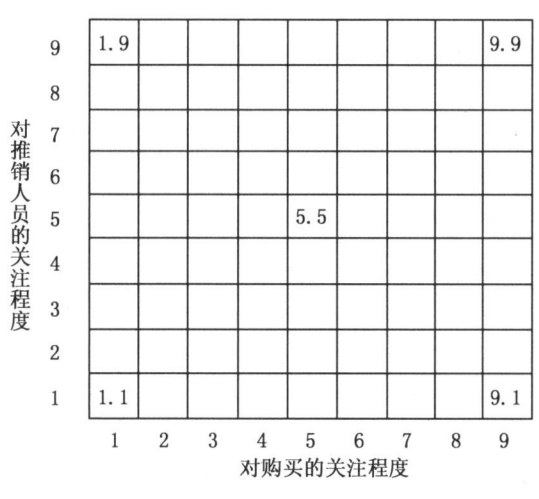

图15-1 顾客方格

在图15-1中,方格表中的数值大小表明关注程度的大小。布莱克和蒙顿两位教授把推销活动中顾客的心理表现划分为以下五种基本类型：

（1）冷漠型，即图15-1中的(1.1)型。冷漠型的顾客对推销人员和购买两方面的关注程度都很低。其心理表现为设法逃避推销活动，并拒绝做出购买决策，视推销活动为义务性应付差事。这类顾客一般缺乏购买决策权。

（2）软弱型，即图15-1中的(1.9)型。软弱型的顾客对推销人员十分关注，而对购买关注很低。其心理表现为对推销活动一般不拒绝。这类顾客大多重感情、轻理智。

（3）干练型，即图15-1中的(5.5)型。干练型的顾客对推销人员和购买的关注程度适中。其心理表现为购买过程中比较冷静，比较容易受消费潮流的支配。这类顾客既重感情，又重理智，而且很自信。

（4）保守型，即图15-1中的(9.1)型。保守型的顾客对购买的关注程度很高，而对推销人员不关注。其心理表现为对推销人员的推销冷淡，对推销产品关注。这类顾客一般有过不良的购买经验，其传统观念强，比较保守。

（5）理想型，即图15-1中的(9.9)型。理想型的顾客对推销人员和购买两方面的关注程度都很高。其心理表现为十分清楚自己的需求，又十分了解行情。这些推销对象是最成熟的购买者，只要能满足其需求，他便会采取购买行动。

当然，这五种基本类型并不能非常全面地反映推销对象（顾客）的全部心理表现。在不同的时空、情境下，同一顾客的心理表现也有差异。例如，在冬季和夏季，同一顾客对空调、冬季服装等季节性推销品的心理表现就不同；在南方和北方，同一顾客对水果、蔬菜等区域性推销品的心理表现也不同；在晴天和雨天，同一顾客对雨伞、雨衣等推销品的心理表现也不同。作为推销人员，必须清楚地认识顾客所处的时空和情境，结合推销对象（顾客）方格理论所划分的顾客类型，有针对性地采用推销策略与技巧。

二、推销对象的心理分析与评价

人员推销是推销活动过程中最常见、最直接的推销方式，在此重点对人员推销心理进行分析与评价。

（一）顾客心理分析

在人员推销过程中，顾客面对推销人员或推销品往往表现出各种心理活动，一般情况下主要有以下四种：

（1）尝试心态。面对推销人员，认为推销人员所推销的商品或许是自己需要的，即使不需要，也可以见识一下，因此抱着试一试的心态。一般情况下，这类顾客不拒绝人员推销。

（2）疑问心态。面对推销人员，一方面可能感到适应需要、方便及时；另一方面又可能担心商家主动上门，是为了推销卖不出去的劣质商品。

（3）欢迎心态。面对推销人员，认为是商家为了满足顾客的需要而展开的营销活动，特别是在竞争日益激烈的市场经济条件下。因此，这类顾客很欢迎人员推销。

（4）否定心态。面对推销人员，根据以前不好的购买经历产生戒备心理，认为推销的商品不值得信赖。

以上四种顾客所持的心态是最常见、最普遍的，推销人员在推销过程中应根据这几种顾客心态，采用不同的推销策略和技巧。

（二）顾客心理评价

顾客在消费过程中的心理和行为千差万别、多种多样，但从结果来看，主要表现为趋同与趋异两种取向。

(1)心理趋同。心理趋同是顾客在消费过程中表现出的相对一致性。这种相对一致性的影响因素很多,如团体、生活方式、个人动机和文化环境等。在营销活动中,往往以此为标准把目标市场划分成许多子市场。

(2)心理趋异。心理趋异是顾客在消费过程中表现出的相对差异性。这种相对差异性的影响因素也很多,如文化环境、家庭、个人发展、生活方式等。心理趋异也是营销活动中市场细分的重要依据。

第二节 推销过程中的心理研究

顾客为了满足自己的物质、文化生活需要而进行的购买行为,是以千姿百态的心理活动作为基础的。在推销活动过程中,推销对象存在着心理活动过程,并在推销活动的不同阶段表现出其特有的心理现象和行为。

一、推销过程的阶段心理与推销模式

推销过程可分为若干个阶段,每一阶段都有其心理活动过程。推销模式就是对推销活动的特点和对推销对象购买活动各阶段的心理演变及应采取的策略归纳出的一套程序化的标准推销形式。正确掌握并运用推销模式,能有效地提高推销效率。

(一)"埃达"模式

"埃达"(AIDA)模式是一种传统的推销模式,是指一名成功的推销人员应把顾客的注意力有效地吸引至推销品上,并使顾客对所推销的推销品产生兴趣,尔后使顾客产生购买欲念,直至购买推销品的一系列过程。它包括引起注意(Attraction)、发生兴趣(Interest)、激发欲望(Desire)、促成交易(Action)四个阶段。

(1)引起注意。要实现推销目标,第一步就是要引起顾客的注意。在推销活动中,注意是指通过商品包装、商标及特征、诚恳的语言和规范的服务,把顾客的注意力引导到推销品上来。

(2)发生兴趣。引起注意后,就要利用各种推销手段,使顾客对推销品产生兴趣。从推销活动来看,兴趣就是顾客对购买所抱的积极态度,其主要方法是示范和表演。

(3)激发欲望。在引发顾客兴趣的基础上,推销人员要采取有效方式,刺激其需求,激发其强烈的购买欲望。顾客对推销品发生兴趣,就会权衡比较买与不买的利弊与得失。推销人员应针对其心理,及时做好促销工作,消除疑虑,增强购买欲望。

(4)促成交易。在前几步工作的基础上,适时采取行动,用一定的成交技巧来敦促顾客采取购买行动。一般情况下,尽管顾客对推销品发生兴趣,并有意购买,也会处于举棋不定的犹豫状态。这时,推销人员就应注意成交的信号,掌握有利时机,运用一定的成交技巧来施加影响,以促成顾客尽快做出购买决策,而不是任其随意发展。

(二)"吉姆"模式

"吉姆"(GEM)模式是一种以注重自信为宗旨的推销模式。其中,G表示产品,E表示公司,M表示推销员。"吉姆"模式的核心是"相信",即推销员一定要相信自己所推销的产品(G),相信自己所代表的公司(E),相信自己(M)。推销业务的"成交",是产品、公司和推销员三者综合作用的结果。

(三)"迪伯达"模式

"迪伯达"(DIPADA)模式是一种强调顾客需要针对性的推销模式。它是国际推销权威海因兹·M.戈德曼从推销实践中总结出来的一种行之有效的推销模式。与传统的"埃达"模式相比,"迪伯达"模式的特点是紧紧抓住了顾客的需要这个关键性的环节,使推销工作更能有的放矢,因而具有较强的针对性。一般来说,"迪伯达"模式更适用于向批发商、厂商和零售商推销各种工业品、无形产品等。

"迪伯达"模式把推销全过程概括为以下六个阶段:

(1)Deflnition,准确地发现并指出顾客有哪些需要和愿望;
(2)Identification,把顾客的需要与推销的产品紧密联系起来;
(3)Proof,证实推销品符合顾客的需要和愿望,而且正是顾客所需要的产品;
(4)Acceptance,促使顾客接受你所推销的产品;
(5)Desire,刺激顾客的购买欲望;
(6)Action,促使顾客采取购买行动。

(四)"埃德帕"模式

"埃德帕"(IDEPA)模式是"迪伯达"模式的简化形式,它适用于有着明确的购买愿望和购买目标的顾客,是零售推销较适用的模式。

"埃德帕"模式把推销全过程概括为以下五个阶段:

(1)Identification,把推销的产品与顾客的愿望联系起来;
(2)Demonstration,向顾客示范合适的产品;
(3)Elimination,淘汰不宜推销的产品;
(4)Proof,证实顾客已做出正确的选择并已挑选合适的产品,该产品能满足他的需要;
(5)Acceptance,促使顾客购买推销的产品,做出购买决定。

二、心理因素分析与推销策略的运用

(一)推销障碍的心理因素及对策

推销障碍又称顾客异议,是推销活动中顾客对推销人员、推销品及推销活动提出异议或反对意见。推销活动是从处理推销障碍开始的。推销障碍多种多样,从购买心理角度分析,推销障碍主要有一般障碍、真正障碍和隐蔽障碍三种。

(1)一般障碍。通常是推销对象虽然对某一商品有反对意见和异议,但不是经过深思熟虑后的决定,往往带有随意性。例如,购买信心不足、购买目标不确定、购买时间不紧迫或购买利益不充分等,都会产生这种障碍。

(2)真正障碍。通常是推销对象对某一商品的异议或反对意见是经过思维、想象等心理活动之后而采取的决定。例如,根本没有购买欲望、对推销品有偏见或推销品与需要相去甚远等,都会产生这种障碍。

(3)隐蔽障碍。通常是推销对象对某一商品的异议或反对意见是出于某种需要,不把真正原因说出来,其障碍的原因是不真实的,甚至有时是违心的。例如,购买欲不强、对商品认知程度差、决策能力不充分或购买能力不足等,都会出现这种障碍。

在推销过程中,上述三种推销障碍是经常出现的。推销人员的重要任务就是如何转化推销对象的购买态度,使拒绝购买变为真正购买。作为推销人员,应当正确看待推销障碍:(1)推销障碍是推销活动过程中的必然现象;(2)推销障碍是推销对象对推销品感兴趣的指示器;

(3)推销障碍是企业改善营销工作的催化剂。

对上述三种障碍,可采取以下不同的策略:

(1)对于一般障碍的转化与排除,可以加强消费教育与指导,灌输商品新知识,提高商品吸引力;帮助推销对象确认需求;积极充当推销对象的参谋。

(2)对于真正障碍的转化与排除,可以转移其注意目标,创造新需求;创造宽松的环境,减轻其心理压力;耐心细致地服务,给其留下良好的印象。

(3)对于隐蔽障碍的转化与排除,应尊重和谅解其心理需要;切忌强人所难,注意为下次推销做准备。

总之,对推销障碍的转化和排除是一项非常复杂的工作,推销人员要学会运用恰当的心理方法,努力满足推销对象的心理需要,取得理想的推销效果。

(二)推销对象的逆反心理因素分析

逆反心理是指个体在一定条件下产生的与集体意愿相悖的要求与愿望。逆反心理作为一种客观存在,影响着推销活动。逆反心理会给宣传和销售带来积极的或消极的影响,这就要求企业的经营者善于利用逆反心理,变消极为积极。

逆反心理的影响因素主要包括年龄、性别、环境。其中,年龄对逆反心理的影响最大,如图15-2所示。

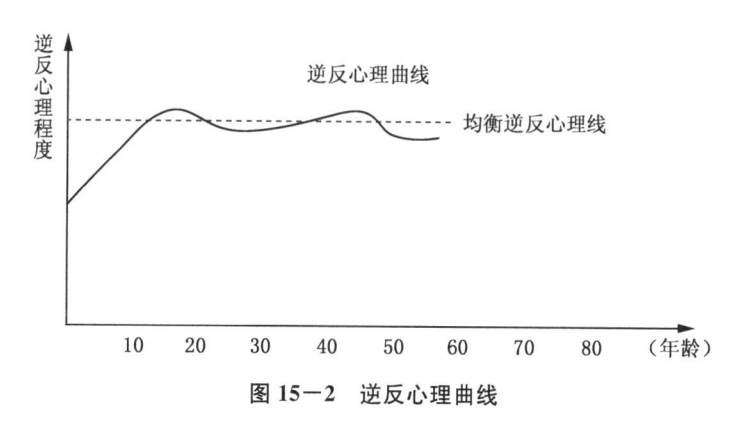

图15-2 逆反心理曲线

从图15-2中可以看出,逆反心理从年龄上来看有两个时期较大:第一个时期是15~25岁,第二个时期是45~55岁。这两个时期无论从生理上还是心理上来看,都是人变化最快的时期。在第一个时期,生理上正处于青春期,心理上正是接受外界事物能力最强,世界观、价值观正在形成的阶段,对传统的东西有自己新的认识和看法,所以,这一时期的逆反心理较强;在第二个时期,生理上正处于更年期,心理上正是功成名就或事业失意、自尊心或自卑感最强的时期,所以,这一时期的逆反心理也较强。

推销员在推销商品的过程中,应当有效地把握顾客的逆反心理,这样才能根据不同年龄阶段的顾客有针对性地进行推销,取得好的推销业绩。

任何商品均不同程度地存在这样或那样的不足,就是名牌商品和许多自诩为"十全十美"的商品也不例外。在推销活动中,利用顾客的逆反心理,有选择地暴露缺点,揭露自己的短处,往往会取得意想不到的效果。例如,日本有家手表企业的广告是:"××手表并不精确,每天差两秒钟。"乍一看,手表不好,还卖这么贵,但仔细一想,手表每天差两秒已经是非常精确了。结果,顾客纷纷购买该手表。类似的例子,在我们生活中已屡见不鲜了。

在推销活动实践中,有些新商品与传统观念、集体规范暂时相矛盾,然而,从长远来看,这些新商品是可以被社会所接受的。在这种情况下,营销者就要充分利用顾客的逆反心理,使那些具有逆反心理的顾客能够在一片反对、抵制声中率先购买,成为新商品的最早顾客。

(三)推销人员与推销对象距离问题的分析与建议

人是社会的人,总是要依赖周围的环境而生存,并与周围的人和事物发生着各种各样的联系和交流。人又是独立的人,他在与周围发生联系和交流的同时,保持着自身的相对独立的人格,即相对持久的个人素质,这种素质使得人们对周围世界有所应付和持有某种态度。例如,学生到教室和图书馆找座位学习,当教室和图书馆除一个座位外其他座位已经坐满,并且周围都是陌生人时,他(她)就会犹豫是否去坐;即使坐下,在短时间内他(她)也很难安定下来。同样,到餐馆吃饭,如果有空座位,他(她)绝不会坐在陌生人的邻座。诸如此类的现象表现出人与周围的事物或人存在着一种无形的距离,心理学上称为心理屏障,即心理距离。这种心理距离是人出于自我保护意识的本能反应,当心理距离被突破时,无论是主动的还是被动的,人都会出现情绪紧张、烦躁、焦急等心理;同时,人会进一步调整这种心理距离,直至心理平衡。如果达不到心理平衡,人就会通过行为来达到平衡,即调整行为距离。人的心理距离与行为距离是相互联系、相互影响的,如图15-3所示。

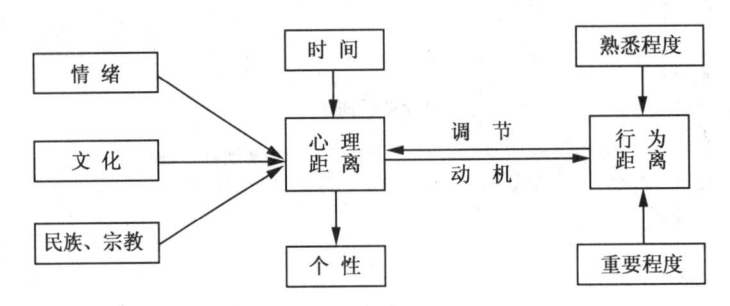

图15-3 心理距离与行为距离的相互关系

心理距离因时间、情绪、文化、民族、宗教、个性、周围环境的熟悉程度和重要程度的不同而产生差异,这种差异对心理距离起着调节作用。

根据心理屏障原理,推销员与顾客之间的距离问题在推销活动中对推销成败的影响是非常重大的。推销员在推销接近、推销洽谈、推销障碍和推销成交中,顾客在购买过程中,都应把握好距离,这样才能促使推销向积极的、有利的方向发展。

例如,推销员在推销接近中,在寻找和约见顾客时,为了缩短与顾客之间的距离,往往通过双方都比较熟悉的人或事物来进行。因为寻找和约见的是近期的潜在顾客,以前与推销员没有接触,这时推销员很唐突地出现在顾客面前,往往破坏了顾客的心理屏障,即突破了顾客的心理距离,顾客会有紧张、不安的情绪。在这种情况下,推销成交是很难进行的。所以,在寻找顾客和约见顾客时,通过双方熟悉的人或事物,就会改变顾客的心理距离,从而易于接受寻找、约见甚至成交。又如,推销员与顾客在洽谈过程中,通过对顾客各种情况和资料的了解,更多地与对方找到共同语言,从而缩短与对方的距离,有助于洽谈的成功。

虽然缩短彼此之间的心理距离能使推销活动有效地进行,但也要防止过于拉近推销员与顾客的距离。因为心理距离越近,心理屏障的反作用也越大,当超过一定限度以后,容易产生负效应。所以,推销活动中推销员与老顾客之间要保持一定的距离,切勿拉得太近,因为自我保护意识一旦产生,推销活动就会陷入困境。

(四)"十分钟推销法"的分析

在推销活动进行的过程中,推销员总是不断地追求推销目标。当拍板机会迟迟没能到来时,推销员可抓住适当的时机,利用强制性的语言,促使顾客做出承诺,实现推销目的。日本著名推销员井户口健二所著的《十分钟推销术》提出了这样一个观点,即客户虽然有各种类型,但7~8分钟内出现购买念波是共同点,绝对不容错过(见图15-4)。

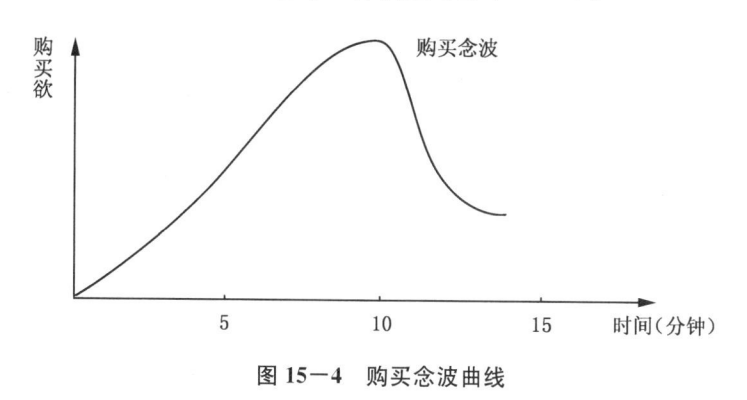

图15-4 购买念波曲线

也就是说,当客户在购买念波到来时还未承诺,就应极力促使其做出承诺。如图15-4所示,顾客从购买念波产生到10分钟时,购买念波是随着时间的推移而逐渐增大的,当到达10分钟时达到最大,过了10分钟以后迅速减小。按照井户口健二的观点,当推销时间超过10分钟还没有定论,则注定推销要失败。当然,也有人赞成"马拉松"式的推销,即无论推销的时间是长还是短,关键取决于推销员要了解顾客的所思所想。但从整体推销来讲,与其对某一客户花费更多的时间,倒不如把剩下的时间投入到对其他有可能购买的客户的推销上。从这个意义上讲,"十分钟推销法"对推销员是一个有益的启示。当然,"十分钟推销法"应针对具体的商品灵活运用,对有些客户运用这种方法就不一定适用。

第三节　顾客应接与商品推介心理策略

一、顾客应接的心理分析与对策

(一)顾客的心理类型
根据性格分析,可把顾客心理区分为以下六种典型的类型:
1. 冷漠型

冷漠型顾客的性格大多是内向型的,其最主要的特征是封闭性。这些人总是与别人保持一定的距离,对外界事物漠不关心,往往给人一种生活在属于自己的世界里的感觉。冷漠型顾客不善于表达自己的思想,对问题不作回答或无意见,使人很难了解他们的内心世界活动,从而在短时间内很难与他们接触。

2. 犹豫型

这类顾客偏重于理智地考虑问题,但有时又表现为优柔寡断或疑心重重,对是否购买某种商品犹豫不决;即使决定购买,对于商品的价格、式样等又反复比较,难以取舍。

3. 虚荣型

这类顾客的虚荣心较重,好强且顽固,总是表现自己最好的一面给别人看,甚至有些夸张。

因此,这类顾客容易给人一种矫揉造作的印象。

4. 好事型

这类顾客喜欢喋喋不休地评论别人,并且自吹自擂、爱管闲事,对一切事物都觉得不顺眼,好像世界上就没有完全令其满意的事情,且私心较重。

5. 急躁型

这类顾客有些神经质,对事物变化的反应敏感,一般人能忍受的误解或委屈,这种人却无法忍受,区区小事就与人争执不下。

6. 随和型

这类顾客的特点刚好与急躁型顾客相反,他们的心胸开阔,能够与周围人融洽相处,人际关系好,但轻信于人,有可能不遵守诺言。

(二)顾客应接心理对策

针对顾客的心理类型,推销员可采用的对策主要有以下几种:

1. 冷漠型顾客应接心理对策

这类顾客经常以挑剔的眼光审评商品,喜欢推销员在自己面前表现得无能为力,一旦推销员的态度盛气凌人,他便会产生抗拒心理,而推销员的过分热情也会令其生厌。所以,推销员应当:(1)善于发问。这类顾客的心理活动较复杂,应接时只有通过询问,才能探知其需求。(2)耐心细致。这类顾客一般自我意识较强,短时间内很难与他们应接。只有通过耐心细致的服务,才能唤起他们的认同与共鸣。

2. 犹豫型顾客应接心理对策

这类顾客疑心重,总怕上当受骗,所以,推销员应当:(1)先推销自己,以消除顾客的疑惑、不信任心理,通过对推销员的信任来唤起对经营或商品的信任。(2)诱导顾客"爱屋及乌",消除顾客疑惑后,再进入实质性阶段,促使顾客采取购买行为。

3. 虚荣型顾客应接心理对策

这类顾客喜欢与人争执,独断专行,所以,推销员在应接时应当:(1)避免直接冲突。不要直截了当地提出与他相左的观点或指出他的错误,应当尽量满足其自尊心。(2)称赞和恭维他。适当地恭维、称赞其才干和成绩,可满足其虚荣心,然后再谈销售商品问题。

4. 好事型顾客应接心理对策

这类顾客爱管闲事、私心重,应接时可采用的策略有:(1)赠送小礼物。针对其私心重的特点,可适当地赠送小礼物作为见面礼,以吸引顾客。(2)要有耐心。尽量倾听顾客的言论,并不时地表示赞同,使顾客觉得推销员是一个可爱的志同道合者。意气一旦相投,下一步的销售问题就可迎刃而解了。

5. 急躁型顾客应接心理对策

这类顾客反应敏感,应接时可采用的策略有:(1)赞美他。抓住机会赞美其长处,把话题向好的事物上转移。(2)保持心态平稳。自始至终保持平静愉悦的心情,只要顾客的心态平静,销售就可顺利进行和开展。

6. 随和型顾客应接心理对策

这类顾客比较好相处,应接时可采用的策略有:(1)一见如故。不要过于拘泥于传统礼节,要显出一见如故、相见恨晚之状。(2)速战速决。要一气呵成,以免顾客有机会改变初衷。

(三)顾客应答心理对策

1. 微笑应答,使顾客获得良好的第一印象心理学认为,客观事物给人的第一印象至关重要。除了仪表之外,微笑是征服顾客最有效的心理武器。推销员以诚挚善意的微笑、亲切清晰的语言向顾客打第一个招呼的瞬间,就会给顾客留下亲切的印象。

2. 要针对顾客的心理进行询问和回答

把握好顾客的心理,有针对性地询问和回答顾客提出的问题,是有效应答的重要方式。

(1)要掌握询问和回答的时机。例如,在顾客提出问题之前,推销员提出问题并回答,能使顾客觉得推销员在设身处地地为其着想,从而增添信任感;在顾客提出问题时马上回答,能使顾客产生受推销员重视的感觉,也会令其产生好感。

(2)询问和回答要简明扼要,不要过多解释有关问题,要抓住重点,有效作用于顾客心理。

3. 观察顾客的心理变化,伺机接待顾客

推销员向顾客打招呼后,顾客一般会说:"我先看看。"推销员在回答"您先看"之后,应注意等待抓住与顾客答话的时机。这种时机通常有六种:(1)顾客长时间地凝视某一商品的时候;(2)看商品抬起头的时候;(3)突然止住脚步,盯着商品的时候;(4)用手触摸商品的时候;(5)在寻找什么的时候;(6)双方迎面相视的时候。推销员一旦捕捉到了这样的机会,就不要轻易放弃,应当主动诱发顾客的购买行为。

4. 礼貌待客,努力满足顾客渴望受尊敬的需要

推销员面对的顾客各种各样、千差万别,有性别、年龄上的不同,还有职业、阶层、区域上的差别。推销员对待所有顾客都要热情、友好、以礼相待,使其获得备受尊敬的心理体验。

(四)顾客送往心理对策

1. 成交后使顾客获得更多的满足感

商品成交后,应向顾客道谢,并为之送行,这样会给顾客留下更好的印象。推销员应当使顾客自始至终地在融洽和谐的交易活动中获得最大的满足感。如果顾客付款后仍有怀疑,推销员应当挽留其再花点时间检查一下,并设法帮助顾客打消疑虑。

2. 未成交也能使顾客愉快离店

如果顾客经过犹豫和动摇后,仍然拒购某一商品,推销员应表示出足够的耐心和热情。(1)理解和支持。当顾客拒绝购买时,许多推销员常常表现出失望、不耐烦等情绪。推销员应当设身处地地为顾客着想,对顾客的行为和心情表示充分理解。(2)建议下次再来。如果顾客既拒绝购买又犹豫不决,这时推销员就应该很有分寸地支持顾客对商品感兴趣的那些想法,并建议顾客下次再来看看,这样做将会给顾客留下友善的印象。

二、商品推介心理

(一)顾客选购商品的心理过程

顾客从进入商店到买好物品,购买心理过程大体要经过注意、兴趣、联想、欲望、探讨、信赖、行动、满足八个阶段。其中,每一个阶段都关系到购买的成败。所以,推销员要了解销售中顾客心理发展过程的每一个环节。只有这样,营销活动才能顺利达到目标。

(1)注意。注意是顾客的心理活动,是对商品或购买环境等事物的指向与集中。顾客进入商店后,就对商店的环境、柜台及商品产生了注意。

(2)兴趣。兴趣是顾客积极探索商品及相关事物,或爱好与购物相关活动的认识倾向。顾客对商品注意以后,自然就对商品的用途、性能等表示出兴趣。

(3)联想。联想是顾客在接触现实商品或购物环境中回忆或想起以往购物或消费经验等

相关事物的心理活动。顾客在产生兴趣以后，往往容易产生购物联想。

（4）欲望。欲望是为了实现某种需要而对具体物质或事物的一种向往、企求和希望。顾客的购买欲望是想通过购买某种商品或服务给自己带来特定利益的一种要求。经过上述诸阶段，顾客就可能产生购买欲望。

（5）探讨。探讨是指顾客对商品或其他方面提出异议并得到推销员回应的过程。顾客在产生购买欲望后，就会出现对欲购商品的探讨。

（6）信赖。信赖是顾客与推销员探讨之后产生的信任感。

（7）行动。行动即顾客参加购买的行为过程，这是在心理动机驱动下所采取的关键一步。

（8）满足。满足是指当需要得以实现以后所表现出的愉快的心理状态。顾客购买商品之后，要进行心理评价。评价是成功的，则会产生满足感；评价是失败的，则会产生后悔感。这是顾客购物心理过程的最后阶段。

（二）顾客选购商品的心理类型

顾客站在柜台前进行商品选购的过程中，存在着一系列复杂的心理活动，并形成了各具特点的心理类型。

1. 关于选购商品信息的收集

顾客在柜台前要挑选商品，必须首先收集有关商品的信息。在收集商品信息的过程中，顾客存在着不同的心态，从而形成了不同的心理类型。

（1）自主收集型。这类顾客有购买能力和购买经验，能利用各种条件和途径，自主地收集到所需要的商品信息。

（2）主动询问型。这类顾客没有购物经验与能力，他们信任推销员，主动向推销员询问有关商品的信息，希望得到推销员的信息帮助。

（3）被动接受型。这类顾客既无自主收集信息的能力，又不主动向推销员询问，只有当推销员主动向其推介商品时，才会被动地接受商品信息。他们最欢迎推销员能向他们主动推介商品和传递商品信息。

2. 关于商品的购买决策

顾客在做出购买决策时，也表现出不同的心理类型。

（1）独立决策型。这类顾客在掌握必要的商品信息的基础上，喜欢完全由自己独立地做出购买决策，而不愿别人（包括推销员）进行干预。

（2）寻求帮助型。这类顾客自己无法独立决策，总是寻求得到推销员或在场的其他人的帮助来进行决策。

（3）从众型。这类顾客不善于或不依据自己的独立思考，而总是自觉不自觉地根据别人的行动来决定自己的选购。他们信奉的是："大家都买的东西，一定错不了。"

3. 关于顾客在购买过程中的社会性心理需要

顾客在选购的过程中，除了通过购买商品获得商品享用的满足感外，总是希望在选购商品的过程中，获得某种社会性心理需要的满足。

（1）商品选购欲。有的顾客对挑选和购买商品情有独钟，丰富的商品、多彩的外观、新颖的式样、高效的功能在吸引着他们，同时还有一种众多商品任我挑选、主宰的满足感，从而使选购商品本身就成为一种乐趣，持此种心理的女士居多。当然，也有的人视挑选商品为难事、苦事，持此种心理的男士居多。

（2）希望受到热情接待和尊敬。顾客走近柜台，非常希望得到推销员的热情接待并能在选购的过程中,受到推销员的尊敬。他们期望在愉悦的气氛中选购,并使尊敬的需要得到满足。

(3)寻求自我表现。这类顾客通常具有某方面的优势,并且喜欢自我表现。他们在选购中,总愿意在推销员或其他顾客面前表现自己,如显示自己对商品内行、有购物经验、有一定职业优势、收入高、出手大方等。

(4)喜欢自由自在,选购不受干扰。这类顾客没有成熟的购买目标,或者不喜欢推销员推介商品,只想一个人不受任何干扰、自由自在地挑选商品或参观浏览。

(5)融购物、享乐于一体。随着现代购物条件的改善和顾客社会心理需要的增强,顾客在选购商品的同时,不仅关注商品本身的质量,而且也增加了对购物环境和服务项目等诸因素综合形成的购物氛围的关注。他们寻求在选购商品的过程中获得一份好心情,甚至得到一种特殊的享乐。

总之,顾客心态种种,各不相同。推销员应当善于进行心理分析,准确地把握顾客的心态,有针对性地开展商品推介。

(三)商品推介中的心理策略

在商品推介中,推销员如何把握信息传递心理并采用相应的策略,对销售成功与否是至关重要的。商品推介中的心理策略主要有:

1. 避免正面使用否定

有些顾客在购买商品前,对商品信息有一定程度的了解。当顾客认定某个品牌时,推销员不要正面、直接地否定这种认识。这样能使顾客心理上的自尊、虚荣得到满足,在商品推介中做到既给了顾客面子,又推销了商品;反之,顾客的自尊、虚荣等心理受到伤害,就会产生逆反心理,从而拒绝购买商品。

2. 巧妙地运用正反对比的方法

推销员在向顾客推介商品时,应当注意巧妙地运用正反对比的方法,使顾客对商品做出正确的评价。这种方法在上一节中已做了介绍,在此不再重复。

3. 要注意说话的语气

推销员在柜台销售中特别是推介商品时要注意三忌:一忌生硬,二忌轻慢,三忌急躁。即要做到耐心细致、以理服人。

4. 恰当地使用赞扬

赞扬顾客是顾客自尊、社交等心理的需要,但过分赞扬与迎合顾客,容易使顾客产生逆反心理,从而达不到推介商品的目的。

综观五花八门的推销活动,总结起来,推销员的推介方法主要有八种,即问题推介法、介绍推介法、求教推介法、好奇推介法、利益推介法、演示推介法、送礼推介法、赞美推介法。

(四)商品推介中体态语言的运用

体态语言是指推销员在销售服务中表露出的眼神、手势、表情、动作等无声的暗示和象征。在商品推介中,运用体态语言与有声语言的配合,能起到有声语言不可替代的心理作用。体态语言的运用异常复杂,常见的有以下几种体态语言策略:

1. 倾听与观察

学习倾听、辨析人们的声音和其他行为的"内在信息",是了解和预测对方心理活动及行为的首要环节。态度认真的倾听还是推销员对顾客怀有敬意和尊重的方式,可以使顾客获得心理满足。倾听并不单纯是集中精力,密切注视对方,听对方说话,而是把倾听和观察结合起来,了解对方的意图,观察对方的举动,分析对方的心理、气质、做法和处理事情的态度等。

2. 猜测对方的暗示

暗示是人们间接发出的信息。暗示有三种基本类别：(1)无意义的暗示，即人们的行为或话语偶尔表达的信息；(2)口头上的暗示，譬如人们声调的改变传达了似乎与所说的话相互矛盾的信息；(3)行为的暗示，即通过姿态、面部表情、眼神和动作等所表达的体态语言。作为推销员，必须抓住这些暗示，感知任何非语言因素。

3. 善于运用体态语言推介商品

推销员要善于运用微笑、目光、手势、姿态等展示商品的优良品质和特点，使顾客获得某种感观、暗示与体验。例如，推销员在推介某种衣料时，将衣料斜披在自己的身上，以向顾客现场展示出制成衣服、穿在身上的视觉效果。

4. 学会情绪的运用

运用情绪传递己方信息或用以迷惑对方，是体态语言的重要表达方式。沉默、大笑、愤怒、威胁等经常与有声的语言混合使用，有时会收到意想不到的效果。

本章小结

推销（主要是指人员推销）是推销者与顾客之间的一种互动行为，其过程必然伴有大量的人的心理活动。布莱克和蒙顿两位教授把推销活动中顾客的心理表现划分为五种基本类型，即冷漠型、软弱型、干练型、保守型和理想型。"埃达""吉姆""迪伯达""埃德帕"等推销模式就是针对推销活动的特点和对推销对象购买活动各阶段的心理演变及应采取的策略归纳出的几种程序化的标准推销形式。在成千上万的顾客中，某些比较典型的心理类型，推销员应当认真加以研究，在应接和推介活动中采取相应的心理策略，提高销售效率。

思考题

1. 什么是推销对象？推销对象有哪些类型及心理表现？
2. 举例说明有哪几种主要推销模式。
3. 如何正确认识推销障碍？请分析其心理因素和对策。
4. 顾客应接心理有哪些类型？应采取什么对策？
5. 顾客应答和送往心理对策有哪些？请分析商品信息传递过程中的心理活动。

案例分析

"向师傅推销"[①]

电脑推销员陈乙，有一次向一家规模不小的公司推销电脑。竞争相当激烈，但是由于跑得勤，工夫下得深，深得承办单位的支持，成交希望非常大，到最后，只剩下两家厂牌，等着公司做最后的选择。承办人将报告呈递总经理决定，总经理却批送该公司的技术顾问——电脑专家陈教授咨询意见。于是，承办人员陪同陈教授再次参观了两家厂牌的机器，详细地听取了两家的示范解说，陈教授私下表示，两种厂牌各有优缺点，但在语气上，似乎对竞争的那一家颇为欣

---

① 有效营销网，2007年2月20日。

赏,陈乙一看急了,"煮熟的鸭子居然要飞了"。于是,又找个机会去向陈教授推销。他使出浑身解数,唾沫横飞地辩解自己所代理的产品质量如何优秀,设计上如何特殊,希望借此纠正陈教授的观念。最后,陈教授不耐烦地冒出了一句话:"究竟是你比我行,还是我比你懂?"此话一出,这笔生意看样子是要泡汤了。

陈乙垂头丧气,一位推销专家建议:"为什么不干脆用以退为进的策略推销呢?"并向他说明了"向师傅推销"的技巧。

"向师傅推销",切记的是要绝对肯定他是你的师傅,抱着谦虚、尊敬、求教的心情去见他,一切推销必须无形,伺机而动,不可勉强,不可露出痕迹,方有效果。

于是,陈乙重整旗鼓,到陈教授执教的学校去拜访,见了面,如此这般地说:"陈教授,今天,我来拜访您,绝不是来向您推销。过去我读过您的大作。上次跟教授谈过后,回家想想,觉得教授分析得很有道理。教授指出在设计上我们所代理的电脑,确实有些方面比不上别人。陈教授,您在××公司担任顾问,这笔生意,我们遵照教授的指示,不做了!不过,陈教授,我希望从这笔生意上学点经验。教授是电脑方面的专家,希望教授能教导我,今后我们代理的这种产品,将来应如何与同行竞争,才能生存,希望能听听教授您的高见。"陈乙说话时一脸的诚恳。

陈教授听了后,心里又是同情又是舒畅,于是带着慈祥的口吻说道:"年轻人,振作点。其实,你们的电脑也不错,有些设计就很有特点。咳,我看连你们自己都搞不清楚,譬如……"于是,陈教授讲了一大通。"此外,服务也非常重要,尤其是软件方面的服务,今后,你们应该在这方面特别加强。"陈教授谆谆教导,陈乙洗耳恭听。

这次谈话没过多久,生意成交了。对这次推销,帮忙最大的还是陈教授,他对总经理说,这两家公司的产品大同小异,但他相信陈乙公司能提供更好的服务,最后,总经理采纳了陈教授的意见,一笔快泡汤的生意又做成了。

讨论:
1. 陈乙能够挽回败局,将一笔快泡汤的生意又做成了,其原因是什么?
2. 举出在实践中运用"向师傅求教"这一招数转败为胜的推销实例。

阅读资料

你有多久没放下手机了?[①]

从20世纪60年代到2018年,互联网诞生近50年以来,人们的生活正越来越便利。另一方面,从"无图无真相"到短视频盛行,互联网"景观"也让越来越多人"沉迷"。短视频流行的当下,你有多久没放下手机了?

短视频风潮袭来

2007年1月9日,苹果公司召开首次产品发布会,会上,乔布斯曾说过一句名言:"苹果将重新定义手机。"

此后11年间,苹果不仅重新定义了手机,手机还重新定义了世界。

在今天,智能手机早已成为人们的一个"器官",延伸扩展着人们的视觉、听觉和触觉,成为人们离不开的工具。

手机游戏、移动视频等各类软件"承包"了人们的娱乐生活。据中国网络视听节目服务协

---

① 袁秀月,中国新闻网,2018年4月8日。

会发布的《2017中国网络视听发展研究报告》显示,2017年,短视频的日活跃用户数量达到了6 300万,每日使用次数达到7亿次。2018年春节期间,王者荣耀、抖音、火山小视频等的用户规模更是得到快速增长。

"短视频是内容创业的下一个风口",一年多前,今日头条CEO张一鸣曾如此断定。一年多后,一个个短视频品牌兴起,快手、抖音领头,火山、西瓜、美拍紧随其后。

"我要去西安摔碗、去吃土耳其冰淇淋、去喝网红奶茶、去吃网红虾。"一股由此引发的社会潮流也在各地生根,"社会摇""C哩C哩""海草舞"等广受年轻人欢迎,在朋友圈里,沉迷短视频不可自拔的人也越来越多。看短视频成为人们新的娱乐活动。

为何沉迷短视频?无聊?情感寄托?

短视频为什么会火?在北京工作的杨冰表示,这可能是一种情感寄托。目前,她在一家创业公司做产品经理,为了有更多的产品体验,就在手机里下了很多软件,其中就有抖音。

"去年6月份就知道了这款产品,后来就是随便看看。"杨冰说,现在她身边好多人都迷上了抖音,看得停不下来,尤其是她男朋友,没事就看,一刷就好几个小时。

"大城市类似北漂的太多了,除了工作也没什么娱乐活动,看短视频可以有个情感寄托。"三年前,杨冰和男友来到北京,在工作渐趋稳定后,更多的生活娱乐需求也渐渐显现。杨冰说,她跟男友还有个伴,但很多北漂的朋友都是孤身一人。

作为一名还未踏入社会的大学生,唐宁玩抖音的原因则有所不同,她坦言,身边很多同学都在玩短视频,但沉迷其中的比较少,多数都是无聊时才看一看。去年有段时间,她热衷于打王者荣耀,但后来觉得"游戏也就这么回事",就不玩了。现在,看抖音时间长了,她也觉得很多内容都差不多,"挺没意思的"。

除了观看,很多人还沉迷于录制短视频,一个视频类型火了,模仿的人便络绎不绝,还发生一些啼笑皆非甚至悲伤的故事。浙江一小伙连抠十几个奔驰车标,只为拍短视频收获点赞;武汉一爸爸带女儿模仿短视频高难度动作,却不慎将女儿摔伤……为此,抖音还专门上线了风险提示系统,对可能有风险、令人不适的视频进行提示,以防用户盲目模仿。

也有不看短视频的年轻人

"不少人用'有毒'来形容短视频,时长短、门槛低、传播广的它正在成为一种'精神药品',人们不断地怀揣好奇点开下一个有趣的短视频,而完全感受不到时间的流逝。"中国传媒大学新闻学院教授官承波曾在一篇文章中如此描述短视频。

文中还称,短视频的火爆隐含着大众视觉消费的转向,与注重"观赏性"的电视剧、电影不同,大众对短视频的消费从一开始就不是以"审美"为导向的,而是带有"后现代"特征。

不过,尽管短视频风潮正越卷越大,却仍有许多人并不买账。26岁的乔晗表示,虽然知道快手、抖音,但从来没有玩过,因为自己并不是一个随大流的人。越来越多的手机软件也不会对她有所影响,在她看来,朝生暮死的潮流太多了,不值得消耗时间。

"我对这类东西实在没什么兴趣,生活的趣味有那么多,何必把时间浪费在这些没有意义的事情上。"刚参加工作的章敏表示,自己更注重手机软件的实用性,娱乐休闲活动则多在线下。

和章敏类似,杨韬也坦言,他对短视频等娱乐类软件不感兴趣。目前,他正在北京念研究生,平时学习比较紧张,除了微信,其他的软件都不怎么用。

你有多久没放下过手机了?

刚玩了没几天王者荣耀,就流行"吃鸡"了;刚沉迷恋于制作人,又开始"养蛙"了;快手前脚火了"社会摇",抖音就捧出了一批网红产品。上下班地铁上、朋友聚餐时、闲暇时、临睡前,手机都牢牢地拴住了我们。

杨冰坦言,除了工作、吃饭和睡觉时间外,其余时间都离不开手机。乔晗也表示,自己经常微博一刷两小时过去了,平时没带手机会非常不安。

去年,德国数据统计互联网公司 Statista 的调查报告显示,中国人每天在手机上花费的时间达到 3 个小时,位居第二位。第一是巴西人,平均每天近 5 小时。"马克思把人的闲暇时间视为人的全面发展、实现创造性的条件。而在互联网时代,人们的闲暇时间里充斥了光怪陆离的虚假幻象,每天从接收终端看到的东西多数毫无价值,却消耗了大量闲暇时间。"中国人民大学新闻学院教授陈力丹直言。

他用"景观"理论来解释这一现象,"现在的'低头族'不过是时下人们陷入景观的一种普遍表现"。

"景观"一词由法国学者居伊·德波提出,他认为,"整个社会生活显现为一种巨大的景观的积累,直接经历过的都已经离我们而去,进入了一种表现"。

"让日常生活重新成为生活!让日常生活成为艺术!"陈力丹用这句话来提醒人们。而大前研一在《低智商社会》一书中的观点也值得借鉴——正因为是在这样的时代,我们才更需要独立思考。

第十六章

广告心理与广告技巧

● 学习目标

1. 了解商业广告的含义和主要类型；
2. 理解主要广告媒体的心理特征；
3. 掌握广告心理效果测定的主要方法；
4. 掌握广告传播的心理技巧。

● 导入案例

耐克"踢出传奇"

2010年世界杯时，耐克将一个名为"踢出传奇"的创意广告投放到 Facebook 主页，并通过与 Facebook、YouTube 和腾讯（QQ.com）的全球合作关系在32个国家播出。该广告其中汇聚了一些全球最优秀的球员，还邀请了网球传奇罗杰—费德勒（Roger Federer）和篮球巨星科比—布莱恩特（Kobe Bryant）作为特邀客串嘉宾，由著名的好莱坞导演兼制片人 Alejandro G. Iñarritu（作品包括《21克》和《通天塔》）执导，通过在全球范围内引起涟漪效应的球门线解围、制胜的铲球和闪电般快速的脚法等场景，为我们呈现了一场精彩绝伦的比赛，激发全世界足球迷和体育迷的热情。广告很好地诠释足球运动的重要瞬间，并使全世界球迷能够与他们心中的英雄建立联系，被人们疯狂地点击和转载。虽然广告片中的明星结局都不怎样，但对于耐克品牌而言，宣传效果显而易见。据调查公司尼尔森的统计，到6月中旬，与世界杯相关的"话题份额"中，耐克以30.2%的份额2倍高出其只占14.4%的竞争对手阿迪达斯。早在2006年，耐克就觉察到"网络社区"将有巨大影响力，这次世界杯，让它对这种趋势的认识更加深刻。它在网上策划了一个足球 Party，让用户主动参与进来，及时给用户反馈，并且允许用户生成更多属于自己的内容。这种主动性和互动性让用户对耐克品牌的认识和忠诚度进一步加深。

面对市场经济的激烈竞争，企业要使自己的产品从博大的商品海洋中脱颖而出，赢得消费者的喜爱和信任，就必须以扣人心弦的力量把价值承诺传递给目标顾客。广告承担了这一任务，它是传播信息的重要工具，更是开拓市场的先锋。

然而，并非所有的广告都能收到良好效果，往往会出现一些收听（视）率极低或从邮筒直接扔到废纸筒的"广告悲剧"。事实证明，只有那些把正确策略和完美技巧结合起来的广告才能成功。而正确的广告策略则是把握和运用广告心理、遵循消费者心理活动规律的结果。

最好的广告,首先必须抓住消费者的注意力,其次才是运用各种科学的或艺术的宣传技巧。离开广告心理,再富艺术技巧的广告也只能是无的放矢、劳而无功;没有出色的技巧,即使把握了广告心理,也只能是笨口拙舌、事倍功半。可以这样说,广告心理是消费者心中最软弱、最敏感的突破处,是"弦",而广告技巧恰是扣弦的"力"。

第一节　商业广告概述

一、商业广告的种类和特点

"广告",就是广而告之,指广泛地告知公众某事物的宣传活动。与现代信息社会相联系,广告已成为维持、促进现代社会生存与发展的大众信息传播工具和手段。这是广告广义的含义。随着商品经济的高度发展,商品交换的层次和领域不断加深和扩大,广告逐渐成为专门传递商品信息和经济信息最有效的工具和手段。这便形成了狭义上的广告——商业广告。

所谓"商业广告",是指特定的广告主(企业)有计划地以付费方式通过大众传播媒体向其潜在顾客传递商品或劳务信息,以促进销售的公开宣传方式。广告是促进销售的一种手段,是企业营销活动的有机组成部分。伴随信息社会及市场经济的发展,大量生产、大量销售、大量传播和大量消费形成相辅相成的循环,广告的概念也在发展,商业广告的内涵和外延在不断扩大。现代广告活动不仅指广告本身,还包含以广告为轴心的一系列营销活动。

(一)商业广告的分类

按不同标准给商业广告分类,有利于商业广告的创作和使用。

1. 按传播的信息内容划分

(1)商品广告,宣传的是本企业能满足消费者需求的某种或某几种产品或劳务。

(2)服务广告,宣传的是本企业能提供给消费者的纯粹的服务和优惠。

(3)公关广告,宣传的是企业精神、实力、规模等,旨在与广大消费者沟通,塑造企业良好形象。

(4)启事广告,通知某种非促销性消息,如企业更名、迁址等。

2. 按广告诉求划分

(1)感性诉求广告,采取感性的说服方法,向消费者诉之以情,使他们对所宣传的商品(服务)产生良好的情感与态度,进而采取购买行动的广告。简言之,"以情动人"。

(2)理性诉求广告,采取理性的说服方法,有根有据地介绍产品优越之处,让顾客依据自己的思考判断,做出购买决策的广告。简言之,"以理服人"。

3. 按广告媒体划分

(1)印刷广告,以报纸、杂志等印刷品为媒体的广告,包括产品目录等直接邮寄广告。

(2)电波广告,以广播、电视等为媒体的广告。

(3)网络广告,在互联网上发布的广告。

(4)户外广告,以户外媒体如车体、橱窗、灯箱等为媒介的广告。

(5)移动广告,以手机为媒体的广告。

(6)其他广告,以礼品、短信、烟雾等非传统手段为媒体的广告。

(二)商业广告的特点

1. 公众性

商业广告是一种高度大众化的信息传递活动,是把商品或劳务信息向非特定的广大消费者作公开宣传,以说服其购买的传播技术。

2. 渗透性

商业广告是一种渗透性很强的促销手段,它已渗透到社会生活的许多领域。

3. 表现性

商业广告集经济、科学、艺术和文化于一身。借助文字、音响以及色彩的艺术化应用,通过一定的媒体,商业广告不仅可以生动形象地表现产品的特性,而且富有感染力。

4. 非人格性

商业广告是一种非人员的推销行为。听(观)众没有义务去注意广告并对广告做出反应。

5. 有偿性

商业广告是一种付酬的宣传活动。

二、商业广告的心理功能

作为一种大众传播活动,商业广告对传播的对象、环境必然产生一定的作用和影响。这些基本作用和影响,被称为商业广告的功能。随着商品经济的发展,广告的功能也不断多样化,这里主要从营销心理角度来分析其心理功能。

(一)沟通信息

这是商业广告最基本的心理功能。广告信息可以突破时空限制,及时广泛地渗透到各地区和各消费群体,对于销售者来说,商业广告是一种将产品(服务)信息传递给潜在顾客的有效手段;对于消费者而言,它则是购买商品的最佳指南。

(二)诱导消费

良好的商业广告或以理服人,或以情动人,它可以吸引消费者的注意,建立或改变他们对企业或商品的看法,产生好感和信赖,激发潜在购买欲望,说服和劝导购买行为的实现。

(三)创造需求

商业广告可以改变人们的消费观念,引发新的消费需要,创造新的需求,例如,桂格燕麦通过改变韩国人早餐必食米饭的传统生活方式,打开了巨大的市场。而海飞丝、飘柔等洗发剂广告,使越来越多的人改变对头皮屑的忽视态度,扭转了人们对这类商品的消费观念,创造出极大需求。

(四)制造并传递流行

商业广告的宣传可以造成社会消费热点,某些产品或观念为社会所接受而流行并成为时尚。例如,纽百伦慢跑鞋借宣传"总统的慢跑鞋"创造了流行。

(五)教育大众

商业广告不仅指导消费,而且也影响着人们的消费观念、文化艺术、社会道德等方面。文明、健康的广告对扩大消费者知识领域、丰富精神生活、进行美育教育和促进社会公德都有潜移默化的作用。

三、商业广告的基本原则

商业广告是商品经济发展的产物,生产的社会化、商品化程度越高,越离不开用广告来沟通信息,这在任何社会制度下都无例外。商业广告已成为当今社会经济生活的重要组成部分。

商业广告的性质和目的,决定了它的基本原则。在商业广告实践中,只有遵循这些规律和原则,才能取得良好的经济效益和社会效益。

(一)真实性

这是商业广告的目的所直接要求的,是商业广告的最基本原则。传播失真的信息必定违背广告传播的真正目的,使企业失去信誉。

(二)思想性

广告不仅是一种经济现象,也是社会教育的重要组成部分,注重广告作品的思想性,是坚持物质文明和精神文明共同发展的必然要求,对于提高整个民族素质、倡导社会主义新风尚有很好的作用。

(三)规范性

商业广告活动应遵守国家法律规范而开展。例如,我国为保护人们的身体健康,在广告条例中规定不允许宣传烟和烈性酒。

(四)计划性

商业广告应有计划、有目的地安排广告费用,以取得最大经济效益和社会效益。

(五)科学性

广告是一门科学,从制作到运用和管理都应与现代化科学技术、手段相结合,并从宏观和微观上进行定性、定量的科学研究。

(六)艺术性

广告是一门艺术,艺术性越强,越有吸引力、表现力和感染力。广告的真实性和思想性应在其艺术性中得到集中体现。

第二节 广告媒体心理分析

一、广告媒体的心理特征

广告是借助媒体来传播的。所谓广告媒体,是指广告主为达到一定的传播目标,向消费者进行广告宣传时所采用的物质技术手段。这些技术手段在特定的广告主和非特定的消费者之间起到了媒介作用,成为沟通生产者和消费者的桥梁。但广告媒体又绝非一条简单的信息通道,它以其特有的吸引力、广泛的传达力和灵活的适应力发挥着不可缺少的功能和作用。一则创意完美、设计优秀的广告,没有合适的媒体配合,就犹如无翼之鸟。

广告媒体种类繁多,几乎一切使广告受众产生反应的手段和方法都包括在内,其中以报纸、杂志、广播、电视和直接函件为主。每一种媒体皆有其独特的心理特征。分析、运用媒体的心理特征是做出正确媒体决策的前提和基础。

(一)报纸广告

报纸是用来做广告的最早的大众传播媒介,而且至今仍是使用最普遍的广告媒体,它几乎适用于所有的商品广告或服务性广告。其心理特征分析如下:

(1)消息性。报纸向来以刊登消息为中心,现代报业以先进的技术手段将信息迅速向全国甚至全世界传播。这样,广告信息在报纸上可及时刊登、迅速发行。

(2)广泛性。报纸发行量大、传播面广、渗透力强。在世界各国,凡能看书识字的人,总会把报纸当作获得信息、知识,了解国内外大事、市场行情的最有效渠道。

(3)信赖性。读者对报纸常有信赖感,尤其是一些重要的报纸在人们心中享有很高的威望,在上面刊登广告极具权威性。

(4)教育性。报纸本身就可属教育范畴。从"社论""短评"到"科技小知识",报纸都含有丰富的教育意义,并因此而成为人们的"精神食粮"。

(5)方便性。报纸不仅价格低廉,而且购买、携带、阅读方便,不受太多时间、空间的限制。

(6)保存性。留存原形的特性使报纸便于收存,能作资料备查,由此形成反复宣传的效果。

但是,报纸广告也有其局限性。例如,时效短,内容繁杂,注意力分散,广告数量、效果因版面限制均受到影响,有的报纸印刷技术欠佳,美感不强,往往缺乏对商品款式、色彩等外观品质的生动表现,从而削弱了广告的刺激性。电子媒体和社交网络的兴起抢夺了纸媒的市场,进一步降低了报纸的影响力。

(二)杂志广告

杂志也较早被运用于广告,是仅次于报纸的第二大广告媒体。它与报纸同属印刷型媒体,其心理特征分析如下:

1. 读者集中,针对性强

无论是专业性杂志还是一般消遣性杂志,都拥有较集中的读者阶层,如音乐杂志的读者多为音乐爱好者或从事音乐工作的人,服装杂志吸引对时装感兴趣的读者。广告主常对特定的读者群有选择地利用杂志广告来宣传产品。例如,在音乐杂志上刊登音响、唱片等广告,甚至刊登咖啡广告,因为边欣赏好音乐边品尝好咖啡,其乐融融的意趣是音乐爱好者所追求的。在女性杂志上刊登的家庭用品、服装、化妆品广告比同类产品的报纸广告更易引起女性读者的注意。

2. 吸引力强,宣传效果好

杂志广告印刷精美、色彩鲜艳,制作讲究,多采用彩色摄影技巧使商品外在品质得以生动、逼真地表现。杂志广告一般有集中的位置,如封面、封底等,且多独占一页,不夹杂其他内容,故清晰整洁,引人注目。这些都使杂志广告有好的宣传效果。

3. 阅读从容,保存期长

杂志多为月刊或季刊,阅读周期长,可用充裕的时间详尽地阅读,也可分为多次阅读,还可互相传阅,从而起到累积复加的宣传效果。

杂志广告也有不足之处,其制作复杂、成本高,价格昂贵;收稿排版周期长,灵活性差,信息反馈迟缓,减少了时间价值;篇幅少的杂志广告数量有限;等等。

(三)直接函件广告

另一种主要的印刷型广告媒介是邮寄广告,又称直接函件广告,是指通过邮寄网络把印刷广告(包括信件、目录、说明书、传单、小册子等)有选择性地直接寄送到用户或消费者手中。其心理特征分析如下:

(1)针对性。依据消费者不同的消费需要,可划分出若干特定的阶层。以这些特定阶层为邮寄对象,目标明确,效果突出。

(2)亲切感。直接函件往往设计了亲切感人的文案,消费者收到函件后,心中会产生"只有我一张"的亲切感,从而激发其购买欲望。

(3)无冲突性。冲突性是指当两则或两则以上广告同时刊登在一个版面上,彼此会影响宣传效果。虽也有好几封直接函件同时送达用户的情形,但该用户只能单独阅读每一封。

(4)反馈性。直接函件中,往往附有订单或意见调查表,提请收件人填好、寄回;为感谢收件人合作,经常还附有小礼物或优惠措施。

直接函件广告在直接、亲切的优点中,也有其不足之处:较报纸、广播等广告缺乏广泛性及显露性；回收率低，"直送字纸篓"现象时有发生。

(四) 广播广告

广播作为广告媒体虽然比报纸杂志晚，却在短短的几十年内遍及全球、风靡世界。其心理特征分析如下：

(1) 传播迅速。与报纸杂志及电视广告相比，广播广告不需要复杂的编排制作过程，可以在很短的时间内把信息传递出去。而且修改方便，可灵活适应市场环境。

(2) 覆盖率高。广播电台遍及城乡，收音机可以随身携带随时收听。因此，广播广告几乎无时无处不在，是传播范围、覆盖率最高的媒体。

(3) 针对性强。广播在特定的时间播出专题节目，届时都有相对稳定的听众。广播广告可以针对收听专题节目的听众的特点进行宣传。例如，坚持收听体育节目的听众大多是体育运动的爱好者，他们对运动类产品的广告会感兴趣。

(4) 表现力强。作为声媒广告，广播广告以声音来传递信息，配以音乐，穿插对话、情节等独特的广播艺术，很有表现力，引发听众的美好联想。

(5) 费用低廉。与报纸杂志及电视广告相比，广播广告制作便捷、费用最低。

广播广告的不足之处在于：听众非常分散，效果难以测定；声音转瞬即逝，难以记忆，有声无形的形式限制了某些产品的宣传效果。

(五) 电视广告

电视，集听觉形象和视觉形象于一身，汇图像、声音、色彩、动作、文字等于一体。电视广告可将信息制作综合性、立体化地高效传播。迄今为止，电视广告是最能打动人心又最能反映商品特色的大众传播媒体。其心理特征可概括如下：

(1) 传播面广，影响力大。电视有很高的普及性，不识字的人也能看懂。电视具有集体共享性，通过收视者的相互影响能进一步扩大宣传范围和效果。因此，电视广告的覆盖率很高，并成为最大众化、最通俗易懂又最能赢得观众的媒体。

(2) 视听结合，诉求力强。电视具备同时播出影像、声音以及色彩、文字的功能，并且可以有情节、有故事，能充分、真实且艺术性地反映商品全貌，感染说服力很强。

(3) 表现手段、方式灵活多样。电视作为一种视听结合的电波媒体，可运用多种艺术形式与表现手段，在内容上可多可少，在时间上可长可短。在创意上可有故事型、证明型、生活型、联想型等多种结构，在形式上可用戏剧、摄影、诗歌、电影、舞蹈、音乐等多种形式。

电视广告虽然能最大限度地表现广告意图，但也存在不足之处：制作复杂，成本居高不下，费用昂贵；时间短促，难以保存；适应性不强，尤其对专业性强、目标市场集中的商品来说，传播面太宽，可能造成浪费。

(六) 网络广告

国际互联网正以巨大的能量和崭新的方式从根本上改变着我们的世界，改变着人类的生存空间和生活方式，目前网络广告形式大约可分为以下几大类别：

1. 条幅广告

条幅广告一般都出现在访问量较高、知名度较广的网页上，并占有一定位置。一般有少量有吸引力的文字及图像设置在网页的上方与左面（这主要是根据人们的阅读习惯，从左到右、从上到下，意即左比右重要，上比下重要）。例如，新加坡《联合早报》主页上的广告条幅就安排在主要内容的上方和左侧。这种形式的广告总是使用诱人的词句或图像引起访客的好奇和兴趣，有时则直接写上"单击此处""免费"等词语。根据美国网络广告局的统计，目前，广告条幅的收入占网络广告的主导地位,约为56%。

2. 站点赞助广告

这种形式是由广告主为站点或站点的某些栏目提供赞助费,而站点则在赞助的栏目处为广告主做广告宣传。一般而言,这类形式总是把广告主的广告内容与站点本身有机地融合在一起。它在知名网站上可以获得很好的效果。但费用比广告条幅要贵许多。目前这种形式在网络广告中处于第二位,占总数的30%。

3. 下载时连带的广告形式

这种广告形式以纯文字广告占多数,一般来说,文字要控制在100字左右,以免影响下载速度。这种形式较受上网者的欢迎,它约占网络广告的5%。

4. 插入广告形式

这种网络广告形式类似电视广告,插播于节目之间,它的优点是能最大限度地发挥广告效力。但据调查,这一类广告是最不受欢迎的广告,因为目前上网速度普遍较慢,而且网民的耐心也十分有限。又由于它是在网上发布,所以不可能像电视广告那样一下子堆积数条广告进行播放,这样价格肯定比其他形式要高出许多。但据国外传播公司的调查,这类广告形式的比重会逐步加大,今后可能将占到20%左右。

5. E-mail广告形式

这种形式的广告一般是和E-mail(电子邮件)一起传送给接收者,目前这类广告仅占1%左右,这主要是因为电子函件的促销权要通过申请才能得到。

现代科技的迅速发展促使新媒体不断涌现,网络作为广告新媒体的心理优势非常明显,主要表现如下:

一是个性化。消费者能根据自己的需求选择广告,并能迅速、及时、方便地把信息反馈给商家,双方能进行动态的交流。

二是内容丰富,信息量大。网络广告作为互动媒体将更符合向个别对象行销,而且广告查看无时限要求,顾客可以连续打开一个又一个画面,从而获得尽可能详细的介绍。

三是便利性。网络给商家做广告提供了较大的空间。广告主可以不借助专业性的广告公司,自己创作广告,这样可以大幅度降低广告费用。

四是互动性。网络广告中的语言针对性强,向点击者提供他们所感兴趣的信息,具有比较明确的对象,如上述DVD俱乐部的广告主要是针对音乐爱好者及影视爱好者。

网络广告的制胜法宝仍然是广告的创意。网络广告的发展速度令人吃惊,前几年的网络广告还充斥着静态的横幅标志,如今动画技巧的引进,使得网络广告变得异常生动。最好的广告条幅不是呆板、没有生气的广告牌,而应是生动、简单、明了、新奇幽默的,应力求吸引人们的注意和参与,同时也会使人感到有趣、新奇,让人感到无法拒绝。

6. 植入式广告

植入式广告是随着电影、电视、游戏等的发展而兴起的一种广告形式,它是指在影视剧情、游戏中刻意插入商家的产品或表示,以达到潜移默化的宣传效果。喜力啤酒、阿斯顿·马丁车、索尼、欧米茄等品牌的广告均出现在詹姆斯·邦德的007系列电影《皇家赌场》中,并在此基础上开展大型的推广活动。其心理分析如下:

(1)受众数量庞大。有报道称,只有上映2万场、上座率在70%以上的影片才能吸引到电影广告(包括贴片广告和植入式广告),这也说明植入式广告的受众数量极为可观。以《战狼》这样的叫座影片为例,其受众包括影院观众、网络观众和电影频道观众,再加上相关新闻报道的受众，品牌与受众的接触率是极为可观的，其千人成本可以控制在一个合理的水平，甚至会低于某些大众传媒。

(2)接受度高。一方面，正如业内人士指出的那样，"电视频道掌握在观众手中，而当他坐进黑漆漆的电影院时，就不能不接受你的广告"，植入式广告本质上是一种强制性广告。另一方面，由于植入式广告出现的不规律性以及与情节的高度相关性，所以很少会遭到受众的抵触与拒绝。这种广告若运用得当，在深化品牌影响力的基础上，更能获得丰富的品牌联想，最终赢得广泛的认同与品牌价值的提升。当然，如果植入式广告的出现过于生硬或者出现过于频繁，就会影响消费者对于影片本身的体验，那么广告效果也将适得其反。

除了上述重要媒体外，还有许多其他广告媒体，如路牌广告、霓虹灯广告、橱窗广告、招贴广告、车厢广告、包装广告等。随着科技发展，媒体可选用的手段日益先进，如借助飞机、巨型气球或飞艇在空中携带标语，组成图形或文字来进行广告宣传。甚至用烟雾、光导纤维技术来创造新奇、壮观的宣传效果。手机短信等非传统广告也日益丰富。无论哪种媒体都具有自己独特的心理特征。了解它们的优势和不足之处，是正确使用媒体的基础。值得注意的是，目前，营销者在媒体的使用中，越来越强调互动性和娱乐性，产生了互动广告和娱乐性广告等新类型。

7. 互动广告

广义的互动广告是指所有能与消费者产生互动的广告，它既包括传统媒体中的互动形式广告，也包括依赖计算机及网络等新媒体的互动广告。狭义的互动广告是指应用数字技术等先进的互动传播新技术的广告形式。常见的互动广告形式包括情景互动广告和感应互动广告。情景互动广告是指需要广告画面外的物体来参与的广告，是一种新颖而独特的广告形式；感应互动广告是以计算机视觉和虚拟现实等技术为基础，使普通广告能够根据人体动作而产生相应变化的广告形式。互动广告的心理特征包括：

(1)生动性。广告作为一种注意力经济现象，加强吸引力尤为重要。传统广告中，电视广告之所以比广播广告或平面广告更有吸引力，就因为它能同时为消费者提供视觉和听觉方面的刺激享受。互动广告综合运用各种多媒体，比传统电视广告提供给消费者的视觉感受更生动、听觉感受更刺激，再结合互动功能带来的控制感和在场感，更加生动、有趣的互动广告使用体验更能让消费者记忆犹新。

(2)超时空性。互动广告采用了更加合理的互动传播模式，突破了时间和空间的限制，其信息传播无论在数量上还是速度上都远远超过了传统广告。传统广告只有几秒、几十秒的播放时间或很小的空间来传播信息，因此导致信息单调、片面和残缺不全。而互动广告为消费者提供更多的选择，只要消费者愿意，就可以有无限的广告接触时间或空间。这样大大提高了消费者获取更多角度的、更完整的信息，更有利于其做出合理的消费决策。

(3)精准性。互动广告通过互动媒体可以精确地识别个体消费者的兴趣，然后设计有针对性的广告内容与形式，精准地投向对之感兴趣的目标消费者。而消费者尽管原本不喜欢广告信息，但这些个人化的，在适当的时间、地点和情形下出现的，投其所好的广告却往往能触动其神经末梢细胞。

8. 娱乐性广告

娱乐性广告是一种新型的广告形式。与传统广告方式的强制性不同，娱乐性广告的目标是希望通过广告的娱乐性或实用性来吸引消费者主动观看。从形式上看，娱乐性广告可能看起来不像"广告"，而更像影视短片或电视节目，其本质是以产品为核心打造的短片和节目。由于产品完全融入具体节目之中并且成为节目不可或缺的重要角色,娱乐性广告比植入式广告更能积极地推销一个产品,消费者也很难因为它是广告而迅速忘记。

好的娱乐性广告带来的效果是传统广告难以企及的,它一旦引起消费者的兴趣,消费者不但会主动反复观看,还会主动传播。例如,富有创新精神的"七喜"搞笑系列广告取得的显著成果,不仅使其品牌形象得到推广,使"中奖率高达27％"的促销策略得到普及,而且给观看的消费者带来了好的体验。

娱乐性广告的关键在于创意,如何吸引消费者以及如何为产品设计密不可分的包装,需要对产品和消费者心理有更加全面的了解。

9. 消费者创造的广告内容(customer－generated content)

随着网络社交媒体的发展,越来越多的消费者从以往被动的信息接受者转变为信息创造者和发布者,在网上发布有关品牌的营销内容。营销者也顺势而为,常常激发和引导消费者制作和发布品牌信息,例如,海因兹番茄酱鼓励消费者将自己与品牌的故事拍成视频后上传到网上,并精选其中的优秀视频加工成商业广告在电视上播出。

二、广告媒体的应用

商业广告媒体的应用是与商业广告活动内在及外在诸多因素紧密相连的复杂工作,对整个广告活动乃至企业整体营销活动都有重大影响。它主要涉及对各种广告媒体进行有计划、有步骤的选择和组合。

(一)影响广告媒体选择的主要因素

1. 传播对象的特点

广告传播对象是企业目标市场的潜在顾客。这些潜在消费者的年龄、性别、职业、兴趣、文化程度等都不尽相同,从而形成各自对媒体的接触习惯和方式。任何一种媒体一旦适应了某些消费者的特点,就能拥有这些消费者作为自己较稳定的视(听)群体。这意味着每一种广告媒体的传播对象都具有各自鲜明的特点。广告人员对传播对象的情况和特点了解得越详细透彻,越利于找出与之相适应的最佳媒体和组合方式,进行有针对性的直达的广告诉求。

2. 宣传的商品特征

商品的特征不同,消费对象不同,媒体适用性也不同。广告所要宣传的商品独特的使用价值、质量、价格以及附加服务措施等要求相应的媒体配合。例如,化妆品广告需要展示化妆效果,应选用具有强烈色彩性的宣传媒介,杂志、电视可以达到其要求,而报纸、广播则略逊一筹。高新技术的产品或生产资料性的工业品,如精密仪器、机械设备等,需要详细的文字介绍来说明商品的优良性能和专门用途,则选择专业性杂志、直邮函件、说明书或展览会的效果会更好。

3. 媒体自身特性

广告可以借助媒体把消费者因素、产品因素和市场因素有机结合起来,集中地向特定消费者诉求。我们可以从质和量的两方面去衡量媒体自身的特性。

(1)质的方面包括媒体的性能、社会威望和吸引力。媒体的基本性能,如适应性、时效性、空间性等性能对广告效果有直接影响。杂志的彩色印刷效果高于报纸,报纸和电波媒体的时效性又强于杂志,同一份报纸头版广告的空间性优于其他版面,而商业中心地带的橱窗、路牌广告明显胜过其他地区。媒体的威望是指它在社会中的地位、声誉和影响,左右着广告的影响力和可信度。例如,《人民日报》上刊出的广告会因为该报的声誉、威望及全国最大发行量而得到广泛传播。媒体的吸引力指广告对注意力的吸引程度,是广告效果的前提。

(2)量的方面包括媒体的接触度、频率等。对印刷媒体而言,有发行量、阅读率、涵盖率等;对电波媒体而言,有保有率、开机率、视听率等。比较这些指标,才能选出恰当的媒体。例如,收音机、电视机在整个社会的拥有量即保有率指标越高,接收到电波广告的可能性就越大。在电视机保有率低而收音机保有率高的乡村,广播广告是最佳选择。

4. 营销战略的类型

广告是营销整体的一部分,营销战略直接影响着广告媒体的选择和组合。企业营销策略有"推"与"拉"之别。所谓"推",是以中间商为促销对象,把产品推进分销渠道,最终推上市场,这种战略主要用于工业品。所谓"拉",则以最终消费者为主要促销对象,首先设法引起潜在顾客对产品的兴趣和需求,这种战略多用于消费品。在"推"式战略下,广告媒体主要采用配合人员推销的各种促销媒体,如说明书、商品目录等形式,而广播、电视或报纸等大众传播媒体仅使用于企业广告、公关关系广告,旨在提高企业形象和影响,为人员推销创造好的背景。在"拉"式战略下,广告媒体主要采用大众传播媒体,以便迅速广泛地把有关信息传送给广大消费者。

5. 市场竞争状况

广告是竞争的主要手段,也是竞争的重要内容。广告要随时注意竞争对手的动态,并根据竞争对手的媒体策略及时调整自己的媒体策略。如果竞争对手少,影响不是很大,就只要在交叉媒体上予以重视;如果竞争对手多,而且威胁大,就可以采用正面交锋或迂回战术。正面交锋是指以更大的广告支出在竞争媒体和非竞争媒体上压倒对方;迂回战术即采用与竞争对手不同的其他媒体,或为避免在同一媒体上的正面冲突,提前或推后刊播日期。在广告内容上也可针锋相对、相互较量,或独树一帜、突出优势。

6. 广告费用支出

广告费用包括媒体价格和广告作品设计制作费。使用媒体的有偿性要求企业根据自身财力合理选择媒体。不同类型的媒体费用也不同,如电视广告的费用远远高于报纸广告的费用。同一类型的媒体,各媒体单位费用也有差异,报纸的不同版面、电视的不同播出时间等都有不同的收费标准,其中差别甚至可能很大。例如,在夜间收视黄金时间的电视广告费用可能比其他时间播出的广告费用高出几倍甚至几十倍。

除以上六点外,社会文化和政治法律等也是重要的影响因素。无论是广告信息本身还是广告媒体选择,都不可以忽视广告还会受到文化背景和政策法律的约束。民族特性、宗教信仰、风俗习惯和教育水平等社会文化因素影响着媒体的选择。依据国家制定的广告法规,有些广告媒体不准发布某些商品的广告,如我国法律法规规定香烟广告就不允许在电视等大众媒体上刊播。采用国际广告媒体时,更要注意所在国政治法律状况和民族文化特点对媒体选择的影响。

综上所述,影响媒体策略的因素是多方面的。因此,选择广告媒体时,不应当孤立地、机械地从某个因素来判断,而应综合、全面地考虑。

(二)广告媒体的运用方式

企业对媒体的应用可采用单一媒体或媒体组合等方式。

单一媒体方式多适用于小型企业,因其财力有限而只选用一种媒体进行广告宣传。这种简单的媒体运用着重于某一合适媒体,集中宣传力量,针对性强。有时大、中型企业在产品使用者固定、计划性强的广告中也会采用这种方式,如钢铁、矿石原材料、军工产品,以及铁路、航运、航空航班的广告等。

现代社会广告信息的传播越来越要求复合的传播结构,希望运用多种渠道的结合形式,因此企业日益重视媒体的组合运用。媒体组合即多种媒体形式组成的有机组合体。运用媒体组合，企业可以同时发布适合多种消费层次的广告信息。针对各媒体的优缺点，采取多媒体协同作战、相互配合的办法，可营造一种立体进攻态势，效果往往比运用单一媒体更理想。要达到最佳组合效应，企业首先必须选准主要媒体，然后注意其他媒体的综合利用。在资金上，企业不应平均使用财力，也不宜在某一媒体上投放过大而其他媒体明显不足以致不能发挥良好的协同作用。应视财力选择组合体大小，且在组合体中保证各媒体投放比例的协调。在宣传内容上，各媒体所特有的传播艺术和传播技巧应彼此配合、相互呼应，进而推动整体宣传策略的实现。

一个企业可以使用多个媒体，多个企业也可以联合起来同时在一特定媒体上进行共同或相关的广告宣传，如多家商业企业的联合展销广告。这种联合刊播的方式，既可以使消费者同时获得多组相关信息，又可以节约各联合企业的广告费用。

三、商业广告心理效果的测定

(一)广告心理效果测定的指向和主要内容

广告的效果是指广告活动实现其目的的程度，涉及经济效果、社会效果和心理效果三个方面。广告效果的测定指的是运用科学的方法来分析、研究和评价广告的效果，它是广告活动的重要内容之一，目的在于测定广告及其运用的方式和途径是否有效，从而提高广告效果，避免失败。

广告旨在通过影响消费者的心理活动与购买行为来促进产品销售。因此，广告信息的传播与消费者的心理过程有着必然的联系。我们把广告引起消费者心理反应的程度称为广告的心理效果，反应越强烈，效果就越好。广告信息作用于消费者而引发的一系列心理反应，一般经历五个相互联系和彼此促进的阶段，可用英文缩写表示为"AIDMA"模式。广告要达到理想的效果，必须在广告的计划、设计、制作和运用上充分重视每个阶段的特点，把握消费者的心理活动及其规律。

A——注意(Attention)。这是消费者感知反应阶段。广告诉诸消费者的感觉，吸引消费者注意力。

I——兴趣(Interest)。有特色的广告启发消费者的联想，诱发其好奇心和兴趣。

D——欲望(Desire)。引导消费者把客观的需要转化为对企业品牌的指向性欲求，这项工作是广告的重要任务。

M——记忆(Memory)。广告的反复诉求使消费者巩固对产品或企业的良好印象，确定其品牌信念。

A——行动(Action)。广告诚意的宣传和承诺，能坚定消费者信心，引起购买行动。

广告心理效果的测定，可以直接在上述心理活动过程中进行。主要测定广告对上述心理活动的影响程度来反映广告本身的效果。重点放在确定广告信息的有效性和消费者的接受程度，以及广告信息能否被正确理解，并起到激发情感、树立信念或改变态度的作用上。

在感知程度方面，用注意度、阅读率、视听率等来衡量商业广告是否引起消费者的注意，即调查有多少消费者接触到了这则广告。如果说这些指标生动地反映了感知程度中"感"的方面，广告播出后，企业或产品知名度的变化则具体地体现出"知"的方面。知名度指在消费者中有多少人知道企业的情况或产品的品牌和品质。在调查注意度的同时应了解知名度的情况。一般来说，理想的广告以其生动的形式及表现手法在刹那间抓住潜在消费者视(听)觉的同时，也传递给消费者清晰的内容,企业或产品的知名度就能提高。

人们对自己关心或好奇的事物会产生兴趣,而有兴趣又会促使他们更关心该事物。通常,在兴趣的基础上才可能有欲求,所以对情感激发程度的测定也是广告心理效果测定的重要内容。请消费者回答两则或多则同一内容的广告中,哪一则最能启发他们对美好事物的联想和追求,打动他们的情感?消费者是否相信广告中的产品能满足他们对美好事物的向往和渴望?其中哪一则是缺乏启发力、平淡枯燥的广告?通过这种调查,广告主能厘定广告诉求的重点,在广告宣传中做到有的放矢。

广告效果的迟效性要求对记忆效率有所测定。往往有一些广告没收到立竿见影的效果,却有潜移默化的积累性影响。当然,这依赖于消费者对广告的记忆度和理解度。记忆度是指消费者对广告信息保持和回忆的能力和水平,可在广告播出一段时间后请消费者指认商品,回答厂名或叙述广告最明显的风格、产品最突出的特点等。理解度反映消费者在感知的基础上对广告主题、广告观念的本质的掌握,可通过询问消费者广告的意思是什么、宣传了什么观念、结果是什么等问题来了解理解度。一般富有特色和乐趣、中心明确、内容严谨统一的广告便于记忆和理解。在记忆和理解的基础上,消费者展开思维活动,确立信念,推动购买行动的实现。

消费者一般在态度转变或购买信念倾向产生后,才有可能实现购买行动。广告对购买动机的影响成为心理效果测定的最后环节的内容。摸透了消费者采取购买行动的主导动机,并把它反映在广告信息中,便可以"投其所好"而颇具影响力。购买动机的调查主要了解消费者购买商品是随意购买还是受广告刺激才购买,即消费者对广告刺激的见解和倾向如何,以此来测定广告对消费者态度转变的促进作用。购买动机的测定方式有观察购买者的行为、询问他们对产品的态度和信任度以及购买目的,以及用报纸、杂志广告进行意见征询等。由于动机潜藏于消费者思维中,而且往往不是唯一的,有些消费者又不愿吐露,所以购买动机的测定相对比较困难。

(二)心理效果的测定方法

1. 事前测定和事后测定

广告心理效果的测定可以分为事前测定和事后测定。事前测定是广告作品未经正式传播之前的预测,主要是对印刷广告中的文案,广播、电视广告中的脚本以及其他广告形式信息内容的检验与测定,收集消费者对广告作品的反应,以便修改广告作品或从多个广告作品中选择较好的样本,也可以及时纠正在广告策划和传播战略中的不当之处,起到预审、预防的作用。事后测定是在广告作品正式传播之后,对其效果的最终评定,也是对整个广告活动是否达到预定计划与目标的测定,它可以总结经验和教训,为下一个广告活动提供"前车之鉴"。

2. 心理效果测定的方法

无论是事前测定还是事后测定,都要求消费者密切合作,最常用的方式是选样调查。测定的先决条件是选择有代表性的适当的对象。对象的范围不可太大或太小,太大则测定费用太高,太小则缺乏代表性而使测定结果失去准确性和普遍意义。

选样调查可根据测定的具体内容或项目,采用多种方法。其中,事前测定主要有下列六种方法:

(1)等级法。将关于同一商品但主题或形式不同的广告给被测试者看,请他们判定最感兴趣的广告、最具有说服力的广告和最能促成购买的广告,并用1~5五个数字代表等级评价每一则广告,取平均等级最高的为优,再吸收其他广告的优点补充完善它。这种方法投资小、速度快。

(2)评分法。邀请有一定评判能力的消费者和专业人员,给广告打分。可将广告的各要素列表,发给测试对象当面评分或邮寄给他们。广告内容在表格中可分为主题、创意、语言、品牌与商标、布局谋篇五个方面,也可按另一角度分为吸引力、有用性、清晰度、感染力和敦促力五个项目。每栏最高 20 分,满分 100 分。取最高分者为正式传播广告。

(3)询问法。事先拟订好调查事项,当面征询测试对象的意见,并观察其反应,然后综合分析和判断。询问时可以与个人面谈,也可以组织座谈会,在将同一种商品的广告样本给受测试者看后,询问他们以下问题:"您最喜欢哪一则广告?为什么?""您认为这则广告是说明什么的?""能否回忆一下您印象最深的那一则广告?"等。这种方法可以面对面地了解较多情况,找到广告号召力和传播能力最优的方案,但它要求调查者有很高的组织能力和谈话技巧,而且调查成本较高。

(4)试验法。对重要的、规模较大的广告,一般先通过小型试验,然后再正式推出。例如,在小试验场地陈列或播放广告,待消费者做出肯定评判后,再大规模地发布。这种方法比较科学,但时间长、成本高,受外界环境因素影响大。

(5)态度法。请测试对象在没看到广告之前对产品及同类产品试用,并做出评价。然后请他们观看广告,之后再对产品重新评价,看看他们的态度有何转变以及转变的方向,从而得出其中反映的问题。

(6)实验室法。这是利用先进科学仪器在实验室中测定消费者心理反应的方法,目前正在研究和试用的大体有两种:一是根据人脑电波变化来判断测试对象是否对广告宣传感兴趣。当测试对象受不同广告刺激产生不同情绪反应时,仪器可以敏锐地抓住他们大脑兴奋时不同的电波。二是按照被测试者注视广告时瞳孔扩张的程度来判定广告的吸引力,医学上认为当人们感觉有兴趣的东西时,瞳孔会放大。把瞳孔摄像机安装在广告媒体上,就能自动记录瞳孔的变化情况,还可以反映眼球移动的时间和顺序,从而得到测试对象感兴趣的部分及视觉流程轨迹。这种方法在我国尚未采用,但国外不少广告公司已经利用电子技术来测试广告的心理效果。

事后测定主要有下列两种方法:

(1)认知测验法。给测试对象看一份广告,问他是否看见或听到过,若回答是肯定的,说明他对这个广告有认知。在这种方法中最著名的是美国斯塔夫阅读率调查。斯塔夫将测试对象分成三类:第一类是看过该广告但不曾留心广告内容的人;第二类是关心过该广告,对广告宣传的商品和企业大致了解而其他内容则不甚了解的人;第三类是精读过该广告,能知道并记忆该广告中 50% 以上内容的人。计算这三类人占读者总数的百分比,并统计分析这三类人在单位广告费成本中每类所占人数,即

广告的阅读效率＝杂志(报纸)销量×每类读者百分比/所付的广告费用

以此来体现该广告的认知效果。

(2)回忆测定法。这种方法主要用于测定广告心理效果中的理解记忆程度,可以利用询问法或问卷法,探索消费者对看过的广告是否留存印象,能回忆起多少广告信息。在提出问题时可以全面地问:还记得某则广告吗?记得多少内容?也可以具体地询问:某则广告主题或口号是什么?或提供某种辅助,如提示测试对象该广告中的商标或厂商名称后,询问广告的其他内容如插图等。项目越具体,反馈的信息越多,越能够查明消费者对商品或创意等内容的理解与联想能力,乃至对广告的确信程度。有的专业调研公司在广告播出的第二天,打电话给随机选择的调查对象,询问一些问题,如是否在电视中看过某则广告、广告说明些什么、你认为广告做

得怎么样等。另一家公司也进行类似的调查,只是采取上门访问法,请被拜访者先看一份昨天播出的电视广告名单,然后让他们指出对哪些广告有印象,以及对广告内容的看法。

总之,任何一种测定方法都不是尽善尽美的,心理活动本身的复杂性使测定工作有一定的困难。但心理效果测定能切实说明广告的真实效果,并能提供广告创作应遵循的消费者心理活动规律。因此,努力做好广告的事前测定和事后测定很有必要。

第三节 商业广告的传播策略

一、广告传播的心理原理

广告的传播者无不希望自己的广告能深入人心、打动人心,这就必须基于广告心理的研究,采用正确的广告信息传播策略。在广告传播的内容、形式和媒体选择上都应符合广告传播的心理准则。

(一)注意原理

当人们把意识集中到特定的物体或概念上,就是所谓的"注意"。在消费者心理活动和购买行动中,注意是一个心理准备阶段,亦即广告发挥作用的第一步。广告界有句名言:"引人注意的广告已成功了一半。"根据注意的集中和指向规律,一般认为,版面所占面积大、位置独立而突出、画面动感强烈或声音富有变化的广告最易被消费者注意。通常,要吸引和维持消费者的注意,有以下几条规律可循:

1. 增大刺激物的强度

例如,通过加大版面、用明艳色彩或增加美妙图案、特殊音乐甚至香味来有意识地增大广告对消费者的感觉刺激。

2. 增大刺激物之间的对比

对比可以产生强烈反差,使消费者对刺激物形成强烈的条件反射。加强静动、明暗、浓淡、密疏等的对比度,使消费者心理处于一种积极、兴奋的状态,从而对广告印象自然深刻。例如,摆放在粗砂石粒上的精美手表的广告画面,一粗一精强烈对比,使消费者充分注意到手表的巧致、华美;霓虹灯广告中可闪动的部分往往成为注意的焦点。

3. 提高刺激物的感染力

刺激物的强度和对比固然吸引消费者注目,但若缺乏感染力则无法维持和深化注意。只有提高刺激物的感染力,激发消费者的情感体验才能留住有效注意。例如,采用新奇有趣的构思、富于艺术性的形式等方法使广告有更强的感召力和推动力。

4. 善于利用口号和警句

利用相对不变的口号或警句,概括地、艺术地反映商品特点,往往醒目易记、朗朗上口,使人耳目一新。例如,耐克的"Just do it!"利用口号、警句要简单明了,既富特色又符合商品特性,还要与消费者利益、情感相联系,唤起共鸣。

(二)说服原理

说服就是"以某种刺激给予接受者一个动机,使其改变态度或意见,并依照说服者的预定意图采取行动"。广告正是说服大众购买商品和服务的手段。它利用生动的形式和真实的承诺引起消费者的关心和信任,产生思想共鸣,并依照广告的劝导采取购买行动。广告对消费者的说服有诉诸理智和情感两种。根据一般看法,对于市场上需求十分迫切的商品和劳务广告,宜采用前者;对于需求滞涩的产品,多诉诸情感。在说服中注意阐明理由,并依据消费者个性特点厘定说服重点,利用权威的力量或威胁性说服、反复说服等技巧。例如,一种新的感冒药广告指出,感冒虽是小病,却能引起许多严重病症,如不及时治愈等于把自己置于危险境地;而另一则化妆品广告则警告消费者岁月催人老,青春难永驻,然后分别推出自己的产品可免除这些威胁。这种威胁性说服如用权威人士来宣讲更能令消费者接受。

(三)个性原理

不同的商品和劳务有着不同的性能和特点,不同的消费者有着不同的个性心理特征。个性原理要求广告传播在内容、形式和媒体上要适应目标消费者的个性。例如,性格活泼和沉静的两位消费者,对广告内容、色彩和媒体选择,都会有不同偏好。企业常常通过广告等手段塑造品牌的鲜明个性,以吸引目标市场的潜在消费者。例如,宝马(BMW)和梅赛德斯(Mercedes)都是昂贵的德国汽车,但是它们的个性完全不同。宝马是令人兴奋的、年轻和积极的。梅赛德斯是有成就的、博学的和成熟的。而奥都斯汽车(Oldsmobile)之所以退出了市场,是因为通用汽车公司不能够赋予它一种既有吸引力又区别于其姐妹车别克(Buick)的个性。再如,可口可乐与百事可乐之间最大的不同在于它们对年轻有各自不同的沟通。

(四)记忆原理

记忆是将过去的经验存储在印象中,必要时再浮现出来。对于广告信息的记忆,是消费者思考问题、做出购买决策的不可缺少的条件。广告必须让人容易记住,因为在消费者获得广告信息后,一般不会立即实施购买。如果广告的视觉、听觉元素难以记忆,在他要采取购买行动时,广告效果就会几乎为零。记忆原理要求增强广告记忆性:(1)适当减少识记材料的数量,广告信息宜简单明晰;(2)充分利用视觉形象的记忆优势,用直观形象的实物或模拟来增强知觉度;(3)设置鲜明特征或具有明显韵律,便于识记、回忆和追忆;(4)适当的重复;(5)引导人们使用正确的记忆方法,如上海巴士公司用63848484(绿色巴士、巴士巴士)的电话号码来增强人们对公司的记忆。

(五)暗示原理

暗示就是应用含蓄、间接的方法,对消费者心理状态产生影响。广告先是以语言或动作的暗示刺激使被暗示者产生某种概念,然后促使其基于该概念而采取行动。暗示有两种:一是直接暗示,如"开业酬宾两天,所有商品九折优惠",言下之意是"如不来购买将错失良机";二是间接暗示,如"爱美的我,当然用力士",含蓄地暗示"假如你要美丽,快选用力士产品吧"。欧莱雅的"你值得拥有",使其消费者感觉自己很特殊。消费者很难抗拒暗示的力量,而且一般不以为自己在被动地接受劝告,而认为是自己的本意。广告如善用此原理,就能成功地影响消费者的购买决策。

二、广告传播的心理技巧

商业广告集经济、科学、文化和艺术于一身,是极富技巧性的传播活动。正确策略与完美技巧相结合的广告有着"不由你不信"的魅力,而缺乏技巧的平庸广告只能做到"信不信由你"。在丰富的广告实践中,广告工作者、研究者总结出许多优秀的技巧,下面结合实例进行分析。

(一)以奇取胜

好奇心理是人与生俱来的。消费者往往都富于幻想,渴望变化。以奇取胜的广告技巧正是利用消费者的好奇心,运用一些突破常规和出人意料的特殊手法,来刺激消费者的好奇心,引起其兴趣和注意,从而留下深刻印象,进而达到良好的宣传效果。

法国驰惟普斯汽水的电视广告就是一个成功运用此招的案例。在美国某太空基地,静寂中透出阵阵紧张的气氛,高耸的火箭即将点火发射。随着倒记秒数的口令声结束,火箭呼啸跃入天穹。借助太空影像画面,观众看到火箭已进入太空,正向月球接近。可以看到空旷荒凉的月球表面了,咦!怎么上面有人?屏幕上显示出一个身穿轻松夏装的法国人正躺在帆布躺椅上,仿佛在海滩度假般舒适。他打开身边的驰惟普斯汽水愉快地品尝,时而看看表,时而望望天空,像是在疑惑美国的火箭怎么还没到?美国人终于在月球上着陆,这位早先等候的法国人一边摇着法国的三色旗,一边用驰惟普斯汽水热情地招待他们。

以创造性思维,创造出非凡妙招是出奇制胜的实质。《孙子·势篇》中说:"凡战者,以正合,以奇胜。""奇"使广告展现非凡魅力和力量。这则广告特别离奇,将事情夸张到违反客观事实和情理的地步,谁都知道是美国人第一个登上月球,怎么法国人在此广告中捷足先登了?月球上缺氧无法饮用东西,法国人却自豪热情地与美国人分享汽水?种种离奇情节刺激了消费者的好奇心,促使他们探寻这种汽水的味道到底怎样,最终促成购买行为。

(二)以新取胜

有些企业广告做了不少,收效却不大,原因往往是没有新意,落入俗套。创新是广告的生命线,是广告传播的重要原则,新的创意、新的格调、新的形式将使广告既富有艺术性又有科学性,从而产生不同凡响的心理影响。没有创新的广告在市场竞争中根本展现不了风采,吸引不到消费者。

"新"就是要避免雷同,使广告具有个性化。为此,广告策划人员要从新角度去发现独特的问题,从宣传的产品或劳务不同于其他产品或劳务之处去寻找不同一般的表达重点,给消费者以新颖别致的心理感受。泰国复印纸商亿王亚哥集团通过创新成功地组织了一次提高品牌 Double A 知晓度的活动。公司广告围绕"卡纸逼人疯狂"的策划,重点强调宣传 Double A "绝不卡纸"的特点,有效地将自己与竞争性品牌区别开来。

(三)以巧取胜

根据不同的市场目标、不同的消费对象,运用灵巧的技巧,往往可达到事半功倍的效果。

荷兰某汽车商设计了一个广告,声称公司准备免费送出 80 辆崭新轿车。主办者将从电话用户本上抽取 80 个地址,再按地址上门送车。但倘若幸运儿未依规则在自己的窗户上张贴汽车广告纸,就会失去获奖的机会。广告发布后,人们急忙将从报纸上撕下来的全页广告贴在自家窗户上。一夜之间,几乎所有住户的窗上都贴着该品牌的汽车广告,其轰动效果可想而知。

(四)以诚取胜

中国有一句古话:"诚招天下客,信为事业本。"广告宣传最基本的要求是向消费者传达真诚的信息。过分吹嘘自己产品的优势或提供不实承诺的虚假广告,给企业带来的只能是最终失去消费者的恶果。

真诚意味着向消费者客观地介绍产品和服务,甚至不怕"揭短扬丑"。某家针织服装厂生产各色针织服装,消费者选购时会发现在这家厂的产品包装袋里附有一张小卡片,说明由于科技原因褐色染料还做不到不褪色,但其他色彩可以保证不褪色,请顾客挑选时注意。坦诚地把不足之处暴露出来的做法并没有影响销路,反而坚定了消费者对厂家、对产品的信任,喜爱褐色的消费者对此表示理解,仍然有很多人选用褐色服装。

美国安飞士汽车出租公司勇于承认第二的广告技巧也被人们传为美谈。公司广告自称它只是第二位的汽车出租公司,"那为什么要租我们的汽车呢?因为我们会比别人更努力"。此招深得公众赞赏且该公司因此荣登信誉的首位,产生了良好的市场效应。当然,安飞士公司确实按广告中承诺的那样,公司员工上下一致全力为顾客提供最优的服务,说到的就认真去做到,才能深得顾客信服。

(五)以情取胜

广告的诉求对象是人,人具有各种欲望和情感,因此广告的传播应充分注意广告的感情色彩。一则具有浓厚感情色彩的广告能以其亲切感人之处,对消费者产生强而有力的心理冲击力,引起感情的共鸣,继而再用正确的消费意念去说服他们采取购买行动。即将情与理有机地统一,以情诱导,以理说服。上海力波啤酒"喜爱上海的理由"系列广告及其主题曲就是一个很好的例子。

本章小结

商业广告是指特定的广告主为扩大销售或树立形象,以付费的形式通过大众传媒向目标市场传递商品和劳务信息的经济活动。成功的广告必然是遵循消费心理规律的广告,广告心理研究包括广告媒体、广告传播及广告效果的心理分析。广告的主要媒体(报纸、杂志、广播、电视、直邮、网络等)有不同的心理特征,企业选择和应用媒体时应与之相符。广告的心理效果是广告效果的重要方面之一,其测定工作(事前测定、事后测定)直接影响广告管理的效率。广告传播遵循注意、说服、个性和暗示等心理原理,在传播技巧上应适应消费者心理特征,力求以奇、新、巧、诚和情取胜。

思考题

1. 商业广告的心理功能主要有哪几种?
2. 请比较主要广告媒体的心理特征。
3. 广告效果事前测定、事后测定的主要方法有哪些?
4. 举例说明广告传播应遵循的心理原理。
5. 举例说明广告传播的心理技巧。

案例分析

世界再大,大不过一盘番茄炒蛋?[①]

2017年10月,招商银行的一则广告《世界再大,大不过一盘番茄炒蛋》在朋友圈霸屏,引发热议。这则广告其实是招行为了推广自家的留学信用卡,以新颖的形式讲述了一个有关母爱的故事:初到美国的留学生在聚会时要贡献出一道番茄炒蛋来招呼朋友,但他不知道该如何做,情急之下远程求助父母,却没注意12个小时的时差。微信语音说不清楚,为了教会儿子番茄炒鸡蛋,他爸妈半夜披上衣服起身做番茄炒蛋,细心地讲解并在厨房录了一段视频。最后儿子的番茄炒蛋在朋友聚会中大获成功。深夜情境加上戏剧化的煽情,这支广告深夜刷屏了社交网络。"世界再大,大不过一盘番茄炒蛋。当孩子走向更大的世界,爱仍然如影随形",这则视频背后的文案就是大多数中国父母的心理写照。一时间网络转发量惊人,取得较大轰动效

---

① 《如何评价招商银行信用卡广告》,https://www.zhihu.com/question/67586074。

应。不过,广告剧情的设定在打动无数海外游子及其父母的同时,也引发不少质疑。一是围绕广告价值观的讨论:为了一盘番茄炒蛋半夜把父母吵醒,这种营造出的温情仔细想来其实是自私的;将一个已经独立的成年人,打造成依赖父母、连时差也算不清的"妈宝"形象,没有传递出健康的家庭价值观。二是这则传播数据颇好看的广告,与招商银行 Visa 信用卡的关联较为间接。如果不是最后的视频文案展示的留学信用卡副卡的优惠,人们很难联想到它是一则信用卡广告。但也有人认为恰恰是争议进一步提高了人们的转发传播和对品牌的关注。

讨论:
1. 结合案例分析商业广告运动的心理功能。
2. 招商银行信用卡这则广告是怎样迎合消费者心理的?
3. 你如何看待该广告引发的争议?应该如何评价广告效果?

阅读资料

麦迪逊和葡萄藤:广告业与娱乐业的新互动[①]

欢迎来到日益繁忙的麦迪逊和葡萄藤街(Madison & Vine)的交叉路口,这里是广告业与娱乐业相遇的地方。在今天混乱的广告环境里,麦迪逊大道知道,它必须找到新方法,加上更令人信服的信息,来吸引那些对广告厌倦的消费者。答案是什么?娱乐!有谁能比好莱坞和葡萄藤大街上的人更了解娱乐?"麦迪逊和葡萄藤"所代表的是广告业和娱乐业的融合。有两种主要形式:广告娱乐(Advertainment)或品牌娱乐(Branded entertainment)。

广告娱乐的目的是使广告本身具有娱乐性,或非常有用,使人们想要看广告。这是邀请式广告,而非侵入式广告。你会说,不会有人特意看广告吧?再想想吧。举例来说,超级杯橄榄球联赛已经成为一个广告娱乐的年度盛宴。每年,成百上千万人参与超级杯,看娱乐化广告的人和看比赛的人一样多。

事实上,许多广告主现在不再抱怨数字录像设备(TiVo)和其他硬盘录像机(DVR)系统,他们认识到这些设备实际上可以提高一个好广告的收视率。例如,一项研究表明,去年大多数超级杯广告在拥有 DVR 的家庭中被收看得更多。广告并不是看过就算了,许多人是看了又看。

有趣的是,这种动态变化超出了超级杯广告的范围。虽然 DVR 降低了整体的广告收视率,但研究表明,DVR 的用户并不一定会跳过所有的广告。根据一项研究,55% 的 DVR 用户在看到具有娱乐性的或与已相关的广告时不会去按快进键,有时甚至会再看一遍。"如果广告真的是娱乐的或有信息价值的,你不会不在意,"一位行业观察员说,"为了看它,你甚至不会怕麻烦。"

除了使常规广告更具娱乐性,广告主们也在创造新的广告形式,以使它们看起来不像广告,而更像微电影或节目秀。广告主用于"网络视频短片"的开支的增长速度远远领先于任何其他推广形式(每年 45%)。例如,美国鹰牌服装公司(American Eagle Outfitters)已悉数接受这一概念。这家服装公司不仅使用 30 秒广告,而且在其网站上建立了自己专门的媒体渠道,被称为 77e。该渠道迄今最大的热点就是网络视频短片系列,"这是一个商场的世界"。这部 2~5 分钟的视频短片由 NBC 电视连续剧《英雄》(Heros)中的万人迷米洛·文堤米利亚

[①] 菲利普科特勒等《营销原理》(第 16 版),2016。

(Milo Ventimiglia)主演,累积浏览次数已经超过1.5亿次。当新一集在晚上亮相时,AEO网站上的流量猛增20%。更令人惊讶的是,观看短片的人中会有75%购买产品。

品牌娱乐(或品牌整合)使品牌成为其他形式的娱乐活动不可分割的一部分。品牌娱乐的最常见形式是产品植入——将品牌作为背景嵌入其他节目。总的来说,美国广告主去年在产品植入上投入了约100亿美元,比巴拉圭的国内生产总值还多。仅在2014年的头3个月,美国顶尖的11个电视频道就制作了数目庞大的117 976个产品植入。

现在,你很难找到不带某种产品植入的电视节目了。在现实的电视节目制作中,这种做法特别流行。去年,NBC的《最大失败者》进行了近4 000个不同的产品植入,涉及从桂格燕麦片(Quaker Oats)和箭牌口香糖(Wrigley's Chewing Gum)到赛百味(Subway)的数家公司。福克斯的《美国偶像》——全美收视率最高的节目——硬塞进了3 000多个产品植入。

最初只是通过电视节目让消费者记住品牌,现在,品牌娱乐已经迅速传播到娱乐业的其他部门。它被广泛应用于电影。(你是否记得《变形金刚》中通用的汽车,或者塔拉迪加之夜Richy Bobby赛车装备上的品牌广告牌?)如果你仔细观察,你还会在视频游戏、漫画、百老汇音乐剧,甚至流行音乐中找到微妙的和不那么微妙的产品植入。在说唱歌手卢达克里斯的音乐录影带中稍带提上一句某种新的能量饮料,就可使它的销售像坐上火箭一样蹿升。

广告主为产品植入支付多少费用取决于植入的重要等级、受众规模,以及是否与其他产品捆绑。最好的植入正越来越多地与一系列附加条件一同出售。"这种情况不再有了:'这里有5万美元,把我的车放到背景里去'。"一位分析师说,"现在你要针对广告、营销和网站空间的组合进行谈判,产品出现在电影中也属于交易内容。"传闻AT&T曾为与《美国偶像》的交易支付了5 000万美元,这项合作将传统广告和频繁的产品植入打包组合在一起。

因此,麦迪逊和葡萄藤是广告业和娱乐业一个全新的交汇地。如果运用正确,广告娱乐和品牌娱乐能够产生巨大的效益。然而,专家告诫说,麦迪逊和葡萄藤也可能是项有风险的合作。他们担心,广告过度娱乐化可能会减损广告主的品牌信息——消费者也许只会记得有趣的广告,而忘了品牌或广告主本身。他们注意到,两者的交叉点正变得越来越拥挤。由于这些新的广告形式和产品植入,麦迪逊和葡萄藤反而会产生更多的混乱,而原本这正是它要突破的地方。消费者会认为,到底到什么程度上,麦迪逊和葡萄藤的交叉点太拥挤了而最终选择不同的道路?

但《美国偶像》的发言人说,他们的真人秀节目不存在这种过度植入的问题。"我们没有听到来自我们重点受众的任何投诉,广告主对结果也感到满意。事实上,我们绝大部分时间都用来婉拒广告客户。"福克斯的营销总经理表示同意。"如果不提前续约,我们的时段眨眼间就会被竞争对手抢过去。"

巧用粉丝页面的10项建议[①]

根据一系列项目得出的定性和定量研究结果,我们认为在改进粉丝页面时可以考虑下述建议。

1. 给消费者一定的控制权。归根结底,这其实是社交媒体的核心问题之一:社交媒体必须由用户掌控、为用户所用。一般而言,企业都不愿意让用户随心所欲地谈论自己的品牌。但在社交网络上,如果消费者的言论要经过企业的编辑和审核,这显然是不合适的。

[①] 摘自《品牌应该如何利用社交媒体?》,https://www.millwardbrown.com/docs/default-source/china-downloads/knowledge-points/kp_how_should_your_brand_capitalize_on_social_media.pdf? sfvrsn=2。

2. 必须生动有趣。受访者告诉我们，他们打开品牌的社交媒体网页时，总是期待看到一些新鲜的或不同的东西，而不希望看到与公司官网上一模一样的内容。他们不喜欢自己被当作传统的"销售对象"，而是希望成为"追求对象"。我们研究过的一个粉丝页面使用了各种创新程序和新奇的内容，从而实现了最高的粉丝指数（Fan Index），并显著增强了人们对品牌质量的认识。

3. 必须真实可信。公开和诚实非常重要。对于社交媒体上的品牌而言，透明度是关键，也是建立信任的首要因素。在消费者看来，大多数品牌都喜欢宣传自己的政策和流程，而隐瞒自己的弱点或缺陷。所以，对于不敢把自己的缺点示人的品牌，消费者不会给予信任和尊重。

4. 说话语气要像朋友般亲切，避免商业腔。消费者希望品牌能以简单、随意的交谈式语言与之交流。他们不喜欢面对一堆专业用语；语气应该明确、轻松、诙谐、言之有物。

5. 提供回馈。粉丝希望自己的忠诚得到回报。虽然这不是他们注册访问粉丝网页的唯一目的，但他们通常都期待能得到一些回报。尽管折扣和优惠券是流行的回馈方式，不过这种方式不能持久，所以不妨考虑提供其他的"专享"内容，例如特别版本或下载。

6. 组织竞赛。粉丝喜欢通过竞赛来与品牌互动。这种活动不一定非要搞成大型比赛，经常举行形式简单、小奖励的竞赛也未尝不可。有一个知名品牌的粉丝页面就常常组织竞赛和有奖竞猜，借此带动了人气。这些活动非但不会破坏品牌价值，反而会使消费者愿意花更多的钱在该品牌上。

7. 提供新闻。消费者成为粉丝的重要原因之一就是他们希望得到新产品的信息；粉丝很重视品牌的相关信息。不过，提供这些信息时必须使用实事求是的新闻语气，而绝不能带有广告的味道。粉丝最看重的东西：新闻、信息、竞赛、回馈共享该知识点。

8. 保持网站的活跃度。品牌发帖频率较高的网站往往总分更高。粉丝指数（Fan Index）研究涉及的网页中，每月发帖不足15次的网站得分都不高。不过，发帖过于频繁也会吓跑粉丝；发帖过多正是消费者"不喜欢"或"躲避"品牌粉丝页面的主因之一。所以，关键是找到一种与页面风格一致的发帖规律。

9. 创造群体归属感。社交网络的本质是社会群体，所以由粉丝发表评论的页面往往人气高涨。其中的道理是显而易见的。一切都由粉丝自己做主。空荡荡的餐厅不会有人光顾，你需要营造一种动态、活跃、有趣的环境。在建立粉丝社群方面，有一个粉丝页面得分特别高。其成功秘诀就在于鼓励粉丝之间的交流，而淡化品牌自身的地位。

10. 展现品牌的真实面貌。品牌的吸引力取决于品牌的个性和目标。要确定哪些要素对一个品牌最有效，关键在于开发独特的内容和策略，以引人入胜的方式向目标群体传递品牌战略。有一个品牌通过在粉丝页面展现合适的品牌个性，大大提高了品牌的吸引力。这种方式不仅能够为品牌注入活力，受访者还说他们喜欢与朋友分享品牌页面的更新内容。

第十七章

电子商务与消费者心理

● 学习目标

1. 了解中国互联网发展的演进过程与现状;
2. 把握当今国内外电子商务的发展趋势;
3. 熟悉网上消费与消费者心理及购买行为;
4. 理解网络营销制胜要素。

● 导入案例

巴黎欧莱雅的魔镜[①]

2014年,欧莱雅品牌在中国推出具有划时代意义的数字化美妆产品——"千妆魔镜"。这款免费App即"移动终端数字化彩妆魔镜",由欧莱雅研发中心与好莱坞大型电影工作室合作研发,应用"增强现实技术"和手机前置摄像头,让你轻松试妆,具有高效和逼真的上妆效果,堪称时尚领先的"口袋里的彩妆大师"。自2014年戛纳电影节之后该产品陆续在法国、美国和英国推出,深受时尚界人士好评并风靡全球,在苹果应用商店创下超过百万的下载量。

"千妆魔镜"的研发

据彭博社分析师Deborah Aitken在《彭博商业周刊》上公布的数据,欧莱雅集团拥有超过3.5万项专利,每年花费收益的3.7%约10亿美元在研发上。这个数据几乎是行业标准的2倍。欧莱雅作为中国市场彩妆业的领导品牌,亦始终以探寻消费者需求为己任。研发中心经过多年经营积累,拥有了中国市场乃至全球消费者在美妆方面的信息和数据,并建有强大的数据库,为开发这款"魔镜"奠定了基础与实力。这些海量数据涵盖关于肤色、脸型、皮肤状况等基础信息,以及各种色彩、美妆艺术、妆容妆效等数字化信息,通过智能手机前置摄像头,让消费者如同照镜子一般轻松试妆,应用"RTTRACK64"面部追踪算法,精确识别面部动态结构,以3D方式再现面部自然状态,做到你怎么动,彩妆就跟着实时自然变动。其强大的内置功能和互动平台使得巴黎欧莱雅全新品牌彩妆定位从数字化角度产生精准而又逼真的效果,从而惠及广大消费者。

革命性美容应用

不少爱美女性在日常化妆或购买彩妆产品过程中会遇到这样的问题:这么多种类的颜色,但我不知道哪款唇膏的色彩最适合我。或者是,我想尝试各种妆容,不过这样太浪费时间了。

[①] 改编自许诗雨:"巴黎欧莱雅的魔镜",《第一财经周刊》,2014年1月6日。

如何在不同场合选用合适得体的妆容,这对于大多数女性来说也许是个大问题。

只有精准的尖端科学才能带来真正的革命,它能改进产品性能,最终提升消费者的生活质量。"移动彩妆魔镜"革命性地改变美妆应用产品,使虚拟妆面不再停留在简单涂抹红色唇膏、画上普通眼线的初级阶段。欧莱雅"千妆魔镜"应用程序经过多年研究,通过64个面部特征点、400种光线条件、上万次的产品测试,不仅让你能够测试欧莱雅所有彩妆产品在你脸上所呈现的效果,还能让你尝试由巴黎欧莱雅化妆师为你打造的所有整体妆容,更能让你根据穿着搭配的款式、颜色等选择适合的妆容,获得更多专业化妆师的专属指导,做到"所见即所得";通过它,你可以一站式完成使用产品、专属化妆师指导、整体造型以及购买的多维互动体验。"千妆魔镜"在中国的上市是巴黎欧莱雅全球首次推出使用于安卓系统的美妆应用。

开启电子商务时代

除了成为消费者"指尖上的彩妆设计师"外,"千妆魔镜"也体现了巴黎欧莱雅大力发展移动电子商务的信心。随着智能手机和互联网在中国消费者中逐步渗透,中国移动电子商务早已展现出巨大潜力。数据显示,约55%的中国手机用户至少通过移动设备进行过一次线上购买,而在美国,此数值只有19%。同时在淘宝手机购物平台上,化妆品已是仅次于服装的第二大品类,但是其中彩妆产品仅占很小的一部分,低于线下市场中彩妆占整体化妆品销售的份额,其中最大的原因可能在于消费者无法通过亲自体验使用而引发购买行为。

"千妆魔镜"则真正为消费者带来了"触手可及的美丽"。无论身在何处,消费者仅需要轻轻点击屏幕即可体验巴黎欧莱雅80多款彩妆产品和16款经典妆容,并和朋友分享、讨论以决定最合适自己的产品,这款软件还配有购物车功能,消费者在挑选到心仪的彩妆产品后,可以直接经由"千妆魔镜"跳转到巴黎欧莱雅线上官方购物商城进行购买。因此,"千妆魔镜"不仅是巴黎欧莱雅全面迈向数字化美妆品牌的重要标志,更将强化巴黎欧莱雅作为电子商务领域第一美妆品牌的地位。

"千妆魔镜"在法国、美国、英国和中国已经面市,未来还将登陆20多个国家的彩妆市场。消费者通过移动设备登录苹果、安卓应用商店即可下载试用,千万爱美女性可以任意体验彩妆的乐趣,并随时随地得到彩妆专家的指导,选择自己喜欢的美容产品,感受"千妆魔镜"的神奇魅力。

随着我国电子商务日新月异地发展和壮大,人们在消费活动过程中不再局限于只是面对面、以实际的货物和纸质单据进行交易,而是可以通过互联网搜索商品信息,可以与商家议价,可以通过物流配送以及网上资金结算系统来完成所需物品的交易。面对电子商务的兴起,消费者的心理也随之发生了相应的变化。

第一节 电子商务及其在我国的发展现状

一、电子商务概念及主要特征

世界贸易组织的《电子商务专题报告》把电子商务定义为:通过电信网络进行的生产、营销、销售和流通等活动,它不仅指基于互联网上的交易,而且指所有利用电子信息技术来解决问题、降低成本、增加价值和创造商机的商务活动,包括通过网络实现从原材料查询、采购、产品展示、订购到出品、储运及电子支付等一系列贸易活动。

作为网络时代高新科技发展的必然,电子商务的产生已形成对传统经济贸易方式的强有力的冲击,具有强大的生命力。它有以下五个主要特征:

(一)高效率、低成本

电子商务较任何传统的贸易形式都有着巨大的优势。其中,最为显著的优势是,不论是"企业对企业"(Business to Business,B2B)类型,还是"企业对消费者"(Business to Consumer,B2C)类型,或者是"消费者对消费者"(Consumer to Consumer,C2C)类型,都能增加贸易机会、降低贸易成本、简化贸易流程、提高贸易效率。电子商务通过网络,跨地区、跨行业地把生产厂商、供应商、物流中心、零售商、消费者、银行等直接连接起来,使参与商务活动的各个领域和人通过网络直接接触,缩短了产、供、销与消费者之间的距离,大大降低了中间成本;电子商务无须店铺与商铺租金,实现了产品直销,减轻了产品库存的压力,从而降低了经营成本。

(二)不受时空限制

电子商务是信息技术高度发展以及互联网普及的产物。互联网作为一种多向互动、受时空限制小的现代化传播渠道,与传统电视、电话、传真、广播、报刊等不同,具有传播范围更广、速度更快、交流互动、反馈迅速的特点;同时,它无国界、无区域分隔,只要拥有网络终端,即可随时到电子商店浏览和购物。它的活动方式更加灵活,全天 24 小时无休,全年 365 天持续进行,为人类的各种交易活动提供了方便快捷、经济高效的服务。

(三)平等、互动、资源共享

电子商务使任何企业都不受自身规模的绝对限制。任何企业或个人都能平等地获取来自世界各地的信息,并能够同样平等地展示自己,资源共享;产品一上网络,就有可能成为国际品牌,而无须花费昂贵的营销推广费用,能够以最少的成本将自己的产品、服务推广到全世界,传递到各个市场,传送到需要者的手中。

(四)选择自由度更大

电子商务能使消费者拥有比传统商贸形式更为宽阔的选择自由度。消费者可根据自己的喜好和需求对商品进行充分自由的比较选择,这就促使企业之间、地区之间的差价缩小,有利于节省交易时间和交易成本,从而使网上商业的竞争更多地侧重于服务内容、服务质量、响应速度等。

(五)实现一对一沟通

电子商务实现了不管是 B2B 企业还是 B2C 企业,或者是 C2C 类型的,都能一对一沟通。需求者可以顺着电子商务的相关联想来扩大自己的思维范围,并不断根据搜索的内容发现自己的需求,相互间充分交流、达成一致,并针对需求者的个别要求设计、提供特别的商品,使一对一的个性化服务得以进一步深化,让消费者达到最大限度的满意。

二、我国电子商务的发展现状

(一)起步较晚

我国的电子商务起步较晚。1997 年,中国商品订货系统(CGOS)、中国商品交易中心(CCEC)、虚拟"广交会"等大型电子商务项目的陆续推出,揭开了中国电子商务发展的序幕。1997 年,江苏无锡小天鹅集团利用互联网向国际上八家大型洗衣机生产企业发布合作生产洗碗机的信息,并以 B2B 形式在网上洽谈,最后与阿里斯顿结为合作伙伴,签订了 2 980 万元的合同。同年,海尔集团在互联网上与爱尔兰达成贸易,签订了 3 000 台冷藏冷冻冰箱的出口订单。截至 1999 年 5 月,在短短两年内,海尔集团有 20% 的出口业务通过互联网实现,并与全球著名的电子商务解决方案供应商德国的SAP公司合作,建立海尔B2B平台。1998年,首信易支付(www.beijing.com.cn)开业。1999年,8 848网上超市(www.8848.com)开业。之后,雅宝(www.yabuy.com)、乐友(www.leyou.com)、当当网(www.dangdang.com)、阿里巴巴(www.alibaba.com.cn)、淘宝网(www.taobao.com)、京东商城(www.jd.com)、天猫(www.tmall.com)、拉手网(www.lashou.com)等电子商务网站犹如雨后春笋般纷纷面世。

(二)发展迅速

中国电子商务的发展经历了近二十年的风雨路程,上述的一些网站有的自生自灭,有的强者更强。但有目共睹的是,中国电子商务正日益发展壮大。截至2017年12月,我国境内外上市互联网企业数量102家,总体市值8.97亿元人民币。其中腾讯、阿里巴巴、百度公司的市值之和占总体市值的73.9%。[①] 阿里巴巴从一个名不见经传的小公司,成长为一家大型互联网跨国上市公司,始终致力于打造世界优质电商平台,2017年其电商业务收入达到732.44亿元,同比增长57%。中国平台的年度活跃消费者达到5.15亿人次,同比提升16%;移动月度活跃用户达到5.80亿,同比提升18%[②]。

中国互联网络信息中心(CNNIC)发布的第41次《中国互联网络发展状况统计报告》显示,截至2017年12月,中国网民规模达7.72亿,互联网普及率为55.8%,超过全球平均水平(51.7%)4.1个百分点;网络购物用户规模达到5.33亿,较2016年增长14.3%,占网民总体的69.1%;自2011年至2017年六年时间,中国网络购物用户增加了3.4亿(图17-1)。手机网络购物用户规模达到5.06亿,同比增长11.7%,使用比例由63.4%增至67.2%;网络零售交易额71 751亿元,同比增长32.2%,增速较2016年提高6个百分点[③]。

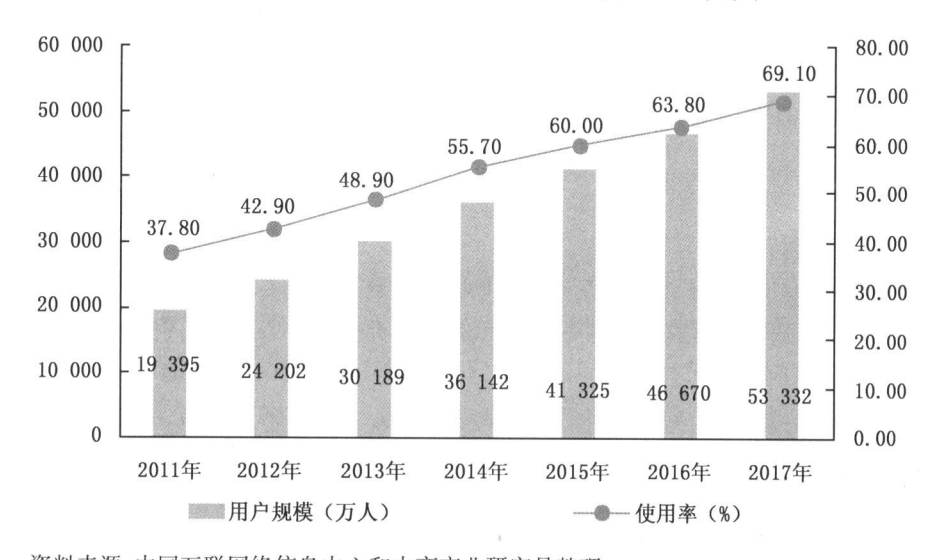

资料来源:中国互联网络信息中心和中商产业研究员整理。

图17-1 2011~2017年中国网络购物用户规模及使用率情况

(三)互联网时代的到来

互联网时代通过网络把各方面信息连接起来,从前期的PC端,发展到移动端包括笔记

[①] 第41次《中国互联网络发展状况统计报告》,2018年1月31日。
[②] 阿里巴巴(NYSE:BABA)2018年2月1日公布阿里巴巴截至2017年12月31日的财报数据。
[③] 数字来源:中国互联网信息中心第41次《中国互联网络发展状况统计报告》,2018年1月31日。

本、平板电脑、智能手机等连接设备,体现了互联网时代最显著的特点,即便捷性、便携性、即时性、定向性、精准性、感触性等。人们在互联网上沟通交流、了解资讯、购物交易等。互联网已渗入人们的生活、工作等各个方面,发展成为中国影响最广、增长最快、市场潜力最大的产业之一,正在以超乎人们想象的深度和广度迅速发展。

第二节 电子商务与消费者心理

一、网络消费的性别、年龄特征

网络消费日渐主流化,不同性别、不同年龄阶段、不论职位高低和收入差异,各个群体、个人,从学生、白领、普通百姓,到社会精英,都加入了网络消费的行列。截至2016年底,我国网络购物用户数4.67亿,较2015年增加5 345万,同比增长12.9%;网络购物市场的年交易规模达到47 000亿元人民币,同比增长24.7%,在社会消费品零售总额的渗透率达到14.3%,同比提升1.7个百分点[①]。基于京东大数据,京东联合21世纪经济研究院发布《2016中国电商消费行为报告》的统计数据显示,在电商消费人群中,26~35岁的"80后"年龄用户占比很高,是网购的中坚力量;职业方面,白领与一般职业群体占比最高,是互联网消费的主要群体;学生和教师群体的购买用户也相当庞大,占比达到1/3。以中国银联发布的《2017移动互联网支付安全调查报告》显示,"70后""80后"为消费主力军。相比刷卡支付,74%的被访者更习惯移动支付,其中男性网络消费者高于女性。男女性别消费者月均网上消费额超过5 000元的比例为23%和15%,男性高于女性8个百分点。"90后"每月网上消费金额高于5 000元以上比例达到23%,高于其他所有年龄段消费人群,说明"90后"年轻人的收入情况不及其他年龄段人群,但网购消费能力有着巨大潜力[②]。

二、网络消费与应用的特征

(一)网络消费百花齐放

电子商务迅速发展,网络消费百花齐放,企业与消费者之间的电子商务(B2C)、企业与企业之间的电子商务(B2B)、消费者与消费者之间的电子商务(C2C)、线下商务与互联网之间的电子商务(O2O)、供应方与采购方之间通过运营者达成产品或服务交易的电子商务(BOB)等诸多模式层出不穷。近些年,跨境B2C业务的开启彰显了中国网络零售全球化发展的趋势,中国制造在海外市场畅销,中国消费者对海外优质商品的需求和选购,以及跨境支付体验的不断完善,使跨境B2C业务在各大网络销售平台上线。据商务部数据显示,截至2017年上半年中国跨境电子商务交易规模36 000亿元,同比增长30.7%;全世界都有中国电商驻足;阿里"全球速卖通"已经覆盖230个国家。

资本市场、互联网巨头与实体商业纷纷布局O2O领域,利用互联网使线下商品或服务与线上相结合,线上生成订单,线下完成商品或服务的交付。O2O产业如雨后春笋般在全国兴起,涉及团购、网上订餐、网上约车、手机"打车神器"嘀嘀出行、旅游预订、娱乐、医疗、家政、快递等行业。

---

① 智研咨询发布《2017年中国网络购物行业发展概况分析》,智妍咨询官网,2017年11月22日。
② 中国银联发布《2017移动互联网支付安全调查报告》,《华龙网》,2018年1月17日。

网络购物市场呈现出普及化、全球化、移动化的发展趋势,运营网站、微官网、微商城、微信、QQ、微博等相继问世。网上售卖的商品从图书、通信、IT、数码、影视音乐、化妆品、服装、家居到汽车、住房等大宗商品,应有尽有,销售商品的品类已覆盖消费者日常生活的各个方面。2017年,我国网络购物用户达到5.33亿,较2016年增长14.3%,占网民总体的69.1%,具体情况见表17—1。

表17—1　　　　　　　2016～2017年各类网络消费及应用的使用率情况

应用	2017年 用户规模(万)	2017年 网民使用率	2016年 用户规模(万)	2016年 网民使用率	全年增长率
即时通信	72 023	93.3%	66 628	91.1%	8.1%
搜索引擎	63 956	82.8%	60 238	82.4%	6.2%
网络新闻	64 689	83.8%	61 390	84.0%	5.4%
网络视频	57 892	75.0%	54 455	74.5%	6.3%
网络音乐	54 809	71.0%	50 313	68.8%	8.9%
网上支付	53 110	68.8%	47 450	64.9%	11.9%
网络购物	53 332	69.1%	46 670	63.8%	14.3%
网络游戏	44 161	57.2%	41 704	57.0%	5.9%
网上银行	39 911	51.7%	36 552	50.0%	9.2%
网络文学	37 774	48.9%	33 319	45.6%	13.4%
旅行预订	37 578	48.7%	29 922	40.9%	25.6%
电子邮件	28 422	36.8%	24 815	33.9%	14.5%
互联网理财	12 881	16.7%	9 890	13.5%	30.2%
网上炒股或炒基金	6 730	8.7%	6 276	8.6%	7.2%
微博	31 601	40.9%	27 143	37.1%	16.4%
地图查询	49 247	63.8%	46 166	63.1%	6.7%
网上订外卖	34 338	44.5%	20 856	28.5%	64.6%
在线教育	15 518	20.1%	13 764	18.8%	12.7%
网约出租车	28 651	37.1%	22 463	30.7%	27.5%
网约专车或快车	23 623	30.6%	16 799	23.0%	40.6%
网络直播	42 209	54.7%	34 431	47.1%	22.6%
共享单车	22 078	28.6%			

资料来源:中国互联网络信息中心,第41次《中国互联网络发展状况统计报告》,2018年1月。

手机网络购物用户规模达到5.06亿,同比增长14.7%,使用比例由63.4%增至67.2%。统计数据还显示,2017年全年我国网民使用手机网上外卖的规模发展快速,手机网上外卖用户规模3.22亿,增长率66.2%,使用比例42.8%,提升14.9个百分点[1],具体情况见表17—2。

---

[1] 数字来源:中国互联网信息中心,第41次《中国互联网络发展状况统计报告》,2018年1月31日。

表 17-2　　2016～2017 年各类手机网络消费及应用的使用率情况

应用	2017年 用户规模（万）	2017年 网民使用率	2016年 用户规模（万）	2016年 网民使用率	全年增长率
手机即时通信	69 359	92.2%	63 797	91.8%	8.7%
手机网络新闻	61 959	82.3%	57 126	82.2%	8.5%
手机搜索	62 398	82.9%	57 511	82.7%	8.5%
手机网络音乐	51 173	68.0%	46 791	67.3%	9.4%
手机网络视频	54 857	72.9%	49 987	71.9%	9.7%
手机网上支付	52 703	70.0%	46 920	67.5%	12.3%
手机网络购物	50 563	67.2%	44 093	63.4%	14.7%
手机网络游戏	40 710	54.1%	35 166	50.6%	15.8%
手机网上银行	37 024	49.2%	33 357	48.0%	11.0%
手机网络文学	34 352	45.6%	30 377	43.7%	13.1%
手机旅行预订	33 961	45.1%	26 179	37.7%	29.7%
手机邮件	23 276	30.9%	19 713	28.4%	18.1%
手机在线教育课程	11 890	15.8%	9798	14.1%	21.3%
手机微博	28 634	38.0%	24 086	34.6%	18.9%
手机地图、导航	46 504	61.8%	43 123	62.0%	7.8%
手机网上订外卖	32 229	42.8%	19 387	27.9%	66.2%

资料来源：中国互联网络信息中心，第 41 次《中国互联网络发展状况统计报告》，2018 年 1 月。

使用手机购物的比例呈逐年上升趋势。不用去实体店，更不用坐在电脑前，移动端购物只需一部手机就能随时随地"逛商店、选商品、支付金额、完成购物"。相比传统的 PC 端购物，消费者使用移动端购物显得更加便捷、私密、互动，手机购物深受消费者尤其是年轻消费者的青睐。

（二）团购模式新兴崛起

网络团购（Online Group Shopping）是 2009 年美国高朋（Groupon）公司发展出的一种电子商务模式。它是指一定数量的、认识或不认识的消费者用户联合起来，通过互联网渠道组团，以比较低的折扣购买同一种商品的商业活动，即 C2B（Consumer to Business）电子商务模式，它的前提是消费者聚合成团，加强与商家的谈判能力，以求得最优价格；而商家根据薄利多销的原理，给出低于零售价格的团购折扣和单独购买得不到的优质服务来吸引更多消费者。知名度较高的团购网站有美团网、大众点评网、百度糯米、拉手网、窝窝团等。消费者打开电脑浏览团购导航网站，根据需求选择自己喜好的团购优惠券，进行网上支付后电子优惠券便发送到该团购消费者的手机上，用户只需凭电子优惠券到相应商家便可消费。作为一种新兴的电子商务模式，团购提升用户与商家的议价能力，并最大限度地获得商品让利，引起消费者及业内厂商的极大兴趣。

根据第 37 次《中国互联网络发展状况统计报告》的统计数据显示，截至 2015 年 12 月，中国团购用户规模达 1.80 亿，较 2014 年底增加 755 万人，增长率为 4.4%，有 26.2% 的网民使用了团购网站的服务,手机团购的使用比例增长更为迅速,用户规模达到 1.58 亿,增长率为 33.1%,2015 年手机团购的使用比例由 21.3% 提升到 25.5%。

(三)移动网购和 App 的兴起

移动互联网,即把移动通信和互联网两者结合,成为一体的可移动化互联网,其优势无外乎可随时随地随身与互联网分享,开放互动,实时运用,实时沟通,随时可获得信息,携带方便等。2017 年我国移动电商用户规模为 7.15 亿,渗透率达到 65.9%;手机购物用户突破 7 亿[1]。

电子商务的不断发展,智能手机的功能开发和使用都改变着人们的生活。App 是英文 Application 的简称,多指智能手机第三方应用程序,App 具有社交分享功能,可以聚集相似群体;能实现用户互动和口碑传播,提升用户忠诚度;增加用户体验;可以在移动设备上使用,满足人们咨询、购物、社交搜索等需求。

移动购物之所以快速上升,一是因为商家的促销力度大,扫描二维码、下载 App 即可打折优惠;二是因为手机使用方便,相比 PC 端更随心所欲、更快速便捷,走到哪购物到哪。使用网上支付的用户使用率也有大幅增加,统计数据显示,2017 年使用网上支付的用户规模是 5.31 亿,较 2016 年增加 5661 万人,年增长率 11.9%,使用率达 68.8%;手机支付用户规模是 5.27 亿,使用比例达到 70.0%[2]。

(三)海外代购应运而生

"代购"是由代购商或经常出境的个人帮消费者买到商品。人们总会碰到这样的情况,在网络、电视、报纸等媒体上看到世界各地各具民族特色的商品,由于时间、距离等原因,不能把喜欢的东西买回来,所以上网选购。有些在国内尚没有销售,有些在国内是短缺的,有些在国外价格较低。互联网无国界和不受远近距离约束,专业代购网站能把用户委托购买的商品在海外完成购买,并通过邮寄入关,且网站负责办理全部入关纳税手续。个人代购即利用个人出境时进行代购,是先把商品通过行李的形式带回国内,再分别邮寄给委托用户即买家。

中国电子商务研究中心的数据显示,2016 年约有 4 200 万中国人通过跨境电商平台购买外国商品,消费总额约为 1.2 万亿元人民币。

(四)电子商务及网络营销蓬勃发展

电子商务迅猛发展,互联网 O2O 商业模式的发展态势也相当迅速,O2O 的商业模式把实体企业尤其是生活服务业和商业服务业与互联网紧密结合,线下企业快速发展为互联网消费经济中重要的一环。根据艾瑞咨询发布的《2017 年中国网络经济报告》,中国网络经济 2016 年的增长速度为 28.5%,其中电子商务对中国网络经济的贡献超过 60%。中国互联网信息中心数据显示,截至 2016 年 12 月,全国企业开展在线销售的比例是 45.3%,比 2015 年提高 12.7 个百分点。其中制造业,信息传输、计算机服务和软件,批发零售业等开展电子商务线上销售的比例较高,而零售企业开展网络零售发展较快。商务部发布的数据显示,截至 2017 年 9 月,我国零售连锁百强企业开展网络零售的比例提升至 83%,是全国企业互联网应用平均水平的 2.5 倍。

根据第 39 次《中国互联网络发展状况统计报告》的统计数据显示,2016 年企业在各种移动营销推广方式上,微信营销推广使用率最高。截至 2016 年 12 月,微信营销推广为 75.5%,位居第一;企业移动官网居二,为 54.0%;移动搜索营销推广为 50.0%;移动社交推广为

---

[1] 数字来源:Quest Mobile《2017 中国移动互联网报告》,2018 年 2 月 17 日。
[2] 数字来源:中国互联网信息中心,第 41 次《中国互联网络发展状况统计报告》,2018 年 1 月 31 日。

40.8%；企业官网 App 为 33.9%；移动电子商务网站推广为 32.6%；移动广告联盟推广为 19.5%。见图 17-2。

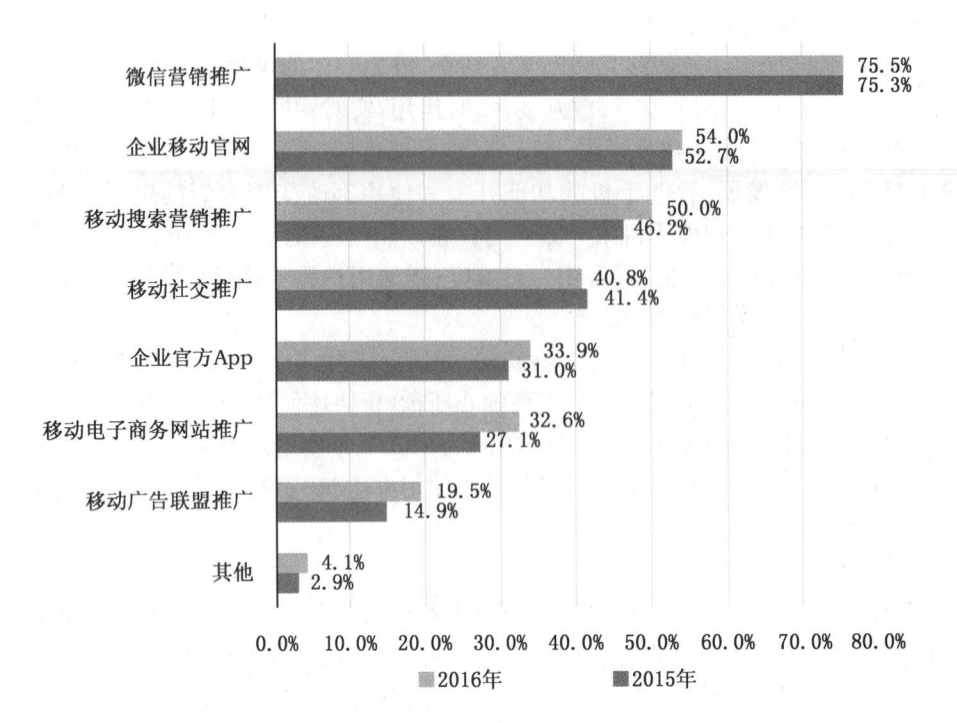

```
微信营销推广         75.5% / 75.3%
企业移动官网         54.0% / 52.7%
移动搜索营销推广     50.0% / 46.2%
移动社交推广         40.8% / 41.4%
企业官方App          33.9% / 31.0%
移动电子商务网站推广 32.6% / 27.1%
移动广告联盟推广     19.5% / 14.9%
其他                 4.1% / 2.9%
```

（■ 2016年 ■ 2015年）

资料来源：中国互联网络信息发展中心，第 39 次《中国互联网络发展状况统计报告》，2017 年 1 月。

图 17-2　2015 年与 2016 年企业各种移动互联网营销渠道使用率比照

三、消费者选择网上消费的心理

(一)心理因素

消费者选择网上消费的心理因素是多方面的。例如，消费者购物经验不足，或不愿意到人头攒动的商店购物，或营业员态度不佳，或对商店购物环境不满意，或不想让人知道自己所购买的商品，认为传统商店无法满足消费者的个人欲望等。而网上消费恰恰能够弥补这些类似的不足。消费者可以在浏览商务网站过程中获得更多的商品信息，从中了解商品知识和相关技能；网店上的商品和服务无所不有，消费者能有更多的选择；同时网上消费有一定的隐秘性和独特性，可以从中获得消费的乐趣。

(二)非心理因素

非心理因素则包括：消费者觉得店铺离家太远，因忙碌而没有时间去商店；商品体积太大，不易搬运；商品的时令性和季节性；等等。网上消费没有时间限制，没有地域分隔，不与店员直接接触却可以挑选自己中意的商品，一旦发生对商品不满意的情况同样可以退货，同时不用消费者自己搬运提货，一切由供应商负责送货上门，实行门对门一站式服务。

(三)人际因素

到互联网上的虚拟商店浏览和购物，还可以替代部分人际互动关系，减轻孤独感。借着上网购物的过程，寻找未来可能拥有的商品并达成幻想。同时，还可以满足消费者个人角色扮演的动机，如扮演社会所认可或接受的某一角色，如先生、女士、家庭主妇、歌星、电影明星等。

在互联网的平台上人人平等,通过聊天软件买卖双方自由谈判、实时交互,商家能在最快时间里了解用户的购物意图,满足消费者愿望,达成交易。

(四)时空观念重组因素

网络营销的范围大大突破了原有商品的销售范围和消费者群体的范围。商家不再只是通过产品订货会、发布会来传播商品信息,而是更多地利用网站、网页以及链接来发布信息;群体集会变成了个体自由支配时间到网站浏览和访问;消费者了解商品的途径也由完全被动式演变为主动上网搜寻信息,提升了消费者的自主性和消费意愿。

四、网络购物的消费行为特征

(一)追求个性化

网络消费的最大特点在于以消费者为主导。消费者获得了比以往在任何商店购物时都更大的选择自由,并且可以根据自己的个性特点和需求,不受地域限制,进入感兴趣的企业网址或虚拟商店(Virtual Store),以获取更多的相关信息及其组合。例如,消费者可以自由选择自己喜好的商品品牌,在随意自在的心理状态下选择商品,避免实体店商品相对单调、人多干扰的情况,使购物更能实现满足个性化需求的体验。

(二)表现自我

网上购物出自个人消费意向的积极的行动。一般来说,消费者会花费比较多的时间到网上的虚拟商店浏览、比较和选择。比起亲自到实体店了解商品(通常还会跑多家商店选择比较),上网查询、浏览、收集商品信息更快捷、更便利、更全面,能体现出走在时代前沿的自豪感;通过网络互动能够与商家进行实时沟通,有助于崇尚个性化的消费者把个人的愿望和需求融入商品的设计和定制中,让购物过程中凸显自我的理念得到更充分的张扬。

(三)省时、省力、省成本

消费者可以利用电脑随时随地浏览众多的网上虚拟商店,商家所有的产品目录、公司简介、产品规格、体积、外观、价格等一系列资料都反映在网页上,供消费者比较和选择。而消费者可随时上网浏览,不用顾虑网店地处何方或网店何时关门,对惜时如金的现代人来说,即时、便利、随手可得显得尤为重要。

在网上选择购买自己所需的商品,还可以先到不同的实体店观看实物,了解商品的功能、性价比后再决定是否购买和购买哪个款式;决定购买时,不需要花费很多时间在路上,不需要自己提物,只要上网点击就可完成交易,费用比在实体店购买便宜,既省时省力又物美价廉。

英国航空公司(British Airways,以下简称英航)是最先实现机票电子化的航空公司之一。将传统纸质机票改为电子机票,英航从每张机票中减少了25英镑的成本;再一项创新是机场的"自助登机"服务,搭乘英国航空班机的乘客可以在航班起飞前48小时内由乘客在英国航空公司网站上自助办理登机手续、选择座位,使乘客不需要把太多时间花费在排队办理登机上。这项创新不仅节省了乘客办理登机手续的时间,更提高了英航的工作效率和服务水准,节省了航空公司和乘客的资源。如今这项"网上自助办理登机"的服务已被大多数航空公司启用,深受乘客和航空公司服务人员称赞。

(四)货比三家

网上商店比起传统商店,能使消费者更为直接和直观地了解商品,更能精心挑选和货比三家。网上商店一般对出售商品都配有照片和商品文字介绍,标明详细的商品售价、性能、形状、颜色,以及商品的品质和功能。网店相比实体店节省了场地租金、员工成本等,同样质量的产品或服务在价格上却要比实体店便宜很多。而消费者在进行网络购物决策过程中,51.8%的用户认为价格因素是其选择网购的原因①,见图17-3。

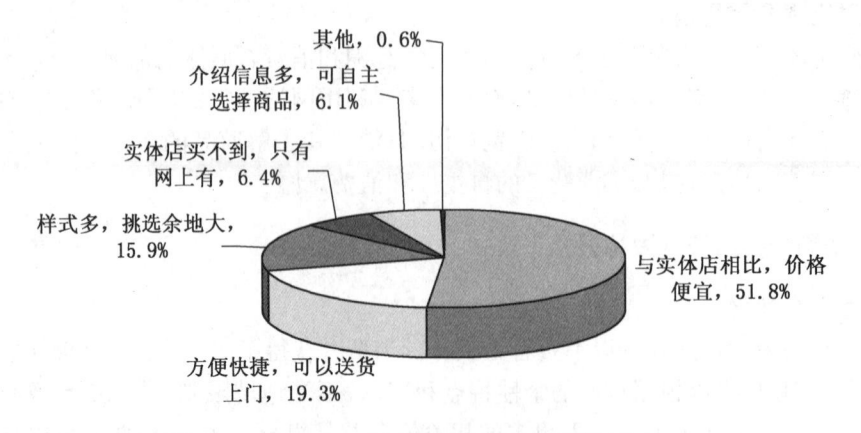

其他,0.6%
介绍信息多,可自主选择商品,6.1%
实体店买不到,只有网上有,6.4%
样式多,挑选余地大,15.9%
与实体店相比,价格便宜,51.8%
方便快捷,可以送货上门,19.3%

资料来源:艾瑞咨询集团,《2010～2011年中国网络购物行为研究》。

图17-3 用户选择网购的原因

针对消费者的"货比三家"心理,电商网(www.ebwang.com)率先在全国开通了"特价热卖"栏目,还建立了"电子商务大社区",汇总了知名网站如新浪(www.sina.com)、天下商机(www.txooo.com)、全搜(www.quanso.net)、网猎(www.91hunt.com)、所有(www.suoyou.com)、酷必得(www.coolbid.com)等30多个购物网站的相关信息。消费者只要进入电商网的"特价热卖"专栏,就可以轻松获得各个热销产品的信息以及价格,通过链接快速进入消费者认为适合的网站,完成选购活动。这种购物方式迎合消费者"既减少上网时间与费用,又找到了价廉物美、称心满意的商品"的心理,深受网上消费者的青睐。

第三节 网络营销制胜的要素

一、重视个性化的顾客服务

个性化服务(Customized Service),又称定制服务,就是按照顾客特别是一般消费者的要求提供特定服务。网络营销应从以下三方面给用户提供个性化的服务:

(1)服务时空的个性化,指在人们希望的时间和希望的地点得到服务;
(2)服务方式的个性化,指能根据个人爱好或特色来提供服务;
(3)服务内容的个性化,指服务内容不再是千篇一律、千人一面,而是各取所需、各得其所。

二、重视开展互动式营销

网络营销区别于传统营销的最显著特点是网络的互动性。卖方可以随时随地与买方互动式地进行沟通,而买方也可以一种新的方式与卖方互动交流。这种交流是双向而非单向的。不同的网络营销手段对企业提高知名度、树立形象、鼓励尝试以及培养客户忠诚度有着不同的效果。网络时代的消费者作为真正的"产销者"将参与到商品的生产中来,因此,企业的市场应

---

① 艾瑞咨询集团:《2010～2011年中国网络购物行为研究》。

是每一个不同的顾客个体。这样就需要商家与客户之间进行很好的交流与沟通，了解客户在想什么、需要什么，怎样的产品是他们最需要的。随着互联网技术的高速发展，企业网络营销的各种手段也应运而生，主要有电子商务营销、搜索引擎广告、网上目录黄页、网上虚拟社区、E-mail营销、论坛营销、微博营销、短信息营销、微商营销等。在运用诸如此类的网络营销模式时，企业需要牢牢把握的要点是：

(1)利用互动媒介进行营销，进行企业产品与企业形象的宣传；
(2)多层次、多渠道，让商品流通的速度更快、效率更高。
(3)充分使消费者化被动为主动，让他们参与进来。

三、重视销售过程中的实时沟通

网上销售最为显著的特征之一就是"省时""快捷"。客户要求的是在几分钟甚至更短的时间内做出及时反馈。电子商务是在虚拟的市场选购商品，消费者看到的只是商品的文字、图片和相关信息，看不到商品实体。因此，购物网站就如同虚拟的商场，要让前来购物的消费者得到好的体验，尽情选择，愉快购物，过程中还要与顾客实时沟通交流，最后把商品从发货到送货上门，以快速、安全完成网购。大致要把握好以下几个环节：

(1)网上发布信息。网上发布信息具有成本低廉、受众范围广、信息量不受限制的特点。企业通过互联网把各类商业信息和企业信息发布在Web站点，客户通过搜索引擎工具迅速匹配商品信息，而商家则可利用官方网站和企业公众号做广告宣传。

(2)网上沟通咨询。网上咨询洽谈沟通，超越了人们面对面的限制，图文并茂甚至能发视频，快速又便利，能达到比面对面更直观、更丰富透彻的效果。

(3)网上订货。以友好态度让客户挑选商品，耐心回复和解释客户对商品的疑惑。一旦客户填写订购单，应尽快确认订购信息和给予回应。

(4)网上支付。这是网络购物的重要环节，客户与商家需要共同来完成。网上支付形式大致有网上银行、信用卡、支付宝、微信支付、云闪付……并以数字凭证、数字签名、加密等手段应用，为网上支付提供可靠安全的保障。

四、注重提高企业核心竞争力

网络商场经营的重点不在于吸引人潮，而是如何发掘那些想要在线上购物的人。

(一)招呼好每一位在线顾客

1. 向在网上购物的消费者提供相应的产品建议

著名的亚马逊网上书店(Amazon Books)是这样对待它的顾客的：当顾客对某一本书有兴趣时，亚马逊便会自动向顾客提供其他相关题材的书目，如果顾客对所推荐的书有需要，亚马逊便会以电子邮件的方式通知顾客这本书的平装版何时到货，甚至不断与顾客保持信息沟通，向顾客推荐所选定的特定类型新书的信息。百思买公司(Best Buy Inc.)为了向以女性为主的网上购物者促销高档家电商品，专门设计开发了一个在线互动式厨房和盥洗设计中心，消费者可以利用室内设计工具和媒体应用工具，对即将购买的商品进行室内效果的自由搭配演示，消费者可以选择300多个不同结构的厨房和盥洗室，以放置不同的家电产品，定制她们喜欢的房间及家电布局，形象地通过多维角度查看到不同色彩的家电放置在各种房间中的效果，以辅助消费者做出购买决策。消费者可以保存设计好的室内效果图，将它发给亲朋好友以帮助决策，也可以将设计好的效果图电邮给商店专门部门以获得私人帮助，达到网上网下的多渠道贯通销售。

2. 及时回答常见问题

顾客在购买企业的产品前，通常会浏览企业网站或相关的信息资料，提出很多关于该产品的问题。这些问题是客户或潜在客户在跟你做买卖之前想弄清楚的地方，把它们放到页面上，既排除了客户跟你做买卖的一个障碍，也建立了企业与客户之间的沟通平台，有利于向客户提供尽可能完美的售前、售中及售后服务。

3. 创建"24×7"模式服务

客户或许曾遇到这种情况，为做一笔外贸生意，需要跟大洋彼岸的商家通信联系，但由于时差关系，实时通信不太容易。然而，网页却可以每周7天、每天24小时无间断地为客户和合作伙伴提供服务，周而复始，永不停息。这种"24×7"模式的服务能分拣信息，以满足不同客户的不同需要；还能收集重要信息，以保持企业的竞争优势，使国际商务不受任何限制。

4. 及时更新信息资源

传统的印刷类信息如报纸、小册子、广告彩页等，往往这一轮信息还没有发布，新的信息内容又涌现，这时客户手里就增加了一堆价格不菲却用处不大的纸张。而电子出版物、网络信息则可以根据客户的需要即时更新，且公布这些信息既不用纸张又无须油墨。客户甚至可以将信息内容粘贴到一个数据库上供客户分类、储存和分析，而这个数据库又可对输出的信息进行筛选把关。这样可以任由客户对信息进行保留、更新和删除，比印刷品有更大的灵活性。

5. 收集客户的反馈

收集客户的反馈是一项经常性的且重要的工作，如发布小册子、产品目录和说明书等。网络营销为网上零售商提供的最大机会之一，就是使商家能以前所未有的数量收集到有关顾客浏览商品和购买商品习惯的大量信息。收集这些顾客的反馈信息，无疑是商家为建立客户档案、做好客户服务、使顾客满意的最基础的工作。

(二)培养顾客的安全感与信赖感

培养安全感与信赖感的有效方式是建立网上社团。通过网站联结网上社团以增进访问率，能促进建立以消费者为着眼点的网络销售渠道。

如果企业能吸引人们不断访问自己的网站，就有机会扩展自己与顾客的沟通和互动，向他们销售货物、提供服务。

(三)建立营销伙伴和企业"粉丝"

企业网站的建立离不开网上营销，它与网站设计、技术特征、服务器速度一样至关重要。也就是说，商家仅仅把商店搬上网络，把商品展现在网页上，然后坐等顾客上门是远远不够的。在互联网上，产品不是第一位的，拥有"伙伴"、拥有"粉丝"才更为重要。企业一旦拥有更多的"粉丝"，就能让他们参与到产品开发、完善和销售中。企业必须不断采取主动措施来赢得"粉丝"即潜在顾客，确保他们知道自己的网站并鼓励他们、吸引他们来访问自己的网站。

第四节 电子商务具有强大的生命力

企业要建立自己的站点，个人要上传自己的网页，商家要为产品推销设立自己的"网上门面"。互联网技术的完善和巨大的市场需求给经营者带来巨大的诱惑，他们一方面希望采用电子商务技术降低内部成本，另一方面希望通过电子商务扩大市场需求、提高服务质量。

电子商务经过短短十几年的发展，已被企业和寻常百姓所广泛运用，尽管它在发展道路上会遇到挫折,法律法规还需完善,但终究会带着无穷的生机与活力,在人类的新大陆——互联网"虚拟绿洲"上,显示出强大的生命力。

一、网络营销新策略的实施

(一)建立品牌知名度

在互联网上,要尽可能使消费者了解你的产品或服务。互联网给消费者带来了更多信息量和自主选择权,消费者的个性需求意识大大增加,因此,了解你的人数越多,知名度越大,成功的希望也就越大。可以通过热门网站的广告作用,增加自己品牌的曝光率,吸引相关社会群体的注意力;还可以通过热门网站将自己企业的网站宣传出去,吸引上网者前来浏览你的产品和服务,并让他们确信你的网站值得关注。

(二)激发浏览者的直接反应

除了建立品牌知名度,企业在网站上更希望唤起浏览者的即时反应,包括鼓励消费者下订单,促使消费者提出更进一步的产品资讯,强化消费者与产品之间的关系。这就要求企业努力保证网络下单的便利性与安全性,一方面激发消费者直接上网购物,另一方面也可以把网站作为传播媒介,宣传企业的促销活动,起到吸引消费者上门的作用。

(三)用网站建立良好的企业形象

成功的网络营销是建立在互利互惠的原则上的,即企业提供免费的信息或服务,吸引消费者与其建立更进一步的伙伴关系,把文化内涵、企业愿景、产品信息、服务理念等充分展示在互联网上,向企业的目标市场和客户提供真正有价值的东西,让他们在学习与了解中对企业的形象、企业的产品产生更好的印象。

(四)纸上谈兵不如实物展示

网店与实体店并存,实体店以实物展示产品,而线上屏幕以文字加图片说明产品,只有图文并茂才能达到最佳效果。网络有平面媒体的深度与资料保存的价值,线上则结合多维立体效果,这样线上线下有机结合、相得益彰,才是较为理想的商品展示媒介。企业不仅可以利用线上线下双渠道,把产品服务的信息传达到消费者那里,还可以动态地展示产品的使用方法、特点和功效。

麦肯锡《2015年中国数字消费者调查报告》的调查数据显示,有16%的消费类电子产品是通过线上出售的,而5年前这个比例只有1%。在2014年,消费者采用购买前先到实体店观察商品,然后再到线上购买的方式的,占到了30%的比例。而在实体店浏览并同时利用移动端进行研究,最终选择在实体门店购买商品的只有16%。可以这样预见,门店将不单纯是交易的一个渠道,更多的是展示商品实物的窗口。

(五)利用网络做好市场调查

网络营销活动不仅成本低廉,还具有时效性。通过网络向众多消费者做市场调查,能够起到吸引受访者的作用;广泛收集用户信息,建立大数据库,了解更多的顾客意愿和意见建议,及时掌握市场环境、消费趋势,增进与消费者之间的沟通与联系。

二、把握网上消费驱动力

企业把握网上消费驱动力是极其重要的。

(一)坚持虚拟商店的便利性

现实生活的压力、工作状态的紧张,都使网络消费者更加追求网购的快捷与便利性,追求时间与劳动成本的尽量节省。而协调好企业与消费者之间的相互关系,坚持让消费者完成满意的购物活动,向消费者提供快捷便利、全方位和周到的服务,是每个上线企业首要追求的目标。

(二)保持消费渠道的顺畅

书籍、音乐、电影等是购物中较受顾客欢迎的网站。调查显示,在网上浏览有19%的消费者会顺道拜访百货公司的网站,有39%的消费者会同时拜访书籍、音乐及电影网站。因此,商家应该尽可能地在相关网站上增加通往购物消费网站的链接,保持消费者进入购物网站的便利和渠道顺畅。

(三)重视女性消费群体

英国市场分析研究者通过对消费者在线购物情况的调查,发现在网络购物时,女性的消费增长率是男性增长率的6倍。

有专家在2013年10~12月做过一项"网络消费者购买行为和购买心理调查",有关"您的家庭里,是男性网上购物为主,还是女性网上购物为主"这一选择的数据显示,被调查者家庭网络购物以男性为主的占22.81%,女性购物为主的占77.19%。在"您是否有过网络购物的经历"问题的回答中,一线城市女性占比高达98.33%,其中购买频率"很少或总共才几次"的女性仅占10.18%。[①]

有调查数据显示,热衷于网络购物的女性年龄为18~40岁,并且有向两头扩展的趋势。女性消费者购物时感性与理性并存,既是时尚和潮流商品的追随者,又是性价比高、安全性好、物美价廉的"挑剔"的消费者。服务好她们,为她们设计和开发更多商品,争取更多的女性消费者成为自己的忠实客户,无疑是商家的制胜要素。

(四)维持良好的网站管理

维持良好的网站管理,遵守承诺,讲求信誉,诚信至上,提高售前、售中、售后服务质量,是企业健康发展的又一关键所在。网站有了良好的管理机制,统一指挥,统一调配,充足货源,售前、售后服务有机衔接,一定会给消费者带来购物与消费的充分信心。

(五)保障客户交易的安全性

网上交易的安全性包括相关的法律、政策、技术规范以及网络安全。确保商品防伪保真、网络系统工程建设的安全性,以及提高电子商务网站的信誉度,都是保障电子商务健康发展的关键。商家应该通过电子支付制度、规约,使交易双方发生纠纷时做到有章可循、有法可依、有据可查;建立完备的法律依据、权威的认证机构,维护电子商务的交易秩序,保障交易安全,使更多的消费者放心购物和消费。

本章小结

电子商务是指所有利用电子信息技术来解决问题、降低成本、增加价值和创造商机的商务活动。电子商务发展迅速,网络消费日渐主流化,不同性别、各个年龄阶段、不论职位高低和收入多寡的各类群体和个人,从学生、白领、平民百姓到社会精英,都加入网络消费的行列。网上售卖的商品从图书、通信、IT、数码、影视音乐、化妆品到服装、家居,甚至汽车、住房等大宗商品,应有尽有,品类已覆盖消费者日常生活的各个方面。网络团购是指一定数量的认识或不认

[①] 陈义文:"女性在网络购物中角色定位和行为分析",《EBU》,2014年8月。

识的消费者用户联合起来,通过互联网渠道组团,以较低的折扣购买同一种商品的商业活动。消费者选择网上消费的影响因素主要有心理因素、非心理因素以及人际因素等。从权威部门新近的统计数据分析电子商务的发展现状和网络购物实际看,消费者年龄、性别以及消费特征都有不同的特点。网络营销关键的制胜法宝是,企业要重视个性化的顾客服务,提高自身核心竞争力,建立品牌知名度,用网站建立良好的企业形象,维持良好的网站管理、保障客户交易的安全性。

思考题

1. 电子商务有哪些主要特征?
2. 从消费者的角度谈谈电子商务的主要优势及尚不完善之处。
3. 你或你的朋友有没有网上消费的经历?最大的体验与感受是什么?
4. 假如你是商家或企业经营决策者,你会考虑通过电子商务形式拓展业务和吸引更多消费者吗?请具体谈谈你的想法。
5. 根据你的知识和经验,从商家的角度,尝试设计一家既有利可图又受消费者欢迎的网上零售商店。

案例分析

电商黑马唯品会的沉浮[①]

改革开放的第四个10年,是向"中国梦"迈进的10年。金融危机、房地产、电子商务、绿色经济、供给侧改革、互联网、O2O、"双创"、实体经济、产业创新、消费升级、新零售等成为10年来社会发展的关键词。在这10年间,中国的互联网产业突飞猛进,电子商务迅速发展起来,阿里、京东等综合型电商进入快速上升期,作为垂直电商的典型案例,唯品会也异军突起,成为电商界最大的黑马。

根据艾瑞咨询发布的2012年电子商务核心数据报告,当年唯品会在B2C电商平台交易规模中所占市场份额为1.4%,落后于苏宁易购、腾讯B2C、亚马逊中国、当当网等平台,但这已经是一个很大的突破,因为在2011年以前的数据中,唯品会因为市场份额过低,只被归在"其他"一类;到了2016年,其市场份额上升到3.7%,成为继天猫(57.7%)、京东(25.4%)之后市场份额排名第三的B2C电商平台,而排名第4~10的电商平台分别为:苏宁易购、国美在线、当当网、亚马逊中国、1号店、聚美优品、拼多多。

众所周知,在电商圈曾流传着这样一句话:"(唯品会创始人)沈亚是马云最想见的电商人";也有很多人说过,"能否请到沈亚,是判断一个电商活动规格的标准之一",可见其在业内的影响力。

诞生于广州,不到四年成功上市

唯品会的诞生地广州,是改革开放的前沿阵地。沈亚曾指出,企业的高速发展离不开广州优良的创业氛围。事实上,早在1978年底,广州就率先进行了价格"闯关",此后一路走向经济体制改革的前沿,再加上丰富的人文历史底蕴、华南地区高等院校和人才的集中,广州的创新

[①] 改编自李鹏:《改革开放四十周年纪,电商黑马唯品会的沉浮》,亿欧网,2018年1月14日。

氛围与日俱增,在这片创新沃土上,诞生了以网易、YY、微信为代表的众多互联网企业和产品。

2008年8月,唯品会成立于广州,此时正逢北京奥运会举办,这场盛会是对改革开放前30年成果的集中展示,也是改革开放进入第四个10年的阶段性事件;同年12月,唯品会官网正式上线;2009年10月,"掌上唯品会"推出,此时"手机App"的概念还没有普及;2010年10月和2011年5月,唯品会先后获得红杉资本和DCM第一轮融资2 000万美元、第二轮融资5 000万美元。

经过3年多的发展,2012年3月23日,唯品会在美国纽交所挂牌上市,当日唯品会公布发行价6.5美元,低于先前公布的8.5~10.5美元的定价区间,其后开盘报价5.99美元,收盘时最终报价5.5美元,更有传言称其资金链已极为紧张,上市只为套现。因此,唯品会的上市历程被称为"流血上市"。唯品会历史股价涨跌情况见图17—4。

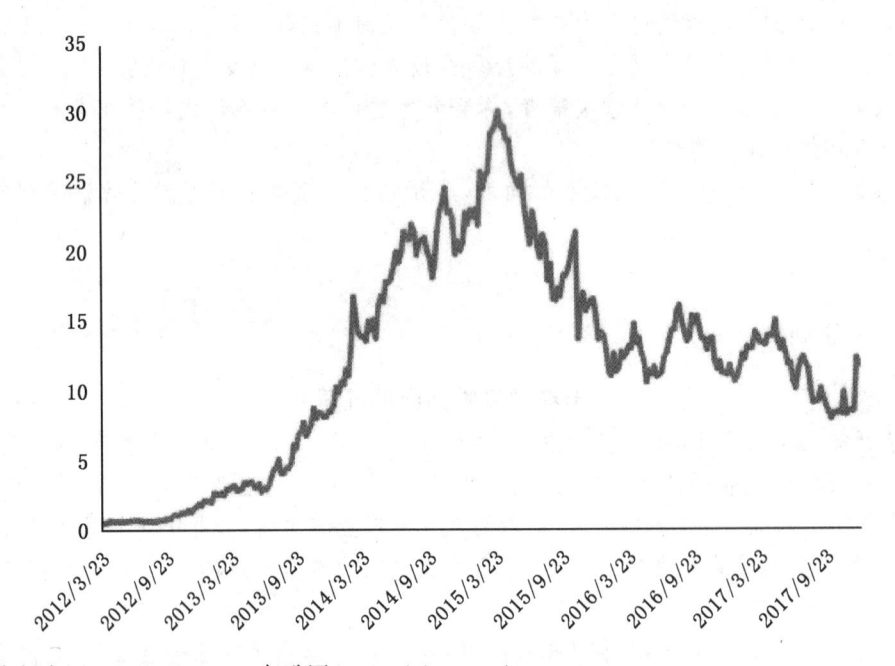

资料来源:YaHoo Finance;亿欧网(www.iyiou.com)。

图17—4 唯品会历史股价涨跌情况

到了2014年,唯品会的市值已经从最初的2亿美元上升到100亿美元以上,获得了"妖股"的称号。但从2015年下半年开始,唯品会开始跌落"神坛",市值一度徘徊在50亿美元附近,直到最近获得腾讯和京东的投资后,方才逐渐回升,具体情况见表17—3。

表17—3　　　　　　　　　　　唯品会大事记

时间	事件
2008年8月	唯品会成立
2008年12月	唯品会品牌时尚折扣网正式上线运营
2009年10月	唯品会手机版上线
2010年10月	仓库搬迁至佛山普洛斯物流园
2010年10月	获红杉资本和DCM第一轮融资2 000万美元

续表

时间	事件
2011年5月	获红杉资本和DCM第二轮融资2 000万美元
2011年8月	唯品会华东、西南、华北物流中心成立
2012年3月	在美国纽交所上市
2013年1月	正式定位为"一家专门做特卖的网站"
2013年12月	成立品骏快递
2014年2月	战略入股乐蜂网、投资东方风行集团
2014年7月	正式宣布自建物流
2015年4月	市值达到最高值178.79亿美元
2016年3月	周杰伦任唯品会"首席惊喜官"
2017年5月	拆分金融业务
2017年6月	品牌定位升级,从"一家专门做特卖的网站"转变为"全球精品,正品特卖"
2017年12月	获得腾讯和京东的8.63亿美元投资

资料来源:根据公开资料查询;亿欧网(www.iyiou.com)。

"特卖"模式异军突起

1997年,电商在中国诞生,随着2000年前后互联网第一波浪潮的兴起,电商也开始进入快速成长期。这期间,淘宝网、京东商城等综合型电商崛起,到了2006年,淘宝、京东已成为电商领域的巨头。

在这种形势下,诞生于2008年的唯品会已是身处强敌环伺之中,然而它竟成为一跃而起的"黑马",奋起直追,令对手始料不及。在发展的初期,唯品会曾尝试以高端奢侈品切入,后来发现销量太低,这种模式并不适合中国国情;经过一番调整,唯品会开始向本土化方向靠近,从奢侈品转向中高档大众时尚品牌,把主要精力放在做好服装特卖的供应链上。

所谓"特卖"模式,是指在特定的时间段里,以优惠的价格卖出商品。这种模式由来已久,传统的商场促销、尾货甩卖,就是典型的"特卖"。从2013年1月开始,唯品会确立其品牌定位为"一家专门做特卖的网站"。不同于淘宝、京东商城等综合型电商,差别化经营,唯品会作为一家垂直电商,品类主要聚焦于服装、鞋帽,并且以女性用户为主要目标群体,在当时,这个市场还是一片"蓝海"。

唯品会巧妙地采用了"农村包围城市"的策略,凭借对细分品类的聚焦和对特卖模式的创新成功突围。所谓"农村包围城市",主要是指当时一、二线城市消费者的品牌意识较强,而三、四线城市由于互联网建设相对滞后,许多用户对品牌的感知较弱。唯品会利用这个特点,在三、四线城市对一些产品进行包装和推广,利用价格优势抢占市场,加强了唯品会在这些地区的知名度。

"少说多做"是沈亚的信条,这也体现在唯品会的发展历程中,初期没有引起电商巨头的注意,在一个相对安全的环境中发展起来。

自建物流体系

物流是决定电商成败的重要因素。早在2011年8月,唯品会就成立了华东、西南、华北物流中心;2013年12月9日,唯品会成立品骏控股有限公司(品骏快递),开始面向国内外企业及个人提供物流配送一体化服务,主营业务包括快递、运输、落地配及普通货运;2014年7月,唯品会正式宣布自建物流,目前品骏快递年投送包裹已超过4亿件。

与唯品会一样,品骏快递也一直保持着低调的风格。作为其自建物流公司,品骏快递采用了直营模式,覆盖范围更广,涉及广大农村和边远地区。截至2017年9月,唯品会仓储总面积达到220万平方米,前置仓总数增加至11个,98%的订单由唯品会自营配送。目前唯品会参与做物流信息系统的专职技术人员达到了400多名;2017年8月,唯品会又研制出智能快递无人车,向智能物流方向发展。

走下"神坛"谋求转型

任何事物发展到顶端之后,都会面临抛物线式的回落,正如其市值的盛极而衰,唯品会在业务发展上也不可避免地遭遇了"瓶颈"。2012~2013年,国内服装产业面临产能过剩,服装品牌商纷纷因库存压力而清仓,受此影响,唯品会进入了营收的黄金增长期,从2012年第四季度开始,保持了10个季度100%的营收增长,随着品牌商库存压力的缓解,整个市场也渐渐回复平淡,唯品会营收增速放缓在所难免,再加上天猫、京东等综合型电商的竞争,唯品会面临着不小的压力。随后唯品会采取了品类扩张策略,却并没有扭转整个局面。

从2013年12月开始,唯品会重点推出了美妆、亲子乐园以及居家生活等频道,切入化妆品、母婴、家居以及3C家电等领域,逐渐淡化了服装领域的品牌定位。有分析指出,唯品会在品类上的扩张方向是正确的,但与阿里、京东相比,以垂直电商模式兴起的唯品会,在品类上并无优势;另一方面,唯品会在服装领域建立的品类管理、采购、供应链管理、物流配送等一整套体系,在转型发展的过程中,难免遇到"阵痛"(见图17—5)。

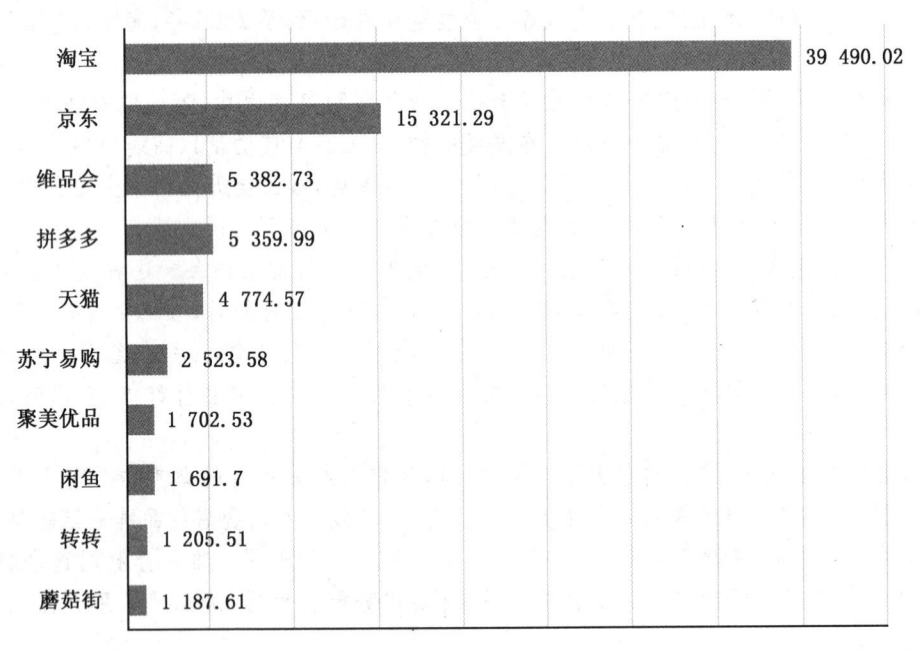

电商App	月度活跃用户规模(万人)
淘宝	39 490.02
京东	15 321.29
唯品会	5 382.73
拼多多	5 359.99
天猫	4 774.57
苏宁易购	2 523.58
聚美优品	1 702.53
闲鱼	1 691.7
转转	1 205.51
蘑菇街	1 187.61

资料来源:易观2017年8月电商类App榜单;亿欧网(www.iyiou)。

图17—5 电商类App月活用户排名TOP10

随着移动互联网人口红利的结束,在消费升级、实体经济复苏的新趋势下,传统电商面临转型的趋势,线上线下一体化、新零售先后成为新时期的关键词。进入2017年以来,面对供给侧结构改革和消费升级的挑战和机遇,唯品会进行了多项调整,其中最受业界关注的有两大动作:

一季度,唯品会宣布拆分金融业务和重组物流业务,这些业务独立后,在拥有更强延展性的同时,也将实现相互协作,发挥更新的平台价值;二季度,唯品会进行了品牌定位的升级,宣传语从"一家专门做特卖的网站"转变为"全球精品,正品特卖","特卖"得到了保留,不同的是强调了"正品"的属性,这意味着唯品会在特卖的基础上,更多地关注了商品的品质。

尤其在消费升级的背景下,消费者不再像以往一样只关注价格,而是会更多地考虑品质、服务,以及更多个性化的体验,而"新零售"的提出,更是体现着现阶段消费思潮的变化。

在科技创新方面,唯品会也取得了一些新进展,如建立自己的海内外研究院,其中海外研究院位于美国硅谷,专注于虚拟试衣与三维服装建模、基于深度学习的商品图像检索、智能穿戴设备、人工智能自然语言处理等科技创新。

未来之路

就在刚刚过去的2017年12月18日,一条重磅消息又让唯品会获得了公众的关注:唯品会获得腾讯和京东的8.63亿美元投资,三方将在品牌联盟合作、流量联盟合作等方面寻求共赢合作。沈亚表示:"我们将联合腾讯和京东,充分利用各方的优势互补,形成一个深度共赢合作的战略合作联盟,更好地服务互联网用户和消费者。"

唯品会从创立到现在,见证了中国改革开放的第四个10年,见证了电商蓬勃发展的关键10年。2018年将迎来改革开放的40周年纪念,在这历史性的时刻,唯品会又将如何创新突破,走得更远?

我们拭目以待。

讨论:

1. 网络营销成功的关键是什么?试从消费心理的角度谈谈你的看法。
2. 在国内服装面临产能过剩,公司不可避免遭遇"瓶颈"时,唯品会如何走下"神坛"谋求转型?
3. 在未来消费升级的环境下,唯品会将如何创新突破,如何增强竞争优势,才会走得更远?请谈谈你的认识。

阅读资料

中国银联与京东金融发布《2017年消费升级大数据报告》[①]

为充分展现我国消费升级的结构性变化,日前,中国银联联合京东金融首次发布《2017年消费升级大数据报告》。银联作为市场领先的银行卡组织,银联卡全球累计发卡超过65亿张,银联网络已延伸至160个国家和地区,境内外商户4 000多万。京东金融集团作为定位于服务金融机构的科技公司,已累计为3.6亿个人用户,800万线上线下商户提供支付和金融服务。双方数据合作将充分展示活跃消费人群的特征全貌。

该报告随机抽取银联及京东网络40万活跃客户群体,通过双方数据交叉分析,跟踪近三

---

① 改编自《经济观察网》,2018年2月2日。

年消费轨迹，围绕人群结构变化、地区结构差异、消费能力提升、消费品质升级、信用消费转变五个维度，分析展示我国消费升级发展趋势。本报告不涉及个人数据隐私。

"70后"始终为社会消费首要贡献人群，"80后""90后"正加快成长。

报告分析了消费升级时代下，消费人群结构发生了哪些变化。从消费规模总量来看，"70后"仍为社会消费首要贡献人群，"70后"与"80后""90后"相比，贡献了日常消费总额的近一半。70后作为消费中流砥柱的地位，当仁不让。

随着年龄的增长，成家立业的"80后"、初入职场的"90后"，也已成为社会栋梁并引领未来的消费升级变化。从消费规模增速上，"90后"人群消费增长最快，达到"70后"增幅的2倍，"80后"消费增速也高出了"70后"近三成。此消彼长，"80后""90后"对社会消费的贡献正逐步提升，与"70后"的差距正逐渐缩小。

同时，作为从小生长在移动互联时代的"90后"，移动互联网渠道花销超过了日常消费支出的一半，移动互联网消费转化趋势显著，引领着当下的移动互联新时尚。相比之下线下实体渠道则是"70后""80后"的天下，移动互联网渠道花销仅占日常消费支出的1/3，三类人群的消费习惯存在较大的差别。

二、三、四线城市消费快速崛起，北京"70后"、广东"80后"与"90后"消费全国最强。

全国各地的消费存在哪些差异呢，报告显示：随着产业转移升级、人群再集聚效应以及互联网经济的深度渗透，我国二、三、四线城市消费快速崛起，2017年消费增速接近一线城市的1.5倍，同时从近三年来看，该增速优势呈持续扩大之势。同时，作为"经济老大哥"的一线城市虽然消费增速不占优势，但消费规模强势领先，一线城市贡献了全国消费总量的四成。

从全国各地区来看，华中、东北、西北地区消费增速分列前三，其中华中地区的河南、安徽增速最为抢眼。从省域地区来看，广东、北京、上海三地消费规模最大，占到全国消费的近四成，其后依次是江苏、福建、山东、浙江、河南。数据显示，北京"70后"的消费贡献为全国同龄消费规模冠军，而广东的"80后"与"90后"分列全国同龄消费规模的冠军。

"80后"人均消费需求最旺，"90后"奋起直追，购物、餐饮、娱乐为日常消费的主要场景。

报告从人均消费支出分析发现，为人父母的"80后"成为人均日常消费支出最高的人群，年人均消费金额达6.2万元，"70后"年人均消费金额为5.7万元，"90后"为3.5万元。而新生代"90后"消费者，在增长速度上再次夺魁，年均消费三年来增长了2.7倍，同期"80后"增长2.2倍，"70后"增长1.9倍。

围绕吃、住、行、游、娱、购等日常消费主要场景，报告显示，购物、餐饮、娱乐为日常消费金额最高的领域，其中购物消费占到日常支出的近一半，餐饮、娱乐分别占到14%及9%。同时，针对主要消费领域的笔均消费金额来看，在中产阶级样本用户中，"70后"在娱乐、珠宝行业消费能力最强，"80后"在餐饮、住宿行业消费能力最强。

手机、智能、线上生鲜、保健器械是热点消费领域，国产品牌积极拥抱品质升级大趋势，取得卓越成绩。

报告进一步印证，近年来消费者对品质消费的追求持续增强，已从过去的关注商品性价比不断向追求享受型、品质型商品升级。在智能设备、移动手机、个人电脑等领域，国产品牌积极拥抱消费升级大趋势，通过过硬的产品、合理的价格，撑起了"国货崛起"的闪亮名片。

在移动手机领域，国产品牌市场份额快速提升，2017年已占市场近六成规模，同时国产品牌品质及规模双双提升，主要品牌产品迅速从中低端产品向中高端升级。而"90后"是手机消费中支出最高的群体。

在电脑领域,国产品牌同样快马加鞭,销量增幅均显著高于其他品牌。其中,部分知名国产品牌积极适应消费者升级需求,产品设计精益求精,一经推出即成市场爆款。同时,从消费人群来看,习惯于电脑操作的"80后",对电脑的花销明显高于其他人群。"智能"作为当下消费者购物的关注焦点,极大促进了各类智能设备产品的发展,智能设备近两年销售增长年年翻番。不同人群也显示了各自的喜好特征,"70后"对无人机情有独钟,"80后"对智能家居偏爱有佳,而"90后"对智能路由设备较为关注。同时,在主要智能设备品牌中,前七大品牌中国产品牌占了六个。

随着"互联网+"与传统行业的融合升级,线上生鲜成了近年来消费升级新热点,2017年销售额增长了3倍。习惯于线下消费的"70后"对线上生鲜爆发了极大热情,贡献了该产品一半以上的销量,"80后"销量占到近三成。增速上,"80后"以3.8倍的增幅迅速追赶"70后","70后"同期增幅为3倍。

伴随健康产业的快速发展,血压仪等医疗保健器械销量也呈加速增长态势,"70后"基于年龄增长对该类产品需求旺盛,2017年增速较2016年翻倍,同时"90后"孝悌为先,对保健器械产品需求也保持高位增长,血压仪、血糖仪等成为"90后"孝敬长辈的热门选择。

信用消费深入人心,增幅是非信用消费的近2倍,"90后"信用消费增长最快,边远地区信用消费快速普及。

报告对大众消费观念变化进行了分析。随着老百姓收入的增长以及消费信心的提升,大众消费观念从过去的"赚多少花多少"不断向"信用消费""先享受后付费"转变,信用消费已成为日常消费的首要支付方式。从增速上看,信用消费规模增幅达到同期非信用卡消费的近两倍,同时"90后"信用消费增长最快,增幅达70%,显著高于"80后"的61%以及"70后"的56%。从地区上看,随着普惠金融的推广发展,原信用消费理念相对较弱的边远地区,信用消费比重近年来快速提升,信用消费理念快速普及,2017年信用比重提升幅度最快的省级区域为青海、西藏、甘肃、新疆、安徽等。

第五编

购物环境心理

　　消费者的购买行为通常都是在一定的购物场所或环境中实现的,购物环境的优劣对消费者的心理感受及购买过程具有多方面的影响。一个好的购物环境会给消费者留下美好的第一印象,引起消费者的购买欲望,进而起到促进消费者购买的作用。企业从商场内外环境设施等硬件着眼,从提高销售人员的素质、服务态度、服务质量等软件着手,是扩大商品销售必不可少的条件。

第十八章

商场环境心理

● 学习目标

1. 了解商场类型与商场选址心理;
2. 了解橱窗设计的心理艺术;
3. 掌握柜台设置与商品陈列的心理效应;
4. 掌握商店内部装饰的心理效应。

● 导入案例

万象天地×优衣库(UNIQLO),消费升级下商场如何展现"自己的态度"[①]

3月30日,优衣库全球概念店在深圳万象天地盛大开业,不仅面积大、颜值高,还有很多创新之处。当天,优衣库全球品牌代言人井柏然、跨界自由插画师卢晓蓓等人都来到现场。优衣库开门迎客后十分火爆,出现了排队进店的情况。优衣库在万象天地的这家店位于项目西面,紧挨着高街,是一家3层独栋店,约2 600平方米,店铺外立面的设计也跟常规店铺不同,很亮眼。不同于普通的店铺按男装、女装、儿童等品类区分,优衣库全球概念店根据消费者不同场景及穿衣需求设计店铺体验,打造了4个场景,分别是:经典品质衣橱、健康生活加油站、潮趣文创博物馆以及24小时生活空间。

店铺3层还有一个户外区域:USpace优活空间,当天展出了一些特别款的UT系列。据品牌透露,该区域今后还会不定期举办一些小型体验沙龙等。

配合开业对外发售的Marimekko春夏特别合作系列、SPRZ NY惊叹·纽约系列UT,《周刊少年JUMP》50周年纪念版合作UT,得到了消费者的大力追捧。

另外,优衣库将同步在全国近600家门店全新推出打通线上线下实体虚拟、店铺体验服务的数字体验馆。消费者到店打开手机QQ扫海报上的二维码,24小时线上线下随时浏览店铺,了解店铺商品信息、当季主力产品、会员优惠等。

据品牌介绍,优衣库在万象天地的全球概念店的实景会在线上体验馆上展现,消费者可以通过手机端同步体验到店铺内的潮流搭配,为消费者提供不同的购物体验。

品牌本身受到顾客热烈反响,万象天地在推广层面上也不遗余力。早在优衣库开业前,万象天地曾企划过一次与优衣库之间的合作:MIXC-LOOK优衣库特辑。

[①] 优衣库,搜狐新闻,2018年4月4日。

商业也在探索 IP 化

万象天地此次与优衣库的碰撞出别样的火花,是万象天地将自己打造成一个"IP"的第一步。通过和场内品牌的不断互动结合、企划特色活动,吸引客流,自身的"潮"标签不断地得到强化与印证。

优衣库全球概念店开业之前,万象天地在媒体投放上也做足工夫,利用深南大道沿线、机场到达厅等人车流集中的重点区域,放大传播效果。另外,还邀请网红和 KOL 提前探店,利用社交媒体逐步造势影响普通消费者,将旗舰店开业打造成一个营销事件。随着万象天地的旗舰店的陆续亮相,商场将做出更多努力和探索。

万象天地:带给深圳消费者全新体验

去年新开业的深圳万象天地,商业建筑面积 23 万平方米,融合人文、艺术、社交、体验等诸多元素。建筑设计上,采取"街区+mall"的全新尝试,创新性的空间规划给深圳当地消费者独特的体验感。品牌组合上,万象天地引进了众多华南/深圳首店、旗舰店等高规格店铺,其中也不乏一些特色体验业态,从店铺形象,到产品丰富度都很有亮点。推广企划上,万象天地也另辟蹊径,由商场主动企划一系列吸人眼球的事件、活动,穿插与场内品牌的互动合作,不断加深消费者对商场本身的观感,建立自己鲜明的态度。

线上刷存在感,探索线下客流转化

万象天地通过线上打造对于线下场景的美好想象,吸引顾客线下到访以及客流转化,是万象天地基于项目优势在场景化运营方面进行的新的探索。

2018 年新春,万象天地策划了一场"漫舞樱新"主题新春系列活动。在高街的浪漫樱花雨、在里巷的 LOVE in JAZZ、mall 内进行春园演奏等,丰富多彩的体验互动活动不断给顾客以新鲜感,使顾客留下独特的项目印记。

2018 年情人节前夕,万象天地邀请本土 KOL,联合一系列场内品牌在万象天地拍摄了一组 MIXC-LOOK 情人节特辑。并通过商场公众号进行传播。用街拍的方式彰显万象天地的潮流定位,以及时尚高街给消费者带来的独特体验感。更多与租户的联合互动,值得期待。

消费升级下,商场、品牌都在根据消费者变化,更新营销思路。万象天地有别于传统营销套路的模式,不单单是提供"场地"给品牌自嗨,而是联合场内不同特色的业态品牌,自主策划一系列活动,散发商场自身带来的魅力、态度。

接下来,万象天地还利用自己的品牌组合优势,探索和场内租户进行多种形式的跨界合作,跟品牌碰撞出更多潮流玩法,值得期待。

消费者通常在一定的购物场所或环境中实现购买行为,购物环境的优劣对消费者购买过程中的心理感受具有多方面的影响。从心理学的角度看,客观事物给人的第一印象是十分重要的,这在心理学上称为"首因印象"。人们对事物的认识是由表及里、由感性到理性、逐步认识其本质的过程。在营销活动中,一个好的购物环境会给消费者留下美好的第一印象,会引起消费者的购买欲望,进而影响其购买行为。因此,研究购物场所的内外环境对消费者心理的影响,是消费心理学要研究的一个重要的问题。

第一节 商场类型与选址心理

购物环境是指包括商场类型、商场地理位置、商场外部形态以及商场内部布置在内的商场宏观与微观环境,对消费者购买心理的形成和发展有着很大的影响。根据消费者在进入商场前的预期心理要求确定适宜的经营场所,是成功实施商业经营的第一步。

一、商场类型

19世纪中期以来,随着经济的发展,商场类型出现了一系列新的变化。不同商场类型的出现和发展,适应了消费者购物的不同心理需求。

(一)百货公司

1. 百货公司满足消费者心理需要的有利条件

(1)百货公司多坐落在城市最繁华的地段,可以满足消费者既休闲又图热闹的心理愿望。

(2)其建筑富丽堂皇,营业场所宽敞,环境布置气派豪华,上下电梯方便,为消费者提供了非常舒适的购物环境。

(3)其经营品种繁多,提供几乎所有的日常生活用品,能使消费者感受到"走百家不如进一家"的便利。

(4)管理规范,实行明码标价,使消费者有一种价格的信赖感。

(5)专职营业员着装一致、训练有素、彬彬有礼、态度和蔼,使消费者有一种被尊重的满足感。

2. 百货公司可能产生的不利心理影响

百货公司实行面对面的服务,消费者与营业员之间的沟通有时会出现障碍,以致影响购物行为。同时,消费者可能因等候接待、频繁挑选以及营业员的服务态度等问题而与营业员发生摩擦。

(二)超级市场

超级市场是一种自助式售货商店,它淘汰了以往商场中封闭式的柜台和货架,完全采用开架销售方式,现已成为现代城市零售商业的主流。

1. 超市满足消费者心理需要的有利条件

(1)购物方便。消费者可实现就近购物,并一次性买足日常生活必需品。

(2)价格较低。超市由于可提供高于百货公司30%~50%的商品出样率、20%的商品投放率,场地利用率高,雇员相对减少,商业成本相对较低,所以可以实行薄利多销。

(3)环境舒适。超市的购物环境宽敞亮堂,消费者置身于琳琅满目的货物之中感觉愉悦。

(4)心情舒畅。自助销售方式使消费者从紧逼性推销的压力中解放出来,可随心所欲地选取自己喜爱的商品,且可以随时改变主意,把已挑选的货物进行调换,增加了购物的乐趣。

(5)节约时间。超市购物实行一次性集中付款结算方式,减少了传统销售方式分柜台单件商品逐一付费所花费的时间。

2. 超市可能产生的不利心理影响

超市所售的商品大多为中低档商品,高档商品的消费者在超市中很难获得满足感。同时,由于没有营业员的周到服务,消费者受尊敬的感觉不明显。

(三)连锁商店

连锁商店是经营同类商品、属于同一企业或同一经营体系控制的商店群,它实行商品标识、商品陈列、服务规范等方面的统一。

1. 连锁商店满足消费者心理需要的有利条件

(1)连锁商店既可实现规模经营,又能适应分散购物,较之百货商店具有更贴近消费者的便利性。

(2)其统一的店貌、标准化的商品和服务,可满足消费者认准服务品牌、方便消费、放心消费的心理。

(3)连锁商店具有多种业态模式,可满足消费者的不同需求。

2. 连锁商店可能产生的不利心理影响

不同业态模式的连锁店差异较大,常给消费者造成一些认知上的障碍。例如,专卖店的高价位与连锁超市的低价位,可能使一些消费者产生错觉。

(四)专业化商店

专业化商店是经营特定类型同类商品的商店,如食品商店、家电商店、妇女用品商店等,它能在一个相对狭窄的商品门类范围内提供前面三类商场难以配齐的商品,以"专"取胜。此外,还有销售商品门类范围更为狭窄的手机商店、钟表商店等,上海豫园商城甚至还有雨伞店、手杖店。专业化商店的另一种类型是专卖店,它专门经营某一品牌的商品,提供相关的服务,如"海尔"专卖店等。专业化商店能满足有特定购物品种意向或对品牌、款式有严格要求的消费者的心理需求。

二、商场选址心理

商场的选址是一种从市场营销角度出发、权衡消费者需求与商业利益的商业布局安排。它与消费者心理密切相关,直接关系到经营能否成功。

(一)区域与选址心理

商场选择区域要综合考虑所在区域的人口因素、地理环境因素以及地段因素,特别是要掌握消费者对商场选址的心理预期。

1. 商场集聚心理

商场选址首先要了解人口是否密集、消费者人数是否足以形成市场、规模性的目标消费者群是否存在。选址在商店林立的商业街,由于商家集聚,就会形成一个规模大、密度高的消费者群。商业经营中具有明显的"马太效应",很多消费者有浓厚的从众心理,认为商店里人越多意味着商品越吸引人,从而购买兴趣就越高。由此可见,人口密集、商家集聚之处是商场设置的理想区域。

2. 购买便捷心理

要选择交通比较便捷、进出道路比较畅通、商品运输安全省时、主要消费者群距离不远的地方。

3. 最佳地段心理

在一条商业街内,在街区两端购物的人明显要少于中间地段,中间地段相对而言是最佳地段。

(二)商品与选址心理

商场选址除考虑地理区域等因素以外,还要分析商品性质、消费者的消费习惯等,以便准确确定面向目标区域消费者的商品门类或商品价格定位。

1. 商品性质与消费者选址心理

商品性质与人们的消费心理密切相关,选址时应充分考虑这一点。日常生活用品超市应设在靠近居民区中间的地段,以方便居民日常购物消费;黄金饰品、钢琴等贵重物品应设在与高档商店相毗邻的地段,以适应消费者购买高档物品时对商场档次、商场信誉、外部环境的心理要求。

2. 商品价格与消费者选址心理

商品价格的高低与其周围居民的消费品位、消费水平有直接联系，因此，应根据消费者对商品价格的需求心理选择店址。出售高档文化艺术类商品、豪华生活消费品的商场，应设在高收入消费者群生活地或商业街。

3. 消费习俗与消费者选址心理

我国地广人众，不同地区、不同民族的人们消费习惯各不相同。商场选址要根据商品的特性，考虑人们消费习俗的不同，因地而异。例如，北方毛皮商店生意兴隆，南方则不宜开设毛皮商店；在贵州、四川等地可广设辣味专营店，而在其他地区则不宜多设。

(三)商场类型与选址心理

在商业发达的地区，消费者购物时除考虑商品因素以外，还会考虑商场类型。这点可从以下几个方面进行分析：

1. 业态分布与消费者选址心理

业态是服务于某一消费者群或某种消费者需求的销售经营形态，是目标市场进一步细分的结果。必须依据消费者对不同业态的需求来选择店址。标准食品超市应贴近居民区，以居民区的常住居民为主要消费者群，并与大型超市保持一定距离，其选址最好离大型超市5千米以上；仓储式会员店应优先考虑交通方便，不以靠近居民区为第一选择目标，因为它可以低价吸引消费者。

2. 竞争环境与消费者选址心理

商场选址要考虑业种、业态分布，或与其周围的其他商店类型相协调，起到互补作用，或突出自己的鲜明特色。同类小型专业化商家接壤设店，可形成特色街，吸引人流，满足消费者到特定的商业街购物的特定心理预期。如果一家珠宝玉器商店孤零零地开在汽车配件一条街中，谁也不会专门去光顾它。

3. 配套场所与消费者选址心理

消费者在某些商场购物时有获得配套服务的要求。仓储式会员店的停车场面积与营业面积之比一般为1∶1，以方便频繁进货与消费者运输用车停放；以低廉价格销售商品的大卖场可设在城郊接合部，以便在配备与营业面积相适应的宽敞的停车场的同时降低地价成本。

第二节　建筑外观与橱窗设计心理

一、外观设计心理

商场的外观包括商场建筑物、商店门面和出入口等商场的外部形象，是决定能否引起消费者良好心理反应的重要因素。

(一)建筑结构设计心理

1. 商场建筑的心理功能

建筑是一种艺术，是物质和精神的统一。商场建筑不仅具有形态功能，而且具有心理功能。从形态功能来讲，它应满足作为购物场所的空间需要；从心理功能来讲，它应能给人以形式美感，使人产生美的愉悦，由此促成良好的购物情绪氛围，吸引更多的消费者。

2. 不同的建筑结构和材料形成不同的商业形象

1851年伦敦为第一次世界工业博览会建造的展览馆"水晶宫",以预制铁件安装成架,表面全部镶上玻璃,内部宽敞明亮,外观晶莹轻灵,使人耳目一新,后来被许多追求时尚、新颖的商业场所争相效仿。上海豫园商城的成片仿古建筑,形态各异的亭台楼阁,古色古香,具有浓郁的民族特色,让人仿佛置身于百年以前的老城厢,加上聚集了众多闻名遐迩的传统商店和特色商品,吸引了国内外众多游客前往旅游、购物。

3. 现代商场建筑的趋势与消费者需要

现代商场建筑结构有向高大、挺拔、宽敞方向发展的趋势,可以给人以舒适感。但同时需要注意的是,进入商场主营业厅的阶梯不能多,以免消费者因爬楼梯而产生不便之感。有些商场在设计中为突出建筑物的气势,把主营业厅安排在二楼,并在街面与主营业厅之间高高的阶梯旁安装自动上下的电梯,以方便消费者进入商场。商场建筑也不一定都追求高大,总体上建筑形式要服务于经营内容,应与主销商品的品种和营销氛围协调一致。

(二)门面设计心理

1. 招牌设计心理

传统商场正门上方的装饰常使用木制的匾牌,上面用油漆书写美术体店名。这种匾牌色彩单调,现在已不大使用。现代商场常使用各种材质制作而成的、与临街门面的宽度相匹配的"通栏"招牌,底色能很好地衬托文字。为加强对人们感官的刺激,底色与文字使用的色彩之间应有一定的反差。有的招牌制作成灯箱,有的做成立体式的,并在文字的外围、底面或整体招牌的外圈配置霓虹灯,视觉效果很好。霓虹灯可以设计成不同的字体、不同的色彩,还可以采用扫描、跳跃等动态模式。

2. 门体设计心理

门体及其两边的侧翼是人们在商场外以平面视线注目的部分,是吸引人们进入店堂的面积较大的场景,其设计是门面设计的重要部分。为增加透明度和光亮感,现在很多门体及其两翼常常尽量减少甚至取消原来设计中使用的木架或金属架,采用大面积玻璃架构。透明、宽大的门体及其两翼可以使人们对商场内部场景一目了然,充分感受到商家的坦诚与热情。

(三)出入口设计心理

出入口是消费者从店门到货架、进出商场的通道,在设计上应以方便消费者出入、形式大方、宽度足够、能吸引消费者的视线为基本考虑点。大型商场进出人流较多,出入口也相应地要开设数个,以满足消费者从不同方位方便进出的要求。如果出入口的位置和宽度设置不合理,就会造成拥挤的现象,使人望而却步,进而造成客源的流失。从出入口开放程度来看,可设计成以下几种类型:

1. 封闭型

店门出入口较小,临街的一面有时用橱窗或有色玻璃遮蔽。这种类型的出入口适用于经营金银首饰、名贵工艺品、艺术瓷器等高档商品和特殊商品,以及经营西餐、咖啡饮料等的商店。消费者会因其封闭的出入口而对商店产生神秘、幽雅、高贵的感觉,这类商店的主体消费者为具有特定消费意向的人群。由于客流量不多,故不会影响消费者的出入。

2. 半开型

出入口占门面的一半左右,出入口两翼临街的一面常设置橱窗,陈列各式新颖而形象生动的样品。这种出入口布置适宜于经营时装、化妆品、医药用品、文化用品等大众化商品的商店,消费者可以通过橱窗和店门看清店内的大体布局,能够比较方便地进出浏览和购买商品。

3. 全开型

临街的一面全部开放,出入口尽可能大,消费者在路过时很容易看清商场内部的商品摆设。这种设计适宜于经营食品、水果、蔬菜等商品的商店,消费者进出商店无任何障碍。此类商场销售的商品是人们最直接的生活必需品,面向的消费者面最广,因此出入口设计较简捷,能满足消费者方便、实用、经济的心理需要。

4. 畅通型

常设有两个以上店门,有的还明确区分和标明出口、入口位置。这种类型的出入口适用于规模宏大、客流量众多、经营品种繁杂的商场,如百货商店、超级市场、大型商场等,可给人以气派之感,能最大限度地满足人们进出商场的需要。

二、橱窗设计心理

一个构思独特、手法新颖、装饰美观的橱窗布置,既可以与整体商场建筑结构和内外环境一起构成美丽的立体画面,使消费者有美的享受,又可以起到具体商品购买导向的作用。

(一)橱窗的心理功能

橱窗是商场与商业街之间的接触界面,是商场外观的重要组成部分,也是消费者进入商场前视觉最先接触到商品信息的场所,对于人们的购物心理具有显著的影响。

1. 唤起注意

在现代社会中,新产品不断推向市场,商品的品种越来越丰富。面对琳琅满目的商品,人们不免眼花缭乱,这时橱窗的推介作用就凸显出来了。

2. 引发兴趣

橱窗的最大特点是以商品实物的形态向消费者做商品推介,既形象又生动。人们视觉上的注意会激发情绪上的兴趣,从而产生想要进一步了解商品的愿望。例如,橱窗中展示的一辆粉红色、造型新颖的山地运动车会极大地激发年轻人的兴趣,使其希望进一步去了解这种车的其他信息和特点。

3. 激发动机

橱窗展示采用特殊的表现手法,全方位运用光线、色彩、造型手段,可以淋漓尽致地将商品的形象、性能、功用加以渲染,让人产生这是一种无与伦比的美妙商品的感受。注意和兴趣的积累,往往会导致形成一种欲望,想象自己是画面中的主角,于是产生"心动不如行动"的想法,乐意购买该商品。

(二)橱窗设计的心理方法

要搞好橱窗设计,需要从心理学角度出发,采取以下有效方法,对消费者施加心理影响:

1. 精选商品,突出主体

橱窗所要推介的主体是商品,消费者观看橱窗是为了获得商品信息,为选购商品提供参考。但商场中经营的商品种类繁多,不可能把所有商品都陈列出来。陈列过多,纷乱繁杂,会使人感觉零乱、沉闷,起不到好的效果。因此,橱窗设计一定要精心选择商品,把那些适应季节、功能独特、式样新颖、造型美观、易于流行的新产品或特色商品突出地介绍给人们。要避免陈列那些商场不经营或货物供应不正常的商品,以防止消费者在产生兴趣后又无法购买到而产生失望感。

2. 塑造形象,以美感人

橱窗陈列中,尽管精选商品是第一位的,但如果仅仅是孤立地摆放或随意地堆砌,也难以吸引消费者,难以实现橱窗应有的心理功能。要运用多种艺术手法,生动巧妙地加以布置,较好地烘托商品的外观形象及其品质特征,以满足消费者的审美心理。一个成功的橱窗设计,就如同一件优秀的作品,具有强烈的艺术感染力,使消费者在观看中获得美的享受,在美的享受中加深对商品的印象。

3. 进行渲染,启发联想

用以景抒情的艺术手法去体现主题,对陈列商品进行描绘和渲染,构成完美协调的立体画面,是橱窗设计中经常使用的方法。这能让商品陈列更加耐人寻味,使消费者产生丰富的联想,进而激发购买欲望。

第三节 商场内部设计心理

商场内部设计包括商品和货架的陈列、购物场所的音响与温湿度控制、内部照明的光线安排及色彩调用等内容。理想的内部设计应为消费者提供方便购物的条件,给消费者的感官以平和的刺激作用,使人们在购物现场心情愉悦、兴致勃勃,获得最大限度的满意,从而促成购物行为。

一、商品陈列心理

商品陈列是商场内部设计的核心内容,也是直接激发消费者产生购物行为的重要因素。商品陈列的基本要求是贴近消费者心灵,方便消费者购买,形成购物"时点激励"。

(一)层次清楚,高度适宜

1. 层次清楚

消费者进入商场后,无论是有意识地购买特定商品,还是无计划地进行浏览,大多要对陈列的商品进行环视扫描,以对所看到商品的属类做出判断。当发现自己感兴趣的一类商品后,消费者就会停下来仔细寻找、观察和挑选。因此,商品的陈列要有层次感,同类商品应尽可能地陈设在邻近的位置上,以减少消费者寻找的时间。

2. 高度适宜

商品陈设的高度要能使商品比较容易地进入人们的视线。研究发现,普通身高的消费者无意识展望的高度为 0.7~1.7 米,上下幅度约为 1 米,同视线轴大约 30°角。与消费者的距离为 2~5 米,视场宽度应保持在 3.3~8.2 米。在这个范围内摆放,可以提高商品的能视度,容易使消费者较清晰地感知商品形象。仰起头来观看陈列过高的商品或蹲下去俯视陈列过低的商品,往往会引起不舒适和不悦感,是人们所不愿意做的。

(二)适应习惯,便于选购

对不同种类的商品,人们有不同的购买习惯。为符合消费者的购买习惯,商品的陈列应体现一定的规律。

1. "低值易耗"商品

这类商品是人们日常生活中消耗量大、需求弹性小、价格比较低廉、一般没有明显消费层次的商品,如饮料、烟酒、糖果、蔬菜、水果、清洁用品、油盐酱醋等。这些商品使用频繁,各品牌的性能接近,选择余地小,人们希望购买方便、交易便利,因此,可以陈列于最明显、易于速购的地方,如商店的底层、过道和出入口。据估计,85%的口香糖和糖果是在无计划的冲动型购物中购买的,所以在超级市场中往往把口香糖摆放在付款处附近。

2. 衣着出行用品

这类商品是人们生活中用于穿着打扮或出行的物品,常能显示一个人的气质、审美特点和消费层次,如时装、皮鞋、提包、自行车等。这些商品有一定使用期,款式、价格差异较大,人们在购买时往往要进行仔细的比较,常常要对价格、款式、色彩、质量等进行综合性的思考才会做出购买决定。这类商品应陈列于商场内空间比较宽敞、光线比较充足的地方,以便消费者接触或接近商品,进行比较和思考,从容地进行决策。

3. 家用高档商品

这类商品属于人们居家使用的高档生活消费品,体积比较大、使用寿命长,如轿车、电视机、电冰箱、空调器、组合音响、高档家具等。此类商品各品牌的规格、性能、质量差异常常很大。因其价格高昂、使用周期长、占用空间大、售后服务要求高,人们在购买前必然要花较长的时间进行比较,考虑购买的时机、商家和品牌。因此,商场应选择店内比较深入、僻静、优雅的地方,设立专门的区域,提供咨询服务,以满足消费者慎重决策、求信誉、求放心的心理需求。

(三)清洁整齐,疏密有致

1. 清洁整齐

商品的陈列不仅要讲究层次、部位,而且要给人以干净、整洁之感。货物上如有积灰应及时清除,以免使人"倒胃口"。

2. 疏密有致

要注意商品陈列与货架的疏密得体、错落有致。货架上商品的陈列必须丰满,随时填补货物销售后留出的空间,给人以丰富、充实的感觉,但也不能塞得严严实实,以免使人感觉沉闷、压抑。货架之间的通道应畅通,宽窄要适宜,以给人留下思索的余地、想象的空间。

为此,应根据消费者的心理特性讲求商品摆布艺术,使商品陈列做到醒目、便利、美观、实用。不同的零售业,因其经营特点、出售商品和服务对象的不同,在商品陈列上也表现出不同的形式。商品具体的陈列可采用以下方法:

(1)逆时针陈列商品法。这是把商店经营的商品按逆时针旋转的方向有序陈列。在实际的调查中发现,90%以上的顾客总是有意无意地按逆时针方向行进。男士顾客更是如此,把商店经营的商品按主、次逆时针方向陈列,有助于消费者更好地选购商品。一些经营品种较多的大型百货商店和超市,通常是把日常生活用品陈列在商店入口的逆时针方向,这样顾客进店后能很快地找到自己需要的商品。

(2)重点陈列法。现代商场经营的商品种类繁多,少则几千种,多则几十万种。要使全部商品都引人注目地摆放是非常困难的。为此可以选择消费者大量需要的商品作为陈列重点,同时附带陈列一些次要的、周转缓慢的商品,使消费者在先对重点商品产生注意后,附带关注大批次要商品。要在商场中最优越的位置陈列最合适的商品促进销售,并且以此引导顾客顺畅地逛遍整个商场,以达到顾客增加随机消费和冲动性购买的目的。

(3)同类商品的垂直陈列法。同一类型或同一种类的商品,可以在货架上一层层地上下垂直陈列。例如,把小型号的服装放在最上层,中型号的放在最下层。这样,既节省空间又可方便顾客寻找。

(4)季节陈列法。季节性强的商品,应当随着季节的变化不断调整陈列方式和色调,尽量减少店内环境与自然环境变化的反差。这样不仅可以促进应季商品的销售,而且可以使消费者产生与自然环境和谐一致、愉悦顺畅的心理感受。

(5)连带陈列法。许多商品在使用上具有连带性,如牙膏和牙刷等。为了引起消费者潜在的购买意识，方便其购买相关商品，可采用连带陈列方式，把具有连带关系的商品相邻摆放。

（6）裸露陈列法。好的商品摆布，应为消费者观察、触摸以及选购商品提供最大便利。为此，多数商品应采取裸露陈列，应允许消费者自由接触、选择、试穿、试用、亲口品尝商品，以便减少心理疑虑，降低购买风险，坚定购买信心。

（7）专题陈列法。专题陈列法是指结合某一特定事件、时期或节日，集中陈列应适时销售的连带性商品的做法，如中秋节、春节时期商场、食品商店中的月饼专柜、年货专柜等。

（8）艺术陈列法。这是通过商品组合的艺术造型进行摆布的方法。各种商品都有其独特的审美特征，如有的款式新颖，有的造型独特，有的格调高雅，有的色泽鲜艳，有的包装精美，有的气味芬芳。在陈列中，应在保持商品独立美感的前提下，通过艺术造型使各种商品巧妙布局、相映生辉，达到整体美的艺术效果。为此，可以采用直线式、立体式、图案式、折叠式、对称式、均衡式、形象式、艺术字式、单双层式、多层式、斜坡式等多种方式进行组合摆布，赋予商品陈列以高雅的艺术品位和强烈的艺术魅力，从而对消费者产生强大的吸引力。

以上是常用的一些商品陈列方法，在实践中，上述方法经常可以灵活组合、综合运用。同时，要适应环境和消费者需求的变化，不断调整，大胆创新，使静态的商品摆布充满生机和活力。

二、购物场所的环境心理

购物环境对人们的购买行为和销售员的工作效率具有极大的影响。好的购物环境可使人感到心情舒畅、舒适愉快、悠闲自如，促成购买行为；反之，则会使人产生厌烦、焦躁、抵触情绪，急于离开现场。

(一)音响设计心理

广义的音响主要包括三个方面：一是店堂内播放的背景音乐，二是通过广播播发的语音信息，三是一些销售员为消费者演示商品性能供人试听而发出的各种声音。

1. 背景音乐设计心理

在商场中，适度的背景音乐可以调节消费者的情绪，活跃购物气氛，给购物环境增加生机，还可以缓解少数消费者的紧张心理。

背景音乐的基本要求是音质清晰，音乐的题材适合特定场所的购物环境。若商场销售的商品地方特色明显，可播放一些民族音乐；若商场的现代气息比较浓郁，可播放一些现代轻音乐；若商场的艺术色彩比较浓厚，可播放一些古典音乐；若主要消费对象是青年人，可多播放一些流行音乐；若以中老年消费者为主，则可播放一些怀旧金曲。总之，要使消费者的情绪在音乐的映衬下能与商场的主体风格产生共鸣。

背景音乐的音量不能太大。太大的音量无助于放松消费者的心情，反而会使人心情紧张、头脑发胀，破坏其购物兴致，导致消费者因无法忍受而急于离开。

2. 语音信息播放心理

语音信息主要包括商品广告信息、各种提示、寻人启事等。这类信息的音色要比较柔和，使人有亲切舒适的感觉。由于语音较容易受到周围噪声的干扰和掩盖，会影响人们对所含信息的接收，因此要求清晰度高，音量略大于背景音乐。

人们对语音信息的敏感度要高于音乐信息，接收中需要更多的注意力，时间长了容易产生疲劳的感觉。所以，播放的时间长度要掌握好，并保持一定的间隔。广告的播放更要注意限制数量和长度，减少重复，以免使人久听产生厌恶、烦躁的情绪。有的商家想招徕消费者，在商店门口反复播放广告,且音量过高,结果往往事与愿违,不仅没有吸引来客人,还吓跑了原想光顾的消费者。

3. 其他声音发送心理

挑选商品时,如挑选收音机、收录机、电视机和组合音响时,往往需要演示性能,供人试听。这时发出的各种声音非常难以控制。假如,近处有几人同时挑选这类商品,试听的声音往往此起彼伏,音量过大,形成严重的噪声。据有关机构调查,噪声强度若超过 60 分贝,会严重影响人与人之间的交谈;噪声强度若超过 80 分贝,会使人产生痛苦的感觉。商家应严格控制此类声音和其他噪声,尽可能排除音源,降低音量,以创造一个相对宁静的购物环境。

(二)微气候与营销心理

微气候是指在商场范围内特有的气候条件,主要包括气温、湿度和空气质量。在商场中,微气候的状况对消费者和销售员的购销情绪有直接影响。

1. 气温与营销心理

气温是评价营业场所气候条件的主要因素,对人们的影响最为直接。商场的气温受季节和客流量的影响。气温过高或过低都会引起人们的不舒适感。在骄阳似火、汗流浃背的夏天,人们无心在闷热的店堂里多留片刻,除了注意急需的特定购买目标以外,打不起精神来浏览商品,自然无法形成购物冲动。在寒冬腊月、滴水成冰的季节里,人们冻得哆哆嗦嗦,也不会有挑选商品、耐心购物的兴趣。所以,现代商场里提供的冷暖空调设备,是满足人们生理和心理双重需要的基本设施,适宜的气温有助于人们形成良好的购物情绪和欲望。

2. 湿度与营销心理

湿度是表明空气中水分含量的指标。人们一般对湿度的注意程度要远低于对气温的注意程度。湿度与季节和地区有着密切关系,南方夏季的气候异常潮湿,北方冬季的气候出奇地干燥。如果是在高温季节里,再加上潮湿的空气,会使人觉得更加不舒服,购物欲望荡然无存。空调在制冷过程中可以有效地降低空气中的水分,提高人们的舒适度。

3. 空气质量与营销心理

营业场所是人群集中的地方,空气污染是商场需要重视和加以解决的问题。在有限的空间中,大量集聚的人们呼出的二氧化碳,加上营业过程中产生的各种灰尘,会使空气受到污染,导致空气质量明显下降。空气质量下降会导致人们的感官受到有害的刺激,引起烦闷、焦虑等情绪,影响正常购物活动的进行。商场应安装必要的设施,保持空气的流通,以清新适宜的空气满足消费者的生理需要,使消费者拥有舒适、愉快的心理感受。同时,这也是调节营业员情绪、提高服务质量的重要前提条件。

三、商场内部照明心理

营业场所明亮而又柔和的照明,不仅可以缩短消费者选购货物的时间,提高营业员的工作效率,而且对吸引消费者的注意力、引发良好的购物情绪具有明显的心理作用。商场内部照明可分为自然照明、基本照明和特殊照明三种类型,它们对消费者心理具有不同的功用。

(一)自然照明与营销心理

自然照明是商场中的自然采光,通过天窗、侧窗接收户外光线来获得。自然光柔和、明亮,使人心情舒畅,是最理想的光源。商场设计中应考虑最大限度地利用自然光,如增加玻璃顶面、玻璃墙面的面积。但自然光受季节、营业时间和气候的影响,不能完全满足商场内部照明的需要,因此需要其他照明补充。

(二)基本照明与营销心理

基本照明通常是在天花板上以安装荧光灯为主的一种照明方式,为整个营业场所而设置。这种照明灯光模拟自然光的光谱频率,光色比较柔和,只是紫光的成分比较多,但一般人们也乐意接受。

照明光度的强弱要视经营品种和销售对象的特点而定。对于服装和出行用品,光度可适当强些,以便人们仔细挑选;对于"低值易耗品",光度可以弱些,因为人们不会认真挑选。以中老年人为主要销售对象的商品,应比以青少年为主要销售对象的商品照明光度强些。营业场所的里端应比外端更亮堂,以吸引人们走过更多的货架。一般来讲,照明光度强些,可调动人们的情绪,使人产生开朗、兴奋的感觉。但在餐饮场所,特别是伴侣会面的咖啡馆等,灯光则要适当暗淡一些,以便人们能平静地进行交流。

(三)特殊照明与营销心理

特殊照明是为了突出部分商品的特性而布置的照明,目的是为了凸显商品的个性,更好地吸引消费者的注意力,激发消费者的购买兴趣。特殊照明多采用聚光灯,实行定向照明,常用于金银首饰、珠宝玉器、手表挂件等贵重精密而又纤巧的商品,它不仅有助于消费者仔细挑选、甄别质地,而且可以展现商品的珠光宝气,给人以高贵稀有的感觉。国外有的商店还用桃红色灯光为女更衣室照明,因为在这种灯光的照射下女性的肤色显得更白皙红润,试衣者会感觉这件衣服穿在身上能使自己更显美丽,从而大大增加了服装的销售量。例如在橘子、哈密瓜、电烤鸡等上方采用橙色灯光近距离照射,可使被照食品的色彩更加鲜美,凸显新鲜感,激起消费者购买食用的心理欲望。

四、营业场所的色彩设计心理与方法

(一)营业场所的色彩设计心理

营业场所的色彩运用既是一种装饰,又是一种经营手段,对人们的心理会产生特殊的影响。色彩在营销场所具有的特殊的心理作用有如下几种:

1. 冷暖感

色彩可以改变人们对特定场所温度的感觉。在赤、橙、黄、绿、青、蓝、紫的七色光谱中,越是居于前面的色调温暖感越强,越是处于后面的色调寒冷感越明显。赤橙黄为暖色调,绿、青、蓝、紫为冷色调。同样是一间以红色基调为主布置的儿童物品专营区,在寒冷的冬天进入后会让人感到温暖如春,吸引人慢慢浏览商品,而如果是夏日里进去,假如没有空调,则会让人更感热浪滚滚,使人想尽快离去。

2. 大小感

明亮度高的色彩具有放大感,而明亮度低的色彩则具有缩小感。同样尺寸的黑白两件物品放在一起,可使人感觉白色物品较大而黑色物品相对较小。服装商场内男性模特儿的服装应搭配不同颜色,如果裤子是深色的,那么上衣最好配浅色的,因为这样可以显示男士宽阔的胸背部,给人以健美的感觉。

3. 抑扬感

空间小的营业场所一定要使用浅色作为周围环境颜色,这样可使人感觉场所并不小。暖色调中的红、橙等颜色能使人心情兴奋,行动活跃,但也会使人神经紧张,引起不安。在红色调的照明下从事工作可使动作反应加快,但效率不会提高。冷色调中的青色、蓝色能使人精神受到抑制,产生镇静、肃穆的感觉。

4. 象征感

不同的色彩还能引起人们不同的联想,具有某种象征感。黑色是严肃、悲哀的象征,给人以庄重、雅致之感;白色是纯洁、朴实的象征,给人以神圣之感;红色是喜庆、热情的象征,给人以热烈之感;绿色是青春、生命的象征,给人以恬静、新鲜之感;黄色是富贵、华丽的象征,给人以明快、跳跃之感;蓝色是安静、智慧的象征,给人以幽雅、清凉之感。另外,各种颜色的不同组合,也会使人产生不同的联想,引起不同的感觉。

(二)营业场所色彩设计的心理方法

营业场所色彩的设计关系到消费者和销售员在购销活动中的情绪调节。营业场所的设计应遵从以下原则:

1. 因"地"制宜,拓展视野

由于不同的色彩会给人以不同的空间大小感觉,因此要根据商场的不同空间,采用恰当的色彩,扩充消费者的视野。在一般购物场所,消费者总是希望空间比较宽敞、明亮。即使是营业面积比较大的商场,如果层高接近于中小型商场的高度,也会令人感觉太低,从而产生压抑感。所以,一般商场宜采用亮度较高的浅淡的冷色调作为基本色彩,以达到扩展空间感的目的;而咖啡厅、茶室等营业场所,色调低暗些可使人产生接近感。

2. 因"时"制宜,调节感受

在不同季节和不同气候情况下,人们对色彩的感受也有差异,商场可据此来改变色彩,调节人们的感受。春季用嫩绿色,可给人以春意盎然之感;夏季用淡蓝色,可给人以凉爽舒适之感;秋季用橙黄色,可让人有秋高气爽惬意之感;冬季用浅橘红色,会让人感觉温暖如春。商场可根据需要,在白色墙面上借用彩色灯光照射产生的效果来达到目的。另外,在基本色调以外,还可以通过其他物品色彩的调节,譬如用绿色植物加以点缀,来改变人们的感受。

3. 因"物"制宜,相得益彰

根据商场主营商品的不同特点来配色,可以突出主营商品的形象,给人以更加美观的印象,刺激消费者的购买欲望。例如,服装和卧室用品的销售场所用淡黄色加以装饰,会使面料的色彩显得更加鲜艳、有生气,使消费者乐意购买。

✚ 本章小结

购物环境包括商场类型、商场地理位置、商场外部形态及商场内部布置在内的商场外部环境与内部环境,它对消费者购买心理有直接的影响。商场选址要注意商场集聚心理、购买便捷心理、最佳地段心理;商品种类与选址的关系,商店性质与选址的关系。橱窗设计心理策略有:精选商品,突出主题;塑造优美的整体形象;启发消费者联想。商场内部商品陈列的心理要求有:方便顾客观看,方便顾客行动,方便顾客挑选,要清洁整齐、疏密有致。商品陈列的方法有:逆时针陈列商品法、重点陈列法、同类商品的垂直陈列法、连带陈列法、季节陈列法、裸露陈列法、专题陈列法、艺术陈列法。店堂内背景音乐是音响设计的重点,在播放背景音乐时切忌音量过大和过于强劲。背景音乐的选择一定要结合商场的特点和顾客特征。基本照明光度一般应较强,以让顾客有兴奋的心情,特殊照明是为了凸显商品的个性,应视具体的商品而定。商场的温度和湿度适宜对消费者购物情绪和欲望都有着良好、直接的影响。一般而言,商场内部装饰的色彩以淡雅为宜。

思考题

1. 商场选择区域有哪些选址心理？
2. 消费者一般购物习惯与商店类型的关系有哪些？
3. 商店招牌对顾客心理的影响有哪些？
4. 橱窗设计的心理策略有哪些？
5. 商品陈列的方法有哪些？

案例分析

顾客逛商场最看重购物环境　购物中心如何提升顾客忠诚度？[①]

一方面受经济波动、消费形势以及整个零售业态宏观态势等影响，另一方面受行业同质化竞争以及电商平台冲击，我国零售市场近年来进入了"慢增长"阶段。3月2日，深圳市零售商业行业协会公布了《2015年深圳市零售行业顾客满意度调查报告》（以下简称《报告》）。

《报告》显示，2015年度，深圳市零售行业顾客满意度为77.87分，总体比较满意，但相比2014年，顾客满意度略有下降。其中，顾客感受与体验方面的满意度评分最高，体现出商场在停车场、洗手间和环境卫生等硬件设施设备方面逐年改善；价格优势历年来一直是满意度评分最低的指标，消费者主要认为商场促销幅度一般。

顾客逛商场最看重购物环境

根据《报告》，2008～2014年，连续7年的深圳市零售行业顾客满意度得分处于波动式上升趋势，但从2013～2015年来看，零售顾客满意度得分有呈小幅度逐渐下降的趋势。深圳市3类业态结果对比，2015年大型超市的得分满意度排名跃居第一；百货商场和购物中心均有所下降，尤以购物中心满意度下降最多，居第二位；百货商场满意度排名仍保持第三位。

深圳市零售商业行业协会副秘书长谢永明说，从深圳零售业态发展水平来说，在顾客感受与体验方面，商场购物环境的舒适性、人员服务和标识指引以及洗手间、停车场的一些硬件设施均比上年有所提升，但商场休闲场所在充足性、舒适性方面仍有不足。

本次调查还发现，在消费者为何选择到购物中心消费的因素中，商场购物环境宽敞（71.3%）占比最大，其次是商场品牌值得信赖（60.1%）和商品质量可靠（53.0%）。此外，有独特的餐饮品牌（38.6%）是影响顾客到购物中心消费的亮点。"显然，提供宽敞的购物环境，令人信赖的商场品牌和独特的餐饮品牌是购物中心吸引客流，留住客户，促进消费的关键所在。"谢永明说。

宝安中心等4个商圈满意度高

《报告》显示，2015年零售业态顾客满意度调查的13个主要商圈中，宝安中心商圈、华强北商圈、东门商圈以及蛇口沃尔玛商圈表现良好，其满意度得分均达到80分及以上。从各个区的零售企业顾客满意度得分对比来看，本次所调查6个行政区中，福田区、罗湖区这两个商业成熟商圈表现较好，且略高于深圳市零售业总体顾客满意度水平。

同时，记者还注意到，随着智能手机普及，互联网发展日益创新，消费者登录微信、App等无线终端软件日渐频繁。WiFi已经成为商家的标准配置。本次调查显示，有51.4%的受访

[①] 南方日报，中研网，2016年3月4日。

居民表达了以后会关注商场官方微信公众号的意愿,但目前没有关注的原因是"暂时没有必要"。有专家建议,"企业商家有必要加强商场官方微信公众号的宣传,完善功能,丰富内容,让顾客认为商场官方微信公众号是值得关注的,实现从没必要转变到有必要关注,从而扩大商场的营销渠道"。

那么,消费者希望商场的公众号发布什么内容呢?调查进一步显示,64.6%的受访者最希望商场微信公众号提供商户优惠信息,其次是商场活动通知,占比为58.0%。

购物中心如何提升顾客忠诚度?

据悉,2016年深圳将有14个购物中心开业,深圳大型购物中心将增至74个。如此竞争激烈的商业环境,各大购物中心如何抢占市场,提升顾客忠诚度?《报告》建议,各大商家要深挖个性化细分市场、实现多渠道品牌宣传、搭建O2O全渠道开放式消费平台。为此建议:

1. 深挖个性化细分市场

从零售协会此次的调查结果可以看出,深圳消费者已从2014年关注商场"品牌优势"到2015年更多关注商场的"商户/商品优势"。对此,《报告》建议,各大实体零售商场首先应当结合当下深圳零售业态的发展,深挖顾客群消费结构、家庭结构。

《报告》中说,"特别是在'90后''00后'日益成为主力消费群的时代,依据消费客群的不断转变而顺应市场需求调整商场定位和品牌招商策略,更加明确地彰显商场自身个性、商场特色标签,致力于打造专属消费文化,增强顾客黏性和顾客忠诚"。

2. 实现多渠道品牌宣传

"所有的商业,都有一个本质的问题,不管在线上还是线下,都需要在顾客的层面上,着重去理解顾客的需求是什么。"深圳市零售商业行业协会副秘书长谢永明说。

对于商场来说,建议一方面打造自己的App,结合线上和线下,打通会员、商品、支付各个环节的连接,让顾客在碎片式的时间中依旧能浏览到心仪商品,并且当顾客在App上直接下单购买的同时,可以更便捷地到实体店快速找到商品购买满足购物体验的需求。

另一方面,顾客在通过微信扫描商场官方微信二维码,连接到商场公众号后,商场可以在分析大数据的基础上,根据顾客消费行为爱好,主动推送商品信息,实现随时随地服务顾客,满足客户个性化需求。

3. 搭建O2O全渠道开放式消费平台

记者从"2015中国连锁业O2O大会暨第十二届零售业信息化电商峰会"上获悉,O2O全渠道整合营销趋势不可阻挡,正成为越来越多传统零售企业走出困境,转型变革的方向。

有专家分析称,正如阿里巴巴等线上电商开始寻求与线下的合作,天猫商城销售线下商城的代金券,网上商城正在逐渐转变原有大肆分流抢占市场的层面,开始注重发挥线下购物场景而线上无法满足的购物体验。可见,在移动端如此广阔的市场空间,分流线下的需求明显。

因此《报告》建议,各实体商家应当通过与网上商城的合作,整合营销,搭建O2O全渠道开放式消费平台,这样就可以帮助企业商家实现商品价廉物美,体验与服务一体化。

讨论:

1. 顾客逛商场为什么最看重购物环境?
2. 购物中心如何提升顾客忠诚度?

阅读资料

购物环境的潜在影响力：为什么我们总会冲动消费？[①]

作为有意识能力的存在，我们更愿意相信我们是自我选择和自己命运的主宰，然而，对我们生活的一个客观评估可能与这种看法相去甚远。我们有多少人愿意承认曾受广告或是销售人员的行为影响？

如果你想知道为什么有人买或是不买某种产品，你就要理解环境如何塑造人们的行为。把寻求对消费者的理解这一过程从消费者购买行为发生的情境中分离出来，是导致你误入歧途的原因所在。为了实现销量最多和产品信息传播的最大影响，环境就是你要考虑的因素。

过去20年中，大量研究已经揭示出我们的行为如何受到零售环境的影响，虽然从逻辑上讲，零售环境不应该对我们的购买选择产生影响。然而，音乐和照明确实能影响我们的心情进而会影响我们的行为，导致我们花费更多（影响程度让人感到意外）。证据显示我们尚无能力知道什么影响了我们自己的行为，所有这些发现并不算让人大开眼界。

通常，市场调查是在一个对调查者方便的地方进行的。实际上，调查倾向于根据数据获取的地点来命名：街头调查、在线调查、入户访谈、会议室测试及观察小组（利用观察设备）等。毫无疑问，这种命名所传递的信息十分清楚，你在哪里提问不会产生任何影响，无论你在哪里提问，都会得到相同的回答。观察人们购买什么以及如何购买，我们能从中学到很多知识。但首先我应该解释环境为何如此重要，它如何改变人们的行为、它能对销售产生多么重大的影响。

专门研究商业空间环境心理学的查尔斯·阿雷尼在一家卖酒的商店做了一个测试，这家商店播放流行音乐排行榜前40位的歌曲或古典音乐。他发现，播放古典音乐时人们花在一瓶酒上的时间比播放流行音乐时花费的时间长3倍还多。当然，所有参加测试的人都认为他们在购买自己想买的酒，而且能够为其行为提供貌似合理的理由，但他们不知道轻柔的背景音乐是唯一的变量。最近，一个酒类行业的内探说，他相信酒的味道会受到所播放音乐的影响，这可能是很怪诞的看法，但当人们考虑到无意识心理关联的影响以及心理学研究反复遇到的不当归因的可能性时，这就是有意义的看法了。

举例来说，研究人员已经发现，播放的音乐种类会极大地改变人们在商店停留的时间长短以及离开的快慢程度，而且会改变他们对等待时间长短和购物区拥挤程度的认知。毫不奇怪，这些对行为和认知的影响会引发消费者更多的消费支出。在一家超市里播放轻音乐和节奏快的音乐，经对比发现，前者导致销售量增长了39%。同样，没有人会证明，人们走出超市时在想："因为播放的音乐每分钟不够60拍，所以我确实花了更多钱。"

在美国，心理学家们通过改变照明对两家零售店的产品展示进行了实验，其中一家是出售特色工具的五金店，另一家是售卖西服、面料及皮带的零售店。他们在天花板上都另外安装了独立于室内主照明、可以控制的500瓦的照明设备，通过对顾客进行录像，他们记录下顾客花在产品展示上的时间、摸过的产品数量以及选择产品的数量。他们发现，在外加照明灯打开时，顾客会触摸更多的产品，花在产品上的时间也明显变长。

有关研究充分证明，亮度级能对大脑的化学成分产生影响：照明控制人体的生物钟，并与血清素的释放有关，而血清素在控制心情、愤怒和进攻性方面发挥着重要作用。然而，估计只有那些被诊断患有诸如季节性焦虑症的人才可能承认，光照越多他们越感到舒服。我们完全

[①] 天翼图书，2011年8月15日。

有理由假设,如果调查环境中的照明与消费者现实中的照明相差甚远,那么人们的感觉和反应也会大相径庭。

除了音乐和照明的改变能导致人们的行为不同之外,更多不易察觉的变化,如房间的面积,也被证明会改变人们的思考方式,而且其思考过程的本质似乎也改变了。两位营销学教授建造了4个除了天花板高度不同(8~10英尺高)外其他方面完全相同的房间,然后给受试者分配那种需要不同类型的心理处理过程的任务,并分析结果。他们发现,位于天花板较高的房间里的人,在完成那些需要进行关系处理(识别和评估不同运动之间的关系)的任务时表现得更好;而当天花板相对较低时,受试者在完成某些具体项目任务方面表现得更好。他们还发现,在如何评估两种产品方面存在统计上的显著差异。当然,参与测试的每个人都未被告知天花板高度是研究关注的重点。正如对无意识受气味和图像影响的研究所揭示的,这些环境影响发生在无意识层面,通过一些扭转人类命运的进化过程,我们的意识心理并不知晓是什么真正驱动了想法、情绪以及由此引发的行为。

第十九章

销售服务心理

● 学习目标

1. 掌握销售服务的特点与心理功能;
2. 掌握销售服务售前、售中、售后服务的心理;
3. 掌握销售服务的心理策略;
4. 掌握消费者满意与抱怨处理技巧。

● 导入案例

海尔空调的服务理念[①]

海尔空调的服务承诺是:只要您拨打一个电话,剩下的事由海尔来做。服务宗旨:用户永远是对的。服务政策:海尔集团公司郑重向消费者推出海尔"全程管家365"服务新概念,将海尔服务直观地传达到消费者。海尔家电"全程管家"服务人员一年365天为用户提供全天候上门服务,海尔"全程管家365"的具体内容包括:售前,上门设计;售中,咨询导购、送货到位;售后,安装调试、电话回访、指导试用、征询用户意见并及时反馈到生产开发部门,不断提高产品的设计。另外,根据用户的预约为用户提供上门维护、保养等服务。消费者只需直接拨打海尔24小时服务热线,即可预约海尔"全程管家"为消费者提供的先设计后安装、保养、清洗、维护家电的全方位服务。同时,通过在全国售后系统建立"一站到位、一票到底"的服务流程,树立起"我代表海尔集团、我就是海尔服务"的意识,实现"一次服务,用户全部产品受益"的服务目标。海尔"全程管家365"这种深入人心、饱含亲情的星级服务的推出,不仅会带动国内同行业服务水平的提升,更会在国际上较好地树立起中国家电企业的新形象。

第一节 销售服务心理功能

销售服务是指在流通过程中,各类企业为支持其核心产品的正确使用所提供的各种服务。这里的销售服务侧重推销服务。推销服务是指推销员在产品推销活动中对顾客所提供的各种服务工作,可分为技术性服务和非技术性服务两种。

企业的销售服务是由售前、售中、售后服务构成的系统。销售服务在功能销售的基础上,通过加强"服务"这一手段来达到扩大销售的目的。无论从竞争趋势还是商品特点或者是营销

[①] 艾肯家电网,《海尔空调售后服务手册》。

现象看,销售服务在整个营销体系中具有十分重要的作用。满足现代消费者要求周到服务的心理,是做好销售服务工作的出发点和归宿。

一、销售服务的特点与心理效应

(一)销售服务的特点

销售服务活动中,营销人员与消费者的关系本应该是对等的,但由于营销人员的特定角色以及消费者所处的特定地位,在双方的交往过程中二者的关系却又是迥然不同的,由此决定了销售服务活动具有一系列的特点,具体表现为以下几个方面:

1. 服务性

服务性是营销人员的重要职业特征。营销人员所从事的是不仅与物打交道而且与人打交道的服务性工作。因此,销售服务是一种劳务交换,是一种信息传递,是一种感情交流,是一种心理沟通,是在服务过程中实现的商品向消费领域的转移。

2. 短暂性

销售服务中的人际交往是一种短暂性和公务性的交往。在一般情况下,营销人员与消费者的接触只限于满足消费者购物活动的服务需要。双方都立足于各自眼前的利益,完全是一种商品买卖关系。

3. 主导性

营销人员服务活动的对象是人,消费者有着千差万别的消费行为与心理,营销人员不可能采用单一的标准模式来接待。在双方交往过程中,营销人员要注意观察消费者的行为,揣摩、分析消费者的心理,了解消费者的需要,解答消费者关心的问题,并对消费者进行提示与诱导,这些活动都使销售服务工作具有了主导能动作用。

4. 不对等性

销售服务中的人际交往通常是一种不对等的交往过程。"顾客是上帝"的特定地位决定了营销人员必须服从和满足顾客的意愿。只有顾客对服务人员提出要求,而不存在服务人员对顾客提出要求的可能性。这是对特定职业角色的要求。因此,销售服务人员要正确理解双方之间的"平等""不平等"的含义,不能与顾客争输赢,要接受"顾客总是对的"这一观点。

(二)销售服务的心理效应

在销售服务中,营销人员与消费者的关系是一种双方相互作用的人际知觉关系,营销人员的主体形象对消费者的行为和心理将产生一定的影响。这种影响作用所产生的心理效应表现在以下几个方面:

1. 首因效应

首因效应又称优先效应,是指在某个行为过程中,最先接触到的事物给人留下的印象和强烈影响,也称第一印象,是先入为主的效应。首因效应对人们后来形成的总印象具有较大的决定力和影响力。在现实生活中,先入为主和首因效应是普遍存在的。例如,消费者到某商场购物时,第一次和某位销售人员接触,由于双方的首次接触,总有一种新鲜感,都很注意对方的仪表、语言、动作、表情、气质等,并喜欢在首次接触的瞬间对一个人做出判断,得出一种印象。如果这种印象是积极的,就会产生正面效应;反之,则会产生负面效应。市场营销活动中,如果商品展示陈列丰富多彩,购物环境舒适宜人,销售人员礼貌热情,就会使消费者产生"宾至如归"的积极情感。良好的第一印象为营销沟通和消费行为的实现创造条件;反之,则会使消费者产生消极的情绪,影响购买行为的进行。消费者许多重要的购买决策和购买行为,都与对服务人员的第一印象有关。

2. 近因效应

近因效应是指在某一行为过程中,最后接触到的事物给人留下的印象和影响。消费者完成购买过程的最后阶段的感受,离开零售点之前的所见所闻和印象及评价,最近一次购买行为的因果等都可能产生近因效应。与首因效应类似,近因效应也有正向与负向之分,对下次购买行为也会产生积极或消极的影响。优质的服务所产生的近因效应,是促使顾客经常光顾的动因。

3. 晕轮效应

晕轮效应也称光环效应或印象扩散效应,是指人们在观察事物时,由于事物所具有的某些特征从观察者的角度来看非常突出,使他们产生了清晰、明显的知觉,由此掩盖了对该事物其他特征的知觉,从而产生了美化或丑化对象的印象。人们常说的"一俊遮百丑""一好百好,一坏百坏"的知觉偏差,就是晕轮效应的典型例子。晕轮效应发生在消费者身上,表现为消费者根据对企业某一方面的突出知觉做出了对整个企业优劣的判断。例如,企业对售后服务的承诺兑现程度如何、接待顾客投诉的态度以及处理方式是否认真负责等,这些都会使消费者产生晕轮效应,使之形成对整个企业的总体形象的知觉偏差。

4. 定式效应

定式效应是指人们在社会知觉中,常受以前经验模式的影响,产生一种不自觉的心理活动的准备状态,并在其头脑中形成固定、僵化、刻板的印象。消费者对不同的营销人员的个体形象及其评价也有一些概念化的判断标准。这种印象若与消费者心目中的"定式"吻合,将会引起消费者的心理及行为的变化。例如,仪态大方、举止稳重的营销人员,给消费者最直观的感受是"真诚""可信赖",与消费者的心理定式相吻合,消费者则愿意与其接近,征询他们的意见和接受他们的指导,容易促成交易;反之,消费者对于闪烁其词、解答问题含糊不清、急于成交的营销人员的最直观感受是"不可信赖",与消费者的心理定式不吻合,消费者则会产生警觉、疑虑、厌恶的情绪并拒绝购买。

二、销售服务的原则

(一)一视同仁的原则

所谓服务一视同仁,就是不管消费者是谁都同样热情对待。可在现实生活中,有些营销人员重视的是购买贵重商品、西装革履、行头翻新的消费者,往往冷淡对待购买便宜商品和衣着寒酸的消费者。但是,谁也不能断定,今天只买小件物品的消费者,明天就不买大件物品,或者衣衫寒酸的消费者口袋里肯定没有钱。

通常情况下,受款待的人心情舒畅,以后还愿意来;受歧视的人心情悲凉,不会再来。因此,无论消费者是谁,都应平等相待,这条原则非常重要。具体的办法是,对购买便宜货和衣衫寒酸的消费者要格外亲切、客气地接待,这样,对购买贵重商品和衣着华丽的消费者,无形中也会自然地做到客气相待,很好地做到服务一视同仁。

(二)符合意愿的原则

服务的核心就是提供符合消费者愿望的帮助。服务得再好,如果不符合消费者的愿望,也就没有价值了。例如,现在有些商店在出售一些走俏的商品时,一定要"搭配"滞销的商品,美其名曰"方便消费者"。实际上,消费者根本不希望搭配,想买一种商品还得蒙受不想要另一种商品的痛苦,这是什么服务呢?这只能败坏企业的声誉。

服务的真正含义是,在消费者需要时,用其希望的方式提供其需要的方便,收不收钱是次要的。中国香港、泰国、澳大利亚等地区和国家的一些零售商店,不论顾客在店里买或不买商品,得到的礼遇都是高层次的,售货员会不厌其烦地介绍、展示商品,每个柜台都有商店的包装纸和手信,消费者可以随便拿;有的店还奉送小礼品,这一举动看似免费,其实不是真的不要钱,而是用某种计算方法算在商品的售价中,只是消费者不知不觉罢了。这样对零售企业来讲是两全其美的好办法,既不损失本企业的利益和形象,又使消费者产生惠顾心理动机,经常光顾此地,并购买该店的商品。

(三)周到细致的原则

消费者的愿望在某种程度上因年龄、性别、职业和收入等的不同而相异。为了提供符合消费者不同愿望的服务,必然要求服务周到细致,不应该草率和粗暴。

无微不至的服务关键在于对消费者体贴入微,它体现在营销人员的诚意上,体现在推销员和营业员的动作和态度上。例如,卖出的商品擦拭干净、包装完毕后,还要告诉消费者商品的保管方法和用法。这种周到细致、设身处地为消费者服务的工作精神,取决于营销人员对消费者的感情投入、对本职工作的责任心以及对职业道德规范的执行程度。

三、销售服务的心理策略

销售服务策略的拟订,总体来说,就是要在以下三个问题中做出合理选择:应该向消费者提供哪些服务项目?所提供的服务应达到何种水平?应以什么形式来提供服务?

(一)合理确定服务项目,使用户达到最大限度的满意

销售服务的内容极其繁多,各种服务项目对消费者来说其重要程度各不相同。以免费送货上门和维护服务两个项目为例,这两项对家具和计算机的购买者而言,其重要性就有显著差别。又如,以商品房分期付款和商住楼租赁这两个服务项目来说,对大型企业或公司和小企业或消费者个人而言,其要求也很不一样。因此,对企业来说,需要通过细致的调查分析,对消费者要求的服务项目按其重要性的大小加以排序,然后分别确定本企业服务项目的重点。例如,加拿大的工业仪器制造厂把用户所要求的服务项目按重要性程度做了如下安排:(1)运送的可靠性;(2)迅速报价;(3)技术上的指导;(4)折扣;(5)售后服务;(6)容易与企业接触;(7)更换的保证;等等。企业至少要在用户认为很重要的五个项目上能赶上并超过主要竞争对手,否则就不能使用户满意,最终将导致企业的失败。

确定服务项目,往往涉及企业的经营特色和信誉,应当十分小心谨慎,仔细研究、分析有关因素。这些因素主要有:(1)市场和消费者的现实需要与潜在需要;(2)根据企业的内部条件扬长避短;(3)服务项目的内容尽可能广而专;(4)研究主要竞争对手服务项目的特色。

(二)合理确定服务水平,扩大销售量

一般来说,在正常的情况下,较高的服务水平能使消费者得到较高的满足,因而就有较大可能实现重复的购买,从而促使企业产品的销售量增加。但是,服务水平与销售量之间并不是完全无条件地呈线性关系,还要根据各类商品的特点和服务项目的性质来确定,如图19-1所示。

在图19-1中,A曲线表示某服务项目的水平与销售量无关或影响很小。例如,丧葬用的花圈等殡仪商品和某些专用性很强的军工产品的销售量与服务水平的关系便是如此。

B曲线表示服务水平与销售量呈线性关系。如文明礼貌、周到方便的服务,就会相应地吸引更多的消费者。这一点对于日常生活所必需的小商品,表现得特别明显。

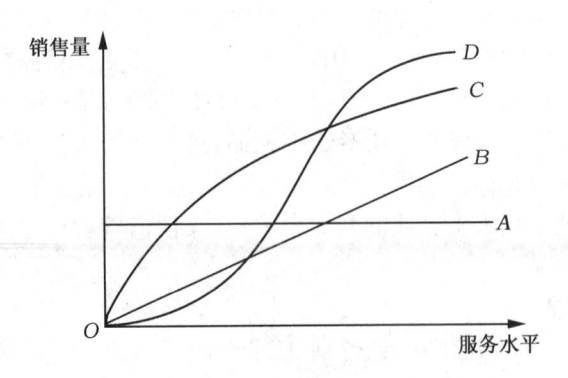

图 19-1　销售量与服务水平的关系

C 曲线表示服务水平改变对销售量的影响非常迅速,但当服务水平已经很高时,销售量增加的速度会放慢。如商场某营业柜组增加一个营业员,将会使销售量的增加幅度很大;增加第二个营业员时,这种增加幅度将会减少;继续增加,幅度就会更小。

D 曲线表示如果在一定范围内,这项服务对销售量的影响不会很大;超过一定水平和范围,其影响就很大;但是,如果这种水平再超过一定范围,则其影响将越来越小。例如,为电视机或空调器等耐用消费品提供 1 个月的保修期,它不可能对刺激购买这些产品带来多大影响;如果提供 6 个月或 1 年的保修期,其影响就较大;但若保修期无限期加长,则其影响就会越来越小,因为消费者就会考虑产品的更新问题了。

(三)合理确定服务形式,服务真正到位

1. 服务项目的定价

对一个服务项目如何定价,应根据该服务项目的特点,采取多种定价方式。如以空调器的修理服务为例,其定价方式可以有下列几种:(1)在规定期限内提供免费修理服务;(2)对企业产品的用户实行优惠服务价格;(3)由用户自行决定是否需要购买企业提供的服务(如修理费、安装调试费、运输费等由消费者自理,不享受企业提供的优惠,但可在空调器售价中扣除);(4)修理服务由独立的修理店负责,修理收费按市场价格而定。

2. 服务方式的提供

提供服务的方式也是多种多样的,具体要视服务项目的特点来定。例如,就修理这一服务项目而言,其提供的方式主要有:(1)企业培训一批修理服务人员,派到分布在各地的修理服务站;(2)企业的修理服务人员听候用户的传呼,上门进行服务;(3)修理服务工作委托经销商提供;(4)委托专业修理店为特约修理点;(5)企业不提供修理服务,而将此项工作转让给独立的修理企业去进行。

对于以上两个方面的问题,都有不同的选择方式,每种方式都各有其优缺点和适用范围。企业要根据用户的要求、服务项目的特点以及市场竞争情况,做出合理的选择。

第二节　销售服务三阶段的心理策略

消费者不仅要买到一流的产品,还要买到一流的服务。销售服务是为消费者提供专业咨询,而购买方便、使用指导、使用价值跟踪等营销行为的目的就是增加商品的使用价值。

一、售前服务心理

(一)售前服务与消费者心理

所谓"售前服务",就是指产品从生产领域进入流通领域但还没有与消费者见面的这段时间里的各种服务,旨在激发消费者的购买欲望。这里的各种服务主要包括货源组织、商品的运输、储存保管、再加工,以及零售部门的广告宣传、拆零分装、柜台摆布、橱窗陈列、商品卫生等。开展这些服务项目,可以使许多潜在的消费者变成真正的消费者。售前服务是整个商品交换过程的重要活动,是争取消费者的重要手段,因此,售前服务对消费者的心理影响是非常重要的。

在这一过程中,为消费者服务的工作主要体现在为消费者买好、用好商品所做的准备与预先控制上。消费者购买商品的心理活动,首先总是从对商品或商店的注意开始的,进而逐步对商品产生兴趣,进而产生购买欲望。而售前服务的心理影响正是要达到引起消费者的注意,并对商品产生兴趣和购买欲望的目的。售前服务心理主要体现在利用售前广告引起消费者的注意,利用商品陈列力求使消费者产生兴趣,以及货源准备、商品质量检验等各项工作上。

(二)售前消费者心理分析

消费者由于需要产生购买动机,这种购买动机受时空、情境等因素的制约,有着各种各样的心理取向。

1. 消费者认知商品的欲望

售前,消费者最关注的是有关商品的信息。他们需要了解商品的品质、规格、性能、价格、使用方法以及售后服务等内容。这是决定是否购买的基础。

2. 消费者的价值取向和审美情趣

随着社会经济的发展,人们的价值取向和审美情趣往往表现出社区消费趋同的现象。所以,通过市场调研了解社区消费者的价值取向和审美情趣,并以此为标准来细分市场,对销售大有帮助。

3. 消费者的期望值

消费者在购买以前,往往对自己要购买的商品有所估量。这种估量可能是品牌,可能是价格,可能是性能,也可能是其他因素。这种估量就是所谓的期望值。随着时代的发展,人们对产品的要求越来越高,企业生产与销售产品,一方面要满足消费者的物质需要,另一方面要满足消费者的心理需要。消费者的购买从生理需求占主导地位正逐渐转变为心理需求占主导地位,心理需求往往比物质需求更为重要。因此,服务除了要考虑产品的质量等各项功能外,还要考虑人们引申的需求。营销人员在售前服务中应根据消费者的心理特征,有效地把握消费者的期望值。

4. 消费者的自我意识

自我意识并非与生俱来,它是个体在社会生活过程中与他人相互作用、相互交往,逐渐发展所形成的。所以,要了解消费者的自我意识,为进一步开展营销活动奠定基础。

(三)售前服务心理策略

了解掌握了消费者的心理需要及特征之后,就可以有针对性地采取相应的心理策略。

1. 建立目标市场服务档案,把握消费者心理需要

市场经过细分之后形成多个子市场,相同的细分市场具有相同的性质,不同的细分市场具有异质性。企业可以通过建立数据库,储存目标市场消费者的心理特征、购物习惯等方面的信

息,为做好更有针对性的服务提供依据。

2. 最大限度地满足消费者的相关需求

消费者的需求往往不是单一的,有时除了主要需求以外,还有许多相关需求。最大限度地满足消费者的相关需求,会让消费者产生一种惊喜的感觉,从而促使其购买商品。

3. 促使消费者认知接受商品

这也是售前服务中最为重要的策略。消费者认知接受商品需要一个过程,消除消费者的戒备心理,使消费者认知企业所销售的商品,需要通过以下三条途径来解决:

(1)帮助消费者树立新的消费观。随着科学技术的飞速发展,商品中的科技含量越来越高,消费者通过自身认知较为困难,这就需要不断引导消费者学习新的知识和技术,顺势推销商品,帮助消费者树立新的消费观,准确选购和使用商品。

(2)利用广告宣传与咨询服务等手段,增强消费者的注意力。在宣传商品时,利用广告可以给消费者留下深刻的印象,促进消费者学习,并对购买态度产生积极的影响。同时,企业还可以开展咨询服务,以及通过店堂布置、商品陈列、美化、便捷购物环境等使消费者产生好感。

(3)售前进行商品质量检验,既是确保售前服务质量的有效措施,也是确保柜台商品质量的有效措施。做好这点,对消费者心理可以产生重要影响,消除其戒备心理,增强对商品和商店的安全感。

二、售中服务的心理策略

(一)售中服务与消费者心理

售中服务是指在商品买卖过程中,直接或间接地为销售活动提供的各种服务。现代商业销售观念认为,销售过程既是满足消费者购买商品欲望的服务行为,又是不断满足消费者心理需要的服务行为。服务的好坏不但直接决定买卖成交与否,更重要的是为消费者提供了享受感,从而增加了消费者购买的欲望,在买卖者之间形成相互信任、融洽而自然的气氛。

售中服务在更广泛的范围内被企业家视为商业竞争的有效手段。售中服务主要包括介绍商品、充当参谋、交货与结账。这些内容都将极大地影响消费者的购买情感。方便而周到的售中服务,不仅可以吸引更多的消费者,而且能促进成交、密切产需关系、增加消费者的信赖感、提高企业的竞争能力。

就售中服务的诸多内容来看,其核心是为消费者提供方便条件和实实在在的服务,让消费者体会到占有商品的愉悦。售中服务是企业销售活动中不容忽略的首要任务和策略之一。由于消费者对商品的需求是千差万别的,因此,他们对商品的售中服务的心理要求也是多方面的。

(二)售中消费者心理分析

消费者在接受售中服务的过程中,有以下期望希望得到满足:

1. 获得详尽的商品信息

消费者希望营销人员能对消费者所选购的商品提供尽可能详细的信息,如商品的质量、形象、价格、包装、服务等方面,使自己准确了解商品,解决选购的疑惑与困难。期望主要表现在:营销人员提供的信息是真实可靠的,不能为了推销而搞虚假信息;提供的信息够用、具体、易于掌握。

2. 寻求决策帮助

当消费者选购商品时,营销人员是他们进行决策的重要咨询者和参与者。特别是在消费者拿不定主意时,他们非常希望营销人员能提供参谋建议,帮助做出正确的购买决策。期望主要表现在:营销人员能站在消费者的角度,从维护消费者利益的立场出发帮助做出决策;能提供令消费者信服的决策分析;能有针对性地解决消费者的疑虑与难题。

3. 受到热情的接待与尊敬

消费者对售中服务的社会心理需要,主要是能在选购过程中受到营销人员的热情接待,能使受人尊敬的需要得到满足。这种期望主要表现在:受到营销人员的以礼相待;营销人员满怀热忱,拿递商品不厌烦,回答问题耐心温和;在言谈话语之间,使消费者的优势与长处得到自我表现。

4. 追求方便快捷

消费者对售中服务期望的一个重要方面是追求方便、快捷。这种期望主要表现在:减少等待时间,尽快受到接待,尽快完成购物过程,尽快携带商品离店;方便挑选,方便交款,方便取货;已购商品迅速包装递交,大件商品能送货上门。

了解消费者心理对于售中服务至关重要,只有消费者对他们在销售过程中受到的接待完全满意,销售活动才算成功。如何使接待工作符合消费者的心理需要,将在下一节中具体阐述。

三、售后服务的心理策略

(一)售后服务与消费者心理

售后服务是指生产企业或零售企业为已购商品的消费者提供的服务。传统观点把成交或推荐购买其他商品的阶段作为销售活动的终结。在市场经济条件下,商品到达消费者手中,进入消费领域以后,企业还必须继续提供一定的服务。因为这样可以有效地沟通与消费者的感情,获得消费者宝贵的意见,以消费者亲身感受的事实来扩大企业的影响。它不是一种简单的形式,而是一种把消费者的利益看成自己的利益、竭力为消费者提供完美的服务从而促进销售的手段。

售后服务既是促销的手段,又充当着"无声"的广告宣传员工作。而这种无声宣传所达到的艺术境界,比那些夸夸其谈的有声宣传要高明得多。一个企业只要善于挖掘,就能领略"此处无声胜有声"艺术境界的妙趣。因此,可以这样说,在当今激烈的竞争中,服务是一项不可忽视的重要内容。一般而言,在质量、价格基本相当的商品中,谁为消费者服务好,谁就卖得快、卖得多,谁就能占领市场。

售后服务作为一种服务方式,内容极为广泛,目前越来越受到企业的重视,服务的范围也在不断扩大。售后服务主要有两个方面:一是提供知识性指导及咨询服务,通过实行"三包"服务使消费者树立安全感和信任感;二是帮助消费者解决安装与运输大件商品服务等常常使消费者感到为难的问题,为消费者提供方便。

企业需要了解消费者对商品使用后的感受和意见。业内专家分析,面临激烈的市场竞争,维持一个老消费者所需的成本是寻求一个新消费者成本的 0.5 倍,而要使一个失去的老消费者重新成为新消费者所花费的成本,则是寻求一个新客户成本的 10 倍。维持当前的消费者的成本远小于得到新的消费者。一个 5 年来一直忠诚不变的消费者对于商家来说,产出了 7.5 倍的利润(相对于第一年的消费)。因此,在营销的环节中,保持或培养消费者的忠诚度至关重要。良好的售后服务有助于维持和增加当前消费者的忠诚度。

(二)售后消费者心理分析

消费者在进行购买以后,无论是要求退换商品,还是咨询商品的使用方法,或是要求对商品进行维修等,他们的心理活动是各不相同的。其心理状态主要表现为以下几个方面:

1. 评价心理

消费者在购买商品后,会自觉不自觉地进行关于购买商品的评价,即对所购商品是否满意进行评估,进而获得满意或后悔等心理体验。

2. 试探心理

由于主观和客观的多种因素,消费者对所购商品的评价在购买的初期可能会出现不知是否合适的阶段,尤其以大件和新产品居多,甚至有些消费者希望退换商品。但他们来到商店提出要求退换商品的问题时,往往具有试探的心理状态。先来试探商店的态度,以便进一步做出决断。

3. 求助心理

消费者在要求送货安装、维修商品、询问使用方法和要求退换商品时,大多会表现出请求商场给予帮助的心理状态。

4. 退换心理

当购买的商品被消费者确定为购买失误或因产品质量出现问题时,消费者就会产生要求退换商品或进行商品维修的心理状态。

(三)售后服务心理策略

随着市场由卖方市场向买方市场的转变,售后服务必将成为企业竞争的关键因素之一,从而对消费者的心理产生深远的影响。完美的售后服务能同消费者建立起亲密的关系,其心理策略就是针对售后消费者的心理状况,调节消费者的心理平衡,努力使其建立起信任感与满足感。

1. 提供优良的售后服务

许多消费者挑选商品,在其他条件相同的情况下,售后服务的优劣往往成为决定是否成交的关键。对于高档耐用品而言,尤其如此。现在,有许多企业促销时越来越多地扛出了售后服务这面大旗。事实上,一些经营者只是把售后服务当成一种宣传口号,并不准备兑现。非要等消费者"跑细了腿、磨破了嘴",忍无可忍诉诸舆论或向有关部门投诉时,才被迫给予解决,使售后服务成了诉后服务。

良好的质量、合理的价格,是商品占领市场并取胜的保障;而良好的售后服务则是提高企业信誉,取得"第二次竞争"胜利的法宝。聪明的、有远见的经营者应该像抓推销产品那样着力抓好售后服务,不仅要做好找上门来的售后服务,而且要主动出击,做好跟踪服务。商家们为减少消费者的后顾之忧,提供周到的售后服务,不仅可以维持老消费者的忠诚度,还可以争取到更多的潜在消费者。现在不少企业推出了网络服务、特殊服务、赔偿承诺等形式的提高售后服务的新举措,如在送货服务、"三包"服务、安装服务、包装服务、提供知识性指导及产品咨询服务等方面,均已取得了一些成效。

2. 提升 CS 经营理念,进一步完善企业服务工作

CS 是英文"Customer Satisfaction"的缩写,意为消费者满意。作为现代企业的一种经营手段,常被称为 CS 战略,或称消费者满意战略。其基本指导思想是:企业的整个经营活动要以消费者的满意度为指针,从消费者的观点而不是企业的观点来分析、考虑消费者的需求,针对消费者需求个性化、情感化的发展趋势,尽可能地全面尊重和维护消费者的利益。

美国市场营销大师菲利普·科特勒在《营销管理》一书中指出:"企业的整个经营活动要以消费者满意度为指针,要从消费者角度,用消费者的观点而非企业自身利益的观点来分析、考虑消费者的需求。"科特勒的观点,成为现代市场营销观念的经典名言。消费者的满意对企业来讲至关重要。良好的产品或服务,最大限度地使消费者满意,成为企业在激烈竞争中独占市场、赢得优势的制胜法宝。只有让消费者满意,他们才可能持续购买,成为忠诚的消费者,企业才能永久生存、财源滚滚。所以,消费者满意是企业战胜竞争对手的最好手段,是企业取得长期成功的必要条件。可以说,没有什么其他的方法能像让消费者满意那样在激烈的竞争中提供长期的、起决定作用的优势。

在 CS 战略中,消费者满意代表了如下含义:消费者满意是消费者在消费了企业提供的产品和服务之后所感到的满足状态,这种状态是个体的一种心理体验;消费者满意是以消费者总体为出发点的,当个体满意与总体满意发生冲突时,个体满意服从于总体满意,消费者满意是建立在道德、法律、社会责任基础上的,有悖于道德、法律、社会责任的满意行为不是消费者满意的本意;消费者满意是相对的,没有绝对的满意,因此企业应该不懈地追求,向绝对满意靠近;消费者满意有鲜明的个体差异,因此不能追求统一的满意模式,而应因人而异,提供有差异的满意服务。

热情、真诚地为消费者着想的服务能带来消费者的满意,所以企业要从不断完善服务系统以便利消费者为原则,用产品所具有的魅力和一切为消费者着想的体贴去感动消费者。谁能提供让消费者满意的服务,谁就会加快销售步伐。

在我国,越来越多的企业,尤其是大公司,都以积极的行动开展销售服务,如长虹公司的"阳光网络"服务工程宣言,海尔公司的"三个服务",小天鹅公司的"一、二、三、四、五"独特服务规范,武汉中商集团的个人服务品牌,格兰仕服务的"三大纪律,八项注意"等。有一位成功的企业家曾写下这样一个颇具哲理的等式:100-1=0。其寓意是:职员一次劣质服务所带来的坏影响可以抵消 100 次优质服务所产生的好影响。

我们正在迈步走向现代服务型经济社会,消费者变得挑剔、精明,其消费行为也日趋成熟,平庸的服务再也不能赢得消费者手中的货币选票,优质服务正成为各类企业走向成功的一把金钥匙。海尔集团总裁张瑞敏在推行星级服务工程后深有感触地认为:"市场竞争不仅要依靠名牌产品,还要依靠名牌服务。"

总之,企业搞好了售后服务工作,就如同给消费者吃下一颗定心丸,使消费者买时放心、看着称心、用时舒心,从而可以增强企业信誉、扩大销售、提高经济效益。

第三节　销售服务中的冲突处理与抱怨处理技巧

一、消费者不满意

(一)消费者不满意情绪的表达

有研究表明,消费者每四次购买行为中就有一次是不满意的。顾客之所以会感到不满,主要的原因在于产品或服务的实际功效没有达到消费者的期望功效,同时还受公平性和归因的影响。

一般来说,当消费者产生不满意的情绪之后,有多种可能的表达方式,如图 19-2 所示。这些方式或是会造成客户流失,直接减少企业的销售额;或是会形成对企业不利的态度,

```
                        ┌─────────────────┐
                        │  消费者不满意    │
                        └────────┬────────┘
                    ┌────────────┴────────────┐
              ┌─────┴─────┐              ┌────┴────┐
              │  采取行动  │              │不采取行动│
              └─────┬─────┘              └─────────┘
      ┌──────────┬──┴───────┬──────────────┐
 ┌────┴────┐┌────┴────┐┌────┴────┐┌────────┴────┐
 │进行负面的││不再购买该品牌││向经销商或制造││  向公正的    │
 │信息传播  ││或光顾该商店  ││商提出抱怨    ││  第三方投诉  │
 └─────────┘└─────────────┘└─────────────┘└─────────────┘
```

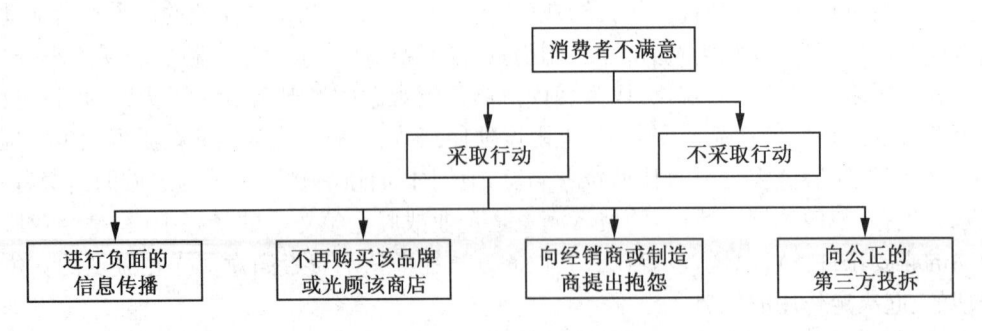

图19—2　消费者不满意情绪的表达方式

影响企业的形象。因此，企业营销人员必须设法将消费者的不满降至最低水平，同时，一旦发现消费者有不满情绪，应马上采取有效的补救措施。

消费者表达不满情绪的方式主要有以下几种：

1. 不采取行动

消费者产生不满情绪后，可能会有自认倒霉、破财免灾的想法，因此不采取什么行动。经过对2 400个家庭的调查发现，当遇到不满意的情形时，消费者采取行动的比重总体来看还不到50%。消费者之所以不采取行动，或是因为不满意的程度很低，或是因为感到不满意的产品或服务对于消费者来说不是那么重要，消费者认为没有必要花费时间和精力去采取行动。例如，对于低成本、经常购买的产品，只有不到15%的消费者会在不满意的时候采取行动，但是对于汽车这样的耐用品，在不满意的时候采取行动的比重则超过50%。需要指出的是，消费者即使不采取行动，也会对该企业的产品或服务留下负面印象，形成不利的态度。

2. 采取相应行动

(1)进行负面的信息传播。消费者有可能会与家人或朋友谈及在购买某产品或接受某项服务时不满意的经历，并劝说他们不要再购买该产品或接受该项服务。

(2)不再购买该品牌或光顾该商店。当消费者感到不满时，很有可能会从此不再购买该品牌或光顾该商店，对于企业来说，这就造成了顾客的流失。

(3)向经销商或制造商提出抱怨。直接向购买的经销商或产品的制造厂商表达不满和抱怨，要求解决问题或者给予补偿，甚至是采取退货行为。

(4)向公正的第三方进行投诉。包括向新闻媒体陈述自己在购买和使用产品过程中的不愉快经历，向消费者权益保护组织进行投诉，或是直接向法院提起诉讼。

在我国，消费者协会是受理消费者投诉的主要机构，它在保护消费者合法权益方面起着越来越重要的作用。在消费者感到不满时，并不一定只采取一种表达方式，而是很有可能会多种方式并用。例如，消费者在向经销商或制造商提出抱怨的同时，也会决定从此不再购买该产品，并且把这次不愉快的经历告诉其亲朋好友。当经销商或制造商没有给出令消费者满意的解决办法时，消费者还有可能转而向第三方进行投诉。

(二)影响消费者采取抱怨行为的因素

消费者并不是在所有的情况下都会采取抱怨行为。通常，消费者产生抱怨的因素有以下三种：

1. 消费者自身的因素

关于消费者自身有哪些因素会影响其采取抱怨行为的研究发现，年龄、收入和受教育程度与抱怨行为之间存在中等程度的相关性。采取抱怨行为的消费者往往较为年轻,具有较高的收入,受教育水平也较高。另外,以前有抱怨的经验与是否采取抱怨行为之间也有着密切的关系,有过抱怨经历的消费者更清楚如何表达他们的不满,也更有可能采取抱怨行为。在性格方面,越固执、越自信的人在某种程度上越容易产生抱怨,而比较注重个性和独立的消费者往往也比其他人更容易采取抱怨行为。此外,若消费者本身的攻击性很强,在面临不满意的时候,会更倾向于进行抱怨而不是自认倒霉。

2. 不满意事件本身的因素

并不是所有的不满意事件都会引发抱怨,如果不满意事件所涉及的产品或服务相对来说不是很重要,那么消费者就很有可能不采取抱怨行为。例如,如果消费者按照事先约定的时间到彩扩店取相片,却被告知相片还没冲洗出来,要再等一会儿。这时,很多人虽然会感到不满,却不会采取抱怨行为。另外,如果导致顾客不满意的事件只是偶尔发生,而不是反复不断地出现,消费者采取抱怨行为的可能性也会比较低。例如,冲洗店如果只是偶尔一次没有按时冲洗出相片来,消费者可能会采取原谅的态度,但是如果每次去取相片都遇到这种情况,消费者往往就会感到极大的不满,进而采取抱怨行为。

3. 归因的因素

消费者通常会对不满意的事件进行归因,也就是判定谁应该为不满意事件负责。如果消费者将导致不满意的原因归结为企业而不是他们自己时,抱怨的可能性就会增加。另外,如果消费者认为导致不满意的问题在企业可控制范围之内,就很可能会采取抱怨行为。

(三)处理消费者不满的策略

研究发现,企业对于消费者抱怨的处理方式会显著影响消费者的满意度。一般来说,如果消费者的投诉能够得到解决,54%~70%的投诉者还会继续从该企业购买;如果投诉得到快速解决,这一比例会上升到95%。

企业要有效缓解消费者不满的情绪,可以从以下几个方面入手:

1. 提供便利条件,及时发现消费者的不满意情绪

企业首先应该为消费者投诉提供便利条件。很多商场和服务机构都有顾客留言簿或意见簿,供顾客填写他们的意见和建议。一些知名企业如宝洁、戴尔、海尔、联想等都设立了400免费电话,并向公众公布它们的网站和电子邮箱,以促进与顾客的双向沟通,便于顾客进行投诉。前面已经提到,当顾客感到不满时,并不总是会提出抱怨,而有可能会采取停止购买或进行负面信息传播等方式表达自己的不满,从而使企业在不知不觉中发生顾客的流失。因此,企业应该对满意度进行跟踪,及时发现消费者的不满情绪。企业可以通过定期调查,在现有顾客中随机抽取样本,向其发送问卷或打电话咨询,以了解顾客对企业所提供产品或服务的印象。

2. 及时解决导致消费者不满意的问题

一般来说,当消费者由于不满而提出抱怨的时候,其目的基本上有两个:一是减少经济上所遭受的损失,即当产品或服务的实际功效低于期望值而给消费者带来金钱上的损失时,消费者希望换货或直接退货;二是减轻精神上所遭受的损害,即当产品或服务的实际功效低于期望值而给消费者带来焦虑、烦躁和个人形象方面的受损等时,消费者会要求企业道歉或给予精神损害赔偿。为了及时处理消费者的这些要求,企业应该制定一套恰当的规则和程序,公开退换货的条件、流程,明确企业内部不同层级人员在处理顾客投诉上的权限,并向那些直接与消费者进行接触的人员进行授权,尽量使其在消费者产生抱怨的时候能够现场予以解决。例如,来自瑞典的宜家家居就明确规定,顾客购买宜家的产品之后,在14天内不管是由于什么原因感

到不满意,只要产品和包装完好,都可以无条件退货。

3. 分析导致消费者不满意的原因

在解决导致顾客不满意的问题的同时,企业还应该对问题进行分析,辨明到底问题的发生是由于偶然性的原因还是产品或服务本身设计上的原因,是企业自身的原因还是其他外部的原因。找出原因之后,再采取有针对性的措施,以便从根本上防止同一问题的再次发生。这样不仅可以有效解决顾客不满的问题,而且还能够获得改进新产品的思路。在3M公司,产品改进的建议有2/3是来自消费者的意见和建议。另外,在查明原因并采取解决措施之后,企业还应该将这些信息向消费者和社会公众公布,以求获得公众的谅解。如果造成顾客不满的原因是由于非企业自身因素造成的,通过这样的处理,消费者的不满情绪往往可以降到最低。

4. 未雨绸缪,消除导致消费者不满意的潜在诱因

在顾客提出抱怨后再予以解决,虽然也可以获得比较好的效果,但是由于顾客不满意的情况已经发生,所以不可避免地会有一定比例的顾客流失,给企业所带来的不良影响也难以彻底清除。因此,企业应该尽量未雨绸缪,在问题还没有被消费者发现或还没有造成严重影响的时候,就本着为消费者负责的精神,采取主动行动加以解决。这样不仅可以避免问题的发生,而且还有助于树立企业形象,提高企业的品牌声誉。

二、消费者投诉心理

(一)期待问题尽快解决的心理

对企业来说,如果消费者期待问题尽快解决,这意味着消费者心理没有达到信任危机的状态,只要企业的相关部门能密切予以配合,在消费者可以容忍的时限内解决了问题,那么消费者的满意度和忠诚度不会受到影响。所以,把握住消费者期待问题尽快解决的心理后,应立即采取措施。如果是常见的可控问题,那么应该给消费者承诺,提出一个解决问题的期限,以安抚消费者。如果是不可控的问题,或者需要进一步确认的问题,那么应更灵活地对消费者表示企业会尽力尽快地解决问题,并会及时与消费者联系,也欢迎和感谢消费者主动来进一步沟通。

(二)渴望得到尊重的心理

人们通过各种途径表达自己丰富的情感,在接受企业的服务时,情感的力量往往超过理性的力量。如果他们在接受企业营销人员直接提供的服务过程中发现有令人不满意的地方,是不愿意隐瞒的。事实上,消费者投诉服务质量问题,对于企业来说并不是坏事,通过自我审视可以提高服务质量,但只有消费者满意才是最终标准,所以消费者对营销人员服务的监督和投诉能有效地提供客户服务的改进点。

任何消费者自我尊重的心理都非常强,他们在服务过程中的不愉快绝大多数是由于营销人员的失误而表现出对消费者不够尊重,所以需要把握住消费者渴望得到尊重的心理来处理服务类型的投诉事件。消费者总希望他们的投诉是对的和有道理的,他们最希望得到的是同情、尊重和重视,处理投诉的工作人员及时向其表示歉意,承诺进一步追查,并感谢消费者的建议和支持,是化解消费者因自尊心理受损而导致不满的有效途径。

(三)希望得到适当补偿的心理

在许多投诉事件中,特别是关于费用的投诉事件中,消费者投诉的目的在于得到补偿。这是消费者意识到自己的权益受到损害后的要求,有很多情况是属于误解,也有一些是有理投诉。例如,在电信服务中,消费者反响最强烈的短信息服务业务中的知情权问题,建立和终止

短信息服务业务的条件、方式的不透明,特别是短信息服务的收费标准模糊不清、乱收费等。这不但给消费者造成了财产上的损失,而且无法知道如何终止短信息服务的方式,有持续蒙受损失的可能。因此,在这类投诉处理的过程中,接待人员必须给消费者合理而规范的解释,给予其知情权,并且在有理投诉中提供补偿。

一般来说,消费者希望得到适当补偿的心理越急切,而又无法得到补偿,投诉升级的可能性就越高。投诉升级后,消费者的满意度和忠诚度都会严重下降,因而,从一开始就把为什么没有补偿、在何种情况下可以得到补偿、怎样补偿等问题一一解释清楚,远比处理投诉升级来得快捷有效。

(四)发泄不满情绪的心理

消费者在带着怒气和抱怨进行投诉时,有可能只是为了发泄不满情绪,使郁闷或不快的心情得到释放和缓解,从而维持心理上的平衡。直接发泄不满情绪的情况多见于重复投诉。在处理这类心理的消费者时,接待人员的耐心尤为重要,以恰当的话语、和善的态度安抚消费者,并需要及时与相关部门联系以确认问题所在,分清责任,给予合理解释。消费者有过投诉行为且投诉较多的情况下,极易流失消费者,对此应加强消费者回访,充分沟通。

(五)和他人交流投诉经历的心理

任何消费者都有和他人交流投诉经历的心理,正所谓"好事不出门,坏事传千里"。调查表明,当消费者无法从企业那里得到满意的投诉处理结果时,他会同10个以上的人说起此事,对企业的品牌形象绝对不利。据统计,在不满意的消费者中,只有4%会正式提出投诉,其余的人没有表示出他们的不满,但大约有90%感到不满意的消费者不再光顾那家企业。从数字上看,每有1名口头或书面直接向企业提出投诉的消费者,就会约有26名保持沉默但感到不满的消费者。更重要的是,这26名消费者每人都会对另外10名亲朋好友宣传这家企业的恶名,造成消极影响,而这10名亲朋好友中,约有33%的人会把这一坏消息再传递给其他20个人。经计算,26+26×10+26×10×33%×20=2002,即每一名投诉的消费者背后,有2 002个潜在消费者对企业不满,他们有可能转向竞争对手,从而削弱企业的存在基础。

三、消费者投诉的沟通与处理

消费者的抱怨是每个营销人员都可能遇到的情况,即使企业的产品再好也会受到挑剔的消费者的抱怨。营销人员不应该粗鲁地对待消费者的抱怨,其实这种消费者有可能就是产品的永久的买主。正确地处理消费者的抱怨,能够提高消费者的满意度,增加消费者认准品牌购买的倾向,并可以获得丰厚的利润。

倾听消费者的不满是销售过程的一部分,而且这一工作能够增加销售人员的利益。对消费者的抱怨不加理睬或错误地处理,将会失去消费者。一般来说,消费者有了抱怨心理而在营销人员那里得不到倾诉,回去后就会向其亲友倾诉,进而造成今后营销工作更大的损失。让消费者说出来,既可以使消费者心理平衡,又可以知道问题所在,从而对目前存在的问题做及时修正,避免以后出现类似问题招致消费者的不满。要想维护消费者的利益,企业必须正确处理消费者的意见。有时即使你的产品和服务非常好,也会受到爱挑剔的消费者的抱怨。粗暴地对待消费者的意见,将会使消费者远离企业而去。根据美国学者的调查,一个企业失去的消费者中,有68%是由于售货员态度冷漠,使消费者没有受到礼貌的接待所致。有人可能认为,企业失去一两名消费者是正常现象,不值得大惊小怪,然而,这种情况所造成的影响却是难以估量的。所以,日本松下幸之助说:"消费者的批评意见应视为神圣的语言,任何批评意见都应乐于接受。"倾听并恰当地处理消费者的意见，可以产生积极的效果，对此，可以用这样一个公式来说明：

处理好消费者的抱怨：提高消费者的满意程度＝增强消费者的认牌购买倾向：丰厚利润

(一)分析消费者抱怨产生的原因

消费者产生抱怨的原因有多方面，一般来说，多是因为营销人员对消费者不尊重、态度不好、疏于说明、工作不负责任而导致客户的不满，也可能是由于消费者错觉或误解所导致的购买，或者是卖方在手续上的错误，或者是产品质量上存在缺陷，也可能是消费者的不习惯、不注意或期望太高。准确分析抱怨产生的原因，将有助于与消费者沟通和解决问题。

(二)处理消费者投诉的方法

(1)绝对避免辩解，立即向消费者道歉。要先向消费者道歉，如果营销人员急急忙忙打断消费者的话为自己辩解，无疑是火上浇油。可以对消费者说："感谢您提出意见。我们一向很重视自己的信誉。发生您所说的事情，我们深感遗憾，我们一定要了解清楚，加以改正。"

(2)用心聆听消费者的意见直到最后一句，不要打断对方的话。即便消费者的言语用词不当，也不要说出来，要等他说完以后再以诚恳的态度加以说明，求得其谅解。

(3)询问消费者提出抱怨的原因，并记录重点。对一些情绪激动的消费者，把他们的讲话记录下来，可以使其冷静下来。

(4)迅速采取措施，解决问题，消除抱怨。如果同意消费者处理的意见，就要迅速、爽快地做出处理，不要有不甘愿的表现，更不能拖延。拖延处理抱怨的时间，是导致消费者产生新的抱怨的根源。要有勇气面对消费者的投诉与抱怨，积极加以处理，这也是赢得消费者信任的最好方式。

(三)处理消费者投诉的技巧

(1)感谢消费者的投诉；仔细聆听，找出投诉的问题所在；表示同情，绝不争辩。

(2)对消费者投诉问题的回应一定要迅速，正视消费者的问题，不回避问题。销售部门在接到消费者以电信或书面方式投诉的通知时，采取登记事由并以最快的时间由经办人到现场取证核实。如有必要，可以让消费者接触到主管。

(3)收集资料，找到事实，汲取教训，立即改正。尊重客观事实，对消费者投诉进行多方面的调查和区分，确因销售方原因给消费者造成的直接或间接损失，要根据具体情况按约定进行果断赔偿。对事实的调查，不能浮在表面，要深入到所有与索赔有关联的方面。了解造成事故的真正原因，不要回避真相，是什么就是什么，不能扩大也不能缩小。全面收集造成问题的各种因素，包括时间、数量、金额和特性等都要现场确认，不能是是非非、含含糊糊、唯唯诺诺，要给消费者一个明确的答复。

(4)既成事实的赔偿一般是在双方友好协商的基础上达成共识。征求消费者的意见，提供补偿的措施与方法，并立即采取补偿行动。在表述理由时，要不卑不亢，不要因拒绝了对方的过分要求而怕业务受到影响。让消费者明白，损失的超限赔偿是基于双方的合作关系，吃亏也吃在明处，不能让消费者感到企业处理问题不严肃，这样可有效地防止消费者的再次过分苛求。要注意给消费者一个台阶下，永远别让消费者难堪。

(5)建立完整的消费者投诉处理的流程与记录。设立专门独立权威的处理消费者投诉的售后服务机构，有利于加强问题的处理力度。一般企业在这方面的机构设置和人员配置都比较完善，在权限上采取层层审批核实的程序，一个报告由业务、销售、生产、技术、营销和质量等几个部门签字批示意见，最后经总经理审批生效。但要注意各部门之间的协调，不能只走形式,没有真正做到——核实,一旦责任牵扯到许多部门,就都不敢对消费者表态,最终导致不负责的现象出现。

本章小结

营销服务是指各类企业为支持其核心产品所提供的服务。营销服务活动具有一系列的特点,具体表现为:服务性、短暂性、主导性和不对等性。营销服务的影响作用所产生的心理效应表现在以下几个方面:首因效应、近因效应、晕轮效应和定式效应。营销服务由售前、售中、售后服务三阶段构成。售前消费者心理主要表现为消费者认知商品的欲望、消费者的价值取向和审美情趣、消费者的期望值、消费者的自我意识等,企业可采取相应的售前服务心理策略。售中消费者心理表现为:希望获得详尽的商品信息、希望寻求决策帮助、希望受到热情的接待与尊敬、追求方便快捷等。售后消费者心理表现为:评价心理、试探心理、求助心理、退换心理。售后服务策略要求提供优良的售后服务,要提升CS经营理念,进一步完善企业的服务工作。消费者投诉时的心理有以下几种:期待问题尽快解决的心理、渴望得到尊重的心理、希望得到适当补偿的心理、发泄不满情绪的心理、和他人交流投诉经历的心理。分析消费者抱怨产生的原因,采取恰当的方法、运用合适的技巧处理消费者投诉,是解决双方冲突和维护企业形象的重要工作。

思考题

1. 举例说明销售服务的心理效应。
2. 消费者对售前服务有哪些心理需要?应采取怎样的心理策略?
3. 售中服务中消费者有哪些心理期望?
4. 举例说明消费者购买商品后有哪些心理,以及应采取的心理策略。
5. 消费者不满意和消费投诉有哪些心理特点?如何处理消费者拒绝购买和消费投诉?

案例分析

酒店服务案例[①]

某日,一位香港常客来到某酒店总台要求住房。接待员小郑见是常客,便给他9折优惠。客人还是不满意,他要求酒店再多打些折扣。这时正是旅游旺季,酒店的客房出租率甚高,小郑不愿意在黄金季节轻易给客人让更多的利,香港客人便提出要见经理。

其实,酒店授权给总台接待员的卖房折扣不止9折,小郑原本可以把房价再下浮一点,但他没有马上答应客人。一则他不希望客人认为酒店客房出租情况不妙,客人可以随便还价;二则他不希望给客人留下这样的印象——接待员原可以再多打一些折扣,但他不愿给,只是客人一再坚持后他才无可奈何地退让,这会使客人认为大酒店员工处理问题不老实,而他希望通过酒店的再次让利让客人感到酒店对其的尊重。小郑脑中闪过此想法后,同意到后台找经理请示。他请香港客人先在沙发上休息片刻。

---

① 夏青青:《酒店服务案例学习》,计调网,2009年7月14日。

数分钟后,小郑满面春风地回到总台,对客人说:"我向经理汇报了您的要求。他听说您是我店常客,尽管我们这几天出租率很高,但还是同意再给您 5 美元的优惠,并要我致意,感谢您多次光临我店。"小郑稍作停顿后又说:"这是我们经理给常客的特殊价格,不知您觉得如何?"

香港客人计算一下,5 美元相当于半折,这样他实际得到的优惠折扣便是 8.5 折,这对于位于闹市区又处旅游旺季的星级酒店来说,已经是给面子了。客人连连点头,很快便递上回乡证办理入住手续了。

此案简要评析如下:

全员促销是酒店成功销售产品的重要手段。全店所有员工都有推销产品的可能和职责,但机会大小不一。一般来说,总台接待员、餐厅点菜员和歌舞厅、商场、酒吧、咖啡厅等一线部门的服务员有更多的机会。酒店应经常向员工灌输促销意识。然而,光有意识是远远不够的。如果一线服务员为了尽可能多地推销酒店产品,显得迫不及待或死缠硬磨,反而可能弄巧成拙,到手的生意也会跑掉,因此各酒店还应在部门内加强促销技巧的培训。

本例中的接待员小郑在转入后台之前的一段思索是正确的。他有权给客人更多的优惠,但他没一下子把这个权用尽,只要有可能,他总是想法为酒店多创一分利。当客人提出要求给予更多的优惠时,他又借口去请示经理,显得极为成熟老练。这样处理还有两点更深的含义:一是表明小郑为此已经尽了很大的努力,使客人深感酒店是把他作为重要客人来对待的;二是再给 5 美元优惠是经理的决定,如欲进一步降低折扣,可能性将是微乎其微,这将有助于刹住客人继续要求降价的欲望。

当然,如果客人到此仍不满意,而接待员的折扣权限已经到顶,接待员还是应该向经理请示。每个上门的客人都要尽最大努力留住,尤其是常客,不能因为是旅游旺季而随便拒绝他们并不过分的要求。常客为酒店带来巨大财富,万万不可轻率地把他们推到自己的竞争对手那里去。

讨论:
1. 营销服务在企业核心产品中起着什么作用?
2. 营销服务对消费者心理有什么影响?

阅读资料

化妆品的服务营销[①]

中国经济的迅猛发展,促使生活资料的销售特别活跃,同样化妆品的销售也不示弱。化妆品是属于消耗品的范畴,根据现有中国企业对生活易耗品的销售观点,更多的是强调质量与保质期的重要性。而化妆品却有别于其他易耗品。无论从竞争趋势还是从商品特点或从营销现象而言,化妆品必须比其他易耗品更重视服务营销。

从化妆品的竞争环境而言,化妆品的销售现在是洋品牌、合资品牌、内资品牌三分天下的局面。但无论哪类品牌,都在科技创新、新品开发、销售通路、价格策略、促销手段等营销组合方面各显神通,竞争几乎白热化(国内许多中小化妆品企业还很难做到前两点)。在如此竞争环境下要想将一个品牌尽量经营维护且最大化地延长品牌生命周期,就不是仅重视以上所列营销组合所能解决的,还必须重视产品的附加价值——服务的重要性。

---

① 聚杰网,2007 年 7 月 9 日。

从化妆品的商品特点而言,化妆品是美化人的肌肤类产品,而肌肤是人生理结构的一部分,它由各层皮肤组织构成。因此,为人的肌肤推荐化妆品就变成含有技术专业类成分的工作。这样,就需要提供专业类服务。

从化妆品的营销现象来看,由于中国生活资料市场已进入买方市场,因此营销领域竞争激烈。特别是随着国民经济的发展,服务业占国民生产总值的含量越来越高。消费者已基本进入讲服务、讲质量、愿购买的时期。

综合以上三点所述,化妆品应重视服务营销。服务营销就是经营者站在消费者的角度提供专业咨询、心理满足、购买方便、使用指导、使用价值跟踪等营销行为的准终结环节,目的就是增加商品的使用价值。

那么应如何做好化妆品的服务营销呢?我们从经营者的角度作一过程描述。

首先,化妆品的服务营销应立足于"观念教育"服务,虽然化妆品的发展一年好于一年,但中国人的传统观念对护肤还有误区。例如,男人不能用化妆品;夏日无所谓,冬天抹点油等。从观念的角度分析中国化妆品护肤理念还没有真正到成熟的年代。所以,化妆品的服务营销如果首先花重要精力在行业教育上,化妆品的消费市场会更成熟,消费者会更多。因此,无论是化妆品企业主、营销经理,还是美容顾问、促销小姐,都应首先从美化肌肤的角度传播正确护肤理念,让更多的人理解支持甚至消费化妆品。总之,所有化妆品从业人员应该在日常生活中形成传播正确护肤理念的习惯,这就是"行业教育"服务。

其次,化妆品的服务营销应注重"专业服务"。

皮肤结构、生理构造、皮肤类型是护肤的基础知识,要根据消费者的需求做以上专业的沟通,让他们明白应该怎样重视护肤,又该如何护肤,更关键的是他适合如何护肤。然后要根据自身产品的"独特销售主张"(USP)及目标定位向客户作详解,此类产品会对他如何切身受用,之后要为消费者做一套"度身定做"的化妆品,让其清楚这是最适合他的一套产品,会对他的皮肤有极大的帮助,最后购买时应告诉客户的详细用法。

再次,应重视消费者的"时间服务"。

其一,购买后第7天应该给客户打一个电话,目的是表示对他的关注,且为下次沟通打好基础。如询问使用情况、是否很舒服、是否配套用等。

其二,购买后第30天应给客户再打个电话,目的是关注使用效果,且了解需不需要指导及美容服务。如果效果好,那是最好不过的;如果效果欠妥,就应见面分析且帮其指出原因。不管如何,客户管理人员应在一星期内尽量登门拜访,以便加以沟通、增进感情,引起再次购买,变成品牌的回头客,甚至帮助介绍新客户。

其三,建立美容沙龙,为消费者提供专业美容咨询、新化妆时尚信息、专业护肤服务等。至少一季度一次举办活动,且建立客户档案,以便形成顾客群。

以上三步形成对消费者的"服务营销系统",且可构筑 CS 客户满意工程,这样化妆品的服务营销趋于成熟,有了如此营销意识,不仅品牌形象好、品牌生命周期长,而且化妆品市场会更加成形,化妆品市场竞争也更加趋于良性。

第二十章

营销人员心理

● 学习目标

1. 了解营销人员在营销中的影响力表现;
2. 掌握营销人员的仪表、语言、行为举止对消费者的影响;
3. 了解营销人员个体心理对营销活动的影响;
4. 掌握营销人员心理素质的培训与提高技巧。

● 导入案例

如何当一名合格的导购员?[①]

一天,在国内一大型卖场的乳制品货架前,一对老年人徘徊在婴幼儿奶粉货架周围,来回好多次,一会拿下一袋奶粉,一会又放了回去,一直犹疑不决。这时,迎面走来一位年轻的导购小姐,笑容可掬地跟他们打招呼,"您好,要买点什么样的奶粉,我来给你们介绍一下吧。""请问你们的孩子多大了?"

这对老年人愣了一下,没说话。这位导购小姐又继续说道:"如果1~3岁就选这个比较好,如果3岁以上就请用这个。"这对老人继续往前走去,导购小姐紧跟上前,再一次询问:"请问你们的孩子多大了,我可以向你们推荐一下啊!"这时,一位老人突然回了她一句:"我们的孩子比你大!"这位导购小姐非常尴尬,红着脸半天没说出话,就这样眼睁睁地看着这对老人离开了货架,本来一笔可能的生意,就这样泡汤了。

第一节 营销人员对消费者心理的影响力

一、营销人员影响力

(一)营销人员影响力的表现

何谓影响力? 就是一个人从"内在的思想,所表现出来的一种外在形象,并散发出一种自然的魅力,进而能使人在不知不觉中被影响的一种力量。"营销人员在购物场所中为消费者提供服务、推动消费者购买行为进行,他们在营销活动中的影响力主要表现在以下几个方面:

1. 信息的沟通者

当顾客进入零售场所后,营销人员亲切的服务态度会使顾客产生良好的信赖感,有利于两

[①] 《导购:扎向消费者心窝的利器》,《销售与市场》,2006年3月17日。

者之间的交流与沟通。同时,通过与顾客的接触,可以成功地了解顾客。对于零售企业来说,营销人员是代表企业收集顾客信息最有效的途径。

2. 商品的推介者

营销人员可以通过对顾客施加良好的影响来引导顾客观看商品,向他们展示商品,表现商品的特殊性。有些营销人员太急于展示商品,往往适得其反吓走顾客,就是因为不能准确理解顾客的心理;反之,顺应顾客的心理展示动作,是增进顾客信赖感的有效方法。

3. 选购的指导者

营销人员不仅是商品的出售者,优秀的营销人员还应该是顾客购买商品的指导者,在商品介绍中可以为顾客提供全面的有关商品消费的知识,能正确解答消费中的问题,能正确评价不同商品品种之间的优缺点等。这样,对顾客的影响是增强了其购买商品的决心。

4. 感情的融通者

营销人员优良的服务可以化解销售中的许多矛盾与冲突。营销人员自然、诚恳的微笑代表营销人员真心实意地欢迎顾客。希尔顿饭店创始人纳·希尔顿说:"如果我是顾客,我宁愿住在只有破地毯但处处充满微笑的旅馆里,而不愿意走进有一流设备却不见微笑的地方。"

(二)顾客、营销人员和商品三者之间的关系

美国心理学家从顾客、营销人员和商品三者之间的关系来解释营销人员在销售中的影响力。通过研究,可以把三者之间的关系分为以下八种情况:

(1)顾客遇到自己满意的商品,营销人员也十分热情诚恳、服务周到,能够耐心地帮助顾客挑选商品,营销人员本人对于商品也持肯定的态度。在这种情况下,顾客的心理是处于平衡的状态,愿意配合购买。

(2)顾客看中了某一商品,而营销人员对这种商品持否定态度。顾客虽然不满意营销人员的态度,但是内心仍然以能买到让自己满意的商品而感到欣慰,顾客的心理也处于平衡状态,完成购买。

(3)顾客对商品不满意,营销人员能体贴顾客的这种心情,不勉强顾客购买,也不刻意地推荐。顾客对营销人员产生较好的信赖感,心理上处于平衡状态,对零售企业产生好感。

(4)顾客不喜欢的商品,可是营销人员还要费力地向其推销。由于顾客心理的保护作用,顾客不会被营销人员的行为所打动,而会我行我素并对此零售企业产生警惕心理。

(5)顾客有意要购买商品,营销人员的服务也很热情周到,但对商品的评价与顾客有分歧,使顾客原来的购买愿望出现动摇,变得犹豫起来,产生不平衡的心理状态,影响购买行为的继续进行。

(6)顾客与营销人员都对商品持肯定态度,但可能因为营销人员的服务方式或顾客的言行等行为方面的原因使双方发生不愉快,使顾客的心理出现不平衡,形成拒绝购买的态度。

(7)顾客对商品持否定态度,而营销人员仍然坚持推荐商品甚至出现强卖商品的现象,令顾客心理很不平衡而出现坚决否定的态度。

(8)顾客在商店没有买到自己满意的商品,商店的营销人员对顾客态度较差,令顾客心中十分反感,甚至后悔来此购买,产生不平衡的心理状态,这是最差的结果。因为顾客在这里受了气,或是买到了不满意的商品,就会以更强烈的消极情绪来传播他们不愉快的心情,把购物环境的恶名传得更远,造成更加严重的不良后果。

二、营销人员的仪表对消费者心理的影响

仪表是一个人的外表,一般包括容貌、姿态、衣着、修饰、风度、言谈举止等各方面内容,它

是人的心理状态的自然流露,与人的生活情调、思想修养、道德品质密切相连。营销人员的仪表在与顾客的相互交往中有着重要作用。营销人员的仪表不仅是个人的喜好,而且体现了对顾客的礼貌和尊重,体现了营销人员的精神状态和文明程度。在企业经营过程中,消费者对企业的判断和评价往往是从对经营人员仪表的感觉开始的,所以,经营人员的仪表犹如企业的"门脸",其整洁美观的仪容和明朗良好的风度不仅表现了个人的精神面貌,而且反映了文明经商的企业风貌。它给消费者的视觉印象,直接影响消费者在购买活动中的心理变化和对企业的综合印象。营销人员的不同仪表会给消费者不同的心理感受和情绪体验。

(一)营销人员的精神风貌与消费者心理

健康的体态、精神饱满的容貌能够给消费者以安全、卫生、愉快的感觉。营销人员的体态是心理活动的外在载体,人们的各种内心世界活动状态往往通过人体的外观仪表与人体动作表现出来。营销人员的容貌主要体现在经营人员接待消费者时的面部表情以及表现出来的情感神韵上。一般来说,精神健康、整齐清洁的营销人员,往往给消费者以安全、卫生和愉快的感觉,使消费者愿意与之交换意见,并放心地购买其商品;反之,如果营销人员萎靡不振、蓬头垢面,则难以给消费者留下良好的印象,而只能给其不快之感。

(二)营销人员的服饰穿着与消费者心理

整洁合体、美观大方的服饰能够给消费者以清新明快、朴素稳重的视觉印象和舒展端庄的感受。营销人员与消费者接触,首先映入消费者眼帘的是其着装。营销人员的穿着应当整洁合体、美观大方,以雅为主。营销人员在上班期间一律穿戴企业统一分发的工作制服,有利于消费者监督,并给消费者以整体的感觉。没有分发工作制服的企业,经营人员的着装应本着美观大方、合时合体的原则,既不能穿奇装异服,也不能过于老式陈旧。如果服装过于花哨,容易给消费者造成轻浮、不可靠的印象;相反,如果过于呆板、落伍,又会让消费者怀疑营销人员的鉴赏力,当营销人员为消费者推荐、介绍商品时,消费者对其提供的意见会大打折扣。

(三)营销人员的言语运用与消费者心理

语言是人们交流思想、增进感情的工具。营销人员的语言十分重要,它不仅用来宣传、出售商品,也用于沟通营销人员与顾客之间的感情。

礼貌文明、诚恳、和善的语言表达,能引起顾客发自内心的好感,起到吸引顾客的作用。售货员、收银员在同顾客交谈时,尽量多用"请""麻烦您""久候了""谢谢"等词语,并结合文明的举止,往往能给顾客以好感。营销人员说话时要注意顾客的情感,使顾客乐于接受。对消费者的称谓要恰当、准确,这样能缩小与消费者的距离感。要善于把握消费者的情绪变化,对个性不同的消费者要采用不同的语言,避免让消费者感到难堪。营销人员在询问顾客时应注意自己的态度,要做到言表一致。

总的来说,营销人员的接待语言应做到:一要和气,说话冷静,平等待人,有耐性,说话口气使人感到和蔼可亲。二要用词简练明白、抓住要领、语调亲切,温和,客气。既要口语化,又要形象化,能吸引顾客、影响顾客,使顾客有良好的心理感受。三是不失口,营销人员要注意该说的和不该说的话。俗话说"良言一句三冬暖,恶语伤人六月寒"。营销人员应该多说商量的话、委婉的话、关心的话,而不该说顶撞的话、粗话、脏话,更不要声色俱厉、压人取胜。

(四)营销人员的行为举止与消费者心理

营销人员的行为举止主要是指其在接待顾客过程中的站立、行走、表情、拿取商品等方面的动作等。行为举止能体现人的性格、气质,也最容易引起消费者的注意。一般来说,营销人员举止落落大方、态度热情持重、动作干脆利落,会给消费者以亲切、愉快、轻松、舒适的感觉,这对顾客有着一定的积极影响,并乐于与之交易;相反,举止轻浮、言谈粗鲁,或者动作拖拉、漫不经心,则会使消费者产生厌烦心理。营销人员应该尽量做到以下几点:

1. 学会微笑

营销人员的脸上要时时面带笑容,这不仅是所有企业的服务信条,也是营销人员努力追求的目标。微笑应具备三个条件:开朗、热情、真诚。微笑应是发自内心的微笑,销售人员不应把自己的烦恼带到工作中去,更不可以将怒气发在顾客身上,必须时时刻刻保持轻松的情绪,并露出开朗的笑容。

2. 以诚相待

营销人员的举止应该做到适应顾客心理需要,与人相交,贵在诚意。在销售工作中要真诚地对待顾客,向顾客介绍商品,推测顾客的需要,推荐其所适合的商品。介绍商品要诚实,切不可弄虚作假。在销售过程中对顾客热情接待,并注意倾听顾客的要求,了解掌握顾客的需要、偏好,提供各种方便条件。例如,在洽谈中主动、积极、热情地为顾客提供产品情况,为顾客选购提供方便,为顾客解决各种购买手续。方便、周到、优质的服务不仅可以吸引更多的顾客,而且能增加用户的依赖感,提高企业的竞争能力。

3. 努力倾听

世界知名的丽思卡尔顿酒店把倾听作为营销努力的核心要素。任何人得知客人的偏好,就可以通过前台服务人员记录到"客人偏好表"中,然后客人偏好就会进入所有分店的名为"客人历史"的计算机文件中。这样,根据酒店的预订名单可查看客人偏好的文件,工作人员就能采取各种必要的措施迎接客人的到来。这种倾听的"小把戏"还包括由前门迎宾人员从行李标签上收集到达顾客的姓名,并迅速传递到服务前台,给酒店其他员工使用;客人投诉由引起投诉的酒店员工负责,问题解决后,此次投诉被记录到"客人事件表"并立即进入数据库,可以使酒店其他人员了解到当天客人有不幸的经历而去投诉,可能需要特别的照顾和关心。丽思卡尔顿酒店的倾听方式从几个方面来说很有指导性,它是酒店战略的核心。尤其是它带来了大量的口头广告,并由此替代了连锁酒店传统的巨额营销开支。更重要的是整个系统相对简单、易于使用。这样,每个人都被融入日常的数据收集和使用中,从而使认为此项工作是额外负担的人增强了对信息收集工作重要性的认识。

三、营销人员的服务态度对消费者心理的影响

营销人员的服务态度、服务方式直接影响消费者的情感过程。消费者的情感过程是消费者对客观现实是否符合自己需求而产生的态度体验的过程,是消费者心理活动的一种特殊反应形式,贯穿于购买心理活动中的评定阶段和信任阶段,对购买活动的进行具有重要的影响。在影响消费者情感过程的诸多因素中,营销人员的服务是一个极为重要的因素。

(一)要有良好的情感倾向性

情感倾向性是指一个人的情感指向什么和为什么引起的。营销人员良好的情感倾向是指为消费者着想,向消费者提供必要的售前服务,能够使消费者对企业产生好感。企业在经营活动过程中,应当处处体现以消费者为中心的现代市场经营观念。在营销活动中,营销人员应关心、热爱、尊重顾客,一切为顾客着想,真正从职业意识上认识到"顾客永远是对的"。以消费者为中心的经营观念,要求企业在经营活动中根据消费者的习惯、需要做好店堂布置工作,对商品进行合理陈列,精心安排室内灯光照明,恰当调配色彩,同时通过各种渠道积极向消费者提供企业经营信息。只有这样,企业才能拥有一个良好的购物环境,使消费者对企业有较为充分的了解,从而对企业产生好感。

(二)要有深厚稳定而持久的情感

深厚的情感是指与真正理想、信念、人生观紧密联系的情感。有浓厚情感的营销人员都是情感倾向性高尚的营销人员。他们的热情服务是能够通过营销活动表现出来的。稳定而持久的情感是指与情感的深厚联系在一起的,并在相当长的一段时间内不变化的情感。这就要求营销人员要把积极的情感稳定而持久地控制在对工作的热情上,控制在为顾客服务上;对工作的热情应持之以恒,对顾客要始终如一。

(三)耐心介绍,做好消费者的参谋,为消费者提供周到的售中服务,使消费者产生购买激情

营销人员应当掌握消费者心理,学会判断消费者的需要,在经营过程中,向消费者提供最佳的服务。根据消费者的不同个性特点及需要,适时地向消费者展示商品、介绍商品,并有针对性地进行现场演示,更多地向消费者传递有关商品的信息,诱发消费者的积极联想,必要时帮助消费者进行决策,做好消费者的参谋,使消费者产生购买激情。

(四)要有较高的情感效能

情感效能是指情感在人的实践活动中所发生作用的程度。它是激励人们行为的动力因素。一般来说,情感效能高的营销人员能够把任何情感转化为积极学习、努力学习的动力。所以,为了主动、热情、耐心、周到地搞好营销工作,对营销人员的情感效能的要求要高一些。

(五)提高企业的信誉度,向消费者提供可靠的售后服务,使消费者对企业产生积极的评价,从而实现重复性购买

企业信誉度的高低是消费者选定某一企业的主要依据之一,营销人员要努力为消费者提供各种形式的售后服务,尽可能地消除消费者在购买过程中所产生的各种疑虑,使消费者对所购买的商品在使用中真正感到满意,从而使消费者对企业产生积极的评价,对在本企业实现重复购买起到积极的促进作用。

第二节 营销人员心理对营销活动的影响

一、营销人员的心理活动过程对企业经营活动的影响

营销人员的心理活动过程是指营销人员在经营活动中支配其经营行为的心理活动的整个过程,包括认识活动、情感活动和意志活动三个方面。

(一)营销人员的认识活动对企业经营活动的影响

营销人员的认识活动是营销人员心理活动的初始阶段,它是指通过营销人员自己的感知、记忆、想象、思维等活动,对与经营活动相关的客观事物的品质属性以及各方面联系的综合反映过程。形成营销人员世界观的诸方面,如对本职工作社会意义的认识、对企业经营活动本质特点的认识、对个人需要与企业目标之间关系的认识、对企业利益与消费者利益关系的认识等,都是在认识活动的基础上形成的。营销人员的认识直接影响着他们能否对企业经营活动形成正确的认识,从而影响营销人员的世界观,影响企业经营活动的经营观念、经营目的以及为实现经营目的所采取的方法和手段,最终影响服务质量的高低、决策的正确性以及经济效益的高低。

(二)营销人员的情感活动对企业经营活动的影响

营销人员的情感活动是营销人员在从事企业经营活动的过程中,对企业经营活动的目标、

方式、结果是否符合自己的需要而形成的态度体验,是对企业经营活动的一种好恶的倾向。情感活动是由一定的客观事物引起的,离开了客观事物,情感活动是不可能产生的。由于营销人员劳动的特殊性,他们所面临的企业活动中的客观事物是复杂多变的,因此,营销人员的情感活动也是不同的。例如,消费需求与社会生产的矛盾、购买行为与销售方式或服务质量的矛盾,都会引起消费现象或购买行为等事物不断地发生新的变化。各种事物的不同特点以及事物与营销人员之间所存在的关系不同,必然引起营销人员对这些事物抱有不同的态度,形成不同情感活动,而不同的情感就会引起不同的经营活动,或使经营活动积极,或使经营活动消极。情感丰富是心理活动高度发展与多方面发展的必要条件。强烈而深刻的积极情感,一方面可以推动营销人员进行有益于消费者的各种经营活动;另一方面又可以反射给消费者,在买卖双方之间建立更加融洽的气氛。

(三)营销人员的意志活动对企业经营活动的影响

营销人员的意志活动是营销人员自觉地确定经营目标,并为达到经营目标而有计划地组织自己的行动,克服行动中的各种困难的心理过程。营销人员意志活动的特殊作用在于能自觉地努力去确定经营目标,并且保证经营目标的实现。意志活动的能动性与制约性的相互作用,推动着营销人员心理的发展和变化。其中,意志活动的能动性推动营销人员朝着经营目标前进;意志活动的制约性能使营销人员克服各种障碍,服从经营目标的需要。营销人员具有明确行动的觉悟性,就有明确的努力方向与经营目标,在企业经营活动中就能自觉地以实际行动为之奋斗,即使遇到曲折与障碍,也毫不动摇,从而保证企业经营活动目标的实现;营销人员具有决定行为的果断性,就能够快速处理企业经营活动过程中出现的种种问题,提高服务质量,并能够面对复杂问题迅速做出合理决策,提高企业的竞争力;营销人员具有执行行动的自制性,就能够使营销人员在任何条件下都自觉地发挥积极性,以职业道德和经营目标约束自己,从而出色地做好企业经营工作;营销人员具有保持行动的坚持性,就能够保持符合企业经营目标的行动方式及其情感状态,长时间内克服来自内部与外部的因素干扰,坚决完成各项有助于实现企业经营目标的具体任务。

二、营销人员的个性心理特征对企业经营活动的影响

营销人员的个性心理特征是营销人员在一定的生理基础上和一定的社会历史条件下,通过经营实践活动形成和发展起来的,带有倾向的、本质的、比较稳定的心理特征的总和。它体现了营销人员个体的独特风格、独特的心理活动以及独特的行为表现,包括营销人员的性格、兴趣、能力、气质等许多方面。

(一)营销人员的性格对企业经营活动的影响

营销人员的性格是在营销人员的生理素质基础上,在企业经营活动中形成、发展和变化的,对企业经营活动的态度和经营方式中经常表现出来的稳定倾向。营销人员的性格是营销人员个性心理中最核心的内容,它是决定营销人员行为倾向的最重要的心理特征之一。

具有不同性格特征的营销人员在其行为倾向、行为内容方面表现出不同的特点,从而对企业经营活动产生不同的影响。具有内向型性格特征的营销人员往往难以迅速适应快速变化的市场环境,但却能认真思考经营活动过程中所出现的问题;具有外向型性格特征的营销人员往往能迅速适应多变的市场环境,但却难以从细微变化中发现市场机会;具有理智型性格特征的营销人员常常能以科学的方法来指导经营活动,但却缺乏适应市场变化的灵活性;具有情绪型性格特征的营销人员在从事经营活动过程中我行我素,一旦活动内容与经营目标不一致,必将

给企业带来重大的负效应影响;具有意志型性格特征的营销人员的经营活动目标比较明确,往往对实现企业经营目标起到积极的促进作用。

(二)营销人员的兴趣对企业经营活动的影响

营销人员的兴趣是在需要的基础上产生和发展的,是营销人员积极探究企业经营活动以及与企业经营活动有关的各种事物的认识倾向,反映营销人员的活动倾向。如果营销人员对与企业经营活动有关的一些活动产生兴趣,那么就会经常关心和积极收集有关信息,并想方设法按更好的方式去从事该项活动。培养营销人员对工作的兴趣能够使营销人员长期保持对工作的积极性,形成创造性的企业劳动态度,对企业经营活动起到积极的促进作用。

(三)营销人员的能力对企业经营活动的影响

营销人员的能力是指与营销人员顺利地完成企业经营活动有关的心理特征,是营销人员从事企业经营活动的本领。营销人员能力的差别一方面表现在不同的人员在不同的领域存在着不同性质的能力,另一方面表现在不同的人员在相同的领域能力大小的不同。不同的企业经营活动要求营销人员具有不同性质的能力和相应的能力水平。营销人员在企业经营活动各方面的不同能力,决定着其在该方面活动效率的高低。如果营销人员的能力性质与其所从事的企业经营活动要求相符合,那么,该能力越强,企业经营活动的效率越高;相反,企业经营活动的效率就越低。

(四)营销人员的气质对企业经营活动的影响

营销人员的气质是营销人员典型地表现于心理过程的强度、心理过程的速度和稳定性以及心理活动的指向性等动力方面的特点,反映了企业经营人员经营活动的方式。气质虽然不能决定营销人员的经营业绩,但却能影响其情感和行动以及企业经营活动的效率,从而对企业经营活动产生影响。具有不同气质类型的营销人员,其经营活动方式表现也不同。活泼型营销人员具有明显的多血质气质特征,容易与购买决策者或购买者接近,容易促成购买者的购买;冷静型营销人员具有明显的黏液质气质特征,介绍商品比较客观,但与购买者有一定的距离,容易就技术性强、价格高昂的特殊商品促成交易;温顺型营销人员具有多血质和黏液质的某些气质特征,能够顺从消费者的意见,满足消费者的挑选要求;急躁型营销人员具有明显的胆汁质气质特征,对消费者接待热情,能主动推荐商品,工作积极性高;沉默型营销人员具有明显的抑郁质气质特征,对市场环境变化具有较高的敏感性。

第三节 营销人员心理素质的培训与提高

一、心理素质的内涵

从常识意义上说,素质是人在从事某种活动时所需要的基础与条件。平时我们批评一位推销人员工作业绩太差,常说"他素质不过关"或"他不具备推销员的素质"。这里的素质是相对于推销工作而言,是指缺乏自信、没有必要的知识训练或者没有良好的自我表达能力等。素质成为我们经常使用的评价一个人能力的口头语。因此,有人认为各种素质的统一体就是人,素质的含义已超过单纯意义上的解剖生理学范围,成为能力的代名词。

具体分析人的素质时,必须结合特定的活动来进行。一般从四个方面来探讨人的素质的内容:心理素质、行为素质、文化素质和思想素质。这几个方面都统一于人的心理与行为的协调,因而可以用心理素质这一概念来涵盖人的基本素质。

我国学者马谋超总结出成功的营销人员应具备以下素质：(1)良好的人际关系；(2)悟性与良知；(3)体察自己的预感、直觉和潜意识提供的信息；(4)既是专家，又是杂家；(5)充分的自信；(6)富于冒险精神；(7)付诸行动；(8)灵活、适应性强；(9)良好的态度倾向；(10)执着；(11)守信；(12)诚实坦白、光明正大。

我国台湾地区学者钟隆津在《商业心理学》一书中列出了营销人员应具备的16种内在素质和5种外在素质。

16种内在素质为：(1)对公司竭尽忠诚地服务；(2)具有对商品的各种知识；(3)具有良好的道德习惯；(4)具有识别他人的能力及独具慧眼的尖锐见解；(5)具有幽默感；(6)具有良好的社会公共关系；(7)具有良好的判断力和常识；(8)对顾客的要求和兴趣给予满足，并真诚地对顾客表示关心；(9)悟性甚优；(10)具有用动听言语去说服客人的能力；(11)机警善变，而且可随机应变；(12)忍耐力强，精力充足，勤勉过人；(13)见人所爱，满足其需要；(14)富有创造性，性格乐观；(15)有记忆客人面貌及名字的能力；(16)很富有顺应性。

5种外在素质为：(1)推销员有能力接近顾客，能引起顾客的注意，并保持顾客的注意；(2)有能力将其物品或其所讲解的内容有技巧地提供给顾客，以引起顾客的注意；(3)有能力激起顾客对其所推销的物品及物品产生的利益具有信心，否则顾客不会采取购买行为；(4)有能力激起顾客对其所推销的物品产生占有欲，可在示范及说明的过程中博得顾客的信任；(5)把握顾客对物品的占有欲望，进一步加以促成。

上述研究的层次参差不齐，部分结论的得来完全是靠经验总结。尽管如此，我们仍然可以从中归纳出一般性结论，这些结论基本上反映了理论工作者对成功营销人员的构念，如进取心、自我驱动力、自信、言语技巧、交际能力、观察力和灵活反应能力等特质。

二、营销人员的心理素质分析

营销活动中，推销人员的作用不可小觑。决定推销人员事业成败与否的是其心理素质。推销人员心理素质的结构如图20-1所示。

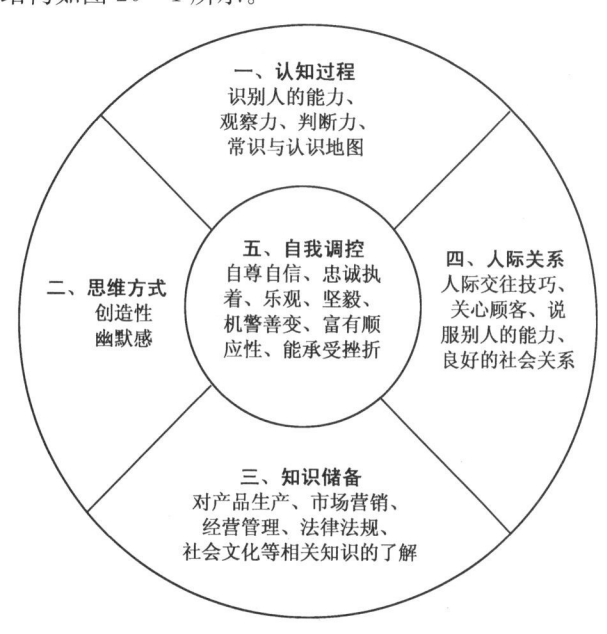

图20-1 推销人员心理素质的结构

(一)认知过程

同任何心理活动一样,在推销员的心理素质中,认知过程起着接受刺激、形成印象的作用。这是心理过程的第一个环节,也是很重要的环节。如果认知过程有差错,那么随后的推理、发明创造、人际交往都会偏离事实,把活动引向歧途。

推销人员认知的对象比较复杂,不仅包括自然的物质对象,还包括人类社会以及活动在社会中的人。

为了正确地处理各种关系,推销人员还必须正确地认识自己,客观对待自己的优缺点,这就是所谓的"自知"。只有在"知己知彼"的基础上,才能最大限度地发挥人的其他潜能,使各种内在素质的组合有一个坚实的背景。

认知过程归结起来有以下几方面的内容,它们对提高推销人员的心理素质相当重要:

1. 准确的社会认知和敏锐的观察能力

推销员的认知属于社会认知,社会认知的对象是自己、他人、人际关系等。推销员依据过去的经验,并结合有关线索进行分析,形成对自己、他人和人际关系的心理表象,最后拼合成推销员观察各种活动的带有指导性的认知地图。观察能力的高低直接影响着认知的效果,因此,培养敏锐的观察力、从细微处见真情,是推销人员随时要操作和完成的心理活动。

心理学研究表明,人的心理活动有一定的规律。心理活动发生于人的大脑里,具有不可感触的神秘性,但这并不是说人的心理活动永远无法被别人所了解。无论怎样隐秘的心理活动,都有一定的外部表现。常见的外部线索有:人用自己的言语、身段、手势主动地表达,观察者利用被观察者无意流露出来的眼神、语气、手势、行为等进行判断。所谓城府很深的人,是善于掩饰自己的心理活动,不让它们轻易流露出来的人;那些喜怒哀乐溢于言表的人,则被称为外向的、活泼好动的、热心肠的人。只要有丰富的生活经验,是不难从别人的外部线索中判断其心理状态的。

外部线索有些是心理状态的真正表现,有些则是虚伪的、混淆视听的表现。在真正反映心理活动的那些线索中,有些是显而易见的,有些则只有一点细微的变化。观察力就是在一定目的任务的支配下,按照一定计划感知事物、把事物的特征区分出来,并建立特征之间联系的能力。例如,推销员观察在谈生意时对方说"不"字时的眼睛怎样活动,经过多次观察,不难归纳出:对方一边说"不"字一边盯着你看,肯定是一个难对付的人;对方若垂下眼,或眼光转向其他地方,则表示这个"不"字是有条件的。找到说"不"字的原因后,就不难改变对方的态度。

2. 良好的判断力

良好的判断力是指推销员能够准确地从观察到的外部线索中推知对方行为发生的真正原因,又称归因。如前所述,任何一个行为的背后都有动机在推动,而动机又是需要派生出来的,人的需要是心理活动的原动力,它和人后天形成的另一个心理因素即自我调控一起协调、控制内部心理活动和外部行为反应,归因就是揭开这一过程的所有面纱,直接把握事实的真相。知道了人需要的内容,就不难设计出相应的策略,完成双方的交往活动,达到预定的目的。

神入能力是良好判断力的一种形式。神入能力是指推销员凭借自己丰富的阅历、敏锐的观察,根据对方的言谈举止、背景资料或身材相貌直接地、不假思索地把握对方的心态特征,有时人们用"直觉""第六感官"等名词来描述这种能力的作用。推销员与顾客用个人接触的方式进行交往,双方的心态对交往是否会顺利进行有重要影响,所以,推销员要达到推销的目的,必须能在交往中准确地把握对方的心态,设计出合理的、行之有效的沟通策略。

神入能力并不神秘,人人皆有这种能力,但不同的生活环境使人类的这种天性得到不同程度的发挥。在日常生活中,常见热恋的情侣之间"心有灵犀一点通",孪生兄妹之间存在"心灵感应",长期合作伙伴之间的举手投足都能被别人心领神会。通过"心理移情"的方法,可以培养这种能力。女性在这一方面的能力比男性相对强些,儿童又比老年人强些。推销人员到四十岁左右,这种能力也发展到了高峰时期。但是,一旦过分执着于自己的得失,或者个人主义太盛,这种能力就会消失于无形之中。

3. 丰富的常识和准确的认知地图

认知地图是一种形象的比喻,是指在生活中通过观察与判断,人在大脑里建立起一幅与观察和判断的对象相似的心理图式。这种地图是全方位的,有时间和空间的延伸性,可以任意拼割组合。人们虽然生活在客观的现实世界里,但他的心理活动发生在认知地图里。认知地图是人们生活在其中的心理空间,在这里,人们建立了各自不同的反映现实生活中各种事物及其关系的心理结构。这种结构越丰富,说明生活阅历越丰富。它可以帮助我们洞察一切新事物的特点及其发展趋势,帮助我们理解新出现的社会现象。

认知地图的内容很多,常见的有关于人自身的认识,即自我意识或自我心像,关于社会中人与人之间关系的认识,关于社会生活中各种习俗和规律的认识,等等。人际关系对推销员来说就是吃饭的手段,而各种习俗和规律的认识构成所谓的常识,其作用非常明显。试想,一个不懂"回扣"推销常识的推销员,如何同别人竞争?一个不懂中国餐桌上规矩的外国推销员,又如何做到用吃饭的方式联络感情、谈成生意?因此,常识越丰富,推销员见过的场面、经历过的事情越多,推销业绩也就越好。

(二)思维方式

思维是人的一种较高级的认知过程,是对客观事物本质和规律的认识。在日常生活中,人们用思考来代替思维,指人们在心里考虑各种事物及其之间的联系,分析其因果。以我国的市场经济为例,在计划经济体制下,工厂通过采购员购买所需要的原料,通过业务员联系由国家指派的销售工作;在市场经济体制下,采购员和业务员变成了推销员,改变了以往"坐等别人上门"的销售方法。随着市场竞争日趋激烈,销售部门先是模仿、引进西方国家的一些促销手段,如广告宣传、彩票赠券、回扣等,然后便是发展有中国特色的销售方法。目前,国内的销售手段还处于模仿别人已经创造出来的手段的水平上,创造性的成分较少。可以预测,中国经济与国际市场接轨后,销售工作必须有大的突破,才能在国际市场中与别人竞争。这就依赖于销售部门各种人员运用创造性思维,思考出新颖、独特的销售方法,保证商品流通渠道畅通。

推销员的创造性直接关系到其工作成败。当市场上所有推销员都在用上门推销的方式工作时,你也用这种方法,那你最多只能成为其中的一员;如果你一边用这种方法,一边想出用"产品爱好者协会"或是其他什么聚会的形式扩大新的用户,你就能在竞争中战胜别人。对于推销员来说,在推销中创造性地设计出新的推销思路并逐渐形成自己独特的风格,是至关重要的。

需要创造性思维的另一个原因是社会和市场总是在权衡利弊。思维的方法有分析、综合、抽象、具体化和概括化等。人们运用这些方法对事物进行分析,找出事物之间的因果联系和发展变化的规律,以便加以控制。人类改造世界的能力和思维的深度同步增长。

推销人员除了具备人们正常使用的基本思维方法外,还应突出其中几种方法的作用,形成有利于自己职业的思维方式。这些思维方式往往直接影响推销的业绩。最主要的思维方式有以下两种:

1. 创造性思维

创造性思维与创造性想象、创造性活动联系在一起,是指用新颖的、独特的、有社会价值的思维方式解决问题的认知过程。创造性思维的心理特征表现为主动性、深刻性、反向性、发散性、聚合性和独创性六个方面。

人类文明的发展有两个基本的过程:发明创造和模仿。社会上总是有一批人敢于冲破传统的束缚,用新的思维方式、新的活动方法来处理问题。若干时间以后,这种反传统的一套规范被大多数人模仿而成为新的传统,如此循环往复。因此,如果要获得有意义、有价值的人生,就必然要运用创造性思维。

从销售行业的发展,也可以看出创造的作用。当代世界处于不断变化之中,任何一种现成的解决方案都有满足不了变化着的现实的时候,时间可以使任何先进的、独特的思维定式成为传统。因此,为了人类自己的生存和发展,也需要充分发挥人类的创造性潜能。

2. 具备一定的幽默感

幽默感可以调和人际间紧张的关系,是推销员必不可少的一种素质。幽默就是用善意的态度说明事物本身及其相互关系之间的不和谐。幽默经常借联想的方式起作用,以笑的形式表现出来。用幽默的方法处理尴尬局面相当有效,若用来指出自己的缺点,则更能够博得对方的好感。使用幽默的方式时,要求有较高的心理承受能力,能超脱常规的思维方式,发现事物之间不和谐的关系和失去常态的变异。一般来说,比较成功的推销员都有一定的幽默感。

(三) 知识储备

作为推销人员的基本素质之一,知识储备是指了解和掌握与推销活动有关的一些前人总结的经验和规律。它不同于拥有丰富的常识。常识只要处处留心,就能积累起来,而知识储备则需要通过专门的、系统的学习。

知识的内容非常丰富,首先是与产品有关的各种信息,如产品的结构、功能,产品的生产工艺流程,产品的成本与价格;其次是与销售有关的知识,如生产管理、经营管理、市场营销、推销技巧、消费心理、合同法律等;最后是其他一些辅助性知识,如经济学、管理学、心理学、伦理学、美学、社会学、公共关系学等。最重要的是第一层次的知识,即充分了解产品的各种知识,熟悉产品的使用价值和价格特点,因为推销员在面谈时,最重要的目的是向顾客介绍自己的产品是非常优秀和有用的。如果推销员对产品的用途、优点、操作使用方法不十分了解,仅凭"三寸不烂之舌",重复泛泛溢美的广告用语是无法打动顾客的。其他两个层次的知识可以帮助推销员准确地定位推销的形式和对象。刚入门的推销员,会无目的地四处奔波,盲目地接近消费者,经常是事倍功半,而有关销售和辅助性的知识会像黑夜里的灯塔,指引他们走向成功的彼岸。有了这些知识,他们不再觉得市场难以捉摸、变化无常,不再仅凭着已有的若干推销经验主观地开展工作。

知识储备使推销员成为公司或企业不可忽视的强大人才库。推销员及销售部门是生产与流通过程的重要环节,他们必须掌握整个过程的全部细节,并且肩负着反馈用户和市场信息、建议生产部门改进工艺水平的重任。因此,他们对公司或企业的全面了解程度仅次于厂长和经理们。成功的推销人员,都是未来厂长和经理的候选人。

(四) 人际关系

搞推销时刻要与人打交道,如何建立和保持良好的人际关系是值得推销员好好研究的。其他职业也存在搞好人际关系的问题,但推销这一行特别依赖人际关系。没有良好的人际交往技巧和丰富的社会关系,推销员很难打开工作局面。

人际关系方面的素质可以从以下几个方面分析:

1. 具备一定的面谈技巧

在与客户交谈时，必须具备一些最基本的面谈技巧。首先，要注意运用各种手段达到取得客户信任的目的。双方相互信任是进一步发展关系的基础。第一印象、外表、言谈举止、产品的声誉和质量，均可成为取得对方信任的因素。其次，具体交谈时应遵循一些面谈技巧，避免走入人际关系的误区。常见的要点有微笑服务、目光接触、从否定回答中找到突破口、真诚关心等。

2. 关心、满足顾客的兴趣和需要

推销员关心的重点不是自己的销售任务、推销面谈语言或其他与自己利益相关的东西，而是推销对象的心理状态、需求、利益等内容，真正做到顾客至上。推销的最终目的是让顾客购买产品，满足其需要，使生产、销售、消费三者均获得利益。达到该目的的直接形式当然是说服顾客立即填写订单，购买产品。但是，顾客一般对产品不太熟悉，对产品的优点、操作和用途会有很多疑虑，很难做出立即购买的决定，因此，较多的时候是由间接形式达到销售的目的，如帮助客户解决一些可能与推销产品行为无关的问题，通过现场操作打消客户疑惑、犹豫之心，对客户的生活方式、生活事件表示同情与理解等。有时，关心顾客并不局限于某一特定场所，因为在街头、在电梯里或是在商场采购时，推销员有可能碰上明天要上门推销的客户，若随时随地礼貌待人、热情助人、关心有困难的人，说不定哪一天就会获得回报。受到关心和需要得到满足的客户，可能在推销员走后，主动地找上门来求购产品。关心顾客、从客户的角度适当考虑他们的利益、热情帮助有困难的客户，是推销员的一种重要心理素质。

3. 说服别人的能力

在大多数情况下，推销员面对的是用怀疑、不信任的目光打量他的客户，让客户填订单时多半会得到同一答复"不"。因此，推销员必须具有说服别人改变态度的能力。真正的推销始于客户的拒绝。

说服顾客改变态度的心理学原理是：根据态度由认知、情感、意向三因素组成的理论，用提供事实、讲清道理的方式，消除认知方面的误区；分析和判断对方的需要与动机，在情感上感化否定的态度，取得对方的信任；尽量为对方的购买行为提供方便。

面谈的技巧使顾客愿意和推销员交谈，关心顾客是推销员工作时的注视点，而说服顾客才是真正为了销售的目的而进行的努力。必须注意的是，无论在什么情况下，推销员都不能和顾客形成对立的关系，不能因为一时无法说服对方而失去耐心，或在说服中为了一点小事而争强好胜。这些局面与推销的宗旨是相违背的。

4. 良好的社会关系

社会关系俗称关系网，是推销员的隐形财富。白手起家的推销员只有挨家挨户跑、大街小巷转，经济效益与劳动强度往往不成比例。老牌推销员手中都有一定数量的老客户，他们不仅在业务上有来往，个人交往也比较多，逢年过节还可能上门串串，联络感情。因工作需要而接触各行各业人员的人，最具有推销威力。推销员可以凭借已有的社会关系保证一定的销售额，还可以通过他们发展新的客户。当然，这种社会关系与推销员的生活背景、经济实力、社会地位有很大关系。它不但是推销员潜在客户的源泉，而且也是推销员以后得以升迁的外部条件之一。

（五）自我调控

人的主观能动性、自信心、适应社会能力、心理承受能力、坚韧不拔的追求等心理品质都集中在自我调控这一心理素质上。自我调控是指主体在长期生活实践中形成的一种能力，根据各种环境主动或被动地调整对自己的认知地图，控制自己外显的反应。自我调控是人类心理与行为的"控制器"，从初步的自然性条件反射逐渐形成和发展起来，其物质基础是大脑神经中枢，心理基础则是已有的主体意识。自我调控是营销人员心理素质的核心。

推销员的自我调控能力首先表现在自信心的作用上。人际交往最大的障碍是缺乏自信，一个连自己也说服不了的推销员怎能说服别人？没有自信的人生是一种空虚的、失去激情的人生，没有自信的推销员更是一个蹩脚的推销员。自我调控可以使自己树立良好的自我形象，用理想的自我激励自己向更高的目标奋斗。

其次，推销员必须有一定的外部压力加以制约。由于推销的工作比较独立、有创造性，公司或企业会赋予推销员较大的自由处理业务的权利，这是对推销员的信任，同时也是公司或企业在管理推销人员工作上的薄弱环节。有些素质不高的推销员会借助这种"将在外，君命有所不受"的特权为自己牟私利，损害公司企业的利益。常见的作弊行为有拿着工资干私活、携巨款潜逃、泄露企业机密、利用回扣牟利、虚报费用、虚填发票等。为此，用人单位在选拔推销员时，应从推销员是否有正确的职业道德感、高尚的价值观等角度来考虑，宁可要忠于公司的人，也不要推销手段高明但三心二意的人。这种自我调控是推销员用良心、道德来约束自己的行为。因此，推销员应当加强自己的职业道德观点，树立正确的人生价值观，不要为蝇头小利而出卖自己的人格。

另外，推销员应该克服自身的惰性，始终保持旺盛的精力、乐观的情绪，用自我追求的精神面对困难与挫折，永无止境地向前奋斗。这是自我调控能力在人的意志品质上的体现。一般来说，推销员要花大量时间寻找新客户；与客户谈生意，每天平均要拜访十几位客户，因此工作强度很大。每到一处，推销员的举止言谈都直接影响推销的结果。若没有旺盛的工作精力，在客人面前露出疲惫不堪的神情，则会被对方认为没有自信、没有诚意。更有甚者，推销员的每次访问并非都以推销成功而告终，大部分情况下是碰到"软钉子"，无功而返，因此，挫折感非常明显。若没有一点幽默感，不保持乐观的情绪，缺少忍耐力，是无法把工作做下去的。推销这一行业特别要求推销员善于控制自己的惰性，具有能持之以恒地、百折不挠地为争取客户而努力的敬业精神。

最后，自我调控能力表现在推销员的机警善变与适应环境上。人的意志力是行动的重要驱动力，但不能简单地理解为永远坚持下去，不管外界环境是否变化而一味执着于欠妥当的目标。人的意志力体现在对长期目标的执着追求与为达到目标而灵活调整自己行动的随机应变这两者的相互统一上。同时，长期目标也有可能随着时间的变化而应作相应的调整。例如，推销的目的是明确无疑的，但推销员每一次具体的交谈都有自己的特点，按照已形成的推销模式应付各种情境固然省力，但可能会忽视对方的心理状态和需要欲求，容易犯下仅从自己的角度主观地说服别人的错误。随机应变和适应性强的素质会随着人际交往经验的增加而提高。

综上所述，推销员的心理素质是多种能力的综合体。其核心是自我调控，以提高自信心来加强推销员自身的能量，以乐观、执着、随机应变来克服推销过程中的种种障碍。同时，自我调控对认知、思维、掌握知识、形成良好人际关系起着调节与控制的作用。认知过程是推销员认识推销的目的、任务、对象的过程；思维过程则是分析推销的本质规律，创造性地完成推销任务。掌握知识是为了更好地促进推销工作，做到对市场与推销的各个环节心中有数，有的放矢地进行工作。人际关系对于推销员来说，其重要性类似于水对鱼的作用——离开了人际交往，推销工作就没有实质性内容了。这五个因素相互作用，构成了推销人员的内在心理素质体系。

三、提高营销人员的综合素质

(一)提高营销人员的职业道德素质

1. 职业道德的心理学基础

职业道德素质是营销人员个体心理素质的核心内容,其高低程度直接决定了其他素质发挥作用的方向,决定了企业满足消费者需要的程度。良好的职业道德素质主要包括文明经商、注重信誉、优质服务等内容。经营人员职业道德素质的形成与提高,具有深厚的心理学基础。在实践过程中,通过认识活动,可以使经营人员确立正确的思想观念、敬业精神;通过情感活动,可以使经营人员对本职工作和消费者产生深厚的情感及热情、真诚的心理;通过意志活动,可以使经营人员发扬为实现企业目标和更好地为消费者服务而坚韧不拔、持之以恒的精神和斗志。

2. 提高职业道德素质的途径

要提高营销人员的职业道德素质水平,主要应做好以下几项工作:

(1)建立正确的社会评价和集体舆论体系,形成强大的社会压力和良好的社会规范,使营销人员自觉地掌握行为标准,形成一个自我控制体系,从而促进其是非观念和名誉心理的健康发展。

(2)发挥良好品德的榜样力量,通过宣传优秀营销人员的良好职业道德,扩大榜样的影响力和吸引力,使营销人员有一个良好的职业道德形象,促使其自觉与不自觉地产生对榜样的模仿行为,以促进其品德和觉悟程度的提高。

(3)利用情感对主体活动的影响力,通过传统教育调动营销人员热爱企业、文明经商的传统情感,通过信息反馈促进为消费者服务的现实情感,以此来促进营销人员品德情感的能动作用。

(二)培养营销人员良好的个性心理特征素质

1. 提高营销人员对企业经营活动的兴趣

(1)运用宣传教育和社会团体的影响力,帮助营销人员树立正确的信念,使其充分认识到企业经营活动的崇高性,摒弃"无商不奸"的错误观念。

(2)帮助营销人员充分认识本职工作的社会意义以及在社会再生产中的重要作用,提高营销人员从事企业经营活动的效果,以激发其从事企业经营活动的积极性。

(3)通过物质奖励和精神奖励的办法,帮助营销人员获得生活与工作条件一定程度上的满足,提供进一步学习的机会,提高其从事企业经营活动的期望值,以此培养他们从事企业经营活动的兴趣。

(4)进行工作再设计,帮助营销人员激发积极的专业兴趣。通过适当调整营销人员所从事工作的难易程度,使企业经营活动对营销人员具有一定的挑战性;通过实行工作轮换制,使营销人员对所从事的工作经常保持新鲜感;通过授予一定的自主权,使营销人员能有发挥工作潜能的更大的空间。

2. 锻炼和提高营销人员的企业经营活动能力

根据营销人员所从事的工作性质不同,对营销人员的能力要求也不同。从一般意义上讲,营销人员主要应锻炼和提高观察能力、理解能力、判断能力、决策能力、应变能力、人际交往能力以及市场调查和市场研究能力。这些能力的锻炼和提高,主要通过营销人员有意识的、自觉的行动来实现。

(1) 要明确工作岗位对营销人员的能力要求；
(2) 正确估计、判断自己目前的能力水平，找出能力差距；
(3) 根据能力的差距，有针对性地进行锻炼和培养。

在锻炼和提高营销人员的能力时，要坚持在实践中提高的原则。一方面要确定培养项目和培养标准，制订培养计划；另一方面要坚持在实践中不断锻炼和不断提高。

3. 适应营销人员的气质，合理安排工作岗位

任何一种气质类型都有其积极的一面，也有其消极的一面。例如，急躁型的营销人员，积极、生机勃勃等是其优点，但也有暴躁、任性、感情用事等缺点；活泼型营销人员既有灵活、机敏的一面，也有轻浮、情绪多变的一面；冷静型营销人员有沉着、冷静、坚毅等优点，也有缺乏活力、冷淡等缺点；沉默型营销人员有情感深刻、稳定的优点，但也有孤僻、羞怯等缺点。这就要求管理人员根据企业经营岗位的需要，合理地选择不同气质类型的人员。另外，营销人员也应该根据自己工作岗位对气质类型的需要，努力磨炼自己，使自己能够成为一名称职的营销人员。

本章小结

营销人员在营销中的影响力表现在营销人员是信息的沟通者、商品的推介者、选购的指导者和感情的融通者。营销人员的精神风貌、仪表、言语、行为举止都会对消费者的心理产生影响。营销人员的综合素质主要包括营销人员的职业素质和心理品质两个方面。营销人员的职业素质直接影响营销工作的总体成效，心理品质直接关系到营销人员与消费者的交往沟通过程能否顺利实现。对于营销人员来说，二者缺一不可。营销人员的心理素质是多种能力的综合体，其核心是自我调控，它可以提高自信心从而加强推销员自身的能量，以乐观、执着、随机应变来克服推销过程中的种种障碍。认知过程、思维方式、知识储备、人际关系、自我调控这五个因素相互作用，构成了推销人员的内在心理素质体系。

思考题

1. 营销人员的影响力表现在哪些方面？
2. 举例说明营销人员的仪表、语言、行为举止是如何影响消费者的。
3. 营销人员的个体素质对消费者心理的影响有哪些？
4. 如何通过营销人员的人格魅力化解消费者购物的不愉快经历？
5. 营销人员应具备哪些心理素质？如何提高这些素质？

案例分析

"你今天对客人微笑了没有？"[①]

美国希尔顿饭店创立于1919年，在不到90年的时间里，从一家饭店扩展到100多家分店，遍布世界五大洲的各大城市，成为全球最大规模的饭店之一。希尔顿饭店生意如此之好，

[①] 中国服务营销网，2004年12月2日。

财富增长如此之快,其成功的秘诀是牢牢确立自己的企业理念并把这个理念贯彻到每一个员工的思想和行为之中,饭店创造"宾至如归"的文化氛围,注重企业员工礼仪的培养,并通过服务人员的"微笑服务"体现出来。希尔顿十分注重员工的文明礼仪教育,倡导员工的微笑服务。每天他至少到一家希尔顿饭店与饭店的服务人员接触,向各级人员(从总经理到服务员)问得最多的一句话,必定是:"你今天对客人微笑了没有?"

1930年是美国经济萧条最严重的一年,全美国的旅馆倒闭了80%,希尔顿的旅馆也一家接着一家地亏损不堪,一度负债达50万美元,但希尔顿并不灰心,他召集每一家旅馆员工向他们特别交代和呼吁:"目前正值旅馆亏空靠借债度日时期,我决定强渡难关。一旦美国经济恐慌时期过去,我们希尔顿旅馆很快就能进入云开日出的局面。因此,我请各位记住,希尔顿的礼仪万万不能忘。无论旅馆本身遭遇的困难如何,希尔顿旅馆服务员脸上的微笑永远是属于顾客的。"事实上,在那纷纷倒闭后只剩下20%的旅馆中,只有希尔顿旅馆服务员的微笑是最美好的。

经济萧条刚过,希尔顿旅馆就率先进入了新的繁荣期,跨入了旅馆经营的黄金时代。希尔顿旅馆紧接着充实了一批现代化设备。此时,希尔顿到每一家旅馆召集全体员工开会时都要问:"现在我们的旅馆已新添了第一流设备,你觉得还必须配合一些什么第一流的东西使客人更喜欢呢?"员工回答之后,希尔顿笑着摇头说:"请你们想一想,如果旅馆里只有第一流的设备而没有第一流服务员的微笑,那些旅客会认为我们供应了他们全部最喜欢的东西吗?如果缺少服务员的美好微笑,就好比花园里失去了春天的太阳和春风。假如我是旅客,我宁愿住进虽然只有残旧地毯却处处可以见到微笑的旅馆,也不愿走进只有一流设备而不见微笑的地方……"当希尔顿坐专机来到某一国境内的希尔顿旅馆视察时,服务人员就会立即想到一件事,那就是他们的老板可能随时会来到自己面前再问那句名言:"你今天对客人微笑了没有?"

讨论:
1. 美国希尔顿饭店为什么十分重视营销人员的文明礼仪培养?
2. 微笑服务与希尔顿饭店经营成功的关系有哪些?

阅读资料

做业务心理"营养"很重要[①]

一般人都知道,身体的生长发育需要充足的营养,如蛋白质、脂肪、糖、无机盐、维生素和水等,事实上,心理"营养"也非常重要,若严重缺乏,则会影响心理健康。那么,人重要的心理健康"营养素"有哪些呢?

第一,爱是最为重要的精神"营养素"。

爱能伴随人的一生。童年时代主要是父母之爱,童年是培养人心理健康的关键时期,在这个阶段若得不到充足和正确的父母之爱,就将影响其一生的心理健康发育,很多成年人的心理障碍都与童年缺少父母之爱有关。少年时代增加了伙伴和师长之爱,青年时代情侣和夫妻之爱尤为重要。中年人社会责任重大,同事、亲朋和子女之爱十分重要,它们会使中年人在事业家庭上倍添信心和动力,让生活充满欢乐和温暖。老年人晚年幸福的关键是儿孙绕膝、晚辈孝顺。爱有十分丰富的内涵,不单指情爱,还包括关怀、安慰、鼓励、奖赏、赞扬、信任、帮助和支持

---

① 成功在线网,2006年5月7日。

等。一个人如果长期得不到别人尤其是自己亲人的爱,心理会出现不平衡,进而产生障碍或疾患。

第二,宣泄和疏导也是重要的精神"营养素"。

无论是转移回避还是设法自我安慰,都只能暂时缓解心理矛盾,求得表面上的心理平衡,这些治的都只是标,而适度的宣泄具有治本的作用,当然这种宣泄应当是良性的,以不损害他人、不危害社会为原则,否则会恶性循环,带来更多的不快。譬如,当你心情压抑时,可以去踢足球,把火发在足球身上,遇到不顺心的事可以对亲朋好友诉说,把心里的不快倒出来,这就是宣泄。与此同时,也希望有人帮助自己解开心里的疙瘩,或帮助出出好主意。宣泄和疏导都是维护心理平衡的有效方法。心理负担若长期得不到宣泄或疏导,则会加重心理矛盾进而成为心理障碍。

第三,善意和讲究策略的批评也是重要的精神"营养素"。

它会帮助人们明辨是非、改正错误,进而不断完善自己。一个人如果长期得不到正确的批评,势必会滋长骄傲自满的毛病,固执、傲慢、自以为是等,这些都是心理不健康发展的表现,但是,过于苛刻的批评和伤害自尊的指责会使人产生逆反心理,严重的会使人自暴自弃、脱离集体,直至难以自拔。所以,遇到这种"心理病毒"时,就应提高警惕,增强心理免疫能力,我们平时应多亲近有知识、有德行、值得信赖的人,这样就比较容易获得这种健康的"营养素"。

第四,坚强的信念与理想也是重要的精神"营养素"。

信念与理想的力量是惊人的,它对于心理的作用尤为重要,在生命的旅途中,我们常常会遭遇各种挫折和失败,会陷入某些意想不到的困境,这时,信念和理想犹如心理的平衡器,它能帮助人们保持平稳的心态,度过坎坷与挫折,防止偏离人生轨道,进入心理暗区。

第五,宽容也是心理健康不可或缺的"营养素"。

人生百态,万事万物难免不能够顺心如意,无名火与萎靡颓废常相伴而生,宽容是脱离种种烦扰、减轻心理压力的法宝。但宽容并不是逃避,而是豁达与睿智。

保持心理健康的关键是要学会自我调适,善于驾驭个人情感,做到心理保护上的自立、自觉,主动为自己补充健康的心理"营养素"。在必要时,也给他人提供能够让心理健康的"营养素"。

参考文献

1. 卢家楣等:《心理学》,上海人民出版社1998年版。
2. 江林:《消费者心理与行为》,中国人民大学出版社1997年版。
3. 李品媛:《销售心理学》,东北财经大学出版社1993年版。
4. 张理:《消费心理学》,北京经济学院出版社1995年版。
5. 马义爽等:《消费心理理论与实务》,北京经济学院出版社1996年版。
6. 吴国祯:《营销心理策略》,湖北人民出版社1997年版。
7. 菲利普·科特勒:《市场营销管理》,上海人民出版社1997年版。
8. 王金清:《营销心理学》,东北财经大学出版社2000年版。
9. 单凤儒:《商业心理学》,中国商业出版社1998年版。
10. 陈信康等:《市场营销学概论》,复旦大学出版社1998年版。
11. 张云:《公共关系心理学》,复旦大学出版社1994年版。
12. 陶婷芳等:《涉外企业营销与公共关系》,经济科学出版社1994年版。
13. 张崇礼等:《推销秘诀》,中国审计出版社1994年版。
14. 万后芬:《现代推销学》,经济科学出版社1994年版。
15. 高佳等:《广告心理学》,中国人民大学出版社1995年版。
16. 屈云波等:《零售业营销》,企业管理出版社1996年版。
17. 韩光军:《品牌策划》,经济管理出版社1997年版。
18. 马谋超:《广告心理》,中国物价出版社1997年版。
19. 王方华等:《网络营销》,山西经济出版社1998年版。
20. 屈云波等:《网络营销》,企业管理出版社1999年版。
21. 包晓闻等:《电子商务》,经济科学出版社1999年版。
22. 卢泰宏等:《实效促销》,广东旅游出版社2000年版。
23. 汪青云:《营销心理与实务》,暨南大学出版社2003年版。
24. 菲利普·科特勒、凯文·凯勒:《营销管理》,上海人民出版社2006年版。
25. 李晓霞等:《消费心理学》,清华大学出版社2006年版。
26. 王生辉:《消费者行为分析与实务》,中国人民大学出版社2006年版。